Couverture
Portrait de César © MDAA, Laurent Jordan
Esquisse préparatoire à la restitution graphique *Duplex Arelate* © MDAA/DRASSM, J.-C. Golvin

Garde arrière
Plan préparatoire à la restitution graphique *Duplex Arelate* © MDAA/DRASSM, J.-C. Golvin

Dépôt légal : octobre 2009

ISBN ACTES SUD : 978-2-7427-8610-7

# CÉSAR
# LE RHÔNE POUR MÉMOIRE

## VINGT ANS DE FOUILLES DANS LE FLEUVE A ARLES

sous la direction de Luc Long et Pascale Picard

*ACTES SUD / MUSÉE DÉPARTEMENTAL ARLES ANTIQUE*

César, le Rhône pour mémoire
Vingt ans de fouilles dans le fleuve à Arles
24, octobre 2009-19 septembre 2010
Arles, Musée départemental Arles antique

Cette exposition est organisée par le Conseil général des Bouches-du-Rhône en collaboration avec le Département des recherches archéologiques subaquatiques et sous-marines (DRASSM)

Le chantier de fouille DRASSM du Rhône a reçu le soutien exceptionnel de :
Association archéologie sous-marine (2Asm)
Centre Camille Jullian (CNRS-CCJ)
Compagnie nationale du Rhône (CNR)
Conseil général des Bouches-du-Rhône (CG13)
Conseil régional Provence-Alpes-Côte d'Azur
ECLECTIC Production
Entreprise Bauland TP
Entreprise Morillon Corvoi Courbot (EMCC)
Fédération française d'études et de sports sous-marins (FFESSM)
Service départemental d'incendie et de secours des Bouches-du-Rhône (SDISS)
Société d'économie mixte des Saintes-Maries-de-la-Mer (SEMIS)
Société de remorquage méditerranéenne (SRM)
Syndicat mixte interrégional d'aménagement des digues du delta du Rhône et de la mer (SYMADREM)
3D Avenir SAS
Ville d'Arles

Cette exposition est reconnue d'intérêt national par le ministère de la Culture et de la Communication / direction des Musées de France. Elle bénéficie à ce titre d'un soutien financier exceptionnel de l'Etat.

Les études technologiques et scientifiques des œuvres ont reçu le soutien de :
Centre de recherche et de restauration des musées de France de Paris (C2RMF)
Commissariat à l'énergie atomique de Cadarache (CEA)
Centre interrégional de conservation et de restauration du patrimoine
de Marseille (CICRP)

## COMITÉ D'HONNEUR

Frédéric Mitterrand
Ministre de la Culture et de la Communication

Jean-Noël Guérini
Sénateur et Président du Conseil général des Bouches-du-Rhône

## COMITÉ D'ORGANISATION

Michel L'Hour
Conservateur général du patrimoine et directeur du Département des recherches archéologiques subaquatiques et sous-marines

Claude Sintes
Conservateur en chef du patrimoine et directeur du Musée départemental Arles antique

## COMMISSARIAT

Commissaire général et scientifique
Luc Long, Département des recherches archéologiques subaquatiques et sous-marines
Conservateur en chef du patrimoine et directeur de fouilles

Commissaires scientifiques
Pascale Picard, conservateur du patrimoine, Musée départemental Arles antique
Jean Piton, archéologue chercheur associé au CNRS, centre Camille-Jullian

Commissaire exécutif
Fabrice Denise, attaché de conservation du patrimoine, Musée départemental Arles antique

## AUTEURS


**Catherine Bastien [c. b.]**
Documentaliste, musée du Louvre, département des Antiquités grecques étrusques et romaines, Paris

**Henri Bernard-Maugiron**
Restaurateur, Arc-Nucléart, Grenoble

**Bruno Bizot**
Conservateur en chef du patrimoine

**Annie et Philippe Blanc**
Géologues

**Michel Bonifay**
Chargé de recherche, CNRS, centre Camille-Jullian, Aix-en-Provence

**Philippe Bromblet**
Géologue, ingénieur de recherche au centre interrégional de Conservation et de restauration du patrimoine, Marseille

**Nicolas Bouillon**
Ingénieur d'étude, département études et recherche, centre interrégional de Conservation et de restauration du patrimoine, Marseille

**Hélène Bruneton**
Maître de conférence en sciences géographique et l'aménagement, université de Provence, Aix-en-Provence

**Odile Cavalier [o. c.]**
Conservateur en chef du patrimoine, musée Calvet, Avignon

**Alain Charron [a. c.]**
Conservateur en chef du patrimoine au Musée départemental Arles antique

**Michel Christol**
Professeur émérite d'histoire romaine, université Paris I, Panthéon-Sorbonne, Paris

**Franca Cibecchini**
Archéologue maritime, chargée de mission au Département des recherches archéologiques subaquatiques et sous-marines

**Armand Desbat**
Directeur de recherche, CNRS, maison de l'Orient méditerranéen, Lyon

**David Djaoui**
Archéologue, Musée départemental Arles antique

**Ulrike Ehmig**
Docteur, université de Frankfort-sur-le-Main

**Philippe Ferrando**
Archéologue, numismate amateur

**Souen Deva-Fontaine**
Doctorante, université de Provence, Aix-en-Provence

**Michèle Fruyt**
Professeur de latin, Université, Paris IV Sorbonne, Paris

**Vassiliki Gaggadis-Robin [v. g.-r.]**
Chargée de recherche, CNRS, centre Camille-Jullian, Aix-en-Provence

**Pierre Giustiniani**
Président de l'association 2Asm, Marseille

**Christian Goudineau**
Professeur au Collège de France, chaire d'antiquités nationales

**Pierre Gros**
Professeur émérite de l'Institut Universitaire de France, Aix-en-Provence

**Marc Heijmans**
Ingénieur de recherche, CNRS, centre Camille-Jullian, Aix-en-Provence

**Antoine Hermary [a. h.]**
Professeur d'archéologie, université de Provence, Aix-en-Provence

**Daniel Hermitte**
Ingénieur de recherche, CNRS, Centre européen de recherche et d'enseignement des géosciences de l'environnement, Aix-en-Provence

**Flemming Johansen**
Professeur en archéologie classique, ancien directeur de la Ny Carlsberg Glyptotek, Copenhague

**Christine Lima-Brissaud [c. l.]**
Archéologue maritime, chargée de mission au Département des recherches archéologiques subaquatiques et sous-marines

**Luc Long [l. l.]**
Archéologue, conservateur en chef du patrimoine, Département des recherches archéologiques subaquatiques et sous-marines

**Yves Marcadal [y. m.]**
Chercheur associé, CNRS, institut de Recherche sur l'architecture antique, Aix-en-Provence

**Thierry Martin**
Chercheur, centre de Recherche d'archéologie nationale, université catholique de Louvain, Belgique

**Marta Mascardi [m. m.]**
Doctorante, université de Provence, Aix-en-Provence

**Benoît Mille**
Ingénieur d'étude, Centre de recherche et de restauration des musées de France, Paris

**Antonio Monterroso Checa**
Chercheur associé, CNRS, Institut de recherche sur l'architecture antique, Aix-en-Provence

**Frédérique Nicot**
Restauratrice du patrimoine

**Jean-Louis Paillet [j.-l. p.]**
Archéologue-Architecte, CNRS, Institut de recherche sur l'architecture antique, Aix-en-Provence

**Jean-Claude Parisot**
Chercheur, institut de Recherche pour le développement, Marseille

**Pascale Picard [p. p.]**
Conservateur du patrimoine, Musée départemental Arles antique

**Jean Piton**
Archéologue Chercheur associé au CNRS

**Mireille Provansal-Lippmann**
Professeur de géographie physique, université de Provence, Aix-en-Provence, Centre européen de recherche et d'enseignement des géosciences

**Guillaume Raccasi**
Géomorphologue, CNRS, Centre européen de recherche et d'enseignement des géosciences de l'environnement, université de Provence, Aix-en-Provence

Lucien Rivet
Chargé de recherche, CNRS, centre Camille-Jullian, Aix-en-Provence

Dominique Robcis
Chef de travaux d'art, centre de Recherche et de restauration des musées de France, Paris

Anne Roth Congès
Chargée de recherche, CNRS, centre Camille Jullian, Aix-en-Provence

J.-M. Rouquette
Conservateur en chef honoraire des musées d'Arles

Danièle Terrer [D. T.]
Ingénieur d'études, CNRS, centre Camille Jullian, Aix-en-Provence

Eric Teyssier
Maître de conférence, université de Nîmes

Claude Vella
Maître de conférence, université de Provence, Aix-en-Provence, enseignant chercheur au Centre européen de recherche et d'enseignement des géosciences de l'environnement, Aix-en-Provence

Catherine Vieillescazes [C. V.]
Professeur, département de chimie, Université d'Avignon

## CATALOGUE

Pascale Picard, coordination et suivi éditorial

Aurélie Coste, suivi des campagnes photographiques et bibliographie

Marta Mascardi, recherches documentaires sur les bronzes

Jessy Ruiz, collecte iconographique et gestion des prêts

Soizic Toussaint, inventaire des œuvres exposées et publiées, gestion de l'iconographie
Avec l'assistance des stagiaires : Nicolas Camau, Clémentine Durand, Judith Mader.

## PRÊTEURS

Musée du Louvre, Paris

Département des Antiquités grecques, étrusques et romaines

Musée Calvet, Avignon

Museum für Antike Schiffahrt, Mayenne

Département des recherches archéologiques subaquatiques et sous-marines, Marseille

M. Marcel Guigal, Ampuis

## EXPOSITION

### CONSERVATION
Claude Sintes, directeur
Alain Charron, conservateur en chef
Pascale Picard, conservateur

### ADMINISTRATION
Jacky Dellanegra, secrétaire général
Khadija Dernaoui, Sandrine Ferrand, Malika Benhalima

### SERVICE DES PUBLICS
Fabrice Denise, responsable du service

### COMMUNICATION
Anne-Céline Bolard, Corinne Falaschi, Vanessa Munier, assistées de Alice Gallot-Millard, Houda Elagy Nor

### PROGRAMMATION ET MÉDIATION
Xavier Beaumle, Chantal Mialon, Guillemette Troin, Marie Vachin, Geneviève Vergos-Rozan et les guides-conférencières de l'office de tourisme d'Arles

### ACCUEIL ET SURVEILLANCE
Maryse Roche, Stéphanie Dijon, Boris Eliot, Annie Facchin, Mireille Finiels, Françoise Jomain, Amandine Lagny, Michel Marque, Joëlle Otalora, Richard Punzano, Noelle Telle, Vérane Rivalin, Anne-Laure Verdier et les agents du service Sureté-sécurité-intervention du conseil général 13 dirigé par M. Daniel Benoît

Stagiaires : Alice Arnault, Anahi Reig Mendola

### ACCROCHAGE DE L'EXPOSITION
Aurélie Coste, Gilles Ghiringhelli, Jean Piton, Hafed Rafaï, Soizic Toussaint (mouvement des œuvres)

Vincent Castello, Guy Palenzuela, Fabien Cuissard, Philippe Kert (réalisation technique)

### RESTAURATEURS
Camille Amoros, Marie-Laure Courboulès, Gilles Ghiringhelli assistés de Valérie Clénas (atelier de restauration du MDAA), A-Corros, Arc-Antique, Arc-Nucléart, Arc-Numismatique, Atelier Benoît Laffé, Atelier Quélin-Mérindol, Atelier Juliette Vignier-Dupin, Centre archéologique du Var, Sandrine et Benoît Coignard, Gaëlle Giralt, IBM Conservation, LERM, LP3 conservation, Thierry Palanque, Hervé Manis, Delphine Masson, Frédérique Nicot, Eléonore Pifferi, Lila Reboul, Christine Verwaerde

### SCÉNOGRAPHIE
Conception : Agence Saluces

Réalisation : Barem, Acte II, Le Breton

### AUDIOVISUELS
Eclectic Productions

### MULTIMEDIAS
Daniel Schiano, Jérémy Pasquet, Frédéric Conil, Maxime Cazaux (Supinfocom)

REMERCIEMENTS
DU COMMISSARIAT

Ce projet n'aurait pu voir le jour sans le soutien sans cesse réitéré des institutions organisatrices, des entreprises partenaires publiques et privées, des plongeurs du DRASSM et des auteurs du catalogue ; nous tenons à leur exprimer notre sincère gratitude.

En premier lieu un hommage aux pionniers de la plongée archéologique dans le Rhône : Pascal Ardois, Alain Capelli, Albert Illouze, Jean-François Meyvial, Marc Monnet, Jean-Claude Perrotti, Jean Piton, Maxime Vedel.

Pour leur sang froid et leur sens des responsabilités, les chefs d'opération hyperbare : Albert Illouze, Guy Dauphin, Denis Metzger, Gérald Savon, Jo Vicente, Jean-Luc Verdier, Thierry Willaey.

Pour leurs contributions exceptionnelles : Pascal Ardois (chapiteau funéraire), Emilien Afane et David Djaoui (Gaulois captif), Jean-Pierre Fredon (statue d'Esculape), Pierre Giustiniani (portrait de César, base de statue, épave *Arles-Rhône 3*), Alain Mariani (tête de jeune fille), Laurent Masselin (socle de sculpture), Jean-Max Mazier (torse de Neptune), Hervé Moulet et Patrice Barbier (tête de Vénus, bras en bronze et épaule en bronze doré), Marc Monnet (élément de trépied et balance romaine), Gérald Savon (glaive et base de statue de Neptune), Jean-Luc Verdier (base de statue, chapiteau corinthien, deuxième tête de Vénus), Assia Véléva (tête de Neptune), François Vincent (tiare d'Artémis, victoire dorée, relief aux Dioscures)

Pour leurs compétences et leur soutien sans faille depuis 1989, qu'ils soient plongeurs professionnels ou bénévoles : Mohamed Abd-El-Maguib, Emilien Afane, Jean-Pierre Anger, Kim Antoniazzi, Pascal Ardois, Charles Arnulf, Gwenaëlle Ayrault, Malika Bahir-Choquet, Alexandra Barbot, Patrice Barbier, Valérie Barde, Imed Ben Salah, Henri Bernard-Maugiron, Xavier Bichon, Avril Boscolo-Savon, Dominique Bravermann, Aurélie Bouquet, Gérard et Olivier Bréguiboul, Alain Cappelli, Jean-Claude Cayol, Alain Chabaud, Chrystelle Charry, Franca Cibecchini, Laurent Claquin, Nicolas Clerc, Xavier Coquoz, Bertrand Corbasson, Xavier Corré, Guy Dauphin, Isabelle Daveau, Henri-Germain Delauze, Anne Delhomme, Elise Devidal, Julien Dez, David Djaoui, Cathy Dovis-Vicente, Pierre Drap, Muria Duo Ramila-Pelgas, Christine Durand, Jean-Didier Ferré, Nicolas Figuerolles, Marc Fluet, Luc Forbeaux, Jean-Pierre Fredon, Souen Fontaine, Jean Garretta, Pierre Giustiniani, Julien Gory, Eric Gottwallès, Sandra Grek, Brice Grillat, Reuben Grima, Anne Hoyau, Stéphane Holden, Albert Illouze, Marine Jaouen, Fred Jeannin, Anne et Jean-Pierre Joncheray, Jeannot Lapeyre, Valéry Léonard, Frédéric Leroy, Laeticia Leru, Christine Lima, Catherine Lonchambon, Daniel Mageaud, Chiara Mallegni, Alain Mariani, Sabrina Marlier, Laurent Masselin, Jean-Max Mazier, Jean-Bernard Memet, Denis Metzger, Jean-François Meyvial, Jacques Mézergues, Alain Mille, Benoît Mille, Pierre Mille, Marc Monnet, Jonathan Moore, Hervé Moulet, Philippe Moyat, Jean-Marie Neyrou, Laurent Pastor, Andrea Pastorino, Philippe Pelgas, Jean-Claude Perrotti, André Pruveau, Kévin Quillon, Gérard Réveillac, Lénaïc Riaudel, Alain Rico, Philippe Rigaud, Pascale Rimbert, Michel Rival, Pierre Rochette, Nathalie Rouers, Lionel Roux, Vincent Salillas, Caroline Sauvage, Gérald Savon, Jérémy Simonnot, Duncan Simpson, Giorgio Spada, Suzanne Tassinari, Eric Teyssier, Ghislaine Thirion, Jean Torchio, Jean Triboulet, Marinella Valente, Luc Vanrell, Sara Vasile, Michel Vazquez, Maxime Vedel, Assia Véléva, Claude Vella, François Vincent, Jo Vicente, Thierry Willaey, José Zomeno.

Merci aux photographes :
Kim Antoniazzi, Chrystelle Chary, Laurent Jordan, Jean-Luc Maby, Denis Metzger, Gérard Réveillac, Lionel Roux, François Vincent.

Merci aux dessinateurs :
Josep Anton-Cerda, Marie-Noëlle Baudrand, Olivier Catot, Stéphane Cavillon, Elise Devidal, Sandra Grek, Anne Hoyau, Kévin Quillon, Frédéric Leroy, Sabrina Marlier, Laurent Masselin, Pierre Mille, Michel Rival, Michel Vazquez, Assia Véléva.

Nos recherches et cette exposition trouvent également un aboutissement grâce à de précieuses collaborations. Nombreux sont ceux qui nous ont entourés et qui ont été des soutiens indispensables, nous les remercions tout aussi sincèrement :
Pascal Adalian, Ali Aliaoui, François Arnoul, Othello Badan, Jean-Charles Balty, Alexandra Barbot, David Barel, Joëlle Bendayan, Jean-Luc Berterottière, Philippe et Annie Blanc, Roland Blanc, Raphaël Beauvois, Bruno Bizot, Véronique Blanc-Bijon, Jean-Paul Camargo, Alain Cappelli, Jean-Paul Capitani, Jean-Claude Cayol, Alain Charron, Aurélie Coste, Barbara Davidde, Henri-Germain Delauze, Xavier Delestre, Sophie Descamps-Lequime, Stéphane Dormes, Pierre Drap, Daniel Eck, Antoine Ferrando, Philippe Ferrando, Manu Fiocca, Sandrine Frias, Jean Garretta, Jean-Pierre Gautier, Saléha Gherdane, Gilles Ghiringhelli, Pierre Giustiniani, Sébastien Gosselin, Sébastien Guibot, Christian Goudineau, Patrick Grandjean, Julia Greiner, Aude Gros de Beler, Henri Guaino, Frédéric Guibal, Cyril Havoudjian, José Ibanez, Albert Illouze, Gabriel Jandot, Anne-Marie Jaussaud, Flemming Johansen, Luc Jorda, Eric Lagouche, Annie-France Laurens, Carole Landais, Céline Laval, Georges Lemaire, Georges Léonetti, Michel L'Hour, Bernard Liou†, Michel Margne, Michel Martin, Olivier Martin, Jean-Luc Massy, Michel Maufroy, Claude Mauron, Marie-Josèphe Mazel, Pascal Mercier, Jean-Luc Orabona, Gabriella Panto, Christophe Pellecuer, Jean-Luc Pettier, Patrice Pomey, Hafed Rafai, Jean-Pierre Rata, Sylvie Rebuttini, Aude Révillon, Florence Richez, Alain Rico, Eric Rieth, Philippe Rigaud, Jessy Ruiz, Raymond Sarrazin, Jean-Maurice Rouquette, Laurent Sauvage, Gérald Savon, Hervé Schiavetti, Claude Sintes, Nicolas Tasset, Eric Teyssier, Jean-Claude Thiry, Michel Thys, Soizic Toussaint, Michel Vauzelle, Claudie Verger, Frédéric Wilner.

Au sein du conseil Général des Bouches-du-Rhône, l'action de Monique Agier, directrice générale, d'Annick Colombani, directrice générale adjointe, et de Cécile Aubert, directrice de la culture.

## REMERCIEMENTS DU MUSÉE DÉPARTEMENTAL ARLES ANTIQUE

Nous tenons à remercier chaleureusement : Giuseppe Andreassi, Grégoire Ayala, Giovanna Maria Bacci, Morgane Balitrand, Georgette Ballez, Ronald Bockius, Josette Castillon, Christelle Chary, Hervé Degand, Gianluca de Felice, Emilia Francavilla, Fiamma Fulgenzi, Nadine Gomez, Sabine Got-Castellvi, Christine Goubert, Patrick Hautbout, Volker Iserhardt, Jacques Lasfargues, Felix Leutner, Renaud Mallet, Carmelina Mancini, Sabrina Marlier, Frédéric Marty, Isabelle Pantanace-Grasswill, Ulrike Politzky, Patrice Pomey, Philippe Salinson, Hugues Savay-Guerraz, David Schenck-Kitterie, Marie-Hélène Sibille, Florence Specque, la maison du fleuve Rhône de Givors, le CPIE Rhône pays d'Arles, l'école Supinfocom Arles, la STAR, l'office de tourisme d'Arles, le comité départemental de Tourisme, le comité régional de Tourisme.

## IV. OBJETS DE LA NAVIGATION



## V. OBJETS DU COMMERCE ET DU QUOTIDIEN



## VI. OBJETS RARES

# CÉSAR, LE RHÔNE POUR MÉMOIRE

Il y a dans *Fellini Roma* une scène poignante, dont chacun se souvient : des fresques antiques surgissent brusquement des profondeurs du métro en chantier, apparaissent l'espace d'un instant, pour aussitôt s'évanouir, s'effacer à la lumière du présent... Cette brève séquence nous donne à voir combien peuvent être fugitives les résurrections du passé et combien sont rares et fragiles nos éclairs de mémoire. C'est pour lutter pied à pied contre cette amnésie trop naturelle que les archéologues fournissent leur travail acharné.

Les fragments de mémoire arrachés en Arles aux eaux du Rhône par une plongée de vingt ans sont l'illustration même de ce triomphe sur l'oubli. Tirés du sommeil liquide où ils étaient plongés, ces vestiges sont comme les éclats d'un temps qui continue de nous habiter. Sortir des eaux un trésor des temps anciens fait songer aussi à l'opération du photographe et à ce moment de grâce où les traits d'un visage se dessinent pour prendre soudain cohérence.

Les figures sauvées de l'engloutissement ne sont immobiles qu'en apparence : elles sont encore animées de la vie que l'artiste a fondue dans la pierre, et paraissent douées d'une singulière présence. Elles sont comme les témoins d'une époque dont elles nous font aussi, à leur manière, les contemporains indiscrets.

C'est le sens de cette exposition unique de nous donner le sentiment enivrant et presque étrange de vivre un moment de la vie antique. Le regard de César croise le nôtre et l'interroge. J'ai tenu à ce que ce buste exceptionnel soit exposé dans les salons du Ministère de la Culture et de la Communication au Palais-Royal à l'occasion des Journées européennes du Patrimoine 2009, et je remercie le Musée départemental Arles antique d'avoir fait ce cadeau aux Parisiens.
Il nous a permis de faire partager au plus grand nombre cette rencontre avec notre passé, avec notre mémoire, avec nous-mêmes.

Frédéric Mitterrand,
*Ministre de la Culture et de la Communication*

Souvent le fleuve Rhône a été porteur de difficultés, voire de drames : naufrages lorsque la navigation n'était pas aussi maîtrisée, pollution liée à l'essor industriel de notre pays, inondations récurrentes... Mais c'est en même temps une des artères majeures de l'Europe, celle qui permet aux hommes d'échanger leurs matières premières, leurs produits, leurs idées. Les travaux conduits par les archéologues du Département des recherches archéologiques subaquatiques et sous-marine, qu'il faut féliciter ici, et l'exposition qui en découle, sont en ce sens d'une importance capitale. En remontant patiemment de la vase des objets modestes de la vie quotidienne, aussi bien que les trésors les plus précieux, dont le buste de César reste l'emblème, les chercheurs nous donnent à comprendre l'ancienneté et la densité de ces contacts. Savoir que la basse vallée du Rhône, devenue depuis notre département des Bouches-du-Rhône, était, comme aujourd'hui, reliée quotidiennement et pacifiquement à l'arc méditerranéen, à l'Afrique du Nord ou au Proche-Orient est un motif d'espoir dont il faut, en ces temps troublés, mesurer tout le symbole.

Jean-Noël Guérini,
*Sénateur et président du Conseil général*
*des Bouches-du-Rhône*

Parmi les nombreuses missions d'un musée, il en est une, l'accroissement des collections, qui dépend pour beaucoup des circonstances. La plupart des établissements ont un budget spécifique et procèdent à des acquisitions correspondant à leur fonds, en suivant le marché de l'art. Pour les musées d'archéologie, il est possible, en outre, d'augmenter épisodiquement ce corpus grâce aux hasards des fouilles. Mais ce qui se passe à Arles est d'une toute autre ampleur et n'a, à ma connaissance, pas d'équivalent actuel dans le monde. Au début du siècle précédent et à la suite de retentissantes fouilles en Grèce, Salomon Reinhardt avait pu écrire que la mer était le plus grand musée du monde : il pourrait, désormais, étendre cette belle phrase aux fleuves. C'est en effet un véritable transfert qui est en cours, depuis le musée secret et inconnu du Rhône jusqu'au Musée départemental Arles antique. Les silures, conservateurs du lieu, ne sont pas très sympathiques et les salles un peu glauques, mais l'ensemble est remarquablement organisé avec son département des terres cuites, celui des sculptures ou des bois gorgés d'eau, sans compter le cabinet de numismatique. Il y a même une très riche section contemporaine, mais nous laissons à nos collègues du IV<sup>e</sup> millénaire la joie de remonter les caddies de supermarché, les carcasses de voiture ou les grenades à main.

Si cet accroissement spectaculaire de nos collections a été rendu possible, c'est grâce à l'action du Département des recherches archéologiques subaquatiques et sous-marines qui, au nom de l'Etat, autorise les fouilles et accorde les dépôts : que son directeur actuel, Michel L'Hour, trouve ici l'expression de notre reconnaissance. Enfin, il faut saluer Luc Long, qui conduit ces travaux depuis plus de vingt ans avec une passion et un engagement qui méritent le respect. Malgré des difficultés sans nombre, malgré les contraintes climatiques, budgétaires ou humaines, Luc et ses équipes sortent des eaux boueuses et polluées du Rhône des trésors de beauté aussi bien que des documents des plus modestes, reconstituant ainsi une partie du passé d'Arles.

Après avoir longtemps baigné dans les limons au milieu des péniches, les collections sont désormais l'objet de toutes les attentions des professionnels : conservateurs et restaurateurs du musée départemental prodiguent leurs soins afin que ces témoignages remontés avec tant de difficultés par les archéologues du DRASSM puissent être présentés au public et préservés pour les générations futures. L'exposition *César, le Rhône pour mémoire* organisée sous la responsabilité de Luc Long, son commissaire général, de Jean Piton, commissaire scientifique, et de Fabrice Denise, son commissaire exécutif, en est une preuve éclatante.

Claude Sintes,
*Conservateur en chef,*
*Directeur du Musée départemental Arles Antique*

Surgi du fond du Rhône, au pied du quartier arlésien de Trinquetaille, le buste en marbre d'un personnage saisi par le sculpteur dans sa maturité est venu soudainement rappeler, en août 2007, l'importance des recherches conduites depuis plusieurs décennies dans le Rhône par les équipes du Département des recherches archéologiques subaquatiques et sous-marines (DRASSM). Identifié par les meilleurs spécialistes comme un portrait réaliste de Jules César, ce buste, sans doute sculpté du vivant du dictateur, marque d'une pierre milliaire particulièrement prestigieuse un itinéraire scientifique qui, à l'instar de bien d'autres, fut jalonné d'embûches, voire de phases de doute qui auraient entraîné beaucoup au renoncement. Car le Rhône, route majeure du commerce romain, a des caprices et des colères de diva, marqués de crues brutales, d'eaux troublées que hantent les silures et de courants puissants qui entraînent entre deux eaux des objets invisibles aux plongeurs. Pour tenir tête, il fallait donc une bonne dose de cet enthousiasme et de cette opiniâtreté qui, depuis la naissance de l'archéologie sous-marine en France, en 1966, est la marque des archéologues aux pieds palmés. Luc Long, qui incarne depuis vingt ans cette stratégie de recherche systématique du DRASSM dans le fleuve, mérite légitiment, au premier chef, d'en être loué. Mais l'exposition *César, le Rhône pour mémoire* est aussi un moment privilégié pour se rappeler combien grande est notre dette envers tous ceux, archéologues professionnels ou bénévoles éclairés, qui ont contribué depuis deux décennies à fouiller le passé immergé de la cité arlésienne. Car c'est bien à l'énergie de cette foule de passionnés qu'elle doit d'abord son existence. A eux et à toute l'équipe du Musée de l'Arles antique, aujourd'hui dirigée par Claude Sintes, avec laquelle les archéologues sous-marins ont noué de longue date une complicité féconde étayée d'un même engouement scientifique pour cette antique *Arelate* qu'Ausone qualifiait de *petite Rome des Gaules*. Si interroger avec méthode un univers fluvial englouti, analyser avec rigueur les témoignages matériels qui y sommeillent depuis parfois des centaines de générations forment le premier devoir des archéologues sous-marins, restituer au public cette part de son passé brutalement figé en est un second non moins fondamental. *César, le Rhône pour mémoire* vise précisément cet objectif et l'on n'aura garde d'oublier que les pièces archéologiques ici présentées sont bien plus que de beaux objets, rares ou étonnants, singuliers ou énigmatiques. Elles sont surtout l'expression matérielle de notre histoire commune et l'on peut gager que chacun trouvera à se reconnaître un peu dans cette mémoire que le fleuve a su jalousement préserver et dont le Ministre de la Culture et de la Communication a souhaité voir l'exposition reconnue d'intérêt national.

Projet d'intérêt national, science du passé et histoire de nos vies... Pour une discipline aussi jeune que l'archéologie sous-marine, ce sont des mots lourds de sens et les assumer dans une exposition procède d'une grave responsabilité. Au vrai, il s'agit même d'un authentique challenge qu'il fallait avoir le courage de relever. Que tous ceux qui ont contribué à l'existence puis à la matérialisation de cette exposition – et au premier rang d'entre eux Luc Long, commissaire général, et Fabrice Denise, commissaire exécutif – trouvent donc ici l'expression de nos plus chaleureux remerciements.

Michel L'Hour,
*Conservateur général du patrimoine*
*Directeur du* DRASSM

# ARELATE DVPLEX
## Arles la double

*Arles, printemps 1888*

En cette fin d'après-midi, installé à sa table habituelle où le serveur avait cérémonieusement déposé les gazettes, un verre et une bouteille de son vin blanc préféré (un petit cru du Comtat venaissin), ayant défait trois boutons de son gilet, desserré le ruban de son col, le Maître profitait des derniers rayons printaniers, jouissant aussi de la considération respectueuse qui l'entourait. L'estaminet de la petite place des Hommes était pourtant bondé. Mais, sauf s'il s'adressait à vous, nul n'eût osé déranger M. Frédéric Mistral.

Les gazettes n'offraient rien d'intéressant. Ce nouveau président, Sadi Carnot, lui inspirait des sentiments mélangés : sans doute un républicain convenable, mais apprécier un polytechnicien… Le général Boulanger continuait à s'agiter, on ne parlait que de lui, méfiance. Cette Exposition universelle à Paris, pour laquelle certains souhaitaient sa coopération et sa présence, elle semblait bien engagée, mais mieux valait réserver la réponse. Tiens, Giuseppe Verdi vient de triompher avec *Otello* ! Ce vieil enchanteur est encore vivant, il a je ne sais combien d'années de plus que moi, ça m'aurait plu qu'il mette *Mireille* en musique. Mon Dieu, ces tableaux, qui peut les acheter ? Léon Bloy annonce un nouveau roman – pourquoi est-ce que j'aime bien ce drôle de littérateur ? Ah, la rubrique horticulture, elle, au moins…

— Grrand Maîtrre, pouvez-vous m'accorr…der un en…trre…tien ?

Mistral leva les yeux, découvrant avec stupéfaction le personnage improbable qui venait d'interrompre sa lecture. On ne lui donnait pas d'âge (quarante, cinquante ans ?). Un rouquin au grand front, le visage envahi par une pilosité sauvage, mais surtout marqué par des yeux étranges, fortement creusés et d'une fixité fiévreuse. Il portait des vêtements qui devaient correspondre à sa conception du "correct", totalement disparates, froissés – même l'espèce de chose qui faisait office de cravate. Il trimballait un grand carton comme en portent les peintres.

Sans y avoir été invité, il s'assit.

— Vincent Willem Van Gogh. Parrrdon pour mon accent. Je suis de Hollande. Je voulais rencontrer le trrrès grand monsieur. J'ai adorrré *Mirrreille.* Je voudrais *Le Trésor du félibrige,* mais je n'ai pas l'arrrgent aujourd'hui.

Le Maître, assez flatté, appela le serveur.

— Vous buvez quelque chose ?

— Comme vous.

Le premier verre de blanc fut avalé d'un trait, ainsi que le suivant. Mistral commanda une deuxième bouteille.

— Que faites-vous, monsieur Van Gogh ? Vous êtes dessinateur, peintre, à en juger par ce carton ?

— J'ai travaillé... à La Haye, à Londres, à Anvers, à Paris, j'ai beaucoup dessiné, beaucoup peint. Je suis ami avec des gens dont vous connaissez peut-être les noms : Toulouse-Lautrec, Gauguin... Mais j'admire des peintres de votre région, Paul Cézanne, et surtout Adolphe Monticelli.

— Ah, Monticelli, évidemment, j'ai vu son *Arlésienne*, qui m'a plu. Les autres, ce n'est pas vraiment...

— Vous les connaissez mal, s'agita Van Gogh, en se servant un nouveau verre.

Le Maître commençait à se sentir intéressé.

— Pourquoi êtes-vous venu à Arles ?

— Pour peindre ce que je recherche depuis toujours ! Que j'ai trouvé en partie dans vos œuvres. Les contrastes et leur fusion. La montagne et la plaine. Le soleil éclatant et la fragilité des fleurs. Le déchaînement des passions et la sagesse ancestrale. La...

— Je comprends ce que vous dites. Montrez-moi vos toiles.

Drôle de scène. Peu à peu, la table fut entourée par un petit groupe qui regardait et écoutait. Van Gogh, au début, commenta avec véhémence, puis, sur un signe du Maître, se tut, se rassit et se concentra sur son verre. Le monde extérieur avait disparu. Il n'entendait rien des réflexions qui fusaient.

— *Aquéli coulour, lis as visto ?* (T'as vu ces couleurs ?)

— *Acò's pas de pinturo vertadiero, iéu fariéu parié.* (C'est pas de la vraie peinture, j'en ferais autant.)

— *La Crau, ansin ! Se sèmblo pas !* (Jamais vu la Crau comme ça !)

— *E acò, parles d'un tablèu !* (Et ça, tu parles d'un tableau !)

Mais l'attention prêtée par le Maître finit par instaurer le silence, et les spectateurs refluèrent. Frédéric Mistral replaça les toiles dans le carton, qu'il referma. Van Gogh ne donnait nul signe de vie – seuls s'agitaient ses yeux grands ouverts.

— Vincent ? Vincent ??

— Oui ?

— Vous avez bien fait de venir à Arles. Vous êtes chez vous. Vous permettez que je vous appelle Vincent ? Vous allez m'écouter. J'aime parler.

Van Gogh hocha la tête. Mistral lui versa le reste de la bouteille et en fit apporter une autre.

— En ce monde, les éléments sont l'air, la terre, l'eau et le feu. Certains êtres le ressentent profondément. Je suis l'un de ceux-ci, comme le fut Victor Hugo. Ce qu'on appelle la littérature populaire va sans cesse d'un de ces éléments à l'autre. Je n'en dirais pas autant de la plupart de nos auteurs ou de nos peintres. Je ne suis pas sûr d'aimer, au plan de l'esthétique, les toiles que vous m'avez montrées, mais, au plus profond, elles me touchent. L'air est là, qui vibre et anime, le feu éclate dans la lumière et les couleurs, l'eau et la terre sont omniprésentes. Dans l'art comme dans l'univers, c'est l'union des contrastes qui produit la beauté et la vie.

Van Gogh lui jeta un regard perçant :

— Arles ?

— Arles est la sublimation des contrastes. Un écrivain romain de la fin de l'Antiquité...

— Ausonius. Ne me croyez pas inculte, mon père était pasteur, j'ai quelques notions : "Arles, ville double, ouvre tes portes... Arles, Rome des Gaules..."

— Pardon. Ausone dit *Arelate duplex*, Arles la double, parce qu'elle s'étendait sur l'une et l'autre rive du Rhône. Mais il est loin du compte.

— Expliquez.

— Arles sur les deux rives, oui. Mais, dès l'origine, Arles fut double : une ville gauloise, où les Massaliotes s'installèrent. La ville romaine fut fondée par deux consuls, César et Lépide. Elle dut sa prospérité à son commerce – grâce au canal de Fos et au Rhône – et à son terroir agricole. La mer et la terre : je pourrais filer la métaphore indéfiniment. Arles la sage, Arles la révolutionnaire. La plaine, les collines. L'eau des crues, le feu des incendies. Notre amphithéâtre si longtemps occupé par des maisons. Cette langue qui doit tant au latin quoique nous parlions et écrivions français : mon *Trésor du félibrige* est-il autre chose que l'expression de cette double face ? Le Rhône n'unit-il pas les Alpes, Lyon, à la Méditerranée et à tant de pays ?

Un moment de silence.

— Songez-y. Arles est le seul port maritime niché à l'intérieur des terres, vers lequel confluent et d'où partent ce qu'on appelle merveilleusement les "bouches". Vous y trouvez les ponts, et des routes qui vont en tous sens. Comment ne pas imaginer les flux de bateaux, de chariots, de commerçants, et, en même temps, ces sages propriétaires et paysans, sans parler des bergers de la Crau et des taureaux de la Camargue ? Et ces pouvoirs partagés entre nobles, bourgeois et hommes de robe ? Les passions écartelées entre l'amour fou et le devoir familial ? *Ma pichoto Mirèio noun poudié èstre que d'aqueste païs...* (Ma petite Mireille ne pouvait être que de ce pays...)

Le Maître se passionnait lui-même, Van Gogh le fixait – mais l'écoutait-il ?

— Vous savez, j'ai des relations qui possèdent des pièces antiques admirables. Il faudra aussi que je vous emmène à l'église Sainte-Anne. Ça pourrait vous inspirer, ces statues, ces bijoux, ces vases comme on n'en voit qu'en Italie ou en Grèce. Si nos édiles n'avaient pas laissé massacrer les Alyscamps pour le chemin de fer, et le bord du Rhône pour ces horribles gares... Enfin... *Es lou revenge de la terro.* (C'est la revanche de la terre.) Je vais écrire un conte pour instruire mes compatriotes. On y verra surgir des eaux *Netune, diéu de la mar, Rodanos, diéu dóu flume, li conse foundadou, Cesar e Lepide, em'uno Vitòri nuso, trelusènto d'or* (Neptune, dieu de la mer, Rhodanos, dieu du fleuve, les consuls fondateurs, César et Lépide, et une Victoire nue, éblouissante d'or), tous ruisselant de l'onde nourricière pour regagner la terre qu'ils ont fécondée ou organisée. Des colonnes, des frontons retrouveront leur rive, pour ressusciter les antiques monuments. Des frises...

— Je dois partir, dit Van Gogh. Pourrai-je vous revoir ?

— Avec plaisir. Je sors avec vous, moi aussi je suis attendu.

Curieux spectacle pour les habitués que de voir le Maître et cette espèce de rapin s'en aller ensemble, se tenant par le bras et oscillant légèrement. L'un comme l'autre partageaient une certitude : à ce qu'ils distinguaient, *Arelate* était incontestablement *duplex*.

## *Arles, printemps 2009*

Journée de travail dans les réserves du musée de l'Arles antique, avec Luc Long, Claude Sintes et leurs collaborateurs. Chance inouïe que de découvrir, de contempler – d'abord en silence – ces sculptures sublimes. La Victoire, si jolie, si sensuelle, en cours de restauration. J'avais vu César en photo, mais l'avoir là, devant moi, le toucher, le prendre dans mes mains, une grande émotion. Evidemment, c'est César. J'ai passé des années avec lui, lisant et relisant ses écrits, écrivant à mon tour des commentaires sur les siens ! Une sorte de relation à la fois intuitive et charnelle se crée avec celui que l'on a fréquenté si longtemps. Un regard suffit. J'ai toujours refusé les arguments d'autorité, mais il est des sensations que l'on peut dire avec simplicité. J'ai vu César, j'ai vu Lépide, j'ai vu Neptune, j'ai vu Marsyas. Et c'est extraordinaire. Vous qui allez visiter cette exposition, je souhaite que vous partagiez mon émerveillement.

Deuxième impression, à mesure que se déroulent les échanges avec les fouilleurs qui évoquent leurs recherches dans le Rhône avec laconisme et sans emphase : complètement fou ! J'essaie de me mettre à leur place (en frissonnant). La boue, les décharges, ces horribles poissons qui vous guettent, la quasi-absence de visibilité, des pirates contemporains, les contraintes du relevé scientifique, ces pièces d'architecture pesant des tonnes qu'il faut sortir de l'eau et transporter, tout me paraît défier la raison, et j'observe avec incrédulité le mélange de passion et de rigueur que tentent de me communiquer mes interlocuteurs. C'est peut-être à ce moment-là que j'ai pensé à Mistral et à Van Gogh, et que m'est venue à l'esprit l'idée que l'entreprise aurait reçu leur patronage. Mais j'étais surtout fasciné par les suggestions qui, à petites touches, dessinaient une esquisse de la rive droite de l'*Arelate duplex*, celle d'Ausone.

Ausone : aujourd'hui, son nom n'a guère d'éclat. Pourtant, le personnage ne le cède en rien à Cicéron, ni pour l'envergure intellectuelle ni pour les responsabilités politiques, et même militaires. Difficile d'imaginer un "professeur", précepteur d'un fils d'empereur, membre d'état-major dans des campagnes contre les Alamans, préfet des Gaules et d'Italie, consul, orateur d'une réputation inouïe, auteur d'œuvres composant un répertoire éclectique qui connurent de son vivant un succès incroyable. Il a beaucoup voyagé, il connaît l'état de l'Empire romain dans ce IV^e^ siècle dont il a parcouru l'essentiel, de sa naissance vers 310 à sa mort quatre-vingts ans plus tard. Ce n'est pas un poète en chambre, il a l'expérience "des hommes et des villes", comme disait Homère.

Il a combattu, il n'ignore rien de ce que nous appelons, nous, les "invasions barbares" ni des destructions ou désolations qui s'en sont ensuivies. Mais nous ne vivons pas à l'époque qui fut la sienne, nous la contractons, mettant en relief les épisodes sinistres, alors qu'Ausone éprouvait le sentiment de renaissance, une renaissance parfois tourmentée mais maîtrisée et prometteuse. Dans vingt siècles, si ne subsistait que la relation des bombardements de Londres, que diraient les historiens sur le sort de la ville après la Seconde Guerre mondiale ? Ou du Japon après Hiroshima ? Ou de Dresde ? Il faut en finir avec les idées "catastrophiques". Paul-Albert Février, grand ami d'Arles, a tenté, sa vie durant, de les combattre, et nombre de découvertes récentes lui ont donné raison, dans le Midi et ailleurs.

Ausone, dans son "classement des villes célèbres", cite en premier lieu Trèves. Le second nom, c'est Arles. Celle-ci pouvait s'enorgueillir de nombreux titres de gloire : les empereurs Constantin et Constance s'y étaient rendus, on y avait transféré vers 314-315 l'atelier monétaire d'Ostie (une mesure qui dut paraître ahurissante) et nombre de fonctionnaires chargés de contrôler toutes sortes de produits et d'approvisionnements. Elle devait, peu après la mort d'Ausone, recevoir la préfecture du prétoire des Gaules. On ne saurait donc prendre à la légère ces mots d'Ausone, *Arelate duplex*, Arles la double. Ils veulent dire que sur l'une et l'autre rive du Rhône se présentaient des "équipements urbains" de nature équivalente ou complémentaire.

Alors, peut-on restituer cette demi-*Arelate* côté Trinquetaille ? Les trouvailles récentes dans le Rhône peuvent-elles en refléter l'image ? La question est de savoir jusqu'où on peut aller. Les fouilles en milieu subaquatique inspirent souvent de la méfiance. Elles sont troubles – dans tous les sens du terme. D'où provient ce qui gît dans l'eau ? Comme les silures, des pièges redoutables peuvent vous happer.

Nul ne mettra en doute le rôle portuaire de la rive droite, qu'attestent tant de pièces d'équipement naval que le lecteur découvrira, ces restes d'épaves avec leurs ancres, leurs assemblages au plomb, ces pelles de gouverne longues de 7 m qui m'ont stupéfié, les toiles de calfatage, les cordages – je passe sur les amphores et tant d'autres objets. Un port, c'est évident, avec des quais, de longues rangées d'entrepôts, à l'image de ceux qui ont été fouillés à Vienne (sur la terre ferme !), les plus étendus que l'on connaisse dans le monde romain. Arles, Vienne, le Rhône, la voie de pénétration vers le monde du Nord, vers les camps où stationnent les légions. Arles, où se trouvait l'administration de la *quadragesima Galliarum*, l'endroit où l'on payait la taxe. Que Trinquetaille ait été occupée par les activités économiques, pas de problème. Par ailleurs, que des *domus* y aient été construites, soit pour des négociants, soit pour des notables désirant jouir de vastes habitations, on le sait par les mosaïques et les sarcophages du IVe siècle.

En revanche, l'idée que ce "faubourg" ait pu faire l'objet d'une ornementation publique, que de grands monuments s'y soient dressés, cette idée est dérangeante. Elle bouleverse les schémas traditionnels. Pourquoi ? Sans doute parce que le fleuve est considéré comme une limite. Pourtant, Rome a franchi le Tibre, *Lugdunum*, la Saône et le Rhône, Vienne, elle aussi, était double et, sur la rive droite, outre de superbes *domus*, le "palais du Miroir" offrait de merveilleux agencements et des architectures dignes de Rome. Le fleuve peut constituer un élément majeur dans la "mise en scène" de l'espace urbain, notamment par son franchissement. Comment croire qu'*Arelate* ait pu se contenter de la petite cinquantaine d'hectares que lui attribuent les plans des archéologues, alors que Nîmes ou Orange, ses voisines, couvrent une superficie au moins quatre fois supérieure ? Et pourquoi vouloir concentrer sur la rive gauche l'ornementation monumentale ? Où sont les arguments, sinon *ex silentio* (jusqu'à présent) ?

Voilà pourquoi, à mesure que j'entendais les fouilleurs me raconter et me montrer leurs trouvailles dans le Rhône, je ne me suis pas senti surpris par les hypothèses qu'ils avançaient avec une prudence qui, à la limite, me paraissait excessive : j'aurais manifesté davantage d'enthousiasme et de conviction ! Que ces chapiteaux aient pu appartenir à un édifice du type de la Maison carrée de Nîmes, que tous ces fragments de fûts, de frises, d'acrotères, de corniches révèlent une "parure monumentale" qu'on n'imaginait pas en ces lieux, que cette colonne historiée hallucinante fasse songer à l'Artémis d'Ephèse, eh bien, oui ! Ils avaient raison de confier aux spécialistes l'étude de ces pièces, de leur laisser proposer leurs conclusions en termes d'architecture, de stylistique et de datation. Cependant, je les invitais à défendre l'idée qu'ils nourrissaient, celle d'une rive droite très différente de ce que l'on avait pensé avant leurs recherches.

Ce catalogue présente donc des relations et des analyses le plus objectives possible. Mais il n'occultera pas, j'espère, la part de l'imaginaire, sans laquelle l'archéologie n'a pas d'intérêt. Fermant les yeux, je vois Lépide et César statufiés sur un arc ou une porte que chacun admire... Les consuls fondateurs revivent, nous regardent...

— *La vido es... es... un sounge* (La vie est... est... un songe), proféra Mistral. *E... lou countràri.* (Et... inversement.)

— *Traum, Leben, dream, life,* marmonna Van Gogh.

*Èro soulèu tremount. Arle venié rose, rouge, e si rebat sombrejavon adeja dins lou flume, ounte dourmien de diéu.* (Le soleil se couchait, Arles rosissait, rougeoyait, ses reflets s'obscurcissant déjà dans le fleuve, où sommeillaient des dieux.)

Christian Goudineau,
*Collège de France*
mai 2009*

* Merci à Claude Mauron pour son aide provençale.

# DE LA MER AU FLEUVE : LES PORTS ANTIQUES D'ARLES

***Luc Long***

Depuis le XX^e siècle et le développement des fouilles urbaines, chaque sondage terrestre, chaque excavation dans la ville d'Arles révèle de nouveaux vestiges qui bousculent nos connaissances et complètent les innombrables témoignages de son histoire. Mais un domaine de recherches particulier, le plus souvent hostile et hasardeux, celui des fouilles subaquatiques et sous-marines, lève le voile sur un nouveau visage de la cité, un autre aspect de sa grandeur romaine. Opérées par le DRASSM[1] depuis une vingtaine d'années, d'abord au large de la Camargue, puis dans le Rhône, ces opérations archéologiques fastidieuses, réalisées dans des conditions de travail parfois dangereuses, apportent des informations capitales sur l'organisation du port antique d'Arles et sur sa vocation à la fois fluviale et maritime.

Dès que la nouvelle colonie de Jules César hérite du territoire de Marseille et du contrôle du fleuve, elle doit répondre à deux exigences : augmenter les surfaces nécessaires au stockage des marchandises en transit et développer une batellerie et une marine qui puissent s'affranchir des caprices du Rhône et du piège de ses embouchures. Rivage instable et bas, peu discernable depuis la vigie des misaines, à la croisée du vent marin et du mistral, le littoral camarguais fut, en effet, une terre à naufrage toujours redoutée des timoniers. Au gré des bancs de sable, dans le fond trouble de sa mer gauloise, il restitue quelquefois le tribut capricieusement prélevé au vaste commerce maritime qui s'est joué devant ses plages. Les premières interventions au large de ce littoral désert furent inaugurées en 1981, avec l'expertise d'une épave hollandaise naufragée en 1715. Des canons concrétionnés, des balles de mousquets et des tonnelets emplis d'acier se reflétaient alors sur nos masques. Depuis cette découverte, les nombreuses prospections entreprises entre Le Grau-du-Roi et Port-Saint-Louis-du-Rhône ont complété le riche répertoire des épaves perdues entre le XVII^e et le XIX^e siècle. C'est à partir de 1989, face aux Saintes-Maries-de-la-Mer, que fut localisée par un pêcheur saintois, Daniel Hermier, la première épave antique. Elle était chargée de lingots de plomb et d'amphores espagnoles. La même année, en prévision des travaux d'aménagement de la Compagnie nationale du Rhône, le DRASSM lançait dans le fleuve à Arles les premières fouilles subaquatiques.

*Pages précédentes*
Vue cavalière d'Arles au XIX^e siècle.

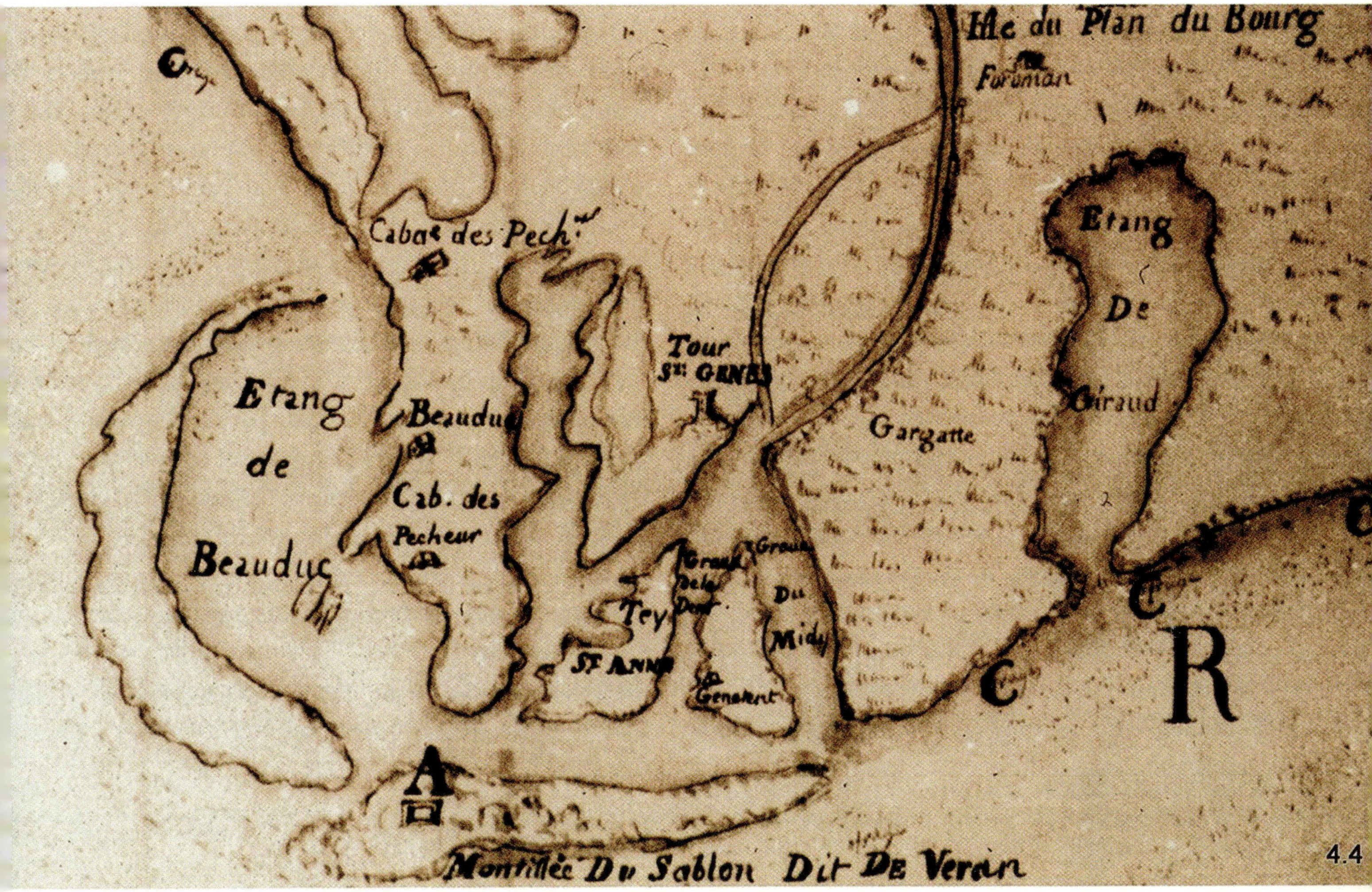


Carte de l'embouchure du Rhône de Beauduc au XVIIIe siècle dessinant un tracé comparable à celui du lobe antique de Saint Ferréol.

*Pages suivantes*
Aquarelle de J.-M. Gassend restituant l'embouchure du Rhône de Saint-Ferréol et son activité portuaire, à l'est des Saintes-Maries-de-la-Mer.

Aujourd'hui, sur le littoral de Camargue, une trentaine d'épaves antiques, datées entre le IIe siècle av. J.-C. et le IIIe siècle de notre ère, sont recensées face aux Saintes-Maries-de-la-Mer. Engravée sur des bancs de sable proches de la côte, la majorité de ces navires tentait de rallier une embouchure du Rhône antique, plus connu sous son vocable médiéval de Rhône de Saint-Ferréol. Témoins du commerce avec la Méditerranée, tous ces vaisseaux se distinguent par leur cargaison variée d'amphores, d'objets de bronze, de blocs de marbre ou de matières premières. A titre d'exemple, il faut citer les amphores Dressel 30 de l'épave *SM19*[2], les lingots de plomb de l'épave *SM12*[3], ceux encore de l'épave *SM1*, associés à des amphores à huile d'époque flavienne[4], les galettes de cuivre de l'épave *SM7*[5], les blocs de marbre des épaves *SM18*, *SM21* et *SM22*, les objets en bronze ciselé de l'épave *SM4*, ou encore les barres de fer collectées à ce jour sur plus d'une dizaine d'épaves. Parmi les objets isolés, sans doute perdus par tempête, il faut signaler une amphore grecque de Marseille ou encore un très beau portrait en

marbre d'Auguste, de près de 1 m de haut, que les lithophages ont partiellement dévoré sur une face. Au-delà de leur propre intérêt, ces découvertes confirment l'importance de la voie rhodanienne dans la diffusion en Gaule des produits méditerranéens. Connu des sédimentologues, le tracé du Rhône de Saint-Ferréol, qui longe depuis le sud d'Arles le nord-ouest de l'étang du Vaccarès, se confond dans le système lagunaire actuel[6]. Durant l'Antiquité, le nombre des bouches du fleuve était variable et parfois difficile à comptabiliser. Sur ce point, les auteurs anciens ne sont pas toujours unanimes. Dans les années 150-100 av. J.-C., le nombre des bras d'embouchure change : il passe de deux à trois – le chiffre donné par Pline –, pour se stabiliser à ce chiffre jusqu'à la fin de l'Antiquité. Le bras de Saint-Ferréol, qui sera fermé au XVI^e^ siècle, est celui qui nous intéresse ici. Il est le Rhône médian que Pline qualifie d'*Ostium metapinum* et qui coule au centre du delta. Pline, en effet, énumère deux bouches principales, l'embouchure libyque, à l'ouest, qui se décompose en une bouche espagnole et une *metapinum*, et la bouche orientale dite Massaliotique, qui se jette vers Fos. L'avancée de la côte était due aux lobes deltaïques édifiés par les atterrissements du bras de Saint-Ferréol[7].

Les épaves antiques recensées en Camargue, que le recul régulier du rivage depuis l'Antiquité situe parfois à 3 km en mer, à une profondeur moyenne de 14 ou 15 m, se sont visiblement échouées sur les barres d'avant-côte qui précèdent de quelques centaines de mètres au plus les cordons littoraux. Leur perte, en effet, est attribuée à la présence de séries régulières de bancs de sable disposés parallèlement à la côte et autour des embouchures, par 2 à 3 m de fond. Du coup, dans ce secteur, si l'on relie ensemble par une ligne pointillée toutes les épaves antiques, on obtient une représentation significative de l'embouchure au Ier siècle de notre ère. Ce lobe très avancé en mer rappelle d'autres formes naturelles. On pense à l'embouchure du Rhône de Beauduc, cartographiée au XVIIIe siècle.

Ce vaste lobe lagunaire construit par les apports sédimentaires du fleuve était ouvert sur la mer par des graus. A l'intérieur de cet ancien lagon, les plongées réalisées en 2006 ont mis en exergue des vestiges divers qui se rapportent, semble-t-il, à un espace portuaire aménagé, recouvert par la mer. Si aucune épave n'est présente, de nombreuses ancres antiques signalent la fréquentation de navires au débouché du Rhône de Saint-Ferréol. La multitude des installations terrestres, tout au long de son cours sinueux jusqu'à Arles, du Ier au IIIe siècle de notre ère, atteste l'intensité du trafic sur cette voie et sous-entend sans doute des berges aménagées pour le halage des navires de charge. En effet, une fois à l'intérieur de ce lagon, les navires de faible et moyen tonnage pouvaient sans doute franchir la barre alluviale du fleuve et remonter jusqu'à Arles en recourant à la voile ou au halage.

Les vestiges de ce port englouti, disposés par 9 m de fond, face à l'entrée de Port-Gardian, au débouché de l'ancien bras antique, se composent notamment de plusieurs alignements de blocs calcaires. Ces plots, parfois encore liés à du mortier, à des clous de charpente et à des fragments de *tegulae*, servaient vraisemblablement de bases de poteau. Ils rappellent les structures submergées de l'anse Saint-Gervais, dans le golfe de Fos-sur-Mer, interprétées comme des hangars à bateaux.

# SCÈNE DE HALAGE DE CABRIÈRES-D'AYGUES

La pièce a été inventée en plusieurs blocs en 1910 dans le terrain de Toussaint Guérin sur le territoire de Cabrières-d'Aygues, canton de Pertuis, au quartier de Brès.

D'après les prospections accomplies récemment par André Muller (1945-2006), les blocs proviendraient du site du dôme de la Tombe du Pin, en bordure d'un chemin situé aux abords du torrent du Loup. Mais le monument auquel ils se rattachaient devait prendre place, suivant l'archéologue, à la périphérie de la parcelle. Dans cette zone, André Muller a observé en effet un volumineux amas de blocs de carrière, de même nature pétrographique que les reliefs abrités au musée Calvet. Sur le relief principal, incomplet, deux haleurs *(helciarii)*, l'un imberbe, l'autre barbu, vêtus de tuniques courtes et flottantes, chaussé pour le premier d'épais brodequins plissés, tirent sur leurs épaules un câble court et épais. Ils retiennent de l'autre main l'extrémité pendante du câble, prise souvent à tort pour un bâton. Un troisième haleur se tenait devant eux, reconnaissable seulement au câble tracté par ses soins. Les cordes sont fixées à un mât court et épais comme un treuil, terminé par un chapeau à gorges. La barque a l'allure d'un chaland à la proue et à la poupe très relevées et recourbées, comportant deux lisses. A l'extrême gauche, un timonier barbu manie une perche aplatie en forme de pale à son extrémité. Devant lui sont disposés deux tonneaux cerclés de jonc, sans bonde ni douve. La barque orientée de gauche à droite, les haleurs courbés dans le même sens et les tonneaux suggèrent une livraison de vin dans le pays haut. L'iconographie des autres blocs fait référence au deuxième mode de transport des marchandises en Gaule, le roulage par voie de terre. Le cheval harnaché et la présence de guides laissent supposer l'existence d'un conducteur tandis que les amphores empilées pourraient faire référence aux apprêts du chargement d'un chariot.

Les trois blocs appartenaient à un monument funéraire de grandes dimensions. La scène de halage constituait sans doute le décor du soubassement et n'occupait pas une place centrale dans l'économie du monument, hypothèse longtemps retenue. Le commanditaire du mausolée désigne un notable, propriétaire foncier plutôt qu'armateur. Vraisemblablement, l'importance accordée aux moyens de transport est, rappelle Xavier Lafon, à mettre en rapport avec les intérêts du propriétaire, la gestion des produits de ses domaines.

O. C.

Fragment d'un mausolée
Cabrières-d'Aygues
IIe-IIIe siècle apr. J.-C. ; œuvre gallo-romaine
Calcaire jaunâtre à grains assez grossiers présentant des traces de coquilles pilées et d'importantes concentrations de calcite
Bloc principal : h. cons. 58 ; L. 150 ; bloc amphores : h. cons. 43 ; L. 32 ; bloc homme/attelage : h. cons. 61 ; L. 110 ; épaisseur moyenne d'origine : 40
Avignon, musée Calvet, legs Marc Deydier, 1919
Inv. 16.273

# LETTRE DU PRÉFET DE L'ANNONE, CLAUDIUS JULIANUS, AUX NAVICULAIRES D'ARLES

Cette inscription, découverte en 1899 près de Beyrouth, fut acquise par le Louvre en 1904. La plaque de bronze sur laquelle elle est gravée a été réutilisée plus tardivement et découpée en forme de disque, sans tenir compte de l'inscription. La taille originelle de la tablette n'est pas connue. Le revers a été retravaillé au tour, comme l'indique le trou de pointeau creusé au centre, et orné de cercles concentriques. Une frise d'animaux, restée inachevée, a été sculptée en léger relief à l'aide d'un ciseau sur le bord du plateau : on distingue une lionne poursuivant un lièvre, un ours mordant un sanglier, une gazelle terrassée par une lionne, un lévrier et un taureau courant.

Du texte, il subsiste une colonne presque entière, avec sur la gauche un morceau du cadre qui entourait l'inscription, et une seconde colonne très incomplète sur la droite.

Le texte de la première colonne contient la réponse du préfet de l'Annone, Claudius Julianus, aux naviculaires d'Arles, à la suite de la plainte qu'ils lui avaient adressée.

Les naviculaires étaient des armateurs privés qui avaient passé un contrat avec la préfecture de l'Annone, le service administratif chargé de l'approvisionnement *(annona)* de Rome. Ils acheminaient jusqu'en Italie des denrées, en particulier le blé fiscal collecté dans les provinces. Plusieurs contrôles étaient effectués au départ et à l'arrivée des navires, pour prévenir les fraudes.

La lettre du préfet de l'Annone est la conséquence d'un litige survenu entre les naviculaires d'Arles et les *mensores frumentarii* (mesureurs de grain), probablement dans le port d'Ostie. Ces derniers avaient sans doute constaté au déchargement une quantité de blé moins importante que prévue. Soupçonnés de fraude, les naviculaires avaient fait appel au préfet de l'Annone et menaçaient de ne pas renouveler leur contrat. En réponse à leur plainte, le préfet leur communique les injonctions qu'il vient d'adresser au procurateur de Narbonnaise, visant à protéger les cargaisons de blé. Il ordonne à son subordonné de contrôler les opérations de la mesure du blé et de fournir une escorte aux naviculaires pour prévenir tout risque de vol.

Ce document, favorable aux naviculaires d'Arles, fut certainement gravé à leur demande. L'inscription, aujourd'hui très incomplète, est d'interprétation difficile. La deuxième colonne renfermait peut-être la réponse du procurateur et il est possible d'envisager une troisième colonne contenant la plainte des naviculaires.

Le lieu de découverte de même que la date de l'inscription soulèvent également des interrogations. On a pensé que l'inscription avait figuré dans le port de Beyrouth où les Arlésiens avaient peut-être établi un comptoir. La datation généralement admise est fournie par le nom propre "Claudius Julianus", personnage qui occupa la fonction de préfet de l'Annone en 201 apr. J.-C. sous le règne conjoint de Septime Sévère et Caracalla. Le nom du procurateur a été effacé pour une raison inconnue, cependant son titre de "procurateur des deux empereurs" semble confirmer cette datation.

C. B.

Deir el-Kamar (Liban)
Vers 201 apr. J.-C.
Bronze
Ø 36,25
Musée du Louvre, Département des Antiquités grecques, étrusques et romaines
Br 4093

Mais la présence, à proximité immédiate de nos alignements de pierres, d'un très riche dépotoir d'amphores, de vaisselle et de petits objets de la vie quotidienne, plaide plus simplement en faveur de magasins de stockage. Quelle interprétation donner pour l'instant à ces vestiges ? A la suite d'un obstacle, d'une crue ou d'un étiage particulièrement bas, le Rhône interrompait sans doute la descente des allèges qui venaient décharger les gros bateaux de mer. Il fallait donc trouver provisoirement sur place des magasins en nombre suffisant pour libérer les navires au mouillage.

Au niveau chronologique, au vu des sondages effectués en 2006, ce dépotoir recèle du mobilier archéologique compris entre le v^e^ siècle av. J.-C. et l'Antiquité tardive. Les périodes les plus anciennes sont représentées par des cols d'amphores grecques de Marseille. On rappellera sur ce point que, selon Polybe, les Carthaginois, au moment de traverser le Rhône au nord d'Arles, avaient acquis sur place des barques et des bateaux disponibles en grand nombre, car beaucoup de riverains du fleuve faisaient déjà de l'importation par mer[8]. L'époque républicaine associe ensuite, comme sur les nombreuses épaves de Méditerranée française, les amphores vinaires (gréco-italiques, puis Dressel 1) à la vaisselle campanienne à vernis noir. La période augustéenne et le I^er^ siècle de notre ère constituent visiblement, comme dans les dépôts du Rhône, le *floruit* de l'activité économique de cet avant-port maritime. Le I^er^ siècle apr. J.-C. correspond, en effet, à la *pax romana*, période de paix et d'unité de l'Empire inaugurée par Auguste. Cet Empire est bâti autour de la Méditerranée, véritable poumon de ce monde d'échanges et de commerce entre les provinces riveraines. Mais notre dépotoir sous-marin recèle aussi des productions africaines et orientales qui témoignent de la fréquentation de navires dans ce secteur à des époques plus tardives. Un phénomène de transgression marine, qui isole aujourd'hui les vestiges à plusieurs centaines de mètres de la côte, sous 9 m d'eau, est à l'origine de leur lente submersion. Si nous percevons encore mal l'étendue de ces constructions, il est difficile dans le même temps de préciser quel était le rôle joué par le port de Fos-sur-Mer, dont le canal de Marius, creusé artificiellement un siècle plus tôt pour canaliser les eaux du fleuve[9], s'était peut-être déjà ensablé.

Mais les fouilles dans le Rhône au niveau d'Arles vont à leur tour rapidement raviver le souvenir de l'intense activité fluvio-maritime de la cité romaine, par l'émergence, sous les gravats modernes, de très grands dépotoirs portuaires. Si l'on excepte les découvertes anciennes faites dès le XVI^e^ siècle lors de très basses eaux[10], les fouilles systématiques dans le fleuve débutent en 1989 avec le soutien du navire du DRASSM, *L'Archéonaute*. Comparativement à l'Hérault, à Agde, où les remontées d'eau de mer confortent la clarté de l'eau et favorisent dès 1960 un grand nombre de découvertes archéologiques, le Rhône, puissant et obscur, rend la plongée difficile. C'est donc assez tardivement, à partir de 1985, que les Affaires maritimes et le DRASSM enregistrent à Arles, jusqu'où s'exerce la navigation maritime, les premières déclarations de plongeurs. Parmi ces pionniers, on retiendra Jean-Claude Perrotti, Albert Illouze, Alain Cappelli et Jean-François Meyvial. Les reconnaissances officielles menées par le DRASSM permettent d'individualiser rapidement plusieurs grands dépôts d'objets antiques, principalement en rive droite où la ville déroule son port au début de l'Empire.

# L'ARCHÉOLOGIE DANS LE RHÔNE : UNE DISCIPLINE DIFFICILE

**Pierre Giustiniani,**
*président de l'Association archéologie sous-marine (2Asm)*

## Le Département des recherches archéologiques subaquatiques et sous-marines

C'est à la suite des premières déclarations de découvertes que le DRASSM (Département des recherches archéologiques subaquatiques et sous-marines, ministère de la Culture et de la Communication), organisme d'Etat chargé de la gestion administrative et scientifique du patrimoine sous-marin et fluvial, intervient dans le lit du Rhône à Arles depuis 1989. Si les fouilles archéologiques menées dans un milieu aussi hostile que le plus puissant des fleuves français sont à l'origine une affaire de personnes ou d'un noyau de personnes, ces opérations ont dû rapidement se structurer et déboucher sur la constitution d'une équipe de recherches pluridisciplinaires. Ainsi, depuis ces dernières années, à l'aide apportée par le Musée départemental Arles antique (CG 13) s'est greffé le soutien d'une association archéologique (2Asm) qui, sous le contrôle du DRASSM, permet l'enrôlement de plongeurs et collabore étroitement à l'organisation du chantier avec le directeur de fouilles.

## L'association archéologique 2Asm

Alors que Bacchus est sorti de la cuisse de Jupiter, on pourrait dire que l'Association archéologie sous-marine (2Asm) est née du buste d'Apollon. En effet, c'est à la suite de la découverte d'un torse marmoréen acéphale d'Apollon dans l'anse des Catalans à Marseille que 2Asm a été créée en 2004. A ce titre, l'intervention de la ville de Marseille par le biais de financements fut déterminante pour la création de l'association et le début de fouilles archéologiques sur ce site. Très rapidement, de nombreuses conventions et des partenariats furent élaborés (conseil régional, conseil général, Musée départemental Arles antique, CNRS, Fédération française de plongée, Aqualung, 3D avenir), permettant l'utilisation de techniques innovantes dans le dessein d'améliorer l'étude des sites (photogrammétrie, sonar latéral, pénétrateur de sédiments, photographies aériennes). L'association 2Asm fonctionne en symbiose avec le Département des recherches archéologiques subaquatiques et sous-marines (DRASSM), dont elle reçoit des subventions, mais aussi une aide humaine et matérielle.

## Les difficultés de travail liées au Rhône

L'expérience et l'ensemble des moyens accumulés sur de nombreux chantiers de fouilles sous-marines permettent alors de mieux appréhender les difficultés inhérentes aux plongées dans le Rhône. Si les sites sous-marins présentent une complexité d'accès et d'étude importante, que dire alors des chantiers fluviaux qui cumulent toutes les difficultés ? L'archéologue plongeur se retrouve ainsi confronté à un milieu d'une hostilité rare. Les sites ne sont jamais clairement délimités. Sur un fond vaseux balayé par un courant violent, un enchevêtrement de carcasses métalliques diverses (vélos, voitures, câbles), de déchets de l'activité humaine (batteries, matelas) et de pierres de lest se dispute avec des épaves (antiques et modernes), des amphores, des pièces architectoniques et des statues sur plusieurs centaines de mètres. De plus, les zones de fouille, constamment remaniées par les crues et par le débit du fleuve, sont méconnaissables d'une année à l'autre. Si l'on devait établir un inventaire des écueils dressés par le fleuve, il conviendrait de commencer par la très faible visibilité. Celle-ci varie de quelques centimètres (la plupart du temps) à plus de 1 m et entraîne de nombreuses complications ; le champ de vision est limité au faisceau étroit d'une lampe, d'où la difficulté de repérer les pièces archéologiques et le danger de se blesser avec des ferrailles acérées et d'y rester accroché. Ce manque de vision entraîne une redondance du matériel nécessaire à la signalisation fond-surface lorsque des objets sont repérés, et la mise en place de filières permettant d'accéder au site en partant des berges. La présence permanente du courant est également source de danger et d'inconfort. Sa force varie au cours de la journée en fonction des conditions météorologiques mais aussi de la régulation du débit du Rhône (lâchers de barrage). La profondeur du fleuve, en outre, qui atteint 20 m dans certaines fosses à Arles, et la pollution, depuis les pesticides jusqu'au PCB et à l'uranium, rendent la plongée contraignante et l'équipement coûteux. Avec la mise en place de suceuses (aspirateurs sous-marins constitués de tubes de gros diamètre, de plusieurs mètres de long), le travail au fond (carroyage, dévasage stratigraphique, topographie et mesures, dessins, photos, démontage et levage des objets) demande une expérience exceptionnelle et une concentration de tous les instants. Mais le danger ne provient pas uniquement du fond. Bien que les zones de navigation soient balisées et que les voies navigables de France émettent des exclusions de navigation, des navires frôlent fréquemment les sites. Une embarcation rapide, ange gardien des plongeurs, veille à ce que la sécurité soit toujours assurée. Enfin, et même si cela peut prêter à rire, l'attaque de gros silures qui viennent tirer les palmes des plongeurs constitue toujours pour chacun de nous, dans le fond glauque et obscur du fleuve, un désagrément certain.

Ainsi, chaque pièce, arrachée aux flots impétueux du Rhône, offerte au regard du visiteur, est le fruit d'un travail acharné dans des conditions de travail extrêmes.

Dans les conditions habituelles de basse clarté, relevé d'architecture navale sur une épave antique du Rhône.

Si le gisement B, au sud d'Arles, dans le virage, renferme des objets antiques détachés des zones en amont par l'action des crues (sa chronologie s'étend du IVe siècle av. J.-C. au Ve siècle de notre ère), le vaste gisement A, près du pont autoroutier, est au contraire beaucoup plus homogène. Entre les deux, une grande nécropole du IIIe siècle de notre ère, au sud du faubourg de Trinquetaille, jonche le fond du fleuve d'ossements, de vestiges de sculptures et de colonnes funéraires. Constitué par l'enchevêtrement de céramiques et d'amphores plus ou moins entières, par 4 à 10 m de fond, le gisement A commence au début de l'Empire et s'étend sur plusieurs centaines de mètres. Il fut coupé en deux en 1967 lors de la mise en place des piles du pont autoroutier. Dans le même temps réceptacle des objets de la vie quotidienne, il constitue principalement un très grand district portuaire où le contenu des amphores fraîchement débarquées était vraisemblablement transvasé dans d'autres conteneurs (*dolia*, tonneaux, autres amphores ?) pour les besoins de la consommation locale et pour faciliter la redistribution des produits en Gaule. C'est là que la scène du relief des Emballeurs, découvert à Arles et conservé au Musée départemental, prend toute sa mesure. Telle était, au gré des arrivages et des chargements, l'activité journalière des lamaneurs et des dockers romains. Deux d'entre eux maintiennent ici fermement un ballot volumineux amarré aux cordages du mât de charge d'un navire ou d'un autre engin de levage. De fait, si Arles est au croisement d'axes routiers importants – les voies Aurélienne et Domitienne –, elle relie aussi la mer aux contrées les plus reculées de l'Empire, par l'axe Rhône-Saône, puis après une série de portages, par la Seine, la Moselle, la Meuse et le Rhin. Ce secteur, face au cirque romain, devait compter de nombreuses installations vouées au stockage. Des blocs d'assise, des clous de charpentes, des *tegulae* et des fragments de *dolia* retirés du fleuve se rattachent peut-être à ces grandes *horrea*. C'est ce que laissent penser, d'autre part, au XIXe siècle, les découvertes faites lors du percement de la gare maritime, qui font état d'un quai romain sur pilotis, de nombreuses céramiques et d'un *dolium*, l'une de ces jarres de stockage[11]. Le pic d'activité de ce port fluvial, qui déborde largement les limites de la ville aux Ier et IIe siècles apr. J.-C. et connaît à cette époque sa plus grande extension géographique, coïncide avec celui de l'avant-port maritime localisé face aux Saintes-Maries-de-la-Mer.

Du côté du centre historique de la ville d'Arles, la rive gauche paraît cependant nettement moins riche. Plus abruptes et soumises au fort courant qui débouche du virage nord, les levées de berge successives recouvrent la pente de grands blocs de roche et contrarient les recherches. Seul, au sud, le double dépotoir de la cale de halage, près des chantiers navals de Barriol, livre un mobilier archéologique semblable à celui de l'autre rive.

En 1989, les premières opérations de fouilles conduites avec *L'Archéonaute* portent en priorité sur les grands dépotoirs de la rive droite. Elles localisent un aménagement de berge antique ou un chemin de hallage constitué d'amphores gauloises, au pied des papeteries Etienne *(Arles-Rhône 1)*, puis, un peu plus haut, une section retournée d'épave à fond plat *(Arles-Rhône 2)*. Ce même secteur livrera d'autres épaves et des fragments de bois épars, notamment un fond de navire en cours de démolition *(Arles-Rhône 6)*, autant d'éléments qui rappellent peut-être les fameux chantiers de charpenterie navale arlésienne, ceux-là même qui livrèrent à César douze galères en de très brefs délais. Dès 1990, les travaux d'aménagement de la CNR[12], avec l'abaissement du seuil de Terrin (15 km au sud d'Arles), l'aménagement du port d'Arles au nord de la ville, la réfection de la cale de halage en rive gauche, ainsi que divers dragages et clapages, entraînent préalablement une série de prospections en divers points du fleuve. D'autres contrôles archéologiques vont se poursuivre régulièrement, entre 1990 et 1996. Ainsi, en 1992, les plongées en amont du pont de Trinquetaille mettent au jour en rive droite des vestiges subaquatiques imposants. Il s'agit des fragments de la pile maçonnée du pont de bateaux qui reliait ingénieusement sous Constantin les deux rives du fleuve. En 1996 et 1997, le DRASSM expertise dans le Petit Rhône les restes d'un bac médiéval et moderne, à Port-Arnaud (Saint-Gilles). En 2001, des opérations de recensement et de carte inventaire reprennent dans le Grand Rhône, au niveau d'Arles, jusqu'à 15 ou 16 m de fond. Depuis 2004, elles sont annuelles et ont livré au total une dizaine d'épaves, dont deux navires à fond plat de type monoxyle-assemblé *(Arles-Rhône 3* et *5)*, deux épaves fluvio-maritimes *(Arles-Rhône 7* et *8)* et un chargement de sarcophages perdu sous le pont autoroutier *(Arles-Rhône 4)*. Avec deux cuves et un couvercle provenant des carrières de Beaucaire, ce navire approvisionnait sans doute une nécropole arlésienne. Toutes ces missions, fruits d'une collaboration étroite entre le DRASSM et le Musée départemental Arles antique, reçoivent depuis ces dernières années, outre le soutien du ministère de la Culture, celui du conseil général des Bouches-du-Rhône, du conseil régional PACA, de la Fédération française d'études et de sports sous-marins, de la municipalité et du corps des sapeurs-pompiers d'Arles, enfin de l'association archéologique 2Asm.

Compte tenu des mauvaises conditions de plongée et pour faciliter le repérage d'une année sur l'autre, les secteurs de recherche tout le long des quais de la rive droite ont été délimités en tronçons de 40 m de long (zones 1 à 15). Ils sont raccordés à de très nombreux points de repère qui servent de références dans la localisation précise des objets et des sites.

Très médiatisée, la découverte la plus importante fut réalisée en 2007 entre les deux ponts, sur la rive droite[13]. Un regroupement d'objets en marbre et en bronze – des statues et des vestiges d'architecture – s'apparente aux ruines d'espaces publics, religieux et funéraires. Avec le célèbre portrait de César en marbre et la statue de Neptune, d'autres chefs-d'œuvre occupaient la pente, entre 20 et 40 m du bord. Au-delà de cette limite, une marche naturelle creusée par le courant dans le sédiment meuble débouche sur le lit central du fleuve, devenu stérile.

Ces découvertes récentes, qui proviennent sans doute d'édifices élevés non loin du fleuve, aux fondations encore profondément enfouies, donnent une nouvelle image du quartier suburbain de Trinquetaille. Si cette hypothèse a pu étonner les spécialistes d'Arles, ils conviennent aujourd'hui dans cet ouvrage qu'elle n'a finalement rien d'impossible, tandis que l'étude de résistivité des sols annonce déjà dans ce secteur les premières anomalies géologiques profondes. Monumental et richement décoré, ce quartier demeurait sans doute le siège des principales corporations de bateliers et de naviculaires qui tiraient leur bénéfice du commerce maritime et fluvial. Avec leurs embarcations – des allèges à fond plat –, ces corporations œuvraient au transport des marchandises sur le Rhône

Exploration d'un chargement de blocs de marbre antique
par 16 mètres de fond, au large des Saintes-Maries-de-la-Mer.

Relief des Emballeurs
Arles ; Rhône, pointe de Trinquetaille
IIIe siècle apr. J.-C.
Calcaire
h. 50 ; l. 50 ; ép. 23
FAN.92.00.471

et déchargeaient à son embouchure les navires de haute mer, que le tirant d'eau tenait à distance du fleuve. D'autres alimentaient Rome en blé à l'aide de gros vaisseaux de charge et naviguaient même jusqu'à Beyrouth. Abandonnés au bord du Rhône par des chaufourniers, utilisés en remblai ou arrachés par une crue, les objets remontés du fleuve témoignent des remaniements ou des destructions de la rive droite entre l'époque césarienne et le v<sup>e</sup> siècle apr. J.-C. Ont-ils inspiré Ausone, au IV<sup>e</sup> siècle, qui décrit une ville double *(duplex Arelate)* établie sur les deux rives du fleuve ?

Les expériences menées dans d'autres grands cours d'eau confirment que l'archéologie fluviale ne se résume pas seulement à des objets hétéroclites privés de tout contexte. Le patrimoine fluvial livre des vestiges structurés – épaves de navires, édifices, pêcheries, ponts, tronçons de quai ou de débarcadère –, autant de témoignages d'une activité variée au cours des siècles. Il apporte une dimension historique supplémentaire aux agglomérations urbaines actuelles, fréquemment en décalage avec leur fleuve. Pour résumer, les grands dépotoirs de la rive droite du Rhône renferment sur plusieurs kilomètres de long et plusieurs mètres d'épaisseur des centaines de milliers d'objets antiques. Si la fouille exhaustive de tels ensembles n'est pas envisageable, ces derniers confirment la situation exceptionnellement florissante de la ville qui fut louée jusque dans l'Antiquité tardive par des textes qui insistent sur sa spécificité de plaque tournante redistribuant les produits de l'Empire : "Par le Rhône tu reçois les marchandises de tout le monde romain, cependant tu ne les gardes pas pour toi, tu enrichis d'autres peuples, d'autres villes, tu en fais profiter la Gaule et l'Aquitaine au vaste sein[14]." / "Telle est la situation de cette ville [...] qu'il n'y a pas au monde d'endroit mieux désigné pour répandre en tous sens les produits de la terre[15]."

**Notes**

1. Département des recherches archéologiques subaquatiques et sous-marines, ministère de la Culture et de la Communication.
2. Long 2008, p. 820-821.
3. Maréchal 1985.
4. Long, Domergue 1995.
5. Maréchal 1984.
6. Arnaud-Fasseta 1996.
7. Tréziny 2004, p. 101.
8. Polybe, III, 42, 1-3.
9. Plutarque, *Vie de Marius*, XV.
10. *CAG* 13/5, p. 698.
11. Nicolas 1877, p. 83.
12. Compagnie nationale du Rhône.
13. Long 2008b.
14. Ausone, *Or. Ur. No.*, X.
15. Edit de l'empereur Honorius.

# LES VESTIGES URBAINS DU RHÔNE : UN CONTEXTE ARCHÉOLOGIQUE PARTICULIER

*Luc Long*

L'archéologie subaquatique, avec ses règles de plongée contraignantes, s'avère complexe dans le cas du Rhône. Une fois les risques du fleuve pris en compte, l'interprétation du matériel de fouille et l'argumentation scientifique liée se confrontent à un contexte d'une lecture difficile, car, à l'inverse du terrestre, les couches stratigraphiques sont parfois bouleversées. Cela tient au milieu particulier du fleuve : un vaste réceptacle qui a reçu, emmagasiné et déplacé à sa guise, au gré du relief de ses pentes et de la force du courant, des éléments disparates, souvent déstructurés et "décontextualisés". Ainsi, au fond des grands cours d'eau, les archives du sol sont souvent en décalage avec les traces de l'activité humaine. A Arles, excepté les vestiges maçonnés du pont de bateaux et les épaves fluviales qui constituent comme en mer un milieu clos, le reste des sites subaquatiques s'illustre par des collections d'objets désordonnés. Il peut s'agir d'amoncellements d'origine anthropique (décharge portuaire, jet votif, thésaurisation, jet isolé depuis la berge ou depuis un navire...), mais aussi de dépôts naturels plus directement liés au ravinement et à l'action destructrice du fleuve. Sur ce point, il est loisible d'imaginer que des crues successives – fréquentes dans l'Antiquité, avec une crue majeure tous les vingt-cinq ans[I] – ont défait, emporté ou partiellement déplacé les petits objets de la vie courante, les vestiges d'installation ou le mobilier des nécropoles en bordure de berge.

Pour comprendre un peu mieux la mécanique naturelle d'ensevelissement, l'une des constatations les plus étonnantes tient à l'examen visuel et physique de la berge, sur le fond de la rive droite. Celle-ci s'étend en pente douce jusqu'à plus de 40 m du bord, vers le lit central, où la profondeur est comprise entre 10 et 16 m. Au centre du chenal, quelques fosses vierges flirtent avec les 20 m de fond. Ce massif en pente, a priori naturel, se termine souvent par une marche haute de plusieurs mètres, que l'érosion affouille et découpe brutalement à la base, dans le sens du courant. De cette falaise de sédiments, taillée brutalement par le fleuve, s'effondrent sans cesse dans le chenal des centaines d'amphores et d'objets antiques qui composent l'ossature principale du tertre subaquatique *(fig. 1)*. Ainsi, le sédiment, composé de vase, de pierres, de gravier et de sable fluviatile, cimente l'ensemble, mais ne fait pas son volume. En d'autres termes, entre les deux ponts actuels – mais sans doute aussi en amont et en aval de ceux-ci –, la rive

Figure 1 ~ Reconstitution de l'amoncellement des objets dans la berge de la rive droite, dessin L. L.

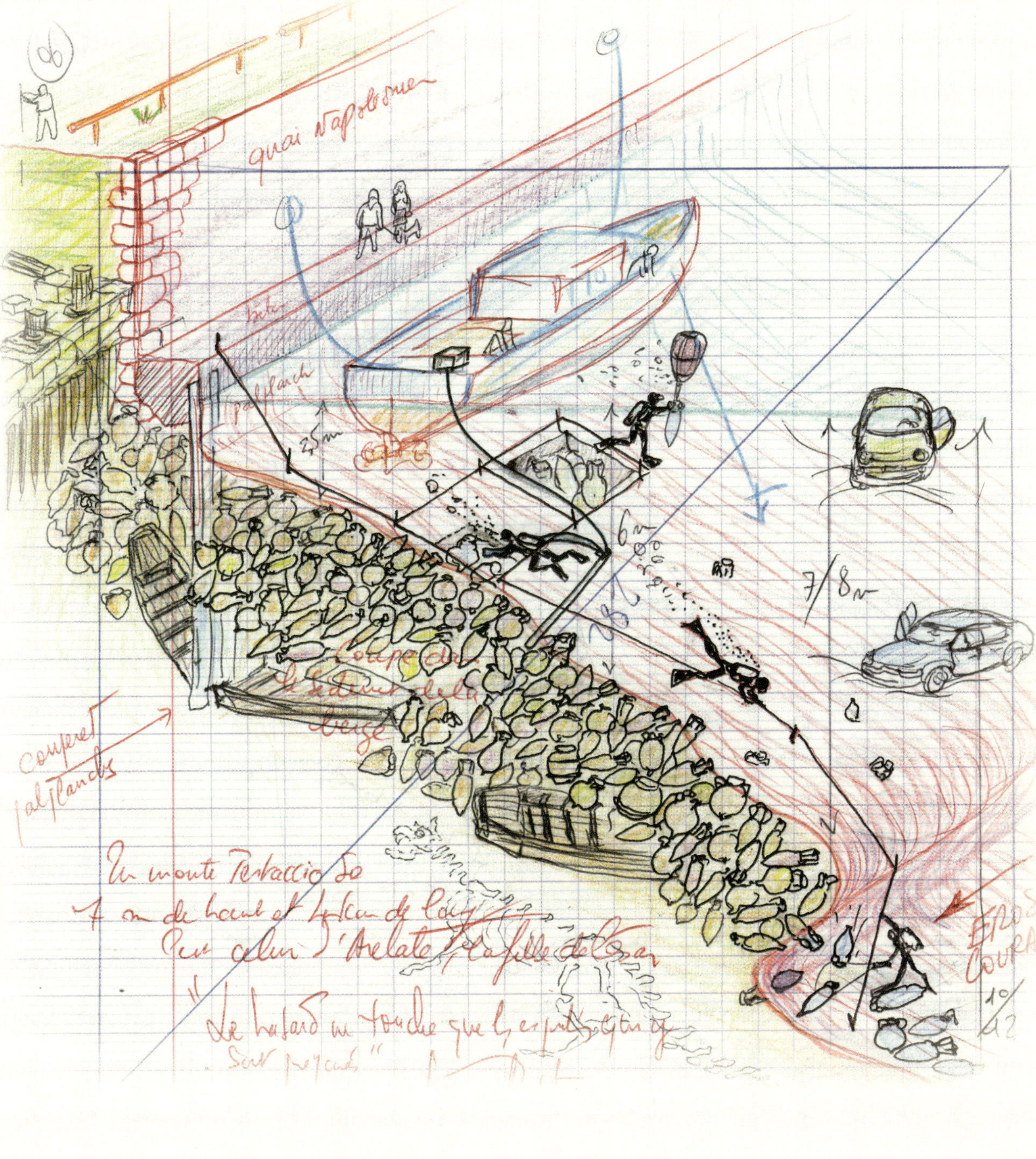
quai Napoléon
25 m
6 m
7/8 m
coupe et palplanche
Un monte Testaccio de
7 m de haut et 4 km de long
Pour celui d'Arelate, la fille de César
"Le hasard ne touche que les esprits qui y sont préparés"

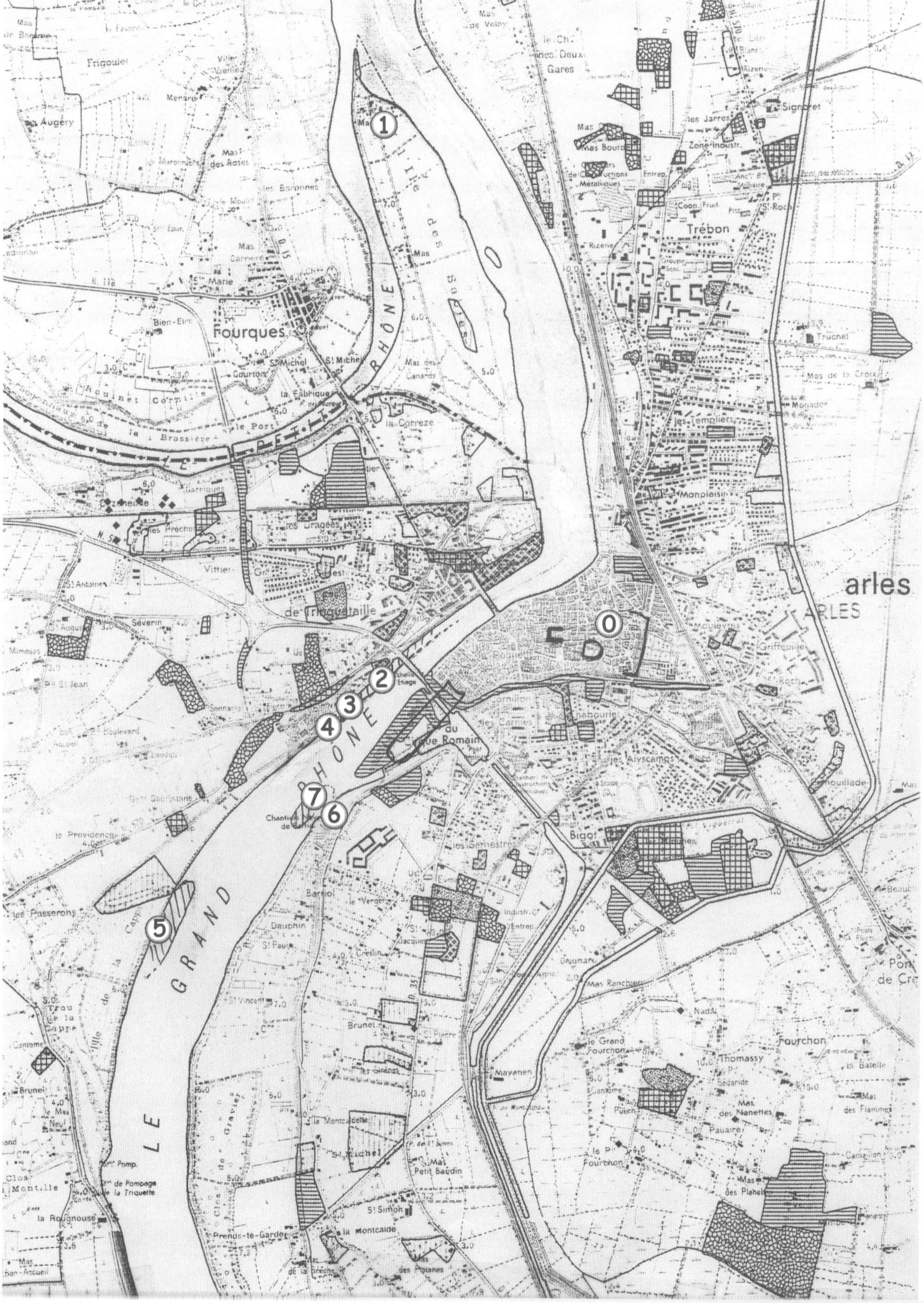
arles
ARLES
Fourques
Trébon
Trinquetaille
Monplaisir
les Templiers
Signoret
Zone Industr.
les Alyscamps
Barriol
Bigot
Fourchon
Thomassy
le Grand Fourchon
Mayanes
St Michel
la Montcalde
Prends-te-Garde
la Rougnouse
les Passerons
la Providence
Frigoulet
Augery
Ile des Sables
PETIT RHÔNE
LE GRAND RHÔNE
du Cirque Romain
les Semestres
Dauphin
Brunet
Trucnet
Mas de la Croix
Mogador
1
2
3
4
5
6
7
0

*Page en regard*
Figure 2 ~ Localisation des sites : 1) La pointe ; 2) gisement A ; 3) *Arles-Rhône* 2, 5, 6 et 10 ; 4) *Arles-Rhône* 1 ; 5) gisement B ; 6-7) gisements de la cale de halage.

Figure 3 ~ Coupe stratigraphique, carrés A15 et A16, dessin L. L.

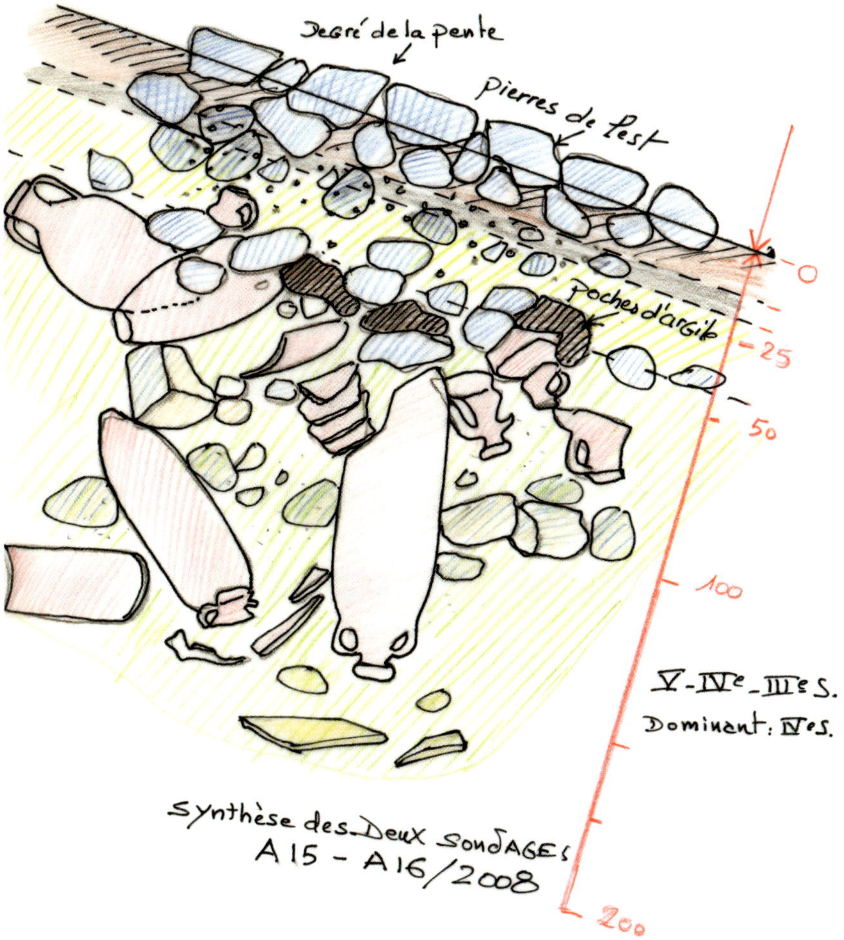


droite se compose d'un amoncellement d'objets antiques qui s'étend sur 4 à 7 m de haut, 30 à 40 m de large et 500 m de long – autant dire des millions d'objets d'époque romaine, fracturés et agglomérés, à explorer *(fig. 2)*. Si Rome avait son *Monte Testaccio*, une montagne d'amphores haute de 30 m – sans doute jusque-là la plus grande "poubelle" portuaire antique – Arles possède désormais le sien, au fond du fleuve.

Plusieurs sondages, en zone 5 et 6, sur plus de 2 m de profondeur, livrent du mobilier ordonné stratigraphiquement entre le Ve et le IIIe siècle de notre ère *(fig. 3)*. L'époque républicaine se situe donc logiquement quelques mètres plus bas, ce qui permet d'évaluer la profondeur totale du gisement entre 5 et 7 m. Au sud, les sondages dans les zones 1 à 3, en aval du pont autoroutier, offrent une stratigraphie aussi riche, sur plus de 1,50 m d'épaisseur. Là, le mobilier archéologique, principalement des amphores jetées après avoir été vidées et de la céramique déclassée, s'échelonne entre le IIe siècle apr. J.-C. et le Ier siècle av. J.-C. A ces marqueurs du commerce se mêlent les objets contemporains de la vie quotidienne – bagues, monnaies, vaisselle en terre cuite et en bronze –, jetés, perdus ou emportés par le fleuve. Il n'y a cependant pas d'accumulation plus tardive, car ce secteur portuaire connaît son extension maximale sous le Haut Empire. Il est abandonné ensuite, sans doute lorsque le port et ses entrepôts recentrent leur activité en amont, près du centre urbain et de ses accès.

*Pages suivantes*
Figure 4 ~ Regroupement des sculptures découvertes en 2007, zones 5 et 6, dessin L. L.

Z
16
15
14
Y
10 m
S1
10 m
S2
S3
A15
axe du diver
Fgt. placages
Prof : 10,60 m
72
71
9
32
25
26
28
53
10
44
40
39
12
13
48
52
36
37
38
30
31
57
56
K

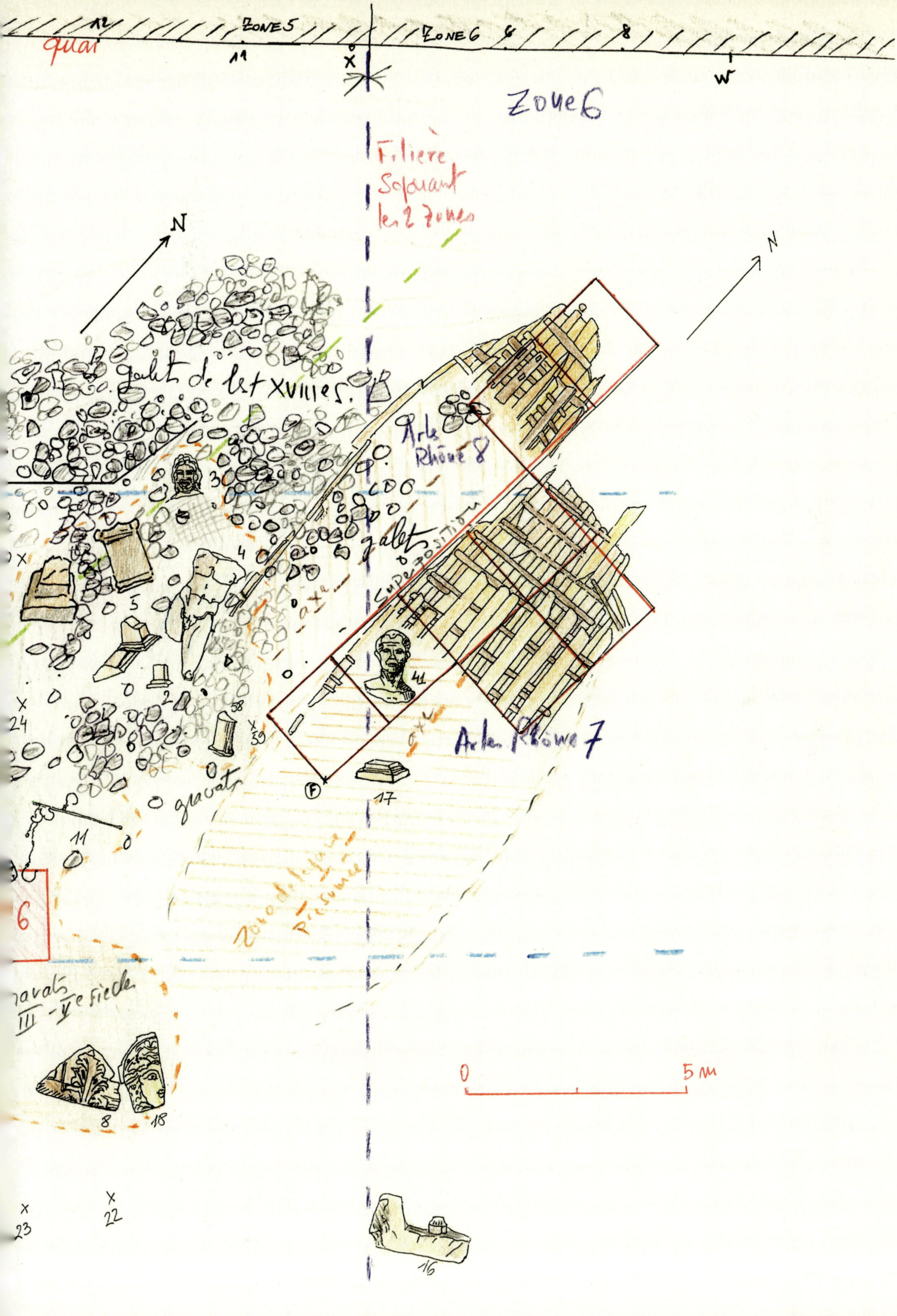
quai
ZONE 5
ZONE 6
Zone 6
Filière séparant les 2 zones
N
galets de lest XVIIIe s.
Arles Rhône 8
galets
superposition
axe
Arles Rhône 7
gravats
0
5 m
41
17
16

Dès 2003, les découvertes à fleur du limon de fragments architecturaux et de statues révèlent un contexte au faciès différent, qui n'entre pas dans la logique stratigraphique connue. Un regroupement de colonnes est aperçu en 2003, avant de disparaître sous la vase consécutivement à une crue[2]. C'est ensuite un ensemble de sculptures qui est mis au jour en 2007, avec notamment le fameux portrait de César *(fig. 4)*. Notre première hypothèse portait sur le naufrage d'un navire napoléonien chargé de ramener à Paris, pour les musées nationaux, une cargaison d'antiques prélevés à Arles[3]. Mais les sources historiques n'ont pas confirmé ce naufrage, qui serait survenu en 1808 au moment de quitter Trinquetaille. Il faut sans doute y voir une confusion avec un navire de Charles X, perdu à Pont-Saint-Esprit[4].

On ne peut définir aujourd'hui avec certitude l'origine de ce regroupement de sculptures de marbre, de calcaire et de bronze mis au jour dans les zones 4 à 6. Dépôt anthropique ponctuel, objets de récupération abandonnés au bord du Rhône par des chaufourniers, effondrement d'un quai et de son remblai... ? Les pistes possibles se resserrent cependant et la réflexion s'enrichit aujourd'hui à l'examen de la carte de distribution des vestiges *(fig. 5)*. Cette récente carte bathymétrique, liée à une base de données adaptée à la spécificité d'une grande masse d'objets archéologiques, est fondamentale. Complétée au fur et à mesure des recherches, la répartition géographique des principales sculptures et pièces d'architecture met d'emblée en exergue l'abondance des vestiges à Trinquetaille, tout le long de la rive droite du fleuve. Si l'on excepte la céramique et les amphores qui se chiffrent en milliers d'individus, ce document portera sur trois cent trois fragments d'architecture et quarante-quatre sculptures issus des campagnes successives qui ont eu lieu depuis 2003.

La localisation de l'ensemble lapidaire des zones 4, 5 et 6 place les objets entre 13 m au plus près et plus de 45 m au plus loin de la berge. Il se déverse en un cône suivant un angle à 45° du bord qui, en moyenne, débute après les 20 premiers mètres de la rive, ce qui coïncide avec la zone recouverte du lest des navires modernes et des gravats d'époque contemporaine qui occultent près des quais les couches antiques. La disparité de densité dans la répartition des objets est due à la présence de ces ruines qui rendent le contexte insondable en l'état des moyens déployés. Ce constat laisse présager l'existence d'un mobilier tout aussi riche sous le sédiment.

Dans les zones 4 à 8 (200 m), les mieux explorées à ce jour, la position des "artefacts" dessine sur le fond une ligne sinueuse. Cet alignement pourrait être conditionné par la morphologie d'une berge antique située plus en retrait, comme le démontre le positionnement des épaves antiques situées entre la rive actuelle et ce tracé. Ces épaves en place confirment que ce secteur n'était pas exondé, mais bien sous quelques mètres d'eau. L'étroite collaboration menée avec les sédimentologues et les géologues contribuera sans doute à situer l'évolution d'un paléorivage dont on ne connaît pas la configuration à l'époque romaine[5]. Il est évident que la physionomie des berges a évolué depuis l'Antiquité, comme la présence d'un pont de bateaux romain au nord de la cité, où on l'attendait le moins, le confirme[6].

Il faut également tenir compte du phénomène lié aux épis Girardon. Ces caissons de rétention destinés à endiguer les crues et à fournir des matériaux de construction sont implantés à la fin du XIXe siècle au nord d'Arles. Ils servent à piéger les sédiments solides et ont une répercussion notable sur la capacité hydraulique du Rhône, qui a fortement incisé son chenal et a creusé des fosses à hauteur de la ville. Cette lente et mécanique érosion fluviale a des conséquences sur le déplacement des objets sous l'eau. Effondrés ou précipités volontairement dans le Rhône, ils subissent par l'action de sape du courant un affouillement du sédiment sur lequel ils reposent. Au fil du temps, cette érosion les entraîne inexorablement dans la pente, vers le centre du chenal. Ainsi, de gros blocs d'une architecture monumentale encore indéterminée, recensés en zone 7, ont basculé sur eux-mêmes à plusieurs reprises avant d'atteindre leur position actuelle. Ils sont aujourd'hui à 40 m du bord, par 10 à 13 m de fond. Agissant de manière inégale sur les trajectoires, cette action de sape varie en fonction de la nature du sol, du degré d'inclinaison de la pente et de la forme ou du poids des objets. On rappellera ici, pour exemple, que les fragments de la statue de Neptune étaient dispersés sur 30 m.

Ainsi, de nombreux facteurs brouillent encore les cartes et compliquent l'analyse archéologique qui ne pourra s'éclaircir qu'au terme d'une programmation de fouilles concertées en terrestre et subaquatique. Des fouilles dans le remblai du quai actuel, haut de près de 10 m, apporteront des précisions sur l'emplacement de constructions supposées qui sont manifestement liées aux vestiges découverts dans le fleuve. L'hypothèse d'un gisement témoignant d'un contexte d'usage est une orientation de recherche qui s'impose à la lumière des premières études du corpus. Il ne s'agit plus d'envisager la présence du chargement lapidaire de quelques épaves romaines, d'éléments isolés perdus par des navires ou de blocs imposants ramenés au prix d'efforts démesurés depuis l'autre rive. On pense, au contraire, à des pièces éparses d'édifices érigés sur place, à Trinquetaille même, sans doute à proximité du Rhône.

La cohérence de cet ensemble reste à découvrir ; alors que les fouilles se poursuivent, nous avons choisi de présenter ici un premier résultat qui n'est que l'amorce d'un travail de longue haleine. La science a besoin de temps et de moyens pour établir un système de relations entre ces diverses catégories d'objets, porteuses d'interprétations sur l'économie, l'organisation sociale et l'utilisation de l'espace de la rive droite. En attendant leur décryptage, ces collections d'objets sont le manifeste de traces tangibles d'une ville double révélée par le fleuve, jusque-là rêvée, supposée, suggérée par Ausone et qui connaît un essor insoupçonné à partir de Jules César.

*Pages suivantes*
Figure 5 ~ Carte bathymétrique de répartition des vestiges découverts entre 2004 et 2009, CNR et L. Masselin, Explogéo.

**Notes**

1. Allinne, Bruneton 2006, p. 75. L'une de ces crues rompt la berge du Rhône après 270-290 apr. J.-C. en rive droite, sur l'emplacement de la rue Guynemer à Trinquetaille ; cf. dans le présent catalogue, M. Provansal, H. Bruneton, "L'environnement du pont de bateaux, Le Rhône dans l'Antiquité à Arles".
2. Long 2005b.
3. Illouze 1988 b, p. 58-5 ; Becriaux 1942, p. 43-49.
4. Benoit 1935, p. 616.
5. Ce travail est mené en collaboration avec Claude Vella et Mireille Provansal (Cérège).
6. Cf. dans ce catalogue l'article de B. Bizot *et al.*, "Quelques nouveaux éléments sur le pont de bateaux antique et les rives du Rhône".

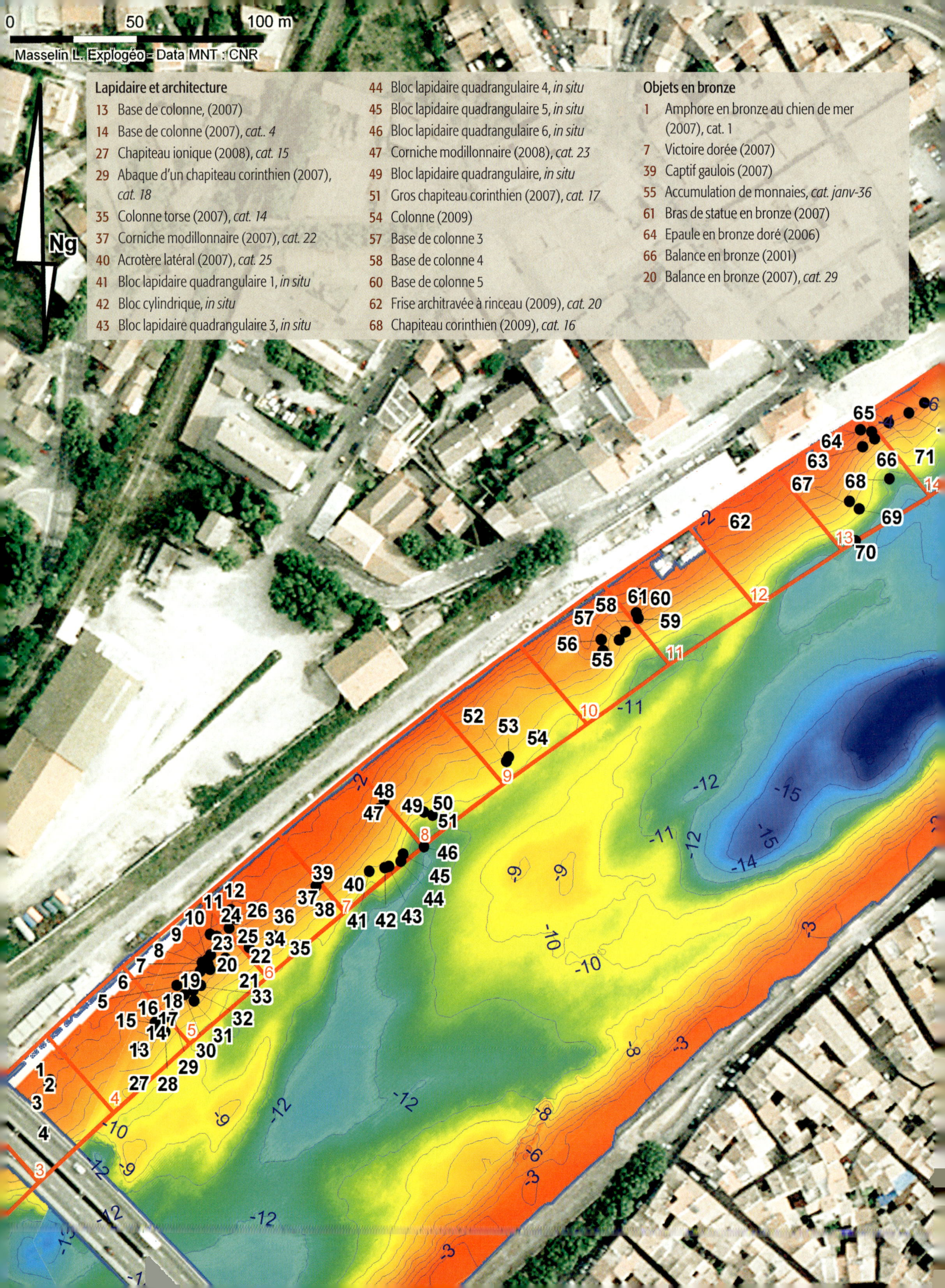
0 50 100 m
Masselin L. Explogéo - Data MNT : CNR
Ng
Lapidaire et architecture
13 Base de colonne, (2007)
14 Base de colonne (2007), cat.. 4
27 Chapiteau ionique (2008), cat. 15
29 Abaque d'un chapiteau corinthien (2007), cat. 18
35 Colonne torse (2007), cat. 14
37 Corniche modillonnaire (2007), cat. 22
40 Acrotère latéral (2007), cat. 25
41 Bloc lapidaire quadrangulaire 1, in situ
42 Bloc cylindrique, in situ
43 Bloc lapidaire quadrangulaire 3, in situ
44 Bloc lapidaire quadrangulaire 4, in situ
45 Bloc lapidaire quadrangulaire 5, in situ
46 Bloc lapidaire quadrangulaire 6, in situ
47 Corniche modillonnaire (2008), cat. 23
49 Bloc lapidaire quadrangulaire, in situ
51 Gros chapiteau corinthien (2007), cat. 17
54 Colonne (2009)
57 Base de colonne 3
58 Base de colonne 4
60 Base de colonne 5
62 Frise architravée à rinceau (2009), cat. 20
68 Chapiteau corinthien (2009), cat. 16
Objets en bronze
1 Amphore en bronze au chien de mer (2007), cat. 1
7 Victoire dorée (2007)
39 Captif gaulois (2007)
55 Accumulation de monnaies, cat. janv-36
61 Bras de statue en bronze (2007)
64 Epaule en bronze doré (2006)
66 Balance en bronze (2001)
20 Balance en bronze (2007), cat. 29

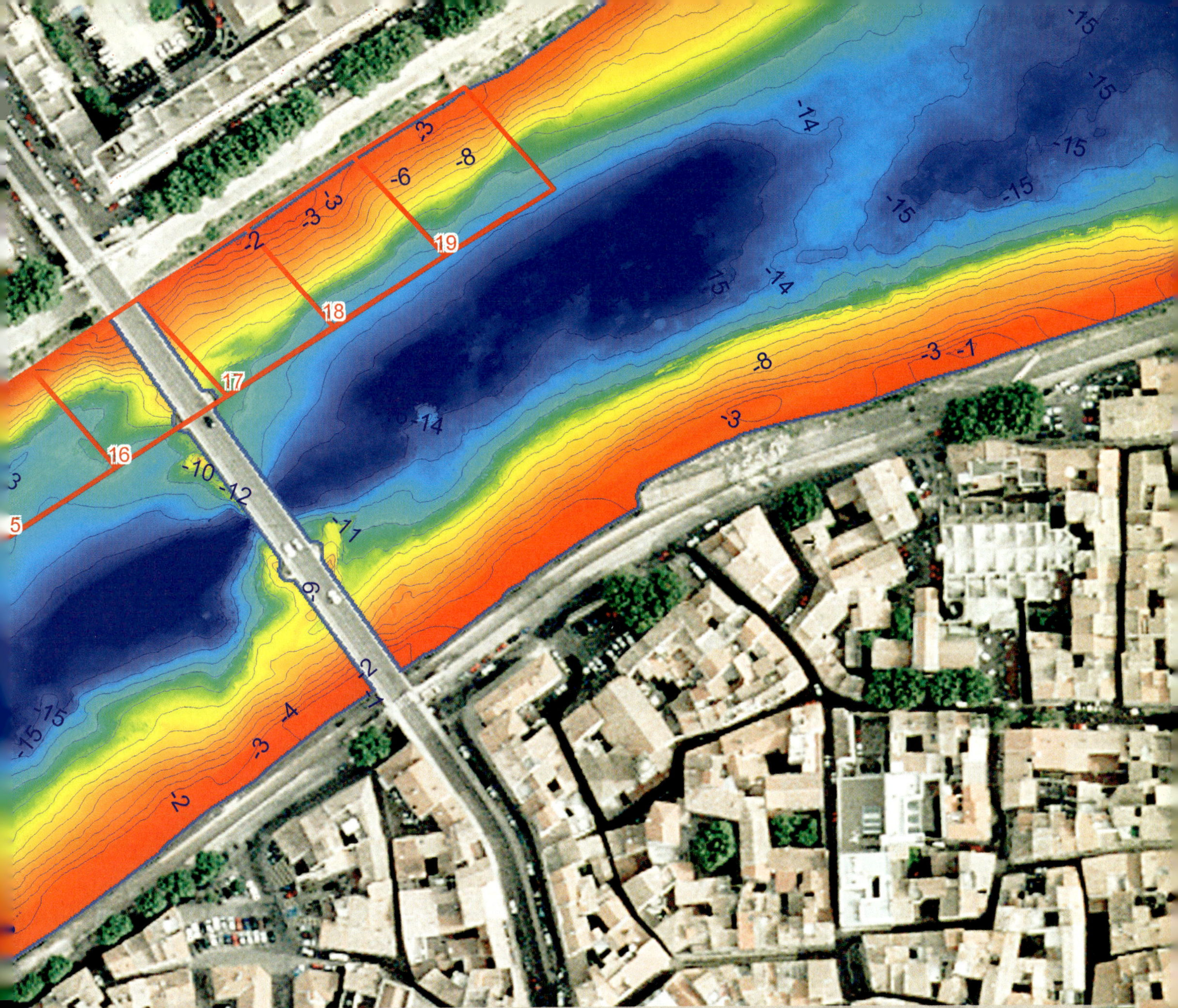


**Epaves romaines**

2 Epave *Arles-Rhône 3*, *in situ*
4 Epave *Arles-Rhône 4*, *in situ*
12 Epave *Arles-Rhône 8*, *in situ*
48 Epave *Arles-Rhône 9*, *in situ*
59 Epave *Arles-Rhône 13*, *in situ*
25 Epave *Arles-Rhône 7*, *in situ*

**Sculptures**

5 Fragment d'un cadre circulaire (2007), *cat. 7*
6 Neptune, genou (2007), *cat. 3*
8 Esculape (2007), *cat. 18*
9 Torse de Bacchus (2007), *cat. 13*
10 Relief votif aux Dioscures (2007), *cat. 21*
11 Neptune, tête (2007), *cat. 3*
15 Base fragmentaire, statue de Bacchus (2007), *cat. 15*
16 Fragment d'une tête masculine (2007), *cat. 5*
17 Tête de bélier (2007), *cat. 23*
18 Base de statue, Vénus au dauphin (2007), *cat. 11*
19 Base statue féminine drapée (2007), *cat. 12*
21 Masque cornier d'un couvercle de sarcophage (2007), *cat. 22*
22 Base de statue, pied de bovidé (2007), *cat. 17*
23 Neptune, torse (2007), *cat. 3*
24 Portrait de César (2007), *cat. 1*
26 Pôlos d' Artémis (2007), *cat. 19*
28 Base d'un lion funéraire (2007), *cat. 23*
30 Torse sur piédouche (2007), *cat. 2*
31 Jambe d'un Apollon, fragment (2009)
32 Tête de divinité, Vénus (2007), *cat. 10*
33 Relief votif aux Dioscures (2007), *cat. 20*
34 Neptune, base (2007), *cat. 3*
36 Base fragmentaire, statue de Bacchus (2007), *cat. 14*
38 Main féminine tenant une hampe (2009)
50 Portrait de Lépide (2007), *cat. 2*
52 Couvercle de sarcophage (2006)
53 Corps de divinité drapée (2009)
56 Tête féminine (2007), *cat. 4*
63 Divinité assise (2008), *cat. 26*
65 Tête de Vénus (2008), *cat. 9*
67 Tête de Mars (2009)
69 Fragment d'avant-bras féminin avec hampe (2009)
70 Main féminine (2009)
71 Tête masculine (2005), *cat. 3*
72 Socle de sculpture (2009), *cat. 8*
73 Cippe ou autel à Priape (2008), *cat.26*

**Objet en plomb**

74 Tuyau de plomb, in situ (2009)

N. B. Les numéros de position sont reportés en fin de titre des objets concernés.

# I

# PORTRAITS ET SCULPTURES DE MARBRE

## Portrait de Jules César [24]

Arles ; Rhône, à l'intersection entre les zones 5 et 6, secteur 2, PK 282.928, à 14 m du bord, par 5,5 m de fond ; découvert lors d'une prospection sur la fine couche de sédiments à proximité immédiate de l'épave *Arles-Rhône 7* ; la tête était retournée face contre terre près des éléments de bois de l'épave (virures et membrures en partie nettoyées par le courant) ; 2007
Marbre blanc de Dokimeion en Phrygie, actuelle Turquie, près de la ville d'Afyon (cf. article "Déterminer l'origine des marbres sculptés : méthode d'étude")
h. 39,5 ; l. 22 ; prof. 18 ; 20,5 kg
RHO.2007.05.1939 (anc. inv. Rh-07-133)
Bibliographie : Long 2008, p. 240-252

# LE REGARD DE CÉSAR
## Le Rhône restitue un portrait du fondateur de la colonie d'Arles

*Luc Long*

### Un portrait unique, une ville double

La mise au jour en 2007, sur la rive droite du Rhône, à Arles, d'un portrait inédit de Jules César, vraisemblablement exécuté de son vivant et qu'il faut considérer aujourd'hui comme un *unicum*, a constitué un événement archéologique d'une importance considérable. Cette découverte, au demeurant, n'a en soi rien d'étonnant dans un quartier suburbain qui était jusque-là fort mal connu. L'émergence, dans un contexte archéologique indéniable et monumental, de très nombreux vestiges liés au quartier implique de reconsidérer l'activité économique et la densité urbaine, privée, religieuse et publique de cette rive[1]. Le recensement dans le fleuve de blocs architecturaux d'époque proto-augustéenne, d'un profil chronologique plus ancien que celui de la plupart des vestiges découverts à Trinquetaille[2], peut justifier la présence d'un portrait honorifique du conquérant des Gaules. Placé dans un espace public lors de la fondation de la ville, il peut s'agir d'un trophée ou d'un monument triomphal depuis lequel le regard de César embrassait le Rhône et contemplait la jeune colonie. Si l'on ne peut d'emblée le rattacher à une statue en toge[3], il pouvait être inséré dans une statue héroïsante[4] ou, plus simplement, comme le propose F. Johansen, sur une gaine d'hermès[5]. La découverte dans le Rhône, sur cette même rive, d'un portrait supposé de Lépide, qui proclama César dictateur en 49 av. J.-C. et fut, avec lui, le cofondateur de la colonie d'Arles, laisse penser que ces édifices attachaient sans doute beaucoup de sens aux données politiques et historiques qui venaient de marquer la naissance de la cité.

### Description du portrait du Rhône

La sculpture est en marbre blanc. D'après les analyses par cathodoluminescence effectuées par Ph. Bromblet (CICRP) et Ph. Blanc (ISTEP), l'origine la plus probable est le Dokimeion de Phrygie, près d'Afyon, en Turquie[6].

Il s'agit du portrait d'un homme imberbe, d'âge mur (environ une cinquantaine d'années), au front partiellement dégarni, aux traits appuyés, aux rides d'expression et de vieillesse profondément incisées. Ce qui frappe d'emblée est le réalisme exacerbé de ce visage, sculpté avec le plus grand soin, qui présente des caractéristiques plastiques très individualisées. Légèrement désaxée, la tête, penchée à droite, fait ressortir sur ce côté du cou quatre plis et quatre bourrelets nettement marqués, tandis que l'on distingue de l'autre côté le volume tendu du delto-cléido-mastoïdien. La mobilité du visage est également traduite par la légère asymétrie des profondes rides naso-labiales.

Si le portrait est, dans son ensemble, très bien conservé, un éclat a emporté une partie du nez et de l'oreille gauche. L'ourlet du pavillon de l'oreille droite est très légèrement épaufré. L'arête du sourcil gauche présente également une légère entaille, comme la ride naso-labiale gauche. Enfin, la partie antérieure du buste a été brisée à la base du cou, sans doute en même temps que le nez.

Le front est ample, redressé, la forme du crâne est volumineuse, fortement charpentée et légèrement asymétrique, les tempes sont enfoncées. Cette partie haute de la tête s'oppose à l'aspect plus charnu d'un visage marqué de plis, de rides profondes qui simulent l'affaissement des chairs. Si la découpe pratiquée à l'arrière n'autorise pas une bonne appréciation du volume global de la boîte crânienne, vue de face, la partie frontale est composée de deux sphères imbriquées. La première comprend le lobe frontal, la seconde est formée par les lobes temporaux, dont le gauche est légèrement plus important.

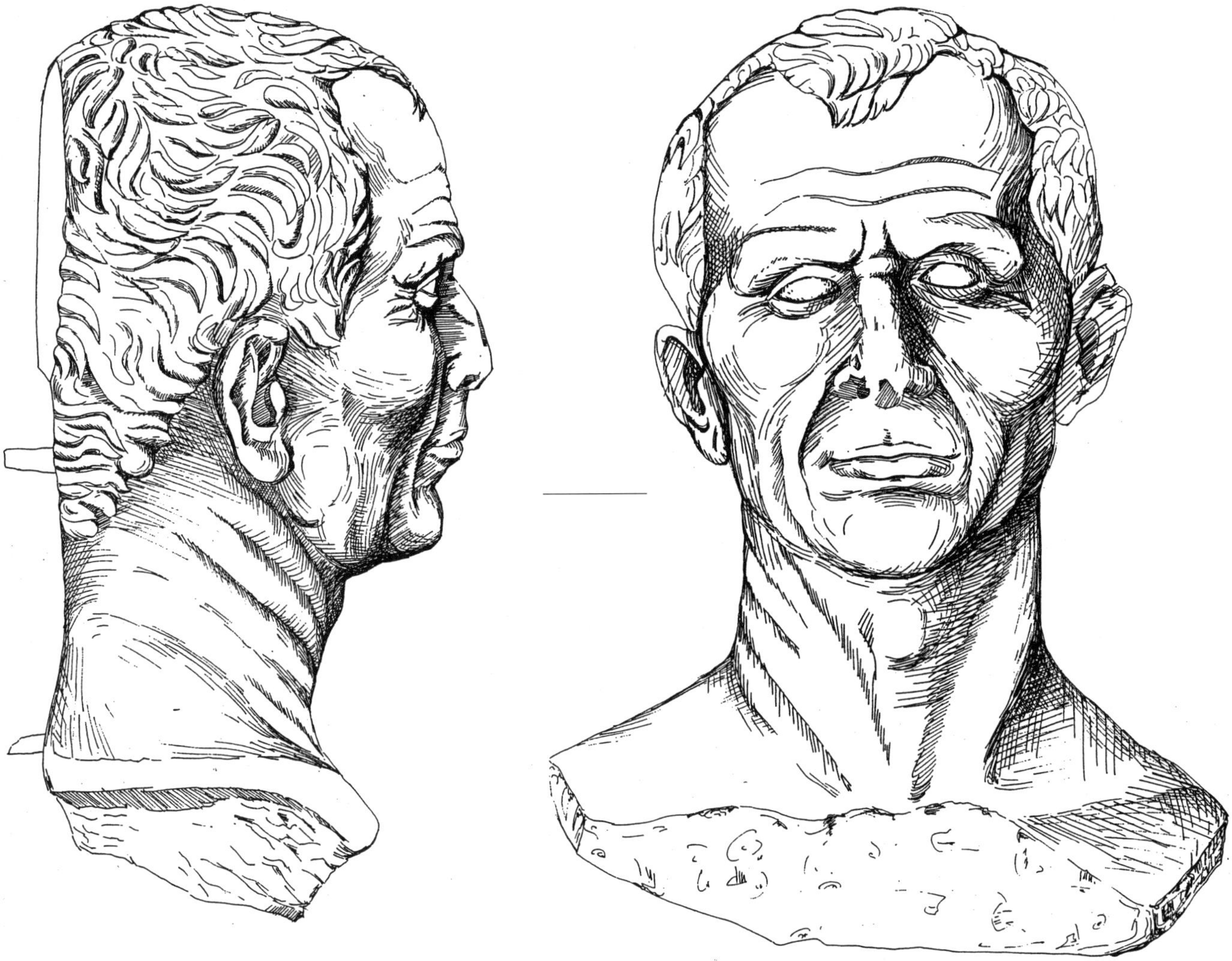

Au niveau des caractéristiques physionomiques, on note la pomme d'Adam saillante, surmontée d'une fossette suprathyroïdienne profonde. Le menton est large et prononcé. Petite et précise, la bouche est un peu pincée. Les lèvres fermes sont bien dessinées, avec une lèvre supérieure fine et une lèvre inférieure plus courte, plus charnue. Les longues et profondes rides naso-labiales disposées en parenthèse autour de la bouche évoquent les stigmates de l'âge. Le plan des joues, démaigri au-dessus du maxillaire, fait ressortir les pommettes. Le nez paraît très légèrement empâté au niveau des narines. La fracture, qui a emporté la moitié inférieure du nez et toute une partie de l'arête nasale, laisse penser à tort que ce nez aquilin était busqué[7].

Bordés de paupières ourlées et épaisses, les yeux vifs, en amande, n'ont pas un contour absolument symétrique. Les globes oculaires sont petits, plats au centre, très peu saillants et à peine arrondis sur les bords. Très nettement figurée, la glande lacrymale illustre le soin anatomique précis accordé à cette œuvre sans doute très ressemblante à son modèle. Le regard, d'une très grande intensité, est dirigé en face et semble scruter le lointain. Le profil du globe oculaire est rectiligne et vertical. L'arcade sourcilière, proéminente et étirée, laisse dans l'ombre une partie de la cavité orbitale. L'arête sourcilière s'estompe vers l'extérieur de l'œil et vers la tempe. Elle se confond avec un renflement de chair convexe qui s'appuie sur la paupière supérieure[8]. Cette dernière présente un soin particulier dans l'incision profonde près du nez, sous l'arcade sourcilière. Elle dépasse de l'angle externe de la paupière inférieure, qui est plus épaisse, et forme, après l'ourlet finement suggéré, une poche sous l'œil. Marqués par un relief où de très courtes et fines incisions simulent la pilosité, les sourcils soutiennent par leur froncement les deux rides transversales du front et accentuent la force du regard. A l'angle externe de l'œil,

Une constriction très visible marque le cartilage thyroïde.

Vue de l'organisation des boucles de cheveux au-dessus de l'oreille gauche.

cinq ridules incurvées révèlent un autre signe de l'âge avancé du modèle. Sur le front sont imprimées deux larges rides horizontales, parallèles et légèrement incurvées au centre. Une troisième ride frontale est à peine esquissée sous la mèche de cheveux frontale. La plus basse des rides frontales est rejointe par l'une des deux ridules verticales de la glabelle (rides du lion). A droite, la deuxième de ces petites rides verticales est un peu moins profonde. Les oreilles, au cartilage découpé avec soin, sont un peu décollées. L'oreille gauche, décalée en arrière, est légèrement plus haute que la droite. Ce détail est encore plus perceptible depuis l'arrière[9]. Strié d'incisions parallèles, le dos du pavillon n'est pas entièrement dégagé de la masse crânienne.

Les cheveux, aux pointes finement ciselées, ondulent en de multiples directions et donnent l'impression d'une matière réelle et vivante. Sculptés mèche après mèche, avec une précision scrupuleuse, ils sont ramenés sur le devant de la tête en mèches incurvées. De chaque côté du front largement échancré, ils démarquent deux golfes dégarnis. Sur les côtés et sur l'arrière, ils sont faits à la gouge de mèches aérées en forme de boucles, toujours incisées au ciseau d'un sillon fin, sans l'usage du trépan. A l'arrière de la tête et au niveau des oreilles, la coiffure est sculptée avec le même soin. Elle se compose de mèches en volutes plus épaisses, ramenées vers l'avant, dont les pointes sont parallèles aux plis du cou. Si l'arrière du crâne est incomplet, son côté droit laisse un peu mieux percevoir la disposition capillaire sur le cou. Des mèches courtes, en gouttes d'eau, descendent très bas sur la nuque. Si cette disposition des mèches derrière les oreilles préfigure l'ordonnancement soigné et stéréotypé de l'époque julio-claudienne[10], la coiffure basse, non dénuée de fantaisie, renvoie à des portraits de la fin de la République[11]. Cette coiffure tombant sur la nuque est également attestée sur les monnaies à l'effigie de Jules César frappées en 44 av. J.-C.[12]. Au sommet du crâne, au niveau de la découpe du marbre, seule la partie avant du vertex est conservée, avec ses longues mèches rayonnantes, tandis qu'en avant, une touffe de cheveux en forme d'épi épaissit le volume capillaire du crâne et masque les traces d'une éventuelle "selle crânienne" ou clinocéphalie. On peut se demander si cet épi n'est pas une mèche postiche[13].

Vue du bombement pariétal à gauche, du vertex tronqué par la découpe et d'un épi au centre.

**Une découpe arrière caractéristique**

La partie arrière du portrait est manquante. Elle a été aménagée pour recevoir trois goujons en fer dont deux étaient encore en place. Le bloc de marbre dans lequel il a été sculpté s'est peut-être avéré trop étroit, nécessitant une addition aujourd'hui perdue. Des cas semblables de découpe sont connus à la fin de la période républicaine[14]. Cette partie additionnelle, en outre, a pu être travaillée dans un autre bloc ou modelée en stuc, mais il peut s'agir aussi d'une réparation ou d'un réemploi du portrait. Cependant, la dimension réduite des goujons à l'extérieur – 3 cm – ne paraît pas suffisante pour fixer ce portrait contre un mur ou dans une niche.

Les deux goujons encore en place ont généré deux microfissures qui s'étendent tout autour du visage. L'examen au scanner nucléaire nous a conduits par prudence à retirer ces goujons du marbre[15]. Hauts de 6 cm, ils étaient enfoncés de moitié. Les trois orifices oblongs[16] prévus pour les recevoir sont percés sur un axe vertical légèrement décalé à droite de l'axe central (orifice inférieur : 1 x 1,8 cm, orifice central et supérieur : 1 x 1,6 cm).

Sur le profil gauche du portrait, la partie arrière présente une découpe verticale en "trait de Jupiter", dénivelée sur 1,8 cm. Deux plans de pose inclinés différemment correspondent, d'une part, à la découpe de l'arrière du crâne (h. : 14 cm, l. : 17,5 cm) et, d'autre part, à celle du cou et de la nuque (h. : 20 cm ; l. au niveau du cou : 10 cm ; l. à la base : 27,5 cm). Sur ces plans, la surface à été légèrement piquetée. Le dessous de la base présente également un piquetage destiné à faciliter l'adhérence.

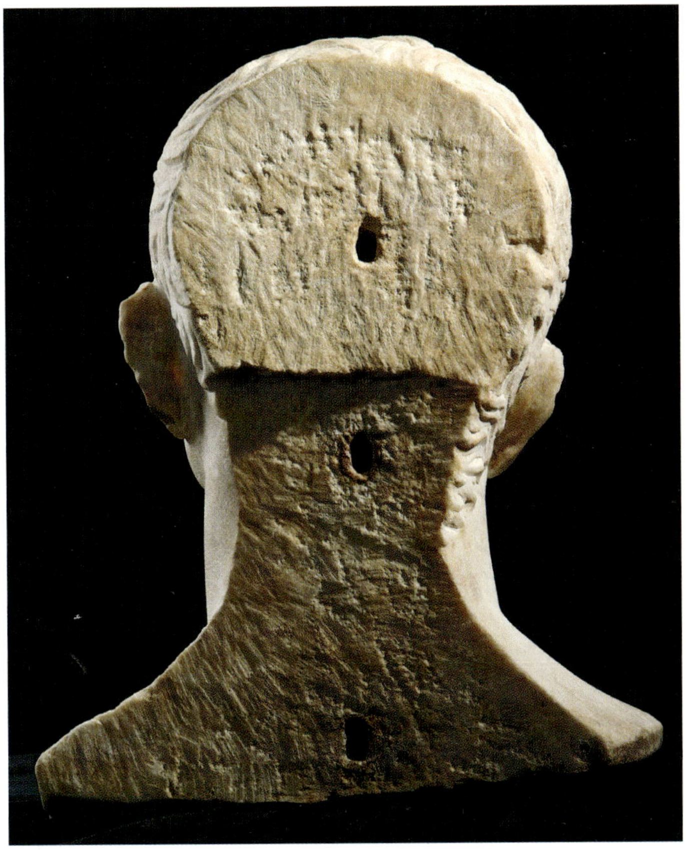

Vues de la découpe arrière et de l'emplacement des goujons.

Vue de dessous de la base avec traces de piquetage.

## Les principaux portraits de César : les César posthumes

Par son originalité, le portrait du Rhône échappe à la connaissance et perturbe la méthodologie d'étude des images stéréotypées qui constituent aujourd'hui l'essentiel du corpus des portraits de César, dont il se démarque. César utilisa largement la statuaire pour asseoir son pouvoir et sa popularité[17], mais sur près de deux cents portraits qui le représentent, F. Johansen rappelle que seuls vingt ou vingt-cinq sont antiques, les autres étant des faux d'époque moderne[18]. Dans ce petit groupe, le portrait du Rhône, aux traits nettement personnalisés, présente des variantes morphologiques qui lui sont propres. Mais tous les portraits de César affichaient déjà entre eux des dissemblances qui sont liées à l'image idéalisée que les Romains se sont forgés de lui à divers moments de l'Antiquité. Ainsi, parmi les représentations de César reconnues officiellement, dont la plupart ont généré des répliques, un grand nombre de prototypes ont une physionomie qui leur est propre. C'est le cas, pour citer les plus prestigieuses, du portrait en marbre de Tusculum à Turin[19], du bronze de Berlin, dénommé le "César vert" et régulièrement controversé[20], de celui en marbre du musée Chiaramonti au Vatican[21], du Camposanto de Pise[22], de l'effigie monumentale du musée de Naples[23], de l'effigie couronnée de Thasos, rattachée parfois à Claude[24]...

Toutes ces représentations sont en grande majorité posthumes et ne contribuent sans doute guère à nous renseigner sur le véritable visage du dictateur. Elles illustrent un César divinisé, sans âge, à l'expression sèche et sévère qui convient mieux à la propagande augustéenne. C'est en effet sans doute sous ces traits qu'Auguste voulait que l'on imaginât son père adoptif, incarnation idéale du souverain, fondateur de l'Empire romain[25]. Les archétypes de deux lignées célèbres, peut-être exécutés à l'origine sur la base d'images authentiques largement remaniées après la divinisation de César, en 42 av. J.-C., sont le portrait du musée Chiaramonti au Vatican et celui du Camposanto de Pise[26]. Ces deux têtes de série, ou *Leitstück*, de conception synthétique et idéalisée, correspondent à la tendance classicisante qui domine à l'époque d'Auguste[27], mais elles ne présentent aucun des traits véristes que l'on connaît sur les effigies césariennes du monnayage de 44. Elles sont sans doute devenues des représentations "canoniques" du père de la patrie à l'époque où se mettent en place la propagande du pouvoir et l'image officielle du Prince. Sur ces deux portraits de César, la divergence des boucles de cheveux sur la partie gauche du front annonce des indices capillaires augustéens : une pince au-dessus de l'œil gauche, une fourche au-dessus du droit. Certains spécialistes les considèrent issus du même modèle, le portrait de Camposanto dérivant du Chiaramonti[28]. En dépit de différences physionomiques notables, dans les deux cas, le visage est allongé, anguleux, tendu par la puissance et la volonté, les joues sont creuses, les lèvres serrées, la frange horizontale de cheveux sur le front efface tout souvenir de la calvitie (Suétone, *César*, 45). Ces portraits à l'air impérial[29] correspondent à l'esprit du temps et à l'idée que l'on se faisait du dictateur à une époque où une partie de ses anciennes effigies avaient été remplacées, voire vandalisées au soir du 15 mars 44, lorsque la foule se mit à crier "A bas la Tyrannie[30]". Elles ont pu souffrir de la vindicte de l'une des factions du peuple romain, lorsqu'Antoine, Lépide et les amis de César, prêtant aux conjurés des forces considérables, s'enfuirent pour se cacher. Un mois auparavant, dans la prudente démarche du dictateur vers la monarchie, ses statues avaient déjà provoqué des polémiques[31]. Contrairement aux effigies officielles d'Auguste, où tous les types de "Prima Porta" sont codifiés et mécaniquement standardisés, il n'existe vraisemblablement pas à l'époque républicaine un portrait figé de César[32]. Ainsi, celui découvert dans le Rhône, en l'état actuel des connaissances, n'a visiblement pas connu de répliques et peut désigner un *unicum*, une commande ponctuelle, ou ouvrir la voie à la production d'un atelier local ou provincial et non pas *stadtrömish* d'Italie.

## Le portrait de Tusculum : l'image de César à la fin de sa vie

Un seul portrait, considéré comme une représentation du vivant de César, mérite notre attention et doit servir de référent à l'authentification du personnage du Rhône. Il s'agit du portrait dit du Castello di Aglié, conservé aujourd'hui au Musée archéologique de Turin et découvert à Tusculum en 1825 lors des fouilles du forum menées par Lucien Bonaparte[33]. Le crâne allongé, le front haut, les tempes creuses, la calvitie prononcée avec ces deux grandes plages dégarnies encadrant une mèche de cheveux centrale, rase et ramenée en avant – qui coïncide avec les commentaires de Suétone sur la base de sources plus anciennes[34] –, la maigreur extrême du visage et du cou, les rides et les plis profonds sur le front et les joues, le rendu réaliste des stigmates de l'âge et, enfin, les cheveux sur la nuque, qui marquent peut-être d'un faux pli le port fréquent d'une couronne, situent sa réalisation dans les dernières années de vie du dictateur ou peu après sa mort. C'est en le comparant aux deniers de M. Mettius, avec lesquels ce portrait est le plus ressemblant, que Mauricio Borda reconnut Jules César[35]. Seuls supports associant une effigie, une légende et une titulature, les monnaies constituent l'une des principales sources d'identification des portraits. Frappés en 44 et 43 av. J.-C. par le collège des *quattuorviri monetales*, ces deniers d'argent sont remarquables par l'exagération quasi caricaturale des traits du modèle, alors âgé de 56 ans[36]. On y découvre le profil d'un César extrêmement vieilli, au cou maigre, sillonné par la marque des tendons. Restauré sur le côté gauche, le portrait de Tusculum est peut-être la médiocre copie d'un original en bronze[37]. Il constitue déjà pour certains spécialistes une forme atténuée du portrait réaliste républicain, dont le type est très répandu vers le milieu et dans toute la seconde moitié du Ier siècle av. J.-C.[38]. Le portrait de Tusculum présente deux déformations pathologiques congénitales mises en évidence par M. Borda. La première donne au crâne dolichocéphale un aspect légèrement ensellé (clinocéphalie), que l'on retrouve sur les monnaies. La seconde accentue l'étrange assymétrie du volume crânien sur le côté pariétal gauche (plagiocéphalie) et surcreuse sa partie postérieure. On a avancé l'idée que ce portrait très fortement individualisé pouvait dériver du masque funéraire de César[39]. On sait par Appien qu'un portrait de cire grandeur nature fut disposé à côté de la dépouille du dictateur, à ses funérailles[40].

### Tusculum et Arles : le même homme ou un simple "air de famille" ?

Le portrait de Tusculum et celui du Rhône présentent des caractéristiques communes, même si ce dernier a un visage plus large, plus charnu, plus dynamique et une force expressive infiniment plus marquée. Le portrait de Tusculum s'arrête à la base du cou et s'encastrait peut-être dans un *togatus*, tandis que le second descend jusqu'au départ des clavicules et pouvait être fixé sur un hermès.

De face, on retrouve sur ces deux représentations la même physionomie générale du visage et du crâne, avec un front redressé, proéminent, et un globe pariétal bombé de chaque côté. Certaines difformités sont beaucoup plus accentuées sur le portrait de Tusculum. Les yeux, le nez (du moins la partie conservée de celui d'Arles) et le bas du visage, ont la même forme, la même symétrie. On distingue dans les deux cas un cou allongé, marqué de plusieurs plis, une pomme d'Adam saillante, de petits yeux enfoncés dans les orbites, la disposition décalée des oreilles, les rides de vieillesse et d'expression, notamment les longues naso-labiales et celles des sourcils, le front large, haut et plissé, marqué par les profondes rides du lion, la calvitie avancée, partiellement masquée par une mèche de cheveux ramenée en avant par vagues successives, enfin la même organisation des boucles de cheveux sur les tempes. Pour faciliter le travail de comparaison, des moyens technologiques nouveaux qui permettent de superposer les sculptures ont été mis en œuvre, ainsi qu'un examen médicolégal.

Les deux portraits ont été scannés afin d'obtenir des représentations numériques en image de synthèse et des moulages en résine grandeur nature[41]. Quelques points de repère ont été sélectionnés par des spécialistes de médecine légale et d'anthropologie médicolégale de l'Université de la Méditerranée sur les deux bustes, en fonction de leur localisation anatomique "peu variable" au cours de la vie de l'individu. Il s'agit des cantus internes et externes des yeux, de la partie supérieure du nez et de sa partie inférieure. Afin de pouvoir orienter au mieux les reconstructions, les commissures labiales ont été prises en compte (l'absence de sourire évident rendant acceptable cette estimation de position anatomique).

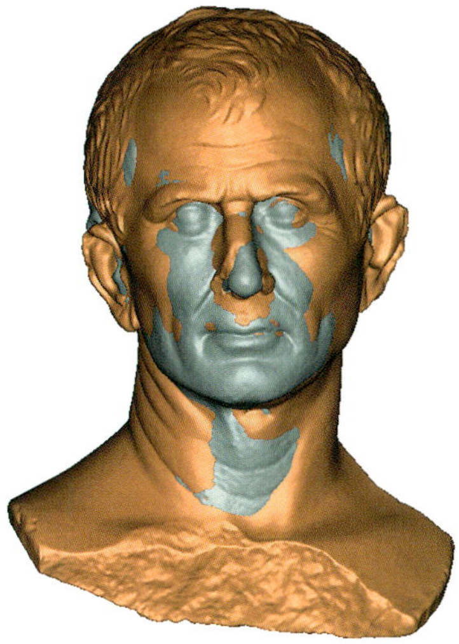

Reconstruction numérique et superposition des visages qui se complètent (Rhône en rouge, Tusculum en bleu).

Sur la base de ces huit points de repère (ou *landmarks*), les reconstructions ont été superposées par le logiciel en minimisant la distance entre les "sets de *landmarks*" de chacune des statues. L'image résultante présente une bonne superposition des reconstructions, les visages paraissant "se compléter". On peut ainsi noter que le nez du portrait de Tusculum remplace la partie manquante de celui d'Arles. De plus, les cantus et les commissures labiales, ainsi que la hauteur du nez, se superposent sans nécessiter la mise à l'échelle des deux reconstructions.

Ce détail rappelle peut-être ici l'utilisation par les sculpteurs de la technique de mise aux points. Elle consiste à mesurer l'écart entre deux repères particulièrement significatifs sur le portrait modèle et à reporter les proportions sur ses copies, garantissant ainsi leur ressemblance avec l'original[42].

Les chercheurs qui ont effectué ces analyses ont pu d'autre part observer des points de ressemblance anatomique au niveau de la glabelle – notamment des "rides du lion" – des rides du cou (partie antérieure des muscles sterno-cleïdo-mastoïdiens), des plis naso-géniens nettement marqués, de la constriction au-dessus du cartilage thyroïde. Cette fossette supra thyroïdienne constitue une marque individuelle particulière qui est relativement rare. Il n'a pas échappé à ces spécialistes, en outre, que le portrait du Rhône présentait lui aussi une hypertrophie temporale, bilatérale, un peu plus marquée à gauche, signe de plagiocéphalie.

Enfin, le dessin de profil, lien fondamental avec les monnaies, est identique sur les deux représentations. Il suit dans les diverses parties du visage un contour superposable, d'échelle identique. On retrouve cette ambivalence dans le modelé arrondi du cou et du menton, la forme de la bouche, l'angle de chute de la lèvre supérieure, le visage émacié, les arcades sourcilières étirées, le ressaut à la base du nez, la forme du front, l'organisation capillaire et la partie sommitale du crâne. Si l'arrière de la tête et une partie du nez font défaut au portrait du Rhône, la superposition des modèles numériques a démontré que le nez de Tusculum remplace la partie manquante de celui d'Arles.

Comparaison entre le portrait de Tusculum, à gauche, et le moulage de celui du Rhône, à droite.

Reconstruction numérique des portraits et alignement des profils.

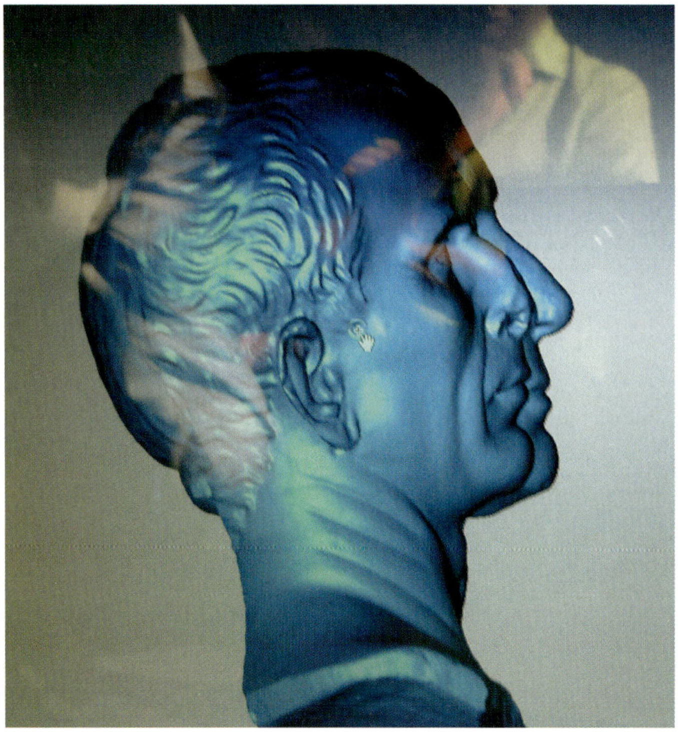

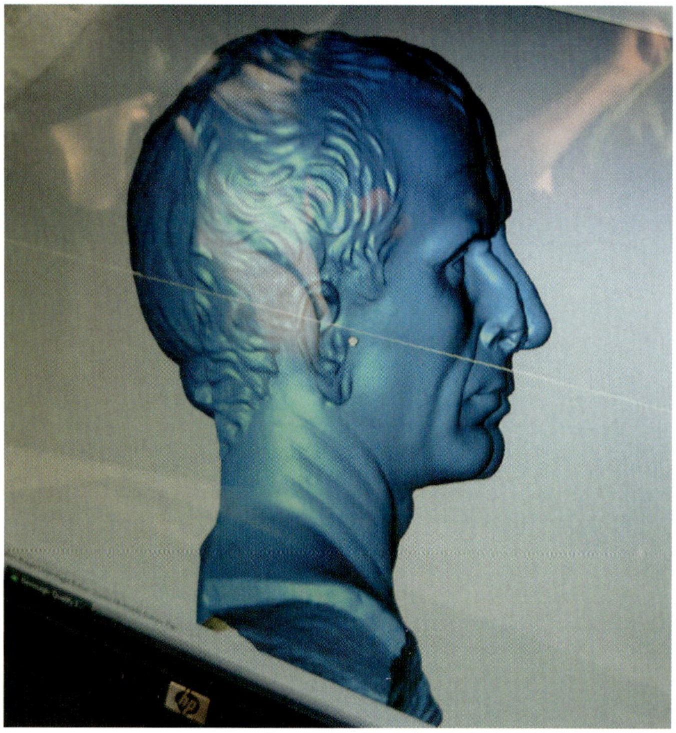

En dépit de l'aspect extrêmement abrasé du portrait de Tusculum, dû à une ancienne restauration, il est clair que ces deux portraits, exécutés par des sculpteurs de niveau très inégal, n'appartiennent pas à la même série, ni au même atelier. A la différence du "caricatural" portrait de Tusculum, à la plastique linéaire, aux globes oculaires exorbités, aux rides et aux plis simulés par de simples incisions graphiques, le tout sans grande vocation esthétique, celui du Rhône constitue un véritable chef-d'œuvre de portrait romain républicain. Il restitue avec naturalisme, voire hyperréalisme, certaines caractéristiques fixées sur celui de Tusculum, mais le rendu de la chair, le modelé et la mobilité du visage y sont beaucoup plus poussés. On retrouve l'influence des modèles hellénistiques, où le sculpteur a su opposer aux marques de l'âge la vivacité de l'esprit et le charisme de la personnalité[43]. Il n'émane toutefois du portrait du Rhône aucune idéalisation, aucune tristesse, aucune mélancolie, aucune expression lointaine qui pourrait le ranger dans la catégorie des portraits funéraires. On ressent au contraire un réalisme sans pitié, une expressivité très forte, une réelle impression de vie. Si un léger pathétisme se dégage de l'attitude un peu penchée à droite, il n'altère rien de l'énergie et de la pénétration psychologique que dégage ce portrait, reflets du charisme politique et des valeurs des *maiores* de la République. Parmi les vertus de l'homme d'Etat qui définissent l'expression globale du portrait du Rhône, on ressent l'*auctoritas*, la *gravitas* et la *severitas*, cette rigueur morale à laquelle Auguste cherchera à redonner son lustre au lendemain des guerres civiles[44]. Mais à cette force sereine, à cette fermeté inflexible, le portrait du Rhône ajoute une expression plus humaine, avec quelque empreinte d'amabilité, autour de la bouche. Ne croirait-on pas discerner, en effet, cette *clementia* dont César fit si souvent preuve à l'égard de ses ennemis, notamment au lendemain de Pharsale[45] ?

D'autres détails mettent en relief des différences notables entre les deux portraits. De face, le cou de celui du Rhône est plus fort, le visage est plus plein, plus charnu, d'ailleurs plus conforme aux descriptions de Suétone[46]. Les yeux sont légèrement plus enfoncés, les sourcils plus épais, le haut du crâne plus arrondi. Le modèle est indéniablement plus vigoureux et correspond selon nous à une représentation de César un peu plus jeune, moins marquée par la maladie et l'usure du pouvoir, qui rappelle l'effigie d'une monnaie en bronze de Nicée, en Asie Mineure, émise en 48-47 avant J.-C., publiée par F. Johansen (1967, p. 10, fig. 1). Une autre monnaie, frappée cette fois à Vienne vers 40-30 av. J.-C., qui représente Jules César, à gauche, chauve et sans couronne, avec Octave à droite (DIVI FILIVS), s'apparente également la physionomie de notre portrait[47] (cf. fig. ci-dessous).

Au bilan, la similitude des traits, leur conformité avec ceux que l'on prête habituellement au dictateur, au vu des études iconographiques qui lui ont été consacrées, notamment sur la base des monnaies et du portrait de Tusculum, ont fini de forger notre conviction première.

**Datation**

Du point de vue stylistique, cette effigie au réalisme brutal et direct s'inscrit pleinement dans l'art du portrait romain de la fin de la République. Par une maîtrise technique exceptionnelle dans l'expression du regard et le rendu de la chair, qui ne fait aucune concession aux défauts physiques, ni aux marques de l'âge, cette œuvre exprime la force d'une volonté qu'inspire la *virtus* politique. Cette phase de vérisme expressionniste qui marque le milieu du Ier siècle av. J.-C., n'a eu semble-t-il qu'une durée relativement courte, peut-être deux générations[48]. Ces tendances caractéristiques du portrait d'Arles s'accordent avec la facture des yeux, aux globes oculaires petits, plats au centre et à peine arrondis sur les bords, dont la datation est proche de la fin de la République, entre 60 et 40 av. J.-C.[49]. La précision du traitement de la chevelure, qui ne dément pas une datation précoce, et la coiffure basse, d'autre part, pour ce qu'on en discerne sur le profil gauche, renvoie à leur tour à des portraits de la fin de la République. C'est notamment le cas, dans les collections du Louvre, des portraits d'inconnus, Ma 4515 d'époque républicaine, Ma 4509 du milieu du Ier siècle av. J.-C. et Ma 999 de la fin de l'époque républicaine[50]. La même organisation de la chevelure en mèches courtes sur la nuque se retrouve, par ailleurs, sur le portrait romain IN 3609 conservé à la glyptothèque de Copenhague et daté du milieu du Ier siècle av. J.-C.[51].

Les qualités plastiques du portrait du Rhône rivalisent avec l'art affirmé des plus beaux portraits romains du milieu du Ier siècle av. J.-C. Parmi eux, la statue d'un "général" découverte en 1925 dans les ruines du temple d'*Hercule Victor*, à Tivoli, offre dans le modelé du visage la même facture, la même tension musculaire, la même dynamique dans l'expression[52] (cf. fig. ci-dessous). Cette statue héroïque, d'influence hellénistique, qui combine un portrait réaliste aux rides profondes, très individualisées, et un corps idéalisé, est datée entre 70 et 60 av. J.-C.[53]. Une autre piste est fournie par l'art monétaire du Ier siècle av. J.-C., qui adapte le réalisme romain à ses propres exigences. Sans pouvoir démontrer que l'effigie monétaire a un modèle sculptural[54], elle est solidaire d'un mode plastique et reprend sur un seul profil, en les simplifiant, les techniques du réalisme sculptural[55]. Le denier du monétaire C. Coelius Caldus, qui fit frapper en 62 av. J.-C. l'effigie de son grand-père, consul en 94, démontre déjà l'intérêt du graveur pour les particularités physiques et les signes de l'âge. Du point de vue chronologique, la ressemblance stylistique entre la monnaie de Caldus et le portrait en ronde-bosse du Rhône, qui sont d'un esprit comparable, est intéressante[56]. Enfin, les caractères véristes, sobres et méticuleux du profil sur le portrait du Rhône s'accordent avec celui des monnaies frappées à l'image de César, quelques mois avant son assassinat, en 44 av. J.-C. Jules César fut en effet le premier, à Rome, à s'arroger de son vivant le droit d'émettre des monnaies à son effigie[57]. C'est le cas notamment des émissions de M. Mettius, à la légende DICT QUART, dans lesquelles A. Alfödi voit "le véritable visage de César[58]". Au vu de ces arguments, si une chronologie comprise globalement entre 60 et 40 av. J.-C. paraît convenir à notre portrait, ses signes distinctifs recentrent plus précisément encore sa chronologie entre le milieu du Ier siècle et la mort du dictateur.

**Conclusion : le portrait du Rhône, image du fondateur de la colonie**

L'étude, qui repose aujourd'hui sur un faisceau d'arguments d'ordre stylistique, anatomique, géologique et historique, tend à confirmer que le portrait découvert dans le Rhône s'accorde bien avec la physionomie très individualisée du dictateur, au moment de la fondation de la colonie romaine d'Arles. Il paraît peu probable, à une période aussi précoce, qu'un magistrat romain ou l'un des notables locaux aient pu se faire représenter à la façon de César[59] puisque son image n'est pas encore stéréotypée. La théorie du "visage d'époque" *(Zeitgesicht)*[60] ne peut s'appliquer dans ce cas. Cette hypothèse exclue, on peut alors se demander quel anonyme fraîchement romanisé pouvait lui ressembler à ce point, dans un marbre exceptionnellement rare et sous le ciseau d'un artiste hors du commun. Dans les provinces, à cette époque, les portraits des élites municipales sont le plus souvent en calcaire local et n'atteignent jamais un si haut niveau de qualité[61]. Les portraits républicains, en outre, sont souvent anonymes, puisqu'ils échappent au principe de sériation et de diffusion politique. Le César du Rhône obéit à cette logique et ne se rattache, du coup, en raison de sa datation haute, à aucune série connue.

La provenance orientale du marbre, depuis des carrières phrygiennes qui fonctionnent au Ier siècle av. J.-C., et la facture de l'œuvre, dans la plus pure tradition du portrait républicain, en font probablement le produit d'un grand sculpteur de l'Urbs. Cependant, l'utilisation d'un marbre grec d'Asie peut tout aussi bien suggérer l'œuvre d'un praticien romain qu'une sculpture d'importation. Il faut, par ailleurs, souligner la présence d'un bloc de marbre du Dokimeion sur le site d'une épave qui, en France, à Marseillan (34), a livré les œuvres remarquables que sont l'*emblema* de Marsyas[62], la statue en bronze d'un Eros, ainsi que l'effigie d'un enfant royal rattachée par C. Rolley à Césarion[63]. Cette

épave, *Riches Dunes 4*, datée vers 30-10 av. J.-C., fournit donc le cas d'un transport d'œuvres d'art associé à un bloc de marbre prêt à être taillé. Datation et contenu renvoient au cercle de César et l'ensemble démontre que l'étendue des hypothèses peut aussi inclure le cas de matières premières sculptées sur place et souligne l'association de ce marbre à des œuvres de premier plan.

Au bilan, il existe suffisamment de signes distinctifs communs entre le portrait du Rhône et celui de Turin, qui constitue pour nous un modèle anthropologique reconnu de César, pour considérer que le portrait du Rhône est bien une effigie du dictateur. En dépit de certaines divergences faciales, leur profil est très proche et présente un lien étroit avec celui des premières émissions monétaires à la légende DICT QUART. Mais, par sa physionomie et ses qualités plastiques, le portrait d'Arles constitue selon nous un type iconographique distinct, peut-être le plus ancien dans la série des représentations de César, à une époque où aucune image précise du dictateur n'est encore fixée[64]. De fait, la mise en place à Arles, dès 46 av. J.-C., d'un portrait du père fondateur de la cité, antérieur à ses premières effigies monétaires de Rome, n'a rien d'illogique.

En 2007, à sa sortie de l'eau, l'identification fut spontanée. Il semblait, en effet, extrêmement vraisemblable que cette belle, puissante et expressive tête de marbre, au regard pénétrant et incomparable, fût l'effigie de Jules César. Depuis, cette intuition s'est confirmée. La découverte de ce portrait offre désormais de nouvelles perspectives et impose de reconsidérer le corpus des effigies de César qui va sans aucun doute ainsi se renouveler.

**Notes**

1. Cf. dans ce catalogue l'article de M. Heijmans : "Le quartier de Trinquetaille : vers une nouvelle vision de la rive droite ?".
2. Cf. dans ce catalogue l'article de A. Roth Congès : "Le lapidaire architectural".
3. Les épaules sont sans doute trop dégagées pour aller avec une toge.
4. Une grande statue nue héroïque, conservée au Louvre (Ma 1274), datée du début du Ier siècle de notre ère, a été considérée pendant un temps comme représentant Jules César (Kersauson 1986, p. 60). On sait, par ailleurs (Dion Cassius 43-14 ; Cicéron, *Pro Deiotaro* 34) que César, à son retour d'Afrique, en 46 av. J.-C., fut représenté en demi-dieu sur le Capitole.
5. Cf. dans ce catalogue, l'article de F. Johansen : "Les portraits de César". La découpe à l'arrière laisse penser que le portrait a pu être réutilisé.
6. Cf. dans ce catalogue l'article de Ph. Blanc et Ph. Bromblet : "Déterminer l'origine des marbres sculptés : méthode d'étude".
7. J'avais signalé à J.-C. Balty que la fracture était trompeuse et que l'examen du nez sur photo pouvait prêter à confusion, cf. Rosso 2009, p. 20.
8. Le dessin de la paupière supérieure, apparentée à une volute qui se poursuit dans les ridules du coin de l'œil, rappelle le traitement du portrait d'un vieil homme conservé au Musée archéologique national de Chieti, provenant de Civitatomassa (commune de Scoppito), daté du milieu du Ier siècle av. J.-C., n° inv. n° 4430 (Tuteri 2008, p. 170).
9. La déformation tridimensionnelle du crâne, dans le cas de plagiocéphalie fronto-occipitale, peut se traduire par un déplacement de l'oreille en arrière et vers le bas (Sergueef 2006).
10. Sur l'organisation des mèches derrière les oreilles, on peut prendre pour exemple le portrait d'inconnu conservé au Louvre, n° Ma 1357, daté des premières décades du Ier siècle de notre ère (Kersauson 1986, p. 58).
11. Cf. *infra* : "Datation".
12. Alföldi, 1958.
13. Sur les effigies monétaires de César frappées en 44 av. J.-C., qui le représentent avec une chevelure abondante, certains détails démontrent qu'il s'agit en fait de cheveux d'emprunt. Cf. dans ce catalogue l'article de F. Johansen : "Les portraits de César".
14. Johansen 1994, p. 68, n° 22.
15. Cet examen par photons gamma a été réalisé le 3 juillet 2008 sous la direction de L. Sauvage, grâce au scanner Transec du laboratoire de mesures nucléaire du CEA de Cadarache. Les goujons ont été retirés au musée d'Arles par l'équipe de restaurateurs en place, B. et S. Coignard.
16. La forme de ces orifices peut être comparée à celle repérée à l'arrière du portrait d'inconnu Ma 1001 conservé au Louvre, daté de la fin de la République, entre 60 et 40 av. J.-C. (Kersauson 1986, p. 32).
17. Gagnal 2004, p. 221.
18. Johansen 1994, p. 13.
19. Johansen 1987, p. 24, fig. 15 a-b.
20. *Ibid.*, p. 33, fig. 30 a-b.
21. *Ibid.*, p. 17, fig. 1 a-b.
22. *Ibid.*, p. 22, fig. 6 a-b.
23. *Ibid.*, p. 28, fig. 20 a-b.
24. *Ibid.*, p. 31, fig. 28 a-b.
25. Andreae 1998, p. 48.
26. Bernouilli, 1982, p. 145 ; Frel 1977, p. 61.
27. Borda 1943, p. 21.
28. Johansen 1987, p. 22.
29. Siebert 1980, p. 192.
30. Yavetz 1990, p. 213 ; Nicolas de Damas, fr. 130, p. 96. De même, c'est en 46 que se placent les premières effigies posthumes de Pompée. Les troubles des guerres civiles s'étendent loin de l'Italie et les portraits du grand Pompée sont frappés aussi bien en Sicile qu'en Italie.
31. Chamay, Frel, Maier 1983, p. 21.

## DIMENSIONS DÉTAILLÉES DU PORTRAIT DU RHÔNE

Hauteur de la tête, de la base du menton au sommet du crâne : 25,3 cm ; hauteur du cou (large de 13 cm), 8,8 cm, 14,9 cm entre le menton et la base ; largeur maximale du buste : 28,5 cm ; largeur aux tempes : 20,5 cm, 19,5 cm (en passant par les yeux) ; largeur aux oreilles : 21,5 cm ; largeur du front (prise entre la chevelure) 15,5 cm ; largeur de la bouche : 5,5 cm ; distance entre les points extérieurs des yeux : 9,5 cm ; hauteur des oreilles : 7,4 cm ; espacement entre les yeux : 3,5 cm. Hauteur entre le menton et la base de la lèvre inférieure : 4,2 cm ; hauteur des lèvres : 2 cm ; espace entre la lèvre supérieure et la base du nez : 1,2 cm ; hauteur du nez : 5,6 cm ; hauteur entre les deux rides horizontale déterminant un bourrelet à la base supérieure du nez : 0,8 cm, puis de là jusqu'au point le plus bas de la mèche frontale : 5 cm ; hauteur de l'extrémité de cette mèche au sommet du crâne : 6,5 cm.

32. Zanker 1983, p. 9.
33. Simon 1952 ; Johansen 1967, p. 20-24, 34-37 ; Hofter 1989 ; Zanker 1994, p. 107 ; Faedo 1995, p. 80 ; Pieper 2003, p. 135 ; Schäfer 2004, p. 21-22 ; Pollini 2005, p. 96 ; Panto 2008, p. 126.
34. Suétone, *Divus Iulius*, 45.
35. Borda 1943.
36. Chamoux, 1953, p. 135. César est né en 100 av. J.-C.
37. Zanker 1983, p. 9 ; Johansen 1967, p. 35.
38. Balty 1981, p. 141 ; Zanker 1976, p. 590-591.
39. Il s'agissait d'un masque de cire appliqué sur la face du cadavre, retouché ensuite par des artistes avec un travail aussi attentif que possible (Polybe, VI, 53) et auquel se substituaient ensuite des bustes en marbre ou en bronze (Turcan 1995, p. 22). Un autre portrait attribué à Jules César en Pontifex Maximus est peut-être dérivé du masque funéraire en cire du dictateur (Chamay, Frel, Maier 1983, p. 51). Deux enseignants-chercheurs de l'Université de la Méditerranée, le professeur Georges Léonetti (doyen de la Faculté de médecine et chef du service de médecine légale) et Pascal Adalian (anthropologue médicolégal), ont pu examiner grâce à l'aide de Mme Gabriella Panto (Musée archéologique de Turin) le moulage du portrait de Tusculum. Ils considèrent que certains détails pourraient conforter l'idée d'une effigie dérivée du masque mortuaire : la maigreur du cou, parfois qualifié de "cou de poulet", qui rappelle celui des malades en phase finale, l'affaissement des muscles faciaux et, de manière plus générale, l'aspect décharné du visage, les ailes pincées des narines, les lèvres rigides, légèrement tombantes dans les coins, les oreilles collées au crâne par la cire, l'os maxillaire saillant, enfin la fameuse expression ironique du visage qui pourrait correspondre au rictus cadavérique. Par ailleurs, au vu de l'indifférence de César face aux risques de complots et aux prédictions défavorables, des historiens modernes ont développé l'idée d'une attitude dictée par la perception d'une maladie qui le diminuait (Accoce, Rentchnick 1976).
40. César, *De bello civile*, II, 147.
41. Les deux reconstructions 3D des bustes de Tusculum et d'Arles ont été réalisées à partir d'acquisitions surfaciques des statues originales avec le logiciel MIMICS 12.1 (de la société Materialise). Ils ont été examinés par les professeurs G. Léonetti et P. Adalian (Faculté de médecine de la Timone, Université de la Méditerranée). Les fichiers STL proviennent, pour le César du Rhône, d'une photogrammétrie à lumière structurée (procédé Méphisto, P. Drap, LSIS, CNRS, et société Superficie), pour le César de Tusculum, d'un scanner portable Z-800 à technologie laser (Z-Corporation) de la société 3D Avenir (aimablement mis à disposition par F. Arnoul).
42. Carrier 2005, p. 19.
43. Vers la fin de la République, les sculpteurs étaient souvent choisis parmi les Grecs. En 46 av. J.-C., pour représenter la statue de Vénus qu'il destinait au temple de la Vénus Genitrix, César fit appel au sculpteur Arkesilaos (Pline, *Hist. Nat.*, XXXV, 156).
44. Balty, Cazes 2005, p. 124.
45. Tanner 2000, p. 28 ; Yavetz 1990, p. 196 ; Dion Cassius 42, 18, 2 ; Plutarque, *Caes.* p. 57.
46. *Divus Iulius*, p. 45. Si l'auteur écrit au IIe siècle de notre ère, sa fonction de premier secrétaire d'Hadrien lui donnait accès aux archives impériales.
47. Kiang 1969, p. 34, fig. 4. La monnaie a été frappée avant qu'Octave ne prenne le titre d'Auguste, en 27 av. J.-C.
48. Andreae 1998, p. 48.
49. Sur le traitement des yeux des portraits du Louvre, cf. Kersauson 1986, p. 20.
50. Kersauson 1986, p. 18-20, p. 28.
51. Johansen 1994, p. 212, n° 94.
52. Balty 1981, p. 140 ; Giuliani 1970, p. 199.
53. Johansen 1994, p. 10, fig. 7. Tronquée au niveau du crâne, cette statue se trouve au Musée national des Thermes, à Rome.
54. Curtius 1932.
55. Zehnacker 1961, p. 37.
56. On note l'indication vigoureuse du muscle sterno-cléïdo-mastoïdien, la pomme d'Adam, la facture des lèvres, le creux de la joue qui évoque la maigreur, les plis partant des ailes du nez qui soulignent l'avant des joues et entourent la bouche d'une sorte de triangle, les ridules divergentes qui partent du coin de l'œil, les rides du front, la rondeur de la tête, tandis que le rendu de la chevelure appartient déjà à l'art monétaire du milieu du Ier siècle av. J.-C. (Zehnacker 1961, p. 36).
57. Jusque-là, les maîtres-monnayeurs avaient réalisé des portraits d'ancêtres à partir des masques de cire conservés par les familles. West 1933 ; Meuleau 1965, p. 219 ; Bieber 1973, p. 880 ; Chamay, Frel, Maier 1983.
58. Alföldi 1958.
59. Zanker 2008 ; Rosso 2009, p. 20-21.
60. Zanker 1982, p. 307.
61. Balty 1982, p. 141.
62. Agde, musée de l'Ephèbe ; Long 2005, p. 41.
63. Rolley 2006 ; Rolley 2007.
64. Cf. sur ce point, dans ce catalogue, l'article de F. Johansen : "Les portraits de César".

N. B. Cette publication est le premier volet d'une étude complète en cours.

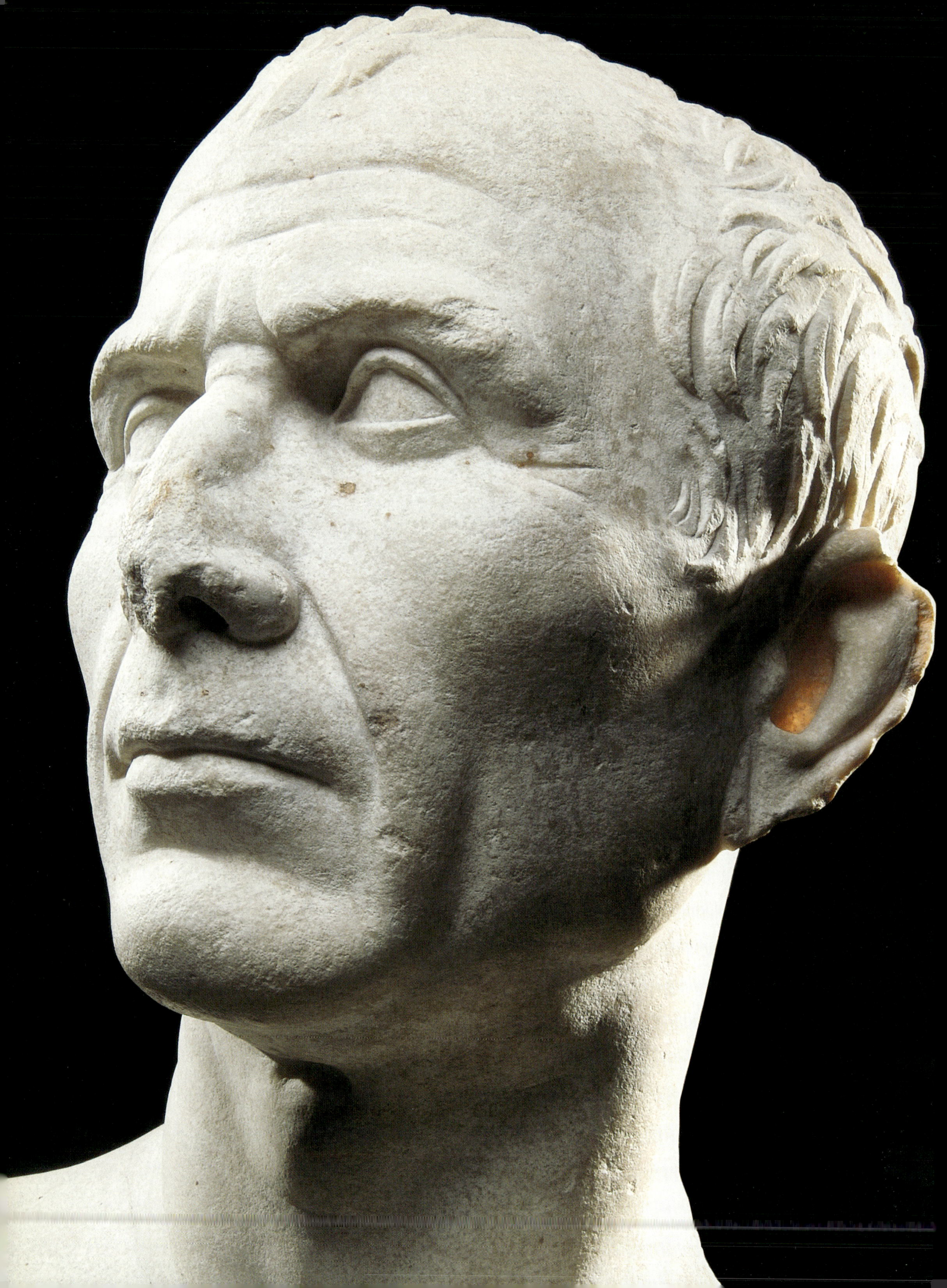

# LES PORTRAITS DE CÉSAR

*Flemming Johansen*

C'est à l'automne 2007 que fut découvert dans le Rhône un très beau portrait romain. Au moment où ce portrait encore ruisselant sortait de l'eau, face à la vieille cité d'Arles, Luc Long, le directeur des fouilles, s'écria : "Mais c'est César !" Cette exclamation enthousiaste a fait couler depuis beaucoup d'encre. Aujourd'hui, le portrait est exposé au musée départemental d'Arles sous la désignation : Caius Julius Caesar.

Jusque-là, les chercheurs spécialisés dans les représentations de César s'étaient, non sans mal, à peu près accordés pour retenir de lui trois portraits principaux. Le premier, contemporain du dictateur, fut découvert en 1825 à Tusculum. Il est actuellement conservé à Turin *(fig. 1)*. Les deux autres, datés d'environ 20 à 30 av. J.-C., sont le portrait dit Chiaramonti, au Vatican *(fig. 2)*, et le portrait Camposanto, à Pise *(fig. 3)*.

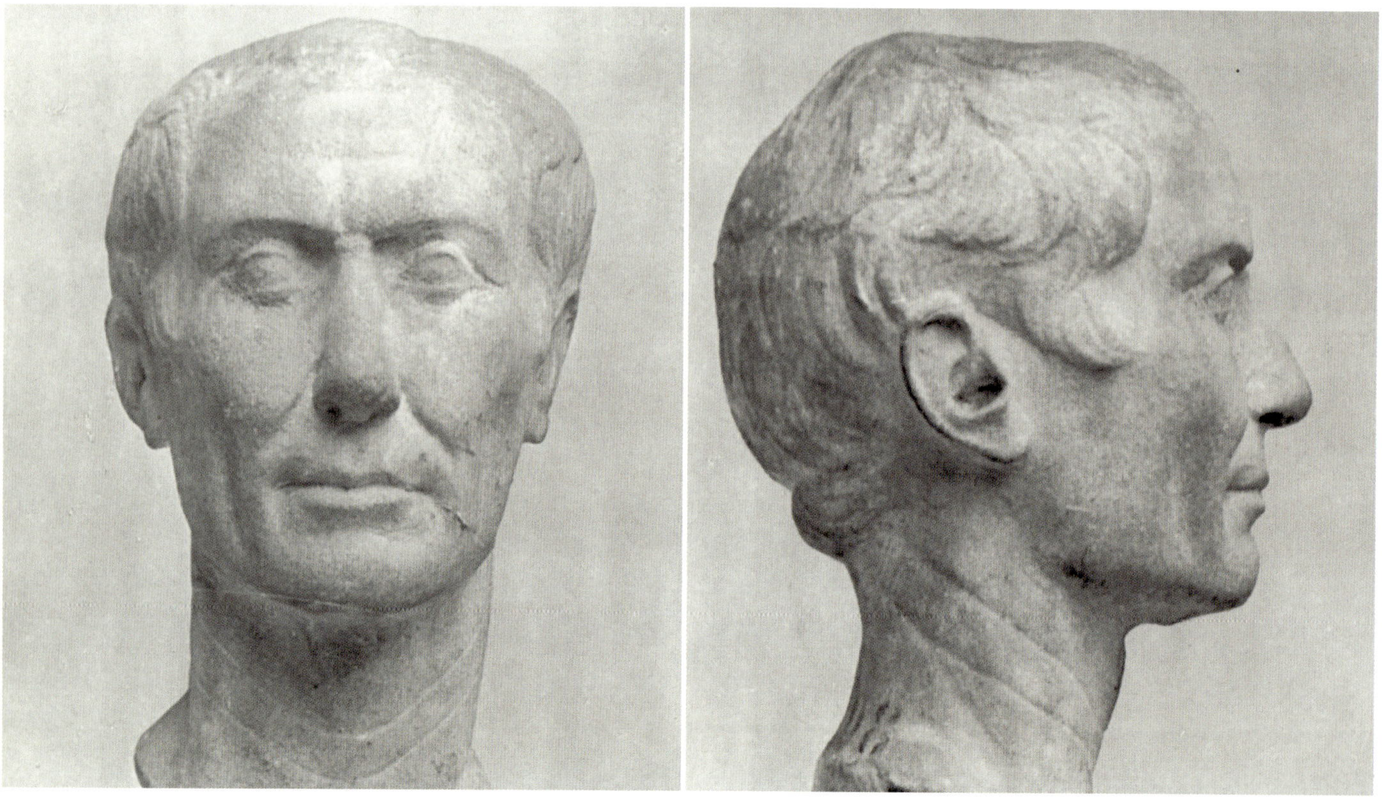

Figure 1 ~ Portrait de César, dit du Castello di Aglié, découvert à Tusculum en 1825, Musée archéologique de Turin.

Figure 2 ~ Portrait de César, dit de Chiaramonti, musée du Vatican à Rome.

Figure 3 ~ Portrait de César, dit de Camposanto.

Il existe plusieurs copies ou répliques de ces portraits, qui constituent l'arrière-plan de notre conception de César. Au vrai, les portraits de Tusculum et ceux de Chiaramonti et Camposanto diffèrent considérablement du César d'Arles, même si l'on retrouve certaines caractéristiques communes. Ainsi, le portrait de Tusculum présente une pomme d'Adam proéminente et des sillons sur le cou. Les mêmes traits se retrouvent sur des monnaies frappées par Marcus Mettius en 44 av. J.-C., deux mois et demi avant la mort de César, le 15 mars 44 *(fig. 4)*. D'après l'historien romain Dion Cassius, ces effigies monétaires ont été dessinées et gravées sous la direction du *quatuorviri monetales*, une commission des monnaies constituée par quatre membres. Ces monnaies sont la seule base sûre en notre possession pour juger d'éventuels portraits contemporains de César parmi le grand nombre des portraits de marbre romains qui sont conservés. C'est le profil gravé en 44 av. J.-C., sur les deniers du maître monnayeur Marcus Mettius, qui porte l'inscription DICT(ator) QUART(um) (dictateur pour la quatrième fois), qui constitue l'effigie la plus sûre de César. Les deniers de Mettius démontrent que César avait un long cou maigre, sillonné de rides, et une pomme d'Adam très marquée. La tempe est creusée, les pommettes et le maxillaire inférieur sont saillants. Le front, lui aussi, est haut et ridé. Les yeux, profondément enfoncés dans les orbites, sont largement ouverts. Ramenés de l'arrière vers l'avant, les cheveux sont coiffés d'une couronne et peignés sur la nuque de manière artistique. Bien que les effigies monétaires reproduisent une chevelure abondante – représenter César chauve était impensable –, certains détails démontrent que ces cheveux étaient en fait des mèches d'emprunt.

Figure 4 ~ Denier de Marcus Mettius frappée en 44 av. J.-C., Musée archéologique de Venise.

Parmi les contemporains de César, Cicéron est le seul à pouvoir nous décrire son aspect physique, ce qu'il fait dans *Brutus*, 75, 261. Citons-le : "Son brillant art oratoire n'était pas dû uniquement à la routine, mais à sa voix, à ses gestes et à son apparence" (*forma*, qui signifie peut-être ici "son beau physique"). "Il était d'une certaine manière grand et noble." Cette affirmation est reprise et renforcée plus tard par l'historien Velleius Paterculus, qui précise que César était le plus bel homme de son temps.

Un siècle après la mort de César, c'est l'historien Suétone (*Divus Iulius*, 45) qui fournit la description la plus complète du physique de César : "On dit qu'il était de haute taille, qu'il avait la peau claire, des membres ronds, des yeux noirs et vifs... Assez scrupuleux quant à son physique, il ne se faisait pas simplement couper (les cheveux) et raser très soigneusement, mais se faisait aussi épiler."

Dans *De la guerre civile* (III, 105, 6), César nous précise qu'"à Tralles, dans le temple de la Victoire où ils avaient inauguré une statue de César, on montrait un palmier qui avait poussé dans le pavage, au cours de ces journées, entre les interstices des pavés". Cette statue avait peut-être été érigée pour remercier César de son action dans la province d'Asie, en 74, ce qui permet de penser qu'il pourrait s'agir de la mention du tout premier portrait de César.

En 48 av. J.-C., dans la partie orientale du monde romain, on commence à ériger publiquement des statues honorifiques de César. Au total, en Grèce, on connaît vingt bases de statue portant des inscriptions qui lui sont dédiées. Mais aucune d'elles n'a conservé sa statue. En Italie, de 46 à 44 av. J.-C., une série de statues honorifiques sont érigées en son honneur. A Rome, une statue de bronze lui est dédiée à son retour d'Afrique, en 46 av. J.-C. "Ils ont décidé que son char de guerre serait placé au Capitole, tourné vers la statue de Jupiter, et sa statue de bronze élevée sur une représentation du monde, avec une inscription qui le proclamait demi-dieu."

La mise en place des statues de César continue après sa mort, sous les empereurs Auguste, Claude et Trajan. Les écrivains antiques offrent des commentaires très variés sur les portraits de César, mais aucun ne nous fournit une description détaillée de l'aspect de ses statues. Tout le monde savait à quoi elles ressemblaient.

La découverte dans le Rhône, à Arles, d'un portrait de très haute qualité, qui ressemble à César, nous oblige à poser la question suivante : si ce portrait est bien celui de César, comment s'insère-t-il dans la série des portraits "connus" de lui, et sa proximité ou son éloignement avec ces portraits connus permettent-ils ou interdisent-ils qu'il lui soit attribué ?

Mais, d'abord, dans quelle mesure les portraits de César "connus" sont-ils sûrs ? N'avons-nous pas, pendant trop longtemps, considéré de manière si traditionnelle les portraits de Tusculum, Chiaramonti et Pise comme les seules représentations de César, que nous sommes du coup devenus aveugles devant d'autres possibilités ?

En ce qui concerne le César de Tusculum, n'est-ce point une erreur de lui accorder tant d'importance ; nous devrions plutôt reconsidérer la réplique qui se trouve depuis 1822-1823 à Woburn Abbey, Bechley Bucks, à Woburn, dans le Bedfordshire *(fig. 5)*. Ce portrait doit provenir du palazzo Rondinini, à Rome. Il n'est pas aussi nettoyé et retouché que le portrait de Tusculum et se rattache au César d'Arles tant par la face que par le profil. A mon sens, le portrait de Woburn Abbey devrait jouer un rôle plus prédominant, ce qu'il fera sans doute désormais en raison de son lien étroit avec le César d'Arles[1].

A dater de l'automne 46, César est en Espagne. Sur le chemin du retour, il fait un séjour de plusieurs semaines pour voir comment se déroule l'occupation de Narbonne et d'Arles par ses vétérans. En 49 av. J.-C., César avait pillé Marseille, mais il avait épargné Arles, et il serait normal d'admettre qu'entre 49 et 46, la ville d'Arles a voulu lui ériger une statue honorifique de bronze ou un hermès. Comment ce portrait s'est-il retrouvé plus tard dans le Rhône, c'est une autre histoire.

Le portrait de César du Rhône est celui d'un bel homme d'âge mûr, exécuté par un artiste très habile. Si ce portrait, sculpté dans un marbre blanc provenant de la partie occidentale de l'Asie Mineure, est une œuvre locale, il n'a en tout cas rien de provincial. A l'évidence, le sculpteur travaille tout à fait dans la tradition du portrait romain républicain. Peut-être était-il romain ou grec. Le matériau et le sculpteur viennent donc de l'Orient, par rapport à Arles. Il est vrai que les marbres et les sculpteurs voyageaient souvent à l'époque, à l'intérieur des limites de la Méditerranée. Le cou et l'épaule forment une ligne continue qui indique que le portrait était intégré dans un hermès. La coupure de l'occiput et du cou peuvent s'expliquer par un endommagement et les goujons de fer par une réparation. Il est également possible que la découpe sur l'arrière du crâne et les goujons de fer soient d'origine et aient tout simplement servi à fixer la tête contre un mur.

A première vue, le portrait semble reconnaissable, ce qui s'explique dans une certaine mesure par son lien physionomique avec les César de Tusculum et Chiaramonti. Je dois avouer qu'un laps de temps important s'est écoulé avant que ne me vienne à l'esprit une réplique de ce portrait. Il faut en effet désormais reconsidérer le marbre mis au jour en 1897-1899 dans la villa romaine de Chiragan, près de Martres-Tolosane, au sud-ouest de Toulouse, à environ 300 km d'Arles *(fig. 6)*. Léon Joulin, qui a trouvé ce portrait, l'a placé dans la catégorie des portraits du Ier siècle av. J.-C., avec le commentaire suivant : "Le très beau portrait n° 263 (hauteur 0,46 m, marbre grec, nez légèrement érodé), dans lequel la fermeté et la finesse s'unissent si heureusement, pourrait être antérieur à Trajan."

En 1937, en étudiant le portrait de Toulouse, Frederik Poulsen "a senti qu'il lui rappelait le portrait de César[2]". En 1980, François Salviat et Danièle Terrer ont proposé de rattacher ce portrait à César, mais en 2005, dans le catalogue des portraits romains de Toulouse, Jean-Charles Balty et Daniel Cazes en ont fait le portrait d'un inconnu[3].

Le César d'Arles n'est pas à mon sens une réplique des portraits de Tusculum, Chiaramonti et Pise, mais il offre tant de traits communs avec ces portraits qu'il est bien évidemment logique de l'identifier comme un César. D'ailleurs, qui d'autre que César eût pu avoir son portrait érigé à Arles, entre grosso modo 50 et 44 av. J.-C. ? Son lien étroit avec le portrait de Toulouse renforce, en outre, grandement cette identification.

Enfin, ici, il ne sert à rien, comme on le fait si souvent, de parler d'un "visage de l'époque", mais il faut, au contraire, être ouvert à de nouvelles variations du portrait de César. En 1982, l'archéologue allemand Paul Zanker a attiré l'attention sur le fait que les portraits des citoyens romains ordinaires étaient influencés par l'effigie des personnalités dirigeantes du Sénat. C'est visiblement le portrait de César qui a exercé le plus d'influence sur son époque, puisque l'on peut parler dans les années 40-30 av. J.-C. d'un "visage de l'époque de César". On a retrouvé par ailleurs des centaines de répliques des portraits d'Auguste, le successeur de César. Nous devons imaginer l'existence d'une production

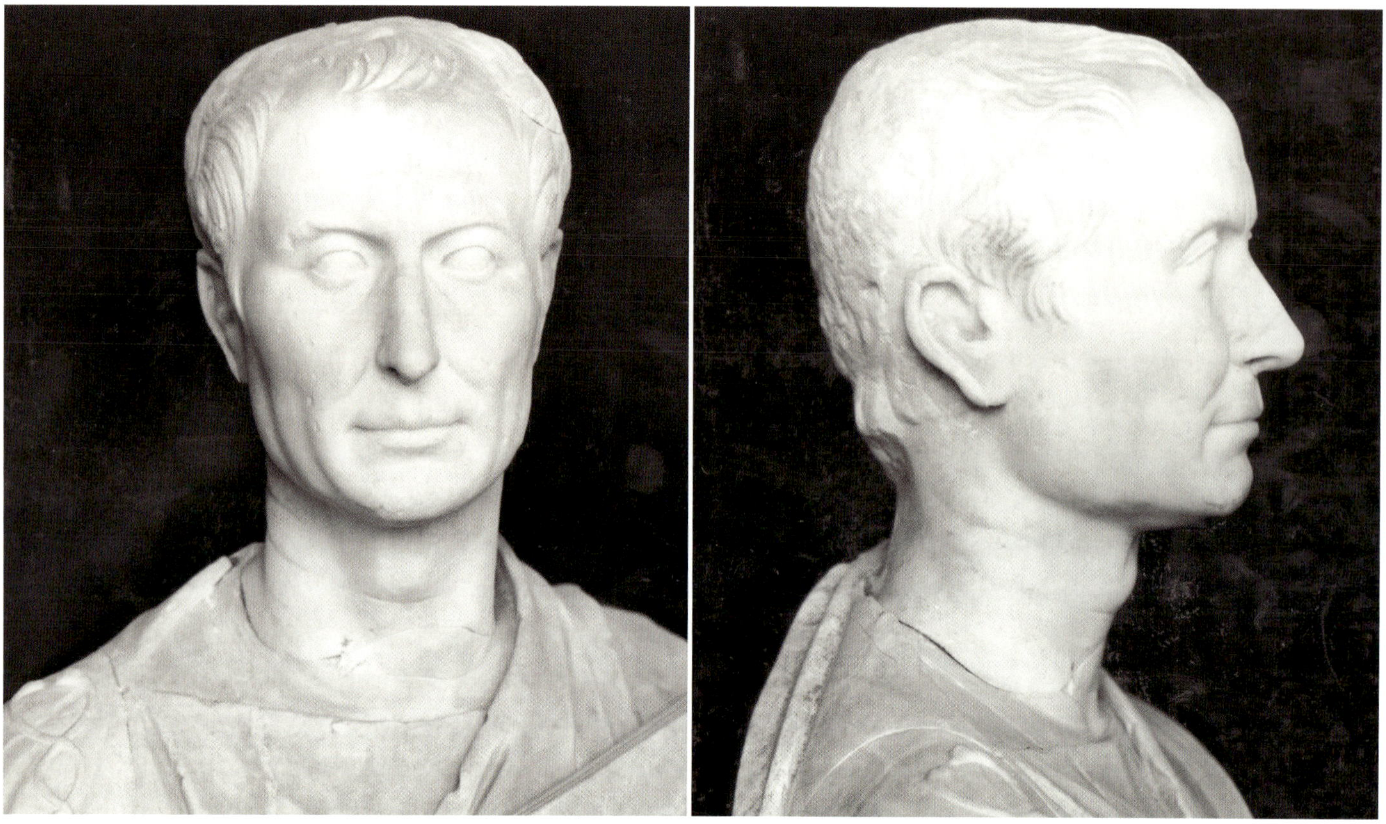

Figure 5 ~ Portrait de César, dit de Woburn Abbey.

Figure 6 ~ Portrait supposé de Jules César, musée Saint-Raymond de Toulouse.

de portraits contrôlée par l'empereur. Mais le vieillissement du prince n'était pas tolérable. L'on ne peut pas dire, en revanche, que la théorie de Zanker sur le "visage de l'époque" soit particulièrement valable sous Auguste, le portrait de l'empereur étant trop divin pour que de simples citoyens se l'approprient pour l'appliquer à leur propre portrait.

Tous les portraits de César – à l'exception de ceux des monnaies de Mettius – sont posthumes. César n'a eu ni la possibilité, ni le temps, ni le désir, ni l'organisation nécessaire pour établir, et à plus forte raison contrôler, la production de ses portraits. Dans les années qui suivent sa mort, la production de ses portraits n'est pas strictement encadrée, pas plus qu'elle ne l'a été dans les années qui l'ont précédée.

Avant la mort de César, ses portraits étaient peu nombreux. Il n'est donc pas possible de dire que la production des portraits était canonisée, ni que les portraits étaient exécutés à partir d'un type donné.

Le portrait de César trouvé dans le Rhône est un portrait très précoce, l'un des tout premiers. Il est même fondé de se demander si le sculpteur connaissait bien les traits de César. Il est également permis de réfléchir sur la validité de la théorie du "visage de l'époque" durant la vie de César. La statue à laquelle appartenait le portrait du Rhône devait ressembler à "l'idée qu'on se faisait de César". L'inscription du socle de cette statue indiquait clairement l'identité de la personne représentée. Cette inscription, absente aujourd'hui, gît peut-être au fond du fleuve, parmi des centaines de débris.

Le portrait de César trouvé dans le Rhône est un défi, l'occasion d'une discussion et d'une inspiration pour ceux qui veulent réellement comprendre un peu mieux l'art du portrait romain dans les dernières années de la République.

Traduction du danois : Monique Christiansen

**Notes**

1. Elizabeth Angelicousis, *The Woburn Abbey Collection of Classical Antiquities*, 1992, p. 22, n° 54.
2. Frederik Poulsen, *Probleme der römische Ikokographie*, 1937, p. 21.
3. Balty, Cazes 2005, p. 129, n° 4.
4. Zanker 1982, p. 307.

# DÉTERMINER L'ORIGINE DES MARBRES SCULPTÉS : méthode d'étude

*Philippe Blanc et Philippe Bromblet*

Dans l'Antiquité classique, le marbre blanc était un matériau nécessaire pour la sculpture, notamment la statuaire. De nombreuses carrières étaient connues et exploitées en Grèce continentale, dans les îles de la mer Egée, en Asie Mineure et en Italie (diagramme I). Sous Rome, ces différents marbres ont voyagé dans tout le Bassin méditerranéen au service de l'art remarquable de la sculpture. Hommes illustres, dieux, déesses, héros mythologiques ont décoré les temples, les édifices publics et les plus belles habitations.

Lorsqu'une pièce sculptée en marbre blanc est trouvée en cours de fouille, il est difficile d'en déterminer l'origine. Géologiquement, tous les marbres blancs sont, en effet, composés d'un assemblage compact de cristaux de calcite (ou de dolomite) issus de la recristallisation d'un calcaire préexistant, sous l'effet des pressions et des températures élevées qui caractérisent les grands mouvements tectoniques de notre globe. Cette identification, si elle est techniquement difficile, peut pourtant amener des arguments décisifs quant à l'historique de la pièce – qu'elle soit autochtone ou transportée –, ou pour la rattacher à d'autres découvertes voisines, à un même ensemble antique disparu. Dans le cas des fouilles du Rhône, il est ainsi tout à fait évident que, pour chaque pièce, l'identification du marbre et de sa provenance peut être utile pour étayer les hypothèses archéologiques.

Cinq des pièces en marbre blanc les plus emblématiques sorties du fleuve ont fait l'objet d'une étude pour déterminer la provenance du matériau qui les constitue : la tête de César (AC, RHO.2007.05.1939), la statue de Neptune (AN, RHO.2007.05.1966), une tête d'homme (AP, X-15113), une tête de Vénus (AV, X-15019) et un fragment de tiare provenant d'une sculpture monumentale (AT, RHO.2007.00.1947).

De tout petits échantillons millimétriques ont été prélevés dans des zones de cassure sur chacune de ces œuvres, à l'exception de la grande statue de Neptune, brisée, dont la restauration a nécessité des carottages qui ont pu être utilisés pour l'étude.

La méthode suivie est multidisciplinaire et a été définie au niveau international, notamment dans le cadre de l'association ASMOSIA *(Association for the Study of Marbles and Other Stones used in Antiquity)*. Toute information

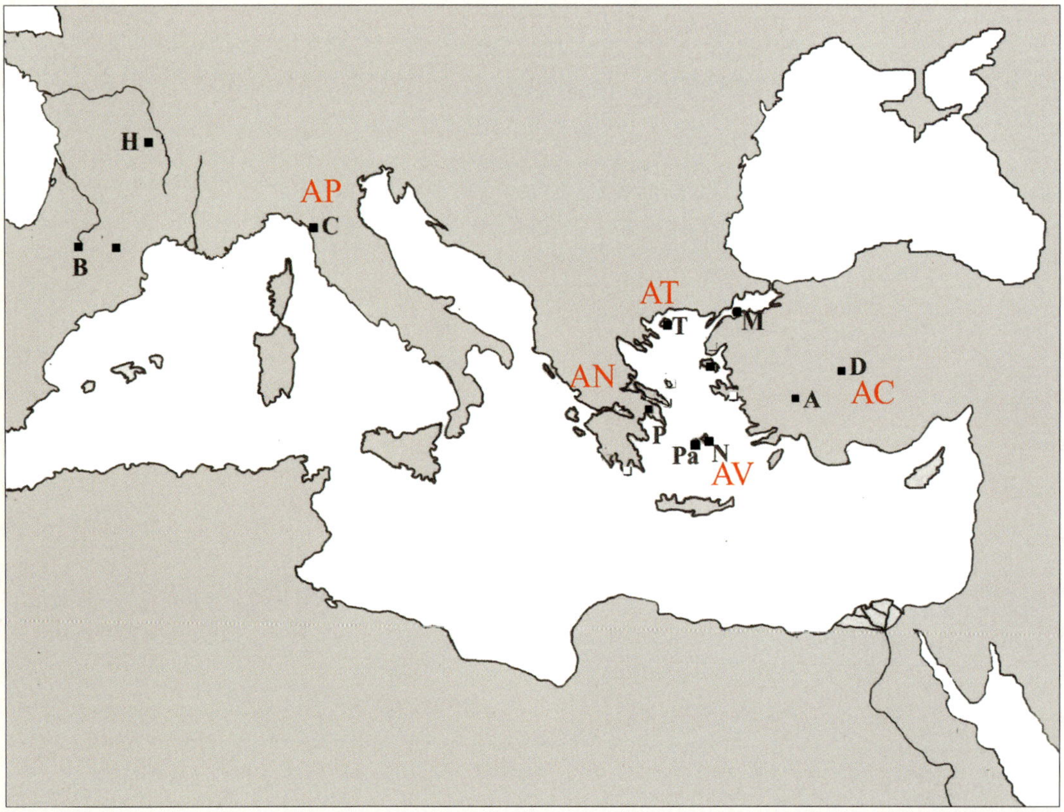


Diagramme I ~ Situation géographique des principales provenances des marbres blancs du Bassin méditerranéen durant l'Antiquité classique et localisation de la provenance des cinq pièces étudiées.

H = Châtelperron
B = Saint-Béat
C = Carrare
T = Thasos
N = Naxos
M = Marmara
A = Afrodisias
D = Dokimeion
Pa = Paros
P = Penteli

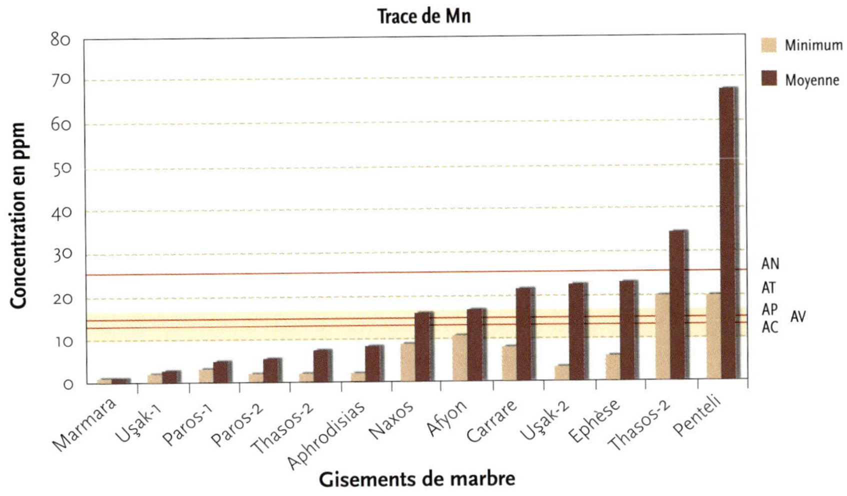


**Diagramme II ~ Taille des grain des marbres : MGS par gisement.**

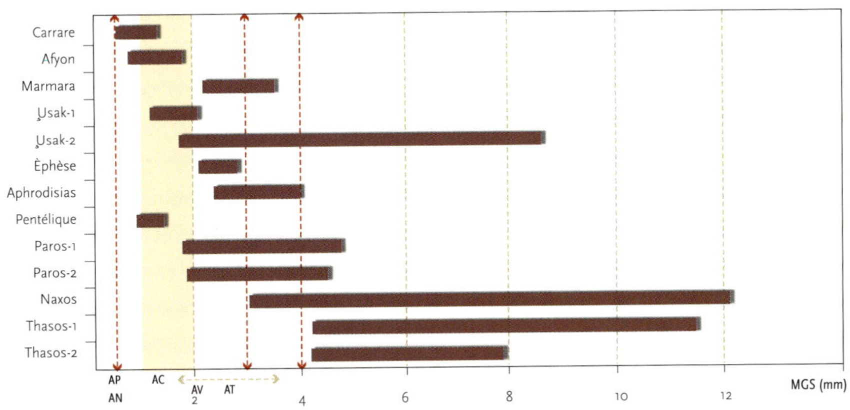


**Diagramme III ~ Teneurs en Mn dans les marbres : moyenne et minima par gisements.**

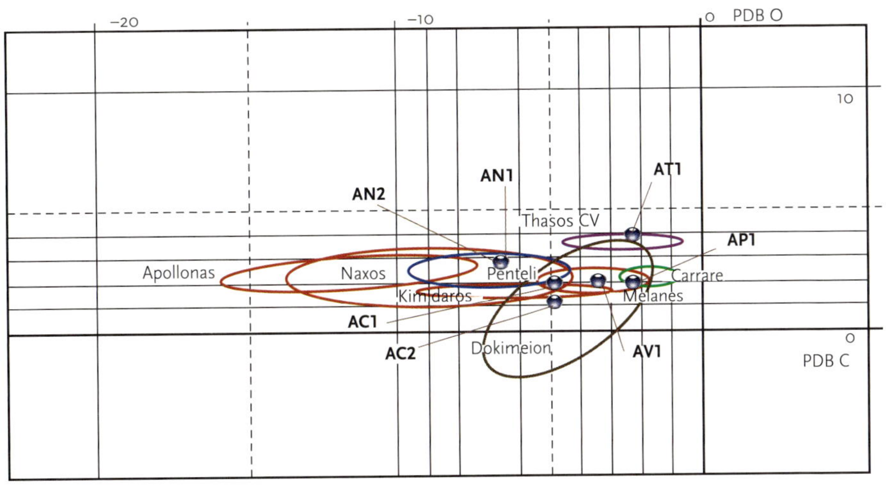


**Diagramme IV ~ Diagramme des isotopes stables, réactualisé d'après les travaux de D. Attanasio et appliqué aux sculptures du Rhône.**

donnée par le matériau pouvant s'avérer déterminante, il faut multiplier les analyses grâce à toute technique discriminante. La microscopie optique en lame mince permet, d'une part, de mesurer la taille des grains, dont le *"maximum grain size"* (MGS, diagramme II) et, d'autre part, de décrire les propriétés pétrographiques de la pierre. L'excitation par une haute tension initie le phénomène de cathodoluminescence (CL) : celle-ci dépend de la teneur en $Mn^{2+}$, élément que l'on trouve en très faible teneur, en substitution du calcium, dans la calcite des marbres (diagramme III). L'analyse peut être réalisée sur le simple grain entier, la poudre comprimée (qui a l'avantage de représenter une moyenne homogénéisée) ou la lame mince. Chaque fois, on peut faire une observation sous forme photographique ou une mesure quantifiée, en intensité ou en longueur d'onde, que l'on peut normaliser. Les marbres sont connus pour être luminescents de façon homogène ou, pour certains, hétérogène.

En dehors de ces techniques, l'analyse des isotopes stables du carbone et de l'oxygène a été largement développée pour situer l'origine des marbres blancs. Les diagrammes représentatifs des rapports isotopiques $^{13}C/^{12}C$ et $^{18}O/^{16}O$ comportent des ellipses statistiques contraignant les gisements des marbres classiques utilisés dans l'Antiquité à 70 ou 90 %, ce qui permet de formuler une ou plusieurs hypothèses sur la provenance du matériau. Ces ellipses ont eu plusieurs définitions successives, au fur et à mesure que les analyses se sont multipliées, que les machines ont été renouvelées et que les chercheurs ont été remplacés (diagramme IV).

Sur la tête de César (AC), les très faibles esquilles prélevées par les restaurateurs ont donné lieu à deux lames minces, accompagnées de restes discrets avec lesquels on a pu mesurer la taille des grains et effectuer une première cathodoluminescence (CL). Des morceaux bien nettoyés de toute matière étrangère ont ensuite été réduits en poudre pour réaliser la CL sur poudre comprimée et mesurer la CL quantifiée, ainsi que l'analyse des isotopes stables du carbone et de l'oxygène.

Le marbre est à grain fin à moyen (MGS entre 1,1 et 2 mm), les cristaux sont maclés et à extinction roulante *(fig. 1)*, ce qui traduit des déformations dans le solide, sous l'effet des contraintes. La CL est hétérogène dans le grain, le cœur étant souvent moins luminescent *(fig. 2)* et le bord progressivement orange. La frontière avec le grain voisin est soulignée par un liseré lumineux. Les teneurs en manganèse sont de l'ordre de 12 ppm +/− 6, celles en fer de 45 ppm +/− 6. Les analyses isotopiques donnent comme résultats : $^{13}C/^{12}C = 2{,}04$ ‰ et $^{18}O/^{16}O = -4{,}82$ ‰.

D'après l'ensemble de ces caractères, l'hypothèse la plus probable pour cet échantillon est le Dokimeion de Phrygie, en actuelle Turquie, près de la ville d'Afyon.

Le marbre de la grande statue de Neptune (AN) est à grain fin (MGS de 0,4 mm). On note la présence de quelques macles polysynthétiques dues aux contraintes, des formes de grains simples presque saccharoïdes *(fig. 3)* et la présence de la pyrite comme minéral accessoire. La luminescence est orange *(fig. 4)*, de 20 000 cps, c'est-à-dire une CL normalisée de 380. Les analyses isotopiques réalisées sur la surface patinée et à cœur de la carotte donnent les mêmes rapports.

Surface $^{13}C/^{12}C = 2{,}92$ ‰ et
$^{18}O/^{16}O = -6{,}61$ ‰
Profondeur $^{13}C/^{12}C = 2{,}91$ ‰ et
$^{18}O/^{16}O = -6{,}68$ ‰

Ces deux analyses se situent dans l'ellipse du Penteli, montagne proche d'Athènes. Outre ces données isotopiques et son grain fin, une autre caractéristique permet d'identifier ce marbre à un marbre du mont Penteli : sa CL forte, avec une répartition peu homogène.

Le portrait d'homme identifié comme Lépide (AP), taillé dans un marbre à grains fins (MGS de 0,4 mm), n'a pas donné lieu à une lame mince. Les observations ont été menées directement sur l'esquille *(fig. 5)* et sur la poudre. La CL est faible à moyenne, sa couleur est brune, son intensité ne dépasse pas 4 000 cps, c'est-à-dire une CL normalisée de 76.

Les valeurs isotopiques sont : $^{13}C/^{12}C = 2{,}03$ ‰ et $^{18}O/^{16}O = -2{,}02$ ‰.

Le point représentatif de cette analyse est situé dans l'ellipse de Carrare. L'hypothèse la plus probable est en effet un marbre en provenance de ce massif par tous les critères mesurés sur l'échantillon.

La tête de Vénus (AV), assez usée, mais conservant cependant un intérêt esthétique, a été sculptée dans un marbre de couleur blanc-bleu, avec une translucidité forte. Le grain est gros avec un MGS de 1,6 mm mesuré sur la lame mince *(fig. 6)*, avec un grand risque de sous-estimation en raison de la faible représentativité de l'échantillon, qui ne contient que quelques grains. Les macles polysynthétiques sont nombreuses. Des fissures fermées recèlent des inclusions fluides. La luminescence de la calcite est nulle, mais des cristallisations tardives dans des cassures du grain lui donnent un faciès spécifique *(fig. 7)*. L'intensité de la CL ne dépasse pas 1 100 cps, c'est-à-dire en CL normalisée 21, ce qui est très faible. Les rapports isotopiques sont : $^{13}C/^{12}C = 2{,}15$ ‰ et $^{18}O/^{16}O = -3{,}39$ ‰.

Le point représentatif de cette analyse doit être discuté. Il se trouve dans l'ellipse d'Aphrodisias d'après les données de N. Herz, mais les dernières recensions sur les analyses isotopiques ont amélioré les ellipses représentatives statistiques. Les nouvelles données de D. Attanasio *et al.* situent ce point dans l'ellipse de Naxos Mélanes, ce qui correspond mieux à la luminescence nulle et à la taille du grain.

L'hypothèse que nous privilégions est l'île de Naxos et sa carrière de Mélanes. Le marbre de la tiare a un grain moyen à gros avec un MGS de 1,6 mm, vraisemblablement sous-estimé à cause de la petitesse de la lame mince *(fig. 8)*. Une particularité apparaît dans la structure de ce marbre : des zones broyées traversent les gros grains, qui contiennent aussi des macles de contrainte. La CL est d'une couleur spécifique rouge à 650 nm *(fig. 9)*, qui représente l'excitation d'une dolomite. La CL moyenne est de 4 300 cps, c'est-à-dire une intensité normalisée de 82. Les rapports isotopiques sont : $^{13}C/^{12}C = 3{,}87$ ‰ et $^{18}O/^{16}O = -2{,}33$.

Le point représentatif tombe dans le champ de Thasos cap Vathy, un marbre dolomitique. Cette hypothèse est fondée : le marbre de la tiare provient de l'île de Thasos et de la zone du cap Vathy.

En guise de conclusion, la méthode d'étude des marbres blancs, qui est basée sur une approche multidisciplinaire, s'avère performante et permet de proposer pour les cinq sculptures examinées une hypothèse de provenance étayée par la convergence de plusieurs critères de reconnaissance favorables. Selon les résultats des analyses, les marbres des cinq pièces ont des origines différentes : le Dokimeion pour la tête de César, le mont Penteli pour la statue de Neptune, le massif de Carrare pour le portrait de Lépide, l'île de Naxos et sa carrière de Mélanes pour la tête de Vénus et le cap Vathy sur l'île de Thasos pour la tiare.

Si l'on ne sait pas exactement quand et comment ces pièces se sont retrouvées dans le fleuve, cette diversité de matériaux montre combien le marbre blanc ou la sculpture en marbre ont voyagé dans l'Empire romain, sur le pourtour méditerranéen et sur le Rhône jusqu'à Arles.

Cette étude préliminaire se poursuit sur plus d'une vingtaine d'autres pièces sculptées et permettra à terme d'avoir une vue plus générale de la diversité et de la richesse des sculptures retrouvées dans le Rhône.

Figure 1 ~ Microphotographie en lumière polarisée-analysée d'une lame mince de la tête de César (AC), montrant la taille des grains et les macles polysynthétiques.

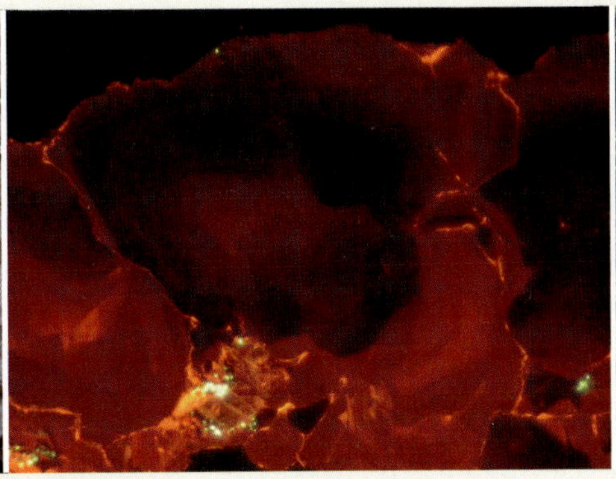

Figure 2 ~ Microphotographie en CL de la tête de César (AC), sur laquelle on remarque l'hétérogénéité de l'émission dans les grains et le cerne lumineux autour de ceux-ci. La pose est de 30 secondes.

Figure 3 ~ Microphotographie en lumière polarisée-analysée d'une lame mince de la statue de Neptune (AN) montrant la taille des grains (0,4 mm) avec quelques macles polysynthétiques et les extinctions légèrement roulantes.

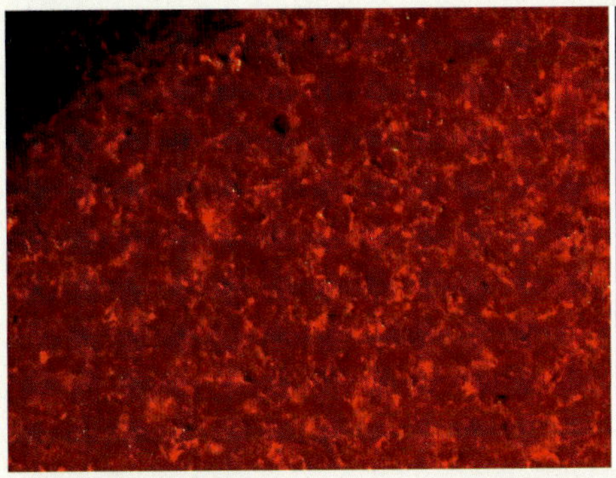

Figure 4 ~ Microphotographie en CL de la statue de Neptune (AN), sur laquelle on remarque l'hétérogénéité de l'émission et sa couleur faible.

Figure 5 ~ Micrographie de grains isolés de la tête d'homme (AP), en cathodoluminescence, d'intensité moyenne, orange et homogène, qui correspond à l'émission du Carrare. Pose de 20 secondes.

Figure 6 ~ Microphotographie en lumière polarisée-analysée d'une lame mince de la tête de Vénus (AV) montrant la taille importante des cristaux qui présentent des macles nombreuses.

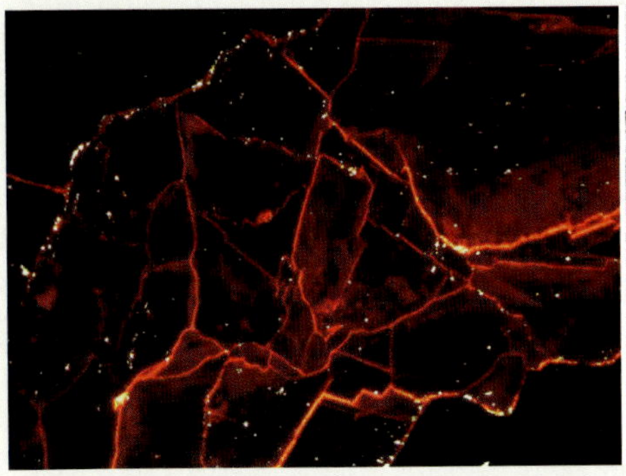

Figure 7 ~ Micrographie de la lame mince de la tête de Vénus (AV), les grains sont fissurés et en cathodoluminescence ; si l'intensité dans les cristaux est nulle, ceux-ci sont traversés de fractures luminescentes, ce qui explique la faiblesse de l'intensité normalisée.

Figure 8 ~ Microphotographie en lumière transmise montrant la taille des grains, et les passages broyés constitués de petits cristaux arrondis jusqu'à une farine infime dans le marbre de la tiare (AT).

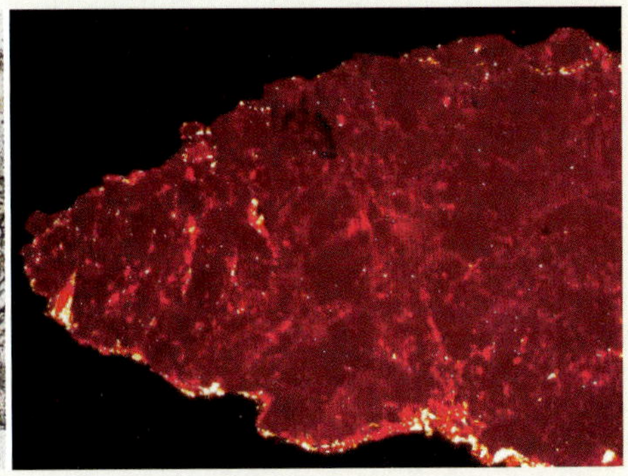

Figure 9 ~ Vue en CL de la lame mince de la tiare (AT) avec une intensité faible mais une teinte particulière correspondant à une émission à 650 nm, rouge alors que les calcites émettent à 620 nm dans l'orange.

**Portrait de Lépide** [50]

Arles ; Rhône, à l'intersection des zones 7 et 8, au PK 282.850, à 30 m du bord par près de 8 m de fond, secteur 3. Le portrait se démarque du groupe des autres sculptures, situé à 100 m plus en aval ; 2007

Marbre blanc italien, de Carrare (cf. article "Déterminer l'origine des marbres sculptés : méthode d'étude")

h. 28,5 ; l. 17,5 ; prof. 21,5 ; 17,42 kg

RHO.2007.00.1940 (anc. inv. Rh-07-134)

Bibliographie : Long 2008, p. 254

# M. AEMILIUS LEPIDUS
## Hypothèse sur un portrait

*Antonio Monterosso Checa*

L'émotion qui émane de ce portrait *arelatense* augmente et s'enrichit quand, du choc que suscite le premier contact visuel, on passe à l'analyse de son contenu historique et archéologique. Pour cette raison, et aussi du fait de la rareté de ce genre de pièce, nous nous trouvons en présence d'un portrait dont l'étude tant iconographique qu'historique s'avère difficile.

Son état de conservation est plutôt bon[1], même si l'érosion due à son long séjour au fond du Rhône et les agents biologiques propres à ce milieu l'ont doté d'une coloration jaune et ont limé, poli et uniformisé son épiderme. De ce fait, les rides horizontales du front et les traces de pilosité des joues sont quasi imperceptibles. La pièce conserve l'attache du cou et, presque complets, les quatre plans de la tête. Sur la face, on a perdu un éclat de marbre à l'endroit précis où le menton rejoint le cou et surtout la presque totalité du nez, sauf son attache entre les sourcils. Peut-être du fait qu'elle s'appuyait sur le fond du fleuve, la joue droite est moins détériorée et présente encore la couleur blanche d'un marbre à gros grains, un peu sablonneux, facile à découper et comportant de plus des veines grises. Les profils sont bien conservés et sans lésions. Il en va de même pour la partie postérieure où l'on observe sans ambiguïté le caractère non achevé du travail, puisqu'elle a été seulement esquissée au moyen de larges lignes ondulées dont le détail précis n'a pas été rendu.

Cette tête marmoréenne de 30 cm représente un homme d'âge mûr à l'air noble et à l'expression grave. La tête compacte, de forme ovoïde, a les traits bien marqués. Quant au visage, on y reconnaît trois niveaux couronnés par une chevelure maigre qui l'encadre. Raison, réflexion et maturité de la pensée s'inscrivent dans les rides profondes du front. Sérénité et tranquillité s'y ajoutent dans le regard. Quelque empreinte d´amabilité s'exprime dans les plis labio-nasaux autour de la bouche. Un léger pathétisme se dégage de l'attitude un peu penchée vers la droite, et ajoute à l'autorité et au prestige qui sans aucun doute définissent l'expression globale de ce portrait. Dans le cou et autour des yeux, les rides dénotent la vieillesse. De plus, uniquement sur le bas de la joue gauche, une ride, qui est un trait récurrent de ce type de sculpture, révèle peut-être ici un caractère spécifique, en ce qu'on ne la retrouve ni plus bas, au niveau du cou, ni sur l'autre joue.

Il s'agit évidemment d'un portrait réaliste. Pour cette raison, sous une forme plus ou moins partielle, tous les traits physionomiques définissant le visage de ce personnage sont largement repris dans toutes les effigies de tradition républicaine. Aucune particularité ni nouveauté dans ses composantes, mais plutôt, croyons-nous, dans sa définition générale.

Au-delà du fait qu'il s'agit d'un portrait doté d'une tension dynamique, qui est à la fois vivant et réaliste dans le détail de son expression, on note la chevelure *a fiamette*, c'est-à-dire en mèches courtes qui suivent la courbure du crâne et se raccordent à la peau du front et des pariétaux, le traitement dense des paupières, de la glande lacrymale et des rides qui encadrent les yeux, la mollesse et le clair-obscur des plis labio-nasaux, des commissures des lèvres et du menton, les rides qui se développent sur l'ensemble du cou ou celles qui se concentrent sur le front et entre les sourcils. Tous ces éléments font penser à une effigie du milieu du Ier siècle av. J.-C.[2]. Le visage, qui ne présente aucune trace de correction classicisante, ce qui est le propre en général de la statuaire de la période républicaine, conforte cette impression[3].

Toutefois, si l'on observe davantage les profils et la partie postérieure, la question chronologique se pose en termes différents, en ce qu'il apparaît que ce réalisme républicain a été traduit formellement à travers des conventions de date postérieure. La géométrie architecturale et l'apaisement de l'expression qui caractérisent les portraits de ce type réalisés à des époques ultérieures[4] se décèlent ici à travers la symétrie du regard, la rigidité et l'adaptation de la coiffure au crâne, le profil régulier brusquement interrompu par la ligne des franges frontales et pariétales, l'ordonnance rythmique et symétrique de la nuque et une certaine sécheresse puriste dans les lignes qui définissent les contours avec précision. De tout cela il résulte que ce portrait doit être raisonnablement situé à une date nettement postérieure à la création de l'original républicain dont il dérive sans aucun doute.

Le problème le plus intéressant cependant réside dans l'évaluation de la distance chronologique par rapport aux canons républicains du Ier siècle av. J.-C. auxquels renvoie ce type statuaire. Une chronologie incluant l'époque julio-claudienne avancée ne paraît pas erronée, pour peu que nous prenions en compte l'esthétique et le travail de certaines de ses composantes. Le traitement de la partie postérieure constitue le nœud du problème. L'ordonnance symétrique d'une coiffure nettement divisée en secteurs verticaux et le traitement de la partie inférieure de celle-ci suffisent à nous mettre sur la voie d'une telle chronologie. Ce travail symétrique, rythmique, du bas de la coiffure sur la nuque, sa disposition en bandes perpendiculaires par rapport aux oreilles et sa forme en crochet dans la zone des favoris conduisent à comparer ce portrait d'Arles à certains exemples julio-claudiens où l'on retrouve des schémas formels similaires dans ce secteur de la chevelure. Ainsi, pour nous en tenir à quelques cas, le traitement de la nuque sur les portraits de Drusus le Jeune, de Germanicus ou de Caligula nous oriente justement vers le deuxième quart du Ier siècle apr. J.-C.[5].

Cependant, nous devons tenir compte de ce que l'artisan s'est épargné de finir le travail dans la partie postérieure de ce portrait, se contentant de l'esquisser (et du même coup surviennent des doutes sur une possible réélaboration de la zone centrale de la nuque[6]) ; la chronologie de cette pièce ne peut donc se définir seulement en fonction de l'arrière de la tête[7]. Surtout, en raison du fait que d'autres portraits plus antiques peuvent servir également de parallèles éventuels, il apparaît clairement que l'ampleur temporelle de l'utilisation de ce schéma est trop large pour que l'on soit en mesure de fixer avec précision une date fondée sur la seule iconographie[8].

Selon nous, la combinaison des données esthétiques et des données historiques engage à situer la réalisation de ce portrait en pleine époque augustéenne. Pour ce qui concerne les premières, cela tient surtout au fait que, tout en adoptant certaines pratiques classicisantes de l'époque impériale, le réalisme originel l'emporte sur les caractères trop évidemment classiques qui envahissent la majorité des copies de portraits républicains d'époque augustéenne et ensuite julio-claudienne[9]. A cela s'ajoute que le linéarisme avec lequel la coiffure s'adapte au front et aux pariétaux, qui aboutit à un schéma angulaire sur les profils, renvoie aussi à certains portraits de tradition républicaine situés soit à la transition entre République et principat, soit en pleine époque augustéenne[10]. Pour la seconde série de données, il est indispensable de prendre en considération l'identification du personnage représenté. Mais, ce qui compte ici plus que tout, c'est la situation du portrait dans le contexte artistique, historique et monumental de sa ville d'origine[11] : Arles. Rencontrer à Arles un portrait d'époque impériale (partie d'une statue publique de taille naturelle qui présente un homme dans sa dignité officielle) dont le type remonte au milieu du Ier siècle av. J.-C., constitue en soi un fait exceptionnel et, par voie de conséquence, limite les possibilités de contextualisation. Rappelons que l'existence de portraits républicains ou de tradition républicaine est très peu attestée en Gaule[12], où le classicisme des maisons régnantes entraîne une unification esthétique générale tout à fait évidente[13].

Une telle statue à Arles, en raison de son caractère exceptionnel et de sa qualité, évoque raisonnablement un personnage de haut rang, d'autant plus qu'une conjonction nous paraît plus déterminante que tout le reste : l'âge apparent de cet homme (quarante-cinquante ans), le type du portrait et la date de la fondation de la colonie arelatense (46 av. J.-C.) coïncident approximativement dans le temps.

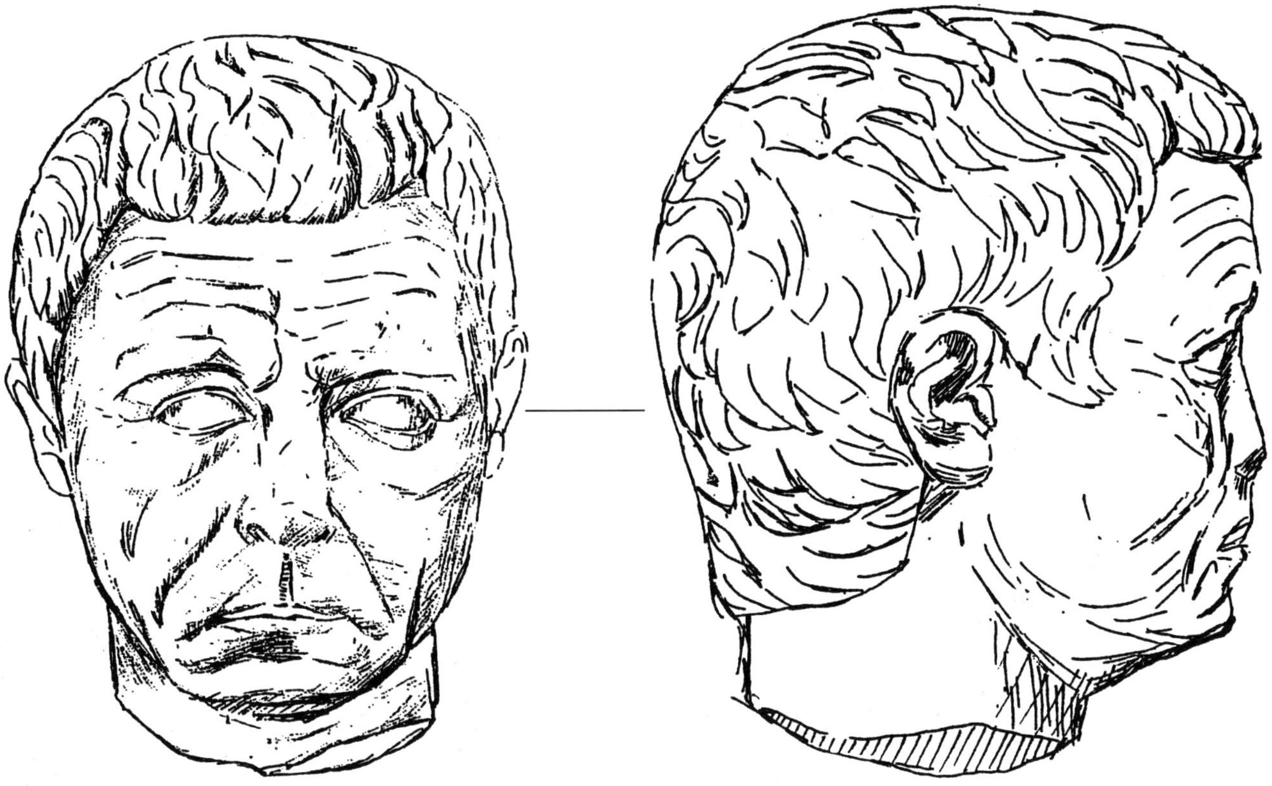

Portrait de Marcus Aemilius Lepidus,
musée de Turin.

Evidemment, il peut s'agir d'un colon prestigieux de la première génération[14], qui désirait se rapprocher du type officiel qui était celui des grands noms de la République au milieu du Ier siècle av. J.-C., comme cela est normal à cette époque[15]. Et l'on ne saurait opposer aucun argument contre une telle conception, qui est parfaitement recevable.

Portrait de Marcus Aemilius Lepidus
Masse d'Albe, Alba Fucens,
inv. 4488.

Mais si l'on assume la difficulté évidente (et donc le caractère inévitablement aléatoire) qui grève toute assimilation d'un homme à une sculpture[16], peut-être osera-t-on risquer une autre solution, simplement sur un mode intuitif, en tenant compte du fait que tout le reste de la statuaire arlésienne est immergé dans un classicisme augustéen et julio-claudien indubitable, et que ce portrait est unique et donc exceptionnel dans cette cité de Narbonnaise de la basse vallée du Rhône.

Depuis peu, G. Cantino Wataghin a reconnu M. Aemilius Lepidus le triumvir dans un portrait d'origine romaine conservé au musée de Turin[17]. Et, depuis plus longtemps, F. Coarelli a proposé d'identifier au même personnage un portrait provenant d'Alba Fucens[18], aujourd'hui au musée de Chieti[19]. L'hypothèse de Coarelli est celle qui doit nous guider en cette occasion, en dépit des opinions contraires, faiblement argumentées, émises récemment[20]. En fait, elle nous paraît devoir être retenue à cause du contexte historique où elle s'inscrit et qui la rend difficilement contestable.

Les deux auteurs considèrent avec raison[21] que les portraits des musées de Chieti et de Turin représentaient le même personnage, ce qui exclut pour l'un comme pour l'autre toute assimilation à un quelconque privé local, car on ne peut imaginer deux portraits d'une même personne anonyme en des endroits aussi distants que Rome et Alba Fucens. Selon nous, le Rhône et Arles nous offrent peut-être une troisième image de ce même personnage, qui empêche de la même façon son assimilation à un colon et conforte les hypothèses antérieures relatives à M. Aemilius Lepidus.

Il s'ensuit que, logiquement, nous nous trouvons devant un protagoniste des années correspondant à la fondation de la *Colonia Iulia Arelate Sextanorum*. La statue a été mise en place bien après cette date, mais on a cherché à conserver expressément les traces physiques qui renvoient à ce moment fondateur.

Il ressortira peut-être d'une comparaison attentive entre le portrait d'Arles et celui d'Alba Fucens qu'ils peuvent difficilement s'appliquer à deux personnages différents. La structure du visage, la géométrie de la chevelure, le regard profond, les plis et rides sur les yeux, le front, autour de la bouche et sur les joues sont des caractéristiques qui autorisent au moins à postuler une assimilation. Les différences marginales qui peuvent s'observer entre les deux portraits trouvent leur explication dans le fait que le "M. Aemilius Lepidus" d'Arles est représenté à un âge plus avancé, de quelques années, et aussi dans le contenu héroïque de la statue de l'*hérôon* émilien d'Alba Fucens, dont les traits s'apaisent sur l'effigie civique d'Arles. La différence chronologique entre la réalisation des deux œuvres (celle d'Alba vers 49 av. J.-C., celle d'Arles peut-être dans les deux dernières décennies du Ier siècle av. J.-C.) explique les autres nuances et différences que l'on détecte dans le travail du marbre, indépendamment du fait que le portrait d'Alba Fucens a été commandé – ce qui est un aspect positif qui plaide en faveur de sa qualité – directement par un membre de la classe dirigeante romaine, à un moment et sous une forme qui sont contemporains.

Un argument complémentaire à l'appui de cette assimilation hypothétique se trouve dans les monnaies qui représentent Lépide en triumvir, et qui datent de ce fait de 43 av. J.-C. La comparaison avec celles-ci des profils des portraits d'Alba Fucens et d'Arles n'est pas approximative. La précision des lignes, la disposition des cheveux *a fiamette*, la structure de la tête, la forme et les rides du menton ou la longueur du nez sont autant de caractéristiques qui peuvent converger, sans qu'on leur fasse violence, dans cette idée. A cela s'ajoute un élément plus anecdotique, la ride profonde que montre le portrait d'Arles au bas de la seule joue gauche, dont le tracé et la position s'observent exactement sur les monnaies frappées par L. Mussidius Longus, lesquelles rendent le plus fidèlement les détails de la physionomie véritable de Lépide[22].

Type du portrait, âge du personnage et date de la fondation de la colonie, nous l'avons dit, coïncident dans le temps, ce qui n'est pas le cas de la chronologie de notre portrait marmoréen. Arles dut être fondée l'année du consulat de César et de Lépide, c'est-à-dire en 46 av. J.-C., et M. Aemilius Lepidus fut gouverneur de ce qui n'était pas encore la Narbonnaise pendant peu de temps, en 43[23], l'année même de la frappe des monnaies de L. Mussidius Longus. Mais il a été démontré que c'est seulement dans les années 20 av. J.-C. que la cité voit l'inauguration de ses premiers édifices publics et l'incorporation dans ceux-ci des premières statues[24]. Ces édifices, après leur achèvement, ont dû recevoir progressivement aussi bien les nouveaux symboles nécessaires au développement futur de la vie sociale de la communauté que leurs compléments ornementaux. Cette distance chronologique entre la fondation de la colonie et l'achèvement de ses premiers édifices publics est, selon nous, bien montrée également par ce portrait, qui est peut-être celui de M. Aemilius Lepidus : il ne correspond pas en chronologie à l'aspect sénile que devait avoir le personnage au cours des deux dernières décennies de sa vie, quand il mourut (en 13 av. J.-C.) dans son rôle protocolaire de *pontifex maximus*. Ce portrait doit renvoyer au type de l'une de ses statues officielles de Rome, c'est-à-dire à celles qui correspondent à l'apogée de la carrière de Lépide comme triumvir[25], et coïncident avec la fondation d'Arles. Il ne fut pas érigé pour perpétuer le souvenir de sa responsabilité éphémère en tant que gouverneur, mais devait avoir trouvé sa place en un lieu représentatif de la ville rebaptisée *Colonia Iulia Paterna Arelate Sextanorum* pour symboliser l'année de sa fondation, en mémoire de son *dies natalis*, et peut-être pour sceller le pacte moral[26] de cette romanité consulaire à partir de laquelle la nouvelle agglomération de citoyens devait, dans la province de Narbonnaise, commencer à fonctionner[27].

Monnaie de Lépide, aureus de L. Mussidius Longus avec le portrait de Lépide, Musée archéologique de Venise.

**Notes**

1. Pour les circonstances de sa découverte, voir Long 2008, p. 254.
2. Höfter 1988, n° 182, p. 333.
3. Schweitzter 1947 ; Poulsen 1973 ; Zanker 1981.
4. León 1981.
5. Cela vaut aussi pour certains portraits privés de cette époque (voir Boschung 1993, n° 77, p. 114 et n° 198, p. 190).
6. Un bon exemple qui permet d'illustrer ce même type d'ébauche ou de travail d'aspect inachevé, et qui est peut-être l'indice d'une réélaboration, est fourni par le portrait d'Octave provenant de Béziers (Rosso 2006, p. 339-341).
7. Il est possible aussi d'établir un parallèle non signifiant avec des portraits tardo-républicains inachevés dans leur partie postérieure, et qui peuvent en tant qu'ébauche se comparer à notre portrait arlésien (voir Denti 1993, p. 56).
8. Quelques exemples en ordre descendant : l'ébauche de la partie postérieure de l'Octavien de *Lucus Feroniae*, qui présente des similitudes avec le portrait d'Arles (Boschung 1993, n° 4, p. 108). Toutefois, bien qu'à un autre niveau qualitatif, une cadence rythmique comparable peut être observée dans le portrait d'Agrippa du musée du Louvre daté des années 20 av. J.-C. Plus proches encore sont quelques portraits privés de la pleine époque augustéenne, de Valence ou de Rome (Boschung 1993, n° 211, p. 194 et n° 185, p. 186) et un autre de *Carteia* (Cadix, Espagne, León 2001, n° 12, p. 68). Citons également un portrait d'Auguste venant de Syracuse (Boschung 1993, n° 195, p. 189), l'Auguste du Louvre MA 1280, et, pour la similitude formelle et les caractéristiques d'un travail seulement esquissé dans la partie postérieure, un dérivé typologique en provenance de Lora del Rio (Séville, Espagne), daté de la pleine époque augustéenne (Boschung 1993, n° 38, p. 126 ; León 2001, n° 72, p. 242). Pour le travail rythmique et le bas de la chevelure, voir aussi l'Auguste de Boston ou celui de Mérida, l'un et l'autre d'époque tardo-augustéenne (Boschung 1993, n° 34, p. 124 et n° 13, p. 113). Enfin, nous pouvons mentionner certains portraits de Caius Caesar, comme celui d'*Aquileia*, datable du changement d'ère (Denti 1993, p. 77).
9. Il y a des exceptions. Par exemple un portrait du musée archéologique de Séville pourrait passer pour un original tardo-républicain, ce qu'il n'est pas, car le buste auquel il appartient et d'autres détails permettent de le situer sans aucun doute à la fin de l'époque trajanienne (León 2001, n° 24, p. 98).
10. Portrait du Musée archéologique de Séville (León 2001, n° 11, p. 66). Portrait du Musée archéologique de Cadix (León 2001, n° 12, p. 68). Portrait du musée de Barcelone (Trillmich 1993, taf. 12). Gn. Geminus du musée de Palerme (Bonacasa 1994, tav. IX, 1).
11. Pour ces aspects, si importants, voir De Ruyt 1978, p. 33 *sqq.*
12. Balty 1981, p. 90 : "Si la Narbonnaise compte jusqu'ici... plus de portraits romains que les autres provinces de la Gaule réunies, on ne peut dire que les œuvres d'époque républicaine y soient particulièrement représentées, en dépit d'une ancienne et profonde romanisation ; rien, en tout cas, qui ressemble à ce que les provinces d'Italie peuvent offrir en ce domaine."
13. Pour une bonne synthèse générale, Rosso 2006.
14. Selon la formule qu'emploie W. Trillmich pour les premiers colons de Mérida.
15. León 1981.
16. De Ruyt 1982, p. 9 *sqq.*
17. Cantino-Wataghin 2005.
18. Coarelli 1998.
19. Pour une assimilation à L. Cornelius Sylla, voir De Ruyt 1982, p. 13.
20. Gentili 2008, p. 154.
21. Pour un choix opposé, peu probable : Grimm 1989, p. 348 *sqq.*
22. Cantino -Wataghin 2005.
23. Pour ces deux dates, voir les études récentes de Gros 2008(a), p. 40 *sqq.* ; 2008(b), p. 107 *sqq.*
24. Gros 1987.
25. Cantino -Wataghin 2005.
26. Pour ces aspects, Lahusen 1985, p. 261-289.
27. Si l'on accepte qu'il s'agit de M. Aemilius Lepidus et si l'on suppose pour son portrait une date plus basse, il pourrait être tentant de le placer en tant que *summus vir* local (pour son consulat de l'année de la fondation et sa charge d'ancien gouverneur de la future Narbonnaise) dans les niches d'époque julio-claudienne des exèdres du *forum adiectum*.

# LE NEPTUNE DU RHÔNE

*Antoine Hermary*

Découverte en plusieurs fragments parfois espacés de 30 m les uns des autres, cette statue et sa base reposaient entre 4 et 10 m de fond. La plinthe est de forme très irrégulière, aussi bien au lit de pose, où des traces d'outil sont visibles, que sur le long côté postérieur. Elle est très grossièrement dressée et plus épaisse sur le petit côté gauche (pour le spectateur). Sur le petit côté droit, elle est sommairement taillée dans la partie arrière, mais très soigneusement polie sur la face antérieure où est gravée l'inscription, de même que sur l'angle arrondi à droite et le début du petit côté. La surface supérieure est finement dressée, les traces d'un instrument à dents fines sont visibles. Sur la face inscrite, le graveur a dû tenir compte d'une légère détérioration de la pierre en haut à gauche, au niveau de la première ligne, et, surtout, d'une fissure oblique en bas à droite, qui l'a obligé à remonter légèrement les dernières lettres de la deuxième ligne. Le personnage est debout, le corps un peu penché vers l'arrière, en appui sur la jambe droite, le pied gauche légèrement surélevé. La jambe droite est engagée dans un haut support qui figure un monstre marin *(ketos)* à la queue largement levée, cassée à l'extrémité ; des lignes ondulées représentant la mer sont sculptées entre les pattes avant entourées de nageoires ; la tête du monstre était tournée sur sa gauche, son mufle est cassé, mais on distingue ses oreilles de fauve ; son cou replié, surmonté d'une crête, forme une forte saillie. D'autres nageoires s'étalent sous la tête et sur le corps. A l'arrière est sculpté, sur le corps du *ketos*, un Eros/Amour potelé et joufflu, doté de petites ailes, chevauchant un dauphin (h. totale : 32 cm ; le haut du crâne est cassé) : il tient des rênes de la main gauche et un long fouet de la droite ; la queue du dauphin est levée très haut, la gueule ouverte laisse voir de grosses dents. Le reste de l'arrière du support est grossièrement sculpté en forme de vagues.

Le corps du dieu est mince, le haut de l'arche thoracique est nettement souligné, les poils du mamelon forment une vrille, probablement par imitation du bronze. Le bas du ventre est marqué par deux longues veines en relief qui descendent jusqu'aux poils pubiens sans se rejoindre, à la manière du bas d'une cuirasse. Devant la fesse gauche, un gros arrachement (Ø 7 cm) indique le départ d'une pièce rapportée fixée par un goujon en fer (L. 4 cm), sans doute en relation avec le trident tenu par le bras écarté ; le morceau de marbre creusé d'une petite mortaise (Ø 7 cm) qui fait saillie du côté droit de la plinthe (h. 2 cm, Ø 4 cm) correspond à la fixation du trident.

Le visage est plutôt plat, le nez est cassé. Deux grosses mèches de la barbe font saillie au centre ; les lèvres sont entrouvertes, l'arcade sourcilière forme une arête vive, le front est en partie caché par les cheveux. Les mèches qui tombent devant la tempe droite ne sont pas achevées, alors que les autres sont soigneusement peignées, comme les poils du pubis. L'arrière du crâne est atrophié, les cheveux n'y sont pas détaillés, pas plus que les mèches bouclées tombant à l'arrière jusqu'en haut des épaules, ce qui contraste avec l'excellent travail de finition du dos, des fesses et de l'arrière de la cuisse gauche.

### Traces probables d'une reprise de la sculpture et d'une réutilisation de la statue au moment de la dédicace

L'examen de la plinthe et de l'arrière du support amène à se demander si la statue du dieu a réellement été sculptée au moment où elle a été dédiée par P. Petronius Asclepiades La gravure de l'inscription à l'avant de la plinthe implique

que celle-ci était entièrement visible et non encastrée dans une base séparée : son épaisseur inégale, l'irrégularité du lit de pose et de la face arrière et le traitement très grossier du petit côté gauche (pour le spectateur) contrastent avec le soin apporté à la sculpture elle-même ; la profondeur de la plinthe paraît d'ailleurs trop faible par rapport à sa largeur.

La présence de l'Eros chevauchant un dauphin sur l'arrière du support est, d'autre part, tout à fait étonnante. La comparaison avec d'autres supports, comme celui du Neptune de Cherchell dont il sera question plus loin, semble bien indiquer que le corps du *ketos* d'Arles était primitivement plus épais à l'arrière et que l'on a donc, dans un deuxième temps, retravaillé cette zone pour y sculpter l'Eros au dauphin, ainsi que les vagues sur lesquelles il nage. Cette reprise a probablement modifié le tracé de l'arrière de la plinthe et provoqué quelques accidents sur la pierre au niveau du support. Il est donc probable que, dans un premier temps, la statue était présentée sur une base dans laquelle était encastrée la plinthe, irrégulière et grossièrement taillée, et qu'elle en a ensuite été extraite et retaillée à l'arrière, où le support a reçu un nouveau décor, en même temps que l'on dressait soigneusement la face avant pour y graver la dédicace aux divinités des trois Augustes.

**Commentaire iconographique**

L'interprétation du personnage comme étant Neptune s'impose en raison du monstre marin qui se dresse contre la jambe droite, mais le mode de représentation s'applique aussi bien, dans la tradition grecque du dieu d'âge mûr à la nudité athlétique, à Zeus[1] qu'à Poséidon. Une petite statue en marbre trouvée à Délos[2] et deux statuettes en bronze[3] constituent des antécédents hellénistiques, mais le type de Poséidon dit du Latran, généralement rapporté à un original de Lysippe, montre le dieu dans une position bien différente, le corps penché en avant, la jambe droite levée[4].

Plusieurs statues de Poséidon/Neptune peuvent être rapprochées de celle d'Arles, qu'il s'agisse de la pondération, de la position des bras et de la tête, du traitement général de la musculature, des cheveux et de la barbe. Sur certaines d'entre elles, le dieu est entièrement nu, comme c'est le cas ici ; sur d'autres, un vêtement est posé sur l'épaule[5]. Le premier groupe dérive de modèles hellénistiques évoqués précédemment : sur le petit bronze de Munich, Poséidon tient le trident de son bras gauche levé et un petit dauphin dans sa main droite, comme sur des œuvres en marbre plus récentes. Sur les statues d'époque impériale qui reproduisent ce type, le personnage a souvent les deux bras abaissés assez près du corps[6], mais sur le Poséidon/Neptune de l'Esquilin – dont il sera question plus loin –, le bras gauche était levé plus haut que sur la statue d'Arles[7]. Que le dieu soit entièrement nu ou porte un vêtement sur l'épaule, sa jambe droite est normalement appuyée, sur les œuvres en marbre d'époque impériale, à un dauphin ou à un tronc d'arbre sur lequel se détache un dauphin[8]. Toutefois, cet animal traditionnel dans l'iconographie de Poséidon/Neptune est remplacé par un monstre marin sur la statue de l'Esquilin et sur une œuvre de grandes dimensions (h. 2,66 m) mise au jour sur le site de Khamissa en Algérie[9]. Bien que cette dernière soit présentée actuellement dans une niche du théâtre de Guelma, elle provient d'une chapelle construite près de la source de l'Aïn el Youdi, où elle jouait sans doute le rôle d'une statue de culte[10] : le dieu lève très haut son bras gauche et tient un dauphin dans sa main droite ; une large draperie, posée sur son épaule gauche, tombe à l'arrière et le long des jambes. Comme sur la statue de l'Esquilin, le monstre est séparé de la jambe du dieu, la draperie faisant le lien entre les deux. Sur une autre grande statue de la province de Maurétanie, à Cherchell, la jambe droite de Neptune (entièrement nu) est, comme à Arles, engagée dans un très haut support à l'avant duquel se détache un dauphin ; la main droite tient un cheval marin, un fragment du trident est conservé sur l'épaule gauche[11].

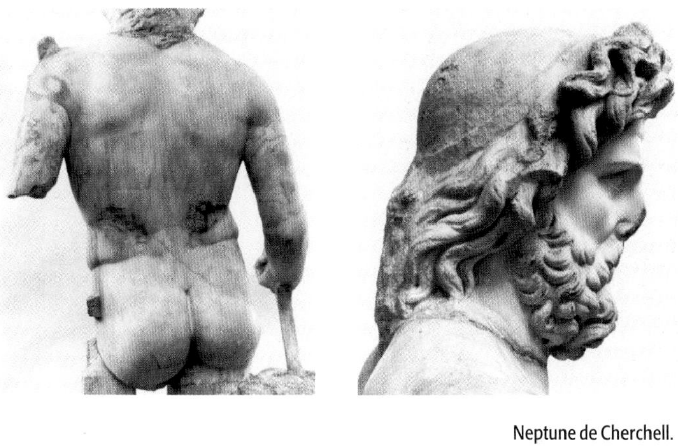

Neptune de Cherchell.

Ce survol des principales comparaisons que l'on peut établir témoigne que la statue d'Arles s'inscrit dans une tradition bien attestée, mais que les œuvres présentent entre elles des variantes plus ou moins importantes et ne peuvent donc être considérées comme les répliques d'un même

NVMINIBVS AVGGG NNN

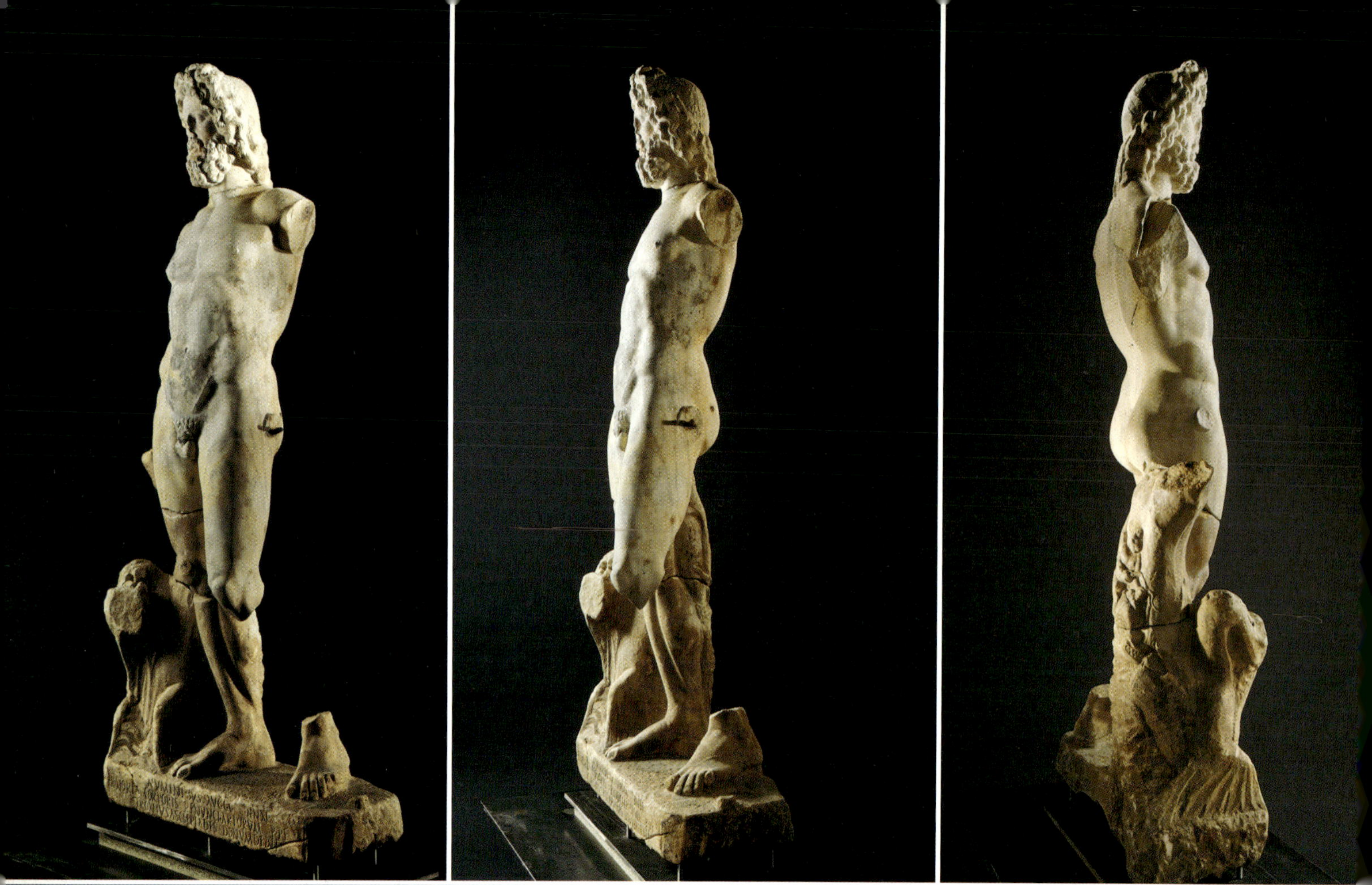

### Statue de Neptune

Arles ; Rhône, zones 5 et 6 ; découverte en quatre morceaux : le torse, mesurant 95 cm de haut, et la tête étaient à 4 m l'un de l'autre, à côté de l'épave *Arles-Rhône 7*, au PK 282.935 (point 11, zone 5 [11] et [23]). Un fragment de la jambe droite se situait à dix mètres plus en aval tandis que la base avec départ des pieds, qui mesure 52 cm de haut et 69 cm de large, se trouvait à 25 m du torse, vers le chenal, soit légèrement en amont (PK 282.916 [34]) ; 2007

Quatre fragments assemblés : plinthe inscrite, pied gauche, bas de la jambe droite avec le bas du support ; genou et bas de la cuisse droite [6], haut du support ; torse et cuisse gauche ; tête

Probablement deuxième moitié du IIe siècle apr. J.-C. (sculpture), début ou seconde moitié du IIIe siècle apr. J.-C. (inscription)

Marbre grec, blanc à petits cristaux bleutés, du Mont Penteli (cf. article "Déterminer l'origine des marbres sculptés : méthode d'étude") ; la surface est de couleur différente selon les fragments : noire sur le torse, jaune sur les cuisses

h. totale 157 ; L. de la plinthe 72 ; h. de la plinthe de 10 à 13 cm

RHO.2007.05.1966 (anc. inv. Rh-07-160)

Bibliographie : Long 2008, p. 225-230

original. Comme l'a suggéré Stephan Schröder à propos d'une statue de Poséidon trouvée à l'Isthme, près de Corinthe, elles s'inspirent probablement, plus ou moins fidèlement, de créations de la fin de l'époque hellénistique[12]. On a affaire ici à une réplique de dimensions réduites, au traitement plutôt sec et académique, qui se caractérise par ses références à des modèles en bronze (c'est, je pense, l'explication des deux veines très prononcées sur le bas-ventre).

La substitution d'un fauve marin[13] à un dauphin comme support latéral de la statue éloigne la statue d'Arles des modèles hellénistiques et la situe dans un contexte impérial. Le monstre marque en effet une évolution par rapport au ketos grec, qui est essentiellement un grand serpent de mer[14] : les mosaïques romaines – et d'autres documents – donnent de nombreux exemples de ce type d'image[15], qui connaît un succès appréciable, au tournant des IIe et IIIe siècles sur les mosaïques d'Ostie et, plus tard encore, sur celles d'Afrique du Nord[16]. Cette représentation de monstre marin, maintenant attestée dans la sculpture en relief gallo-romaine sur un dauphin-fontaine trouvé dans le Puy-de-Dôme[17], se distingue, sur le Neptune d'Arles, comme sur les statues de l'Esquilin et de Khamissa, par la présence de nageoires ; mais, ici, le sculpteur a voulu rendre aussi la torsion du cou du monstre. Le dauphin est cependant présent à l'arrière du support, mais chevauché par un Amour : cette spécificité de la statue d'Arles s'explique très probablement, comme on l'a vu, par une reprise de l'œuvre originale au moment où elle a été dédiée par P. Petronius Asclepiades. Le thème est bien connu dans l'iconographie grecque d'Eros, puis d'Amor/Cupido[18], y compris quand il s'agit d'une image assimilée à celle des courses de chevaux : la mosaïque de la Maison des dauphins à Délos constitue un précédent célèbre[19], mais les Erotes/Amores des mosaïques d'Ostie sont sans doute plus significatifs, comme on le verra.

Quelle que soit sa date, la gravure de la dédicace sur la plinthe de la statue constitue une pratique étrangère aux traditions grecques, bien que l'on puisse en citer quelques exemples : il s'agit essentiellement d'œuvres de dimensions réduites, dont la plinthe moulurée a parfois l'apparence d'une base et qui ne sont pas antérieures à la seconde moitié du IIe siècle ou au IIIe siècle apr. J.-C. : noter en particulier une statuette de Thessalonique dont la plinthe porte à la fois une dédicace du prêtre Pontianos à Aphrodite Homonoia et la date de 182-183 apr. J.-C. (indiquée d'après l'ère d'Actium)[20]. D'autres solutions peuvent être adoptées sur les grandes statues grecques d'époque impériale : ainsi, sur le Poséidon trouvé à l'Isthme, la dédicace du prêtre P. Likinios Preiskos est gravée sur la tête du dauphin-support[21]. Dans le monde romain, l'indication sur la plinthe du nom du sculpteur, de l'atelier ou du commanditaire est un phénomène connu[22] : un des exemples les plus remarquables est constitué par l'ensemble de statues divines découvertes sur l'Esquilin, dont les plinthes portent des inscriptions grecques avec le nom des deux personnages qui ont fait réaliser les œuvres, le grand-prêtre Flavius Zénon (pour un satyre et un Zeus) et Flavius Chryséros pour un Hélios et pour le Poséidon/Neptune dont il a déjà été question[23]. Sculptées en marbre de Carrare, ces statues ont certainement été dès l'origine exposées à Rome, mais leur date est objet de débat : elles ont été généralement situées vers la fin du IIe siècle apr. J.-C., mais M. Bergmann et d'autres ont proposé une date nettement plus récente, entre 320 et 350 environ, notamment à cause du personnage de Flavius Zénon qui serait connu à cette époque par des inscriptions d'Aphrodisias[24]. Il est, en fait, tout à fait possible que les inscriptions aient été ajoutées au IVe siècle, lors d'une nouvelle présentation d'œuvres datant de la seconde moitié du IIe siècle. Le cas serait donc comparable à celui de la statue d'Arles, si l'on accepte l'hypothèse présentée ci-dessus, mais avec un tout autre écart chronologique. En effet, la mention des "trois Augustes" dans la dédicace de P. Petronius Asclepiades indique sans aucun doute une date dans le IIIe siècle, avec plusieurs possibilités exposées plus loin dans ce catalogue par M. Christol et M. Fruyt (cf. article "Neptune : étude épigraphique").

En ce qui concerne la sculpture, une date dans la seconde moitié du IIIe siècle ferait de toute façon difficulté, car, d'après les nombreuses études consacrées aux copies d'œuvres relevant de l'*Idealplastik* grecque, une rupture très forte intervient dans la première partie du règne des Sévères[25] : c'est ce que soulignent, par exemple, H. Manderscheid (1981) à propos de l'énorme corpus de sculptures qui décoraient les thermes du monde romain et F. Slavazzi à propos du plus modeste ensemble d'œuvres mises au jour en Gaule narbonnaise, pour lesquelles il ne mentionne qu'un groupe très restreint de sculptures de petites dimensions, provenant de contextes privés, qui dateraient du IIIe siècle[26]. Une date entre 209 et 211 serait plus acceptable si l'on admettait la contemporanéité de la statue et de la dédicace, même si ce type de réplique est moins répandu sous les Sévères que précédemment. L'hypothèse de la réutilisation de la statue permet de rapprocher l'œuvre, de façon plus satisfaisante, des Neptune de Cherchell, de Khamissa/Guelma et de toute une série d'autres (dont probablement le dieu de l'Esquilin) qui sont datées du IIe siècle apr. J.-C., comme, de façon plus générale, des répliques de "sculptures idéales" grecques trouvées en Gaule narbonnaise. Le traitement plutôt froid et académique de l'œuvre et le choix d'un monstre marin comme support font plutôt penser à la seconde partie du siècle, mais il est difficile de préciser. On ne saurait dire dans quel contexte la statue avait été primitivement érigée, mais le traitement inachevé des mèches qui tombent devant la tempe droite indique que le visage devait être vu de trois quarts gauche (pour le spectateur). Comme pour le Poséidon/Neptune de Cherchell[27], le contraste entre le poli très soigné du dos et l'inachèvement des cheveux au sommet du crâne et sur la nuque est frappant : on peut supposer que la statue était suffisamment surélevée et proche d'un fond pour que cet inachèvement passe inaperçu.

Le fait que la statue ait été ensuite récupérée pour une nouvelle présentation n'a rien d'étonnant au IIIe siècle, comme le montre l'exemple célèbre des thermes de Caracalla, dont le décor statuaire est constitué d'œuvres plus anciennes placées dans ce nouveau contexte[28], mais il est plus étonnant que l'on ait ajouté un décor à l'arrière du support. La représentation d'un Eros chevauchant un dauphin accentue la référence au monde aquatique, ce qui s'accorde avec le fait que l'œuvre soit consacrée en l'honneur d'une corporation de bateliers. Ce motif constituerait-il une sorte d'emblème de la corporation ? Il est difficile de se prononcer, mais on note que ce motif de l'Eros/Amour sur un dauphin apparaît fréquemment sur les mosaïques du port d'Ostie[29] – où l'on connaît aussi une corporation de "transbordeurs" *(lenunclarii)*. Le même type statuaire de Neptune est attesté dans le grand port de Rome par un célèbre relief de la collection Torlonia et sur une des mosaïques[30]. Sur ce point aussi, la statue de Neptune trouvée dans le Rhône ouvre des perspectives intéressantes.

**Notes**

1. Voir par exemple la statue du Louvre (Ma 24) présentée récemment au musée d'Arles : Giroire, Roger 2008, n° 148.
2. Simon 1994, n° 24a* ; Ph. Jockey, dans Marcadé 1996, p. 96, n° 38.
3. Simon 1994, n° 24-25.
4. Voir Simon 1994 ; Simon, Bauchhenss 1994 ; Rolley 1999, p. 333-335, fig. 346-347.
5. Une typologie détaillée est présentée dans Klöckner 1997, p. 242-275.
6. Voir la statue d'Holkham Hall en Angleterre, fortement restaurée (Simon, Bauchhenss 1994, n° 4*), qui appartient au groupe constitué par Klöckner (1997, p. 242-246) autour du Neptune de Cherchell.
7. Moltesen 2000, p. 117-119, pl. 69e, 77, 79-81.
8. Simon, Bauchhenss 1994, pl. 379-380 ; Landwehr 2000, Beil. 36 a-b, pl. 46-47 ; Schröder 2004, n° 193.
9. Elle est reproduite dans Landwehr 1990, p. 106, pl. 64-65, sans référence à la publication primitive, et constitue une tête de série pour Klöckner (1997, p. 261-267, fig. 53).
10. Gsell et Joly 1922, p. 133-135, fig. 21 (sans le bras gauche ni le poignet et la main droite, raccordés plus tard).
11. Landwehr 2000, p. 84-86, n° 111, pl. 46-49.
12. Schröder 2004, p. 424.
13. Le support de la statue d'Arles est en partie mutilé, mais, sur la statue de l'Esquilin, les pattes griffues ne laissent pas de doute sur la nature du monstre (Moltesen 2000, pl. 80).
14. Boardman 1997.
15. Icard-Gianolio, Szabados 1992.
16. Becatti 1961, pl. CXXV, CXXVII, CXXXII, CXXXIX (Ostie) ; Blanchard-Lemée Ennaifer, Slim 1995, p. 120, fig. 80 (Utique), p. 138, fig. 95 (Sidi Ghrib) et p. 142 fig. 100 (Dougga).
17. Hermary 2009.
18. Hermary 1986, n° 157-180 ; Blanc, Gury 1986, n° 398-407.
19. Hermary 1986, n° 164*.
20. Despinis 1997, n° 88, fig. 230-233. Autres exemples (sans date inscrite) dans Kaltsas 2002, n° 780-783 (d'Epidaure) ; voir aussi Paribeni 1959, n° 477, pl. 207 (statuette d'Héraclès enfant avec dédicace au dieu).
21. Schröder 2004, n° 193 A.
22. Voir par exemple, pour Cherchell, une statuette de Vénus dont la plinthe porte l'inscription "*Ex oficina Muri*" (Landwehr 1993, p. 30, n° 12, pl. 22).
23. Moltesen 2000.
24. Bergmann 1999, p. 15-17.
25. Willers 1996, p. 172-173.
26. Slavazzi 1996, p. 138.
27. Découverte dans le *frigidarium* des thermes nord.
28. Manderscheid 1981, p. 20.
29. Becatti 1961, pl. CXXIV-CXXV, CXLVIII, CLXI, CLXXIV (forum des corporations).
30. Simon, Bauchhens 1994, n° 34* et 38.

# NEPTUNE : ÉTUDE ÉPIGRAPHIQUE

*Michel Christol et Michèle Fruyt*

L'inscription se trouve sur le support de la statue, taillé dans le même bloc de marbre. Une plinthe a été ménagée pour constituer un champ épigraphique lisse de 62 cm de large et de 9 cm de hauteur. A gauche il est délimité par une bordure verticale, résultant de l'aménagement en creux de la plinthe, tandis qu'à droite un arrondi apparaît, vraisemblablement créé dans un second temps. Celui-ci semble même avoir quelque peu réduit l'ampleur du champ épigraphique initialement préparé. Il peut répondre aux nécessités de l'installation de la statue. C'est ce qui explique qu'à la première ligne le vacat de gauche mesure 15 cm alors qu'à droite le vacat qui suit les lettres NNN n'a que 6 cm. L'inscription a été brièvement présentée dans Long 2008, p. 226-230.

L'inscription, sur trois lignes, peut être lue de la sorte :

NVMINIBVS •AVGGG •N•N•N•
HONORI CORPORIS RENVNCLARIORVM •P•PE
TRONIVSASCLEPIADES DONVMDEDIT

On développera ainsi le texte : *numinibus Aug(ustorum) n(ostrorum) (trium) / honori corporis renunclariorum P(ublius) Pe/tronius Asclepiades donum dedit.*

Traduction : "Aux divinités des trois Augustes, en l'honneur de la corporation des *renunclarii*, Publius Petronius Asclepiades fit don [de cette statue]."

Hauteur des lettres à la ligne 1, de 2 à 2,2 cm ; à la ligne 2, de 2,2 à 2,3 cm ; le mot *honori* a été gravé d'une façon particulière : la première hampe de la lettre H, sur le bord gauche de

la ligne 2, est haute de 4,2 cm ; le I final est haut de 3,3 cm ; à la ligne 3, de 2,2 cm.

Les trois lignes du texte ont été gravées avec le souci initial de réaliser une composition centrée, en adaptant la mise en page aux structures syntaxiques de la phrase latine. Des espacements ou intermots viennent aussi rythmer à chaque ligne la composition épigraphique. Un intermot existe, à la ligne 2, avant le début de l'anthroponyme du donateur *(P(ublius) Petronius Asclepiades)* et le sépare du syntagme précédent. Puis à la ligne 3, un second intermot se trouve entre la fin de l'anthroponyme du personnage et l'expression *donum dedit* "fit don". A l'inverse, gentilice et *cognomen* sont quasiment gravés en écriture continue, sans intermot. Des points séparatifs apparaissent parfois entre les mots, plus souvent entre les abréviations.

On relèvera aussi une tendance à la cursive, qui se manifeste, dans le cadre général d'une écriture relâchée, par la graphie des lettres <N>, <M>, <R>, <A> (dont certaines ne sont pas barrées).

A la ligne 1, *numinibus* est un datif pluriel de *numen, -inis*, qui signifie ici "divinité". Il s'agit du datif du bénéficiaire : le don que représente la statue (voir l. 3 *donum dedit* "fit don") est offert aux "trois Augustes[1]", c'est-à-dire aux trois empereurs du moment, que l'on tentera d'identifier ci-dessous.

Le nombre "trois" est exprimé ici par un procédé graphique, usuel dans les inscriptions : la répétition, trois fois de suite, des lettres <G> et <N>, la première étant la dernière consonne de la séquence <AVG> fonctionnant comme abréviation de *Augustorum* (génitif pluriel de *Augustus* "Auguste"), et la seconde l'abréviation de l'adjectif possessif de la première personne du pluriel *noster* "notre" au génitif pluriel *nostrorum*, accordé avec *Augustorum*.

L'intermot entre <AVGGG> et <NNN> est particulièrement grand, probablement pour des raisons esthétiques de recherche de symétrie et de centrage du texte : le graveur a dû faire en sorte de prolonger au maximum la ligne sur la droite. Malgré ces efforts, la ligne n'est pas parfaitement centrée, mais légèrement décalée vers la droite.

La seconde ligne commence, comme la première, par un datif : *honori* "en l'honneur de[2]..." suivi du génitif de *corpus, -oris*, que l'on traduira ici par "corporation[3]". Dans ce sens technique, il est synonyme de *collegium* pour désigner une association, notamment lorsqu'elle affiche une finalité professionnelle. Dans l'épigraphie d'Arles, le substantif *corpus* et le participe *corporatus* l'emportent, même si, quelquefois, pour désigner les personnes, individuellement ou collectivement, *collega/collegae* sont utilisés (*CIL*, XII, 730 ; 734).

La personne qui offre la statue *(P. Petronius Asclepiades)* fait un don, en premier lieu, aux empereurs – selon une formule rituelle non spécifique à cette inscription[4] – et, en second lieu – trait spécifique de l'inscription –, aux membres de la corporation des *renunclarii*. En offrant en leur nom une statue de Neptune, le donateur permet aux membres de cette corporation de bateliers de se concilier les faveurs

de leur divinité protectrice. Puisque Neptune *(Neptunus)* est le dieu de la mer et des eaux, le dieu protecteur des navigations, celles que permettent les vents favorables ou la tranquillité de la mer, il est aussi le dieu des marins et de tous ceux qui travaillent sur les eaux, salées ou douces : sa présence ici convient donc bien à la protection d'un groupement de bateliers. Cette divinité était bien en place à Arles, en raison des activités portuaires qui s'y étaient développées. En effet, Neptune avait une statue à l'amphithéâtre, comme le signale l'inscription d'un autre bienfaiteur – mais cette fois un notable municipal de haut rang (*CIL*, XII, 697 = ILGN, 109). Un autel votif a été repéré dans la ville, sur la rive gauche, mais hors de tout contexte monumental ou archéologique (*CIL*, XII, 660).

A la seconde ligne, le datif *honori* est à rapprocher de l'expression au double datif, *esse honori alicui*, littéralement "être à honneur pour quelqu'un", c'est-à-dire "être une source d'honneur pour quelqu'un", où *honori* est un datif prospectif dénotant un procès et *alicui* le datif de la personne bénéficiaire. Le signe <H> à l'initiale du mot *honori* est décoré avec une hampe gauche haute et incurvée, ce qui rappelle certaines écritures cursives soulignant un mot important sur le plan informatif[5]. C'est probablement à la même recherche esthétique et informative à la fois – plutôt qu'à la notation d'un *i* long par un *iota longa* – qu'il faut rattacher la lettre du *i* final de *honori*, dont la hampe monte plus haut que de coutume.

L'inscription offre la première attestation d'une forme de nom de métier *renunclarius* (pluriel *renunclarii*), ici au génitif pluriel complément de *corporis*. Il s'agit d'une variante phonétique à r- initial du nom de métier *lenunclarius* avec un l- initial, attesté dans des inscriptions à Ostie pour désigner des bateliers utilisant de petits bateaux[6].

*Lenunclarius* est dérivé du substantif *lenunculus* "petit bateau, barque" à l'aide du suffixe *-arius*, productif pour former des noms de métiers masculins sur la base de l'entité caractéristique du métier (voir *carbon- erius* "charbonn-ier" sur *carbo* "charbon"). *Lenunculus* lui-même est formé avec un suffixe diminutif *-culus* ou *-unculus* sur un substantif désignant une barque, déformation possible de *lembus* "barque", emprunté au grec λεμβος (peut-être lui-même issu d'une autre langue). Le suffixe diminutif *-culus* peut aussi se présenter sous la forme *-clus*, comme c'est le cas ici dans... *cl- arius*.

On observe dans ce nom de métier un passage de /l/ à /r/ à l'initiale de mot : *lenunclarius* > *renunclarius*. Les consonnes /r/ et /l/, en effet, sont des liquides[7], dont la base d'articulation est relativement souple : elles ont une aptitude à la dissimilation[8], phénomène par lequel un phonème agit sur un autre phonème identique placé à proximité. Les deux phonèmes ont alors tendance à se différencier, l'un d'eux subissant une dissimilation. Les dissimilations sont le plus souvent régressives – comme c'est ici le cas –, le second phonème influençant le premier. Or, en latin, le /r/ et le /l/ sont les deux phonèmes offrant les cas les plus nombreux de dissimilation[9]. On observe des passages de /l/ à /r/ tout au long de la latinité par dissimilation de la séquence /l...l.../ en /r...l.../, ce qui est précisément le cas de figure attesté ici. On observe le même type de dissimilation régressive dans le nom du fouet, *flagellum* (diminutif de *fragrum* "fouet"), qui est parfois écrit et prononcé *fragellum* en latin postclassique[10]. La dissimilation progressive d'un /l/ en /r/ est également bien attestée en latin[11].

L'existence de cette forme à r- initial pour ce nom de métier est confirmée par l'attestation, dans une énumération de noms de bateaux chez Aulu-Gelle[12] (*Les Nuits attiques* X, 25, 5 ; milieu du IIe siècle apr. J.-C.), d'une forme substantivale *renunculus* "barque, petite embarcation", variante phonétique de *lenunculus*, qui a servi de base de dérivation, précisément, au dérivé en *-arius*. Certes, les éditions ont un l- initial *lenunculi* (au nominatif pluriel) dans ce passage, mais il s'agit d'une correction d'éditeur, alors que tous les manuscrits ont un r-. On peut donc considérer que la forme *renunculus* à r- initial était déjà attestée au milieu du IIe siècle apr. J.-C., avant la forme *renunclarii* de la présente inscription. Ceci est un argument supplémentaire pour affirmer que la présence d'un r- dans ce mot n'est pas une simple "faute" du graveur, mais recouvre une réalité linguistique dans la prononciation.

A l'extrême fin de la ligne 2 et au début de la ligne 3, on trouve l'anthroponyme du donateur qui finança cette statue de Neptune en l'honneur de la corporation des *renunclarii* : *Publius* (prénom) *Petronius* (gentilice) *Asclepiades* (*cognomen* "surnom"). Le graveur a employé l'abréviation habituelle pour le prénom (initiale du prénom suivie d'un point au milieu), mais n'a pas laissé d'intermot entre *Petronius* et *Asclepiades* pour séparer le gentilice du *cognomen*. La raison en est que l'unité fonctionnelle de désignation est ici l'anthroponyme dans son ensemble, avec ses trois éléments.

Ce nom propre au nominatif sujet est suivi de *donum dedit* "fit don" sans complément explicitement exprimé, selon une formule usuelle dans ce type d'inscription à toutes les époques du latin : l'entité qui est l'objet du don est celle sur laquelle est écrite l'inscription et qui sert de support matériel à l'énoncé. Ce sont donc les conditions d'énonciation qui permettent de comprendre la référence de l'énoncé. Le graveur n'a pas mis d'intermot entre *donum* et *dedit*, écrits d'un seul tenant : l'ensemble fonctionne, en effet, d'un seul bloc comme une locution, que l'on traduira par une séquence lexicalisée : faire don.

L'inscription est destinée à conserver la mémoire d'une générosité de *P(ublius) Petronius Asclepiades*, qui n'est pas autrement connu. Elle ne mentionne pas l'objet majeur, la statue, puisque celle-ci était suffisamment visible et remarquable pour être implicitement incluse dans la relation épigraphique de cette générosité : la qualité de la représentation suffisait. Mais dans d'autres cas, il est vrai, on a pris soin de désigner l'objet offert (*CIL*, III, 3580)[13] : *C(aius) Iulius Severus coll(egio) fabrum Sil(v)anum pecunia sua fecit, Muciano et Severo co(n)s(ulibus)*. "Caius Julius Severus a fait fabriquer cette statue de Silvain, à ses frais, pour le collège des artisans, sous le consulat de Mucianus et de Severus" (201 apr. J.-C.).

Toutefois, le donateur a souhaité associer à son geste la divinité des Augustes, c'est-à-dire des trois personnes qui constituaient alors le collège impérial. L'adresse à la puissance divine des empereurs est courante aux IIe et IIIe siècles. Les serviteurs de l'empereur, les notables des cités aussi, à partir du début du IIIe siècle, se proclament "dévoués à leur divinité et à leur majesté" *(deuoti numini maiestatique eorum)*. De nombreuses manifestations de religiosité associaient aux dieux locaux la "divinité" impériale, dans les dédicaces d'édifice par exemple.

La répétition des lettres <G> et <N> indique que trois empereurs se partageaient le pouvoir, sans que nécessairement tous les trois disposent du titre d'*Augustus*. En effet, dès le début du IIIe siècle, on assimila aux plus hauts titulaires de la dignité impériale (les "Augustes") les princes subordonnés, souvent plus jeunes, qui leur étaient associés avec le titre de *Caesar* ("César"). Cette situation institutionnelle exista entre 198 et 211, quand se produisit l'association de Septime Sévère et de son fils aîné Caracalla, comme "Augustes", avec le cadet Géta, "César" entre 198 et 209, puis "Auguste" entre 209 et 211 : les gouverneurs de province ou les responsables financiers se disaient sans hésiter "légats de trois Augustes" ou "procurateurs de trois Augustes". La première décennie du IIIe siècle pourrait donc convenir comme date de l'offrande de la statue de Neptune. Mais une telle situation se reproduisit en 238 (brièvement), en 256-260, en 282-283 (mais trop tardivement). Reste la période entre 256 et 260, quand Valérien et Gallien, "Augustes", eurent comme associés les deux fils de Gallien, d'abord Valérien le Jeune, "César" entre 258 et la mi-258, puis Salonin, "César" entre la mi-258 et la mi-260. Ce fut aussi une période durant laquelle les empereurs, Gallien d'abord, puis Salonin, résidèrent à Cologne afin de surveiller la frontière rhénane. Cette seconde possibilité de datation ne doit pas être écartée sous le prétexte que le quartier commercial de Trinquetaille aurait été dévasté. La datation des événements qui bouleversèrent ce quartier n'est pas fermement établie et rien dans l'histoire générale des provinces occidentales ne peut impliquer que le ravage des installations ait eu lieu avant 260. On envisagera une date plus avancée que celle qui avait été initialement proposée.

Le contenu de l'inscription est à verser au dossier de l'activité du port d'Arles durant le IIIe siècle. C'est alors, dans la dernière grande phase de sa prospérité, qu'apparaissent les *lenunc(u)larii/renunc(u)larii*. Ils sont également mentionnés dans une seconde inscription, qui provient aussi du lit du Rhône.

Il s'agit d'une base d'autel, incomplète dans la partie supérieure, où sont visibles des traces de réemploi. Le socle inférieur, de forme rectangulaire, mesure 63 x 44 cm. La hauteur totale conservée est de 58 cm. Le dé, qui portait le champ épigraphique, a comme dimensions 49 x 30 x 39 (hauteur conservée). Il semble que le monument ait été scié en vue d'une réutilisation : une surface aplanie, détériorée par la suite, est visible à droite sur l'avant. Ainsi, la partie inférieure des lettres d'une ligne subsiste de ce côté droit, tandis que toute trace a disparu à gauche par suite d'un arrachement. On peut vraisemblablement restituer le texte suivant : *[Neptuno ? / genio cor-/ po]+is len-/[u]nclari / sacrum.* On traduira : "A Neptune (?), génie de la corporation; les *lenuncularii* (le) consacrent."

Les lettres, hautes de 5,6 à 6,2 cm selon les lignes, sont bien gravées, mais avec une certaine maladresse dans le tracé, où l'on retrouve parfois quelques traits de l'écriture cursive (M de *sacrum*, A). On peut noter l'indifférence à la coupure syllabique pour répartir le mot *len/[u]nclari* sur deux lignes. Il reste les traces d'une lettre à la première ligne conservée : le sens conduit à supposer qu'il s'agit de la lettre R (dans le mot *[corpo]ris*, réparti sur cette ligne et sur la ligne précédente, avec une coupure syllabique).

L'autel en tant qu'objet a été consacré *(sacrum)*, c'est-à-dire transféré du monde des hommes dans le monde divin. La mention des *lenuncularii* incite à un rapprochement des deux inscriptions sorties du lit du Rhône. Aussi la position reconnue à Neptune aurait-elle pu se traduire par la mention de cette divinité à la première ligne du texte, puisque Neptune était le génie de l'association professionnelle de ces bateliers, c'est-à-dire sa divinité tutélaire. La restitution du texte montre, selon la vraisemblance, que son contenu vient compléter les renseignements qui se trouvaient sur la plinthe du socle de la statue.

Il est difficile de juger si cette inscription précède l'offrande de la grande statue ou bien si les deux inscriptions sont contemporaines. Mais la solidarité qui les unit donne de l'importance au lieu qui devait les accueillir, sur la rive de Trinquetaille. Celui-ci se marquait par la présence des bateliers et par celle de Neptune, divinité bien présente à Arles, comme nous l'avons vu.

Cette association ou "corporation", qui faisait référence à une activité professionnelle, apparaît pour la première fois. Elle vient s'ajouter aux charpentiers de divers ordres, notamment aux charpentiers de marine, aux utriculaires que l'on a tendance actuellement à considérer comme des transporteurs terrestres, et aux centonaires, qu'il est d'usage de considérer comme des fabricants de toiles grossières, et peut-être aussi à des associations plus modestes encore, tels les carriers appelés *lapidari Almanticenses*. Ses membres avaient une responsabilité dans le fonctionnement du port et peut-être même que, à l'instar des cinq groupements de *lenuncularii* attestés à Ostie, ils jouaient un rôle important non seulement dans la zone portuaire la plus directe, à Arles même, mais dans les relations entre celle-ci et les divers avant-ports où devaient s'effectuer des transbordements de cargaisons ou l'allègement de gros porteurs afin de leur permettre de s'engager dans le fleuve et de le remonter.

Dans la hiérarchie du prestige, cette "corporation" était loin d'avoir le lustre des naviculaires d'Arles. Elle n'était pas comparable, non plus, aux autres associations qui gravitaient autour de la "corporation" majeure. On doit constater qu'elle n'est connue que de façon collective, alors que la plupart des autres le sont par quelques-uns de leurs membres, surtout par leurs responsables (*magistri*, terme que l'on traduit généralement par "président"), ou par leurs patrons[14]. Néanmoins, ces bateliers exerçaient une activité importante, nécessaire à la vie du port et à son développement, à l'instar des bateliers du Guadalquivir en péninsule Ibérique (les *scapharii Hispalenses*), impliqués dans le transport des amphores d'huile jusqu'aux entrepôts de Séville, ou bien des *lenuncularii* du Tibre et d'Ostie, dont le rôle était essentiel aux abords de ce port et dans ce port lui-même, pour l'allègement et le déchargement des bateaux, puis sur le cours du Tibre à divers appontements. On relèvera que, pour l'instant, seules Ostie et Arles fournissent des témoignages de l'existence de *lenuncularii*, sous forme d'associations professionnelles ou "corporations".

Cette batellerie, qui ne s'exerçait pas sur de longues distances (à la différence de ce qu'entreprenaient les associations de nautes établies à Lyon), n'offrait pas les mêmes possibilités d'enrichissement que l'armement maritime, le grand transport fluvial, ou même la construction navale. Le niveau social des membres de cette "corporation" ne leur permettait vraisemblablement pas de faire face à une dépense de prestige. C'est peut-être pour cette raison que *P(ublius) Petronius Asclepiades* a engagé une dépense personnelle, qui palliait la médiocrité des ressources de ces bateliers, pris individuellement, et la faiblesse des revenus de leur groupement, qui reposaient essentiellement sur le versement des cotisations funéraires (le *funeraticium*). *Asclepiades* n'appartenait pas à leur milieu, même s'il avait vraisemblablement avec eux des intérêts communs. On mettra

Autel de la corporation des *lenunclarii*
Arles ; Rhône, zone 5, secteur 2 ; 2007
III^e siècle apr. J.-C.
Calcaire de type jaune, carrières de Fontvieille (13)
h. 58,5 ; l. 47 ; prof. 30,8 ; l. base 65 ; prof. base 44
RHO.2007.00.1929 (anc. inv. Rh-07-123)

en parallèle une inscription provenant du site de Lattes (*AE*, 1965, 164 = AE, 1966, 247; cité de Nîmes), dans laquelle un personnage en tous points comparable, *T(itus) Eppillius Astrapton*, intervient au bénéfice des artisans et des utriculaires établis dans cette agglomération *(fabris et utriculari(i)s Lattarensibus)* : il prétend agir "pour leurs mérites" *(ob merita eorum)*.

En apportant son aide aux bateliers-*lenuncularii* pour qu'ils aient une belle statue de Neptune, *Asclepiades* leur fournissait une occasion de s'enorgueillir, sinon l'illusion de dépasser leur condition. Certes, les bateliers étaient loin de pouvoir affirmer que leur "corporation" était la plus brillante (*splendida* ou *splendidissima*), comme le faisaient savoir de puissantes "corporations" dans les villes d'Italie à la même époque. Mais le cadeau d'*Asclepiades*, destiné à mettre en valeur leur génie tutélaire, leur donnait de l'éclat et rehaussait leur fierté. Le donateur pouvait faire écrire qu'il avait agi "en leur honneur" : *honori*, c'est-à-dire qu'il souhaitait les avantager afin qu'ils puissent mieux tenir leur rang au sein de la cité[15].

Il en va de même à Lyon, où le groupe qui représentait officiellement les fidèles de Cybèle, les dendrophores, avait rendu hommage à l'empereur Commode (180-192) et avait voulu marquer la fête par l'érection d'un autel (*CIL*, XIII, 1752). L'inscription nous apprend que l'un de leurs personnages principaux, *Cl(audius) Silvanus honori omnium... impendium huius arae remisit* "pour les honorer tous ensemble... a fait remise de la dépense de cet autel". L'aide du bienfaiteur vient ainsi soutenir le rang de l'association.

La principale inconnue du texte concerne *P(ublius) Petronius Asclepiades*. Mais il en va quasiment de même, le plus souvent, pour de tels donateurs. Tout au plus savons-nous que, dans l'inscription de Lattes citée ci-dessus, *T(itus) Eppillius Astrapton* était sévir augustal et qu'il en allait de même pour *N(umerius) Aufustius Homuncio*, qui à Barcelone offrait au collège des artisans *(collegio fabrum)* une statue de Minerve, divinité jouant souvent le rôle de protectrice de leur activité et de leurs groupements (*CIL*, II, 4498 = *IR Catalogne*, IV, Barcino, 14)[16]. On rappellera qu'à Arles la personnalité de *G(aius) Paquius Pardalas*, affranchi d'*Optatus*, nous échappe en grande partie, alors même que son épitaphe mentionne un patronage sur trois "corporations" bien connues, celle des charpentiers de la construction navale, celle des utriculaires et celle des centonaires (*CIL*, XII, 700) ; mais il avait été sévir augustal et patron de leur groupement, ce qui signifie qu'il détenait une réelle respectabilité.

Les *cognomina* du groupe *Asclepias/Asclepiades/Asclepiodotus/Asclepiodorus*, sans être très fréquents, apparaissent dans l'anthroponymie de la vallée du Rhône et de ses abords (Voconces, cité de Nîmes, Vienne, Arles), mais aussi en Italie et à Rome. On pourrait estimer qu'il s'agit d'un affranchi, ou de quelqu'un issu directement de ce milieu social. *Petronius* est un gentilice médiocrement répandu en Gaule méridionale. C'est la cité d'Alba des Helviens, sur la rive droite du Rhône (globalement le Vivarais), qui apporte le plus d'attestations. Est-ce suffisant pour déterminer son origine ? Le personnage peut tout autant provenir du Nord (Lyon ?) que du Sud (Ostie par exemple, où sont cités dans les inscriptions plusieurs *Petronii* portant le prénom *Publius*), ou de toute région intermédiaire liée aux grands trafics qui passaient encore durant le IIIe siècle par le port d'Arles et faisaient de cette ville un passage privilégié entre la Méditerranée et l'intérieur des Gaules.

**Notes**

1. *Augustus*, "Auguste", est un titre religieux : "le très saint, le sacré". Après avoir été attribué, officiellement, comme élément de dénomination au fondateur du principat, Auguste, il servit à désigner par la suite le détenteur de l'autorité politique.
2. Dans d'autres inscriptions, avec la même valeur, on trouve *in honorem* avec la préposition *in* suivie de l'accusatif : *CIL*, XIII, 2002 (Lyon); Waltzing 1895-1900, III, p. 573.
3. Le sens usuel de *corpus* est "corps"; il est ici spécialisé dans le domaine technique des métiers.
4. Peut-être faut-il supposer que le lieu où la statue fut érigée était déjà marqué par la présence impériale et par la vénération que celle-ci suscitait.
5. Voir les tablettes de Vindolanda en (Grande-)Bretagne (fin du Ier-début du IIe siècle apr. J.-C.) : ainsi dans Bowman-Thomas 1994 pour le <C> et le <S> initiaux de l'anthroponyme féminin de la première ligne.
6. Le Gall 1953, p. 220-224.
7. Le /r/ latin (une vibrante apico-dentale) était beaucoup plus proche du /l/ (une latérale) que ne l'est actuellement le r du français standard.
8. Niedermann 1953, p. 100, § 53 et p. 161, § 106 ; Maniet 1975, p. 115, § 49.
9. Niedermann 1953, p. 162-165, § 106 ; Maniet 1975, p. 117, § 51.
10. En outre, dans l'adjectif *caeruleus* "bleu" (litt. "qui a la couleur du ciel"), ancien *caeluleus* bâti sur *caelum* "ciel" avec un complexe suffixal *-ul-eus*; dans le nom de fête religieuse, *Parilia* "fête en l'honneur de la déesse Palès", issu de *Palilia* sur le nom de cette déesse avec un suffixe *-ilis*.
11. Par exemple dans le suffixe *-alis* lorsqu'il s'ajoute à un substantif contenant déjà un *l* : *familiaris* "qui relève de la *familia*" (sur *familia* "maisonnée, famille") au lieu de **familialis*; sur ce point, voir Niedermann 1953, p. 162-163, § 106.I.A.
12. Aulu-Gelle, *Les Nuits attiques* X, 25, 5 : *Nauium autem, quas reminisci tunc potuimus, appellationes hae sunt : gauli, corbitae, caudicae, longae, hippagines, cercuri, celoces..., lembi, oriae, lenunculi, actuariae...* (texte de la CUF, Paris, Les Belles Lettres, tome II, 1978, éd. René Marache, p. 186).
13. Waltzing 1895-1900, III, p. 102-103.
14. Constans 1921, p. 142-143; Rouquette 2008, p. 182-186.
15. Tran 2006, p. 211-240.
16. Waltzing 1895-1900, III, p. 16.

# Portraits et sculptures

## 1. Tête monumentale d'Auguste

**Tête masculine ayant appartenu à une statue colossale en marbre**
**Saintes-Marie-de-la-Mer ; face au canal de Rousty et vers le delta du Rhône, exhumée près de la côte de Camargue d'un fond vaseux où elle était engagée par 17 m de fond ; 1987**
**20 av. J.-C.**
**Marbre blanc**
**h. 82 ; l. 40 ; prof. 46 ; h. restituée de la statue : 3,50 à 4 m**
**FSM.87.00.1**

C'est en 1987 que Jean-Claude Bourgault ramenait dans les filets de son chalutier, repêchée à l'est des Saintes-Maries-de-la-Mer, dans le secteur de l'épave *SM4* , par 14,5 m de fond, une impressionnante tête en marbre. A la fois déclarée par le découvreur aux autorités maritimes et au DRASSM qui a lancé des recherches avec *L'Archéonaute* en 1990 pour tenter d'élucider ce site. Cette tête a été ensuite étudiée et publiée par Daniel Brentchaloff et François Salviat[1], la tête a été confiée au Musée départemental Arles antique, où elle est conservée depuis.
Couchée dans la vase sur le côté gauche qui s'en est trouvé protégé, cette tête colossale a subi des dégradations sur son profil droit rongé par des organismes lithophages. Le haut de la tête et la région au-dessus de la tempe gauche ont perdu les pièces rapportées destinées à les compléter. La partie inférieure du cou était taillée en bouchon pour s'insérer dans un corps colossal, à une échelle relative aux dimensions de la tête. Il reste, côté gauche, au départ de l'épaule, une trace du vêtement qui couvrait au moins le buste.
Dès sa découverte, la tête a été identifiée par François Salviat comme une représentation d'Auguste datable des portraits de la maturité, sculptés dans les années 20 av. J.-C., du type de Prima Porta, de celui de Munich couronné de chêne, ou de l'Auguste trouvé au théâtre d'Arles.
Sculptée dans un marbre de Carrare, cette statue venue par la mer arrivait vraisemblablement d'Italie, peut-être de Carrare même, prête à orner un forum ou à entrer dans un temple d'une colonie du sillon rhodanien. C'est une œuvre issue du ciseau des maîtres, souvent d'origine grecque, dont la perfection dans la mise en œuvre de l'iconographie julio-claudienne souligne avec brio l'éclat de la propagande impériale.

D. T.

1. *Archeologia*, n° 245, avril 1989.

## 2. Torse de statue masculine sur piédouche [30]

Arles ; Rhône, zone 5, secteur 3, PK 282.948 à 23 m du bord, au voisinage de la tête de divinité (cat. n° 10) ; 2007
Début du IIe siècle apr. J.-C.
Marbre blanc (en cours d'analyse)
h. 46 ; l. 48 ; prof. 23 ; L. base 18 ; l. base 16 ; 40 kg
RHO.2007.00.1946 (anc. inv. Rh-07-140)

Torse sur piédouche, avec manteau drapé sur l'épaule gauche, attaché par une fibule ronde. Le torse, quoique griffé de quelques épaufrures, est en bon état de conservation. Les pectoraux, de part et d'autre d'un sillon médian bien marqué, sont développés à l'emplacement bien signalé de la poitrine. La draperie du manteau est repliée sur l'épaule gauche ; un pan retombe vers l'arrière, le vêtement s'évase en plis régulièrement distribués autour de la fibule. On observe une déclivité côté droit entre l'épaule et les pectoraux. L'arrière du buste est régulièrement piqueté, vraisemblablement au ciseau.

L'évasement de la cuvette du cou vers la gauche pourrait suggérer une légère torsion de la tête vers le côté droit, mais sans la naissance du cou, l'hypothèse est hasardeuse et nous ne la retiendrons pas.

Ce torse dénudé, à peine couvert côté gauche d'un manteau, évoque une représentation héroïque dont on trouve le modèle à l'époque hellénistique ; le plus souvent réservée à des empereurs dans une attitude héroïque ou à des divinités, elle semble désigner un personnage proche du pouvoir ou un militaire qui s'en est fait connaître, élevé à une dignité semblable à celle des plus grands.

Le torse a des similitudes avec des représentations héroïsées conservées au Louvre, comme par exemple le buste d'un inconnu de la fin du Ier siècle (Ma 1216), dont on peut le rapprocher par l'enroulement du manteau[2]. Par sa facture, on le datera du règne des Antonins et en particulier de celui de Trajan.

D. T.

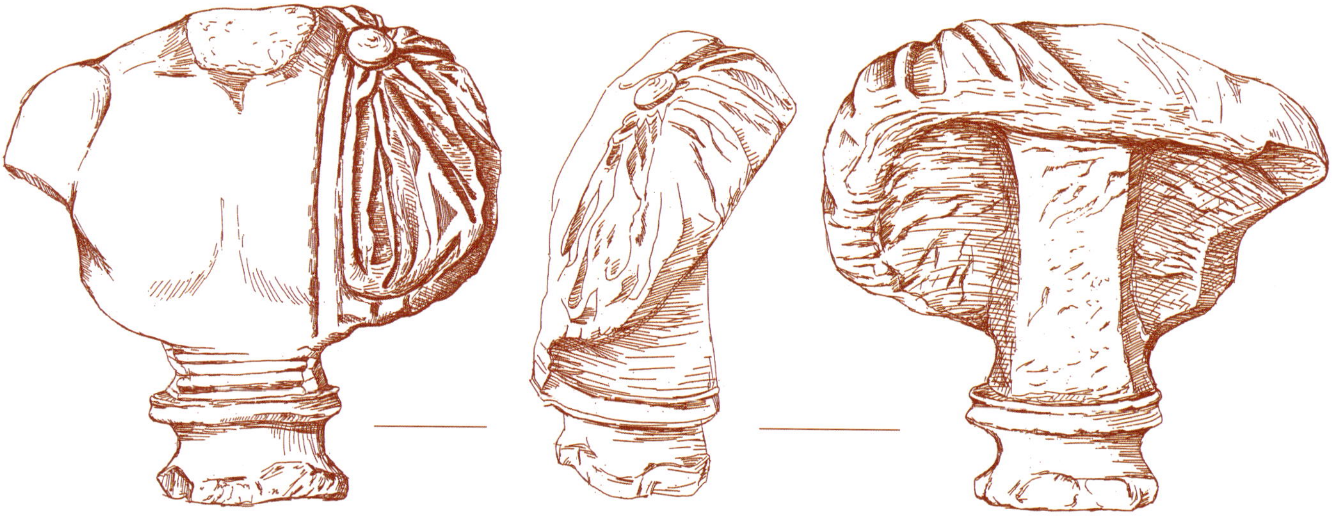

2. Kersauson (De) 1986, p. 62-63, n° 22, Ma 1216.

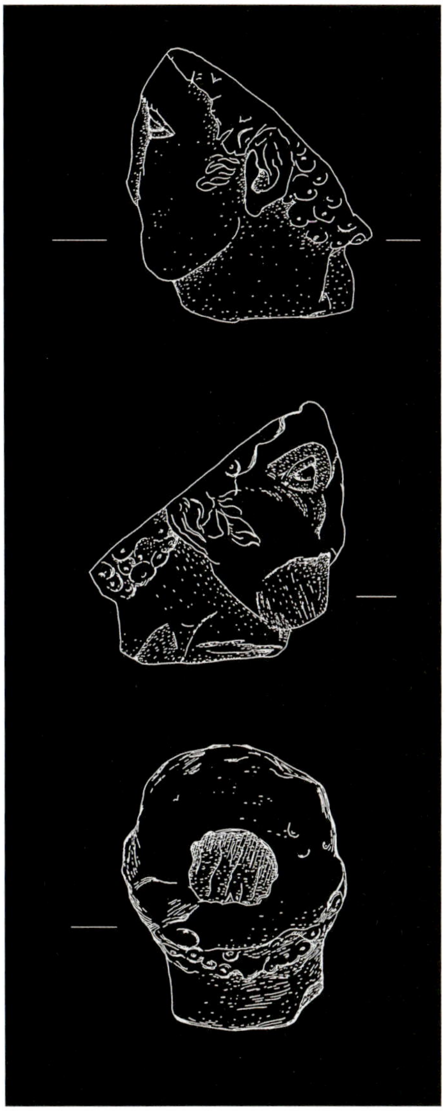

### 3. TÊTE MASCULINE [71]

Arles ; Rhône, zone 14, secteur 1, PK 282.580, à 10 m du bord ; 2005
Début du IIIe siècle apr. J.-C. (?)
Marbre blanc
h. 21,5 ; l. 18,5 ; prof. 18,5 ; L. base 12,5 ; l. base 12 ; 6,7 kg
X-15113 (anc. inv. M. RHO.5-SN.7)
Bibliographie : Long 2007, p. 63, fig. 48

Tête masculine brisée au ras du cou. La calotte crânienne, sans doute travaillée à part, présente une section oblique faite volontairement. Cette section permet de voir une cavité dans l'occiput, soigneusement piquetée sur ses bords, de même qu'à l'intérieur. La face, de dimensions supérieures à la normale, révèle une usure extrême des reliefs : ainsi en est-il de la bouche aux lèvres effacées et du nez, dont ne subsiste que le départ de l'arête nasale dans le prolongement des sourcils. Seuls l'arcade sourcilière profonde, les yeux ourlés de paupières larges, l'iris et la pupille sont représentés. On observe une dépression sous le cerne important de la paupière inférieure.

La chevelure est mieux conservée côté gauche, où elle comporte des boucles en coques enroulées, forées au trépan, et des éléments plus gros que l'on pourrait attribuer à une couronne. En avant de l'oreille et vers la joue, un favori. Du côté droit de la tête, on retrouve le même favori tourné comme l'autre vers le bas de la joue, mais peu de la chevelure est conservé. A l'arrière, sous la cavité, on observe une masse ponctuée de perforations au trépan. La présence de la cavité de fixation occupant un grand espace de l'occiput peut avoir été nécessitée par une couronne volumineuse qui serait venue en pièce rapportée et, avec le renfort d'un tenon, s'appliquer sur la calotte. Elle peut aussi être due à l'ajout d'une calotte crânienne recouverte d'une chevelure épaisse.

Les favoris en avant des oreilles, la structure du visage, la sérénité qui se dégage des chairs polies, en opposition avec une chevelure plus tourmentée et travaillée au trépan pour des effets de clair-obscur, pourraient évoquer des portraits contemporains de ceux de Geta datés de 208 apr. J.-C.[3], mais l'état fragmentaire de la pièce nous prive de certitudes. La seconde hypothèse serait celle de la représentation d'un personnage bachique doté d'une couronne végétale volumineuse.

D. T.

3. Kersauson (De) 1996, n° 181, 182, p. 394-397.

## 4. TÊTE FÉMININE [56]

Arles ; Rhône, zone 10, secteur 1, point D, PK 282.748, à la surface d'une zone de tessons et de cailloux, à 10 m du bord, par 5 m de fond ; 2007
Milieu du Ier siècle apr. J.-C.
Marbre blanc (en cours d'analyse)
h. 30 ; l. 16,5 ; prof. 15 ; L. base 10,5 ; l. base 10 ; 8,48 kg
RHO.2007.00.1941 (anc. inv .Rh-07-135)
Bibliographie : Long 2008, p. 255

La tête, juvénile, est bien conservée, même si le visage est endommagé par endroits : épaufrure au centre du front, au centre des arcades sourcilières ; un éclat marque la joue gauche. L'extrémité du nez côté gauche est absente, la narine droite est encore visible ; quelques épaufrures rendent le dessin de la lèvre supérieure peu lisible.

La chevelure est partagée par une raie médiane au milieu du front. Au bout de la raie médiane, un trou de mortaise qui pourrait signifier l'existence d'un ornement de métal précieux ; la marque d'un creusement de la chevelure du côté droit, comme pour y signifier l'existence d'un bandeau, mais elle n'est pas reprise de façon symétrique du côté gauche. Les parties temporales sont en partie recouvertes par la coiffure très plate, délimitant sur la partie haute du front un espace triangulaire.

A partir de la raie médiane et en arrière du bandeau frontal fait de cheveux, quelques stries dessinent finement des mèches très aplaties sur la zone occipitale, depuis le haut du crâne vers la nuque et les tempes, où s'étagent, en quatre vagues successives larges qui sont autant de rouleaux individualisés par une gorge profonde, les mèches qui viennent se transformer en tresse. Cette dernière retient attaché le catogan formé lui-même de deux tresses accolées et repliées vers l'intérieur. Deux mèches distendues s'échappent de la tresse à l'arrière pour venir s'achever sur chaque épaule.

Si l'on observe les bandeaux de cheveux ondulés qui recouvrent le haut des oreilles, il semble que la grosseur même de ces rouleaux paraît exagérée par rapport aux proportions du visage, comme s'il avait fallu insister sur le type de la coiffure. Le côté excessif, presque ostentatoire de cette dernière semble répondre à un désir d'imiter les coiffures impériales.

Le regard est fixé droit en avant. Les arcades sourcilières naissent dans le prolongement de la partie supérieure de l'arête nasale. La paupière supérieure, large, rejoint la paupière inférieure en en débordant à peine. On observe une déclivité entre le front bosselé et le prolongement externe des paupières. A l'angle interne de l'œil, la cavité orbitale est profonde ; une même dépression peut se voir sous la paupière inférieure marquée d'un cerne accentué ; la caroncule lacrymale est traitée au trépan, de même que le percement des oreilles pour l'insertion de boucles. Les pommettes sont saillantes et s'élargissent vers les tempes. Les lèvres charnues sont légèrement entrouvertes, avec une dépression labio-nasale marquée, ainsi qu'un léger creux avant le renflement du menton. Le cou reste pur, sans marque d'un collier de Vénus.

Il s'agit ici vraisemblablement d'un portrait de la période julio-claudienne. La chevelure plaquée sur le front de part et d'autre d'une raie médiane, les bandeaux en vagues successives, l'emploi discret du trépan pour la perforation des oreilles où s'accrochaient des boucles donnent une datation augustéenne. A l'arrière, la surface d'encastrement est travaillée en bouchon avec piquetage : le tenon d'encastrement est piqueté sur toute la face arrière pour une tête indépendante du corps, comme c'est le cas aussi pour les têtes interchangeables destinées à se poser en bouchon sur des statues funéraires[4]. Les carnations et la chevelure sont travaillées au ciseau, un trépan plus large a été utilisé pour recreuser la cavité des yeux, iris et pupille à une date postérieure à la première exposition du portrait pour y insérer un métal précieux ?

On peut rapprocher ce portrait – parmi les portraits de la période julio-claudienne – des représentations d'Agrippine l'Ancienne plus que de celles d'Antonia Minor. Ce portrait représente un personnage à l'image des effigies d'une Agrippine rajeunie que l'on peut attribuer au règne de Claude[5]. Même si l'œuvre est soignée et sculptée dans un marbre de grande qualité, les proportions inférieures à la moyenne, les erreurs d'échelle dans le traitement de la coiffure – on verra la grosseur exagérée des bandeaux – désignent un portrait privé, peut-être à destination funéraire, érigé vers le milieu du Ier siècle apr. J.-C.

D. T.

4. Chaisemartin (De) 1983 : "Le dispositif d'encastrement de la tête – technique d'origine hellénistique permettant d'ajuster le portrait d'une défunte dans une statue funéraire de série (voir p. 36 et n. 1-2 où sont cités en exemples la tête de Livie idéalisée de Tarragone dans Poulsen 1933 et Garcia y Bellido 1949 ou encore un portrait privé du musée de Naples)." 5. Kersauson (De) 1986, p. 132-133, Agrippine I, Ma 3133.

## 5. Fragment d'une tête masculine en marbre blanc [16]

Arles ; Rhône, zone 5, secteur 3 ; 2007
Marbre blanc
h. 14,5 ; l. 23,5 ; ép. 10 ; 4,36 kg
RHO.2007.00.1958 (anc. inv. Rh-07-153)
Bibliographie : Long 2008, p. 231

Partie supérieure d'une tête masculine, vraisemblablement supérieure à la normale, dont on peut encore voir une partie du front ; la chevelure est ornée d'une couronne surmontant le front. L'usure de la tête ne permet pas de distinguer s'il s'agit d'une couronne de chêne qui désignerait un empereur ou, plus vraisemblablement, d'une guirlande de fleurs et de fruits destinée à orner la chevelure d'un personnage bachique.

D. T.

## 6. Petit hermès de tête féminine

Arles ; Rhône ; 2004
Marbre
h. 13,8 ; l. 8,1 ; prof. 5,8
X-16210
Bibliographie : Long 2008, p. 82 ; Rückert 1998, p. 176-237

Hermès simple avec petite tête féminine. La face est usée et porte des épaufrures.

5

6

## 7. FRAGMENT D'UN CADRE CIRCULAIRE *(IMAGO CLIPEATA)* [5]

Arles ; Rhône, zone 5, secteur 2, PK 282.935, à 18 m du bord et 4 m au-dessus du buste sur piédouche (cat. n° 2) ; 2007
Marbre (en cours d'analyse)
h. 34 ; l. 46 ; ép. 15,4
RHO.2007.05.1949 (anc. inv. Rh-07-143)
Bibliographie : Long 2008, p. 224

La pièce est brisée sur les côtes latérales ; elle a conservé ses deux bords. Une mortaise rectangulaire (5 x 3 cm) avec restes de plomb est conservée sur le bord extérieur. Elle servait à fixer le cadre à un mur. Le fragment présente un profil en S et il est évidé en son centre.

Le décor qui orne la circonférence est constitué de quatre zones de largeur inégale. De l'extérieur vers l'intérieur se déroule la mince frise d'une torsade, suivie d'une frise de feuilles de laurier. La frise la plus importante comporte une composition végétale constituée de fleurs de lotus à sept pétales et trois sépales ; une volute part de chaque côté du culot, vers le haut ou le bas en alternance, vers une palmette à sept feuilles. Une mince file de perles très effacée clôt le décor vers l'intérieur.

Ce type de cadre circulaire sculpté, appelé également *clipeus* à cause de sa forme qui évoque celle d'un bouclier rond, servait à recevoir le portrait d'une divinité ou d'un personnage important : empereur, magistrat, etc., et à ce titre, il pouvait appartenir à un monument public (Winkes 1969, p. 52-72). Mais son appartenance à un monument privé, voire funéraire, ne peut pas être exclue pour autant ; il aurait encadré, dans ce cas, le portrait du défunt et aurait pu être accroché au mur d'un monument funéraire (Winkes 1969, p. 71-87), faisant ainsi allusion aux portraits des ancêtres porteurs de valeurs familiales fortes, auxquels se réfèrent dès l'époque républicaine les familles illustres.

V. G-R.

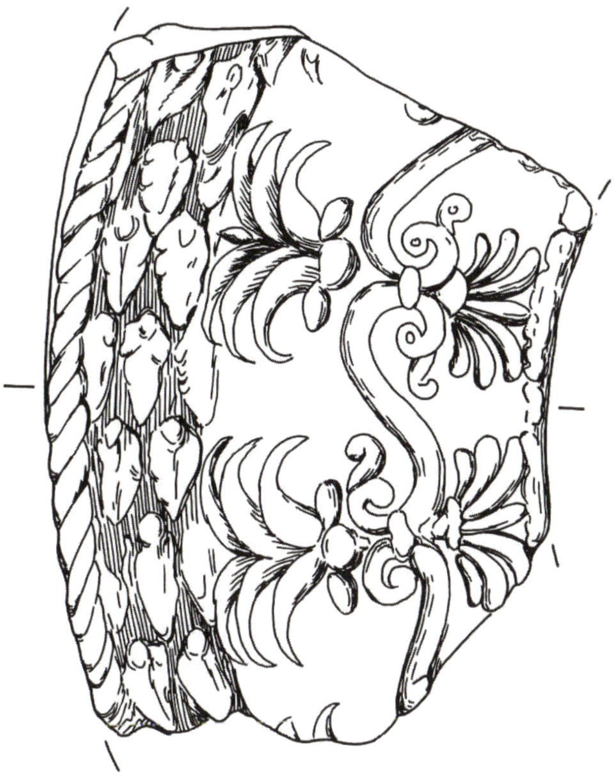

## 8. Socle de sculpture décoré d'une scène sculptée en frise [72]

Arles ; Rhône, zone 14, secteur 2 ; découvert enfoui en surface du limon parmi des pierres de mouillage, fragments de colonnes et blocs d'époque romaine ; 2009
Seconde moitié du Ier siècle av. J.-C.-Ier siècle apr. J.-C. (?)
Marbre blanc à cristaux très fin
h.10,3 ; L. 13 ; l. 8,5 ; face décorée 5,3 x 10,4
X-16545

Cette petite base de marbre, quasiment intacte, est d'une grande finesse d'exécution. Elle conserve un aspect de surface poli, récemment dégagé de quelques taches sombres dues au contexte d'enfouissement. Elle est décorée d'une scène en frise qui occupe la face principale, de simples filets moulurés bordant la scène. Au-dessous, trois plots taillés dans la masse du marbre stabilisent parfaitement l'objet dont l'arrière s'arrondit, s'adaptant probablement à la forme d'une niche semi circulaire. Des degrés conduisent, sur le dessus, à l'emplacement probable d'une sculpture dont cette base constituait le soclage. Sous l'amalgame de concrétions parfaitement centrées, il reste sans doute un élément de fixation. Il faut donc imaginer cette base comme partie d'un ensemble dont la sculpture rivalisait de raffinement.

La scène principale compose un bas-relief dont le décor occupe la hauteur et la largeur d'un panneau organisé symétriquement, autour d'un candélabre d'apparat ou d'un thymiatérion dont la flamme brûle ardemment. Selon la règle de l'isocéphalie, les personnages ont la même taille que le mobilier ; il est donc difficile de déterminer la typologie de ce foyer. Ici, cet objet peut aussi bien évoquer l'aspect cultuel et rituel de la scène que l'espace de la maison romaine et sa richesse. Il s'inscrit dans un langage iconographique très clair, dans lequel il devient le marqueur physique du lieu où se déroule une scène en deux parties.

Une hiérarchie s'établit de gauche à droite en deux groupes : un homme, jeune et imberbe, coiffé d'une couronne et vêtu d'une toge ajustée, est suivi d'une joueuse d'*aulos* (double flûte) coiffée d'un chignon ; en face, une femme, richement drapée dans un lourd manteau, lève le regard au-dessus du candélabre ; elle est escortée d'une aulète dont la tête est voilée. Le candélabre/autel, l'opposition voilée/dévoilée, le caractère juvénile de l'homme face au geste ostentatoire de cette femme qui pince le revers de son vêtement en un geste d'autorité peut suggérer le déroulement d'un rite dédié à un culte qu'il n'est pas possible d'identifier. Une opposition profane/sacré peut être interprétée et, dans le cas d'une scène religieuse, ce socle pourrait supporter la sculpture de la divinité consacrée par le culte célébré.

Une seconde lecture est possible et pourrait renvoyer au contexte d'un rite lié à une cérémonie de mariage. On pense au moment des *anakalypteria*, lorsque l'épousée découvre son visage et s'expose tête nue pour la première fois à son époux, ceci en raison du geste de la femme drapée qui pourrait suggérer le dévoilement plutôt que l'autorité de son rang. Ce geste particulier de dévoilement renvoie à la culture grecque, notamment à la frise du Parthénon où Héra se découvre face à Zeus[6].

Il est possible d'envisager, dans la logique d'une cohérence iconographique et historique, que cette base ait été conçue comme support d'une sculpture de Vénus, cette dernière étant garante de la concorde conjugale[7]. Dans ce contexte, il est à noter la découverte à Arles en 1983 d'une petite sculpture de bronze représentant une Vénus anadyomène, dégagée à proximité des fragments supposés de son socle en cristal de roche[8]. Le rapprochement de la base du Rhône avec l'un des morceaux de cristal encore lisible nous offre une similitude des modules troublante, en décor et en proportion, que l'on ne peut ignorer ici, sans pour autant en tirer de conclusion. Cependant, aucun élément de comparaison ne permet de privilégier cette hypothèse pour l'instant.

Le port d'une toge serrée et courte, en usage au milieu du Ier siècle av. J.-C., conjugué à la délicate influence hellénique que l'on sent dans cet objet, peut contribuer à envisager une datation d'époque julio-claudienne. L'étude de la typologie du socle pourra peut-être préciser la chronologie, tandis que la lecture de l'iconographie devra se préciser.

P. P.

Fragment d'un socle en cristal de roche, Musée départemental Arles antique.

6. Londres, British Museum. Ce geste évolue en un signe tout à la fois pudique et séducteur, parfois banalisé. On le voit associé à Vénus lorsqu'elle devient *genitrix* et dévoile son sein, en signe de beauté et de maternité. C'est à cette Vénus que César consacre à Rome un temple, en signe d'une filiation divine dont il se réclame, et c'est à ce type que l'on pense en voyant ce petit socle resté vide ; cf. Vénus Génitrix, Paris, Louvre, inv. MR 367, réplique d'une œuvre du sculpteur athénien Callimaque. 7. L'effigie sculptée de Vénus, qu'elle soit précieuse (argent, bronze, marbre) ou modeste (terre cuite), accompagne la femme mariée dans son foyer et prend place dans un laraire. Symboles du statut matrimonial, ces statuettes sont mentionnées dans des contrats de mariages ou de dots ; cf. Veyne 1985, p. 51. 8. Arles, MDAA, inv. VER.83.05.75, découverte lors des fouilles de "la verrerie" dans une couche datée de la seconde moitié du IIIe siècle apr. J.-C., elle est datée du IIe siècle, cf. *CAG* 13/5, p. 661, fig. 992 ; pour le socle en cristal de roche, inédit, MDAA, inv. VER.2007.boîtes.

## 9. Tête de Vénus du type du Capitole [66]

Arles ; Rhône, zone 13, secteur 3, PK. 282.623 ; 2008
Milieu du IIIe siècle apr. J.-C.
Marbre grec, blanc-bleu à gros cristaux, originaire de l'île de Naxos et sa carrière de Mélanes (cf. article "Déterminer l'origine des marbres sculptés ; méthode d'étude)
Traces de polychromie : du gris anthracite composé de résidus de noir d'ivoire dans la chevelure, du blanc à l'angle extérieur de l'œil gauche (observation à la binoculaire, MDAA, atelier de restauration), un voile blanc localisé sur la peau (observation visuelle)
h. 24,4 ; l. profil 17,7 ; l. face 16,5 ; 8,5 kg
X-15019 (anc. inv. Rh-08-34)

Tête taillée dans un marbre blanc-bleu à gros cristaux ayant appartenu à une sculpture en pied du type de la Vénus du Capitole. L'analyse du marbre a déterminé l'origine grecque du matériau qui provient des carrières de Naxos. Au niveau du cou, la cassure est franche et ne semble pas correspondre à un plan de joint, car il ne reste aucune trace de goujon ou d'assemblage qu'il serait probable de trouver dans ce cas. Cette altération laisse supposer que la tête et le buste étaient d'un même morceau, comme l'indique également l'arrachement net, au niveau du chignon de la nuque, des deux mèches de cheveux qui tombaient de part et d'autre des épaules. Ces fractures, ainsi qu'une importante lacune qui suit une veine du marbre dans la hauteur du cou, supposent une origine accidentelle consécutive à une chute en avant de la sculpture.

Des lacunes sont localisées sur les parties médianes et saillantes du visage, depuis la base du cou jusqu'au sommet de la tête, en passant par le menton, les lèvres, le nez et les arcades sourcilières. L'usure particulière de cette zone, qui dessine un profil en arc de cercle, est accentuée par les conditions d'enfouissement et par l'érosion provoquée par le flux de l'eau. Il semble cependant que ces pertes de matières soient intentionnelles, dans le contexte d'une destruction et d'un possible réemploi.

La coiffure est un élément déterminant dans l'identification de cette tête féminine. Bien qu'il soit endommagé, on distingue encore très bien le nœud de cheveux caractéristique de cet assemblage capillaire. Posé au sommet du crâne, il est composé, de part et d'autre d'une raie médiane, de deux mèches frontales, ondulantes et torsadées, relevées et nouées en une ganse de cheveux qui passe sur un bandeau lisse à double filet ceignant la tête. Sur les côtés, deux bandeaux ondulants s'enroulent symétriquement et se terminent, à l'arrière de la nuque, en un chignon d'où s'échappaient deux mèches qui tombaient librement sur le torse. De petites boucles coquillées au niveau des tempes et deux pattes courtes au-dessus des oreilles bordent le visage.

Sur le visage et le cou, les parties préservées des altérations ont encore leur poli, tandis que l'état de surface de la chevelure est brut. Ce contraste est d'origine et ces nuances d'aspect soulignent le raffinement d'un traitement adapté au rendu de la chevelure et de la peau. A l'origine, cette technique permettait d'accentuer l'effet polychrome et le réalisme de la sculpture.

La présence de polychromie, dont il subsiste des rehauts gris anthracites, apparaît dans les creux de la chevelure, de manière plus appuyée dans le nœud de cheveux et le long de la limite avec le front. De ce premier constat visuel découle une première analyse, dont le résultat atteste l'usage de noir d'ivoire (cf. *infra*). La carnation était claire, comme un faible voile blanc le confirme à la limite de la chevelure et de l'oreille. A l'intérieur de l'œil gauche, un résidu plus épais laisse voir, à la binoculaire, plusieurs couches d'un matériau blanc dont il reste à déterminer la nature par des analyses complémentaires.

La tête du Rhône se caractérise par une coiffure similaire à celle de la Vénus dite du Capitole[10]. Le type de cette dernière s'inspire de celui de l'Aphrodite de Cnide de Praxitèle, dont elle serait une déclinaison hellénistique[11]. Le nœud de cheveux en est une caractéristique, puis la constante d'un modèle largement diffusé par les ateliers romains[12]. Outre les représentations de Vénus, le répertoire iconographique en comparaison est riche d'autres modèles qui exploitent les variantes de cette coiffure[13]. Cependant, l'hypothèse d'un rattachement à l'iconographie d'une Vénus anadyomène ou pudique du type du Capitole demeure la plus probante, au regard de deux comparaisons. L'une avec une tête d'Aphrodite du type de la Vénus du Capitole qui souligne la similitude des coiffures, mais diffère dans le détail des yeux qui ne sont pas incisés et par l'ovale d'un visage plus fin[14]. Ces détails argumentent en faveur d'une datation admise au IIe siècle. La seconde, avec un groupe sculpté plus tardif, conservé au Louvre, représentent Vénus et Eros. La comparaison des deux têtes détermine des similitudes probantes, au niveau de la coiffure et des yeux qui, incisés et révulsés, ont des pupilles désaxées[15]. Enfin, cette confrontation permet d'imaginer la sculpture dans son entier et donne une indication de proportion qui se situe probablement à une hauteur ne dépassant pas 1,40 m., soit une sculpture d'agrément dite "d'appartement" autour de laquelle on pouvait tourner, comme l'indique l'achèvement de la chevelure à l'arrière.

Si les types sont globalement proches, les physionomies diffèrent. La tête du Rhône se caractérise par un ovale du visage plus doux et plus charnu typiquement praxitélien, dans la veine de la tête colossale dite Tête Despinis[16]. Celle du Louvre relève d'un traitement plus anguleux, plus creusé, issu d'ateliers romains néo-attiques[17]. A ce titre, la Vénus du Rhône appartient à une production plutôt orientale, d'inspiration hellénistique, que l'ont peut situer entre la fin du IIe siècle et le milieu du IIIe siècle apr. J.-C.

P. P

La Vénus du Rhône rapprochée du groupe du Louvre.

**10.** Haskell, Penny 1988, p. 354 ; Rome, musée du Capitole, Vénus du Capitole, copie romaine d'un original hellénistique dérivé de l'Aphrodite de Cnide de Praxitèle, époque antonine, IIe siècle (inv. 409). **11.** Pasquier, Martinez 2007, p. 146. **12.** D'après Rizzo, cité par Jean-Luc Martinez, Pasquier, Martinez 2007, p. 334. **13.** Cf. pour Aphrodite et Vénus Haskell, Penny 1988, *La vénus accroupie* de Florence, Palais des Offices, la *Vénus Callipyge*, Naples, Musée national ; LIMC, II, 2 et VIII, 2, Aphrodite et Vénus ; cf. LIMC, Nymphe, Muse ; Giroire, Roger 2008, p. 162, n° 79, Jeune fille ; Pasquier, Martinez 2007, p. 334, n° 83, Apollon dit Apollino. **14.** Paris, musée du Louvre, Tête d'Aphrodite du type du Capitole, œuvre romaine d'époque impériale (IIe siècle apr. J.-C.), Rome, Marbre, h. 31 cm (inv. MR 671). **15.** Paris, musée du Louvre, Groupe de Vénus et Eros, IIIe siècle apr. J.-C. (?), Rome, Marbre, h. 1,37 cm (inv. MR 370). **16.** Pasquier, Martinez 2007, p. 127-127, n° 24. **17.** Giroire, Roger 2008, p. 180.

# ÉTUDE DE LA POLYCHROMIE DE LA TÊTE DE VÉNUS

*Philippe Blanc*

Un prélèvement discret, réalisé au scalpel, a été pratiqué sur la chevelure de la tête de Vénus, pour détacher une partie de cristal portant des indices de polychromie. Les morceaux ont été montés pour être présenté au microscope électronique à balayage, sans aucune préparation ni métallisation. Des analyses ont pu être faites sur la surface, soit de la partie portant la polychromie supposée, soit de la partie nue pour exprimer par comparaison les produits constituant cette couche colorée.

Comme on peut le constater avec les deux analyses jointes, les conditions permettent de qualifier la calcite avec la présence des éléments carbone, oxygène et calcium, alors que dans le creux retenu comme riche en reste de polychromie, on trouve à la fois des dépôts venant du fleuve sous forme d'un mélange de sodium, aluminium, silicium, soufre, chlore et potassium, ce qui représente des argiles et des sels adsorbés, et une association constante très riche en carbone et oxygène, avec de l'azote, du phosphore et du calcium.

Cet ensemble est un colorant noir appelé noir d'ivoire ou noir animal ; il est obtenu par calcination d'os, ce qui explique qu'avec le phosphate de calcium de l'os, on trouve l'azote de sa trame organique.

Les images en électrons secondaires de ces surfaces nous enseignent que la calcite constituant ce marbre est inégalement modifiée par le séjour dans l'eau.

Certaines surfaces sont en voie de dissolution lente, faisant apparaître les clivages des petits cristaux, d'autres sont lissées, abrasées par les mouvements entre les objets, d'autres encore sont plus sujettes à l'accumulation de produits transportés par le courant.

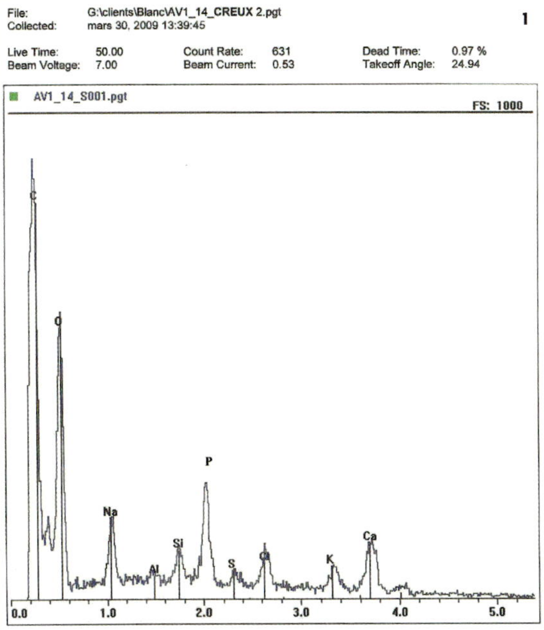


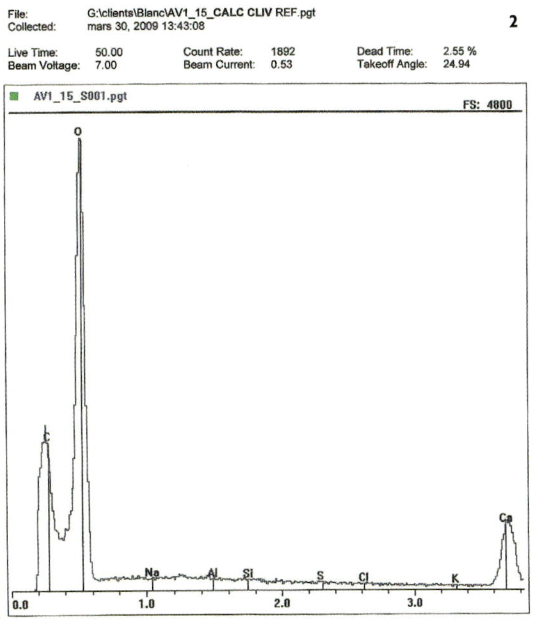


Figure 1 ~ Spectre analytique dans un creux de la calcite sur la tête de Vénus, où des traces de polychromie ont été remarquées : la présence de carbone, azote, oxygène, phosphore et calcium, associés à des dépôts sédimentaires comme le sodium, aluminium, soufre, chlore et potassium, représente le noir d'ivoire ou noir animal.

Figure 2 ~ Surface de calcite à côté de la trace de polychromie.

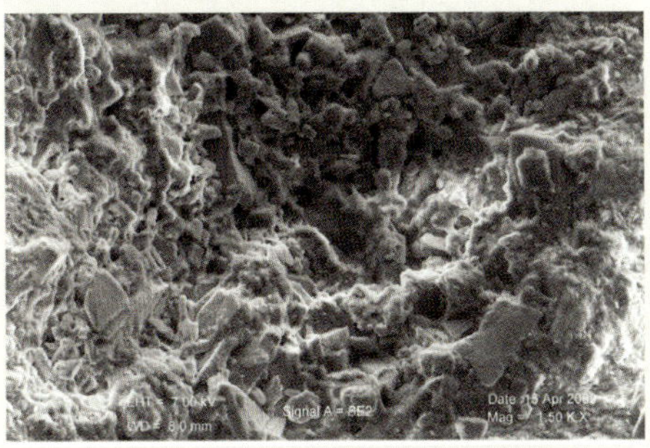

Image en électrons secondaires d'un creux de la surface où nous avons remarqué la subsistance de la polychromie, où une analyse a été pratiquée. La surface est constituée de particules de calcite clivée et partiellement dissoute, et de dépôts divers hérités du fleuve.

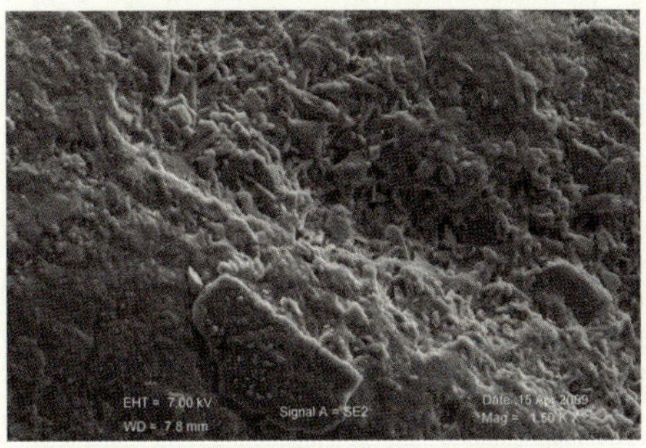


Image en électrons secondaires d'un creux de la surface et des reliefs alentours, ceux-ci étant englués par des dépôts venant du fleuve. L'ensemble est en voie d'accrétion.

Image en électrons secondaires de la surface de la tête de Vénus dans une zone où la dissolution et l'abrasion le disputent à l'accrétion.

## 10. Tête de divinité (Vénus ?) [32]

Arles ; Rhône, zone 5, secteur 3, PK 282.946, à 24 m du bord, découverte en prospection à quelques mètres d'une plaque décorée des Dioscures et d'un buste sur piédouche (cat. n° 20 et n° 2) ; 2007
IIe siècle apr. J.-C.
Marbre blanc à gros cristaux (en cours d'analyse)
h. 28,5 ; l. 13,5 ; prof. 18 ; 6,3 kg
RHO.2007.00.1942 (anc. inv. Rh-07-136)
Bibliographie : Long 2008, p. 231-234

Tête féminine dont le visage classique reste d'une facture finement sculptée bien que l'état de surface soit érodé. L'angle intérieur des yeux ainsi que les points de commissure des lèvres sont appuyés d'un point au trépan. Malgré l'importante lacune, on peut voir que les lèvres étaient légèrement disjointes, le sillon interlabial est marqué tandis que l'ensemble dessine une petite bouche. Les joues larges et plates, les arcades sourcilières et les yeux sont assez raides mais adoucis par l'altération d'un épiderme abrasé.

Les traits stéréotypés sont idéalisés et dépourvus de toute expression, ce qui convient à l'image hiératique d'une divinité. Bien que l'hypothèse d'une Junon ne soit pas à exclure, en raison du diadème et de sa forme, le détail de la coiffure semble plutôt renvoyer à une Vénus. L'attribut pouvant convenir aussi bien à l'une qu'à l'autre, la coiffure pourrait être déterminante. Composée d'un bandeau ondé partagé par une raie médiane, elle est augmentée du départ d'un nœud de cheveux qui se perd sous le diadème. Cette organisation de la chevelure peut convenir à des divinités féminines (Muse, Nymphe, Vénus) et masculines (Apollon, Dionysos), mais aussi à des portraits. Elle reste cependant typique des représentations de Vénus appartenant au type du Capitole (Rome, musée du Capitole). L'ajout du diadème en fait une variante que l'on retrouve assez fréquemment pour Vénus. A l'arrière de la tête, un chignon rassemble les longueurs en un catogan appuyé sur la nuque, cette partie est sommairement modelée dès l'aplomb des oreilles, ce qui suggère que cette sculpture ait été conçue pour être regardée de face et placée dans une niche. Au sommet de la tête et en arrière du bandeau de cheveux, un diadème assez haut et étroit couronne l'effigie.

P. P.

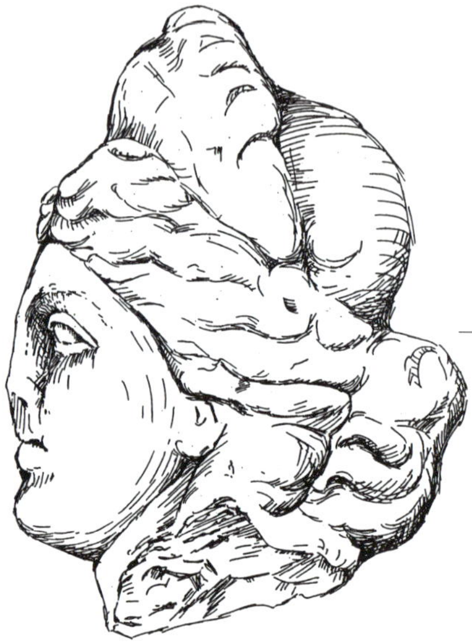

## 11. Base fragmentaire d'une statue de femme en pied (Vénus anadyomène ?) [18]

Arles ; Rhône, zone 5, secteur 3, PK 282.951, à 21 m du bord ; 2007
Marbre blanc (en cours d'analyse)
1re moitié du IIIe siècle apr. J.-C. (?)
h. 22 ; l. 39 ; prof. 24 ; 25 kg
RHO.2007.00.1956 (anc. inv. Rh-07-151)

Partie basse d'une sculpture dont la fracture irrégulière constitue néanmoins une limite supérieure cohérente située au-dessus des chevilles de deux pieds féminins dénudés et posés sur un socle rectangulaire. La statue, que l'on suppose en pied, était en appui sur la jambe droite, la gauche étant légèrement pliée comme l'indique le pied dont le talon se soulève. Ce *contrapposto* suggère un léger déhanchement, tandis que les pieds nus et rapprochés, dans la délicatesse de l'attitude, dessinent les jambes sans doute serrées d'une Vénus anadyomène, selon un schéma relevant du poncif tant il est fréquent. Cette proposition est confortée par l'évocation des mondes marins : à droite, un dauphin dévorant un polype vient orner un retour en forme de console qui enserre la base et le côté ; en symétrie, à gauche, l'extrémité d'un tentacule ou la queue d'un monstre marin s'enroule sur le départ d'un tronc d'arbre. Le tout confirme une Vénus sortant des eaux, mais ce registre décoratif secondaire, habituellement destiné à identifier la divinité, est ici perturbé par l'association d'un personnage acéphale dont l'échelle, très inférieure, devient incohérente.

Il ne semble pas s'agir de Priape, associé à Vénus dans certains cas. Sculpté dans l'épaisseur du marbre, cet homme est drapé d'une toge et allongé derrière les chevilles de la divinité à la manière d'un banqueteur ou d'un défunt (?), son bras gauche est appuyé sur le dos du dauphin, à droite. Le drapé est sculpté au revers ainsi que le détail de ses pieds nus superposés, confirmant qu'il s'agissait d'un monument en ronde-bosse. En l'état, le sens de cette scène nous échappe encore, néanmoins ce schéma iconographique, atypique pour une production romaine, pourrait résulter d'une adaptation locale, comme la facture assez sommaire et raide peut également le soutenir.

P. P.

## 12. Base fragmentaire d'une statue de femme en pied [19]

Arles ; Rhône, zone 5, secteur 2, PK 282.940, découverte en prospection à 20 m du bord, par environ 7 à 8 m de fond ; 2007
Epoque impériale
Marbre blanc (en cours d'analyse)
h. 21 ; l. 47 ; prof. 29 ; 35,5 kg
RHO.2007.00.1945 (anc. inv. Rh-07-139)
Bibliographie : Long 2008, p. 236

Le bloc sculpté, très homogène dans sa structure, est fracturé en oblique, ne préservant que la partie basse dont on distingue deux pieds féminins chaussés de fines sandalettes qui dépassent d'un long vêtement drapé retombant en plis jusqu'au sol. L'ensemble est posé sur un socle quadrangulaire arrondi aux angles dont la forme est préservée du côté droit. A gauche, le bloc est lacunaire ainsi qu'à l'arrière où seule une partie de la plinthe reste intacte et permet d'envisager que la sculpture ait été adossée car le drapé est sommaire et tombe à l'aplomb du socle. En appui sur les deux pieds, il s'agissait d'une sculpture de femme en pied grandeur nature, drapée dans un vêtement à plis lourds ramenés sur le devant.

P. P.

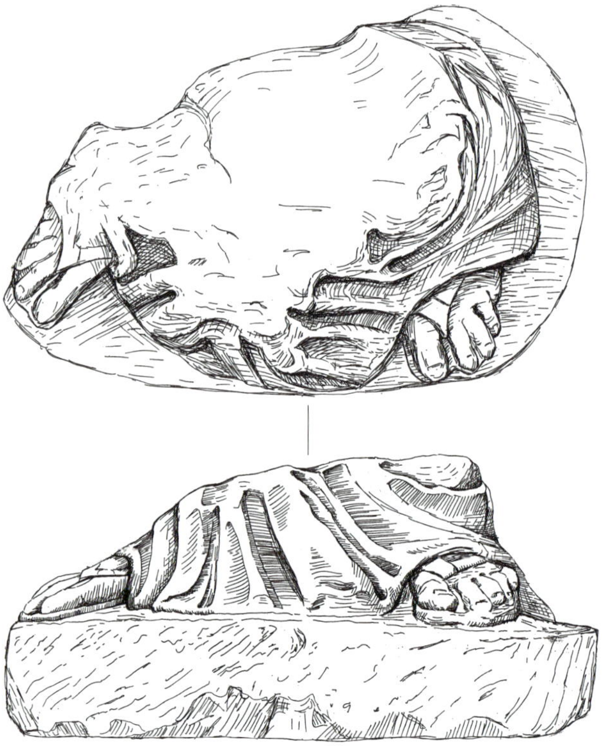

### 13. Torse de Bacchus [9]

Arles ; Rhône, zone 5, secteur 2, PK 282.939, découvert en prospection à 17 m du bord et 6 m de fond ; 2007
Fin du IIe siècle apr. J.-C.
Marbre blanc (en cours d'analyse)
h. 37,5 ; l. 21,5 ; prof. 14 ; L. base 19,1 ; l. base 12 ; 16,44 kg
RHO.2007.00.1943 (anc. inv. Rh-07-137)
Bibliographie : Long 2008, p. 230-231-233

Torse nu couvert d'une nébride constituée de la peau d'une chèvre dont on reconnaît nettement le profil cerné d'une série de trous au trépan. Deux des pattes de la dépouille sont nouées au sommet de l'épaule droite par un nœud d'Héraclès, les sabots tombent de part et d'autre du torse et du dos.

Les fractures, au niveau des jambes, ont préservé la partie haute des cuisses dont le mouvement laisse voir que le personnage était en pied, appuyé sur sa jambe droite, tandis que celle de gauche se devine légèrement flottante, en appui sur le bout du pied comme le souligne le léger déhanché. La naissance du bras droit est abaissée le long du buste et le gauche dégagé perpendiculairement.

La sinuosité du corps fait référence aux nus masculins du répertoire praxitélien, largement déclinés dans l'art romain. La présence d'une nébride renvoie au thiase bachique, l'absence de toute trace d'une queue au bas des reins écarte l'hypothèse d'un faune. Cependant, les deux longues mèches de cheveux ondulantes qui tombent sur le torse ainsi que le départ du bras gauche laissent penser qu'il s'agit d'un Bacchus tenant son thyrse. La comparaison est alors possible avec un bronze du Louvre (inv. Br 189) qui représente Bacchus en pied dans un *contrapposto* inversé. Il est vêtu d'une nébride à peau de faon portée de manière identique, les mèches de cheveux tombantes et le bras gauche perpendiculaire tenant un thyrse disparu.

Ce type est confirmé par le rapprochement de ce buste avec une base découverte indépendamment dans le Rhône, elle-même en deux fragments (cf. *infra* n° 14 et 15). L'ensemble ainsi recomposé à partir de trois éléments confirme l'hypothèse d'une représentation de Bacchus en pied, tenant un thyrse de sa main gauche, accompagné d'un félin assis à sa droite. Le groupe de Bacchus et Pan, de la Ny Carlsberg Glyptotek, permet d'en projeter un modèle assez proche bien que plus important en taille (153 cm)[18]. Une sculpture du même type, conservée au musée Capitolin, peut également servir de comparaison[19]. L'une comme l'autre sont des répliques de modèles hellénistiques.

Dans le cas de l'œuvre découverte dans le Rhône, la hauteur totale de la pièce peut être estimée à 90 cm, ce qui correspond au registre des sculptures d'agrément parfaitement adaptées à la décoration privée de riches villas. Dans ce contexte, l'iconographie évoquant l'univers de Bacchus est bien représentée à Arles, notamment sur l'un des panneaux de la mosaïque de l'Aiôn, découverte sur la rive droite (Musée départemental Arles antique), où Bacchus ivre et son cortège sont illustrés à l'entrée d'un triclinium. Datée de la fin du IIe siècle (vers 180), cette mosaïque nous rapproche du contexte de découverte de ce fragment et des suivants, tandis qu'elle suggère une datation contemporaine.

P. P.

### 14. Base fragmentaire d'une statue de Bacchus [36]

Arles ; Rhône, zone 6, secteur 3 ; 2007
Fin du IIe siècle apr. J.-C.
Marbre blanc
h. 26 ; l. 23 ; prof. 17 ; 11,08 kg
RHO.2007.00.1955 (anc. inv. Rh-07-149)

La jambe, brisée au-dessous du genou, et le pied droit d'une statue sont posés sur une base sans moulure. A gauche, l'arrière-train d'un animal subsiste ; il s'agit d'un petit félin identifiable à ses pattes puissantes et au contexte bachique commenté précédemment (cf. *supra*). Ce fragment est jointif avec le suivant, découvert dans la zone 5, qui complète la base de la sculpture du second pied.

P. P.

### 15. Base fragmentaire d'une statue de Bacchus [15]

Arles ; Rhône, zone 5, secteur 3 ; 2007
Fin du IIe siècle apr. J.-C.
Marbre blanc
h. 15,5 ; l. 17 ; prof. 18 ; 4,3 kg
RHO.2007.00.1957 (anc. inv. Rh-07-151)

Pied gauche nu, cassé au niveau de la cheville, et posé sur un fragment de base de faible épaisseur et sans moulure. Un emplacement circulaire, creusé dans le socle devant le pied, laisse supposer la place d'un attribut qui s'y trouvait fiché, un thyrse en l'occurrence. La forme creusée en donne l'orientation et le diamètre. Ce fragment est jointif avec le précédent (cf. *supra*).

P. P.

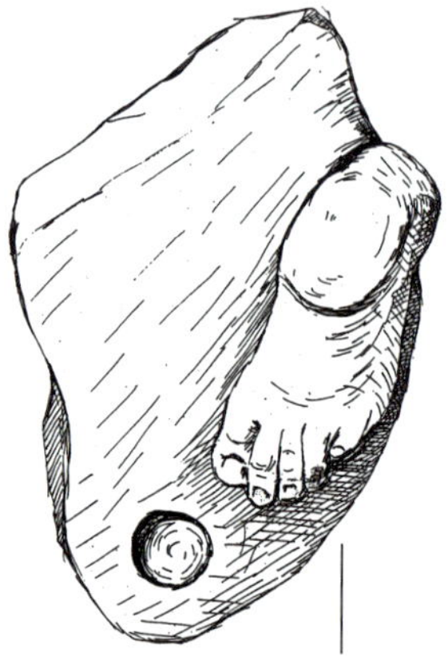

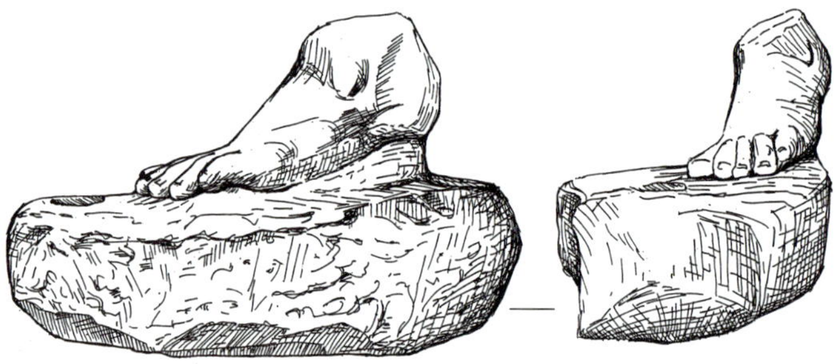

15

14

18. Moltesen 2006, cat. 51, inv. 1644. 19. LIMC III, 2, Dionysos, p. 304, 102 ; Rome, musée Capitolin, galerie 38.

## 16. Fragment de sculpture, canthare de Bacchus (?)

Arles ; Rhône, zone 7, secteur 3 ; 2007
IIe siècle apr. J.-C. (?)
Marbre (en cours d'analyse)
h. 16 ; l. 17 ; prof. 11 ; L. base 8 ; l. base 6 ; 2,48 kg
RHO.2007.00.1960 (anc. inv. Rh-07-154)

Taillé dans un marbre à gros cristaux, ce fragment a été découvert assez loin des autres éléments sculptés localisés en 2007, en zone 7, à proximité d'un couvercle de sarcophage de petite taille et lacunaire (RHO.2007.00.1910, calcaire type blanc de Fontvieille). Il s'agit de la main droite d'une statue probablement grandeur nature, qui tient un vase à deux anses d'où se déverse un liquide.
L'extrémité des doigts d'une main droite lacunaire permet de comprendre sans ambiguïté la manière dont le canthare était tenu. Majeur et annulaire crochetant l'anse, index et auriculaire posés à plat sur la panse et le col du vase, tandis que le pouce manquant était appuyé sur le plat de la tige de l'anse. Ce positionnement suggère la manière caractéristique dont Bacchus tient son canthare à la renverse, évoquant ainsi l'ivresse, tel qu'il peut être observé sur la mosaïque de l'Aiôn (Musée départemental Arles antique).
Un attribut similaire, dans des proportions proches, peut être comparé à une sculpture datée du IIe siècle apr. J.-C. de la Ny Carlsberg Glyptotek de Copenhague (Moltesen, 2006, cat. 50, inv. 2080), représentant Bacchus en pied accompagné de Pan.

P. P.

## 17. Base de statue fragmentaire avec sabot de bovidé [22]

Arles ; Rhône, zone 6, secteur 3, PK 282.929, à 27 m du bord, à une dizaine de mètres de l'épave *Arles-Rhône 8* ; 2007
Marbre blanc
h. 24,5 ; l. 45 ; prof. 19 ; 20,44 kg
RHO.2007.00.1951 (anc. inv. Rh-07-145)

Fragment d'un socle supportant une partie sculptée dont il ne reste que le sabot d'un bovidé, détail qui peut évoquer une scène de sacrifice aussi bien que la représentation d'une divinité hybride comme Pan.

P. P.

## 18. Esculape [8]

Arles ; Rhône, zone 5, secteur 2, PK 282.940, statuette découverte en prospection en rive droite, gisant couchée par 6 m de fond, sur un petit plateau de vase enrochée, parmi de nombreux fragments d'amphores et de poteries ; 2007
IIe siècle apr. J.-C. ?
Marbre blanc (en cours d'analyse)
h. 46,5 ; l. 17 ; ép. 13 ; L. base 15 ; l. base 8 ; 12,58 kg
RHO.2007.00.1944 (anc. inv. Rh-07-138)
Bibliographie : Long 2008, p. 213-232

Cette statue de petite taille, bien que nettoyée, porte encore les stigmates d'un long séjour dans le fleuve. Elle est malheureusement amputée de la tête, du bras droit, du coude gauche et des pieds. C'est une œuvre de grande qualité représentant Esculape, dieu de la médecine, avec un léger déhanché provoqué par le fléchissement de la jambe droite.

La cassure au niveau du cou montre que le dieu, barbu, avait la tête légèrement tournée vers sa droite. La chevelure se termine sur l'arrière par de petites boucles. Le corps est revêtu jusqu'aux chevilles d'un manteau qui couvre partiellement l'abdomen et dont un pan est rabattu sur le ventre et la cuisse gauche. Un pan vertical cache l'épaule gauche et forme une cascade de zigzags s'achevant en une sorte de pompon sur l'avant. Derrière, le tombé est droit. Le drapé, enrichi de plis formant de longs sillons, est profondément creusé et présente en de nombreux endroits de petits manques.

Le bras gauche est ramené derrière le dos. Une pièce complétait le coude, ce qu'indiquent la planéité au niveau du manque et un trou de scellement. La main paraît juste esquissée, légèrement en méplat par rapport aux plis profonds qui l'environnent. Le pouce se referme sur la main ou quelque chose de rond qu'il est impossible d'identifier. Probablement cette face n'était-elle pas destinée à être vue.

Le bras droit, cassé au niveau de l'avant-bras, se détachait du corps et était tendu vers le sol, la main tenait un bâton autour duquel s'enroulait un serpent, un des symboles de la divinité. Deux ponts sont encore bien visibles au niveau de la hanche et du genou raccordés respectivement au poignet et au bâton.

Des pieds, généralement chaussés de sandales, il ne reste rien ; la jambe droite est cassée juste sous le vêtement et la gauche avant la cheville. A côté, cachée par les plis du manteau, une masse rectangulaire renforçait la structure de l'œuvre.

Cette base se retrouve sur un type assez similaire, si ce n'est la disposition des plis du manteau, appelé "Anzio", d'après une statue découverte en 1711 dans la fouille d'une villa de cette ville et maintenant conservée au musée Capitolin de Rome[20]. Les deux œuvres sont des copies romaines d'un original grec, sans doute élaboré au IVe siècle av. J.-C. Toutes les statues de ce type sont de petite taille.

La provenance du marbre, de grande finesse, est encore inconnue, mais il ne fait pas de doute qu'il s'agit d'une importation, peut-être du monde grec.

Esculape est un dieu bien connu du panthéon gréco-romain, bien qu'apparu assez tardivement. Il est nommé Asclépios chez les Grecs. Selon Pindare, c'est le fils d'Apollon et de Coronis, fille du roi thessalien Phlégyas. Celle-ci, ayant osé aimer un mortel, fut tuée par le dieu. Ce dernier, ayant récupéré l'enfant sur le bûcher funéraire, le confia au centaure Chiron qui lui enseigna la médecine. Il devint maître en cet art et réussit même à ressusciter des hommes, dont Hippolyte, fils de Thésée, ce qui provoqua l'inquiétude de Zeus qui le foudroya. Celui-ci craignait en effet qu'Esculape ne bouleverse ainsi l'ordre du monde.

**20.** LIMC II, 1, Asklepios, p. 878. **21.** Sikora 1983. **22.** César, *La Guerre des Gaules*, VI, 17. **23.** Espérandieu 1925, p. 103, n° 6705.

Son culte, originaire de Thessalie, se répandit en Grèce, souvent dans l'ombre des temples consacrés à son père. Le centre le plus important fut Epidaure où il y avait une école de médecine renommée. Le fameux Hippocrate de Cos appartenait à une famille de médecins, les Asclépiades, qui prétendait avoir le dieu comme ancêtre.

Introduite à Rome dès 291 av. J.-C., son image, assez stéréotypée suivant des modèles créés au IVe siècle av. J.-C., fut véhiculée dans toutes les régions, mais elle ne connut pas les mêmes succès partout. La Gaule n'a livré aucun temple, même si le dieu est attesté dans quelques lieux de culte par une inscription ou une représentation. Les rares statues mises au jour sont de petite taille et généralement de type hellénistique[21]. Sans doute Esculape n'a-t-il pas pu supplanter les divinités guérisseuses abondantes dans le pays, ni même leur être assimilé : Apollon, mentionné par César pour chasser les maladies[22], et les nombreuses divinités locales, notamment les déesses-mères.

Bien que rare, c'est la seconde statue de ce dieu découverte dans notre cité[23]. Arles, grande ville de l'Empire située sur un nœud de communications, fortement romanisée, a adopté plus facilement le grand dieu de la médecine.

A. C.

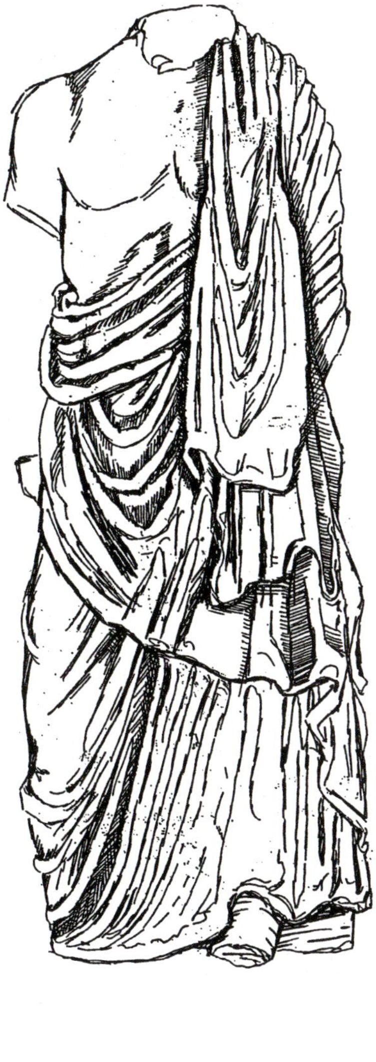

## 19. *PÔLOS* A DÉCOR EN RELIEF, APPARTENANT A UNE GRANDE STATUE D'ARTÉMIS ÉPHÉSIENNE [26]

**Arles ; Rhône, zone 6 , secteur 3 ; 2007**
**IIe siècle apr. J.-C.**
**Marbre grec, blanc à petits cristaux, originaire de l'île de Thasos, zone du cap Vathy (cf. article "Déterminer l'origine des marbres sculptés : méthode d'étude)**
**h. 52 ; l. 21 ; prof. 21 ; L. base 14 ; l. base 13,5 ; 25,28 kg**
**RHO.2007.00.1947 (anc. inv. Rh-07-141)**
**Bibliographie : Long 2008, p. 231 et 235**

Dans la partie supérieure est figuré le temple de la déesse (h. 16,5), avec un toit à double pente couvert de tuiles, une double porte fermée en façade et, sur les côtés, des murs à quatre assises de blocs. Le départ de plusieurs colonnes subsiste, deux à l'avant et quatre sur chaque long côté. A l'arrière, deux tours arrondies à plusieurs assises de blocs sont fixées au temple (l'une est très détériorée). Le deuxième registre est de nouveau décoré, à l'avant et sur les longs côtés, d'un mur composé d'assises de blocs carrés, avec au centre une ouverture en arceau : sur celle de la façade sont figurées deux portes fermées. Dans la partie inférieure de ce même registre se détachent en fort relief à l'avant un sphinx à double corps, les pattes avant croisées sous une poitrine féminine (la tête et le cou sont cassés), de chaque côté un avant-train de lion-griffon, la gueule ouverte. A l'arrière, sous trois rosettes, est figuré un sphinx de profil à gauche, les pattes avant surélevées. Un grand avant-train de griffon, en partie cassé, se détachait au centre du registre inférieur, un autre plus petit ornait chaque côté (tous deux sont mal conservés). A l'arrière, sous le sphinx, sont figurées deux rangées de deux rosettes.

L'appartenance de cet objet à une statue d'Artémis éphésienne ne fait pas de doute : la comparaison avec la "grande Artémis" trouvée au prytanée d'Ephèse[24] est suffisamment significative et permet, à partir des dimensions de la haute tiare, dite généralement *pôlos*, qui coiffe cette statue presque intégralement conservée, d'attribuer le *pôlos* trouvé dans le Rhône à une œuvre d'environ 2,25 m de haut. Ces dimensions, la qualité d'exécution de l'œuvre et le fait qu'elle concerne une déesse dont le culte est attesté à Marseille et dans ses colonies confèrent à cette découverte un intérêt remarquable.

Il n'est pas possible d'aborder ici l'ensemble des questions que pose l'iconographie très particulière de cette Artémis dont l'attitude figée, soulignée par la gaine qui couvre entièrement les jambes, évoque des statues de culte du début de l'époque archaïque, et qui accumule sur toute la surface de son corps les symboles de sa nature et de son pouvoir divins[25]. Le nom de "polymaste" lui est parfois attribué en raison des objets de forme ovale qui décorent sa poitrine et son ventre, mais qui, plutôt que des seins (ou des testicules de taureau[26]), pourraient reproduire, en les déformant légèrement, des pendentifs déjà représentés sur la statue archaïque.

Les *pôloi* portant le même type de décor que celui d'Arles, relativement peu nombreux[27], présentent des traits communs – en particulier les trois registres superposés[28] –, mais ne reproduisent visiblement pas un même modèle. Les sphinx et les griffons, ou lions-griffons (caractéristiques de l'origine orientale de la déesse, puisqu'ils sont dérivés de modèles de la Perse achéménide), appartiennent, comme les rosettes, au décor des vêtements de la déesse ou du nimbe qui entoure parfois son visage ; le sphinx à double corps est assez couramment attesté en position centrale sous le décor architectural. Le temple qui couronne la composition prend diverses formes : il

**Statue d'Artemis Ephesia, dite Grande Artémis, œuvre romaine, marbre, 1re moitié du IIe siècle apr. J.-C., Musée archéologique d'Ephèse.**

**24.** Fleischer 1973, p. 14 n° E 45 (et *passim*), pl. 12-17 ; Fleischer 1984, n° 73*. **25.** Voir les différentes études de Robert Fleischer, en particulier sa récente synthèse (Fleischer 2009). **26.** Seiterle 1979. **27.** Fleischer 1973, 46-58, avec, p. 52, une liste de documents complétée dans Fleischer 1978 et 1984. **28.** Un *pôlos* aujourd'hui disparu était apparemment doté d'un quatrième registre : Fleischer 1984, n° 97.

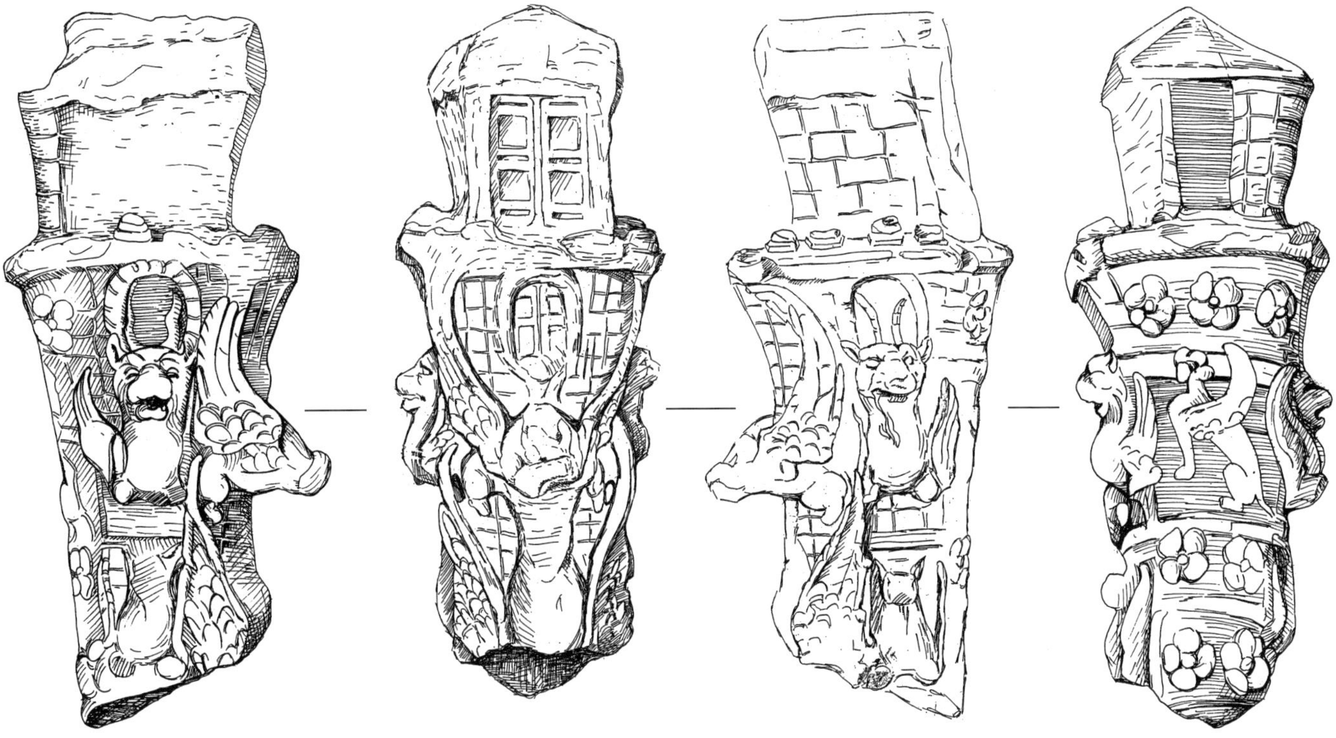

est parfois figuré avec plusieurs façades à fronton, comme sur la "grande Artémis" (sur plan circulaire)[29] ou sur un fragment trouvé à Cyrène[30], alors que le *pôlos* d'Arles montre un édifice périptère plus simple, dont les colonnes ont malheureusement presque entièrement disparu, de même que les rebords du toit. Les deux tours arrondies qui se détachent à l'arrière du temple symbolisent certainement la muraille de la ville que protège la déesse : à l'arrière du *pôlos* de la "grande Artémis", une porte s'ouvre dans la fortification[31]. Comme l'a noté Fleischer, ce décor architectural et celui du deuxième registre, avec ses murs et ses arceaux, sont sans doute une adaptation sophistiquée de la haute couronne de tours que portait la déesse dans une phase plus ancienne[32].

L'image de cette *Artemis Ephesia* a été constituée en plusieurs étapes sur un fond archaïsant : certains éléments, comme les bijoux ou les lions-griffons, paraissent renvoyer au IVe siècle av. J.-C., mais c'est vers le milieu du IIe siècle av. J.-C. que les représentations monétaires permettent de situer l'adoption définitive de l'image de la déesse, qui s'imposera par la suite. La coiffure est alors normalement constituée d'une couronne de tours et le *pôlos* complexe que l'on voit ici, comme sur la "grande Artémis", n'est sans doute pas antérieur à l'époque d'Hadrien[33]. La statue à laquelle appartenait le *pôlos* trouvé dans le Rhône datait donc très probablement du courant du IIe siècle apr. J.-C. Elle était l'œuvre d'un sculpteur de talent, dont l'origine est difficile à déterminer.

La présence à Arles d'une grande statue d'Artémis éphésienne peut être mise en relation avec un passage de Strabon qui, à l'époque d'Auguste, écrit : "Sur le promontoire [de Massalia] se dressent l'Ephésion et le sanctuaire d'Apollon Delphinios : celui-ci est commun à tous les Ioniens, tandis que l'Ephésion est un temple consacré à l'Artémis d'Ephèse (...) ; et, dans les cités des colonies [massaliotes], partout au premier rang ils honorent cette déesse, gardent la même disposition de sa statue et, pour le reste, les mêmes coutumes que celles qui sont pratiquées dans la métropole[34]". Bien que la tête d'Artémis soit figurée, depuis le Ve siècle av. J.-C., sur le monnayage de Marseille, on ne disposait jusqu'à présent d'aucun témoignage archéologique précis, à Marseille[35] ou dans sa région[36], sur ce culte particulier transféré depuis Ephèse par Aristarché, prêtresse de la déesse, à l'époque de la fondation de la ville (toujours d'après Strabon). La découverte du *pôlos* d'Arles, même s'il appartient à une statue nettement postérieure au texte de Strabon et si Arles n'était peut-être pas une "colonie massaliote" au sens propre, constitue un important document à verser au dossier, car on ne connaît jusqu'à présent dans l'Occident romain aucune représentation de l'Artémis d'Ephèse de cette taille (quelle que soit son origine, celle de Toulon était nettement plus petite), ni de cette qualité.

A. H.

**29.** Fleischer 1973, pl. 15-17, et 1984 n° 73*. **30.** Fleischer 1973, pl. 10. **31.** *Ibid.*, pl. 17b. **32.** Fleischer 1973, p. 58. **33.** On notera cependant que, sur les empreintes de sceaux hellénistiques de Délos et Séleucie du Tigre, la déesse porte déjà un *pôlos* à plusieurs niveaux, couronné d'une sorte de motif végétal (Fleischer 2009, n° 3*-4*). **34.** *Géographie*, IV, 1, 4-5, trad. D. Pralon. On trouvera le texte complet dans *CAG* 13/3, p. 156 n° 73. **35.** La provenance marseillaise de la statuette d'Artémis éphésienne reproduite dans *CAG* 13/3, p. 753, fig. 1125, est incertaine.
**36.** Toutefois, un buste fragmentaire de la déesse provient probablement de Toulon : Lemoine 2006.

## 20. Relief votif aux Dioscures, fragmentaire [33]

Arles ; Rhône, zone 5, secteur 3, PK 282.942, découvert à 25 m du bord et à 5 m de l'autre relief aux Dioscures ; 2007
IIe siècle apr. J.-C.
Marbre blanc à veines bleutées (en cours d'analyse)
h. 52 ; l. 38 ; ép. 7,5 ; 18,36 kg
RHO.2007.00.1953 (anc. inv. Rh-07-151)
Bibliographie : Long 2008, p. 233-235

Il reste la partie gauche d'une plaque assez mince, qui a été retaillée dans l'Antiquité. Le lit de pose et la face supérieure sont très soigneusement polis. Dans l'épaisseur du bloc ont été sculptées dans un deuxième temps des feuilles allongées (trois sont conservées), formant une sorte de rosace : la plaque a donc probablement été réutilisée comme bouche d'égout. A l'intérieur d'un cadre constitué d'un bandeau plat très détérioré, un des Dioscures est figuré debout de face, en appui sur la jambe droite, la gauche (en grande partie détruite) légèrement écartée ; il tient une lance dans sa main droite abaissée (le sommet de la hampe et le fer sont cassés), le bras gauche est plié, la main (disparue, avec l'avant-bras) tenait la bride d'un cheval figuré à l'arrière-plan, de profil à droite : il n'en subsiste que l'arrière-train, le bas de la jambe antérieure gauche et un fragment du sabot droit soulevé. Le jeune dieu est nu, mais une chlamyde, attachée sur l'épaule droite par une grosse fibule circulaire, couvre les épaules et une partie de la poitrine, et tombe à l'arrière jusqu'au bas des jambes. Le modelé athlétique du torse est soigné, de même que le dessin des doigts de pied et celui des poils pubiens. La tête, très légèrement inclinée et tournée vers sa gauche, est en grande partie détruite : elle était probablement coiffée d'un *pilos*, les cheveux tombaient en mèches épaisses sur les côtés du visage, dont il ne reste que la joue droite et la commissure des lèvres, apparemment souriantes. Des traces d'outil sont visibles sur le fond du relief.

Ces deux reliefs très fragmentaires représentaient un des Dioscures – Castor ou Pollux – dans l'attitude symétrique qui leur est caractéristique, comme les chevaux qui les accompagnent, le bonnet conique *(pilos)* qui les coiffe et la lance qu'ils tiennent. Le schéma iconographique, semblable sur les deux documents, est attesté dès le IVe siècle av. J.-C.[37], mais il ne se diffuse largement qu'à l'époque impériale : parmi une documentation abondante[38], on citera principalement les deux célèbres groupes en ronde-bosse du Capitole, originaires du temple de Castor et Pollux au cirque Flaminius et datés de l'époque de Néron[39], et la peinture de la "casa dei Dioscuri" à Pompéi[40]. Un relief de Mayence constitue, malgré sa qualité médiocre, une comparaison intéressante[41], car les deux antérieurs levés des chevaux se croisent, ce qui explique, je pense, l'arrachement supérieur conservé sur la première plaque : les deux jambes devaient aussi s'y croiser, en restant fixées à la plaque au niveau des genoux.

Bien que la pondération du corps et la position de la tête soient différentes d'un relief à l'autre, et que le travail du second soit de meilleure qualité, les deux personnages se rattachent à une série de statues en marbre des Dioscures qui sont datées du IIe siècle apr. J.-C.[42]. C'est probablement la date des deux reliefs d'Arles.

Ces deux documents fragmentaires étaient sans doute des reliefs votifs, mais on ne connaît pas pour le moment à Arles de sanctuaire des Dioscures/Castores. Parmi les rares représentations de Castor et Pollux en Gaule narbonnaise, on notera un relief de Vienne sur lequel les jumeaux divins (un seul est conservé aujourd'hui), dans une attitude comparable mais placés en arrière-plan, sont associés au dieu léontocéphale Chronos-Aiôn, donc au culte mithriaque[43]. On ne connaissait pas dans la région, jusqu'à présent, de reliefs du même type que ceux trouvés dans le Rhône.

A. H.

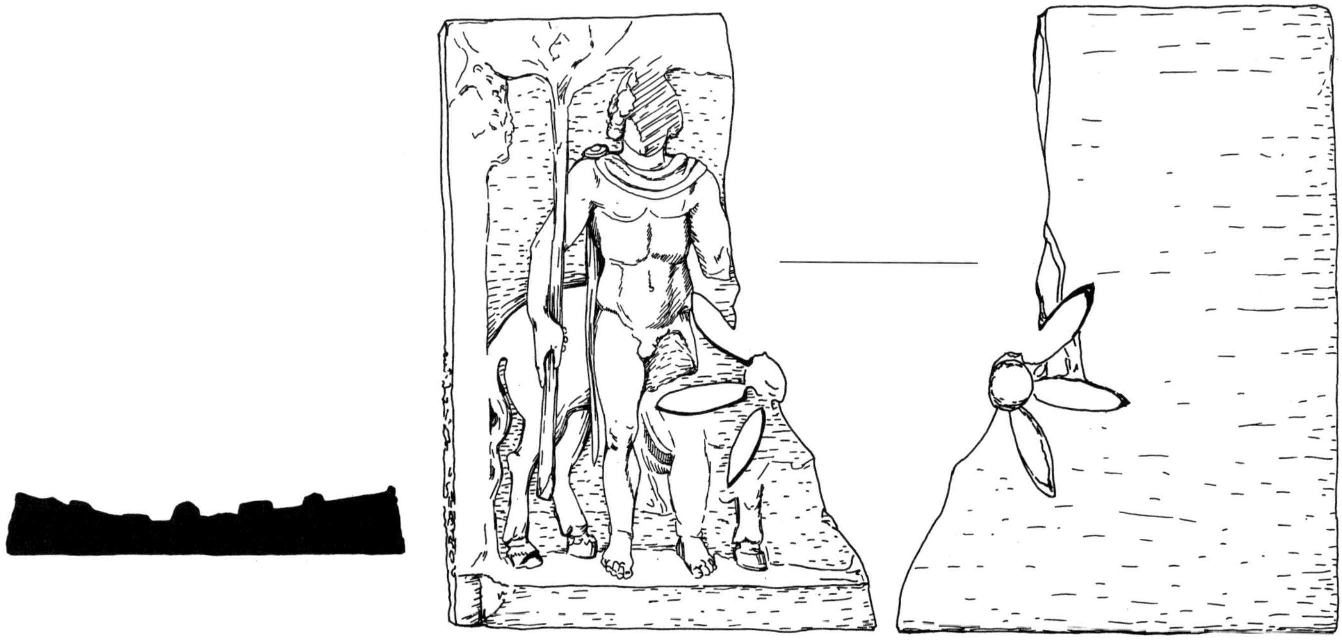

37. Hermary 1986, n° 27* (hydrie campanienne, vers 350-325 av. J.-C.). 38. Gury 1986, n° 34-57. 39. *Ibid.*, n° 57* ; comparer un petit groupe en bronze trouvé dans le Vaucluse (*ibid.*, n° 72). 40. *Ibid.*, n° 34*. 41. *Ibid.*, n° 40*. 42. Voir par exemple Paribeni 1959, n° 378, pl. 168 (Cyrène) ; Hermary, Cassimatis, Vollkommer 1986. 43. R. Robert, dans Terrer *et al.* 2003, p. 65 n° 131, pl. 131.

## 21. Relief votif aux Dioscures, fragmentaire [10]

**Arles ; Rhône, zone 5, secteur 2, PK 282.942, découvert à 20 m du bord et à 5 m de l'autre relief aux Dioscures ; 2007**
**II^e siècle apr. J.-C.**
**Marbre blanc (en cours d'analyse)**
**h. 39 ; l. 28 ; ép. 17 ; L. base 25,4 ; l. base 14 ; 31,46 kg**
**RHO.2007.00.1954 (anc. inv. Rh-07-148)**

Il reste la partie gauche d'un épais bloc de marbre dont l'arrière est grossièrement dégrossi, de même que le lit de pose et le côté conservé. A l'intérieur d'un cadre à bandeaux plats (celui du bas n'est soigneusement poli que dans sa partie supérieure) est figuré un des Dioscures debout à côté de son cheval, qu'il tient de la main gauche par la bride ; le bras droit est abaissé et légèrement plié, la main tient en oblique une lance dont le haut de la hampe, qui se détachait de la plaque, est cassé. Le dieu, en appui sur la jambe gauche, la droite fléchie et écartée, a le corps présenté de face, mais la tête, dont le visage est entièrement arraché, était tournée vers son frère ; il reste le *pilos* posé en haut du crâne et la nappe de cheveux qui tombe sur la nuque. Le personnage est nu, en dehors de la chlamyde posée sur ses épaules, qui couvre une partie de la poitrine et tombe à l'arrière jusqu'au niveau du genou droit ; le sexe est petit, la toison pubienne n'est indiquée que par une incision, le nombril est soigneusement recreusé, l'anatomie musculaire sommairement évoquée. Le cheval est de profil à droite, seule la partie antérieure de son corps est visible, sa tête est presque entièrement arrachée ; son antérieur gauche est placé légèrement en oblique vers l'arrière, le droit était détaché du fond de la plaque et plié, il en reste l'attache, qui forme une sorte de crête à l'arrière, et l'arrachement du sabot, qui était soulevé. Un autre arrachement situé à droite à peu près au même niveau, devant la cassure du bloc, possède un goujon métallique. Un troisième arrachement, plus large, subsiste au-dessus des deux précédents : l'ensemble forme un triangle grossièrement équilatéral.

A. H.

## 22. Masque cornier d'un couvercle de sarcophage [21]

Arles ; Rhône, zone 5, secteur 2, PK 282.934, à 23 m du bord, à proximité du chapiteau de pilastre (cat. n° 19) ; 2007
Marbre blanc (en cours d'analyse)
h. 44 ; l. 27 ; ép. 5,5 ; 10,54 kg
RHO.2007.00.1948 (anc. inv. Rh-07-142)
Bibliographie : Long 2008, p. 252

La pièce est cassée de toutes parts. L'arrière est lisse et comporte deux mortaises rectangulaires peu profondes. Il s'agit de la tête d'un personnage masculin juvénile, vue d'un léger trois-quarts vers la droite. Le visage très lisse est ovale, aux joues larges et plates. Le nez est long et droit, aux narines puissantes et arquées. L'arête du nez est verticale. Les yeux, parfaitement centrés sous l'arcade sourcilière douce, ont des paupières épaisses. Le contour de l'iris est incisé, la pupille est creusée d'un petit croissant. La bouche est petite, les lèvres charnues et entrouvertes laissent apparaître légèrement les dents. Le menton, qui devait être petit et proéminent, a été emporté par la cassure. Les cheveux longs et ondulés sont coiffés vers l'arrière. Les mèches sont profondément taillées au foret et reliées par de petits ponts. Une mèche folle glisse sur la joue et quelques autres apparaissent en bas sur le cou du personnage. Une couronne de feuilles de vigne, de grappes de raisin et de fleurs ceint la tête et encadre le visage. Un bandeau apparaît à peine entre les feuilles au-dessus du front. La couronne identifie le personnage comme étant Bacchus lui-même, ou tout au moins comme un membre du thiase bachique. Il est clair qu'il s'agit du masque cornier droit d'un couvercle du type à plaque frontale. Un listel plat circulaire entourait la tête, tandis qu'un autre rectiligne, aujourd'hui brisé, mais dont on distingue les points de départ, formait un angle droit avec le listel du reste du panneau. Le traitement du visage, en léger trois-quarts assez fréquent sur un couvercle, servait à renforcer sa solidité. Rien qu'en considérant la collection de sarcophages d'Arles, on retrouve la même représentation du visage en trois-quarts sur deux autres masques corniers de plus petites dimensions[44]. Les mortaises au dos, qui pourraient éventuellement suggérer une fixation murale, témoignent plutôt, à mon avis, d'une réparation antique du couvercle. On ne peut pas exclure qu'elles puissent aussi peut-être dater d'un remploi de la pièce.

Ce type de couvercle est caractéristique de la production des ateliers de Rome. Le marbre et la qualité de la sculpture placent aussi facilement ce masque parmi des exemplaires de même origine.

La hauteur relativement importante du masque n'est pas rare[45] et est, en revanche, un indice de datation. En effet, vers le milieu du IIIe siècle ont été produits dans les ateliers de Rome des cuves de grandes dimensions et des couvercles approchant les 50 cm de hauteur, décorés très souvent les uns comme les autres de sujets dionysiaques, de scènes des vendanges[46], etc. Notre pièce, malgré son état fragmentaire, peut d'ailleurs être aisément rapprochée de masques d'un de ces sarcophages complet découvert au XIXe siècle en Gironde, à Saint-Médard-d'Eyrans, daté vers 230-240 et conservé au musée du Louvre, avec lequel il présente en commun l'utilisation du foret et le polissage poussé indiquant le sens plastique du sculpteur[47].

Cette pièce de très bonne qualité vient enrichir le groupe des sarcophages de la collection d'Arles – déjà important (vingt-huit numéros)[48] –, importés de Rome. Les sarcophages illustrant le cycle de Dionysos n'étaient pas inconnus des Arlésiens : deux fragments existent[49], mais sont datés du début du IIIe siècle.

Compte tenu des éléments stylistiques que nous venons d'évoquer (traitement des cheveux et des yeux), de l'utilisation du foret, ce masque peut être daté vers le milieu du IIIe siècle de notre ère.

V. G.-R.

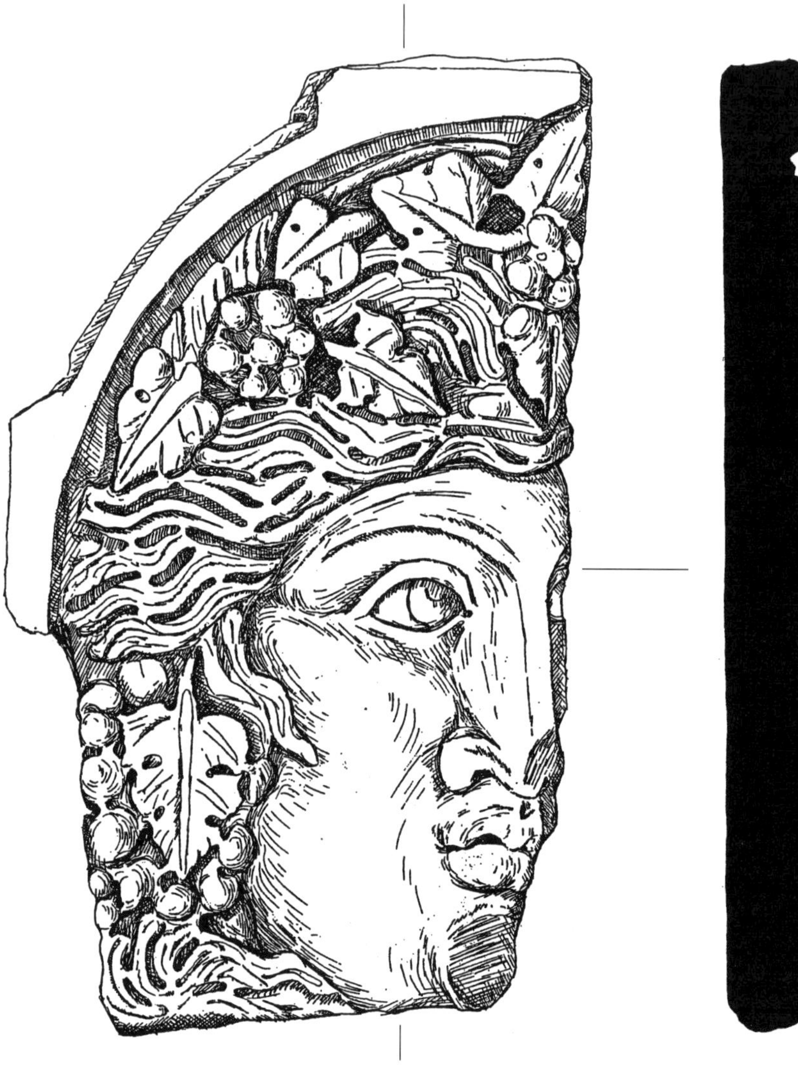

**44.** FAN.92.00.1897 : Gaggadis-Robin 2005, p. 166 n° 48 ; et IRP.89.2442.655 : Gaggadis-Robin 2005, p. 165 n°47. **45.** Voir le couvercle conservé à Mayence, Römisches Germanisches Zentralmuseum (h. 75 cm) : Micheli 1986, p. 24-27 n° II, 5 ; les fragments des masques corniers au musée du Louvre : Ma 985 (h. 56,5 cm) : Baratte et Metzger 1985, p. 239 n° 153 ; Ma 1569 (h. 66 cm) : *ibid.* p. 239 n°154 ; Ma 983 (H. 60 cm) : *ibid*, p. 240 n° 155. Ainsi que celui de Rome, villa Lanza-Roccagiovine (h. 50 cm) : Amedick 1991, p. 159 n° 238, pl. 18, 2. **46.** Comme par exemple le sarcophage entier découvert à Saint-Médard-d'Eyrans , Louvre Ma 1346 : Baratte et Metzger 1985, p. 138-142 n° 67 : Dionysos et Ariane sur la cuve, cortège bachique sur le couvercle. Sur le couvercle fragmentaire de Rome, avec un masque très proche de notre exemplaire, figure une vendange : Sapelli 1988, MNR I, 10, 2, p. 160 n° 179. **47.** Baratte et Metzger 1985, p. 142. **48.** Gaggadis-Robin 2005, p. 108-173 n° 26-53. **49.** Gaggadis-Robin 2005, p. 149-151 n° 38-39.

## 23. Fragment de base sculptée appartenant a un monument funéraire (?)

Arles ; Rhône ; zone 5, secteurs 3et 4, PK 282.948, à 30 m du bord ; 2007
Calcaire de type jaune, carrières de Fontvieille (13)
h. 39 ; l. 44 ; ép. 19 ; 25,28 kg (tête)
RHO.2007.00.1952 (tête) (anc. inv. Rh-07-146) [17]
L. 102 ; l. 55,8 ; ép. 23,7 (base)
RHO.2007.00.1924 (base) (anc. inv. Rh-07-118) [28]
Bibliographie : Long 2008, p. 254

Base d'une sculpture, appartenant certainement au couronnement d'un monument funéraire.

La base, de forme rectangulaire, est cassée en deux morceaux. Un autre fragment vertical lui a été aussi attribué. Sur un côté latéral (à notre gauche) de la base est conservée une grosse mortaise (3 x 4,5 cm) qui fixait la sculpture au monument. Sur l'autre côté reste aussi, presque au même niveau, la trace peu visible d'une autre mortaise. La surface supérieure de la base, entre les pattes de l'animal, a été piquetée, alors que vers l'arrière, à gauche, elle a été lissée.

Du félin assis sur ses pattes arrière sur le socle, décalé un peu vers notre droite, il ne reste plus qu'une partie de son train arrière et la patte avant gauche. A l'arrière, en bas de son dos, on distingue encore sa queue. Sa patte droite était placée sur une tête de bélier qui se trouve en avant de l'animal sur une sorte de socle de forme irrégulière. Ses pattes sont puissantes et les griffes sont bien indiquées. La tête du bélier, entièrement conservée (h. 26), de forme allongée, se termine par un petit museau ; les narines sont incisées. Ses yeux sont presque globuleux avec une double paupière. La toison sur le front est sculptée. Les cornes, assez volumineuses, s'enroulent autour des petites oreilles. Sa corne et son oreille droites sont mieux traitées ; peut-être que ce côté de la sculpture était plus visible.

Il est très difficile d'identifier l'animal, étant donné son état de conservation. Il peut tout aussi bien s'agir d'un lion que d'un sphinx (corps ailé, avec une tête de femme, arrière-train et pattes de lion). N'ayant pas conservé la partie haute du corps, il est plus prudent de considérer donc cet animal comme un lion. Concernant la fonction de cette sculpture, elle était fort probablement funéraire. En effet, le type iconographique du lion, ou d'un monstre tenant une proie, tête coupée animale ou humaine, entre les griffes, appartient au répertoire funéraire.

Le lion a été très souvent utilisé dans le contexte funéraire comme figure apotropaïque, ornant des stèles aussi bien que des mausolées et des enclos funéraires. Cette figure éloignait les malintentionnés de la tombe, en leur faisant peur, et la gardait en même temps. La proie figurée peut également faire allusion à la puissance destructrice de la mort.

Le lion découvert dans le Rhône était fixé sur un édifice et il couronnait peut-être aussi un monument funéraire, comme les mortaises restantes sur notre base peuvent le suggérer. Ses dimensions, d'ailleurs, se prêtent bien à cette fonction. Une des sphinges[50] de Fourches-Vieilles, à Orange, est posée sur une base[51] de dimensions presque identiques à celle d'Arles. Cette sphinge, haute de 115 cm et datée du Ier siècle apr. J.-C., décorait l'angle supérieur du premier niveau du mausolée carré, sous sa patte se trouve un crâne humain. La sculpture d'Arles devait avoir à peu près la même hauteur.

Le lion avec tête de bélier a été tout aussi populaire dans l'Empire romain que le sphinx tenant une proie. Bien que le contexte archéologique ne soit pas toujours précisé comme funéraire, car souvent il s'agit de découvertes fortuites, notons que de telles statues ont été découvertes en Italie, d'où le thème s'est peut-être propagé en Gaule[52], en Hispanie[53], dans les provinces du Rhin et du Danube[54] et jusqu'en Bretagne. Parmi les sculptures les plus significatives pour nous, on peut noter l'existence de plusieurs exemplaires datés du Ier siècle apr. J.-C. à Aquilée[55], à Torcello[56], ainsi qu'un grand nombre en Grande-Bretagne[57] datés du IIIe siècle (de Catterick Bridge[58], ou bien de Cambridge[59]).

L'état lacunaire de notre sculpture rend difficile sa datation, mais elle doit aussi nous inciter à la prudence. La patte arrière gauche conservée de l'animal indique un travail assez précis, naturaliste et nerveux ; la tête du bélier est assez réussie, malgré l'inégalité de l'exécution. Notons également une certaine originalité dont témoigne cette sculpture, quand on la compare à celles des autres provinces précédemment citées. En effet, la composition avec la tête du bélier exposée sur un socle surprend : l'animal n'était certainement pas agenouillé sur sa proie, mais se tenait droit, élancé, tout comme les sphinges d'Orange.

Comparée aux statues acrotères d'Orange que nous venons d'évoquer, cette sculpture peut être datée du Ier siècle de notre ère.

V. G.-R.

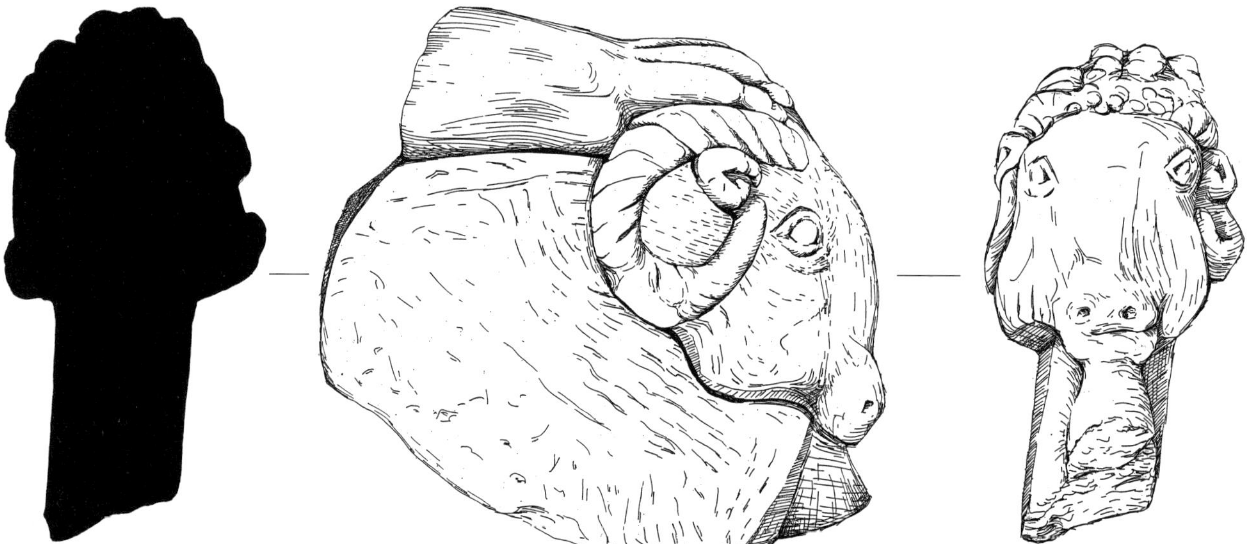

50. Musée d'Art et d'Histoire d'Orange : 99 03 DA 034 : Gaggadis-Robin 2004. 51. Musée d'Art et d'Histoire d'Orange : 99 03 DA 033. 52. Deyts 2004, p. 98-99. 53. Aranegui Gascó 2004. 54. Pour la liste des monuments danubiens avec bibliographie : Ghedini, Rosada 1982, p. 110. 55. Par exemple comme statues funéraires : Santa Maria Scrinari 1972 , p. 100 n° 302. Ou bien sur le couronnement d'ossuaires : Santa Maria Scrinari 1972, p. 140-141 n° 408, 410-411. 56. Comme couronnement d'un monument, mais de dimensions plus petites que celui d'Arles : Ghedini, Rosada 1982, p. 108-110 n° 37. 57. Pour la liste de ces monuments : Alcock 1980, p. 55-56. 58. Deux statues de plus petite taille : Rinaldi Tufi 1983, p. 56-57 n° 95-96, pl. 25-26. 59. Huskinson 1994, p. 31 n° 66, pl. 23.

## 24. Fragment, angle d'une frise

**Arles ; Rhône, zone 15, secteur 2 ; 2008**
**Marbre blanc (en cours d'analyse)**
**h. 41,5 ; l. 34,3 ; prof. 22,3 ; + de 30 kg**
**X-15971 (anc. inv. Rh-08-58)**

La pièce cassée de toutes parts a gardé son bord droit vertical rectiligne et lisse (l. 12).

La tête du taureau fragmentaire, vue de face, est placée dans l'angle de la pièce. Il s'agit d'une tête de taureau désossée (non naturaliste). Un bandeau large ceint le front et est enroulé autour de chaque corne. La corne de droite a été très finement piquetée.

De chaque côté de la tête était représentée une guirlande (de fleurs et de fruits ?) dont on distingue bien à gauche l'extrémité, le ruban de fixation et les rubans flottants.

Le thème de la guirlande associée à des têtes de taureaux est extrêmement courant à l'époque romaine, aussi bien dans le décor architectural public que funéraire[60], ce qui rend très difficile l'attribution de ce fragment à un type de monument. Notons néanmoins que la présence du bord vertical droit rend impossible son appartenance à un autel, qui était sculpté dans un seul bloc de pierre. Il s'agit plus probablement d'un fragment d'une frise architecturale.

Sa datation est également difficile à établir. La tête du taureau, comparée à celles sculptées sur de sarcophages à guirlandes de Rome[61], peut être datée du Ier siècle apr. J.-C., mais n'ayant pas conservé le reste de la guirlande, ce qui permettrait des rapprochements stylistiques, il est plus prudent de dater ce fragment des Ier-IIe siècles apr. J.-C.

V. G.-R.

## 25. Fragment d'une femme assise [64]

**Arles ; Rhône, zone 13, secteur 1 ; 2008**
**Marbre blanc**
**h. 17,5 ; l. 14,8 ; prof. 9,9 ; 2,36 kg**
**X-15137 (anc. inv. Rh-08-35)**

Statuette acéphale dont les bras et les jambes sont également manquants. Il s'agit d'un personnage féminin assis et drapé d'une tunique fine, la *stola*, retenue à la taille par une ceinture dont une ganse dépasse et tombe sur le ventre, à moins qu'il ne s'agisse d'un pli mal interprété. Un manteau, la *palla*, se superpose et passe dans le dos du personnage sous le bras droit, couvrant l'épaule gauche. La pièce de tissu ainsi drapée revient en plis sur les jambes.

En appui sur sa fesse gauche, le personnage est légèrement penché et ses jambes s'échappaient sur le côté. Le creux au niveau du bras gauche montre que la sculpture tenait probablement un objet en appui sur l'épaule, de la forme d'une corne d'abondance par exemple, plutôt que d'un sceptre.

En ronde-bosse, il pourrait s'agir d'une œuvre décorative aussi bien que cultuelle dans le contexte d'un culte privé, peut-être d'une divinité évoquant la piété domestique (Cérès, Junon ?).

P. P

24

25

60. Voir deux blocs appartenant au décor d'une tombe, aux musées du Vatican : Sinn 1991, p. 53 n°24, fig. 66-67. 61. Berlin, Musée de Pergame SK 843a : Herdejürgen 1996, p. 77 n°1, pl. 1. Ostie : Herdejürgen 1996, p. 79 n° 4, pl. 1, 1.

## 26. Cippe (?) Autel (?) [73]

Arles ; Rhône, zone 15, secteur 2 ; 2008
Calcaire de type jaune, taillé dans un bloc en délit, carrières de Fontvieille (13)
h. 60,3 ; l. 28,5 ; prof. 23 ; + de 30 kg
X-15973 (anc. inv. Rh-08-26)

De petite taille, cet élément est d'une facture assez grossière tant en ce qui concerne le matériau que la technique de sculpture. Le motif de la face principale est surcreusé, ce qui en fait la particularité, d'un décor pouvant représenter un ornement priapique composé d'un sexe au repos et d'une toison pubienne (?). Anépigraphe, il ne présente pas de décor sur les autres faces, tandis que le méplat de la corniche haute, sur la face arrière, laisse penser qu'il était adossé. Si l'iconographie est bien liée à l'évocation de Priape, il pourrait s'agir d'un ornement de jardin (?) issu de la production d'un atelier local, comme l'identification de l'origine du matériau le confirme.

P. P.

## 27. Fragment de placage décoré d'un vase

Arles ; Rhône, zone 7, secteur 2 ; 2007
Calcaire
h. 20,5 ; l. 14,5 ; ép. 7 ; L. base 10,5 ; l. base 4 ; 2,3 kg
RHO.2007.00.1959 (anc. inv. Rh-07-153)

27

26

# II
# SCULPTURES DE BRONZE

# LE GAULOIS CAPTIF

*Pascale Picard*

La facture, la qualité d'exécution et le sujet de cette œuvre la positionnent d'emblée dans le registre de l'exceptionnel, au rang des sculptures de bronze majeures, dont la découverte vient repousser la frontière de nos ignorances. Une pièce supplémentaire au puzzle de l'histoire d'Arles, mais aussi à l'histoire de l'art antique et de l'archéologie. La sculpture paraît entière, mais ce n'est qu'une illusion confirmée par l'absence des yeux. Le regard vide, orienté par le mouvement de la tête, suffit à suggérer que cet homme captif n'était pas seul, mais la composante d'un ensemble, d'un groupe auquel il a vraisemblablement été arraché. C'est ce que précise la lacune sous le genou. En l'état de ce que le fleuve nous a rendu, et bien que l'œuvre soit parfaitement conservée, la cohérence de la lecture originale nous échappe. Ainsi, le plus difficile n'est pas de commenter le visible, mais de comprendre et d'échafauder l'hypothèse du contexte auquel cet homme captif était lié. Si plusieurs compositions sont possibles, celle d'un trophée reste la plus assurée.

### De ce que l'on voit

Un homme nu pose son genou gauche à terre, les mains entravées dans le dos, le buste redressé et tourné vers la gauche suivant l'orientation de la tête ; il est captif.

Sa chevelure abondante est dessinée sans désordre, sa barbe courte et sa moustache bien ciselées encadrent une bouche entrouverte qui laisse voir les dents. Le nez puissant conduit à des arcades sourcilières tout juste proéminentes, qui soulignent les orbites vides de grands yeux rapprochés. Autant de stigmates qui, bien que traités en nuance, désignent une spécificité ethnique. Cette différence anthropologique de l'autre, du barbare, s'exprime, bien que la nudité héroïque soit concédée. Vaincu, il ploie sous le coup de la défaite dans une attitude de grande dignité, mais avec une arrogance savamment rendue, qui flatte la puissance du vainqueur et la gloire de sa victoire[1].

La fonte de cette sculpture est remarquablement bien exécutée ; les détails de fabrication ne sont visibles qu'au prix d'un examen attentif et averti. La qualité du bronze – tant dans son alliage que dans son assemblage – témoigne d'une haute technicité, celle d'un atelier confirmé. Les différentes pièces de l'œuvre, qui est coulée en cinq parties d'une seule venue, ne présentent quasiment pas de défauts ; les plaquettes de reparure sont rares et les soudures en cuvette discrètes. La statique de la sculpture est parfaitement maîtrisée et les vestiges d'un système de soclage montrent qu'un axe entrant, noyé dans du plomb au niveau du genou gauche, maintenait la sculpture à son socle. Ce travail de fonderie s'accompagne de finitions soignées qui jouaient initialement d'un effet de polychromie. Au niveau de l'aréole des seins, une réserve reste vide, indiquant la présence probable de cuivre. Les dents sont encore rehaussées d'un métal blanc (de l'argent ?). Enfin, les yeux, qui étaient rapportés et emboîtés par l'extérieur, pouvaient être de verre et colorés. L'ensemble traduit des moyens qui concourent à la production d'une sculpture luxueuse, qui, replacée dans le contexte d'un groupe, l'est plus encore.

Dans le détail, l'anatomie de cet homme captif est déformée : une jambe plus courte, un torse désaxé, l'attache des bras trop épaisse, les bras trop courts, de longs pieds ; mais le tout s'équilibre dans la vision d'ensemble. De ce point de vue, l'œuvre est une prouesse et c'est là sa particularité et sa force. Ce constat permet d'envisager qu'elle soit fondue dans un atelier où sont reproduits des modèles issus de

Figure 1 ~ Gaulois blessé, Paris, musée du Louvre, Ier-IIe siècle apr. J.-C., albâtre, inv. Ma 324.

matrices déjà exploitées. Le sculpteur semble s'être aidé d'un modèle qu'il adapte à son projet. Il a sans doute travaillé son prototype à partir du moule d'un buste existant, mais la nécessité d'une torsion provoque la déformation de la colonne vertébrale. La tolérance de cette distorsion, bien qu'atténuée par le croisement des bras, se justifie si l'on considère que l'œuvre n'est pas conçue pour être vue de dos.

Tributaire d'une indéniable influence hellénistique, l'allure de ce corps athlétique trahit l'écho d'archétypes dont la source originale reste lointaine et dont la connaissance passe par le filtre de répliques maintes fois déclinées et réinventées selon les contextes. Ce principe de réappropriation engendre des maladresses, comme c'est ici le cas, mais trahit subtilement le référent grec et reste indissociable de la tradition pergaménienne de la représentation du Galate. La même source est probablement à l'origine du Gaulois blessé du Louvre *(fig. 1)*[2]. La perfection du rendu anatomique de cette sculpture dessine bien la sinuosité de la colonne vertébrale sous le coup de la violence du mouvement. Un effet identique est adapté maladroitement au captif du Rhône, qui, cependant, hérite du même langage iconographique, tant dans ses formes que par son discours.

Figure 2 ~ Denier de César (Crawford 1974 468/2), 46-45 av. J.-C., Perpignan, musée Puig.
Denier de César (Crawford 1974 468/1), 46-45 av. J.-C., Paris, Cabinet des médailles.

Figure 3 ~ Captif gaulois du trophée de Saint-Bertrand-de-Cominges.

## Du mythe à l'idéologie triomphale de Rome

La qualité d'exécution de cette sculpture associée à une thématique politique oriente l'hypothèse d'une sculpture ayant appartenu à un monument public, et la figure du captif évoque inévitablement le trophée.

La fréquente représentation du captif dans l'iconographie triomphale romaine[3] conduit à une comparaison immédiatement satisfaisante si l'on se réfère au corpus monétaire. Les représentations dites "du trophée gaulois", associées à César, offrent un schéma qui permet d'envisager l'ensemble du groupe auquel le captif pouvait appartenir[4]. Comme on peut le voir sur un denier daté de 46-45 av. J.-C., la composition s'organise symétriquement autour d'un arbre *tropaéophore*. A droite, une femme assise dans une attitude de soumission baisse la tête ; à gauche, un homme captif nu pose un genou à terre, les bras dans le dos, son visage et son regard se portant vers le trophée *(fig. 2)*[5]. Dans la pose et le mouvement de la tête, le captif d'Arles demeure très proche de ce prototype.

La diffusion de ces images monétaires du captif au trophée se renforce à la suite de la reddition des Gaules, aux alentours de 49-47 av. J.-C.[6]. C'est sur ce modèle que César aurait élevé à Rome son trophée des Gaules, dont l'influence aurait guidé le décor sculpté du mausolée de Caecilia Metella, sur la voie Appia, édifié en 30 av. J.-C., où l'on retrouve le motif[7].

En Gaule, c'est à Glanum (Saint-Rémy-de-Provence) et à Lugdunum Convenarum (Saint-Bertrand-de-Comminges) que l'on retrouve une iconographie similaire associée à des décors triomphaux[8]. La comparaison avec le Gaulois de Saint-Bertrand-de-Comminges offre un parallèle de choix dans l'exécution de cette sculpture de marbre d'une belle facture[9]. On y retrouve un physique athlétique comparable ; la pose diffère cependant, car les épaules du captif sont horizontales, signe qu'il regardait vers sa gauche à hauteur des yeux, son torse suivant ce mouvement *(fig. 3)*. Comme le captif de Glanum, il porte une pièce de tissu passée autour du cou, qui retombe dans le dos en un drapé assez court qui dissimule les bras et le haut des fesses. Cet élément contribue à envisager que le captif d'Arles a été pareillement couvert, ce qui pourrait expliquer le reste de deux amalgames de métal blanc (plomb ou étain ?), qui suggèrent des points de fixation derrière les épaules. L'ajout de ce vêtement viendrait justifier les déformations anatomiques remarquées ; la distorsion de la colonne vertébrale, la disproportion des bras, le traitement approximatif des mains et la proéminence des fesses par rapport au torse disparaissent dès lors que l'on imagine ce drapé. Cette possibilité est soutenue par une altération de l'état de la surface du bronze différent du reste, derrière les épaules, sur les omoplates et les bras.

Si le principe est acquis de considérer l'œuvre de Glanum, en calcaire, comme une production locale[10], il est envisageable d'imaginer que des modèles sont à proximité et, qu'outre le monnayage, une sculpture de la qualité du captif d'Arles peut être considérée comme l'un des modèles de référence pour les ateliers locaux.

Ces exemples lapidaires sont d'époque augustéenne, tandis que le monnayage situe cet archétype du captif agenouillé du début du Ier siècle avant notre ère à la seconde moitié du Ier siècle après. Aux IIe et IIIe siècles, le schéma privilégié est celui du captif assis, tête baissée ou debout et enchaîné ; la représentation du captif agenouillé devient très rare[11]. Ce contexte, associé à la facture du captif, mais aussi au constat technique d'un bronze aux parois à l'épaisseur homogène (5 mm environ), permet de situer le captif d'Arles dans le dernier quart du Ier siècle av. J.-C.

Cette datation est corroborée par le parallèle iconographique possible avec un *emblema* représentant le jugement de Marsyas *(fig. 4)*. Cette mosaïque est découverte en contexte sous-marin, à Marseillan (34), dans l'épave *Riches Dunes 4*, dont le naufrage est précisément daté par l'étude céramologique entre 15 et 10 av. J.-C., au plus tard au changement d'ère, ce qui nous donne un *terminus ante quem*[12]. La comparaison de la figure de Marsyas avec celle du captif d'Arles propose une corrélation évidente et probante. Qu'il s'agisse de l'attitude, en tous points comparable, ou du sujet, qui met en scène le vaincu face au vainqueur, l'ensemble est saisissant de parallèles. La représentation d'un homme animal déchu et voué à la mort, face à la suprématie culturelle d'Apollon, renvoie au discours du trophée. Le barbare se substitue à Marsyas, l'autorité de Rome à Apollon. Cette digression démontre que les schémas iconographiques se confondent ou se succèdent chronologiquement selon le cas et vont du divin au vivant pour servir un langage politique.

L'*emblema* de Marsyas pourrait être une référence à la peinture grecque, dont le fondement repose sur la présence, à Rome, d'une peinture de Zeuxis représentant le satyre entravé *(religatus)* au moment de son jugement[13]. C'est cependant la céramique peinte italiote qui propose un référent visuel intéressant[14]. Le décor d'un vase attribué au peintre d'Ixion, de la fin du IVe siècle av. J.-C., montre Marsyas agenouillé,

## Gaulois captif [39]

Œuvre romaine
Arles ; Rhône, zone 6, secteur 3, PK 282.899,
découverte à 24 m du bord, posée sur le limon ; 2007
Dernier quart du Ier siècle av. J.-C.
Bronze, technique mixte de fonte à la cire perdue,
sur négatif pour le corps et positif
pour les éléments rapportés de la chevelure,
de la barbe, de la moustache, des oreilles,
du sexe et des poils pubiens
h. 63,5 ; L. 28 ; prof. 44,5 ; 18,96 kg
RHO.2007.06.1962

les mains liées dans le dos. Son attitude annonce celle du captif et cette image pourrait être considérée comme le témoin d'un relais possible du monde grec à la transmission et à la réinvention du prototype dans l'art romain. Le rapport à l'autorité et la condition de soumission sont le point de convergence entre homme et mythe[15].

Ce constat est suggéré par les diverses études iconographiques du mythe de Marsyas. H. A. Weis note, dans son essai de classification par groupe des représentations de Marsyas, la possibilité d'une catégorie liée à des productions du sud de la Gaule représentant le satyre ligoté à un arbre, thème pour lequel elle souligne l'affinité possible avec la représentation du captif[16]. Elle évoque justement les collections arlésiennes, où nous conservons une sculpture fragmentaire identifiée comme étant Marsyas ligoté à un arbre[17]. C'est cependant au captif debout enchaîné au trophée qu'elle fait allusion. Pour P. B. Rawson, le jugement de Marsyas, en raison d'une iconographie "partagée" avec les captifs militaires et d'autres personnages mythologiques, connaît une diffusion restreinte comparativement à celle du châtiment, également représentée dans les collections arlésiennes[18]. Ces études abordent déjà la problématique de l'affinité iconographique Marsyas-captif. L'incroyable coïncidence de ces découvertes consécutives, l'*emblema* de Marsyas et le captif du Rhône, invitent à reconsidérer et à approfondir l'articulation iconologique de ces thèmes hérités du monde grec qui dans l'art romain se confondent.

Une fois admises l'identification du sujet et la datation du captif du Rhône, la question de la dimension commémorative du trophée auquel il était associé reste difficile – voire impossible – à étudier en l'absence d'autre éléments iconographiques. Ce point reste néanmoins secondaire, car le concept d'un dialogue politique, dont la sculpture est le médium, prime ici. La nudité, interdisant tout attribut, va dans ce sens : il s'agit de représenter un type ethnique stéréotypé à vocation métonymique qui agit presque comme un pictogramme, celui du pouvoir de Rome. Cet objet, malgré l'abondance du répertoire connu, n'en reste pas moins un *unicum*, car il est, en l'état actuel des connaissances, l'une des plus ancienne représentation sculptée d'un captif nu en bronze, appartenant probablement au groupe sculpté d'un trophée gaulois[19-20].

**Notes**

1. Sur l'exploitation et la diffusion de cette anthropologie du barbare dont le Gaulois est une figure essentielle, cf. Clavel-Lévêque 1983, p. 607-633.
2. Paris, musée du Louvre, Gaulois blessé, œuvre romaine d'époque impériale, Ier-IIe siècle apr. J.-C., albâtre, inv. Ma 324.
3. Le type du trophée aux captifs est attesté dans le monde grec. Il se diffuse à Rome et dans ses provinces à partir du IIe siècle av. J.-C., devenant un thème décoratif utilisé et adapté à de nombreux supports. Sur l'histoire du trophée, cf. Charles-Picard 1957, et sur l'analyse de la représentation du trophée aux captifs, cf. Huby 2008, p. 69-87.
4. Cf. Castellvi 2003, p. 454-456 : l'une des plus anciennes représentations d'un captif, associé à un trophée d'armes, apparaît au revers d'un quinaire généralement daté de 101 av. J.-C. (Crawford 1974, 326/2) ; sur le même schéma suit un denier, frappé en hommage à C. Memmius en 56 av. J.-C. (Crawford 1974, 427/1), ainsi qu'une série de monnaies frappées autour de 48 av. J.-C. (Crawford 1974, 452 et suivantes).
5. Crawford 1974, 468/2, p. 479 ; Castellvi 2003, p. 455-456, fig. 7.
6. Clavel-Lévêque 1983, p. 619.
7. Castellvi 2003, p. 456.
8. *Ibid.*, p. 457, fig. 10 et 11 ; pour l'étude du trophée de Saint-Bertrand-de-Comminges, cf. Boube 1996, p. 112, fig. 85.
9. Ce monument triomphal de Saint-Bertrand-de-Comminges, daté vers 10 av. J.-C. (Boube 1996, p. 44), pourrait être contemporain de la fontaine de Glanum, datée du dernier quart du Ier siècle av. J.-C. (Picard 1957, p. 200), ce qui les situe dans le contexte d'une Gaule conquise et pacifiée. La cité gallo-romaine de Glanum a restitué, au cœur de la nouvelle structuration de l'espace politique marquée par la domination romaine, des monuments aménagés entre le dernier quart du Ier siècle av. J.-C. et le début du Ier siècle de notre ère. Le bassin d'une fontaine triomphale était décoré, entre autres, par deux représentations de captifs (cf. Clavel-Lévêque, Lévêque 1982, p. 681).
10. Rolland 1958, p. 39.
11. Castellevi 2003, p. 461 ; on peut citer en exemple pour les périodes tardives le cas du socle de colonne provenant de l'arc de Dioclétien à Rome daté de 294 apr. J.-C. (Florence, jardins Boboli), qui reprend le principe, devenu ancien, de la composition du captif agenouillé au pied d'un trophée flanqué d'une Victoire.
12. Long 2006, p. 44 ; sur le commentaire iconographique, cf. Blanc-Bijon, Long 2005, p. 44-46.
13. Pline XXXV ; d'après l'étude de V. Blanc-Bijon, le choix iconographique de l'*emblema* de Marsyas pourrait être inspiré de cette peinture qui se trouvait à Rome dans le temple de la Concorde, cf. Long et Blanc-Bijon (à paraître).
14. Denoyelle 1995, p. 88-89.
15. Cf. Weis 1992, p. 377, fig. 5 ; *LIMC* suppl. 2009, I, add. 1, p. 329.
16. Weis 1977, p. 1.
17. Arles, MDAA, inv. Fan 92.00.295.
18. Rawson 1987, p. 52 ; Arles, MDAA, Autel d'Apollon, Fan 92.00.357.
19. Parmi les petites statuettes en bronze représentants des barbares aux bras liées, à genoux, nous rappelons ici un petit bronze conservé à Marseille au Musée Borely (n° 3077), un Germain plutôt qu'un Gaulois, agenouillé, vêtu d'un pantalon collant, les mains liées dans le dos provenant d'Orange, cf. Bienkowski 1928, p. 52-53 ; Pour ce qui est de l'association à un trophée, cf. Boube-Piccot 1969, p. 287-288, qui note qu'une statuette en bronze d'environ 30 cm, découverte en 1960 à Thamusida (Musée de Rabat), représente un captif, debout, habillé d'un *sagum*, les mains enchaînées derrière le dos, la jambe gauche légèrement fléchie, pourrait appartenir à un trophée de dimensions réduites.

N. B. Je tiens à remercier Sophie Deschamps-Lequime pour son soutien et ses conseils.

# NOTE SUR LA TECHNIQUE DE FABRICATION DU CAPTIF

*Benoît Mille, Dominique Robcis*

Figure 1 ~ Gammagraphies à 0°, 45°, 90° et 135° du Captif.

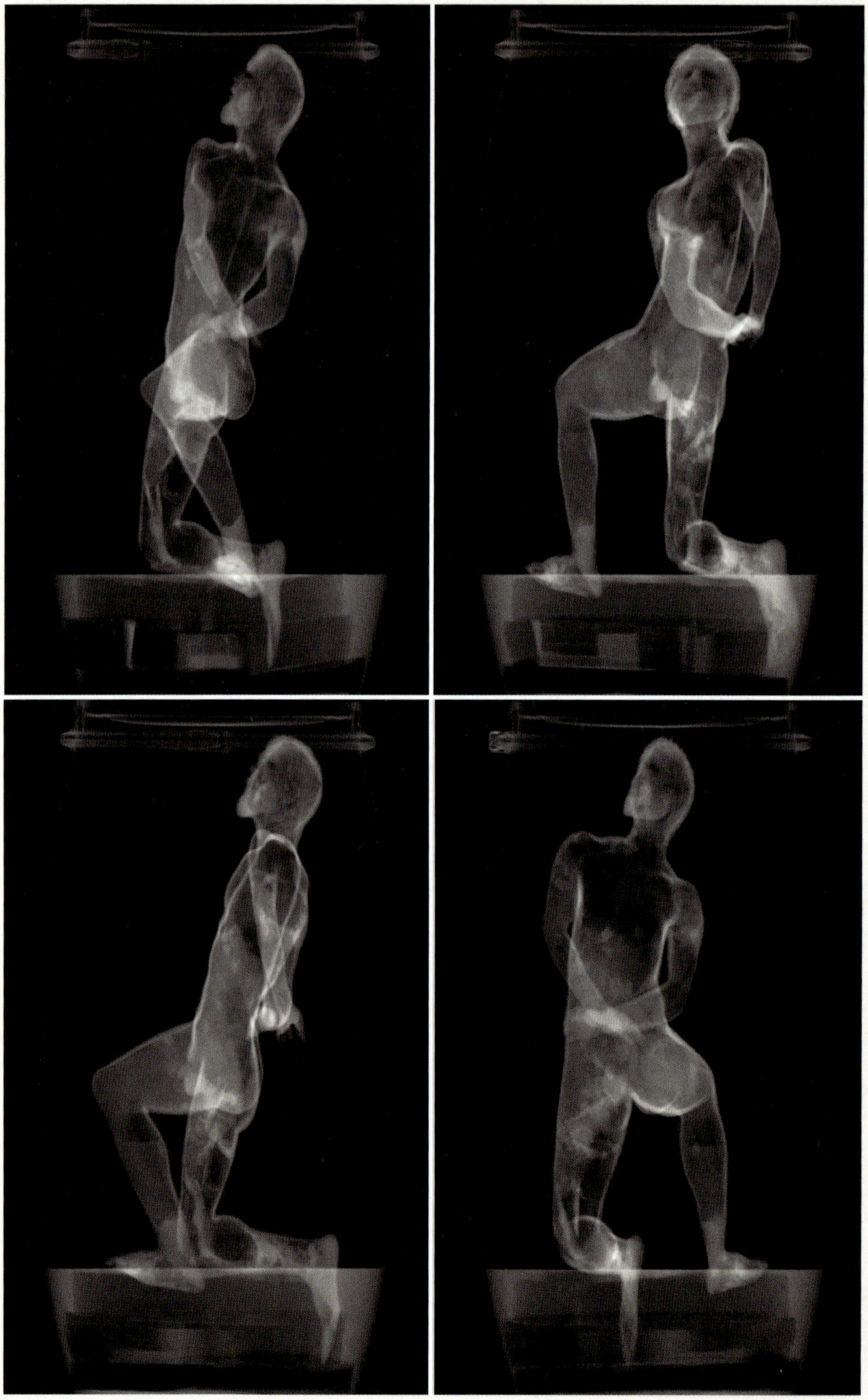

Les analyses et les examens occasionnés par la restauration du Captif permettent de livrer une première description de la technique de fabrication de cette statue[1]. La statue est complète, seuls manquent deux orteils du pied droit et les yeux incrustés. Elle mesure 64,5 cm de haut, mais le Captif pose un genou à terre : il faut donc restituer une stature d'environ 90 cm, c'est-à-dire à l'échelle 1/2. Une analyse élémentaire du métal, effectuée en novembre 2008 par le laboratoire A-Corros à partir d'un prélèvement pris au niveau de l'ouverture du genou gauche, indique que la statue est composée de bronze au plomb, c'est-à-dire de cuivre allié à environ 8 % d'étain et 6 % de plomb[2].

Les examens radiographiques et les tomographies réalisés au CEA Cadarache montrent que le bronze est creux, à l'exception des mains *(fig. 1)*. Des mesures d'épaisseur peuvent être prises grâce aux images fournies par le CEA Cadarache et au compas d'épaisseur dans les zones accessibles. Les parois métalliques sont relativement fines, et surtout d'épaisseur très régulière, entre 4 et 6 mm, notamment au niveau des jambes, des bras et du corps. Le contour interne du bronze suit ainsi parfaitement la forme externe de la statue.

Pour les périodes antiques, la seule technique par laquelle on pouvait obtenir une statue aux parois aussi régulières est la fonte en creux à la cire perdue par le procédé dit "sur négatif". Dans ce procédé, le fondeur applique une couche de cire à l'intérieur des différentes pièces d'un moule de la statue à réaliser[3].

---

1. *Rapport de restauration dactylographié*, Centre archéologique du Var, Frédérique Nicot, mars 2009 ; synthèse des observations technologiques consécutives à la restauration, aux examens radiographiques (CEA de Cadarache) et aux analyses (A-Corros). 2. *Rapport d'analyses dactylographié*, A-Corros, Jean-Bernard Memet, janvier 2009. 3. Pour plus de détails sur cette technique, cf. Mattusch 1996 et Mille 2007.

Sur le Captif, la cire ne devrait donc être travaillée que depuis la face interne. Ce n'est pas le cas. Quelques mèches de la chevelure et de la barbe, la moustache, les mèches pubiennes et la verge ne sont pas réalisées en creux. Les surépaisseurs sont d'ailleurs substantielles en ces endroits, jusqu'à 12 mm sous le menton *(fig. 2)*. Ces surépaisseurs trahissent en fait le recours à une technique complexe, où le procédé sur négatif tel que nous l'avons décrit est complété par un travail de la cire sur positif pour la réalisation de détails anatomiques en fort relief. On pourrait même imaginer que le modèle de départ était pratiquement imberbe et que le fondeur a habillé la statue de cire de mèches sculptées une à une dans la cire, parvenant ainsi à un rendu beaucoup plus réaliste.

Maintenant achevée, la statue de cire doit être convertie en métal. Pour cela, un moule de coulée est construit autour de la cire ; dans le même temps, la cavité interne est remplie d'argile : c'est le noyau. La cire est fondue et évacuée, laissant un espace vacant entre le moule et le noyau. Après cuisson de l'ensemble moule-noyau, le bronze pourra enfin être coulé, prenant ainsi la place de la cire. La coulée de la statue du Captif n'a cependant pas été effectuée en un seul jet : le moule de coulée aurait eu une forme beaucoup trop complexe, rendant difficile la circulation du métal liquide, avec le risque d'aboutir à de graves défauts de coulée. Le fondeur a choisi de découper la statue de cire en six pièces, donnant donc lieu à six coulées distinctes, la tête, le corps et les quatre membres ; ce sont les coulées dites primaires.

Les six pièces ont ensuite été assemblées entre elles par un procédé particulièrement spectaculaire, le soudage au bronze liquide. Une coulée secondaire de bronze est réalisée dans un espace aménagé entre les deux pièces à joindre, le soudage étant obtenu par fusion locale des

**Figure 2 ~ Dents argentées, mèches de la barbe et de la moustache du Captif.**

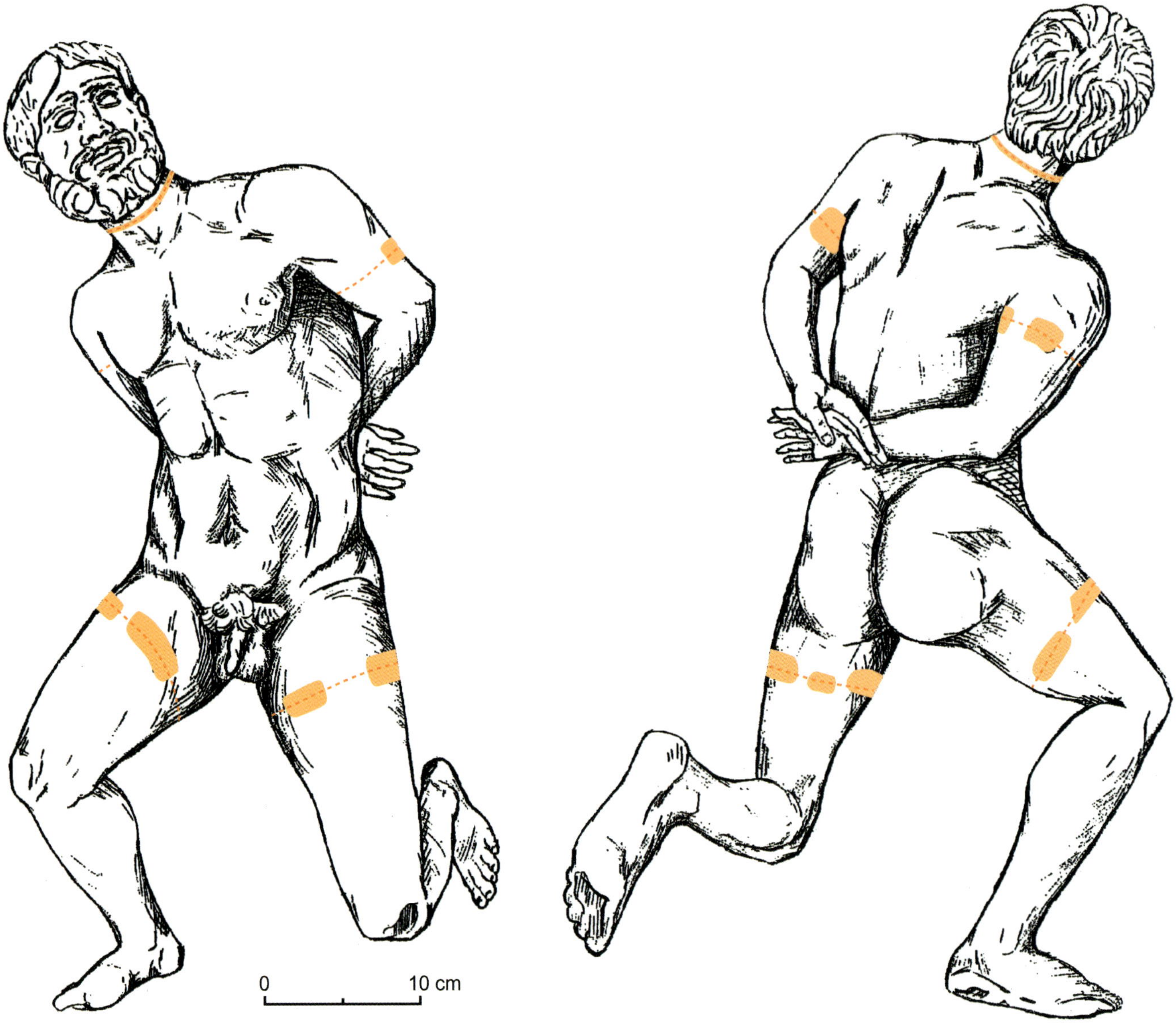


Figure 3 ~ Relevé des assemblages par soudure au bronze liquide. La tête est assemblée au corps au moyen d'un cordon de soudure, les bras et les jambes selon la technique de la soudure en cuvette.

Figure 4 ~ Image endoscopique prise au niveau du cou, qui atteste de l'existence de deux pièces jointives à cet endroit. Remarquer les infiltrations de métal de soudure entre les deux pièces ; à l'arrière-plan, on aperçoit également l'intérieur de la tête.

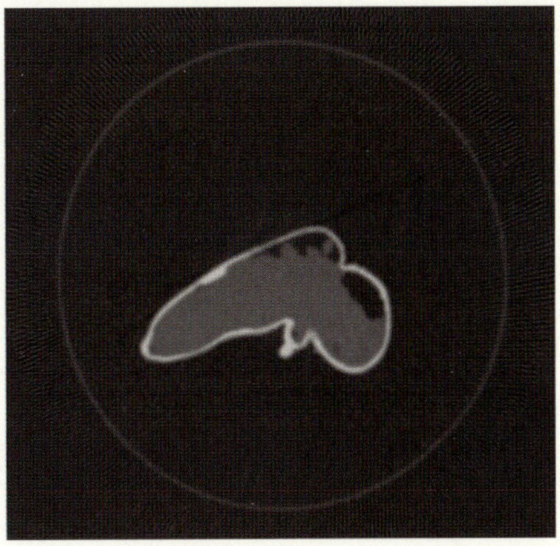

Figure 5 ~ Tomographie de la cuisse droite au niveau d'une soudure en cuvette.

bords. La mise en évidence de cette technique d'assemblage de la grande statuaire antique est relativement récente, mais on lui reconnaît un rôle particulièrement important : en effet, on sait maintenant que la maîtrise du soudage au bronze liquide est une condition *sine qua non* de la fabrication des grands bronzes de l'Antiquité grecque et romaine[4].

Les examens tomographiques et endoscopiques réalisés sur le Captif permettent de donner une première cartographie des soudures *(fig. 3)*, qui devra être ultérieurement complétée et affinée par le recours à des examens radiographiques à plus haute résolution. La tête est assemblée au corps par un discret cordon de soudure, dont la présence est confirmée par l'examen endoscopique *(fig. 4)*. La jonction des quatre membres sur le corps a quant à elle été réalisée par une variante du procédé précédent, qualifié de soudure en cuvette *(fig. 5)*, dont on connaît désormais de très nombreux exemples, aussi bien dans le monde grec que dans le monde romain.

Quelques remarques peuvent être faites concernant la finition de la statue. Des plaquettes quadrangulaires de réparure masquent systématiquement les défauts de fabrication, relativement peu nombreux et localisés, le plus souvent dans la zone des différentes soudures. Au moment de la découverte, la jambe gauche et le pied droit étaient partiellement remplis de plomb. On pouvait également remarquer d'importantes accumulations de produits de corrosion du fer au bas des jambes. Par ailleurs, un arrachement semble être la cause de l'ouverture visible au niveau du genou gauche. Ces observations indiquent vraisemblablement les restes d'un dispositif de soclage constitué de tiges de fer scellées par du plomb, l'une localisée sous le pied droit et l'autre sortant au niveau du genou. Enfin, la restauration a permis de mettre en évidence des éléments du décor : les yeux, les dents, les tétons étaient ainsi incrustés. De ce décor, seules les dents semblent conservées, faites d'un métal blanc qui correspond vraisemblablement à une petite feuille d'argent *(fig. 2)*.

L'expression "moyen bronze" est parfois utilisée pour décrire une statue comme celle du Captif, mais ce terme est souvent considéré comme ambigu, par faute d'une définition suffisamment précise. Si les dimensions permettent en effet de fixer des critères relativement simples pour la grande statuaire (taille proche du naturel et au-delà), où doit-on fixer la frontière entre petite et moyenne statuaire ? Le critère le plus opérant nous semble être non pas d'ordre strictement dimensionnel, mais également technique : nous proposons de classer parmi les moyens bronzes les œuvres nettement en-deçà de la taille naturelle (inférieure ou égale au module 1/2 par exemple), mais élaborées à partir des mêmes techniques que la grande statuaire (fonte en creux à la cire perdue et soudage au bronze liquide).

Par ce que nous venons de décrire, le Captif répond parfaitement à la définition du "moyen bronze", en raison de son module bien sûr, mais également des techniques mises en œuvre, qui n'ont rien à envier à la très grande majorité des grands bronzes dont nous avons connaissance : procédé sur négatif complété de détails directement sculptés en cire, soudures au bronze liquide, soin apporté à la fabrication et aux finitions. Des investigations complémentaires seront nécessaires pour approfondir l'étude technique, d'une part en documentant plus complètement la composition du métal (comparaison des coulées primaires au métal de soudure et à celui des plaquettes de réparure), et d'autre part en caractérisant très précisément les soudures.

4. Pour la description approfondie d'une soudure antique, cf. notamment Mille 2007.

# LA VICTOIRE

*Pascale Picard*

Ce relief en bronze, dont la couverte d'or fait la particularité, représente une Victoire sans ailes dont les bras ont disparu. Vêtue, dans la tradition grecque, d'un chiton ceinturé à la taille maintenu par des boutons d'attache au-dessus des épaules, elle a les bras nus, tandis que la finesse du vêtement laisse deviner les formes et la position du corps. Le mouvement du drapé gonflé vers l'arrière évoque l'air qui s'engouffre et plaque le textile dans le sens du vol. L'aplomb du corps repose sur le profil du pied droit. La jambe gauche, dont on devine le genou, sculpté de face, a perdu son pied, mais le volume de la jambe indique qu'il était flottant et de face et en raccourci. L'angle de l'orteil droit, perpendiculaire au coup de pied, donne le point d'appui et fixe le degré d'inclinaison d'une Victoire prenant son vol.

Le visage rond est en haut-relief de trois-quarts, le regard est dirigé dans le sens de la course. D'inspiration hellénique, la coiffure et le profil du nez font référence à la facture classique des figures féminines de type praxitélien. L'ensemble du visage de la Victoire offre une référence esthétique héritée du type de l'Aphrodite de Cnide de Praxitèle, dont le répertoire arlésien est riche de deux œuvres majeures provenant du théâtre antique, la *Tête au nez cassé* et la *Vénus d'Arles*[1]. La coiffure de la Victoire, partagée par le milieu en deux bandeaux ondulants rassemblés à l'arrière de la tête, borde le visage. Une petite mèche s'échappe au-dessus de l'oreille, tandis que le dessus du crâne n'est pas travaillé et forme une calotte lisse. Cette simplification de la coiffure, probablement due au caractère décoratif de l'objet, est cependant observée dans le répertoire sculpté, notamment sur une tête du type de l'Héra Borghèse[2].

La facture du relief est soignée, bien que nous soyons dans le registre d'un élément décoratif. Sa dimension esthétique veille à la production d'une silhouette proportionnée et harmonieuse, par ailleurs très courante. La fonte et la dorure sont parfaitement maîtrisées : la couverte d'or assez épaisse est rarement si bien conservée, tandis que des vestiges de protections, appliquées en plusieurs couches sur la dorure, ont été révélés par des analyses (cf. *infra*)[3].

Des marques d'arrachements sont indéniables : au niveau du tiers inférieur du chiton, une déchirure dans le bronze témoigne d'un mouvement de levier suffisamment violent pour que le relief se soit défait des rivets qui le plaquaient au support, laissant deux orifices très visibles. Le revers est brut et permet de comprendre le détail de la technique de fabrication (cf. *infra*).

L'ensemble désigne un bas-relief d'applique constituant la partie d'un décor rapporté sur un édifice. La dorure, outre son caractère ostentatoire, se substitue dans le temps à l'éclat naturellement doré du bronze poli, qui est instable et sensible aux conditions environnementales. L'oxydation altère rapidement l'éclat du bronze, tandis que le contact avec l'eau provoque des coulées d'oxyde vert qui peuvent tacher l'élément support. L'or est stable, ce qui plaide en faveur d'un relief exposé à l'extérieur, ainsi protégé des intempéries.

## De l'or pour les dieux

Le bronze, l'argent et l'or, notamment, sont déjà utilisés en Mésopotamie, sous forme de plaques ayant vocation de revêtement aussi bien que de décoration[4]. Selon Polybe, le palais des rois mèdes à Ecbatane était couvert de lames en métal précieux[5] ; d'après Philostrate[6], les palais de Babylone étaient décorés de bronze. Dans le monde grec, Pausanias écrit à propos du temple de Zeus : “A Olympie on a placé un chaudron doré à chaque angle du toit et une victoire dressée

**Bas-relief d'une Victoire** [7]

Œuvre romaine
Arles ; Rhône, zone 5, secteur 2, PK 282.940, découverte à 17 m du bord à proximité d'unesculpture d'Esculape (cat. n° 18) et d'un torsede Bacchus (cat. n° 13) ; 2007
Epoque augustéenne (?)
Bronze doré ; fonte à la cire perdue
h. 76 ; l. 36,5 ; ép. moyenne 7,9 ; 13,92 kg
RHO.2007.05.1961 (anc. inv. Rh-07-155)

exactement au milieu du fronton, Victoire dorée elle aussi ; sous la statue de la Victoire se trouve un bouclier d'or, sur lequel est sculptée la Gorgone Méduse[7]."

A Rome, l'or dans l'architecture est démonstratif de la puissance politique ; les arcs honorifiques sont parfois couronnés de sculptures dorées[8]. Une inscription de 4 apr. J.-C. mentionne une telle édification à Pise, où trois bronzes dorés sont dressés sur l'attique d'un arc[9]. Les sources anciennes attestent d'un apparat statuaire de ce type sur les *Fornices Stertini*, aujourd'hui disparu, le long du parcours du cortège triomphal[10].

A Lyon, l'autel monumental du sanctuaire de Rome et d'Auguste, inauguré en 12 av. J.-C., dont le souvenir nous parvient grâce aux images monétaires, était pourvu de deux Victoires, supposées dorées, qui surmontaient les colonnes de l'autel[11]. Les fouilles du sanctuaire ont restitué la moitié d'une couronne de laurier en bronze attribuée à l'une des Victoires ; son diamètre devait atteindre 46 cm[12]. De taille importante, il s'agit de sculptures en ronde-bosse qui attestent de la thématique et de l'usage du matériau dans des contextes imposants, mais restent loin du format et de l'utilisation de la Victoire arlésienne. Cette référence nous renvoie cependant à un autre bronze découvert dans le Rhône, sans doute le bras d'une Victoire grandeur nature (cf. *infra*).

Les reliefs d'appliques dorés sont rares dans les collections archéologiques. Un buste de Victoire, interprété comme un élément décoratif de navire ou comme une partie d'un objet votif, est intéressant pour l'iconographie, mais n'est pas doré et reste de petite taille[13]. L'applique d'un trophée en bronze doré, représentant un captif debout, les mains liées dans le dos, est sans doute l'élément le plus approchant du point de vue de sa fonction et de la thématique triomphale, mais il est d'une facture plus tardive et peu soignée[14]. Ces exemples mettent en avant le caractère inédit de la Victoire du Rhône, qui n'a pas de comparaison possible en l'état actuel de la recherche.

### La Victoire, allégorie triomphale d'un art officiel

La Victoire, dans la tradition romaine des représentations de la *Dea Victoria*, hérite des caractéristiques du type de la Nike *tropaéophore*, qui apparaît – ou du moins se répand – au début de l'époque hellénistique[15]. Le thème est propice et se développe sur les arcs triomphaux dès la bataille d'Actium. Comme le Captif, elle appartient au discours triomphal et commémoratif d'une Gaule conquise. On la voit couronnant un trophée au revers de *victoriati*, monnaies d'argent frappées à l'époque républicaine. Cette symbolique récurrente trouve un terrain d'expression privilégié dans l'imagerie monétaire, support de diffusion idéal d'une Rome souveraine. Vers 101 av. J.-C., un *quinarius* frappé par C. Fundanius propose le schéma d'une Victoire tenant une palme et couronnant un trophée devant lequel se tient un captif agenouillé, mains liées dans le dos[16]. S'il est bien entendu que les deux bronzes découverts à Arles, le *Captif* et la *Victoire*, ne participent pas d'un même décor, ils ont en commun cette thématique idéologique qui confirme un discours décoratif cohérent d'édifices publics.

Sur les arcs, les représentations de Victoire décorant les écoinçons sont toujours visibles dans le cas de reliefs lapidaires[17]. La genèse de cette pratique revient à celui qu'Auguste fait ériger en 29 av. J.-C. à Rome[18]. L'arc d'Orange, représentatif d'une surabondance de l'appareil décoratif, était probablement rehaussé d'appliques dorées représentant des Victoires, dans les écoinçons de sa baie principale[19]. Le thème de la Victoire décore également le *quadrifrons* de Cavaillon[20] et l'arc de Saint-Rémy-de-Provence[21] : les déesses survolant l'archivolte portent chacune un *vexillum* ou des couronnes et des rameaux de laurier. La tentation d'associer la Victoire du Rhône à ce schéma est grande. Il faut cependant prendre en considération sa dimension, dont la proportion paraît modeste pour cet usage, mais aussi l'idée qu'elle ait pu tenir un bouclier, schéma connu, mais inadapté à la forme d'un écoinçon. Elle pouvait également faire face, de part et d'autre d'un bouclier, à une seconde Victoire[22]. Dans ce cas, peut-être intégrait-elle le décor d'un arc similaire à celui d'Orange, dont on sait qu'il était orné de reliefs en bronze doré, sur la partie centrale du fronton notamment[23]. Néanmoins, la reprise à froid d'un pli bas du chiton suggère la superposition d'un autre élément *(fig. 9)*. Enfin, l'usure d'usage du relief, mise en évidence par l'expertise de D. Robcis (cf. *infra*), laisse penser qu'elle était placée à hauteur d'homme. Cette zone est localisée à la pointe du sein droit et le long du pli qui suit.

Une dernière hypothèse pourrait concerner une frise de Victoires, le drapé de l'une se superposant parfaitement au pli arasé de la précédente *(fig. 9)*. Dans ce cas, l'aile de la première viendrait masquer le bras droit de la seconde, qui n'a plus lieu d'être. En effet, contrairement au bras gauche, en haut-relief et arraché au niveau de la soudure, le droit n'existait vraisemblablement pas. La découpe de son attache est originale et suggère qu'un autre élément venait s'y appuyer (ci-contre)[24]. Une autre configuration permet aussi d'envisager que la Victoire brandissait un bouclier votif qui dissimulait le bras, ne laissant dépasser que la main[25].

### Vienne et ses dauphins

Ces réflexions nous conduisent aux dauphins en bronze doré conservés à Vienne. Découvert en 1840 dans le Rhône[26], l'ensemble se compose de huit fragments, deux têtes, un corps, trois queues et deux fragments indéterminés, datés du IIe siècle apr. J.-C.[27]. Cet ensemble imposant, bien que très lacunaire, semblerait représenter l'attelage de deux dauphins peut-être chevauchés d'un Eros. Ces reliefs nous permettent d'envisager ou d'imaginer des parements décoratifs beaucoup plus monumentaux que la Victoire le suggère *(fig. 11)*. Outre leurs dimensions, ils introduisent la notion de multiple, qui a pu concerner la Victoire du Rhône. La proximité, tant géographique qu'historique, la similitude du contexte de découverte et le principe identique de reliefs ornementaux dorés destinés à des édifices publics sont des points communs. Cependant, l'esthétique, le dessin et les formes diffèrent. Malgré une technique de fabrication proche,

la composition élémentaire du métal diffère, ainsi que le format carré des feuilles d'or appliquées *(fig. 11)*. Si l'étude comparative est à mener, il semble nécessaire d'envisager des pratiques communes à la vallée du Rhône, mais des fabrications issues d'ateliers distincts, certainement à des périodes différentes.

La Victoire d'Arles, *tropaéophore* (la Fortuna) ou *clipéophore* (la Virtus)[28], participe d'un langage politique omniprésent dans le répertoire décoratif de l'architecture. L'esprit stylistique de cette pièce donne sans doute l'exemple de cette persistance hellénistique dans l'architecture monumentale d'époque augustéenne[29]. L'archétype encore un peu rigide prendra plus de souplesse et de maniérisme dans l'attitude des Victoires observées à Cavaillon ou à Glanum. La Victoire du Rhône semble, à ce titre, convenir à un édifice plus ancien.

**Notes**

1. Arles, Musée départemental Arles antique, Buste féminin dit *Tête au nez cassé*, fin du Iᵉʳ siècle av. J.-C.-début du Iᵉʳ siècle apr. J.-C., inv. FAN. 92.00.405 ; Paris, musée du Louvre, statue d'Aphrodite dite *Vénus d'Arles*, fin du Iᵉʳ siècle av. J.-C., d'après un original de Praxitèle créé vers 365 av. J.-C., inv. Ma 439.
2. Paris, musée du Louvre, inv. Ma 4525.
3. La stratigraphie des premiers prélèvements n'a pas permis de donner l'épaisseur de la couche d'or, qu'il faudra sonder sur l'ensemble de l'objet à l'occasion d'examens futurs.
4. Voir par exemple Demangel 1933, p. 81-91 et Vallois 1944, p. 299-311.
5. Polybe, X, XXVII, p. 9 *sqq*.
6. Philostrate, *Vie d'Apollonius*, I, 25.
7. Pausanias, *Description de la Grèce*, t. V, *L'Elide*, I, 4 ; *ibid.*, I, 5 : "Sur la frise extérieure qui court au-dessous des colonnes du temple d'Olympie, il y a vingt et un boucliers dorés, consécration du général romain Memnius après sa campagne victorieuse sur les Achéens, après la prise de Corinthe et l'expulsion des Doriens de Corinthe." Pour une description des éléments architecturaux en bronze en Grèce ancienne, voir Vallois 1994, p. 307-308, n. 2.
8. Gualandi 1979, p. 105
9. De Maria 1988, p. 250 ; Fornasier 2003, p. 216
10. De Maria, *op. cit.*, p. 102.
11. Bouchet-Tassinari 1976, p. 75-78, n° 67 : une Victoire en bronze, découverte dans la Saône, pourrait être conçue d'après ce modèle ; elle est datée de la fin du Iᵉʳ siècle (Lyon, musée de la Civilisation gallo-romaine, inv. Br 67).
12. Tranoy, Ayala 1994, p. 183.
13. Menzel 1967, p. 270-271, n° 262 ; conservé au Fogg Art Museum, université d'Harvard, h. avec la plaque 27 cm, IIᵉ siècle apr. J.-C.
14. Bianchi Bandinelli 1970, p. 125, n° 113, Brescia, museo Romano, h. 68 cm, IIᵉ siècle apr. J.-C. ; cf. également D'Andria 1972, p. 334-345, autour d'une applique du musée de Milan, de la même époque mais plus petite.
15. *Dictionnaire des antiquités grecques et romaines*, vol. V, p. 847.
16. Crawford 1989, n° 326/2.
17. Sur l'arc de Glanum, dans une unité de programme iconographique, le thème des trophées se trouve à proximité des Victoires des écoinçons (cf. Fornasier 2003, p. 224 et Kleiner 1985, p. 46).
18. Fornasier 2003, p. 155.
19. Fornasier 2003, p. 155-158 ; p. 225 ; Kleiner 1977, p. 48 ; Formigé 1962, p. 15-16. Selon J. Formigé, l'arc était orné, au centre, d'un quadrige en bronze, flanqué de quatre trophées.
20. Gros 1979, p. 78 ; Kleiner 1985, p. 43.
21. Rolland 1977, p. 25-26 et pl. 16-19.
22. *LIMC*, Victoria, II, p. 184, n° 250, décor d'une lampe à huile où deux Victoires en vol soutiennent un bouclier votif au-dessus d'un autel.
23. Duval 1962, p. 141 et Gualandi 1979, p. 133, fig. 35.
24. La technique de fabrication sur négatif qui implique un moule permet d'envisager des multiples.
25. *LIMC*, Victoria, II, p. 178-179, n° 171 (lampe à huile, Bruxelles, Musées royaux R.624), 175 (autel en marbre, Rome Vatican I 115) et 176 (autel en marbre, Florence, Offices 972).
26. Boucher 1964, p. 23-35 ; Boucher 1971, p. 108-111.
27. Boucher 1971, p. 108, 133.
28. Fornasier 2003, p. 155.
29. Gros 1976 (p. 306) note, dans la tradition de R. Bianchi Bandinelli, l'effet durable, en Gaule narbonnaise, des influences hellénistiques dans l'architecture.

# TRAITEMENTS DE RESTAURATION ET ÉTUDE TECHNIQUE DE LA VICTOIRE EN BRONZE DORÉ

*Benoît Mille, Frédérique Nicot et Dominique Robcis*

La Victoire découverte à Arles est une applique en bronze, une catégorie de grande statuaire peu courante pour les œuvres d'époque romaine (cf. *supra*, P. Picard). Contrairement à la statue du Captif réalisée en ronde-bosse (cf. *supra*, Mille et Robcis), le revers de l'œuvre est ici accessible, ce qui facilite grandement l'observation de la paroi interne de la statue. Lors de sa découverte, la surface de la victoire était en majeure partie recouverte de produits de corrosion du cuivre, ainsi que par une couche compacte de concrétions très adhérentes qui masquaient en grande partie la dorure.

Pour la restauration, le choix s'est porté sur une combinaison de traitements sélectifs et localisés. En effet, les hétérogénéités et la fragilité de la surface ne permettaient pas d'envisager un nettoyage avec un seul procédé. Un panel de techniques assez large a été mis en œuvre afin d'optimiser le traitement. Ainsi, selon les zones

Figure 1 ~ Visage de la Victoire avant et après restauration.

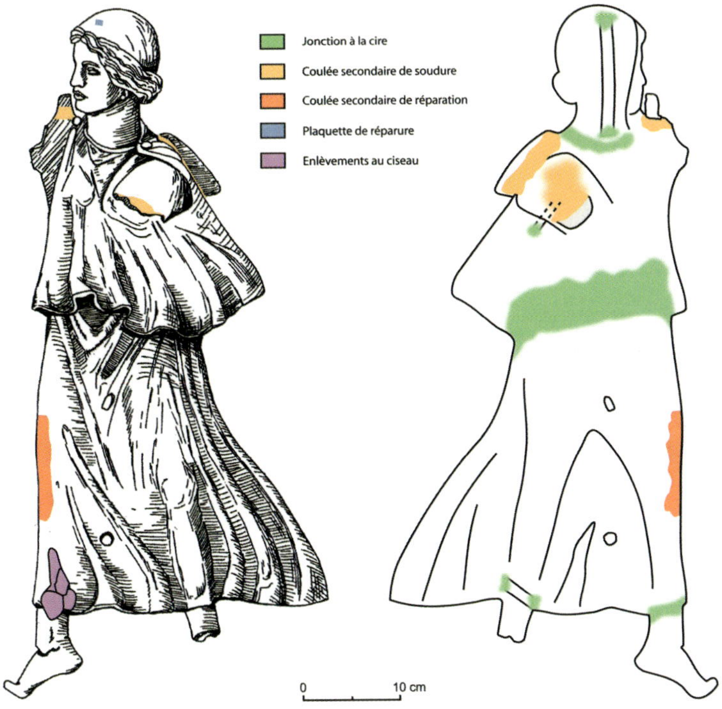


Figure 2 ~ Relevé des observations techniques effectuées sur la Victoire, face et revers.

Figure 3 ~ Zone de la soudure de l'aile gauche sur la Victoire.

et leurs altérations, des procédés chimiques (résines échangeuses d'ions, gels de complexants ou de solutions d'acides faibles), ainsi que divers traitements mécaniques (bistouri, meulettes montées sur microtour et scalpel à ultrasons à diverses fréquences) ont été utilisés. Ce travail de longue haleine – huit mois de restauration au total, dont quatre pour le seul drapé en bronze doré – avait pour but d'assurer la meilleure conservation possible de l'œuvre et de mettre en valeur une dorure particulièrement bien préservée *(fig. 1)*. Cette approche méticuleuse s'est révélée très fructueuse, puisqu'elle a permis de révéler de nombreuses informations sur les techniques de fabrication de cette pièce, mais également des indices sur son histoire matérielle.

La Victoire est fragmentaire, et la cartographie des zones de soudure dévoile des informations fondamentales pour appréhender la nature et le nombre initial de pièces *(fig. 2)*. Il est évident que le bras gauche est manquant. Réalisé en ronde-bosse, il était assemblé par une soudure en cuvette du même type que celles observées sur le Captif (cf. *supra*, Mille et Robcis). Dans le cas présent, une seule cuvette subsiste. Au revers, on observe de plus que du métal de soudure s'est largement répandu dans la cavité interne de l'épaule au cours de cette opération *(fig. 2)*. Nous ne trouvons en revanche pas le moindre indice d'assemblage dans la zone où l'on attend le bras droit, et il est pratiquement certain que celui-ci n'était pas représenté. Une deuxième soudure est très distinctement présente à l'arrière de l'épaule gauche, et correspond sans aucun doute au dispositif de fixation de l'aile gauche de la Victoire *(fig. 2 et 3)*. Il ne s'agit cependant pas du départ de l'aile à proprement parler, mais d'une petite pièce intermédiaire dont la fonction était probablement double : dissimuler l'assemblage corps-aile d'une part, et augmenter la surface de contact entre le métal de soudure et les pièces à assembler d'autre part. Enfin, une troisième soudure est présente au-dessus de l'épaule droite *(fig. 2)*. A cet endroit, une petite plaque subquadrangulaire est attachée à la pièce principale. Il pourrait éventuellement s'agir d'un fragment de l'aile droite, mais ce n'est pas l'hypothèse la plus vraisemblable : la forme très étroite n'évoque pas le départ d'une aile, sans compter que la face inférieure de cette pièce reposait parfaitement à plat sur le support *(fig. 4)*. Il est donc probable que l'aile droite n'était pas figurée. Cette pièce devait alors avoir une fonction technique (connexion avec d'autres éléments du décor en bronze, patte de fixation sur le support...). Par ailleurs, on signalera ici la trace de deux tiges mises en place perpendiculairement à l'applique, par coulée secondaire, au niveau de deux petites ouvertures pratiquées dans le bas du chiton *(fig. 5)*. Ces deux tiges participaient à la fixation de l'applique sur son support vertical.

La statue était donc constituée à partir de trois éléments coulés séparément puis assemblés par soudure : la pièce principale (la tête, le chiton et les deux pieds), le bras gauche et l'aile gauche. Il faut ajouter à ces trois pièces constitutives de la sculpture les quatre petites pièces techniques que nous venons de mentionner.

1. Un prélèvement de métal a été effectué à cet endroit par le laboratoire A-Corros, son analyse par ICP-AES révèle l'emploi d'un bronze à 4 % d'étain et 15 % de plomb.

Figure 4 ~ Pièce quadrangulaire soudée sur la Victoire, au-dessus de l'épaule droite, vue depuis le revers (patte de fixation sur le support ?) et canal d'alimentation en métal de la tête.

Figure 5 ~ Vue d'ensemble du revers de la Victoire et trous pour la fixation de la Victoire sur le support vertical.

Figure 6 ~ Gammagraphie de la Victoire, vue de dos. Remarquer les surépaisseurs de métal au niveau de la jonction du chiton et au niveau du bandeau de cheveux.

Figure 7 ~ Traces d'enlèvement de cire au rifloir.

L'examen de la Victoire livre également de très intéressantes informations sur sa mise en forme, en définitive plus complexe que de prime abord. Nous avons affaire, comme pour le Captif, à une fonte à la cire perdue, mais les contraintes sont ici différentes, puisque les deux faces restent accessibles. Les marques laissées au revers au cours du travail de la cire sont nombreuses et permettent d'appréhender relativement bien le travail effectué *(fig. 2 et fig. 5)*. Les traces les plus visibles sont celles des jonctions des pièces de cire entre elles. Ainsi, si la pièce principale de bronze a effectivement été coulée en une seule fois, elle résulte – pour l'étape de mise en forme de la cire – de l'assemblage d'un minimum de quatre pièces : la tête, le haut du chiton, le bas du chiton et le pied gauche. Le pied droit constituait probablement une cinquième pièce, mais du noyau comble encore cette zone et empêche l'observation directe d'une éventuelle jonction. L'assemblage le plus spectaculaire est celui du chiton : les deux pièces ont été juxtaposées sur une longueur de près de 5 cm, et de la cire molle a été pressée depuis le revers pour jointoyer le bas du vêtement dans la partie haute. Cela conduit évidemment à de fortes surépaisseurs de matière, visibles sur la gammagraphie effectuée au CEA Cadarache *(fig. 6)*. La jonction de la tête sur le corps s'effectue bord à bord. Elle se remarque par un étalement de cire formant un bandeau à la base du cou. Le pied gauche est fixé au chiton de manière similaire. D'autres traces sont visibles, en particulier celles d'un outil à petites dents – probablement un rifloir – ayant servi à racler la cire en excédent *(fig. 7)*. La question du procédé de mise en forme des quatre ou cinq pièces de cire que nous avons reconnues est plus délicate : étaient-elles directement sculptées (procédé sur positif), ou obtenues par moulage (procédé sur négatif) ? Nous favorisons la seconde hypothèse : il nous semble en effet que la réalisation du chiton en deux pièces relève plus d'une logique de moulage que de celle de façonnage. Toutefois, la très grande épaisseur de métal au niveau de la nuque suggère que le bandeau de cheveux a été rapporté sur la tête en cire *(fig. 1 et 8)*. Certains détails de la Victoire pourraient donc avoir été sculptés directement en cire.

Le revers de la Victoire conserve également le témoignage partiel du système d'alimentation en métal pour la coulée. On peut en effet observer une tige de fort diamètre placée verticalement à l'arrière de la tête *(fig. 4)*[1]. Une seconde tige se devine au-dessus de la cheville droite à partir d'un examen visuel très attentif, que confirme la gammagraphie ; elle est encore noyée dans le noyau réfractaire. Enfin, on retrouve le départ d'une troisième tige, sous l'épaule gauche. Ces tiges ont été réalisées en cire et assemblées sur la pièce principale par une jonction à la cire. Elles sont placées au niveau des trois zones où le creux est le plus important – on peut même parler de haut-relief pour ces endroits. La fonction de ces tiges est de servir de canal d'alimentation en métal faisant office de pont pour les zones situées de part et d'autre du creux. Ce n'est certainement pas par hasard que le canal d'alimentation de l'épaule gauche a été retiré. Il faut ici se souvenir que le bras gauche a été soudé au corps : le fondeur avait donc besoin d'un bon accès pour la réalisation de l'assemblage.

Destinée à être exposée en extérieur, la Victoire était dorée, contrairement au Captif. La technique de réalisation de cette dorure n'a pas encore véritablement été étudiée, mais quelques remarques peuvent déjà être faites. D'une part, il est certain que l'on est en présence d'une dorure réalisée à la feuille. Les nombreuses zones de recouvrement entre les feuilles permettent même d'avoir une idée assez précise des modules de feuilles d'or utilisées : quadrangulaires, de l'ordre de 80 à 100 mm de côté, ce qui est très proche des formats encore utilisés de nos jours *(fig. 8)*. La technique d'application de ces feuilles reste en revanche à déterminer. D'autre part, de petits amas de produit brun orangé ont été mis en évidence. Ils sont organisés en une couche fine et régulière à la surface de la dorure, ont été préservés par les traitements de restauration et ont fait l'objet d'analyses (cf. *infra*, N. Bouillon). Ces dernières ont révélé sans ambiguïté la présence de cire et d'une substance saccharique. A notre connaissance, ce type de traitement de finition ou de protection sur un bronze doré antique n'a encore jamais été observé ; il ouvre de nouvelles pistes d'investigation pour l'histoire de la statuaire antique. Cette couche de matériau organique a été miraculeusement conservée du fait des conditions particulières de conservation de l'œuvre (milieu aquatique) et de l'approche méthodique de la restauration.

Des lacunes de trois types différents ont été décelées au niveau de la dorure, qui révèlent des informations essentielles pour l'histoire matérielle de l'œuvre. Le premier type de lacune correspond à des zones d'usures antiques de la dorure localisées essentiellement dans les parties saillantes, à mi-hauteur du corps. C'est un indice direct que l'œuvre était disposée à hauteur d'homme, dans un lieu de passage, et non pas isolée ou en hauteur. Le deuxième type de lacune correspond à des zones qui n'ont jamais été dorées : dessous du bras gauche aujourd'hui disparu et petite pièce au-dessus de l'épaule droite (cf. article "La Victoire"). La dorure a donc été réalisée après l'assemblage du bras et des ailes, voire une fois l'œuvre en place sur son support. Les parties qui n'étaient pas visibles ou accessibles n'ont pas reçu de dorure. Enfin, le bas du drapé au-dessus de la cheville droite présente une troisième zone non dorée, mais il ne s'agit pas ici d'une simple épargne de dorure : des enlèvements de bronze ont été effectués à l'aide d'un ciseau au niveau d'un pli saillant du chiton *(fig. 2 et 9)*. L'explication la plus probable est qu'une autre applique de bronze venait en superposition à cet endroit, dont la mise en place a nécessité un ajustement ponctuel du chiton de la Victoire *(fig. 9)*.

La restauration de la Victoire constitue une exceptionnelle opportunité d'étude d'une applique de bronze de grandes dimensions d'époque romaine,

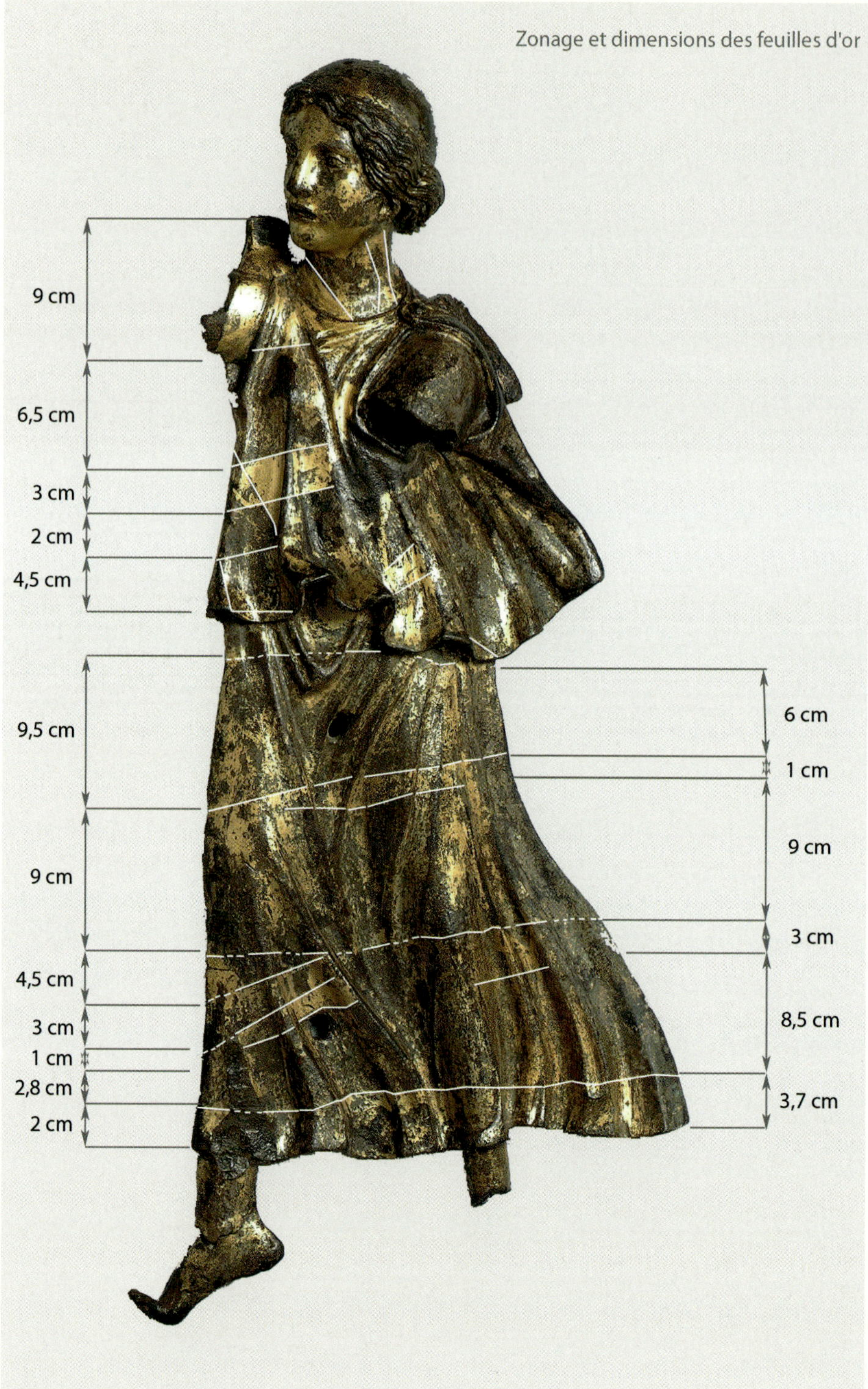


Figure 8 ~ Cartographie des limites des feuilles d'or et de leurs zones de recouvrement.

Figure 9 ~ Enlèvement de bronze effectué au ciseau (ajustement pour la mise en place d'une applique voisine).

Figure 10 ~ Canaux du système d'alimentation en métal au revers de l'un des Grands Dauphins en bronze doré du musée des Beaux-Arts de Vienne.

et a ainsi permis de découvrir quelques-uns des secrets de la fabrication de ces grands bronzes. Mais on retiendra aussi l'apport de la restauration et de l'étude technique à la compréhension globale de l'œuvre. Ainsi, par la cartographie des soudures, nous sommes en mesure d'affirmer que le bras droit n'était pas représenté et qu'il en était probablement de même pour l'aile droite. Le dispositif d'accroche de la sculpture sur son support a également été précisé. Nous avons même décelé la présence très probable d'une autre applique venant se superposer au niveau du bas de la tunique de la Victoire. Nous souhaitons enfin attirer l'attention sur le relief de Grands Dauphins de bronze découvert dans la ville de Vienne (Isère), dont la restauration vient tout juste d'être achevée par le CREAM de Vienne, et pour lequel le C2RMF mène actuellement une étude technique approfondie (Mauchin 2009). Tout comme la Victoire, il s'agit d'appliques, une catégorie d'œuvres particulièrement rares. Comme à Arles, les dauphins ont été découverts dans le Rhône. Et surtout, la Victoire d'Arles et les dauphins de Vienne partagent de nombreux traits techniques : parties réalisées en haut-relief, voire en ronde-bosse, dégraissage de la cire au rifloir, jonctions cire-cire, canaux d'alimentation pour relier les zones séparées par de forts creux *(fig. 10)*, soudures, dorure à la feuille. Arles appartenait à la province de Narbonnaise, Vienne en était la capitale. Les relations entre les deux cités étaient faciles, par l'entremise du fleuve. La confrontation des deux études permettra peut-être d'élucider le rapport qui existait entre ces deux œuvres.

Figure 11 ~ Grands Dauphins, détail du chevauchement des feuilles d'or carrées, musée des Beaux-Arts de Vienne .

# ANALYSE DE LA COUCHE DE PROTECTION DE LA DORURE

L'observation des coupes stratigraphiques du prélèvement VB01 permet de conclure sur une stratigraphie complexe à cinq couches. L'analyse chimique élémentaire[1] indique la présence de calcium, probablement sous forme de carbonate dans les couches les plus épaisses (1, 3 et 5). Ces couches sont séparées par de très fines couches (2 et 4) qui contiennent du calcium (sous forme de carbonate ?), des aluminosilicates de fer (ou fer sous forme d'oxyde) et des oxydes de cuivre. La nature et la faible épaisseur de ces couches laissent penser qu'il pourrait s'agir de dépôts de particules et de matériaux d'altération qui se seraient intercalés entre plusieurs couches de protection successives. Sur la coupe stratigraphique S2, on distingue également des morceaux de feuille d'or, des agrégats d'oxyde de cuivre, ainsi que des gros grains de silice (sous forme de quartz ?). L'aspect plus hétérogène et plus chargé en matériaux inorganiques tels que les aluminosilicates de fer ou les grains de silice de la couche de surface est logique, car il s'agit de la couche la plus exposée aux corps étrangers provenant du Rhône. L'analyse de la matière organique par GC/MS[2] permet de mettre en évidence la présence de cire et d'une substance de nature saccharique. La faible spécificité des signaux ne permet pas de statuer sur la nature précise de ce matériau. De même, le très faible signal obtenu lors de l'analyse des acides aminés ne permet pas de conclure sur la présence en quantité non négligeable d'un matériau protéique.

Synthèse des résultats de l'analyse de la "couche rouge" recouvrant encore la dorure par endroits, rapport du 28 mai 2009
Nicolas Bouillon

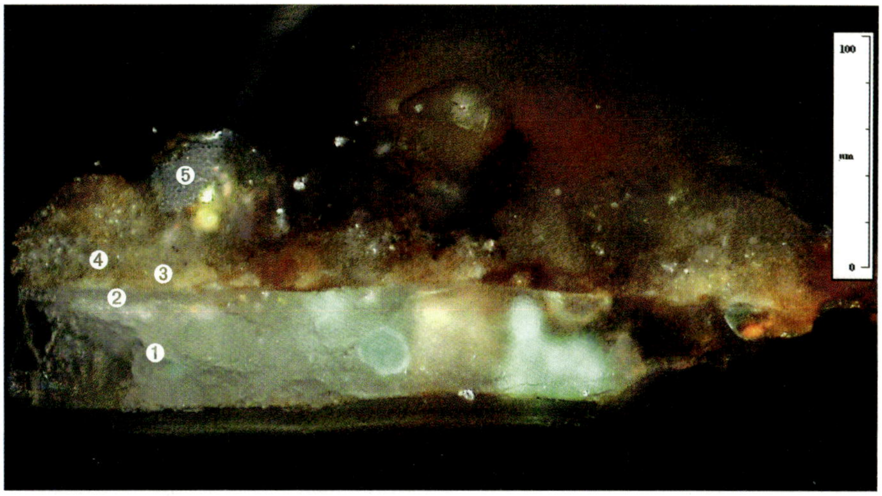


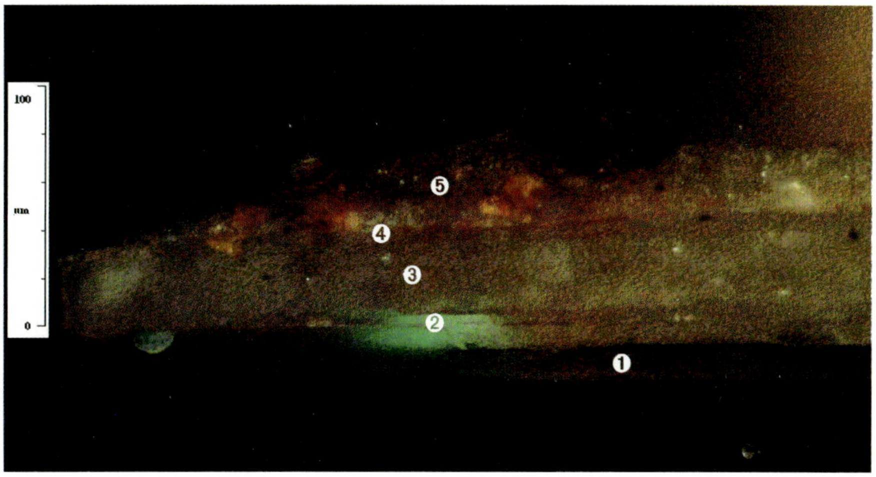


Notes

1. Microscope électronique à balayage : appareil Philips XL 30 SEM, canon $LaB_6$, microanalyse X EDAX, mode *low vacuum* ; conditions d'analyse 20 *keV*, mode BSE. Service commun de microscopie électronique, université de Provence, M. Notonier. Chaque coupe a été analysée au MEB. L'imagerie a été effectuée en mode BSE (contraste chimique). L'analyse chimique élémentaire a été réalisée couche à couche.

2. Chromatographie en phase gazeuse couplée à la spectrométrie de masse : appareil Trace DSQ de la société Thermo Electron. Analyse réalisée avec agent de dérivation MethPrepII pour analyse des cires, BSTFA pour les sucres et MTBSTFA pour les protéines.

# FRAGMENTS DE SCULPTURES

*Pascale Picard*

### Bras gauche d'une statue féminine de Victoire (?) [61]

**Arles ; Rhône, découvert à la surface du sédiment, PK 282.731, à l'intersection des zones 10 et 11 ; 2007**
**I-IIe siècle apr. J.-C. (?)**
**Bronze, fonte à la cire perdue sur positif**
**L. 63,3 ; Ø 11.1 ; l. de la main 12,6 ; ép. moyenne de la paroi 3-4 mm ; 6,643 kg**
**RHO.2007.10.1963 (anc. inv. Rh-07-157)**

Ce bras gauche en bronze se rapporte à un personnage plus grand que nature. Le travail de fonderie est de très belle qualité et l'épaisseur du bronze régulière. Fracturé avant la naissance de l'épaule, ce membre présente une trace de soudure. Des doigts, il ne subsiste que le pouce, fin et allongé ; il est en fonte pleine. Les autres doigts fabriqués indépendamment étaient sans doute creux et rapportés à la paume par soudage autour d'un axe resté en place. Un système original de dentelures renforçait la cohésion des pièces assemblées. Ce principe, rarement observé, est sans doute une réponse technique spécifique à cette pièce dont les doigts nécessitaient d'être solidement fixés. La gammagraphie du bras a montré qu'à l'intérieur un amas oblong composait une coulée secondaire sans doute liée à cette opération. Cette précaution technique vient étayer la comparaison qu'il est possible de faire entre ce bras et celui de la célèbre sculpture de la Victoire de Brescia. Cette dernière lève son bras gauche et soutient de sa main un bouclier disparu. L'anatomie et le mouvement du bras du Rhône repositionné dans cette configuration confirment cette hypothèse, également soutenue par une comparaison avec un bras conservé à Lyon[1].

Le léger gonflement du biceps, la réparation du poignet fissuré et le renfort des doigts peuvent suggérer que le personnage tenait un objet pesant du type d'un bouclier votif.

Brescia, musée civique romain, Victoire, bronze, h. 1,95 m, 70-80 apr. J.-C.

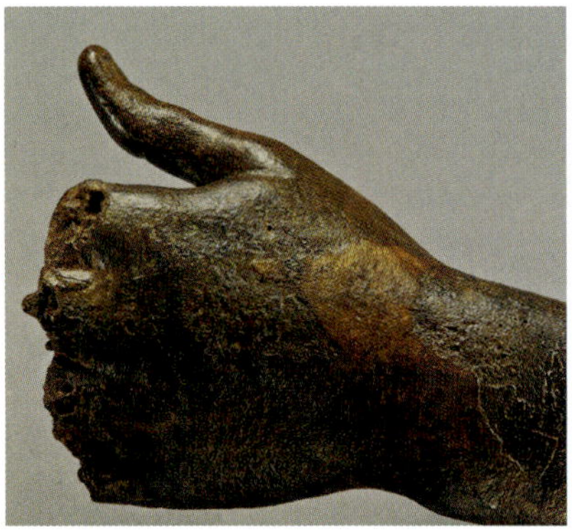

1. Boucher-Tassinari 1976, p. 88, n° 78 : Lyon, musée de la Civilisation gallo-romaine, Br 78. Long de 39 cm, ce bras est plus petit, mais son anatomie présente la même morphologie que celui du Rhône. Provenant de Vienne, il est identifié comme appartenant à une statue de Victoire ou de Fortune et reste, en l'état des recherches, le meilleur élément de comparaison fragmentaire.

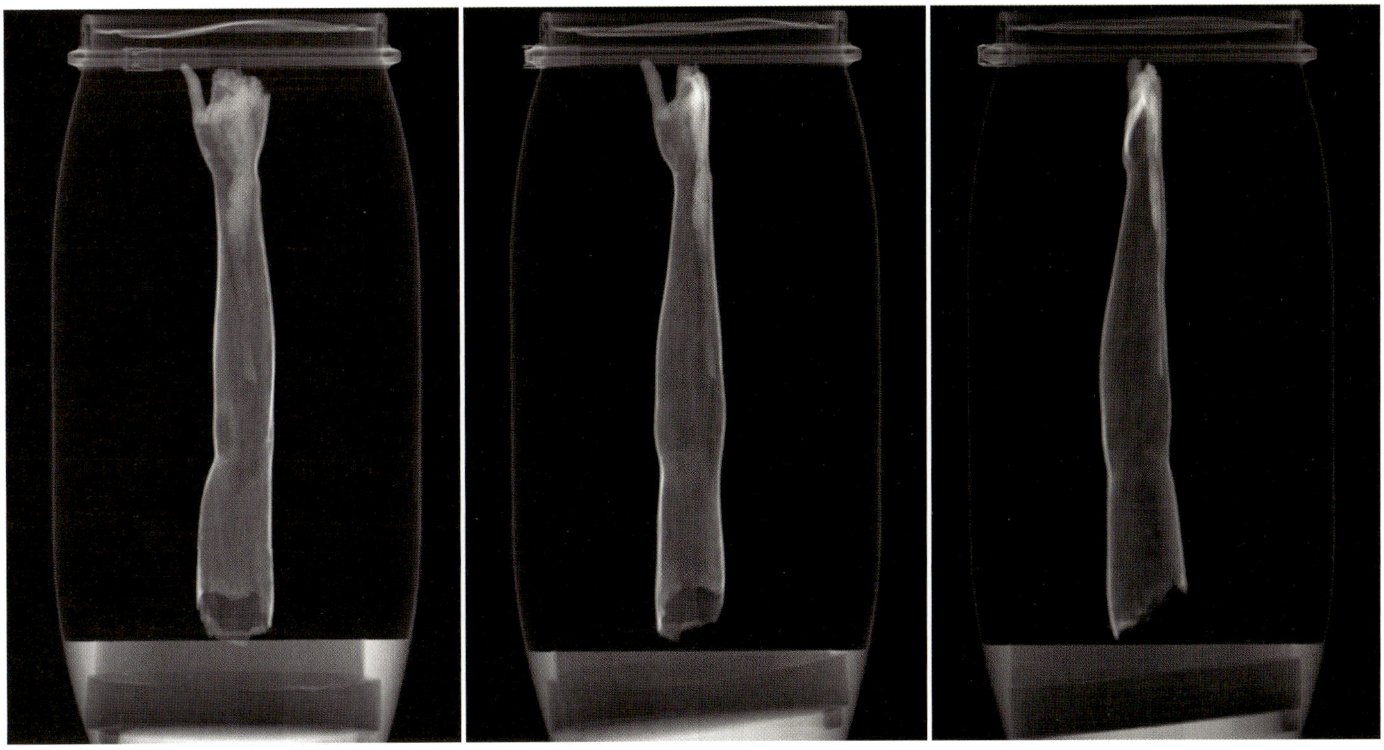

Gammagraphies à 0°, 45°, 90° du bras.

## ÉPAULE DRAPÉE D'UN MANTEAU [64]

Arles ; Rhône, zone 13, secteur 2, face au service de navigation ; 2005
Epoque romaine
Bronze doré
L. 49.5 ; l. 38.5 ; ép. 13
X-16079
Bibliographie : Long 2007

Fragment de statue en bronze doré conservant le haut de l'épaule et une partie du bras droit d'un personnage plus grand que nature. Le volume du drapé au-dessus de l'épaule, constitué de plusieurs plis épais autour d'un pli dorsal volumineux, désigne plus vraisemblablement l'arrière du vêtement au départ du dos et permet de reconnaître le bras droit. L'arrachement sur l'avant a peut-être emporté une fibule sur ce manteau que suggère l'épaisseur du tissu. Au-dessous, les plis d'un vêtement recouvrant le bras droit trahissent sa position repliée. Ce fragment de bronze conserve encore quelques traces de dorure et présente d'importantes réparures destinées à cacher des défauts de coulée importants. Il a pu appartenir à une statue d'homme en toge, dont il est difficile, en l'état du fragment et en l'absence d'éléments de comparaison, de savoir s'il était debout ou assis. On ne peut éliminer non plus l'hypothèse que cette épaule ait appartenu à une statue équestre.

# III
# ARLES LA DOUBLE

# LE QUARTIER DE TRINQUETAILLE : vers une nouvelle vision de la rive droite ?

*Marc Heijmans*

Le quartier de Trinquetaille fait depuis longtemps l'objet de découvertes et de fouilles archéologiques, qui ont donné une image d'un *suburbium* paisible, surtout réservé à l'artisanat et à l'habitat résidentiel. Les découvertes lapidaires dans le lit du Rhône nous livrent désormais un autre aspect, plus monumental, que l'on ne soupçonnait peut-être pas. Il y a donc lieu de revoir la question de la topographie de ce quartier.

### Les fouilles terrestres

Depuis toujours, Trinquetaille a livré, au gré des labours agricoles ou des rares travaux dans ce quartier longtemps à l'abri d'une expansion de type urbain, des objets ou des structures témoignant de son passé[1] ; dès le XVIIe siècle, une statue de Jupiter, trouvée dans le secteur de la gare maritime, a fait penser à l'existence d'un temple, et, du côté opposé, dans le quartier de la Pointe, des observations lors des basses eaux font mention de découvertes de nombreux sarcophages, mais également de murs et de mosaïques.

Ce sont toutefois les travaux liés à la mise en place d'un réseau de voies ferrées, en rapport avec le développement économique et industriel de la ville, qui ont en 1866 provoqué les premières fouilles, dans la prise de terre au nord du chemin de fer, dans le quartier de l'île des Sables ("terrain Cartellier"). Surtout connu par une maquette due à H. Augier, ce site concerne, semble-t-il, surtout des constructions plutôt utilitaires (entrepôts ?) ; on note toutefois également une rue oblique, large de 4 m et pourvue de trottoirs de part et d'autre de la chaussée. Quelques années plus tard, vers 1874/1875, l'aménagement de la gare maritime, près de l'endroit où se déroulent les fouilles actuelles dans le Rhône, a livré un lot de près de vingt stèles funéraires, datées du IIe siècle. C'est également de ce quartier que provient le sarcophage de Phèdre et Hippolyte, daté des années 220.

Après ces découvertes fortuites, les premières fouilles programmées ont été organisées vers 1900, à l'initiative du vicomte G. de Luppé, livrant des éléments d'entrepôt ainsi que des mosaïques, et d'autres fouilles ont eu lieu dans les années qui ont précédé la guerre de 1914-1918. Ces travaux ont surtout concerné des maisons privées, et plusieurs des plus belles mosaïques arlésiennes sont issues de ces fouilles, comme celles de l'enlèvement d'Europe et du Cathare, trouvées en 1900 et en 1912 le long de l'ancienne route des Saintes-Maries ; quelques années plus tard, en 1914, les travaux près du cimetière ont livré d'autres vestiges, dont la mosaïque dite du Zodiaque.

Après la guerre, à partir des années 1930, F. Benoit, l'archéologue et conservateur du musée lapidaire, commence une exploration plus systématique du sous-sol de Trinquetaille, en particulier dans les années 1932 à 1934. En 1936, il donne un inventaire des découvertes dans la *Forma urbis romani*, où il signale également des observations non attestées par ailleurs. Il reprend les fouilles en 1938 et 1941, et enfin en 1947, au moment de la reconstruction du quartier éprouvé par les bombardements. A nouveau, ces travaux ont livré les vestiges de maisons, de constructions liées aux activités économiques, ainsi que de tombes.

A partir des années 1960, les découvertes se sont multipliées, grâce aux fouilles programmées, comme celles de J.-M. Rouquette dans le cimetière de 1962 à 1982 ou, surtout dans les années 1980, grâce aux fouilles dites de sauvetage, comme à la Verrerie (1982-1984) ou celles de la rue P. Brossolette (1987), sans parler des travaux à l'île des Sables en 1990 ; par la suite, des diagnostics archéologiques et d'autres sondages ont considérablement complété la connaissance que nous possédions du quartier. Seule la partie de Trinquetaille située sous le quartier ancien n'a pas fait l'objet de fouilles récentes.

## L'évolution et la topographie du quartier

L'ensemble de ces données issues de fouilles terrestres nous a donc permis de dresser un bilan de l'évolution du quartier, de l'époque allant de la fondation de la colonie jusqu'à l'Antiquité tardive[2]. Sur le plan, nous avons fait figurer les vestiges selon leur fonction. Evidemment, cette répartition demeure un peu artificielle, surtout pour les fouilles anciennes, car un mur en grand appareil n'implique pas forcément un monument public, ni une mosaïque une construction privée. Ce plan donne toutefois une première impression de l'organisation du quartier au Haut-Empire.

A vrai dire, les débuts de la colonisation restent très mal connus par les fouilles terrestres, sans doute en grande partie à cause du simple fait que les fouilles ne se sont que très rarement poursuivies jusqu'à ces niveaux anciens. La seule construction qui a été imputée à l'époque de César, sans que les arguments soient vraiment convaincants, est l'ensemble de murs caractérisés par des arcs de décharge en briques, trouvé en 1947 sous l'école Anaïs-Gibert et qui a été attribué par F. Benoit à des docks construits par les légions de César[3]. La mise en place, vers les années 15-10 av. J.-C., d'alignements d'amphores destinés à drainer les sols humides près du fleuve témoigne d'une volonté des nouveaux occupants d'exploiter ces terres pour des raisons économiques. Des cuves liées à des activités artisanales suivent de près l'implantation de ces alignements. Ce vaste quartier artisanal ne semble toutefois pas fonctionner au-delà du IIe siècle puis est recouvert par des *domus*[4].

C'est donc surtout à partir du Haut-Empire que l'on connaît correctement le quartier, bien organisé avec des rues dallées, orientées à 45°. La plupart des constructions observées lors des fouilles récentes s'inscrivent également dans cette trame, ce qui laisse penser à une organisation plus rationnelle que ce que l'on observe habituellement dans les quartiers suburbains. Parmi ces rues, seule celle dite "voie de la Triquette" parallèle au Rhône[5] a été observée récemment (en 1995) dans son extrémité occidentale[6]. Pour le reste de son tracé, ainsi que pour sa perpendiculaire[7], qui devait aboutir à un premier affranchissement du fleuve, on ne dispose que de mentions anciennes. Enfin, on connaît quelques éléments de voirie autour de la place du cimetière, à l'endroit où l'on pensait qu'aboutissait le pont de bateaux[8] ; les fouilles récentes (2009) laissent penser que la construction de ce pont est plus tardive ; cependant, une borne milliaire de Tibère est peut-être à attacher à une route qui traverse le quartier pour aller à Nîmes[9].

Comme tous les *suburbia*, le quartier de Trinquetaille a dû avoir plusieurs fonctions, dont trois sont particulièrement représentées par les fouilles terrestres[10]. D'abord, le plus près du fleuve, la fonction économique, liée au port, avec les docks de l'école Anaïs-Gibert et les entrepôts observés anciennement dans le quartier de l'île des Sables[11] et dans le lit du fleuve, au moment des basses eaux[12]. Ces constructions ont surtout été observées dans la partie nord du quartier et on peut sans doute lier à cette activité le "forum" du cimetière[13], que l'on a parfois comparé à la *statio* des corporations d'Ostie. On a déjà observé d'autre part que ces installations semblent avoir été abandonnées assez tôt au profit des habitations. C'est également surtout près du fleuve et du passage d'un possible premier pont que l'on trouve le plus de mentions de constructions monumentales. Dans la même catégorie entrent les activités artisanales (four de potier, atelier de tabletterie), activités polluantes dont on soupçonne également la présence dans ce quartier, sans en avoir forcément trouvé les restes[14]. Enfin, les découvertes dans le Rhône de dépotoirs d'amphores en aval du pont routier témoignent des activités portuaires dans ce secteur, peut-être en rapport avec des *horrea*, comparables à ceux de Vienne, mais dont, à nouveau, rien n'a été retrouvé sur terre.

Une deuxième ceinture concerne la fonction résidentielle, celle qui a le plus retenu l'attention à cause de la richesse du décor des maisons. Quasiment partout où l'on a fouillé, on a trouvé des vestiges de ces habitats, avec leurs mosaïques et leurs décors muraux (enduits peints ou placages de marbre). Ces habitations, encore mal connues faute de fouilles de grande ampleur, se trouvent un peu plus à l'intérieur des terres ; certaines étaient pourvues de bains privés, alimentés probablement par la canalisation sous-fluviale observée anciennement dans le Rhône[15]. Cet aspect résidentiel est sans doute l'image qui vient le plus spontanément à l'esprit quand on évoque le quartier de Trinquetaille au Haut-Empire.

Enfin, le quartier était en grande partie ceint par des nécropoles, qui, à se fier aux documents épigraphiques, ne sont pas antérieures au IIe siècle, sans exclure que les urnes cinéraires, observées anciennement, soient plus anciennes.

Vue aérienne d'Arles, collection Ph. Ferrando.

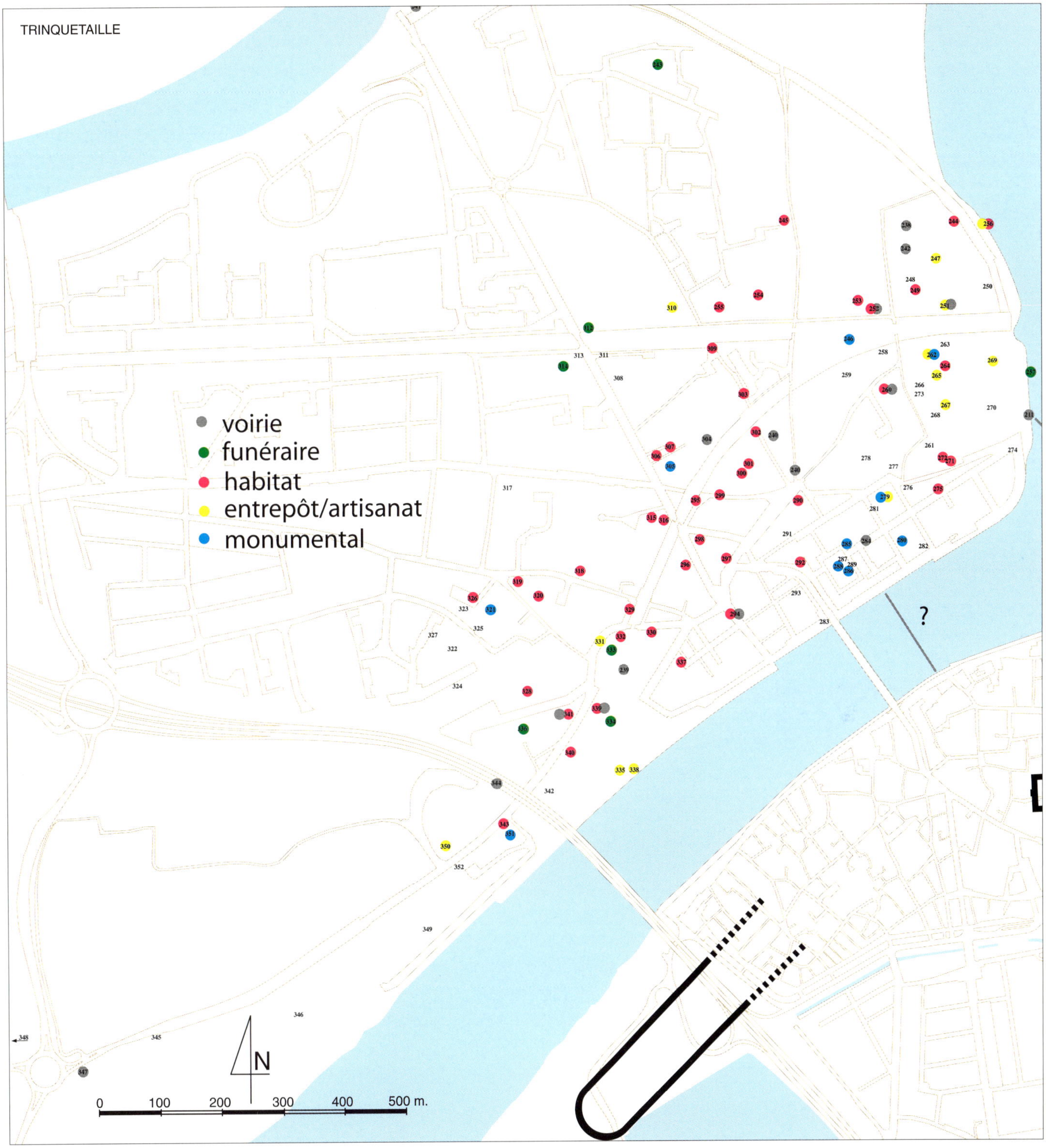


Plan des vestiges découverts dans le quartier de Trinquetaille.

Les nécropoles se développent, comme c'est habituel, le long des voies, celle qui longe le Rhône vers l'ouest (nécropole dite "de Saint-Genest"), surtout connue par les découvertes faites en 1874-1875 au moment de la construction de la gare maritime[16], et celle qui mène du pont à Nîmes (nécropole de la Pointe, surtout utilisée au IIIe siècle). Les observations des sarcophages dans ce secteur ont surtout été faites dans le lit du fleuve, quand le niveau de l'eau était bas[17]. Alors que la nécropole de la Pointe ne reçoit plus de sépulture, les tombes se concentrent à partir de la fin du VIe siècle autour de l'église de Saint-Genest de la Colonne[18].

Cette fonction funéraire, en rapport avec le culte du martyr Genès, dont Grégoire de Tours signale encore au VIe siècle[19] la dévotion, est le seul témoin bien attesté par l'archéologie d'une fréquentation du quartier durant l'Antiquité tardive. En effet, l'archéologie montre clairement une destruction violente des *domus*, que l'on peut dater de la fin du IIIe siècle apr. J.-C., suivie d'un abandon d'au moins un siècle. Parfois, des tombes sont creusées dans les ruines des maisons, et les traces d'une occupation tardive sont rares et peu éloquentes. Pourtant, les textes littéraires évoquent par le nom d'"Arles la double", donné à plusieurs reprises par Ausone à la ville, l'importance de la rive droite. On ne peut donc pas exclure une occupation plus dense de ce quartier durant l'Antiquité tardive que l'on ne pense, surtout le long du fleuve, dans un secteur mal connu par l'archéologie. La nouvelle datation du pont de bateaux plaide également en faveur de cette hypothèse, encore que ce dernier avait avant tout une fonction interrégionale, afin de lier Arles aux autres villes de la région.

**L'apport des fouilles du Rhône**

La question qui se pose maintenant est de savoir si les découvertes récentes dans le Rhône changent notre vision du quartier de Trinquetaille. Evidemment, la présence de dépotoirs d'amphores dans l'eau reflète l'activité sur les berges, ce qui laisse penser que les installations portuaires s'étirent le long du fleuve bien plus loin vers le sud que l'on ne s'imaginait.

Quant au dépotoir lapidaire, se pose d'abord le problème du contexte archéologique de cet ensemble, trouvé dans la partie avale de la rive droite, à un endroit situé, dans l'état actuel de nos connaissances, dans une zone qui ne paraît que peu occupée : s'agit-il d'un effondrement des constructions sur la rive, d'un remblaiement volontaire afin de conforter les berges, voire d'une cargaison d'un navire chargé d'antiquités ? L'attribution de ces éléments d'architecture et de sculpture au quartier de Trinquetaille dépend évidemment de la réponse à cette question, qui ne semble pas pouvoir être donnée pour l'instant. L'hétérogénéité du dépotoir, à la fois typologique et chronologique, semble toutefois exclure l'idée que tous les blocs et les sculptures soient issus d'un effondrement. Si toutefois ils proviennent effectivement du décor urbain de la rive droite, il y a de quoi se poser d'autres questions.

Les blocs se rapportent en effet à plusieurs monuments publics, religieux et funéraires, dont la localisation précise est évidemment inconnue, mais dont l'existence n'a en soi rien d'étonnant dans un quartier suburbain. On a déjà vu que des constructions monumentales sont signalées anciennement, notamment, dans le secteur où aboutit un premier passage du fleuve, peut-être déjà un pont, dont le point de départ était marqué sur la rive gauche par l'arc du Rhône ; rien n'empêche qu'il y ait eu un arc comparable sur la rive droite, au contraire. On imagine donc volontiers ici d'autres monuments publics, et en particulier liés à la fonction économique et commerciale du quartier, comme des sièges de corporations. La statue de Neptune a très probablement décoré la *schola* de la corporation de *lenuclarii*, édifice dont la localisation ne pourra être affirmée que par la découverte, in situ, d'une inscription explicite, tant il est difficile de distinguer ce type de construction des vastes habitations privées. Bien que l'on n'ait jamais trouvé de traces, il n'est pas non plus impossible que ce quartier possédât, en dehors des bains privés, des bains publics, où a pu être exposé un certain nombre d'éléments de sculptures. En revanche, il est peu probable qu'il y ait eu des constructions liées directement à la vie politique de la cité ; on voit mal où aurait pu être exposé le portrait attribué à César, que l'on imagine plus volontiers sur le forum de la rive gauche.

D'autres éléments d'architecture ou de sculpture renvoient plus directement au monde religieux ; on sait par ailleurs que les *suburbia* étaient réservés à certaines divinités, dont la présence en ville pouvait gêner. L'existence d'au moins un temple paraît assurée par la colonne qui se trouvait jadis près de la chapelle de Saint-Genest, à laquelle elle a donné son nom[20] ; son attribution traditionnelle toutefois à Isis est infondée.

Enfin, beaucoup de blocs peuvent avoir fait partie de mausolées ; où se trouvaient-ils ? Certes, nous sommes dans un quartier suburbain, un *suburbium*, à l'extérieur de l'enceinte – il n'y a aucune raison de supposer que ce quartier ait été ceint à l'époque antique –, ce qui laisse une plus grande liberté quant à l'interpénétration du monde des vivants et de celui des morts. Les indications livrées par l'archéologie montrent toutefois que les zones funéraires restent distinctes des habitations et la localisation de ces mausolées doit sans doute être cherchée d'abord en dehors des secteurs habités. Un élément d'un monument antique, observé dans la partie nord du quartier, fait peut-être partie d'un tel mausolée[21]. Cependant, la présence de sarcophages dans le quartier de la Pointe, jadis observée au moment des basses eaux, montre que non seulement le lit du Rhône a dû changer depuis l'Antiquité, mais que des zones funéraires se trouvaient également le long du fleuve. Du côté sud, la découverte de stèles près de la gare maritime peut laisser penser ici aussi à la présence d'une zone funéraire le long du Rhône (si, du moins, ces stèles ne se trouvaient pas également dans l'ancien lit du fleuve et ne faisaient pas ainsi partie du même dépotoir lapidaire) et rien n'exclut a priori qu'il y ait eu dans ces nécropoles des mausolées directement en bordure du fleuve, témoignant à ceux qui naviguaient sur le Rhône de la richesse et de la puissance des riches notables, à l'instar du mausolée de l'île du Comte à Beaucaire ou du mausolée d'Igel, encore en place le long de la Moselle.

## Conclusion

Il est évident que, si l'on admet que les découvertes lapidaires du Rhône se rattachent bien aux constructions de la rive droite, elles éclairent une autre dimension de ce quartier. Sans forcément bouleverser l'idée que l'on se faisait jusqu'à présent de la topographie de Trinquetaille – au demeurant toujours fort mal connue –, ces éléments lapidaires donnent plus de consistance et de réalité à son décor monumental, dont on n'avait pas imaginé la richesse et la finesse. Uniquement connus en plan, les vestiges ont désormais une troisième dimension. Ces découvertes montrent ainsi l'importance de ce quartier, sans doute plus urbain que rural, dont on ne peut qu'espérer que les fouilles terrestres compléteront la connaissance.

**Notes**

1. Voir, pour l'historique des fouilles à Trinquetaille, J.-M. Rouquette, "Trinquetaille, les fouilles anciennes", *BAVA* 68 (1989), p. 11-17 et C. Sintes, "Trinquetaille, les fouilles récentes", *ibid.*, p. 18-23.
2. Nous renvoyons systématiquement à M.-P. Rothé, M. Heijmans (dir), *Arles, Crau, Camargue, Carte archéologique de la Gaule*, 13/5, Paris, 2008 (abrégée *CAG* 13/5), où le lecteur trouvera la bibliographie antérieure.
3. *CAG* 13/5, p. 640-641, 279*.
4. *CAG* 13/5, p. 601-605, 251*.
5. *CAG* 13/5, p. 594, 239*.
6. *CAG* 13/5, p. 683-684, 340*.
7. *CAG* 13/5, p. 594, 240*.
8. *CAG* 13/5, p. 595, 241*.
9. *CAG* 13/5, p. 595, 242*.
10. Voir en général, sur la problématique des *suburbia*, R. Bedon (éd.), Suburbia. *Les faubourgs en Gaule romaine et dans les régions voisines, Caesorodunum* XXXII, 1998, Limoges 2000.
11. *CAG* 13/5, p. 599-601, 251*.
12. *CAG* 13/5, p. 599-601, 241*.
13. *CAG* 13/5, p. 620-635, 262*.
14. P.e. *CAG* 13/5, p. 611, 256* ; p. 623, 262*.
15. *CAG* 13/5, p. 698-700, 355*.
16. *CAG* 13/5, p. 610, 256*.
17. *CAG* 13/5, p. 611-619, 257*.
18. *CAG* 13/5, p. 671, 324-325*.
19. Grégoire de Tours, *De Gloria martyrum*, 67.
20. *CAG* 13/5, p. 669, 321*.
21. *CAG* 13/5, p. 596-597, 243*.

# LA "COUR A PORTIQUES" DE TRINQUETAILLE

*Pierre Gros*

La place bordée sur au moins trois de ses côtés par des portiques dorico-toscans, qui a été fouillée sous la direction de J.-M. Rouquette à partir de 1964 à l'angle nord-ouest du terrain dévolu au cimetière de Trinquetaille, constituait une esplanade au moins aussi vaste que le forum de la rive gauche. Les quatorze colonnes de son côté sud, les dix colonnes dégagées de son côté oriental, et les amorces de constructions ou de stylobates observées sur ses faces nord et ouest suggèrent l'existence d'une aire libre de 48 x 42 m, avec une extension totale d'environ 65 x 61 m. Si l'on se souvient que l'*area forensis* proprement dite n'excédait pas à Arles 3400 m$^2$, on mesure l'importance de cette place ouverte au cœur de la zone portuaire de la rive droite, dont les entrepôts et les aménagements s'alignaient dans ce secteur le long de la berge du fleuve, non loin de l'endroit où, selon toute vraisemblance, s'accrochait le pont de bateaux. Longée par des axes de circulation dallés à l'est, au sud et peut-être à l'ouest, cette place doit avoir joué un rôle essentiel dans la vie de ce quartier populaire très actif.

Cependant, la modestie relative de son architecture, prolixement décrite dans le fascicule de la *Carte archéologique de la Gaule*, et ses remaniements successifs ne rendent pas aisée l'interprétation fonctionnelle de ce complexe, pour lequel diverses identifications ont été proposées[1]. Rappelons seulement que les colonnes de ses portiques périphériques, distantes de 3,20 m, faites de tambours de calcaire, ne devaient guère excéder, bases et chapiteaux compris, une hauteur de 4,50 m, si l'on en juge par la dimension de leurs composantes et aussi par la largeur réduite (4,60 m) de la galerie dont elles formaient la façade vers la cour. A cela s'ajoute le fait que les constructions adventices, dont seuls quelques tronçons de maçonnerie ont été retrouvés, paraissent avoir été peu ou pas fondées, et que, à une date indéterminée, antérieure en toute hypothèse au grand incendie qui ravagea le site dans la seconde moitié du IIIe siècle, des murs en petit appareil ont bouché sur une partie de leur hauteur les entrecolonnements des portiques sud et est. Plusieurs niveaux de sol ont été repérés, mais quelques sondages effectués entre 1968 et 1971 ont établi que la première phase de cet ensemble datait de la fin du Ier siècle, ce qui n'est pas indifférent, car l'époque flavienne est celle à partir de laquelle s'affirme l'essor commercial de la ville, en relation avec le développement de ses installations portuaires (docks et magasins de stockage) et avec la construction du pont de bateaux[2].

En l'absence de toute structure architecturale annexe clairement identifiable, les seuls éléments dont nous disposions pour définir la nature et la ou les fonctions de cette "cour", indépendamment de la taille de l'aire circonscrite, qui la désigne comme publique ou semi-publique et exclut son appartenance à un portique de *domus*, sont les fragments d'autels, de stèles inscrites très lacunaires et de statues retrouvés sur place. Or, ceux-ci sont assez divers pour autoriser en principe plusieurs lectures différentes, et les séries auxquelles ils appartiennent ne sont pas assez développées ni les composantes épigraphiques assez claires pour qu'il soit possible de dégager une dominante au milieu de ces témoignages plutôt disparates. D'où des hypothèses successives qui, sans être vraiment contradictoires entre elles, s'avèrent assez divergentes, selon qu'elles privilégient les aspects religieux ou les aspects économiques de la documentation : on a ainsi parlé d'un forum commercial[3], que l'on n'a pas hésité, parfois, à comparer, toutes proportions gardées, à la fameuse "place des corporations" à Ostie[4], ou d'un

Aquarelle de J.-M. Gassend restituant une vue de la cour à portiques de Trinquetaille.

sanctuaire "collégial", véritable *schola* qui aurait constitué le lieu de ralliement des principaux corps de métier impliqués dans la batellerie et les activités portuaires, et plus particulièrement de celui des "naviculaires" *(navicularii)* bien attestés dans l'épigraphie arlésienne[5]. La difficulté principale tient au fait qu'aucun dossier comparatif ne peut être constitué, non seulement parce que, nous l'avons dit, les vestiges exploitables sont ici peu explicites, mais plus encore parce que les types monumentaux auxquels se réfèrent ces propositions s'avèrent difficiles à cerner.

Rappelons d'abord que la présence d'un "forum" réservé aux activités économiques, dans une communauté aussi développée que l'était l'Arles du Haut-Empire, paraît tout à fait vraisemblable : le forum de la rive gauche, apparemment voué à l'exaltation du loyalisme de la colonie à l'égard d'un pouvoir central sacralisé, et vraisemblablement doté sur sa périphérie de tous les monuments – en particulier, curie et basilique – indispensables aux activités juridiques et politiques, était trop éloigné du fleuve et trop directement relié aux éléments de représentation de l'urbanisme impérial pour pouvoir jouer un rôle de quelque importance dans le domaine des échanges commerciaux[6]. La duplication des lieux de la convergence populaire dans la *duplex Arelas*, quelque interprétation qu'on veuille donner à la formule d'Ausone[7], apparaît presque inévitable, et la répartition de ces deux places de part et d'autre du Rhône devait s'imposer d'elle-même, en raison de la topographie si spécifique de la ville. Les exemples ne manquent pas de cette division des tâches entre les espaces publics : on pense en premier lieu à Ephèse, où l'agora "civique" est nettement séparée de l'agora "tétragone", plus proche des ports ; sans vouloir évidemment comparer Arles à la mégapole de l'Asie Mineure[8], on pourrait aussi postuler des situations analogues dans des contextes plus voisins, dans tous les sens du terme, comme

Vienne, entre autres, où le quartier des entrepôts, si développé, comportait forcément, bien qu'il ne soit pas encore nettement localisé, un aménagement du même genre. On peut songer aussi au *forum vinarium* d'Ostie, récemment identifié par F. Coarelli[9]. Mais l'une des fonctions d'une place publique commerciale, qu'on la désigne ou non comme un forum, est de regrouper les inscriptions honorifiques adressées aux principaux acteurs de la richesse de la ville, armateurs, négociants, possesseurs de capitaux, en somme, pour reprendre une expression de M. Christol, à "l'élite des gens d'affaires[10]". Ceux-ci n'étaient évidemment pas étrangers à l'administration de la cité, où ils pouvaient occuper des postes importants, mais, à côté du site où se réunissaient les décurions et où ils recevaient sous des formes diverses les hommages de leurs concitoyens – à savoir le forum de la rive gauche –, l'endroit où ces patrons étaient directement honorés par les naviculaires et particulièrement par les affranchis – dont les plus riches et les plus avisés accédaient aisément à la dignité de "sévirs augustaux", organisateurs plébéiens des cérémonies du culte impérial – ne pouvait se trouver que dans la proximité du port de la rive droite. Or, jusqu'ici, rien de tel n'a été observé dans la "cour" de Trinquetaille, puisque aucune inscription revêtant la forme d'un hommage, apposée comme un véritable *elogium* sur une base de statue après délibération des sévirs augustaux sur le modèle des décrets du conseil municipal, n'a été retrouvée sur place, à moins que l'on n'admette que la stèle où le procurateur Cominius Afer reçoit les témoignages de gratitude des cinq corporations des *navicularii marini* d'Arles – bien que découverte en réemploi dans un édifice médiéval de Trinquetaille – provient effectivement de cette aire découverte ou de ses annexes[11], et que l'on ne veuille restituer, comme le fit naguère F. Benoit, à partir de quatre lettres, une dédicace des mêmes naviculaires à leur patron Frontonius Euporus[12]. Mais de toute façon, il ne nous paraît pas possible d'assimiler, toutes proportions gardées, notre "cour à portiques", tout de même bien modeste dans sa réalisation sinon dans sa conception, à un édifice du type de la "place des corporations" d'Ostie, comme cela a été fait récemment[13]. D'autant que, sans entrer dans le détail d'une discussion qui reste ouverte, la fameuse place d'Ostie, située derrière le théâtre à proximité de l'ancien lit du Tibre, ne fait toujours pas l'unanimité quant à sa définition précise, si tant est qu'elle en ait jamais eu une : la présence des "comptoirs" ouverts dans la nef la plus interne de ses doubles portiques latéraux, qui, si l'on en juge par les mosaïques de sol dont elle s'ornait et les inscriptions qui en précisaient le sens, étaient autant de *stationes*, parmi lesquelles on identifie, entre autres, les "naviculaires" de Narbonne et d'Arles, ne suffit pas à lui conférer une fonction strictement commerciale ; outre que les locaux en question sont trop exigus pour qu'ait pu s'y développer une activité importante, sa situation derrière le bâtiment de scène de l'édifice de spectacle en faisait nécessairement une vraie *porticus post scaenam* où le public pouvait se répandre au cours des entractes et se réfugier en cas d'intempérie ; et, de surcroît, le temple qui en occupait le centre, dont la divinité reste à ce jour mal connue, pouvait la transformer périodiquement en un téménos réservé à des cérémonies cultuelles[14]. A cela s'ajoute le fait que les "stations" en question étaient réservées à des associations qui pour la plupart étaient étrangères au milieu italique, puisque les régions les mieux représentées y sont l'Afrique et la Gaule méridionale[15] ; cet aspect "international" de leur regroupement, même s'il reste interne à l'Empire romain, ne paraît pas se retrouver dans les éléments épigraphiques recueillis à Trinquetaille, ce qui rend encore plus difficile le rapprochement entre les deux espaces. Certes, les naviculaires marins d'Arles n'étaient pas tous issus de cette ville, et l'on connaît parmi eux, à travers leur épitaphe, des affranchis d'origine grecque travaillant pour des "patrons" de Nîmes ou d'Aix-en-Provence[16], mais *Arelate* restait le centre de leur regroupement et le cœur de leurs affaires, et ils n'avaient aucune raison d'évoquer, sous quelque forme que ce fût, tel ou tel autre port méditerranéen. Autant qu'on puisse le savoir, le cosmopolitisme n'était pas, comme à Ostie, et malgré l'amplitude de leurs circuits commerciaux, leur signe distinctif.

Si l'on s'oriente en revanche vers la série des *collegia* ou établissements socio-professionnels, les indices favorables à une identification restent malaisés à saisir : la polyvalence de ceux que nous font connaître les inscriptions, qui sont à la fois des sanctuaires, des centres de réunion, des bourses de commerce et des hôtelleries de passage[17], et par voie de conséquence la diversité de leurs installations à Ostie, à Délos ou à Vélia[18], pour ne prendre que les spécimens les plus sûrs, entraînent une juxtaposition d'éléments qui rend parfois difficile la distinction de ces *scholae* d'avec une grande *domus*[19]. Mais une constante peut être relevée : c'est dans tous ces cas la présence d'un vaste péristyle, qui sert de lieu de rencontre et de travail pour les membres qui y sont inscrits, et dont on constate qu'il est souvent doté d'une citerne. La "cour" de Trinquetaille pourrait fort bien s'insérer dans un tel ensemble, comme l'avait déjà proposé

J.-M. Rouquette, et l'on comprendrait mieux dans ces conditions, outre la découverte d'un puits, le nombre important d'autels de tailles différentes qui ont été observés sur place (au moins onze), ainsi que de lots de lampes votives recueillies en stratigraphie, tous éléments qui témoignent d'une activité religieuse effective dans ce même espace. Cela n'exclut nullement les aspects corporatistes ; s'ils sont mal attestés par des inscriptions trop fragmentaires pour donner lieu à des lectures assurées, ils peuvent peut-être se déduire des listes de noms réparties sur plusieurs morceaux de marbre, dont certains, sans être jointifs, semblent appartenir à un même bloc, et qui pourraient évoquer, sous réserve d'une étude approfondie qui ne leur a pas encore été consacrée, un album des adhérents. Les statues qui ont été livrées par un sondage effectué au nord de l'esplanade, et dont l'une au moins – celle du personnage masculin, en tenue héroïque sinon divinisante – pourrait être celle d'un représentant de la famille impériale, trouveraient également leur place dans un tel complexe, dont les temples ou *sacella* consacrés aux *divi* sont une composante obligée.

Pour conclure d'une façon toute provisoire ces observations qui doivent, en l'état actuel de nos connaissances, rester hypothétiques, nous dirons donc que la "cour" de Trinquetaille nous paraît appartenir à un collège socioprofessionnel qui, compte tenu du contexte, ne peut être que celui des naviculaires. Sans que l'on puisse parler vraiment d'une *statio*, au sens plein du terme, puisque l'accès aux espaces et aux pièces à caractère sacré ou profane qui constituaient un tel établissement restait en principe réservé aux membres de l'association et que l'ensemble conservait un statut semi-privé, la relation avec le port était forcément étroite, et certaines affaires commerciales pouvaient aisément se traiter dans les "bureaux" annexes, où l'on était habilité à recevoir les clients. Dans ces conditions, il n'est pas exclu que certains des fragments architecturaux récemment tirés du Rhône, du moins ceux qui ne sont pas attribuables à des tombeaux, et avec eux quelques statues, aient pu appartenir à ce complexe, dont on n'entrevoit pas, tant s'en faut, la totalité. Quand on connaît par exemple la richesse de l'apparat monumental et décoratif d'une *schola* comme celle dite de Trajan à Ostie[20], on prend la mesure – même si, bien sûr, celle d'Arles n'avait pas la même ampleur – des possibilités ouvertes par une telle fondation pour l'intégration éventuelle de quelques-unes des pièces livrées par le fleuve.

**Notes**

1. *CAG* 13/5, p. 620-632.
2. M. Heijmans, dans Rouquette 2008, p. 171-178.
3. M. Heijmans, Cl. Sintes, "L'évolution de la topographie de l'Arles antique : un état de la question", dans *Gallia*, 51, 1994, p. 144.
4. Heijmans 2004, p. 20 ; M. Christol, dans Rouquette 2008, p. 186.
5. M. Euzennat, dans *Informations, Gallia*, 25, 2, 1967, p. 402 (à partir des données fournies par J.-M. Rouquette).
6. Gros 1987, p. 339-363.
7. Ausone, *Ordo Urbium Nobilium*, X, 73. Voir M. Heijmans 2004, p. 343-344.
8. Voir par exemple P. Scherrer, "The historical topography of Ephesos", dans D. Parrish, édit., *Urbanism in Western Asia Minor, JRA*, Suppl. 45, Portsmouth, Rhode Island, 2001, p. 69-79.
9. F. Coarelli, dans A. Gallina Zevi, A. Claridge, éditr., *"Roman Ostia" revisited*, Rome, 1996, p. 105-113.
10. M. Christol, dans Rouquette 2008, p. 200-201.
11. Sur cette inscription, *CAG* 13/5, p. 676, n° 333, 2 ; M. Christol, dans Rouquette 2008, p. 186 et 200-201.
12. F. Benoit, "Le développement de la colonie d'Arles et la centuriation de la Crau", dans *CRAI*, 1964, p. 161. Cette lecture est jugée hasardeuse dans *CAG* 13/5, p. 630.
13. *Supra*, note 4.
14. Sur ce "Piazzale" d'Ostie, et les questions qui continuent d'être posées à son sujet, voir en dernier lieu I. Pohl, "Piazzale delle Corporazioni ad Ostia. Tentativo di ricostruzione del portico Claudio", dans *MEFRA*, 90, 1978, p. 331-355 ; P. Pensabene, "Committenza pubblica e committenza privata a Ostia", dans *"Roman Ostia" revisited*, *op. cit.*, p. 185-198 ; A. K. Rieger, *Heiligtümer in Ostia*, Munich, 2004, p. 29-30 et p. 90-92.
15. Voir les descriptions de ces *stationes* dans C. Pavolini, *Ostia, Guide archeologiche Laterza*, Rome, Bari, 1983, p. 67-69.
16. M. Christol, dans Rouquette 2008, p. 184.
17. Comme par exemple l'établissement des Poseidoniastes à Délos. Voir Ph. Bruneau, J. Ducat, *Guide de Délos*, Athènes, 1983, p. 174-178.
18. Pour Ostie, voir par exemple G. Hermansen, "The *stuppatores* and their Guild in Ostia", dans *AJA*, 86, 1982, p. 121-126. Pour Velia, M. Fabbri, A. Trotta, *Una scuola-collegio di età augustea. L'insula II di Velia*, Rome, 1989.
19. Voir sur ce point le cas exemplaire étudié par E. Subias Pascual, *La domus dels Dioscurs d'Ostia Antica*, 2 vol., Tarragone, 1993. Sur le problème d'ensemble, P. Gros, "Maisons ou sièges de corporations ? Les traces archéologiques du phénomène associatif dans la Gaule romaine méridionale", dans *CRAI*, 1997, p. 213-241.
20. Sur cette *schola* et les nombreuses autres institutions du même type qui au IIe siècle se rencontrent à Ostie, J. R. Patterson, "The *collegia* and the transformations of the towns of Italy in the second century A. D.", dans *L'Italie d'Auguste à Dioclétien*, CEFR 198, Rome, 1994, p. 227-238 et B. Bollmann, "Les collèges religieux et professionnels romains et leurs lieux de réunion à Ostie", dans J.-P. Descœudres, édit., *Ostie, port et porte de la Rome antique*, Genève, 2001, p. 172-178.

# LE PONT DE BATEAUX ANTIQUE ET LES RIVES DU RHÔNE
## Quelques nouveaux éléments

*Bruno Bizot, Marc Heijmans, Mireille Provansal, Hélène Bruneton, Guillaume Raccasi, Michel Bonifay*

Trois auteurs de la fin de l'Antiquité mentionnent un pont de bateaux sur le Rhône à Arles : Ausone (environ 309-394), Hilaire (environ 401-449), Grégoire de Tours (environ 539-594). Trait d'union d'un urbanisme se déployant depuis le début de notre ère sur les deux rives et point de passage de la voie Aurélienne attesté sur les itinéraires antiques, le franchissement du Rhône, par bac ou au moyen d'un pont, a occupé une part non négligeable dans l'histoire de la cité et la vie publique jusqu'à la construction d'un ouvrage pérenne au XIXe siècle. Sur la base de ces textes et de quelques vestiges, la question du pont antique a été largement discutée par les historiens depuis le XVIe siècle[1]. Si la présence de l'arc du Rhône, à peu près au mitan de la façade fluviale de la ville antique, laisse supposer un franchissement à l'endroit où le lit du fleuve est le moins large, c'est au nord de la cité que, dès 1639, une vue de Rebattu place des vestiges de maçonnerie attribués au pont de bateaux. Depuis lors, sur chacune des rives, la tradition arlésienne, confortée par les travaux et relevés des historiens et érudits[2], attribue au pont deux maçonneries en lisière de la ville. Il s'agit, rive gauche, d'une pile et d'un départ d'arc à claveaux en grand appareil que Constans[3] est le premier à avoir décrit avec précision avant que l'ouvrage ne soit recouvert d'alluvions. Rive droite, isolé sur la grève, un massif de maçonnerie relativement informe qui, sur les relevés de Quiqueran de Beaujeau (1743) et de Pierre Véran (1802), est prolongé par un long mur en direction de l'ouest, a également été interprété comme une arche ou une pile du pont. La fonction de ces ruines peu caractéristiques a longtemps fait débat[4]. Enfin, dans le chenal du Rhône cette fois, non loin de ce dernier vestige, des prospections menées par Luc Long (1994) et son équipe en 1992 ont révélé la présence de puissants massifs de maçonnerie parementés de petit ou grand appareil. Ces éléments jalonnent le fond jusqu'à une cinquantaine de mètres de la berge, à un endroit où le lit du fleuve s'enfonce brutalement. Les archéologues ont supposé que certaines de ces constructions se rapportaient à des piles de pont ; leur position topographique exacte reste à établir.

Ces vestiges ont suggéré que l'ouvrage se composait, sur chacune des rives, de plusieurs arches s'avançant vers le chenal et permettant d'accéder à la chaussée de bois portée par des bateaux. Diverses restitutions ont été proposées. Claude Sintes a fait un état de la question en 1999 et a notamment précisé quelle pouvait être la nature des liaisons entre les parties flottantes et fixes de l'ouvrage. Il s'est pour cela appuyé sur le texte d'Hilaire – de loin le plus détaillé – et sur une représentation d'un pont de bateaux sur une mosaïque du IIe siècle apr. J.-C. du forum des corporations d'Ostie, qui est généralement attribuée à Arles.

En dépit des incertitudes pesant sur leur attribution, les différents architectes et ingénieurs responsables en 1863-1866 de la construction des quais eurent à cœur de conserver ces témoignages. Des éléments jugés alors significatifs furent ainsi intégrés aux nouveaux aménagements de berge. En 1920, alors que le débat était ravivé par L.-A. Constans, un arrêté de classement au titre des monuments historiques vint consacrer l'attribution au pont de bateaux des maçonneries de la rive droite et sceller une datation : le premier quart du Ier siècle apr. J.-C. Partageant la curiosité et l'intérêt de ses prédécesseurs, le SYMADREM, maître d'ouvrage des travaux de restauration et de confortement des quais du Rhône, nous a offert en janvier 2009 l'occasion d'approcher de plus près l'un de ces vestiges, quai Saint-Pierre à Trinquetaille.

Aquarelle de J.-M. Gassend proposant une hypothèse de restitution du pont de bateaux et de son trébuchet.

L'intervention fut de courte durée (dix jours) et, le site devant être conservé, il ne pouvait être question d'entreprendre des investigations poussées et nécessairement destructrices sur ces ultimes témoignages archéologiques. L'opération a été menée en étroite collaboration avec le SYMADREM qui a fourni l'essentiel des moyens nécessaires à son bon déroulement[5]. Si nos résultats ne remettent pas en question, tant s'en faut, les interprétations de nos prédécesseurs, ils apportent quelques précisions sur l'implantation de ce pont, notamment au regard des éléments géo-archéologiques recueillis, ainsi que sur sa datation.

Les constructions et stratigraphies mises au jour sur 230 $m^2$ sont apparues très altérées par le laminage et les sapes du Rhône, ainsi que par les spoliations des récupérateurs de matériaux. L'architecture affecte ainsi des formes très émoussées, d'où émergent quelques rares vestiges de parement sur lesquels nous nous fonderons pour tenter d'esquisser un plan et déterminer la fonction de l'ouvrage. Quant à la stratigraphie, partiellement protégée par les structures, elle fut largement érodée en surface par le fleuve avant d'être recouverte par la calade du quai. C'est ainsi qu'il ne subsiste qu'environ 1,30 m d'épaisseur de maçonnerie et de remblais connexes.

Les éléments bâtis consistent en des fondations. Celles-ci ont été mises en place dans de vastes fosses et des tranchées peu profondes – entre 0,60 et 0,80 m –, aux bords évasés, creusées dans des alluvions où alternent des couches stériles plus ou moins sableuses et des dépôts limoneux riches en tessons de céramiques du Haut-Empire. Examinés en coupe, ces dépôts témoignent que les crues ont submergé à plusieurs reprises (au moins trois fois) la berge du Rhône, qu'elles rehaussent d'environ 1 m avant l'édification de l'ouvrage (voir encadré). L'absence d'indice de reprise de la végétation entre les deux derniers épisodes indique que les inondations se sont succédé à peu d'intervalle et que l'ouvrage a été construit peu après. Sur ces apports naturels, des remblais contenant des

## L'ENVIRONNEMENT DU PONT DE BATEAUX

**Géomorphologie et dynamique de la berge du Rhône avant la construction du pont**

Lors de la construction de l'édifice, la berge est formée par les dépôts abandonnés par deux ou trois crues importantes : chacune d'elle est identifiée par des lits sableux à la base (déposés lors du "pic" de crue), puis limoneux au sommet (déposés lors de la décrue). Elles se sont succédé peu avant (quelques années ?) la construction, comme le montre l'absence de toute bioturbation (perturbation du dépôt par des organismes vivants).

Cet ensemble repose à sa base sur des dépôts plus fins, épais, très bioturbés et oxydés, localement brûlés (traces d'incendie ?) et très riches en matériel archéologique. Il repose lui-même sur une autre séquence de crue, sans doute antique. L'ouvrage du pont de bateaux a donc été édifié sur un site inondable, parcouru par des crues récurrentes avant le début de la construction. L'étude des échantillons prélevés (litage, granulométrie) confirme le passage de courants actifs, dont l'énergie est comparable à celle des crues actuelles sur les berges du Rhône. Le site est assez proche du fleuve, affecté par une hydrographie turbulente. On peut supposer que l'ouvrage a été édifié au sommet d'une berge convexe, pas très haute, où le taux de sédimentation est élevé (plus de 90 cm en trois ou quatre siècles).

Ces crues seraient datées du IIe, ou, plus sûrement, du IIIe siècle de notre ère.

**Le contexte géomorphologique : le Rhône dans l'Antiquité à Arles**

Le fonctionnement du Rhône antique a été étudié à Avignon, à Arles et dans le Trébon, ainsi que sur les anciens bras du delta du Rhône. Sur tous les sites, deux phases de crues hautes et énergiques sont connues : entre le Ier siècle av. J.-C. et le Ier siècle apr. J.-C., puis aux Ve-VIe siècles apr. J.-C. Elles entraînent une mobilité des berges, la réactivation de bras secondaires et l'inondation des secteurs habités proches du lit. La période qui les sépare est, au contraire, caractérisée par des crues moins fréquentes et moins puissantes : aux IIIe-IVe siècles, les notations de crues sont rares. L'une d'entre elles rompt cependant la berge du Rhône après 270-290 apr. J.-C. en rive droite, sur l'emplacement de la rue Guynemer à Trinquetaille. Il est possible que le site du pont de bateaux, en avancée sur le fleuve, ait été plus sensible aux débordements des eaux de crue à cette période.

La comparaison avec les autres sites de la rive droite montre que le site du pont est le seul ne possédant pas de recouvrement sédimentaire naturel post-antique : après la construction du pont, la dynamique de dépôt sédimentaire s'est localement arrêtée pour laisser la place à une dynamique d'érosion. On peut faire l'hypothèse que le chenal du Rhône a migré vers l'ouest à l'amont d'Arles après la période romaine, réduisant le rayon du méandre. Le fleuve est alors venu attaquer sa berge et la structure archéologique, ce qui expliquerait l'absence de sédiments post-antiques.

Mireille Provansal, Hélène Bruneton

matériaux divers – enduits peints, mortier, nodules d'adobe, très abondante céramique[6] – ont été apportés sur toute la surface explorée. Ces dépôts constituent le socle d'une vaste plateforme dont il nous est impossible de déterminer la hauteur faute de disposer des sols contemporains des structures. Le matériel céramique recueilli dans le comblement des tranchées de fondation montre que l'ouvrage date des deux premières décennies du IVe siècle apr. J.-C.

Tout à fait inhabituelle dans ce milieu soumis au risque de crue, la mise en œuvre de cette puissante construction paraît répondre à un programme précis. Effectivement, bien que le substrat sur lequel reposent les maçonneries soit de faible portance, les fondations ne prennent appui sur aucun dispositif palliant ces carences – pieux, lit de blocs... –, à l'instar, par exemple, du cirque romain. Quai Saint-Pierre, les lits de mortier de chaux et de blocs ont été apportés par coulées d'une trentaine de centimètres d'épaisseur et les fosses et tranchées ont été remblayées au fur et à mesure de l'avancement du chantier. Ce procédé a engendré, aux marges des fondations, une intrication tout à fait caractéristique du mortier et des sédiments fraîchement apportés. Ainsi, seules, semble-t-il, la vaste étendue de ces massifs de fondation et leur excellente cohésion compensent les faiblesses intrinsèques du substrat.

En plan, les structures se composent d'un massif de maçonnerie aux contours très érodés, sur lequel s'élèvent trois constructions parementées de directions opposées. Conjuguées aux parois des fosses de spoliation, quelques limites franches des maçonneries permettent de restituer grossièrement les contours du massif de fondation. Celui-ci peut être décomposé en un premier bloc s'avançant en direction du Rhône et qui, après un retrait de quelques mètres, se prolonge en direction du sud. Côté terre, le massif s'étend également vers l'ouest sur une largeur et une longueur que nous n'avons pas réussi à appréhender dans les limites de la fouille ; elle est en tout cas supérieure à une dizaine de mètres en direction de l'ouest et à 3 m au sud. L'ensemble, de facture particulièrement solide, détermine un socle homogène pris

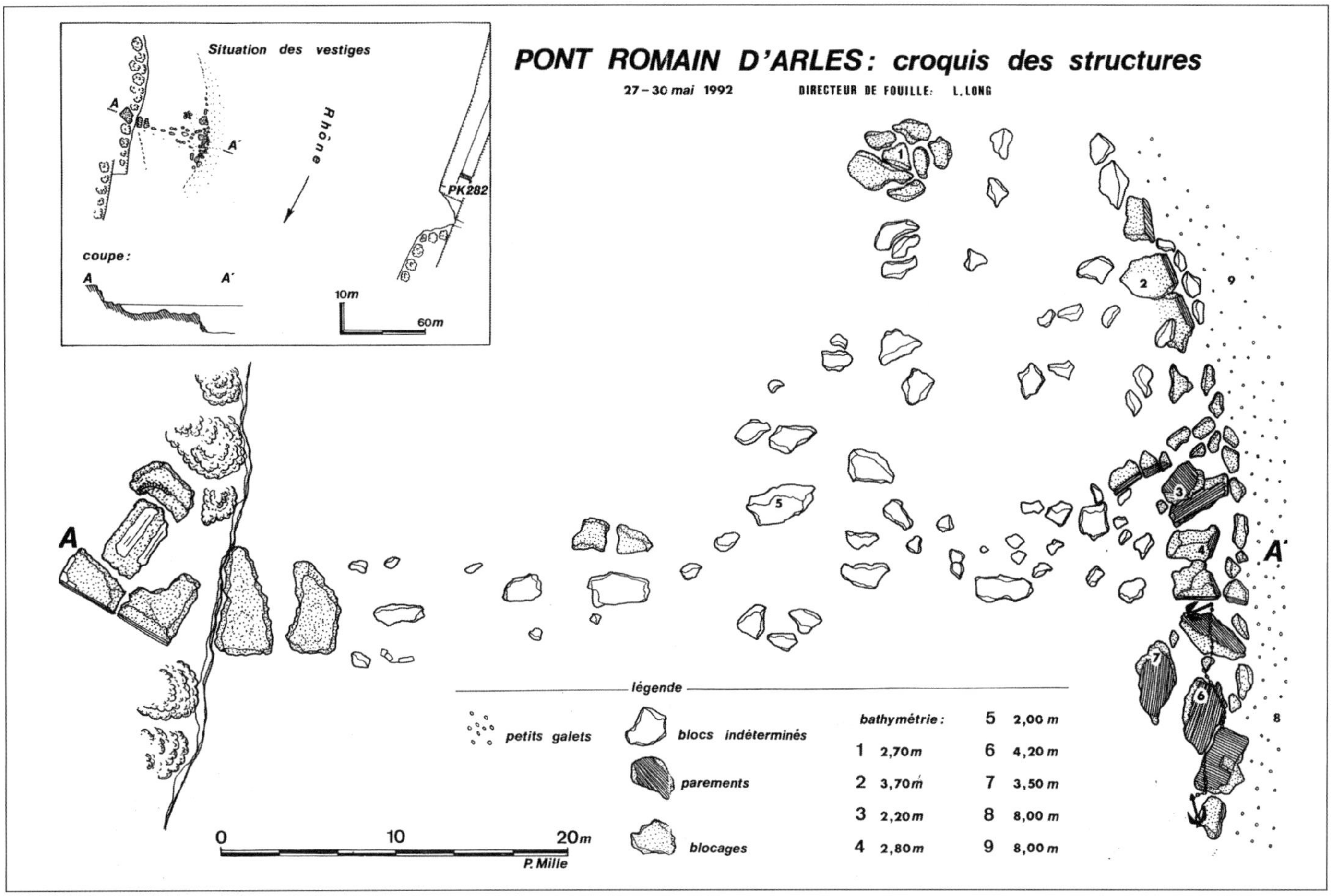


Relevés des structures subaquatiques du pont de bateaux effectués par L. Long et B. Mille en 1992.

dans les remblais. L'amorce de murs et parois est esquissée par quelques assises de parement conservées en partie supérieure de l'ouvrage. Celles-ci semblent s'organiser de part et d'autre d'un puissant mur nord-sud de 1,25 m de large qui, d'après une fosse de spoliation, se prolongeait en direction du sud. Au nord, celui-ci établit la liaison avec un mur perpendiculaire ayant, semble-t-il, au moins la même largeur et prenant la direction du chenal vers l'est. A l'autre extrémité, quelques assises d'un parement esquissent les limites d'un mur de même facture, chaîné à l'ensemble et prenant la direction de l'ouest. Enfin, un massif en blocage prenant appui contre les parements de l'angle nord-est indique que les murs perpendiculaires les plus au nord bordaient une puissante structure dont on ne peut restituer le plan.

En partie nord-ouest de ce premier ensemble vient s'adosser un bâtiment dont les contours sont esquissés par un mur est-ouest et un autre en retour se dirigeant vers le nord, jusqu'à la limite du chenal du fleuve actuel. De facture et de proportion plus conventionnelles, ses fondations sont de même nature que les structures décrites plus haut et parfaitement solidaires de celles-ci. A l'angle externe du bâtiment, une incision rectiligne horizontale pratiquée sur un bloc disposé de chant marque le trait de niveau sur lequel ont été réglées aussi bien les premières assises du parement de ce bâtiment que celles de l'ouvrage décrit plus haut.

L'absence de sols, comme le fait que l'ensemble des structures parementées ait été ennoyé dans les remblais, laissent supposer que les parties en élévation et les circulations se situaient bien au-dessus des vestiges observés.

La restitution de cet ensemble apparaît bien difficile. Si, au nord, la présence d'un bâtiment d'au moins 14 m de côté fait peu de doute, la grande largeur des structures appréhendées en bordure du Rhône et surtout leur altération laissent beaucoup d'incertitudes quant à la fonction et à la forme du bâti auquel elles se rapportent. Avant de tenter d'attribuer une fonction à cet ensemble, il importe de vérifier qu'il s'agit bien d'éléments en relation avec le pont de bateaux.

Relevé des structures antiques (B. Bizot).

Vue d'ensemble des vestiges de la rive droite.

Massif de blocage romain émergeant du quai moderne.

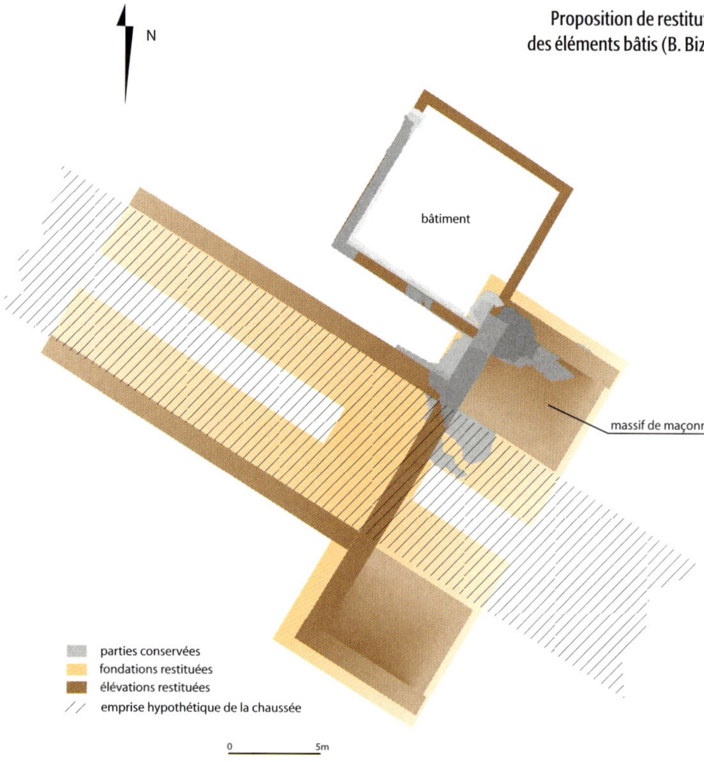

Proposition de restitution des éléments bâtis (B. Bizot).

Alors que les dernières occupations qu'il a été possible d'appréhender en rive droite ne dépassent pas le IIIe siècle (verrerie...), la datation tardive de cet ouvrage en souligne la spécificité. Par ailleurs, les vestiges sont isolés. En effet, ni les découvertes récentes ni les travaux antérieurs à la construction des quais[7] ne font état d'autres structures pouvant s'inscrire en continuité ou à proximité. Enfin, bien que la position topographique des vestiges soit peu précise, les découvertes faites dans le Rhône en 1992 suggèrent, comme l'avait relevé L. Long (1994), que l'ouvrage présentait une continuité en direction du lit du fleuve. Il faut souligner également que la datation proposée est très proche, voire contemporaine, des mentions du pont de bateaux. Ces éléments concourent, à notre avis, à confirmer qu'il s'agit de constructions liées au franchissement du Rhône.

La fonction des structures mises au jour est quant à elle plus difficile à préciser. La nature et l'organisation des sédiments déposés lors de deux crues successives antérieures à la construction de l'ouvrage sont caractéristiques d'apports sur la levée naturelle bordant le chenal. A ces données, il faut ajouter les caractéristiques propres de la construction. Les fondations exhumées n'apparaissent guère en mesure de résister aux attaques latérales et aux sapes du Rhône ; les éléments palliant habituellement ces contraintes – fondations profondes, soubassements, pieux... – sont en effet absents de l'ouvrage que nous avons exhumé. Il faut par conséquent en conclure que celui-ci n'était exposé que de façon tout à fait marginale au courant. Ainsi, en dépit du fait que sa position exacte par rapport au chenal demeure impossible à déterminer, il fait peu de doute qu'il s'agit de constructions proprement terrestres, vraisemblablement situées à l'amorce de l'ouvrage d'art.

L'un des éléments déterminants en vue d'une restitution fonctionnelle d'un tel ouvrage est la chaussée. Ici, en l'absence d'éléments archéologiques, sa position exacte ainsi que sa largeur ne peuvent être déterminées. Nous pouvons cependant supposer que le puissant mur est-ouest dont nous avons suivi le tracé sur une dizaine de mètres pourrait en marquer la bordure nord. Partant de cette hypothèse, si l'on considère que l'ouvrage était symétrique par rapport à l'axe de la chaussée, il est possible de restituer un second mur au sud. La structure serait ainsi à même de supporter un ouvrage de maçonnerie ou un remblai exhaussant progressivement la chaussée par rapport à la plateforme environnante dont nous avons fait état plus haut. A l'emplacement des structures découvertes, la chaussée franchissait en direction du Rhône un chaînage réunissant de part et d'autre deux puissants massifs de maçonnerie, dont la fonction demeure difficile à préciser. Compte tenu de leur faible ancrage dans le sol, il semble que leur élévation était peu importante ; il s'agit peut-être de socles ou de larges piliers. Prenant cette fois le problème depuis le fleuve, si l'on se réfère aux puissantes structures ayant subsisté dans le chenal, les vestiges étudiés s'inscriraient immédiatement avant les constructions les plus massives, de possibles piles du pont. Nous proposons ainsi de restituer un ouvrage précédant la culée de la première arche du pont. Les ponts antiques étant généralement dotés de voûtes en plein cintre élevées au-dessus du niveau des plus hautes eaux, il est probable que les éléments que nous avons étudiés marquent soit l'amorce, soit l'aboutissement de la rampe amenant aux premières arches du pont.

En retrait par rapport à cet ensemble se tenait un bâtiment assez vaste, d'au moins 80 m², dont la fonction nous échappe. Arles étant le siège de douanes, il ne peut être exclu que celui-ci, idéalement placé au départ d'un point de franchissement, soit un point de contrôle ou de perception de droits.

Enfin, il est bien difficile, faute de sols d'occupation, d'estimer la durée d'un tel ouvrage. On signalera simplement qu'une assise de fondation d'un mur plus tardif reliant le bâtiment au long mur est-ouest indique de probables ajouts ou remaniements, qu'il reste impossible de dater.

Ainsi, il est à peu près certain que les vestiges brièvement remis au jour rive droite correspondent au pont de bateaux romain que les ingénieurs du XIXe siècle, comme ceux du SYMADREM, ont eu la sagesse de préserver. Il est également très probable que l'ouvrage dont on aperçoit l'extrémité dans le glacis du quai Saint-Pierre en marque les premiers éléments. Cependant, en établissant une datation très tardive de ces vestiges, la question du franchissement du Rhône au cours de l'Antiquité est loin d'être épuisée, pas plus d'ailleurs que celle de la configuration réelle de l'ouvrage qu'il nous a été donné d'approcher. Il serait vain de chercher à y répondre en l'absence d'éléments architecturaux plus précis. Aussi, plutôt que de conclure, nous poserons à nouveau deux questions qui, tout en donnant à évaluer la tâche qu'il reste à accomplir, invitent peut-être à privilégier quelques pistes pour de futures investigations.

En premier lieu vient la situation très marginale de cet ouvrage par rapport au cœur de la cité. On soulignera, à la suite de Claude Sintes (1999), que cette position est sans doute un héritage ancien, comme le laisse supposer le parfait alignement du départ d'arche de la rive gauche avec la voie prolongeant le grand axe de l'amphithéâtre, l'actuelle rue de l'Amphithéâtre. Ce constat nous ramène résolument à la période flavienne et invite à suivre L.-A. Constans lorsque, se fiant aux caractéristiques du grand appareil de cette arche, il propose une datation Haut-Empire de l'ouvrage. La nouvelle datation que nous proposons actuellement pour l'ouvrage, le début du IVe siècle, renvoie à un autre épisode clé de l'histoire arlésienne, l'époque constantinienne. Il est alors séduisant de lier cette construction à la reprise complète du réseau des voies en Narbonnaise, attestée par l'abondance de bornes milliaires datées entre 306 et 310. Il n'est toutefois pas exclu que les vestiges qu'il nous a été donné d'étudier correspondent seulement à une reprise, une extension ou encore une sensible translation d'un équipement plus ancien. L'histoire des ponts de bateaux modernes nous apprend en effet que ces ouvrages ne durent guère. Faute de vestiges plus explicites ou mieux accessibles à Trinquetaille, l'une des réponses se situe sans aucun doute dans le Rhône où un examen approfondi et un positionnement topographique précis des puissantes maçonneries aperçues en 1992 apporteraient sans doute des indications sur leur nature et leur réel alignement avec ceux qui sont connus sur les deux rives.

L'une des autres questions soulevées par ces ruines concerne la largeur et la direction du chenal du Rhône à l'époque de la construction de l'ouvrage, puis son évolution depuis l'Antiquité. Les données archéologiques et géo-archéologiques recueillies à Arles, et plus particulièrement quai Saint-Pierre, montrent sans ambiguïté que le chenal passait nettement plus à l'est. La rive droite est sans doute à cette époque une rive assez basse, en pente faible, de type convexe. Il n'est, de ce fait, pas exclu que l'arche située rive gauche constitue l'une des constructions les plus avancées dans le lit du fleuve à l'époque antique ; on pourrait s'attendre à trouver d'autres vestiges dans la ville, plus en retrait des berges. Cette disposition impose également de considérer que, rive gauche toujours, en amont des remparts de la cité, le coude du Rhône était plus prononcé et voisinait peut-être avec les marécages du Trébon. Il est bien difficile de préciser à quel moment le fleuve a déplacé son lit plus à l'ouest pour prendre la trajectoire que nous lui connaissons. Au XVIIe siècle, l'abondance des ruines antiques jalonnant cette même rive montre que le processus est en cours ou achevé ; il est peut-être consécutif aux très hauts débits enregistrés tout au long de ce siècle, dont on sait qu'ils ont également imposé d'importantes transformations de la berge en rive gauche[8]. Mais le processus peut tout aussi bien être antérieur ou s'ajouter à un précédent. Ce point, crucial pour la topographie urbaine antique et la géo-histoire du fleuve, impose de porter la plus grande attention aux structures de berge et aux niveaux alluvionnaires qui seront découverts lors des prochaines fouilles archéologiques.

**Notes**

1. Constans (1921) passe en revue les différentes mentions et restitutions depuis la fin du XVIe siècle.
2. *CAG* 13/5, p. 586, n° 211.
3. 1921, p. 341-345
4. Constans 1921, Daniel-Heijmans 1992
5. Nous remercions tout particulièrement Jean-Pierre Gauthier et Pascal Mercier du SYMADREM, ainsi que les entreprises Masoni et ATGTSM.
6. Le matériel céramique contenu dans ces remblais est en majorité composé de tessons d'amphores parmi lesquelles les productions africaines dominent. Les formes des céramiques sont typiques des années 260-270 apr. J.-C. L'abondance d'amphores laisse supposer qu'une partie des matériaux du remblai a été prélevée sur les nombreux dépotoirs jalonnant les berges du Rhône.
7. Constans 1921, Sintes 1999, *CAG* 13/5, n° 238 à 255
8. Le trésorier général Badier demande ainsi que le rempart soit reculé de près de 4 m pour permettre la reconstruction d'un quai sur le fleuve qui empiétait alors continuellement sur la rive. Cette information est citée par F. Benoit (1929, p. 140-141).

# LA RÉSISTIVITÉ ÉLECTRIQUE ET LA GÉOMORPHOLOGIE AU SERVICE DE L'ARCHÉOLOGIE

*Claude Vella, Daniel Hermitte, Jean-Claude Parisot*

Les interventions des chercheurs du CEREGE, Jean-Claude Parisot (IRD), Daniel Hermitte (CNRS), Claude Vella et Hélène Bruneton (université de Provence) ont pour objectif de reconstituer la paléogéographie autour du chenal du Rhône dans l'Antiquité au niveau de la traversée d'Arles. Cette recherche s'intègre dans le cadre d'une étude plus globale, menée sur le delta du Rhône, pour reconstituer à l'échelle de l'Holocène (10 000 dernières années) les dynamiques qui ont conduit à la constitution du delta *(fig. 1)*. La traversée d'Arles constitue un point nodal de la paléogéographie fluviale. Les informations recueillies sur ce site permettront d'améliorer le modèle conceptuel d'édification du delta du Rhône élaboré à ce jour[1].

Pour reconstituer la paléogéographie autour du chenal, nous utilisons la méthode de tomographie de résistivité électrique, basée sur des mesures non destructrices à partir de la résistivité des terrains à un courant électrique. La tomographie de résistivité électrique (TRE) permet d'obtenir une image en continu des valeurs de résistivité du sous-sol selon une

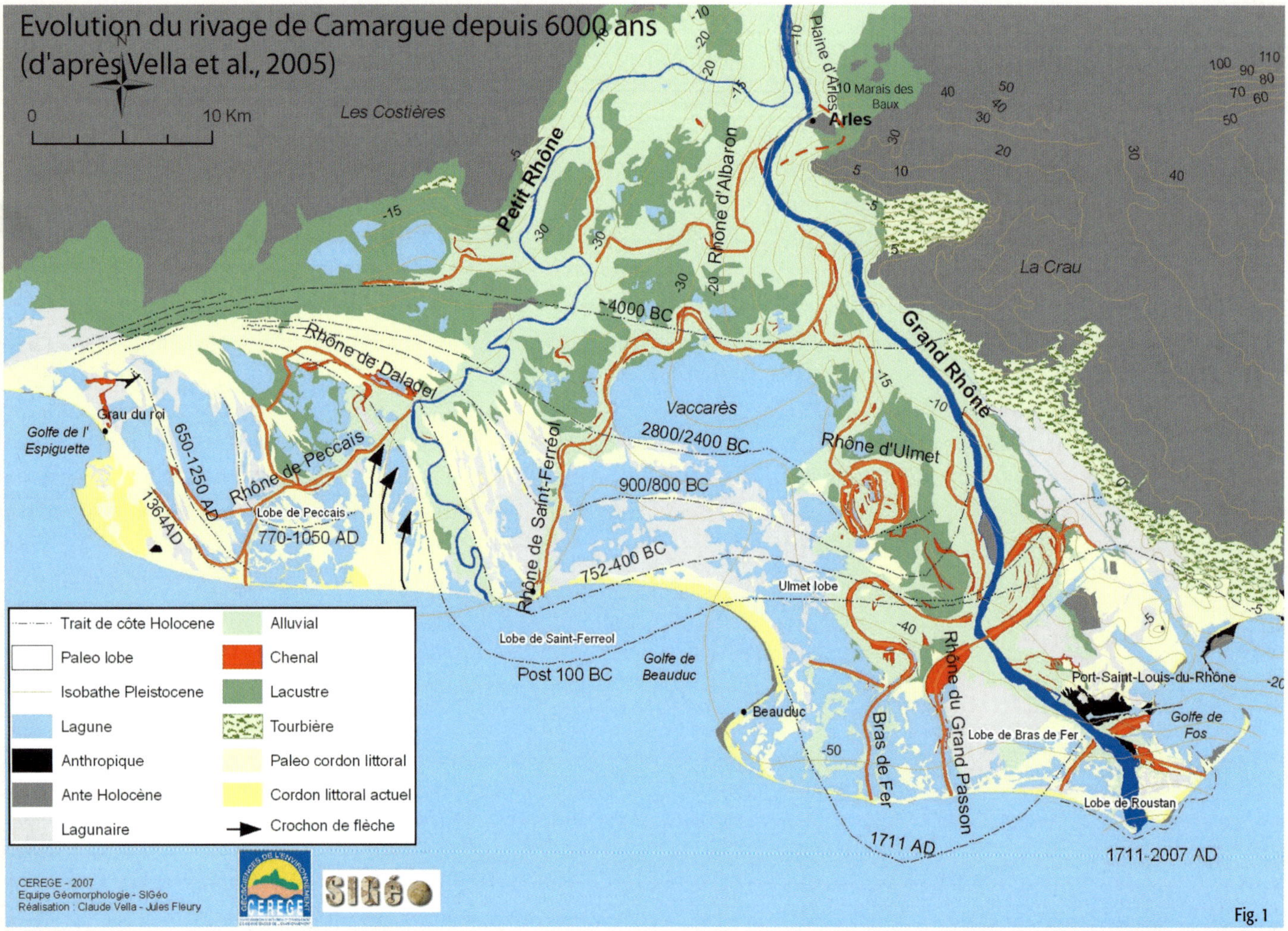

Fig. 1

1. Vella *et al.*, 2005.

## Profils géoélectriques en rive droite du Rhône au niveau de l'ancienne gare maritime

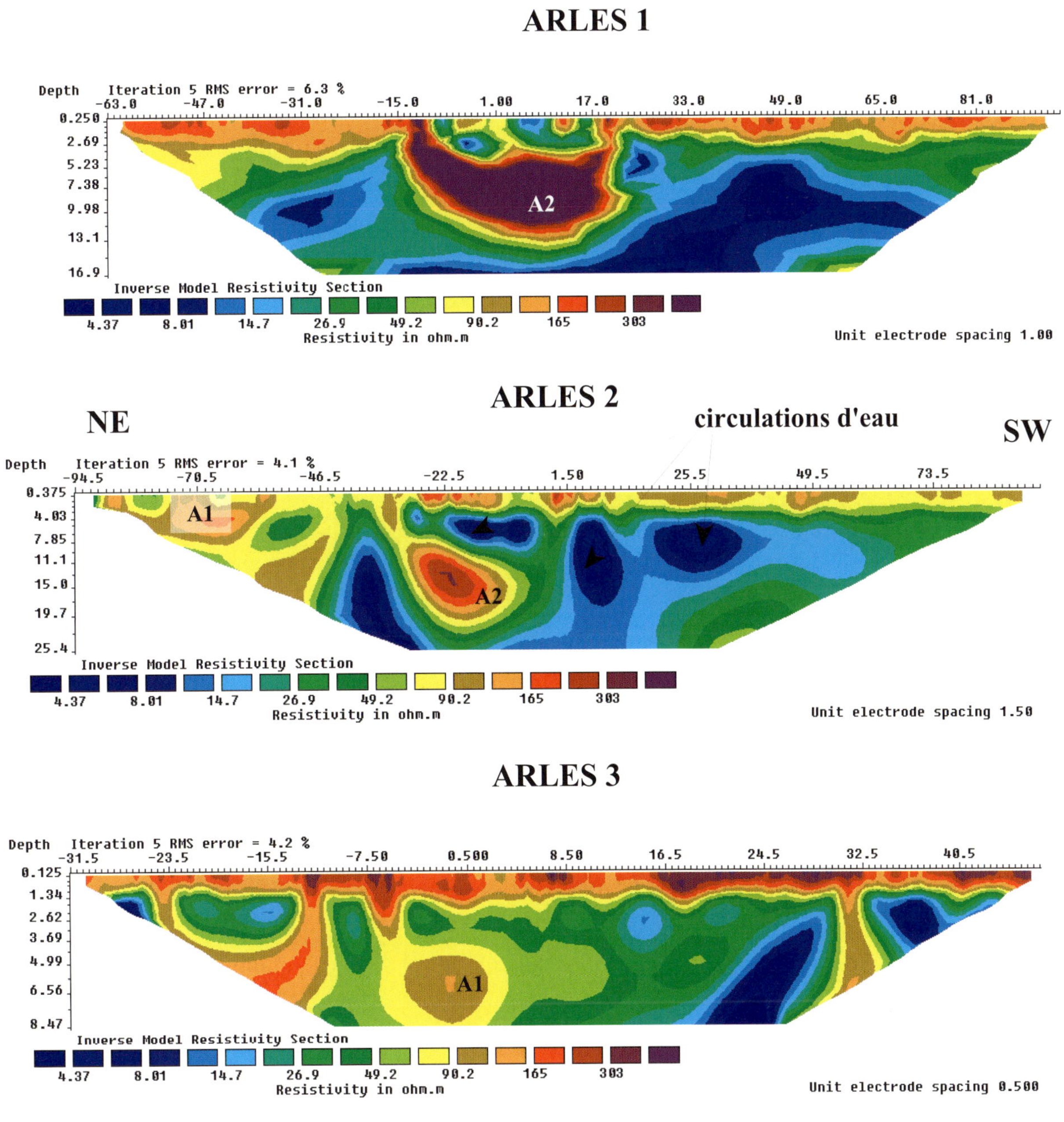


Fig. 2

Les trois profils tomographiques de résistivité électrique rendent compte d'une forte résistivité en sub-surface comprise entre 0 et 4 m de profondeur environ. Au-delà, la nappe phréatique du Rhône semble "baigner" les dépôts sédimentaires et les résistivités électriques faiblissent fortement (terrain bleu ou vert). Les profils Arles 1 et 2 mettent clairement en évidence une anomalie très fortement résistive notée A2 et située entre environ 8 et 11 m de profondeur. On notera la grande similitude de profondeur entre cette anomalie et des données issues de carottages géotechniques réalisés au nord-ouest dans le quartier de Trinquetaille. Une seconde anomalie plus proche de la surface (A1) a été mise en évidence sur les profils Arles 2 et Arles 3, réalisé à plus haute résolution. Enfin on notera la présence de circulations préférentielles d'eau probablement venue du Rhône et traversant les quais. Ces circulations ont été clairement mises en évidence par les travaux de diagnostic des quais et font l'objet de travaux par le SYMADREM dans le confortement des ouvrages.

coupe verticale. La résistivité d'un corps, qui est sa capacité à résister au passage d'un courant électrique, dépend essentiellement de trois facteurs : la porosité, la nature du fluide (eau) présent dans l'espace poreux et la minéralogie (la résistivité diminuera en présence d'argiles ou de sels partiellement dissociés alors qu'elle augmentera en présence de calcaire ou de grès plus massifs). Cette technique peut permettre, si les contrastes de résistivités sont suffisants, de mettre en évidence des objets dans leur encaissant sédimentaire. Les valeurs de résistivités obtenues renseignent sur la nature lithologique et la géométrie des terrains. L'interprétation des résultats obtenus par cette méthode indirecte doit être validée par des observations *in situ*, carottages et/ou observations stratigraphiques. La profondeur d'investigation et la définition des résultats dépendent de l'espacement entre les électrodes.

En l'état de la recherche, seules des mesures de résistivité, ont été réalisées et quelques sondages et carottages de surface ont été conduits dans le chenal en rive gauche et sur la berge en rive droite. Ils permettent cependant de proposer quelques hypothèses pour les archéologues.

Trois profils électriques à résolutions différentes (*fig. 2*) ont été réalisés le long du Rhône au niveau de l'ancienne gare maritime au nord du pont autoroutier. Ces profils mettent en évidence deux anomalies majeures, l'une située vers 5 m de profondeur et une seconde située vers 11 m. Ces anomalies géophysiques peuvent s'apparenter à des structures archéologiques. L'épaisseur du remblai lié à la construction des quais est d'environ 3 à 4 m, des entrées d'eau probablement à partir du chenal actuel semblent "baigner" les remblais en formant des sortes de chenaux. Les dépôts probablement naturels à partir de 4 à 5 m de profondeur sont masqués par les faibles contrastes entre les niveaux de remblai et la berge naturelle. Cependant, deux anomalies importantes ont été mises en évidence. Celle notée A1 pourrait correspondre à un artefact archéologique. En effet, sa profondeur à environ 5 à 6 m sous le couronnement du quai pourrait tout à fait correspondre au niveau de la berge antique. La deuxième anomalie de très forte résistivité, notée A2, se situe entre 11 et 15 m de profondeur. Compte tenu de son enfouissement important, il est plus probable qu'il s'agisse d'une forme sédimentaire naturelle. Cependant, cette forme est difficilement explicable géomorphologiquement ou géologiquement. Les chenaux naturels, lorsqu'ils sont colmatés, le sont en général par des matériaux peu résistifs (argiles) et, lorsqu'il s'agit de sables, ils sont, à ces profondeurs, baignés par l'eau de la nappe et constituent des zones de circulation préférentielle de l'eau. Dans ce cas, ils sont très peu résistifs. Deuxième hypothèse, cette anomalie pourrait correspondre à une remontée du substrat calcaire. Cependant la faible extension et le non-enracinement de la forme n'est pas compatible avec cette hypothèse d'ailleurs non

Fig. 3

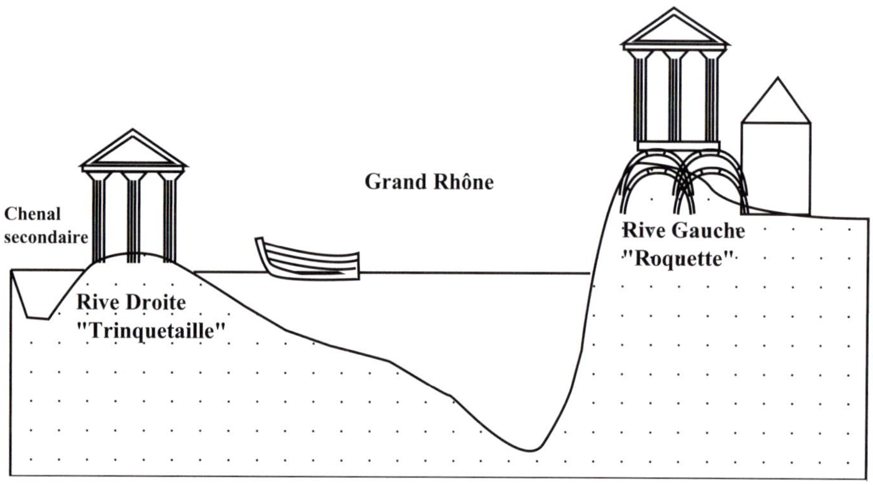


Bord du Rhône à l'Antiquité Romaine dans la traversée d'Arles

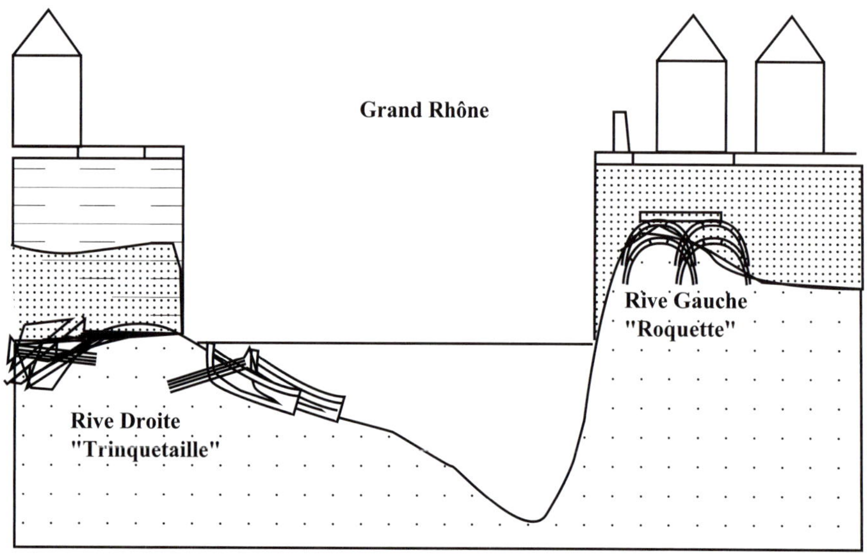


Bord du Rhône actuel traversée d'Arles

confirmée par les sondages géotechniques réalisés à proximité. Dans ce secteur, le substrat calcaire a été reconnu à plus de 30 m de profondeur et les nappes caillouteuses probablement quaternaires apparaissent à partir de 20 m environ. Une troisième hypothèse, désormais beaucoup plus plausible, est envisagée. En effet, dans le quartier de Trinquetaille, des sondages géotechniques ont mis en évidence des anomalies au moins aussi profondes que celle observée ici. Il s'agit de couches de blocs et de pierres situées entre 8,5 m et 11,5 m sous la surface, prises en sandwich entre les couches d'alluvions et les argiles naturelles du Rhône. Ces blocs et ces pierres peuvent difficilement avoir une origine naturelle. La probabilité qu'il s'agisse d'aménagements archéologiques est très forte. Ces aménagements peuvent être en place ou à l'état de remblais jetés dans des dépressions formées par des chenaux naturels par exemple. La situation altimétrique de cette couche est comprise entre – 2,4 et – 5,6 m NGF. Comment expliquer des aménagements ou des artefacts archéologiques aussi profonds ? En effet, dans l'Antiquité romaine le niveau marin est légèrement inférieur, entre – 0,75 et – 0,3 m NGF, au niveau marin actuel[2]. L'explication peut être liée à une topographie contrastée dominée par une dissymétrie de berge entre une rive droite plus ou moins concave, surélevée, et une rive gauche, plus ou moins convexe, surbaissée. Des chenaux et dépressions naturelles colmatées par des remblais de couche de destruction ou d'assainissement pourrait expliquer la présence d'artefacts aussi profonds *(fig. 3)*.

Enfin, les résistivités mesurées en ohms le long du Rhône en rive droite ne correspondent à aucune mesure de résistivité d'éléments archéologiques pour l'instant observée à Arles. Les découvertes récentes dans une cave, place Jean-Baptiste-Massillon (rive droite), ont permis des mesures *in situ* de résistivité d'éléments architectoniques importants (arcs de soutènement ?) légèrement enfouis. Or, les valeurs mesurées y sont bien inférieures à celles observées dans les profils de rive droite. Les plus sceptiques y verront une confirmation du caractère naturel de l'anomalie résistive A2, les plus optimistes la confirmation de l'existence d'éléments architectoniques exceptionnels en relation avec les éléments de corniche et autres blocs découverts par Luc Long dans le Rhône. Quoi qu'il en soit, les indices sont maintenant suffisamment nombreux pour lancer des investigations importantes sur ces anomalies exceptionnellement résistives.

2. Vella *et al.*, 2005.

# Le lapidaire architectural

*Anne Roth Congès*

Les vingt-sept blocs étudiés ci-dessous constituent un lot disparate : rares sont ceux qui pourraient appartenir au même monument et, même lorsque c'est le cas, on n'en a pas la certitude. Leur état de conservation est relativement bon, mais parfois l'usure, les dépôts ferreux, les concrétions, la patine ne facilitent pas l'étude des surfaces et de l'outillage utilisé pour la taille de la pierre. Ils se répartissent en sept bases (une de socle et six de colonnes), sept fûts, cinq chapiteaux, deux frises, deux corniches, deux acrotères, un bloc d'assise courante à décor figuré et une cimaise. L'architecture assurément funéraire (quatre blocs) ou de dimensions réduites (module du monument inférieur à 2' = 59,2 cm ; 1' = 1 pied romain = 29,6 cm) y est largement prépondérante (vingt-deux blocs sur vingt-sept), reflétant bien à première vue le paysage de *domus* et de nécropoles reconnu au *suburbium* de la rive droite du Rhône[1]. Les quatre autres blocs appartiennent à des monuments de moyennes dimensions : un fragment de fût de colonne, un autre de chapiteau suggèrent de restituer des modules de 2,5' (74 cm), tandis qu'une corniche et un acrotère témoignent de modules proches ou à peine supérieurs à 2' (59,2 cm) ; un seul élément, une base composite en marbre, indique un module de 3,5' (98,6 cm). Pour donner des ordres de grandeur, dans le centre monumental de la colonie, si les colonnes en marbre de la *scaenae frons* du théâtre ont un module de 2,5', celles de la *Porta Regia* atteignent 3' (88,8 cm), tandis que le chapiteau de pilastre en calcaire à deux assises conservé dans le *parascaenium* sud révèle un monument augustéen ou julio-claudien d'un module de 3,25', et que la base attique en marbre déposée dans le *parascaenium* nord a un diamètre de 3,75' (111 cm) ; à Nîmes, la Maison carrée a un module de 3', pour une surface au sol de 25,23 x 12,34 m et une hauteur d'environ 17 m, socle compris.

Chapiteau corinthien.

Le profil chronologique des blocs du Rhône, toutefois, apparaît plus ancien que celui attendu, si l'on se réfère à la datation de la plupart des vestiges découverts à Trinquetaille, quartier réputé pour connaître son premier essor à l'époque flavienne et son *floruit* entre le milieu du IIe et celui du IIIe siècle[2] : sur les dix-neuf éléments datables avec quelque sécurité, plus de la moitié (dix ou onze) sont antérieurs à l'époque flavienne, cinq autres se rapportent plus largement aux Ier et IIe siècles apr. J.-C., un est attribuable à la seconde moitié du IIe siècle de notre ère, deux enfin à l'Antiquité tardive ; le lot le plus ancien comporte quant à lui un élément sûrement antérieur à la fondation de la colonie, et quatre ou cinq mis en œuvre avant le changement d'ère. Peut-être convient-il cependant de relativiser cette impression d'anachronisme en observant, après M. Heijmans[3], que des niveaux préflaviens existent sur la rive droite du Rhône, mais n'ont guère été explorés ; et en considérant que les vestiges de monuments tardo-républicains ou proto-augustéens issus des fouilles subaquatiques, s'ils proviennent bien de la rive, y sont peut-être moins isolés qu'il ne paraît. En effet, la grande cour portiquée à forte composante religieuse fouillée sous le cimetière de Trinquetaille, dont la construction est datée de la fin du Ier siècle av. J.-C.[4], témoigne d'un état monumental plus ancien, que désignent ses bases sans plinthe, à haute portion de fût intégrée, dont le tore unique a une saillie parfois très marquée[5] : elles sont sans aucun doute antérieures au changement d'ère, ainsi probablement que les couronnements sobrement moulurés trouvés au même endroit[6].

N. B. 1' = 1 pied romain = 29,6 cm

1. *CAG* 13/5 2008, p. 168-171 (V. Blanc-Bijon), p. 203-205 (M. Heijmans), p. 594-695. Le module des colonnes de l'aire portiquée trouvée sous le cimetière de Trinquetaille est de 58 cm : *ibid.* p. 624.
2. *CAG* 13/5 2008, p. 162-163 (M. Heijmans). **3.** *Ibid.* **4.** *CAG* 13/5 2008, n° 262, p. 620-632. **5.** *Ibid.* p. 625, fig. 908, p. 627, fig. 913 **6.** *Ibid.* p. 629, fig. 917. Une occupation de la seconde moitié du Ier siècle av. J.-C. est d'ailleurs attestée avant la construction des portiques, *ibid.* p. 620-623.

## LES CARRIÈRES DE CALCAIRE

Au cours des visites des mercredi 25 et jeudi 26 mars 2009, plusieurs éléments d'architecture provenant du Rhône ont été observés pour identification de la pierre et de sa carrière de provenance. Trois ensembles de carrières ont ainsi été identifiés.

**1. Anciennes carrières de Fontvieille**

Une carrière est toujours en activité au nord du village de Fontvieille. On peut y observer les deux faciès de calcaires d'âge miocène (18 millions d'années) : un faciès blanc jaunâtre, contenant des coquilles fossiles de bivalves et des nodules plus blancs d'algues calcaires ; un faciès blanc, biodétritique, poreux.

Ces deux types de calcaire, extraits des carrières antiques, ont été utilisés, entre autres, pour l'amphithéâtre de la ville : le faciès jaune à la base des contreforts, le faciès blanc en hauteur pour les arcs.

**2. Les anciennes carrières des environs de Nîmes**

Plusieurs carrières ont été exploitées au nord de Nîmes dans l'Antiquité dans les terrains barrémiens (115 millions d'années, crétacé inférieur). Le calcaire extrait est fin (micritique) et résistant, de teinte gris clair à beige clair, il prend une patine blanche. Il se retrouve dans la construction des édifices antiques de la ville : amphithéâtre, base de la Maison carrée. Ce même type de calcaire a été utilisé pour les dalles du podium de l'amphithéâtre d'Arles.

**3. Les anciennes carrières du Bois des Lens**

Le massif calcaire urgonien du Bois des Lens, à 25 km à l'ouest de Nîmes, sur les communes de Fons, Moulézan, Montagnac, Saint-Mamert, Montmirat, Crespian et Combas, a été activement exploité dès l'époque hellénistique pour les constructions de Nîmes. Ce calcaire blanc et fin, composé de petites sphères de calcite (les oolithes), était très apprécié des sculpteurs.

Annie Blanc

Bibliographie

Jean-Claude Bessac, "L'archéologie des carrières de pierres de taille en France méditerranéenne", Pierre et Archéologie, collection "Etudes", Presses université de Perpignan, 2002, p. 15 sqq. Jean-Claude Bessac, "Les carrières du bois des Lens (Gard)", Gallia, 2002, T. LIX, p. 29-51.

## Les bases

### 1. Base "gallo-grecque"*

Arles ; Rhône, zone 3, secteur 3
III^e^-I^er^ siècle av. J.-C.
Calcaire coquillier blanc
h. 49,5 ; L. 75 ; l. 79,5
X-16503

Base d'ante ou de socle apparemment complète. Le lit de pose, plan, est dressé à grands coups de ciseau. La face arrière, également traitée au ciseau, s'adossait à un autre élément : elle montre, sauf en bas, un bandeau périphérique assez soigné (l. 8 à 11) et une faible dépression centrale. Sur les trois faces, une plinthe haute de 16 à 18 cm, rapidement dressée au ciseau (son insertion dans un dallage n'est pas à exclure), porte, en retrait de 2,5 cm et sur un listel plat, un cavet ou congé haut de 27 cm et profond de 9,5 à 12 cm. A 3-4 cm en arrière du nu de la moulure, en haut, on distingue sur tout le pourtour, sauf l'arrière, les traces du départ d'un plan vertical. Le lit d'attente, très abîmé, semble conservé sur une dizaine de centimètres à l'arrière ; dans ce cas, le bandeau supérieur serait haut de 5 cm environ.

La maladresse de la taille et le profil sommaire de la mouluration attribuent cet élément à l'un des ateliers indigènes de taille de la pierre actifs sur le pourtour des Alpilles dans les derniers siècles de la République, avant et après la conquête romaine, et dont le répertoire s'inspirait de l'architecture hellénistique.

### 2. Base de colonne*

Arles ; Rhône ; 2007
Dernier quart du I^er^ siècle av. J.-C.
Calcaire dur à grain fin
h. 12,3 ; L. max. cons. 50 ; l. max. cons. 24,5
RHO.2007.00.1932 (anc. inv. Rh-07-126)

Fragment de base attique de colonne en calcaire ; la moitié environ est conservée. Le lit de pose (Ø 45) est dressé à la gradine, assez rapidement au centre, qui est très légèrement démaigri, plus finement à la périphérie sur une largeur de 9 cm environ. Le lit d'attente (Ø 38) est assez finement ciselé à la périphérie sur une bande de largeur très irrégulière (de 2,5 à 12 cm) ; le centre est rapidement piqueté à la broche et très légèrement démaigri. Au-dessus d'une pastille de décharge, tore en demi-rond (h. 4), listel plat, scotie écrasée à fond plat (h. 1,5), tore en demi-rond (h. 2,5), listel plat, cavet (h. 2,4). Le rapport entre la hauteur de la base et le diamètre inférieur du fût est particulièrement faible (environ 1/3 contre 1/2 en général). Ce diamètre, proche de 1,25' (37 cm), indique une colonne haute de 3,80 m maximum. Le profil "en trait de scie" de la scotie suggère une datation dans le dernier quart du I^er^ siècle av. J.-C.

### 3. Base de colonne*

Arles ; Rhône ; 2007
I^er^-II^e^ siècle apr. J.-C.
Calcaire fin, carrières des alentours de Nîmes (30)
h. 17,2 ; Ø supérieur env. 30
RHO.2007.00.1914 (anc. inv. Rh-07-08)

Base de colonne complète, avec cassures. Le lit de pose et le lit d'attente, plans, sont dressés à la gradine fine. Sur une plinthe (h. 5,5), tore, listel plat, cavet, tore supérieur abattu. Proche de 1 pied, le diamètre inférieur du fût indique une colonne de petite taille (3 m max.) ; le profil est très usé.

### 4. Base de colonne [14]

Arles ; Rhône, zone 5, secteur 3 ; 2007
I^er^-II^e^ siècle apr. J.-C.
Marbre blanc
h. 14 ; L. 35,7 ; Ø inférieur du fût env. 26,5
RHO.2007.00.1807 (anc. inv. Rh-07-1)

Base attique de colonne en marbre blanc, complète, un angle de la plinthe cassé, tore supérieur abattu. Le lit de pose, plan, est rapidement dressé à la gradine ; le lit d'attente, également plan, est soigneusement fini avec le même outil. Sur une plinthe haute de 5,8 cm environ se succèdent un tore, un listel plat, une scotie peu développée, un astragale et un tore. Le diamètre du fût peut être estimé à 9 ou 10/12 de pied (22,2 à 24,6 cm), ce qui suppose une colonne de faible hauteur (2,5 m max.), appartenant à un ordre intérieur ou de façade, ou à un petit monument.

## 5. Base de colonne*

Arles ; Rhône ; 2009
Antiquité tardive
Marbre blanc
h. max. cons. 29,5 ; L. max. cons. 48 ; l. max. cons. 48,5
X-16553 (anc. inv. Rh-09-77)

Fragment de base de colonne en marbre blanc, cassée en bas, une portion d'arc conservée : on reconnaît de bas en haut la partie supérieure d'une scotie (h. max. cons. 6), un listel (h. 3), et le tore supérieur (h. 6).
La scotie est lisse, mais il reste des traces de ciseau sur le listel et sur la face du tore ; le haut de ce dernier est fini à la gradine fine ; le lit d'attente, dressé au ciseau, est achevé avec une gradine plus large. Sur celui-ci, à 13 cm du bord, on observe une cavité de profil dissymétrique (L. 8 ; l. ± 2 ; prof. ± 1,5 max.) avec de petits trous sur le long côté ; elle ne semble pas se rapporter au premier emploi de la base.
Le diamètre mesurable au tore, de 117 cm, permet de restituer un diamètre au bas du fût de 99 cm environ (3,5' = 98,6 cm) ; on peut à partir de là restituer la hauteur de la base, en principe égale à la moitié du diamètre, autour de 49,5 cm (49,33 cm), et estimer la hauteur totale de la colonne entre 8 et 10 m. Matériau et module attestent d'un ordre monumental.
La faible hauteur du tore supérieur et la présence du listel indiquent une base composite à deux scoties, pour laquelle on propose une datation large : Ier-IIe siècle de notre ère.

## 6. Base de colonne*

Arles ; Rhône ; 2006
Antiquité tardive
Marbre rouge
h. 32,7 ; L. 38,3 ; Ø fût 25,5
X-15976

Base de colonne en marbre rouge, complète, un angle abattu.
Le lit de pose est rapidement traité à la broche ; au centre, petite cavité à profil arrondi, Ø 3-4 cm, prof. 1,5. Le lit d'attente, également plan, a reçu le même traitement, avec un piquetage plus fin ; au centre, cavité cylindrique à bord supérieur évasé, Ø 2 cm environ (prof. non mesurable).
Le profil se compose, de bas en haut, d'une plinthe (h. 9), d'une doucine renversée (h. 7,6), d'un listel plat (h. 1,5), d'un cavet renversé (h. 5,4), et d'une portion de fût (h. 7,4).

## 7. Base de colonne*

Arles ; Rhône ; 2007
Antiquité tardive
Calcaire coquillier blanc à patine jaune
h. 29,7 ; L. max. cons. 50 ; l. 47
RHO.2007.00.1895 (anc. inv. Rh-07-89)

Base de colonne octogonale. Lit de pose plan, rapidement dressé au taillant ; lit d'attente grossièrement dressé. La colonne repose sur une plinthe (h. 13), sur laquelle elle est décentrée et désaxée ; le travail est hâtif et maladroit ; le profil se limite à trois moulures arrondies (h. 7, saillie 6), une portion de fût le surmonte (27,3 x 26,5 ; h. 8,3). Deux encoches décalées semblent avoir accueilli un chancel : l'une, centrée sur un pan de la colonne, entame le dé et les deux premières moulures ; l'autre, décalée vers l'arrière, cassée, n'entame que la première moulure et le dé.

# Les fûts de colonne*

## 8. Fût de colonne

Arles ; Rhône ; 2007
Période antique
Calcaire froid
h. max. cons. 70,5 ; Ø au joint 30,1
RHO.2007.00.1906 (anc. inv. Rh-07-100)

Fragment de fût de colonne lisse en calcaire froid, un joint conservé. La surface est dressée par piquetage, à l'aiguille, peut-être pour accrocher un enduit.

## 9. Fût de colonne

Arles ; Rhône ; 2005
Période antique
Calcaire
h. 179,5 ; Ø lit de pose 31 ; Ø astragale 29
X-15140 (anc. inv. MRH 05 SN 10)

Fût de colonne lisse complet, quasi intact. Lit de pose plan ; au lit d'attente, bandeau périphérique finement ciselé, largeur 4 cm environ ; le centre est piqueté, sans défoncé sensible. L'astragale, haut de 3 cm, est saillant de 1,5 cm. Le fût a subi une abrasion verticale : dans sa partie inférieure, sur 70 cm de haut, il conserve des traces de gradine, disparues au-dessus par polissage.

## 10. Fût de colonne

Arles ; Rhône ; 2006
Période antique
Calcaire coquillier blanc
h. max. cons. 24,5 ; L. max. cons. 70 ; l. max. cons. 30,5 ; Ø restitué 73,2
X-15972

Fragment de colonne cannelée, une partie de joint est conservée ainsi que neuf cannelures (l. 7 environ ; prof. 2,5 environ ; l. méplats 2 à 2,5) ; on peut en restituer vingt-quatre, avec un diamètre de 73,2 cm (2,5' = 74 cm). Cela témoigne d'un monument relativement important, mais qui reste dans un rapport d'environ 5/6 à la Maison carrée (Ø inférieur de la Maison carrée : 3' = 88,8 cm ; Ø supérieur : 81 cm).

## 11. Fût de colonne*

Arles ; Rhône ; 2007
Période antique
Calcaire de type jaune, carrières de Fontvieille (13)
h. max. cons. 35 ; Ø 42
RHO.2007.00.1904 (anc. inv. Rh-07-98)

Fragment de fût de colonne cannelée rudentée. Vingt cannelures (l. 4,2 ; l. méplats 1,8 à 2).

## 12. Fût de colonne*

Arles ; Rhône ; 2007
Période antique
Calcaire jaune de Fontvieille (13)
h. max. cons. 60,5 ; L. max. cons. 53
RHO.2007.00.1907 (anc. inv. Rh-07-101)

Fragment d'extrémité de fût de colonne ayant conservé une partie de son lit d'attente, plan et ciselé, et quatre cannelures rudentées. Au-dessus du congé, listel plat (h. 0,6) et astragale (h. 4). Les cannelures sont larges de 6 cm, les méplats de 2 à 2,5 cm. Le diamètre restitué au niveau des méplats (56 cm, soit vingt cannelures), s'il est celui de la base du fût – ce que semblent indiquer les rudentures –, conviendrait au chapiteau corinthien RHO.2007.00.1968 (cat. n° 17), qui est taillé dans le même matériau.

## 13. Fût de colonne*

Arles ; Rhône ; 2007
Période antique
Marbre blanc
h. max. cons. 27,5 ; L. max. cons. 32,5 ; l. max. cons. 17,5
RHO.2007.00.1808 (anc. inv. Rh-07-2)

Fragment d'extrémité de fût de colonne lisse, diamètre en haut du fût restitué 31 cm. Le lit d'attente est plan, avec bandeau ciselé sur 4-5 cm à la périphérie, le centre étant traité plus rapidement à la gradine puis au ciseau. Au-dessus du congé, listel plat (h. 1) et astragale (h. 2).

## 14. Fût de colonne

Arles ; Rhône, zone 6, secteur 4 ; 2007
Période antique
Marbre gris foncé
h. max. cons. 78 ; Ø 22
RHO.2007.00.1909 (anc. inv. Rh-07-103)

Fragment de colonnette torse, cassée aux deux extrémités. Vingt cannelures (l. 2,1 ; prof. 0,3 ; l. méplats 0,6) s'enroulent vers la droite. Travail soigné.

4

6

9

14

10

## Les chapiteaux

### 15. Chapiteau ionique [27]

Arles ; Rhône, zone 5, secteur 4 ; 2008
45-10 av. J.-C.
Calcaire fin blanc, carrières du Bois des Lens (30)
h. cons. max. 15,5 ; L. cons. max. 37 ; l. cons. max. 27,5
X-16103

Chapiteau ionique à balustres ; abaque, côté gauche et arrière cassés.

Le lit de pose, plan, est soigneusement dressé à la gradine.

Sur la face du chapiteau sont conservés de bas en haut, cassés à gauche : un talon lisse, un astragale décoré de perles et pirouettes, et l'échine mutilée à oves globulaires, coquilles assez fines et dard effilé ; une demi-palmette recouvre à moitié l'ove droit. La volute montre deux enroulements complets au canal faiblement concave, avec listel et orle ; au centre, une fleurette à trois pétales et cœur foré cylindrique ; un mince lobe d'acanthe couvre le haut de la volute. Au-dessus, le canal disparaît, remplacé par l'abaque sur lequel on distingue la partie inférieure d'une tresse ou torsade.

Le balustre conservé à droite présente un baudrier d'écailles imbriquées encadrées par deux cordons torsadés ; il est enveloppé dans une large feuille d'acanthe à trois folioles avec, en haut, le départ d'une quatrième, sèchement taillée et incisée, à découpage symétrique "en harpon[7]".

Les dimensions du chapiteau peuvent être restituées à partir de ses axes : L. 48 ; l. 40. Le diamètre au lit de pose (29,3 cm = ±1') permet d'évaluer à 1,25' environ (37 cm) le diamètre inférieur du fût, et entre 3 et 3,70 m la hauteur totale de la colonne. Le découpage symétrique de l'acanthe indique une datation antérieure à 10 av. J.-C.

### 16. Chapiteau corinthien [68]

Arles ; Rhône, zone 13, secteur 3 ; 2009
45-20 av. J.-C.
Calcaire oolithique du Bois des Lens (30)
h. 47 ; Ø lit de pose 38
X-16549

Chapiteau de colonne corinthien conservé sur toute sa hauteur, cassé aux angles et sur une partie du lit d'attente, deux faces mutilées.

Le lit de pose, plan, dressé au ciseau, montre une cavité de goujon carrée. L'acanthe présente un découpage symétrique formant des "gouttes" au contact des digitations[8]. Les caulicoles larges et plats, à languettes verticales concaves, légèrement obliques, ont un ourlet à deux boudins. La tige du fleuron est cachée par une palmette sur laquelle reposent les extrémités des feuilles centrales des calices, qui se confondent en s'enroulant vers l'avant.

15

7. Roth Congès 1983, p. 129-130. 8. Roth Congès, 1983, p. 118-123.

Les hélices, à ruban lisse et légèrement concave, mordent l'abaque sur 2 à 3 cm et s'écartent largement pour faire place au fleuron (cassé) ; les crosses angulaires, à l'enroulement abattu, sont ourlées et légèrement concaves. L'abaque présente, de bas en haut, un listel et un cavet lisses, et une moulure cassée, sans doute un quart-de-rond, où se distingue la trace d'un décor, probablement d'oves et de fers de lance. Le lit d'attente, plan, est dressé au ciseau.
Le diamètre inférieur du chapiteau (38 cm = 1,25') suggère, pour celui du bas de la colonne, une valeur proche de 1,5' (44,4 cm), ce qui relève vraisemblablement de l'architecture privée, *domus* ou mausolée ; de ce fait, la hauteur de la colonne peut varier de 2,64 à 4,40 m.
Le découpage symétrique de l'acanthe assigne à ce chapiteau une datation haute, tardo-républicaine ou proto-augustéenne. Le type "à gouttes" est emprunté aux ateliers originaires d'Asie Mineure venus travailler le marbre en Occident à la fin de la République et dans les premières années de l'Empire : on le trouve dès le début des années 30 av. J.-C. à Glanum sur le mausolée des *Iulii* et le temple de Valetudo, puis, à Arles même, sur les corniches du front de scène du théâtre (20-10 av. J.-C.), et à Nîmes sur le petit côté du chapiteau de la porte d'Auguste (16-15 av. J.-C.). Toutefois, les hélices du chapiteau trouvé dans le Rhône, débordant sur l'abaque et de ce fait largement écartées de part et d'autre du fleuron, appuient une datation plus haute. Caractéristiques des chapiteaux tardo-républicains de Gaule cisalpine (mausolée d'Obulaccus à Sarsina) et de la *Prouincia*, on les trouve en particulier, avec une acanthe et des caulicoles identiques quoique plus rustiques, sur les chapiteaux du temple de Valetudo dédié par Agrippa au cours de son premier voyage en Gaule (39 av. J.-C.) ; encore présentes sur les temples de Vienne et Vernègues et aux temples géminés de Glanum (vers 30-20 av. J.-C.), elles se normalisent définitivement sur les chapiteaux du front de scène du théâtre d'Arles. Le chapiteau du Rhône, qui a pu servir de modèle à ceux de Glanum, remonte aux toutes premières années de la colonie, et au plus tard à la troisième décennie avant notre ère.

16

## 17. Chapiteau corinthien [51]

**Arles ; Rhône, zone 8, secteur 4 ; 2007**
**Période julio-claudienne**
**Calcaire de type jaune, carrières de Fontvieille (13)**
**h. 72 ; L. max. cons. à la diagonale ; 114 × 111 ; Ø inf. 42**
**RHO.2007.00.1968 (anc. inv. Rh-07-162)**

Chapiteau corinthien complet, en très bon état (quelques cassures) ; une face est restée en épannelage, les autres sont sculptées. Le lit de pose est un *scamillus* (Ø sup. 56) plan, taluté ; il montre un trou de louve à peu près centré ; la face supérieure des cornes et des fleurons est aplanie à grands coups de ciseau.

Sur la face épannelée, soignée, les creux et affouillements sont dégagés au gravelet, ainsi que le dessus des feuilles et les surfaces du registre supérieur (crosses angulaires, hélices et les feuilles qui les couvrent), tandis que l'abaque, le fleuron et les deux couronnes de feuilles sont traités à la gradine ; des ajours sont ménagés sur et sous les crosses angulaires. Hauteurs des registres, de bas en haut : *ima folia* 20 cm, *secunda folia* 35 cm, crosses 23 cm, abaque 10 cm, *scamillus* 4 cm. La saillie et le diamètre du fleuron, intact, sont d'environ 16 cm.

Sur les autres faces, l'acanthe au relief assez plat, au dessin net et à la taille un peu sèche, montre des digitations acérées au découpage dissymétrique, sauf en quelques endroits et notamment au contact des digitations des bractées au-dessus des caulicoles, où le découpage symétrique persiste ; l'une des digitations de la couronne supérieure, cassée sans doute au cours de la taille, a été restaurée, comme en témoignent trois trous de trépan. Les caulicoles légèrement obliques ont deux incisions verticales et trois ou quatre sépales. La tige du fleuron jaillit d'une bractée lisse, les hélices et les crosses angulaires, à la spire parfois très saillante, sont recouvertes d'une feuille d'acanthe aux lobes déchiquetés ; une attache globulaire ou pentagonale relie les deux hélices, devant la tige du fleuron. Le fond du relief est soigneusement traité à la gradine. L'abaque présente, de bas en haut, un cavet décoré de godrons à lunule inférieure, et un talon à rai-de-cœur en ciseau. Le fleuron se compose, autour d'un cœur globuleux percé d'un trou de trépan, de six pétales à trois pointes entourés de neuf pétales du même type, plus gros. Le trépan se laisse parfois reconnaître entre les sépales des caulicoles, les digitations des feuilles déchiquetées et les pétales des fleurons.

La face épannelée témoigne d'un ordre adossé, dont la hauteur peut être estimée entre 6 et 7,5 m, ce qui rendrait ce chapiteau compatible, pour les dimensions comme pour le matériau, avec la corniche modillonnaire X-16203 (cat. n° 23) ; la datation, julio-claudienne, conviendrait également.

## 18. Chapiteau corinthien [29]

**Arles ; Rhône, zone 4, secteur 4 ; 2007**
**Période julio-claudienne**
**Calcaire fin blanc, carrières du Bois des Lens (30)**
**h. max. cons. 12,5 ; L. max. cons. 24 ; l. max. cons. 18**
**RHO.2007.00.1901 (anc. inv. Rh-07-95)**

Angle supérieur de chapiteau corinthien, n'ayant conservé que son abaque et le haut de la tige de ses crosses angulaires, légèrement convexe et bordée d'un liseré. L'abaque (h. 9) montre en bas un cavet (h. 7) orné de godrons penchés à lunule, creusés à la gouge et séparés de rainures trépanées sur la face principale. Celle-ci est travaillée avec plus de soin et de relief : la feuille à cinq folioles qui décore les angles du pan coupé n'est en fait sculptée que sur cette face ; sur l'autre et sur le pan où les deux feuilles sont en contact et se confondent au niveau de la foliole inférieure, elles ne sont qu'ébauchées par une incision ; de même, les godrons de l'autre face sont plus sommaires et dégagés par une simple rainure, sans trépan. Le listel (h. 2) qui termine l'abaque en haut est décoré d'une tresse, un

17

18

19

peu mieux dégagée sur la face principale, par la gravure un peu plus profonde des chevrons ; ceux-ci courent à gauche sur cette face et le pan coupé, à droite sur la face secondaire ; une incision horizontale sépare le motif en deux. Si les godrons apparaissent fréquemment au cavet de l'abaque des chapiteaux julio-claudiens, ils sont le plus souvent couronnés d'oves et de fers de lance. Le lit d'attente est plan, dressé à la gradine et partiellement ciselé.

## 19. Chapiteau corinthien

Arles ; Rhône ; 2007
Seconde moitié du IIe siècle apr. J.-C.
Marbre
h. max. cons. 30 ; L. max. cons. 40,5 ; ép. max. cons. 8 à 9
RHO.2007.00.1950 (anc. inv. Rh-07-144)

Fragment inférieur droit de chapiteau de pilastre sur plaque ; digitations cassées, concrétions dans les cavités de la feuille d'acanthe.

Le lit de pose (l. 6), assez finement piqueté à la broche, appartient à une tablette de décharge (h. 1) ; la face arrière présente en bas un pan coupé (h. 6 environ), puis est dressée verticalement à grands coups de broche. Le côté droit de la face, intact sur 14 cm de haut, présente en bas un dé cubique haut de 8,5 cm, dont on retrouve le symétrique à gauche de la feuille d'acanthe : détail assez rare, ils servent de socle aux feuilles de la seconde couronne dont les côtes centrales sont conservées sur quelques centimètres. Entre eux, la feuille de la première couronne est presque complète (h. max. cons. 24 ; l. à la base 25), encadrée à droite et peut-être à gauche d'une demi-pirouette et d'une perle qui appartiennent à l'astragale.

Les cavités entre les digitations sont dégagées au trépan, qui apparaît aussi aux extrémités des rainures des côtes et dans les deux cavités axiales ; les rainures elles-mêmes sont taillées au ciseau gravelet, les incisions des digitations et le reste de la sculpture, au ciseau.

Le style acéré de l'acanthe et l'angle bien marqué que font entre elles les cavités séparant les lobes des digitations s'ajoutent au marbre pour indiquer le travail d'un atelier venu d'Asie Mineure dans la deuxième moitié du IIe siècle de notre ère.

17

## Les frises

### 20. Frise architravée a rinceau [62]

Arles ; Rhône, zone 12, secteur 1 ; 2008
30-15 av. J.-C.
Calcaire de type jaune, carrières de Fontvieille (13)
h. 52 à 52,5 ; L. 138,5 ; l. 78,5
X-15979

Bloc d'angle de frise architravée, complet, corrodé par l'eau, quelques cassures. Le traitement du lit de pose montre qu'il s'agit d'une architrave engagée. La partie gauche de la face arrière est aménagée pour recevoir le bloc de retour ; à droite, on observe sur une largeur de 67 cm environ une saillie en surplomb qui semble marquer le départ d'un arc. Le lit d'attente montre un trou de louve pour le levage et la pose du bloc, et deux mortaises en queue d'aronde pour le liaisonnement avec les blocs voisins.

La face principale et le côté présentent, de bas en haut, une architrave à deux faces couronnée d'un talon et d'un bandeau, et une frise où court un rinceau, vers la droite sur la face et vers la gauche sur le côté, la jonction se faisant par un motif (cassé) qui paraît être un nœud d'Héraclès. Sur la face, le rinceau déroule quatre spires, dont les fleurons conservés sont une rosette et un calice globulaire à deux pétales encadrant un motif cordiforme. Le dessin est simple et net, aéré, le relief se détache peu sur le fond plat. Le rinceau latéral, d'exécution plus maladroite (la structure du motif semble mal maîtrisée), est peut-être inachevé : beaucoup de matière a été laissée entre les profondes cernures qui définissent les divers éléments ; il est cependant plus végétalisé et expressioniste.

La hauteur et le décor de cette frise architravée l'attribuent vraisemblablement à un mausolée à étages, dont le côté peut être estimé à environ 4 m au nu de la frise, grâce à la pente de la saillie arrière du bloc. Le caractère assez fruste de cet aménagement situe probablement le bloc à l'entablement de l'étage inférieur du monument, qui renfermait la chambre funéraire. Le rinceau devait donc comporter sur chaque côté six enroulements de part et d'autre d'un culot d'acanthe ; il semble que l'on puisse y discerner deux mains, celle d'un artisan expérimenté sur la face principale et sur le côté celle d'un apprenti moins adroit, mais déjà ouvert aux effets plastiques et à l'exubérance végétale qui allaient s'imposer sur les rinceaux ultérieurs. Le schématisme du motif et le découpage encore symétrique de l'acanthe situent ce décor vers 30-15 av. J.-C.[9]. Ce mausolée est donc un peu plus ancien que "l'arc du Rhône" et que le théâtre, bâtis vers 20-10[10] ; son rinceau s'insère dans une série bien illustrée en Narbonnaise, le plus souvent sur des tombeaux : postérieur à ceux des mausolées de Glanum[11] et de Turpion à Lyon[12] datables des années 45-30 av. J.-C.[13], un peu plus tardif que les exemples dits "triumviraux" du monument XXXIV du *Glanum*[14] et d'une série de tombeaux de Narbonne[15], il précède ceux des arcs du Pont-Flavien de Saint-Chamas attribuables aux années 10-5 av. J.-C.[16].

9. Roth Congès 1983. 10. Von Gladiss 1972, p. 63-76 ; Roth Congès 1983, p. 113, 129-133 ; Gros 2008 a, p. 112 ; 2008 b, p. 153. 11. Rolland 1969. 12. Janon 1986, p. 53-54 ; Fellague 2006, p. 360-364. 13. Roth Congès 2009. 14. Janon 1986, p. 62-63 et fig. 26. 15. Janon 1986, p. 61-66. 16. Roth Congès sous presse.

## 21. Frise à rinceau

**Arles ; Rhône, zone 4 ; 2009**
**Premier quart du Ier siècle apr. J.-C.**
**Calcaire coquillier blanc**
**h. 60 ; L. 160 ; l. 73**
**X-16310**

Bloc de frise à rinceau d'un monument circulaire, complet, cassé sur la plus grande partie du lit de pose, au bas du joint gauche et de la face à gauche.

Les deux joints montant sont traités en anathyrose ; la face arrière est à peu près rectiligne. Le lit d'attente, plan, montre au centre un trou de louve, et, à proximité de chacun des deux joints, une mortaise en forme de pi pour agrafe en fer, dont l'extrémité verticale est conservée. On observe également des cavités de pince à riper et une mortaise inférieure de pince à crochet.

Le champ de la frise, haut d'environ 42 cm, est encadré de moulures, celle du bas cassée, celle du haut à talon sous bandeau. Le relief est moyennement saillant, jusqu'à 3,5 cm par rapport au fond, avec des évidements pouvant aller jusqu'à 5 cm au centre du fleuron de droite. Le rinceau progresse vers la droite ; deux enroulements sont conservés. Près du joint gauche, l'écoinçon est meublé d'un motif végétal à cinq boules. Le premier enroulement conservé est descendant : issue d'une bractée à trois petites feuilles pointues, sa tige est couverte sur la partie haute d'une feuille d'acanthe déchiquetée. Le fleuron, une aracée vue de dos, se compose de quatre pétales en forme de feuille : il s'en s'échappe vers le bas un gros pistil en grappe auquel de petits trous de trépan donnent un aspect grenu, et vers la droite sans doute le même motif, plus étroit. En haut de la frise, le rameau principal du rinceau est caché par une feuille d'acanthe qui déploie à droite deux folioles, entre lesquels il repart vers le bas, tandis qu'en haut naît la tige du second enroulement. Celui-ci, ascendant, se compose d'un étroit caulicole qui engendre successivement deux feuilles, une à droite et l'autre dans la partie supérieure, puis à gauche une tige à bractée portant un fleuron d'aracée à cinq pétales déchiquetés et gros pistil, sans doute de même type que celui du fleuron précédent. De la dernière feuille de la tige principale du rinceau, enfin, sort une palmette à six éléments qui s'enroulent vers la droite en amorçant une volute. Le joint marque la fin du motif qui appelle un symétrique, immédiatement ou après un élément central. On se trouve donc vraisemblablement à l'arrière du monument, les deux palmettes affrontées marquant l'aboutissement de deux rinceaux issus d'un culot central d'acanthe qui devait se situer dans l'axe de la façade.

La courbe de la frise permet de calculer le diamètre de l'édifice : 14,28 m au niveau du rinceau, ce qui suggère 50' (14,80 m) au bas du socle. Cette dimension et le décor en font probablement un grand monument funéraire de type tumulaire sur tambour, tel qu'on le rencontre par exemple à Orange pour le sévir augustal T. Pompeius Phrixus Longus[17], vers 15-45 apr. J.-C. La date de l'édifice arlésien semble à peine plus précoce, si l'on peut en juger à partir de deux enroulements seulement de rinceau : leur structure aérée et leur faible végétalisation oriente la datation vers le début de l'ère, entre la frise de la Maison carrée[18] et les rinceaux conservés à l'hôtel de Laval et au théâtre d'Arles[19].

**17.** Mignon et Zugmeyer 2006, p. 307-319. **18.** Amy et Gros 1979, p. 150-156 et pl. 70-73. **19.** Janon 1986, p. 41 et fig. 12-13.

## Les corniches

### 22. Corniche modillonnaire [37]

Arles ; Rhône, zone 6, secteur 3 ; 2007
Période augustéenne ou julio-claudienne
Calcaire fin, carrières des alentours de Nîmes (30)
h. max. cons. 25,5 ; L. max. cons. 48 ; l. max. cons. 45,5
RHO.2007.00.1921 (anc. inv. Rh-07-115)

Bloc de corniche cassé à gauche, en bas et à l'arrière. Le lit de pose a disparu. Joint droit traité en anathyrose ; joint gauche cassé. Le lit d'attente est plan, rapidement dressé.

La face principale, cassée en bas, montre de bas en haut : un registre modillonnaire incomplet avec un modillon et deux caissons surmontés d'un rang d'oves ; un filet droit ; un rang de languettes ; un filet plat ; une cimaise décorée de palmettes acanthisées alternant avec des feuilles de laurier ; un listel plat ; un bandeau.

Le modillon (L. 14 à 15 ; l. 12,5 à 13 ; h. max. cons. 6), apparemment peu galbé, est couvert d'une feuille d'acanthe déchiquetée très corrodée ; ses côtés sont lisses ; le balustre est divisé en deux parties horizontales par une entaille large et profonde. Les caissons (L. 13) ont des largeurs sensiblement différentes : celui de gauche (l. 7,5) contient un *scutum* replié à bourrelet périphérique et *umbo* ; celui de droite (l. 11) un fleuron à cinq pétales bilobés, cœur à trois lobes et perforation centrale triangulaire ; la sculpture est assez négligée. Les oves qui cernent les caissons et modillons sont assez ronds mais de largeur très irrégulière, les dards restent soudés aux coquilles ouvertes en bas.

Les oves situent cette corniche à l'époque augustéenne ou julio-claudienne.

### 23. Corniche modillonnaire [47]

Arles ; Rhône, zone 7, secteur 2 ; 2008
Période julio-claudienne
Calcaire de type jaune, carrières de Fontvieille (13)
h. 62,5 ; L. max. cons. environ 105 ; l. 68
X-16203

Bloc de corniche modillonnaire, cassé à l'arrière et à la partie supérieure ; joint droit détérioré. Le lit de pose est plan, corrodé ; deux trous de pince à crochet, sur les joints, permettent d'estimer sa largeur entre 36 et 40 cm. Le joint montant gauche est traité en anathyrose, le droit est cassé, mais on y observe une trace de crampon en *PI* avec agrafe en fer partiellement conservée. Le lit d'attente, partiellement conservé, est plan à l'avant sur 37 cm environ, défoncé (prof. ± 2,5) puis cassé à l'arrière.

La face présente, de bas en haut : un rai-de-cœur en étrier sur talon ; un filet droit ; un rang de denticules ; un filet droit ; un rang de perles ; un rang d'oves ; un listel plat ; un registre modillonnaire cerné d'un rai-de-cœur en ciseau et d'un listel plat ; un rang de perles et pirouettes plan-convexes ; un listel plat ; un rang d'oves ; la cimaise et les moulures intermédiaires ont disparu.

Le modillon (L. environ 20 ; l. 14,5 ; h. à l'arrière 10), cassé, laisse cependant reconnaître à gauche la trace d'une volute arrière et celle de la feuille qui le couvrait. Le seul caisson conservé, à gauche du modillon, large de 10 et long de 14 cm, est beaucoup plus étroit que le caisson de droite (l. environ 15). Son fleuron (l. 11,5 min.) a cinq pétales arrondis séparés en deux par un trou de trépan suivi d'une incision ; son cœur globulaire est percé au centre d'un double trou de trépan. Le surplomb total du registre modillonnaire, avec son rai-de-cœur et son filet, est de 26 cm.

Ce décor est assez négligé, avec des irrégularités notables dans la taille des éléments et leur disposition ; le rai-de-cœur sur le côté gauche du modillon est très déformé. Il y a peu d'éléments datants, mais les oves bien dégagés, plutôt globulaires, aux coquilles minces ouvertes en bas et non adhérentes aux lancettes situent cette corniche à l'époque julio-claudienne. On peut estimer entre 6 et 7,5 m de haut l'ordre auquel elle appartenait (colonne et entablement).

## Les acrotères

### 24. Acrotère faîtier

Arles ; Rhône, gisement B ; 2006
Ier-IIe siècle apr. J.-C.
Calcaire fin, carrières des alentours de Nîmes (30)
h. max. cons. 34,5 ; Ø max. env. 31
X-15974

Acrotère sommital flammé ovoïde, cassé à sa partie inférieure.

Douze lanières torsadées en spirale ondulent en s'amincissant vers leur extrémité (l. vers le centre 3 cm), séparées par des incisions en V (l. 2 à 3 mm ; prof. 1 à 1,5 mm). Les surfaces sont finies à la gradine, plus lisses sur les méplats que dans les incisions où les dents de l'outil sont bien visibles. En haut, la pointe de l'ove a été abattue pour accueillir un objet fixé par un tenon métallique disparu (12 x 15 mm), inséré dans une cavité encore remplie de plomb (4 x 4 cm, prof. environ 4 cm).

Cet acrotère devait couronner la toiture en flèche d'un mausolée.

22

23

## 25. Acrotère latéral [40]

Arles ; Rhône, zone 5, secteur 4 ; 2007
Ier-IIe siècle apr. J.-C.
Calcaire fin, carrières des alentours de Nîmes (30)
h. max. cons. 53 ; L. max. cons. 62 ; ép. 13 à 19
RHO.2007.00.1908 (anc. inv. Rh-07-102)

Demi-acrotère d'angle en palmette, cassé au lit de pose et au sommet. Le lit de pose, plus long à l'avant qu'à l'arrière et plus large à droite qu'à gauche, paraît démaigri au centre ; à 35 cm du côté gauche et à 6 cm de la face arrière, il conserve un fond de mortaise pour goujon de fixation (L. 3,5 ; l. 2,5 ; prof. restituée 5,5), dont l'arrachement a fait sauter un gros éclat. Mince à son sommet et au niveau de la partie ajourée, la palmette s'épaissit vers le bas ; le dos est lisse avec quelques impacts de broche, l'angle avec le joint est amorti. Ce joint oblique (45°), à droite, appelle un élément symétrique pour former une palmette angulaire complète. Mal conservé, on distingue cependant une ciselure verticale vers l'avant, et à l'arrière un démaigrissement à la broche, une incision discontinue séparant les deux traitements. La partie supérieure de l'acrotère, usée, est traitée rapidement : on distingue des traces d'outil et une petite mortaise carrée (9 x 9 mm ; prof. 11 mm), peut-être liée à une réparation, près de la cassure de la plus grande volute. Trois volutes en esse, s'enroulant à droite, forment la demi-palmette ; leur départ dans la partie basse, très fin, s'élargit rapidement en un ruban lisse qui, dès son retour à gauche, se double d'un pan oblique et concave, puis s'achève rapidement en disque plat et lisse. Les écoinçons entre les volutes sont ajourés. Le long du joint, un bourrelet vertical (l. 3 environ), qui devait avoir son répondant sur l'autre moitié pour former la feuille axiale de l'acrotère, marque l'arrêt du décor. Entre ce bourrelet et le bas des volutes s'insèrent cinq éléments incurvés de taille croissante vers la droite, qui s'achèvent vers le haut en ménisques plats séparés par une incision. L'angle inférieur gauche est meublé d'une fleur à quatre pétales cordiformes, ourlés par un léger évidement intérieur, avec bouton circulaire à évidement conique et point de trépan au centre. La fleur est portée par une tige qui naît à droite derrière la volute la plus basse de la palmette ; du même point part vers la gauche une feuille lisse et mince, légèrement sinueuse ; une feuille semblable surgit entre les deux pétales les plus bas de la fleur et ondule vers la gauche ; une troisième feuille, plus large, naît juste avant la fleur sur sa droite et s'épanouit en une sorte de cornet à incision axiale dans l'écoinçon entre la fleur et la première volute. Il est possible que le champ lisse sous la fleur figure une esse couchée, à peine ébauchée, qui constituerait la feuille la plus basse de la palmette.

24

25

## Les blocs isolés

### 26. Bloc a relief figuré

**Arles ; Rhône, zone 8, secteur 2 ; 2007**
**Seconde moitié du Iᵉʳ siècle av. J.-C. (?)**
**Calcaire de type jaune, carrières de Fontvieille (13)**
**Lyre ou cithare, draperie et main**
**Bloc de l'étage circulaire d'un mausolée, à colonne engagée et décor figuré ; cassé à gauche**
**h. 57 ; L. 107 ; l. 68**
**RHO.2007.00.1967 (anc. inv. Rh-07-161)**

Lit de pose plan. Joint droit traité en anathyrose. La face arrière est rapidement dressée au taillant et montre en bas, au centre, une cavité en gamma de pince à crochet. Le joint gauche est cassé, sauf vers l'arrière. Seule une petite portion de lit d'attente est conservée le long du joint droit, mais le fond d'un trou de louve est identifiable vers le centre du bloc.

La face principale présente, à droite, une colonne demi-engagée à dix cannelures (Ø 41) ; à gauche, une lyre ou une cithare à vingt-quatre cordes – nombre exceptionnellement élevé –, cassée à gauche et en bas, dont la partie supérieure est cachée par les plis d'une draperie ourlée ; aux écoinçons formés par le tissu et les montants courbes en bois, on distingue une petite volute. L'instrument est tenu par la main gauche d'une jeune femme ou d'un enfant, ou encore d'un adulte un peu plus petit que nature, dont on voit les trois doigts centraux. Deux lyres ou cithares ornent d'autres reliefs arlésiens : celle de l'autel d'Apollon retrouvée au théâtre, et celle du sarcophage de Iulia Tyrrania[20].

Les joints convergents, la profondeur de l'engagement de la colonne et l'orientation de la face décorée indiquent un étage circulaire d'un diamètre de 2,84 m au nu du relief, rythmé par six demi-colonnes et probablement fermé compte tenu de la présence de bas-reliefs et du traitement de la face arrière.

Le personnage à la lyre ou cithare ne représente sans doute pas le ou la défunte, puisqu'il est figuré en bas-relief et non en ronde-bosse : il pourrait s'agir de la muse du chant et de la poésie lyriques Erato, rappelant peut-être l'une des activités favorites de la personne disparue ; dans un mausolée de Sisteron, c'est la jeune défunte elle-même qui est ainsi figurée, en ronde-bosse[21]. A Arles, on peut rapprocher cette représentation du beau relief à la ménade dansante conservé au musée, datable de la seconde moitié du Iᵉʳ siècle av. J.-C. ; attribué à tort à l'"Arc admirable" par J. Formigé[22], il appartient en réalité à l'étage octogonal d'un autre mausolée (l. 3,20 m au nu du relief).

On manque d'éléments pour dater précisément le fragment du Rhône, mais son appartenance à l'étage intermédiaire d'un mausolée à édicule invite à le situer dans la seconde moitié du Iᵉʳ siècle av. J.-C., où ce type de tombeau est particulièrement apprécié dans la *Prouincia*. Par ailleurs, il n'est pas exclu qu'il provienne du même mausolée que la frise architravée X-15979 (le matériau est issu de la même carrière) : on aurait alors, sur un socle cubique à rinceau, un tambour à reliefs et colonnes demi-engagées, surmonté d'une *tholos* circulaire avec une ou plusieurs statues de défunts, elle-même couronnée de la traditionnelle flèche à écailles.

Avec ses trois étages et sa hauteur d'environ 21 m (70') pour un côté de près de 5 m au sol (16'), ce monument s'apparenterait aux mausolées de Faverolles[23] et des Fourches-Vieilles à Orange[24], tous deux attribuables au début ou au milieu de l'époque augustéenne, dans lesquels toutefois ce sont deux étages octogonaux qui surmontent le socle de plan carré.

### 27. Cimaise

**Arles ; Rhône, zone 5, secteur 4 ; 2008**
**Période augustéenne ou julio-claudienne**
**Marbre blanc**
**h. max. cons. 15 ; L. 24, 4 ; ép. au lit d'attente 15 ; < ép. max. cons. au lit de pose 6,7**
**X-16225 (anc. inv. Rh-08-01)**

Cimaise en marbre, complète, quelques cassures et ébréchures.

Le lit de pose présente, tout près du talon et à 2,7 cm du joint droit, une mortaise cylindrique (Ø ± 1 ; prof. 2,7). La face arrière est plane et lisse. Le lit d'attente forme avec elle un angle arrondi ; il est piqueté vers l'avant sur une bande large de 10 cm, lisse (ou usée) à l'arrière ; une concrétion à environ 9 cm du joint droit signale sans doute une cavité d'agrafe. Les deux joints sont légèrement obliques vers la gauche par rapport aux faces ; le droit est plan, piqueté ; en son milieu, on observe une demi-mortaise cylindrique (Ø 9 mm ; prof. 3,5 cm depuis le lit d'attente). Le joint gauche est légèrement démaigri au ciseau, avec bandeau ciselé (l. 2) le long du profil mouluré. La différence de traitement entre les joints et la présence de la demi-mortaise indiquent peut-être que celui de droite n'est pas originel, mais dû à une rupture suivie d'une réutilisation du bloc. Au lit d'attente, ces joints sont nettement convergents, indiquant peut-être une courbure convexe de la cimaise, qui toutefois n'est sensible ni sur la face arrière ni sur le décor.

Celui-ci présente, de bas en haut, un talon décoré d'un *anthémion* sommaire finement incisé : une palmette en éventail, à gros pistil, alterne avec des fleurs de lotus renversées ; les motifs sont reliés par des esses convergeant vers les fleurs de lotus, pourvues en leur milieu de deux feuilles opposées, lisses et pointues. Au-dessus, entre deux listels, rangs d'oves globulaires à coquilles ouvertes en bas et soudées aux dards lancéolés, puis doucine décorée de feuilles lisses à limbe faiblement dentelé et nervure axiale profonde, alternant avec des feuilles lancéolées ; ce motif s'apparente à un rai-de-cœur inversé. Le décor, soigné, situe cette cimaise à l'époque augustéenne ou julio-claudienne.

---

**20.** *CAG* 13/5 2008, p. 304 et fig. 198 ; p. 548 et fig. 757. **21.** Rolland 1949. **22.** *CAG* 13/5 2008, p. 254-257 et fig. 107-108, et p. 260 n° 28. **23.** Mignon et Zugmeyer 2006, p. 291-307.
**24.** Février 1998.

26

27

## 28. Chapiteau atypique

**Arles ; Rhône, gisement B, entre le pont de Trinquetaille et le virage sud, en rive droite ; 2005 (?)**
**Début du règne d'Auguste-milieu du Ier siècle apr. J.-C.**
**Calcaire molassique tendre de couleur blanche**
**Chapiteau tourné et ensuite sculpté**
**h. 37,7 ; L. 61,5 ; l. 60,1 ; Ø du gorgerin 43,5**
**X-15977**

Chapiteau de style apparenté au toscan et solidaire de son gorgerin lisse.

Le gorgerin, sommé par deux fins listels superposés et débordants, supporte un rang de cinquante perles, hautes de 2 cm et séparées par des pirouettes. L'ensemble est surmonté par une échine de 10,6 cm au profil en doucine divisée en deux parties.

- Le ventre convexe de la doucine est animé par un ruban qui zigzague à la surface de l'échine et définit deux séries de triangles. Ceux qui sont ouverts vers le haut sont occupés par vingt-cinq oves et ceux ouverts vers le bas sont décorés de vingt-cinq flèches dont la pointe est très évasée.
- La partie supérieure concave de la doucine est parfaitement lisse. Elle se raccorde à l'abaque par l'intermédiaire d'un quart de rond, qui ici remplace curieusement le bandeau supérieur.

Le tout est couronné par un abaque presque carré, épais de 8,2 cm, dont un angle est cassé. Le plan supérieur de l'abaque a été démaigri de 6 mm sur toute sa périphérie pour faire apparaître une tablette porteuse centrale carrée de 38 cm de côté. En son centre, la tablette porteuse présente un affouillement carré de 8 cm de côté et de 2,5 à 4 cm de profondeur. Le lit de pose du bloc, à la base du gorgerin, présente également une cavité semblable dans sa morphologie et ses dimensions. Nous les interprétons comme les cavités de logement des deux mandrins du tour à colonne utilisé pour sa fabrication.

Probablement lors de l'un de ses réemplois, ce chapiteau a été affecté par des cordages qui ont laissé des traces d'usure en deux endroits sur la surface du gorgerin. Il a donc pu servir de bitte d'amarrage le long d'un quai du Rhône avant d'y être immergé.

Ce chapiteau est atypique, dans la mesure où son profil en doucine est de type toscan et son décor essentiellement ionique (oves, perles et pirouettes). De plus, la transformation de la coque des oves en un ruban qui, zigzagant sur l'échine, définit des triangles d'égales surfaces qui sont occupés par les oves et les flèches. La surface occupée par les flèches est donc ici exceptionnellement aussi importante que celle des oves.

La composition et la qualité de la sculpture du chapiteau sont remarquables. Le sculpteur savait parfaitement tailler la pierre. Il connaissait la modénature classique importée de Rome, mais s'en est affranchi en transformant le modèle, en y incluant un décor peut-être indigène qui rappelle les imbrications des dalles de toiture des temples et monuments publics des dernières décennies de la Gaule indépendante méridionale (chapiteaux de Glanum, Mouriès et Béziers).

Au sujet de sa fonction, nous hésitons entre deux propositions : chapiteau funéraire isolé ou chapiteau appartenant à un monument. La présence d'une tablette porteuse carrée plaiderait plutôt en faveur de la deuxième hypothèse, mais l'argument n'est pas déterminant, dans la mesure où elle pouvait porter un pyramidion ou une flamme dont la base était carrée.

Par sa morphologie et par la qualité du traitement des oves, des flèches et des perles et pirouettes, nous sommes tentés de dater ce chapiteau du début du règne d'Auguste, mais, par la liberté de sa composition toscano-ionique avec, semble-t-il, une réminiscence de l'imbrication des dalles de toiture de l'époque indigène, nous sommes tentés de le vieillir quelque peu. Toutefois, la typologie des flèches à pointe très ouverte ne semble pas dépendre seulement de la large surface triangulaire dans laquelle elles sont sculptées. Si l'auteur de ce décor n'avait vu que des dards et jamais de flèches, il ne les aurait pas taillées avec autant de maîtrise et de régularité. Comme les études en cours indiquent que ce type de flèche se répand dans les provinces occidentales à partir du règne d'Auguste, nous proposerons donc, en tenant compte de tous les arguments qui précèdent, de le placer entre le début du règne d'Auguste et le milieu du Ier siècle apr. J.-C.

J.-L. P.– Y. M.

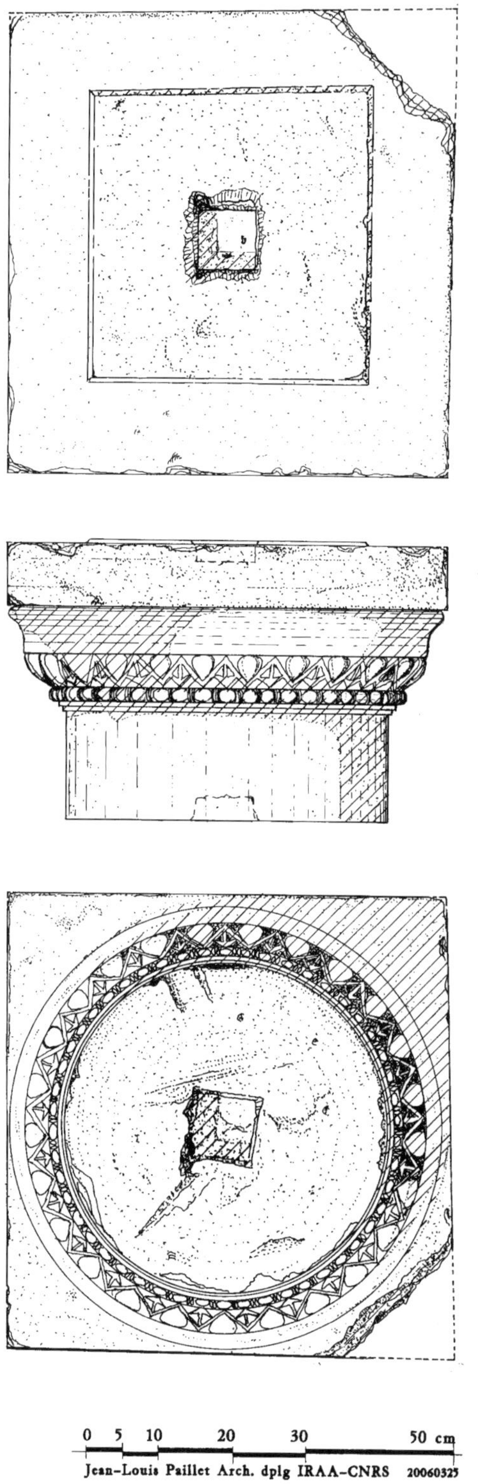


Relevé graphique du chapiteau : vues de son lit d'attente, de son élévation et de son lit de pose.

# LES AUTRES VILLES FLUVIALES : le cas de Lyon

*Armand Desbat*

*"Lyon trônait au milieu même du chemin des rivières. Avant que les armes eussent créé la Gaule romaine, le commerce en avait déjà indiqué la capitale."*

C. Jullian

La monnaie frappée par Plancus à l'occasion de la fondation de Lugdunum, en 43 av. J.-C., nous offre au revers l'image d'Hercule combattant le dieu fleuve Acheloos, qui a pris la forme d'un taureau *(fig. 1)*. Une des versions de la légende raconte que, durant le combat, Hercule arracha à Acheloos une de ses cornes, qui devint la *cornucopia*[1], la corne d'abondance, après qu'il l'eut offerte à la déesse Copia, dont le nom figure précisément dans la titulature de la nouvelle colonie : Colonia Copia Felix Munatia. Comment ne pas voir dans cette allégorie que la prospérité de Lyon dépend directement de la maîtrise du Rhône ?

Figure 1 ~ Revers de la monnaie de Plancus, frappée pour la fondation de la colonie de Lyon en 44 av. J.-C, figurant la lutte d'Hercule et d'Acheloos.

Les découvertes récentes ont montré que le site de Lyon avait eu un rôle commercial de premier plan bien avant la conquête romaine et avait reçu dès le VI<sup>e</sup> siècle av. J.-C. des produits méditerranéens. On pense d'abord aux amphores massaliètes, qui sont maintenant bien présentes sur plusieurs gisements halstatiens de la plaine de Vaise, et aux amphores gréco-italiques et Dressel 1 qui ont été acheminées en abondance à partir du milieu du II<sup>e</sup> siècle. D'autres produits plus inattendus ont été importés à Lyon par voie fluviale à l'époque de La Tène. Sur le site de la rue du Souvenir, des bâtiments comportaient des couvertures en dalles sciées, réalisées avec du calcaire de Glanum !
Après la fondation de la colonie et surtout l'élévation de la ville au rang de capitale de la Lyonnaise, et de fait de capitale des Trois Gaules, son rôle d'*emporium* fluvial s'est trouvé renforcé.

Aucun indice n'est venu confirmer l'hypothèse de J. Rougé que de petits bateaux de mer pouvaient remonter le Rhône jusqu'à Lyon, à la voile, mais il est certain que l'essentiel du commerce empruntait la voie fluviale, comme le montre la place prépondérante des *nautes* : *nautes* du Rhône, *nautes* de la Saône, et surtout *nautes* du Rhône naviguant sur la Saône.

Il ne s'agissait pas seulement de bateliers, mais de véritables armateurs qui cumulaient plusieurs activités, tel Minthatius Vitalis, patron des *nautes* de la Saône, qui était également patron des utriculaires et des *fabri* (ouvriers du bâtiment).

C'est précisément dans la presqu'île, entre Rhône et Saône, que l'on situe des entrepôts et que s'est installée la plus puissante des corporations, celle des *negotiatores vinarii*, les commerçants en vin. Ceux-ci importaient du vin de toutes les régions de l'Empire : vins d'Italie, vins de Tarraconaise et de Bétique, vins de Crète, de Rhodes, de Cos, de Chios, de Cnide et même d'Ephèse, et vins du sud de la Gaule. Ces importations étaient d'abord destinées à la consommation locale, mais les commerçants redistribuaient aussi plus au nord les vins ou d'autres produits transvasés dans des amphores produites à Lyon. Dès l'époque d'Auguste en effet, les ateliers de Lyon produisent des amphores de différents types : amphores vinaires italiques sur le modèle des amphores du Falerne *(fig. 2)*, amphores vinaires de type grec inspirées des amphores de Cos, amphores à olives de Bétique. Plus surprenant, les ateliers lyonnais ont aussi produit des amphores à *garum*, destinées sans aucun doute à diffuser des produits hispaniques importés en vrac dans d'autres conteneurs (*dolia* ou tonneaux), comme l'attestent les inscriptions *garum hispanum, muria hispana*, relevées sur des amphores lyonnaises retrouvées en Suisse ou en Germanie. Ce sont quelquefois les mêmes commerçants qui diffusaient plusieurs produits ; ainsi C. Sentius Regulianus, curateur et patron des négociants en vin, était-il également *diffusor* d'huile de Bétique.

Le rôle de Lyon comme centre de redistribution ne concerne pas que les produits alimentaires, mais aussi les produits manufacturés. Dès l'époque d'Auguste, des ateliers de potiers produisent en abondance diverses céramiques, pour la consommation locale mais également pour l'approvisionnement des camps militaires du *limes* rhénan. Lyon constitue en effet la base arrière du dispositif militaire augustéen et son atelier monétaire est en grande partie destiné à fournir la solde des légions rhénanes. Plus tard, dans le courant du Ier siècle, ce sont des ateliers de verriers qui s'implantent sur les quais de la Saône. A la différence des ateliers de céramiques, qui exportent au Ier siècle jusqu'en Grande-Bretagne, on connaît mal leur diffusion, mais il est probable, compte tenu de leur taille, qu'ils aient exporté leurs produits en dehors de Lyon.

Les entrepôts lyonnais sont moins bien connus que ceux de Vienne, mais des docks à *dolia* ont été mis au jour sur la rive droite de la Saône, quai de la quarantaine, au sud de la ville, et l'on peut localiser d'autres entrepôts sur la rive droite de la Saône, dans le défilé de Pierre Scize.

On a supposé l'existence de plusieurs ports le long des berges de la Saône, sur la rive droite aussi bien que sur la rive gauche : à Choulans, le port des *nautes* du Rhône, auquel aurait succédé plus tard celui de Saint-Georges ; à Saint-Paul, le port des *nautes* de la Saône. A ces trois ports localisés sur la rive droite de la Saône s'ajoute le *portus vinarii*, le port des négociants en vins, situé dans les Canabées, en face de Saint-Georges. Sans doute existait-il d'autres "ports", en particulier sur la rive gauche de la Saône et sans doute sur les berges du Rhône. Il convient en effet d'imaginer de simples aménagements de berge. Au XVIIIe siècle, on ne comptait pas moins de dix-neuf ports sur les rives de la Saône et du Rhône. A l'emplacement de plusieurs des ports supposés ont été recueillis par le passé de très nombreux plombs de douane. Certains d'entre eux traduisent l'arrivée de marchandises d'Alexandrie[2]. D'autres plombs avec la marque C.P.S désignent peut-être Caius Primus Secundus, sévir augustal, *nauta rhodanicus*, préfet des bateliers du Rhône[3]. D'autres encore se rapportent à des commerçants qui devaient importer des produits de Bétique, comme ces sceaux des TERTINI(orum), où l'on reconnaît une amphore à huile de Bétique et que l'on retrouve jusque dans le port de Londres.

Récemment, les fouilles réalisées à l'emplacement d'un parking souterrain sur les berges de la Saône, place Benoît Crépu, ont révélé des vestiges confirmant l'existence du port de Saint-Georges à l'emplacement même du port Sablet médiéval et moderne, où l'on situait précisément le port des *nautes* du Rhône *(fig. 3)*. La découverte d'un embarcadère et de six épaves antiques échouées sur la berge a montré que le port n'était pas aménagé avec des quais, mais formait une grève[4].

Il s'agit de grands chalands à fond plat, dont la largeur variait de 3 à 5 m pour une longueur conservée de près de 20 m pour le plus grand. Cinq d'entre eux sont à structure "monoxyle assemblée". La taille des plus grands suggère la possibilité d'un chargement pouvant atteindre les 100 tonnes. Il est possible que de tels bateaux descendaient le Rhône jusqu'à Arles, mais certains ont pu aussi servir de bac pour la traversée de la Saône. La traversée des cours d'eau est en effet une contrainte des villes fluviales.

Figure 2 ~ Amphore vinaire lyonnaise copiant le type des amphores du Falerne.

L'existence de ponts antiques sur le Rhône et la Saône est loin d'être assurée, faute de vestiges tangibles. Malgré cela, tous les historiens et les archéologues ou presque se sont accordés pour situer un pont romain sur la Saône, dans la partie amont de la presqu'île. Une des hypothèses serait qu'il occupait déjà l'emplacement du "pont de Saône" ou "pont de pierre" médiéval édifié au XIe siècle, mais rien dans les textes médiévaux ne suggère l'existence d'un ouvrage antique préexistant.

L'autre localisation a été proposée par Allmer et Dissard[5], qui supposaient un pont de bois sur la Saône à la hauteur de Saint-Vincent, là où le lit de la Saône est le plus étroit. C'est cette hypothèse reprise par A. Audin qui semble la plus probable, compte tenu de la topographie antique.

L'existence d'un deuxième ouvrage antique sur la Saône a été envisagée par A. Audin dans le prolongement de la rue Sainte-Hélène, considérée comme un axe antique traversant la presqu'île, reliant la voie d'Italie à la ville par le pont du Rhône.

Entre Lyon et Arles, d'autres villes, en particulier Valence et Vienne, ont été des relais à vocation portuaire.

De Valence, *colonia Valentia*, on connaît peu de chose. On suppose qu'il s'agit de l'une des colonies fondées durant la deuxième moitié du Ier siècle av. J.-C. par Tiberius Nero, et que la colonie fut précédée par un camp au confluent du Rhône et de l'Isère.

Non loin de Valence, les ateliers de Saint-Peray (et d'autres qui restent à découvrir) ont produit la sigillée claire B, céramique rhodanienne par excellence, dont les vases à médaillons d'applique se rencontrent surtout entre Lyon et Arles, alors qu'ils ont été peu diffusés en dehors de la vallée du Rhône malgré leur iconographie très riche *(fig. 4)*.

Le cas de Vienne est un peu différent. Ville pont comme Arles, elle est aussi un point de rupture de charge pour le transport en direction de la vallée de la Loire, par la vallée du Gier. C'est aussi le site d'un pont dont de nombreux pilotis ont été observés sur la rive droite lors des basses eaux du Rhône.

Les gigantesques entrepôts découverts sur la rive gauche du Rhône, ou ceux, plus modestes, mis au jour dans le quartier de Saint-Romain-en-Gal sur la rive droite, attestent du rôle commercial de la ville. Comme Lyon sa rivale, Vienne doit sa prospérité au commerce rhodanien. Les riches demeures construites à Saint-Romain-en-Gal, à côté des entrepôts ou des ateliers, témoignent de l'enrichissement des commerçants et des entrepreneurs, dont certains avaient sans doute leur siège à Lyon.

Il est difficile de souligner l'importance de Lugdunum en tant que port fluvial sans évoquer la Saône, prolongement naturel du Rhône, pour former l'axe fluvial majeur de la Méditerranée à la vallée du Rhin, qui fit dire à Ausone qu'Arles était le port de Trêves, même si le canal de la Saône à la Moselle déjà projeté du temps de Drusus n'a jamais vu le jour.

Au nord de Lyon, les anciens oppidums éduens de Matisco (Mâcon) et Cabillonum (Chalon-sur-Saône), constituent deux relais majeurs, à la fois routiers et fluviaux, sur la route de Lyon à Trêves. Chalon, site de gué important à l'époque pré et protohistorique a été un point de rupture de charge en direction de Bibracte et pour atteindre la Loire à Digoin. Ce fut aussi une ville pont à l'époque romaine. Au IIIe siècle fut édifié un pont aux piles de pierre remplaçant un pont de bois daté de 90 apr. J.-C. par la dendrochronologie, qui lui-même a dû succéder à un premier pont construit dès l'époque augustéenne[6].

Figure 3 ~ Epave n° 4, parc Saint-Georges, Lyon.

Trêves, *Colonia Augusta Treverorum*, autre ville fluviale, bâtie au bord de la Moselle, a eu une relation privilégiée avec Lyon, bien que fort éloignée de la vallée du Rhône. Reliée à Lyon dès l'époque d'Agrippa par la voie du Rhin, elle a entretenu des liens étroits avec la métropole des Gaules, comme le montre l'importance de la colonie des trévires installée à Lyon. Lyon est en effet la seconde ville après Trêves pour le nombre des inscriptions mentionnant des trévires. L'un d'eux, C. Apronius Raptor, était patron des *nautes* de la Saône et des négociants en vins *Lugduni consistentes (fig. 5)*. Un autre, dont le nom nous est malheureusement parvenu incomplet, était marchand de vin et de céramiques. Peut-être importait-il à Lyon ces gobelets trévires à vernis noir métallescent qui rencontrent un grand succès au IIIe siècle.

Durant plusieurs siècles, le flux des importations céramiques s'est développé du sud au nord, et les ateliers de Lyon par exemple n'ont pratiquement pas diffusé vers le sud. Dans le courant du IIIe siècle, les choses changent et certains courants commerciaux s'inversent. Outre les céramiques trévires, Lyon reçoit ainsi des productions du val de Saône et de Gueugnon. Plus tard, aux IVe et Ve siècles, les ateliers savoyards producteurs de "luisante" diffusent largement dans la vallée du Rhône et jusque sur le littoral méditerranéen.

Figure 4 ~ Vase à médaillon d'applique de la vallée du Rhône, trouvé dans le golfe de Fos, représentant l'épilogue du combat d'Hercule et d'Acheloos. Hercule brandit la corne qu'il vient d'arracher à Acheloos (IIe siècle).

Notes

1. C'est la version qui est reprise par Ovide dans les *Métamorphoses* (Livre IX). Dans la légende grecque, c'est la corne de la chèvre Amalthée, nourrice de Zeus, qui constitue la corne d'abondance.
2. Turcan 1987.
3. *CIL* XIII, 1967.
4. Ayala *et al.* 2005.
5. Allmer, Dissard 1887, I, CXXIIJ.
6. Bonnamour 2000.

Figure 5 ~ Stèle de C. Apronius Raptor, originaire de Trêves, négociant en vin, patron des nautes de la Saône et des négociants en vin.

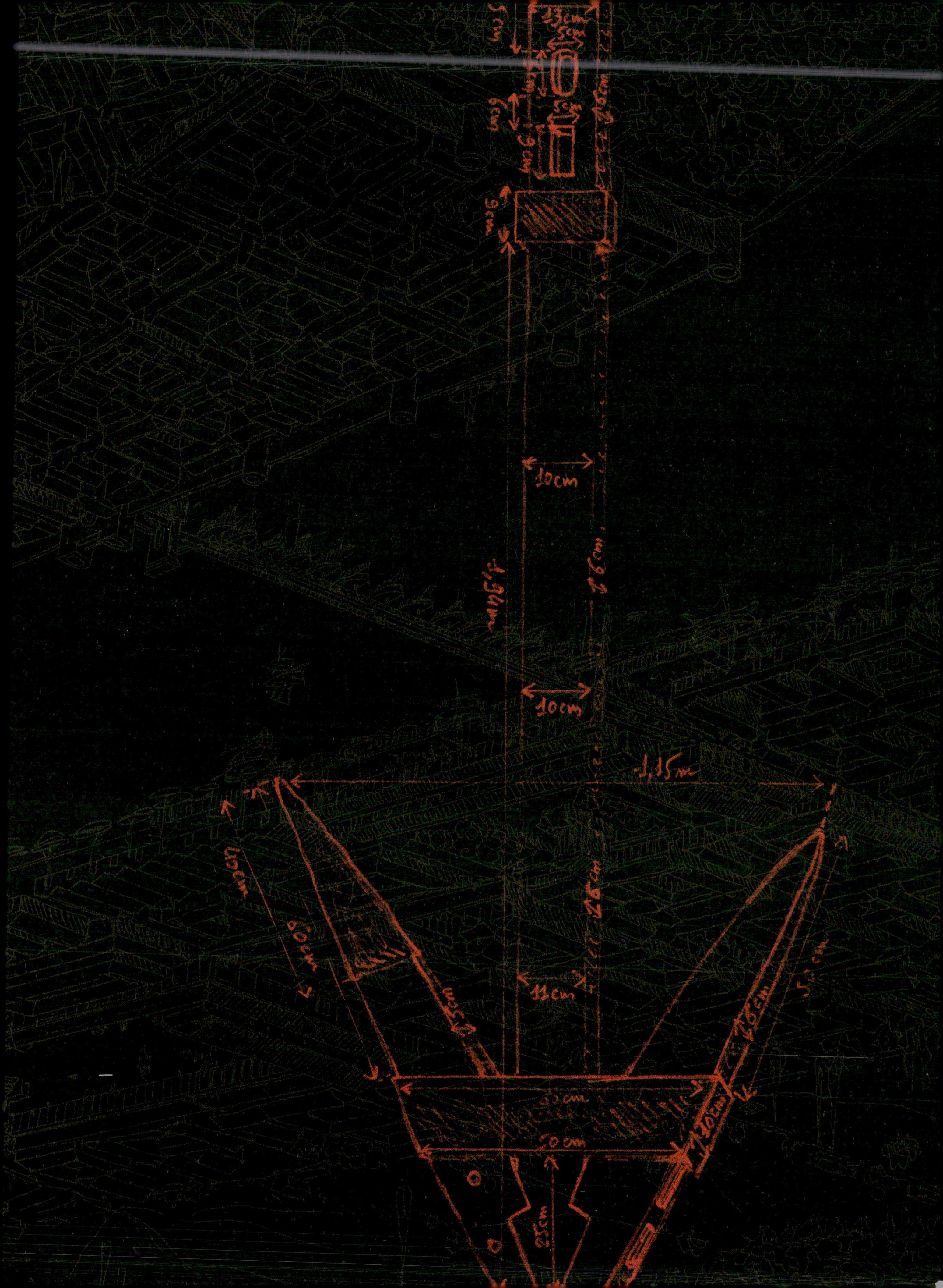
13cm
5cm
9cm
6cm
9cm
10cm
1,94m
26cm
10cm
1,15m
100cm
60cm
11cm
26cm
25cm

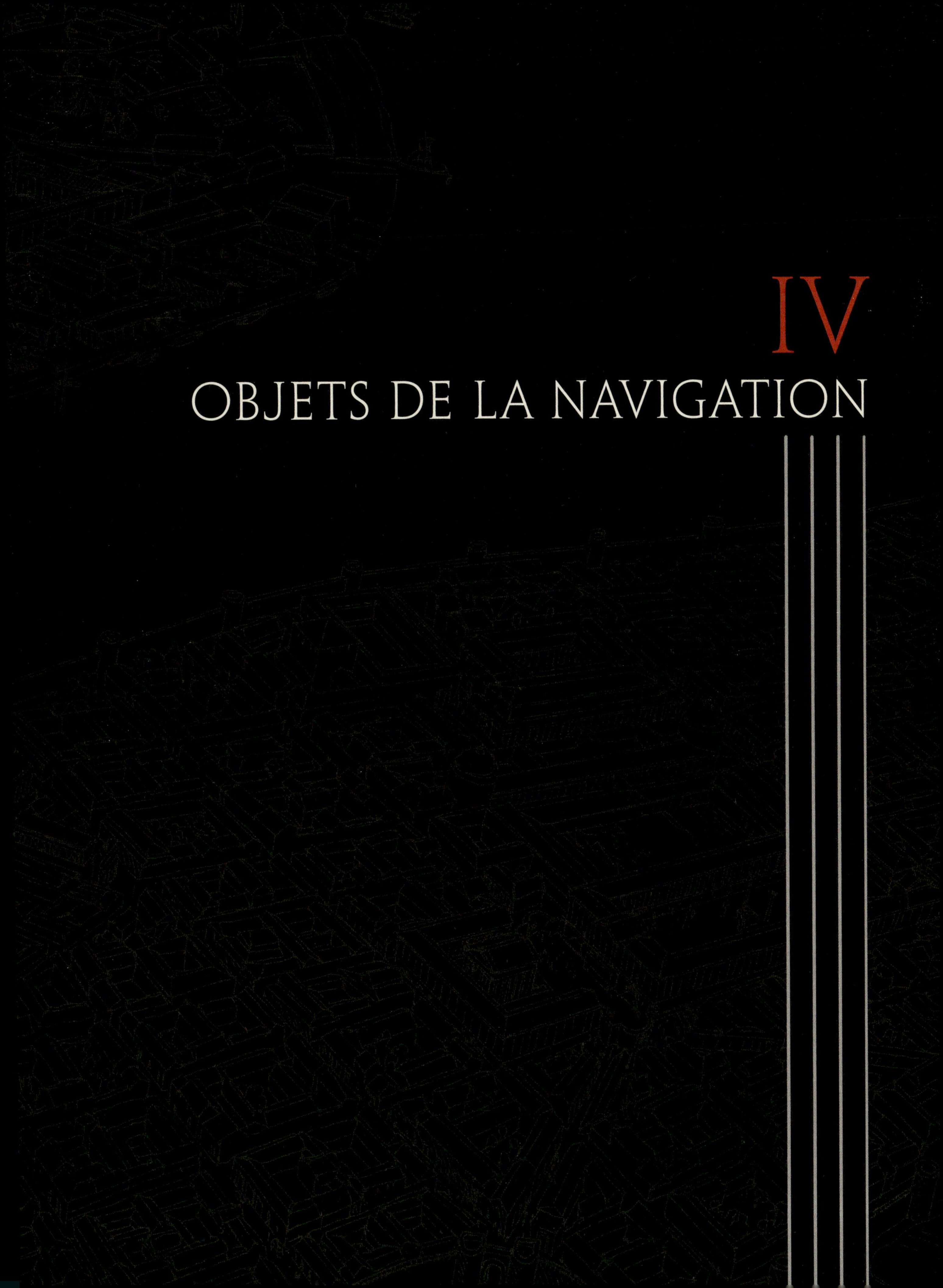

# IV
# OBJETS DE LA NAVIGATION

# LES ÉPAVES ET LES ÉQUIPEMENTS DE NAVIRE

*Luc Long*

## Les épaves du Rhône

L'archéologie nautique fluviale est une discipline récente dont le corpus d'épaves, si l'on excepte les pirogues monoxyles, est encore très limité. Aussi importante qu'ait été la navigation fluviale dans l'Antiquité, l'extrême rareté des épaves assemblées est liée aux multiples difficultés d'intervention dans les grands cours d'eau. Néanmoins, les recherches menées dans le Rhône, à Arles, ont livré en quelques années une dizaine d'épaves qui confirment l'extrême variété de cet espace nautique particulier. Outre la diversité des formes, des "signatures architecturales" et des dimensions, de la *corbita* maritime aux chalands fluviaux rectangulaires ou octogonaux, chacune de ces épaves apporte des informations complémentaires sur l'activité commerciale et la batellerie du Bas-Rhône. Ces embarcations étaient portées par le courant, tandis qu'on utilisait à la remonte le halage humain ou animal, le touage, la voile lorsque le vent le permettait, la rame (la pagaie pour les pirogues), la perche ou la combinaison simultanée de plusieurs de ces moyens propulsifs. On sait grâce aux archives modernes que le trajet entre la mer et Arles s'effectuait à la voile en une ou plusieurs journées, selon la force des vents de secteur sud et est. En milieu fluvial, en effet, la navigation montante est beaucoup plus pénalisante que celle qui utilise en sens inverse le fil de l'eau. Enfermé dans un couloir relativement étroit, parfois inférieur à 100 m de large, un voilier qui remonte ne peut jouer avec le vent comme il le ferait en mer. Ce vent qui s'interrompt fréquemment la nuit impose alors aux marins de stationner sur les rives. Dans le pire des cas, les navires modernes attendaient parfois jusqu'à un mois un vent favorable, soit dans les ports côtiers proches du Rhône, soit aux embouchures. L'avant-port antique découvert en mer, face aux Saintes-Maries-de-la-Mer, devait dans ce cas constituer un abri important. Du coup, la mise en place et l'entretien de chemins de halage se sont certainement avérés, dès l'Antiquité, une solution plus sûre pour permettre à ces embarcations de rallier Arles sans encombre.

## L'épave *Arles-Rhône 2*

C'est en 1990 que fut expertisée la première épave romaine du Rhône, baptisée *Arles-Rhône 2* (*Arles-Rhône 1* n'est qu'un aménagement de berge). Une partie retournée du navire, partiellement ensablée, gisait en rive droite, par 8 m de fond, au niveau des papeteries. Repérée le dernier jour de fouille, elle fut emportée par une crue l'année suivante et n'a jamais été étudiée en détail. Navire à fond plat assemblé par des clous en fer, sans tenon ni mortaise, il est équipé d'une quille ou plus vraisemblablement d'une préceinte en sapin. La sole présentait une dizaine de virures et deux membrures en chêne, maintenues par des clous de fer et des gournables. Les analyses dendrochronologiques des virures en chêne sont en corrélation synchronique avec des références bourguignonnes et franc-comtoises qui situent l'abattage des arbres entre 114 et 137 de notre ère[1]. La chronologie de la quille, dont le débitage de la bille en sapin explique le décalage chronologique, est comprise entre 55 av. J.-C. et 93 apr. J.-C. La présence de gournables et l'utilisation d'un calfatage à base de tissu et de résine constituent des emprunts aux techniques et aux matériaux méditerranéens et plaident peut-être en faveur d'une construction du Bas-Rhône, ce qui sous-entend le transport par flottage des grumes de chêne depuis la région d'abattage.

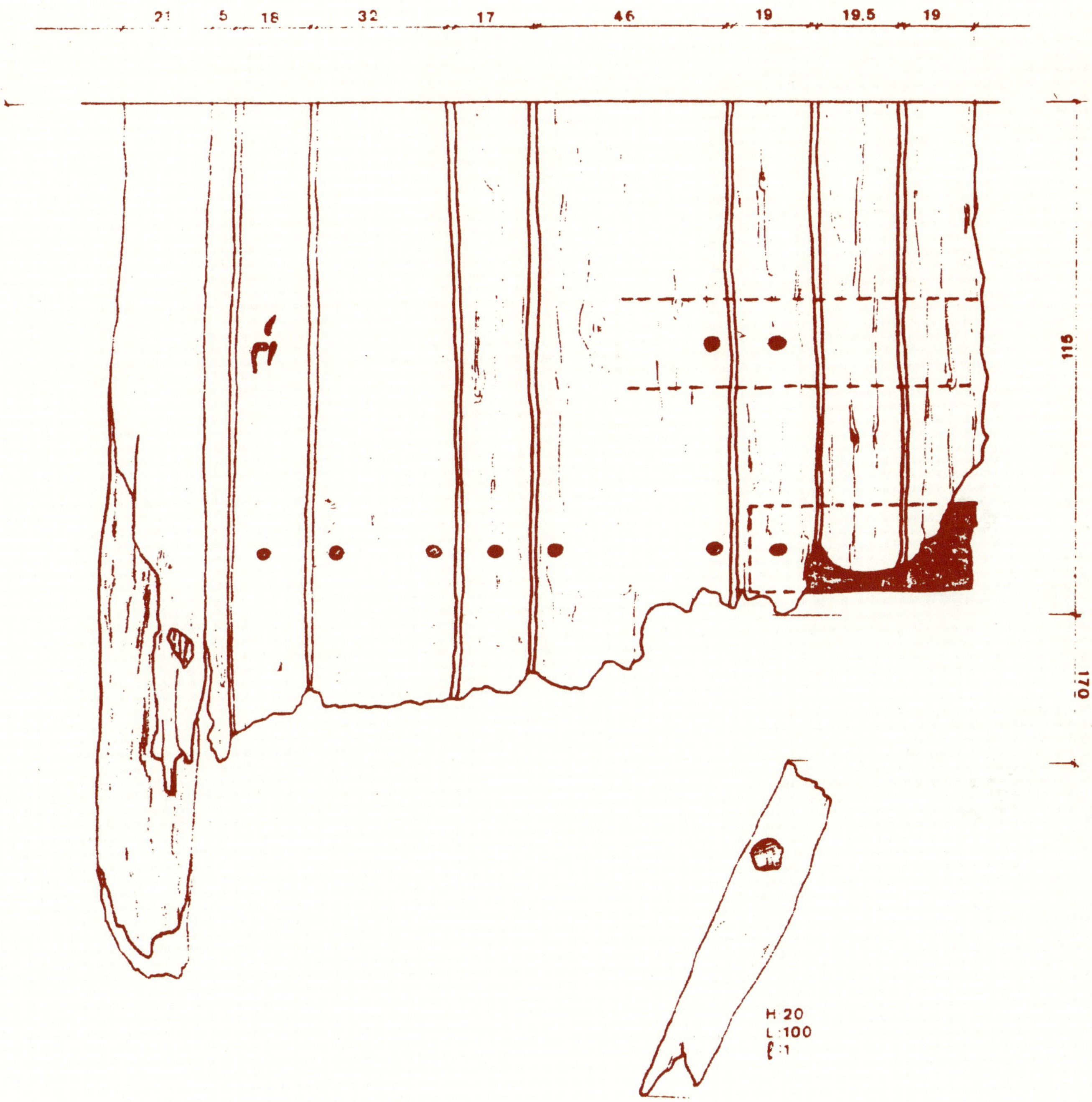

Plan schématique d'un fragment de carène retournée de l'épave *Arles-Rhône 2*.

## L'épave *Arles-Rhône 3*

Repérée en 2004 à environ 50 m en amont du pont autoroutier, par 5 m de fond, cette épave est recouverte partiellement de sédiment argileux et de pierres qui constituent sans doute son chargement. La fouille menée par le DRASSM de 2004 à 2006 a été confiée ensuite à Sabrina Marlier (CCJ), Sandra Greck (IMEP-CCJ) et David Djaoui (MDAA). Il s'agit d'un chaland romano-celtique, à fond plat, de plus de 20 m de long, dont la construction est de type monoxyle-assemblé. Les premières analyses au radiocarbone situent la chronologie du naufrage entre 15 av. et 130 apr. J.-C. Au terme de quatre campagnes, le système architectural de l'épave paraît clairement défini.

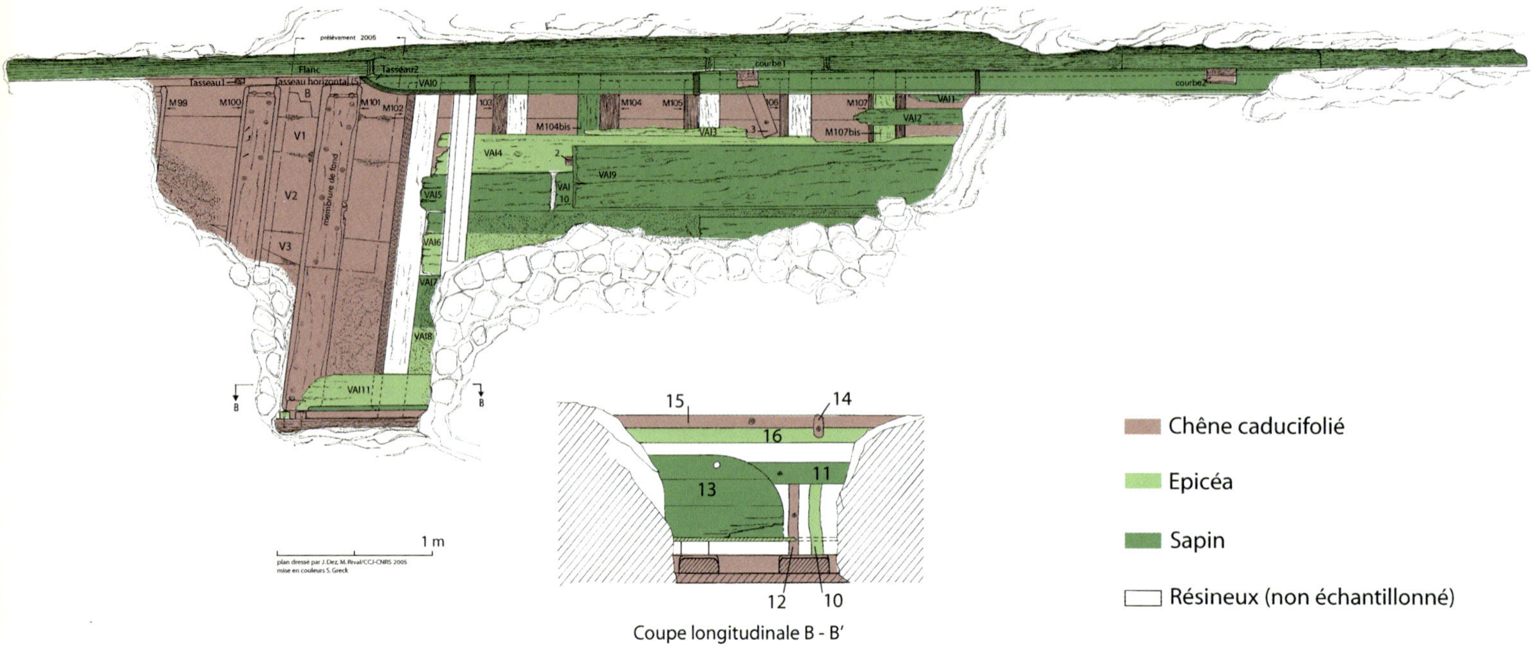


Plan de répartition des essences de l'épave *Arles-Rhône 3*.

Il s'apparente à une construction sur sole, à franc-bord. Ce système architectural se rapproche des embarcations à fond plat dites "gallo-romaines de tradition celtique", dont la forme, longue et étroite, est de type octogonal dans la typologie de Béat Arnold[2]. Mais l'épave *Arles-Rhône 3* s'en distingue par une coque rendue étanche grâce à un tissu imprégné de résine placé par lutage au moment de l'assemblage. Un bordage de fond, en chêne, assemblé à franc-bord, sert de sole à l'embarcation. L'ossature transversale interne est assurée par des membrures (ou varangues plates) de forte section, en chêne, larges de 24 à 28 cm et cloutées de fer. Un bordé monoxyle de transition sculpté fait office de bouchain en reliant le fond plat aux flancs verticaux. Des tasseaux quadrangulaires cloutés rehaussent les bouchains tandis que le bordé est constitué de part et d'autre d'un demi-tronc monoxyle surélevé par deux virures et une lisse de plat-bord. Des genoux espacés renforcent la soudure entre le fond et les flancs. Des aménagements internes – double plancher, sept traverses à feuillures doublant les membrures M102 à M108 et reposant sur les tasseaux, contre-cloisons en sapin et en épicéa – constituent une autre particularité. Ces cloisons internes et les doubles planchers qui compartimentent l'espace sont inconnus sur les autres épaves de cette famille, à Lyon et Chalon[3]. La découverte d'une cuisine à bord du navire, sur l'arrière, conduit à penser que la fonction de cette embarcation chargée de blocs de calcaire (Saint-Gabriel ?) était d'ordre commercial (construction des *villae* agricoles en Camargue). Si l'étude du mobilier n'a pas fourni un matériel quantitativement significatif, l'étude fine de la céramique provenant des sondages autour de l'épave et des couches de recouvrement est très homogène et situe désormais la datation du naufrage autour des années 40 apr. J.-C.

## L'épave *Arles-Rhône 5*

Mise au jour en 2007, sur la rive droite du Rhône, face au musée d'Arles, lors de la fouille de sauvetage mise en place à la suite de la construction d'un appontement par la CNR, cette épave bien conservée gît sur la pente, entre 7 et 10 m de fond. Comme *Arles-Rhône 3*, située sur la même rive, 500 m en amont, il s'agit d'un grand chaland à fond plat de type romano-celtique de la famille des embarcations monoxyles-assemblées. Long de 30 m pour un peu plus de 3 m de large, il est vide de toute cargaison et a peut-être été abandonné en

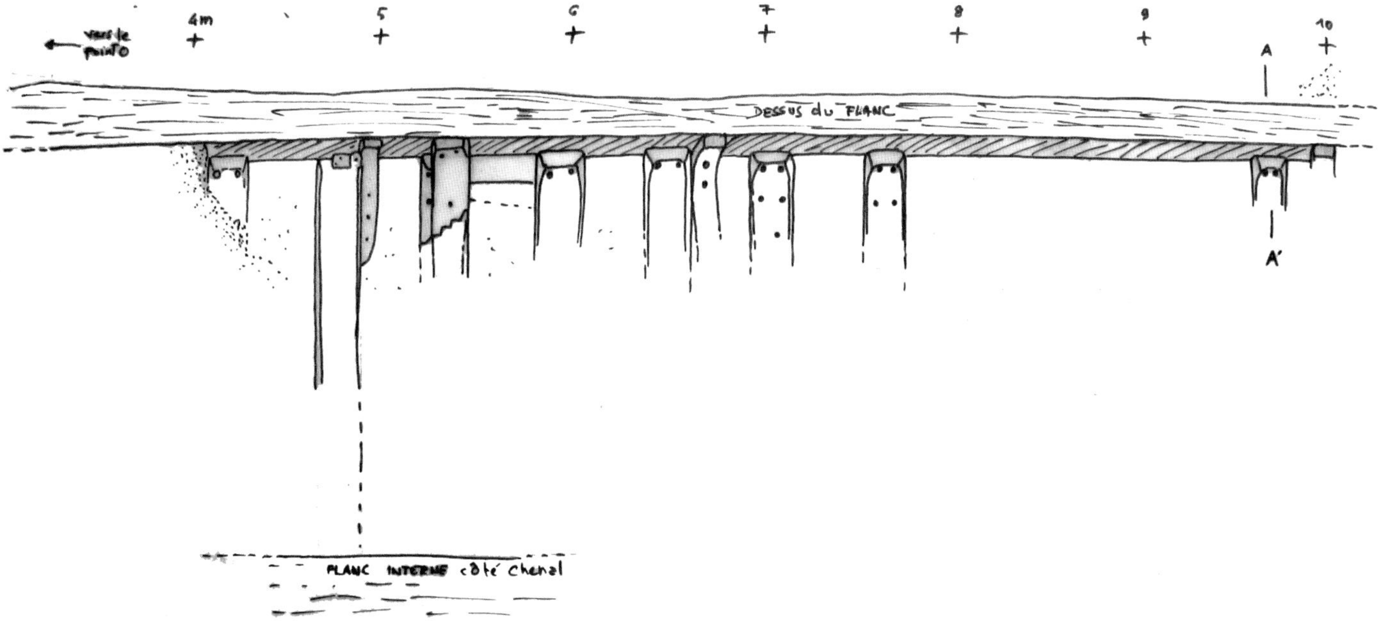


Premiers relevés planimétriques du flan et des traverses de l'épave *Arles-Rhône 5*.

fin de carrière comme en témoigne une planchette de réparation en résineux, mortaisée sur une tête de membrure. Deux flancs monoxyles massifs, en sapin, de 80 cm de haut, enserrent les virures du fond, en chêne, qui sont jointes à franc-bord et maintenues par de lourdes traverses de chêne. Les modules de bois, l'assemblage du fond et la densité des clous de fer assurent la solidité et la robustesse de la coque. L'utilisation, là encore, d'un tissu imprégné de résine placé par lutage pour étanchéifier l'embarcation constitue une "signature architecturale" de type méditerranéen. Ainsi, les chalands d'Arles comme ceux de Lyon et de Chalon pourraient se rattacher au groupe "Rhône-Saône", par opposition aux autres sous-ensembles "Atlantique", "Rhénan" et "Alpin" définis par Eric Rieth[4]. L'analyse C14 d'un premier échantillon de membrure situe le naufrage entre 51 av. J.-C. et 135 de notre ère, tandis qu'un deuxième donne une chronologie comprise entre 359 et 47 av. J.-C. La période commune aux deux datations (51-47 av. J.-C.) place dans ce cas ce magnifique chaland de commerce à l'époque césarienne. Aujourd'hui, il est situé au pied du nouvel appontement, sous les remous destructeurs des péniches ; la Compagnie nationale du Rhône, le conseil général des Bouches-du-Rhône et le ministère de la Culture étudient un projet d'extraction et de sauvetage de l'épave.

### L'épave *Arles-Rhône 6*

Une partie de fond de carène antique constitue l'une des découvertes les plus intéressantes. Ces éléments de bois encore en connexion gisent à quelques dizaines de mètres en amont du chaland *Arles-Rhône* 5, par 4 m de fond, au pied du nouvel appontement de la CNR (Duc d'Albe n° 2). Il s'agit d'une section d'épave dont les membrures ont été découpées à la scie. On distingue le départ du galbord, les couples et les varangues (h. 30, ép. 13, maille 26), un fragment de vaigrage cloué en place sur la membrure et une carlingue à l'extrémité arrondie et galbée (h. 37). Cette dernière a été échancrée pour laisser passer les couples et s'adapter parfaitement à l'ossature transversale du navire. Ce type de construction sur quille, ici très soigné, s'apparente à la construction maritime romaine. Deux échantillons différents de bois prélevés sur ces vestiges proposent une chronologie relativement cohérente. La datation au radiocarbone du premier est comprise entre 90 av. J.-C. et 210 apr. J.-C., celle du second entre 17 av. J.-C. et 222 apr. J.-C. La présence d'un fond de carène visiblement en cours de démolition dans un secteur très riche en épaves et éléments de bois nous place peut-être sur la piste des ateliers de charpenterie navale arlésienne.

Restitution axonométrique des structures transversales, de la carlingue et des serres de l'épave *Arles-Rhône 6.*

### L'épave *Arles-Rhône 7*

Deux nouvelles épaves à fond plat ont été recensées en 2007, en zone 5, entre les deux ponts d'Arles, à quelques dizaines de mètres en amont d'*Arles-Rhône 3*. Il s'agit des épaves *Arles-Rhône 7* et *8*, qui sont partiellement superposées. Du point de vue morphologique, elles diffèrent nettement des deux chalands *Arles-Rhône 3* et *5*. Conservée sur 4,10 m de large, l'épave *Arles-Rhône 7* mesure une quinzaine de mètres de long. Les sondages sous l'épave n'ont révélé aucune trace de quille mais les virures de bordé en résineux, de 18 à 20 cm de large et de 3 et 5 cm d'épaisseur, sont cette fois assemblées par tenons et mortaises, à la façon des navires maritimes, sur le flanc comme sur la sole. Les virures extérieures, ou bordés de flanc, s'élèvent sur 60 cm et sont bien plus épaisses (en moyenne entre 10 et 11 cm). Les deux premières, symétriques par rapport à la structure de l'épave, paraissent jouer le rôle de préceintes, comme sur le *chaland de Pommeroeul,* daté du III$^{e}$ siècle apr. J.-C. Une épaisse couche de calfatage désigne la zone du bouchain, transition entre les virures de flanc et celles de la sole qui, faute de quille, assure en même temps la rigidité de la construction. Toutes les membrures de section carrée, en orme, sont fixées au bordage par un cloutage externe et interne. Elles sont composées d'une courbe clouée à une allonge, à l'exception de la membrure M105 qui est monoxyle. La maille est comprise entre 40 et 60 cm. Une série de vaigres en résineux, cloutées aux membrures, jouent longitudinalement le rôle de serres de renfort. L'une d'elles, plus robuste et encastrée dans les membrures, est sans doute une carlingue. Cette épave semble s'inscrire dans une double tradition, à la fois méditerranéenne et "romano-celtique". En effet, l'assemblage par tenons et mortaises du bordage de la sole est typiquement méditerranéen, tandis que le fond plat et le cloutage des membrures sont plutôt celtiques. Il pourrait s'agir d'un chaland fluvio-maritime comme le laisse à penser la forme pincée de l'extrémité aval du navire, explorée en 2009. En attendant la datation C14, les monnaies trouvées au-dessus de l'épave se rangent toutes aux III$^{e}$ et IV$^{e}$ siècles de notre ère, tandis qu'une amphore Africaine I précoce, trouvée sous l'épave dans le sondage, situe au plus tôt le naufrage au II$^{e}$ siècle apr. J.-C.

### L'épave *Arles-Rhône 8*

A l'articulation des zones 5 et 6, l'épave *Arles-Rhône 8* est contiguë à *Arles-Rhône 7*, qui la recouvre en partie, par 4 à 5 m de fond. On reconnaît l'extrémité d'un navire vraisemblablement complet, assemblé par tenons et mortaises et dépourvu de quille. Prise entre deux serres légèrement espacées, une carlingue, qui marque l'axe longitudinal du navire, est évidée à l'extrémité d'un orifice quadrangulaire apte à recevoir l'emplanture d'une épontille ou plus vraisemblablement d'un mât. En comparaison avec les lourds chalands à fond plat *Arles-Rhône 3* et *5*, nous avons plutôt affaire ici à une embarcation fluvio-maritime, ou plus simplement à un bac. La position du mât, déportée vers l'extrémité (l'avant du navire ?) évoque en effet un mâtereau de halage ou de trinquet. La découverte, à proximité immédiate de ces deux embarcations, d'un autel et d'une statue de Neptune mentionnant l'existence des *lenunculari* est intéressante. Elle suggère peut-être un lien entre l'une au moins de ces deux embarcations et cette corporation qui rassemble à Ostie des pilotes de bac et d'allège. Compte tenu de la superposition des deux navires, cette épave est sans doute contemporaine de la précédente.

### L'épave *Arles-Rhône 10*

Un élément massif et longitudinal, en chêne, fut repéré en 2007 au pied du nouvel appontement métallique implanté en rive droite par la CNR, face au musée d'Arles. La datation au radiocarbone situe la chronologie calibrée de l'objet entre 32 et 320 apr. J.-C. Cet espar, qui présente des aménagements particuliers, se situait à quelques dizaines de mètres en aval de l'épave *Arles-Rhône 5*, par 7 m de fond. Il mesure 8,75 m de long pour 45 cm de large et 27 cm d'épaisseur et fut remis à l'eau après étude. Si l'une de ses extrémités est mal conservée, l'autre, en parfait état, présente des mortaises quadrangulaires sur ses quatre faces qui ont complètement évidé le tronc. Sur la face supérieure, la cavité mesure 31 cm de long pour 20,5 cm de large ; elle prend naissance à 11 cm de l'extrémité arrondie de la pièce. Sur les côtés, les cavités mesurent 20 cm de long et 16 cm de large. Sur la face

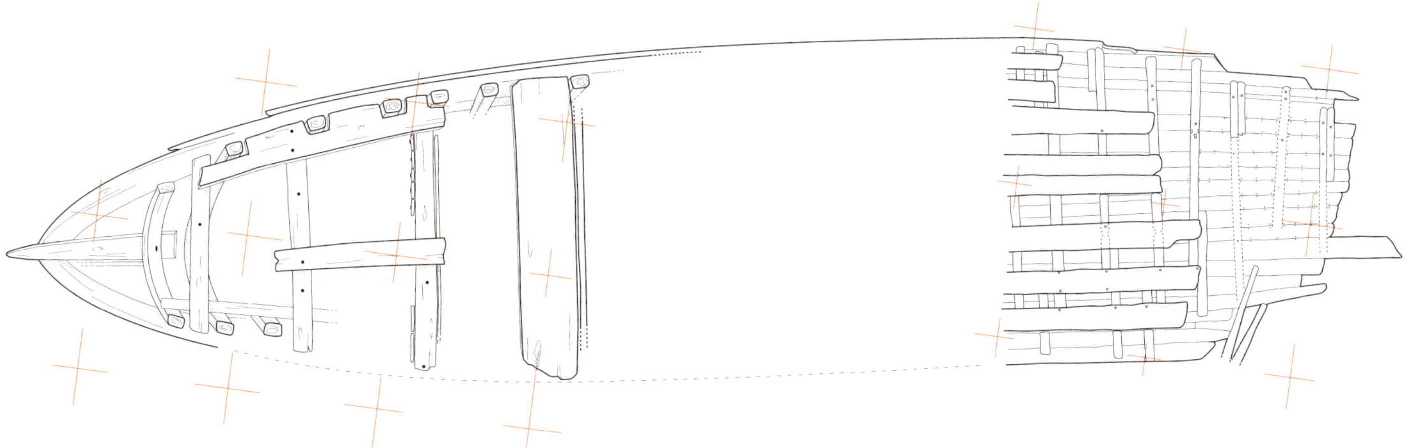

Plan de l'épave *Arles-Rhône 7* avec son extrémité aval pincée et détail de l'étude de son extrémité amont.

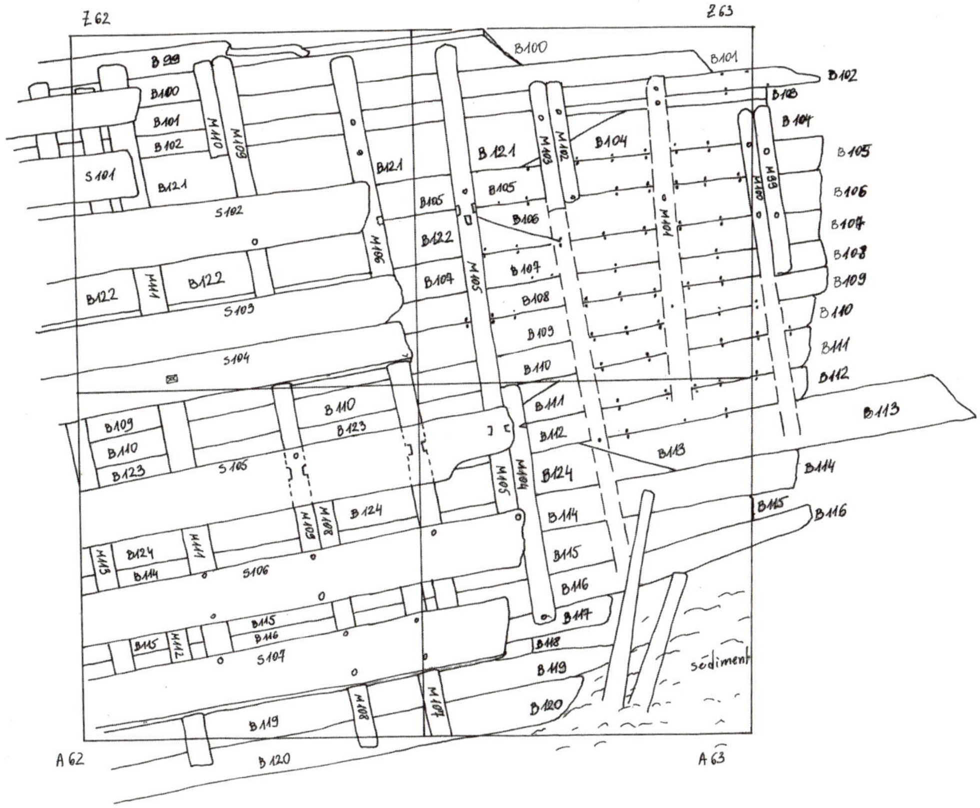

inférieure, qui constitue le fond de la pièce, galbée et amincie, la cavité mesure 13,5 cm de long et 11,5 cm de large. Une autre particularité sur la face supérieure consiste en un petit orifice quadrangulaire, excentré à droite, qui mesure 10,5 et 11,5 cm de côté pour 11 cm de profondeur. Cet ensemble de mortaises paraît correspondre au passage de liens et rappelle d'autres découvertes. La pièce du Rhône s'apparente, en effet, à la brelle centrale d'un radeau de pêche ou de commerce, mortaisée sur l'extrémité avant pour l'assemblage des pièces de flanc. Deux radeaux assemblés de ce type, composés de trois poutres régulièrement équarries mesurant 12 à 13 m de long, ont été retrouvés en 1938 et 1939 dans la Bruche, affluent du Rhin, près de Strasbourg[5]. Le plus élaboré des deux était constitué de trois brelles ligaturées et assemblées. Ce type de radeau "construit", du IIe ou du IIIe siècle de notre ère, servait à la pêche et au transport de fret et de denrées commerciales. Il se distingue des radeaux utilisés au flottage des bois de construction. Forme primaire d'architecture navale attestée dans les sources historiques depuis l'Antiquité, mus à la pagaie ou à la voile, les radeaux sont des embarcations intermédiaires entre la péniche monoxyle primitive, simple tronc évidé, et les chalands monoxyles-assemblés, du type *Arles-Rhône 3* et 5. Ils constituent des témoignages archéologiques d'une très grande rareté.

Plan de détail de l'extrémité amont de l'épave *Arles-Rhône 8* avec son massif d'emplanture.

## Les autres épaves

De nombreuses épaves et fragments de bois ont été recensés ces dernières années sur la rive droite du Rhône, à Arles. Parmi ces vestiges, l'épave *Arles-Rhône 9* est localisée entre les deux ponts, à 30 m du bord, en amont du gisement A, à l'articulation des zones 7 et 8. Il s'agit de l'extrémité effilée d'une épave antique, engagée dans le sédiment. Assemblée par tenons et mortaises, cette partie visible de la carène présente une quille, une membrure et cinq virures de bordé. Comme sur l'épave *Arles-Rhône 6*, la présence d'une quille nous renvoie à un navire maritime.

Dans le même espace entre les deux ponts, l'épave *Arles-Rhône 12* se situe dans le vaste dépotoir antique du gisement A, elle occupe la zone 6, par 11,5 m de fond, à 40 m du bord. Il s'agit d'éléments de bois apparents sous le sédiment, de nature complexe. Parmi les objets liés au site, on note une amphore à saumure Beltrán IIA, du Ier siècle ou du début du IIe siècle de notre ère, et une colonne torsadée en marbre gris, mesurant à la base 21 cm.

Assemblée par tenons et mortaises, l'épave *Arles-Rhône 13* repose par 5 m de fond, en zone 8, près de la berge, à 10 m du bord, face au quai de la gare maritime. Recouverte de sable et de cailloux de lest des navires modernes, elle est proche de l'épave *Arles-Rhône 9*.

## Les chantiers navals antiques d'Arles

Les découvertes fréquentes d'épaves et de fragments de bois sur la rive droite, dans une zone relativement restreinte, en aval de la ville, face au musée d'Arles, apportent peut-être du nouveau sur la problématique des *navalia* d'Arles. C'est, en effet, au pied du nouvel appontement de la CNR, face à l'exèdre du cirque, que l'on a recensé un groupe de vestiges daté entre le Ier et le IVe siècle de notre ère. C'est là, en effet, que l'on a localisé les épaves *Arles-Rhône 2*, repérée en 1990, et les gisements *Arles-Rhône* 5 et *6*, en 2007. Cette dernière, notamment, avec sa forte structure axiale (quille et carlingue), correspond à une épave maritime en cours de démolition. D'autres éléments de bois épars se rapportent selon nous à un mât et à une brelle de radeau *(Arles-Rhône 10)*. Cette zone a donc pu jouer un rôle dans le stockage du bois, la démolition, la réparation et la construction navales. Aperçues très légèrement en aval, dans la même zone, de grandes poutres quadrangulaires inclinées s'enfoncent dans la berge, transversalement au fleuve, et font penser à une cale de halage. Tout cet espace reste partiellement recouvert de céramiques et d'amphores datées du Ier siècle av. J.-C. au IIIe siècle de notre ère.

## Les équipements des navires

A la série d'épaves récemment individualisée sur la rive droite du Rhône, à hauteur d'Arles, il faut signaler toute une série d'objets relatifs aux équipements de bateaux, perdus sans doute lors d'une manœuvre, au mouillage ou lors d'une crue. Certains d'entre eux s'apparentent au matériel des épaves maritimes, d'autres se rattachent au contraire à la navigation fluviale et confirment la variété de cet espace nautique particulier. On peut sans doute rattacher à un navire de mer un très beau plomb de sonde qui servait à mesurer la profondeur et à renseigner les marins sur la nature du fond. De même, plusieurs pierres de mouillage retrouvées dans le fleuve, non loin de la berge, ressemblent à leurs homologues maritimes. Dans le même registre, si les fouilles au large des Saintes-Maries-de-la-Mer ont mis au jour plusieurs jas d'ancre en plomb, le fleuve a livré pour sa part une ancre en fer et trois pièces d'assemblage en plomb. Ces dernières servaient à maintenir entre elles, sur l'ancre de marine traditionnelle, les pattes et la verge centrale. Dans le même temps, l'action de pêche sur un gisement encore mal localisé, l'épave *SM4*, à l'est des Saintes-Maries-de-la-Mer, a permis de récupérer plusieurs objets en bronze qui se rattachent selon nous à l'accastillage et à la décoration des navires. Il s'agit notamment de deux appliques en forme de tête de canard et d'une applique d'ornement ou de renfort, décorée d'entrelacs. Trois très beaux objets en bois ont été retirés du Rhône ces dernières années et ont été traités par le laboratoire grenoblois Arc-Nucléart. Il s'agit d'une pelle de gouverne en chêne, de 7 m de long, de type fluvial, d'une ancre complète, de 2,6 m de haut, avec sa pièce d'assemblage en plomb, et d'une très grande verge d'ancre en chêne. Cette dernière, qui n'a conservé ni pattes, ni jas, ni pièce d'assemblage, mesure 4,85 m de haut. Il s'agit sans doute d'une ancre portuaire servant peut-être à amarrer un ponton flottant ou encore, au plus fort du courant, les coques du fameux pont de bateaux.

**Notes**

1. Long 1994a, p. 54 ; Guibal 1992.
2. Arnold 1992.
3. Rieth 2006.
4. Rieth 2006, p. 76.
5. P. Amiet 1952.

# Les objets de la navigation

*Luc Long*

## 1. Plomb de sonde

En forme de cloche, avec une croix gravée à l'intérieur
Arles ; Rhône ; 2004
Epoque romaine
Plomb
h. 6,5 ; Ø 6
RHO.2004.00.1141

Ce petit objet fréquent sur les embarcations maritimes permettait de mesurer la profondeur et de recueillir un échantillon du fond.

## 2. Applique a tête de canard ou de cygne

Pièce d'accastillage ou d'équipement de navire
Saintes-Maries-de-la-Mer ; épave *SM4* ; 1992
Fin du Ier siècle av. J.-C.
Bronze ; fonte pleine
h. 9,6 ; L. 19,8 ; l. 10,7 ; ép. base 1,5
STM.92.00.18
Bibliographie : Long 2005a, p. 62, fig. 47 ; Long 1997 a, p. 69, n° 3, fig. 14 ; Dahy 2006, vol. 1, notice 111, p. 125-126 ; pl. XV, fig. 10 à 12
Comparaisons : Galili-Sharvit 1999, fig. 13-14, p. 183 ; Beltrame 2002, p. 16 ; Long 2005a, fig. 46, p. 62

Récupéré dans les filets d'un pêcheur, cet objet muni d'orifices de fixation provient vraisemblablement de l'épave romaine *SM4*, à l'est des Saintes-Maries-de-la-Mer, sur laquelle il pouvait servir aux manœuvres. L'étude d'E. Galili et J. Sharvit dénombre douze appliques similaires datées de 36 av. J.-C. sur l'épave d'un vaisseau militaire près de Capo Rasocalmo (Messine), ce qui permet d'envisager une datation similaire.

## 3. Applique allongée, a tête de canard ou de cygne

Pièce d'accastillage ou d'équipement du navire
Saintes-Maries-de-la-Mer ; épave *SM4* ; 2003
Fin du Ier siècle av. J.-C.
Bronze ; fonte pleine
L. 39,5 ; l. 11,9
X-16070 (anc. inv. 10228)

Récupéré dans les filets d'un pêcheur, cet objet, comme le précédent, provient vraisemblablement de l'épave romaine *SM4*, à l'est des Saintes-Maries-de-la-Mer. Cette applique munie de trois orifices de fixation (dans les ailes et au centre) devait servir de taquet ou pour rappeler un cordage. Un objet semblable à cette pièce et à la précédente a été découvert en mer entre Haïfa et Atlit, en Israël (voir supra).

## 4. Applique d'ornement ou de renfort

Pièce d'équipement du navire
Saintes-Maries-de-la-Mer ; épave *SM4* ; 2003
Epoque romaine
Bronze
h. 18 ; L. 57,2 ; ép. 7,1
X-16395

Cette applique sur angle trouvée par un pêcheur provient vraisemblablement de la même zone que les appliques à tête de canard. Le décor interne est fait d'entrelacs. Traces de fer pour la fixation. Il peut s'agir d'un objet décorant le navire ; on pense au dauphin de l'épave *Mateille A*, à Gruissan[1] et à l'applique repêchée à Palavas[2].

## 5. Pièce d'assemblage d'ancre*

Pièce d'assemblage d'une ancre de navire
Arles ; Rhône ; 2004
Epoque romaine
Plomb
h. 5,5 ; L. 47,7 ; l. 7
X-16157

Cette pièce d'assemblage en plomb, coulée sur place, présente trois ouvertures par lesquelles elle tenait fermement en place la verge de l'ancre, au centre, et chaque patte, aux extrémités.

## 6. Pelle de gouverne*

Pelle de gouverne d'une embarcation fluviale
Arles ; Rhône, gisement A ; 2004
Epoque romaine
Chêne
L. 725 ; l. 34 ; ép. 17,5
X-16194

Découverte dans le gisement A, en zone 2 au niveau du pont autoroutier, cet élément massif de chêne correspond à la rame-gouvernail d'un chaland à fond plat d'époque romaine. L'objet, qui a été fracturé, était profondément engagé dans les couches du Haut-Empire. Il se compose de la pelle, dont la partie haute est percée de deux orifices pour le passage de deux câbles de rappel, qui retenaient le gouvernail au navire. On connaît

4

1. Solier 1981, fig. 62. 2. Maréchal 2003, 120, fig. 4.

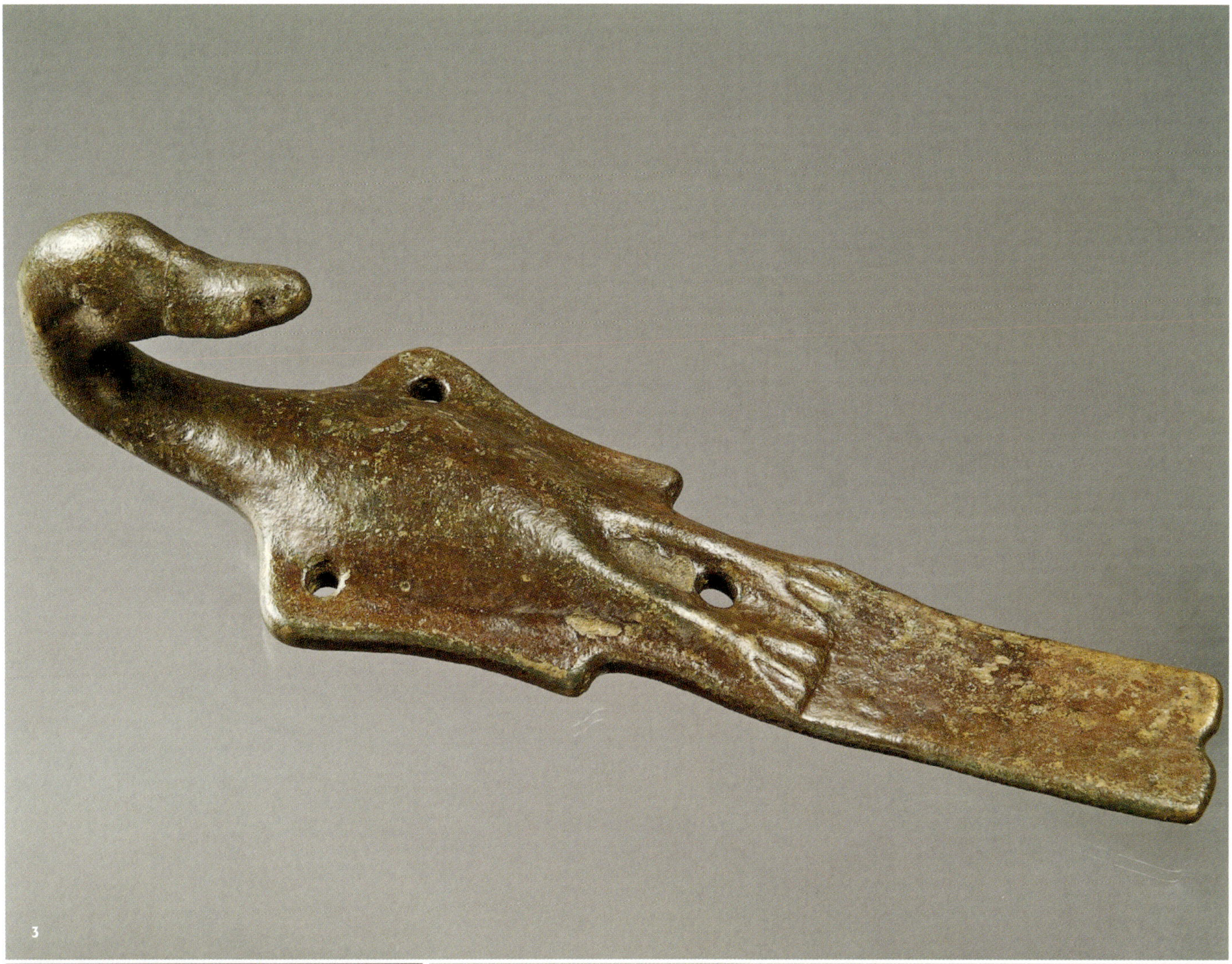

3

1

2

l'illustration de ce système de fixation sur la stèle de Cologne, datée du Ier siècle apr. J.-C. (Römisch-Germanisches Museum). La pelle est de section asymétrique, avec une face plane et l'autre munie d'une arête médiane. Le manche, ou timon, présente dans la partie haute une mortaise pour le passage du *clavus*. Comme sur la stèle de Cologne, le système de direction est conçu en fonction de la rotation d'une pièce sur son axe. La position de la rame est haute ou basse selon que le navire navigue vide ou chargé. Un appareil de gouverne gallo-romain de ce type, long de 10 m, a été mis au jour dans la baie de Bevaix, en 1911. La rame-gouvernail du Rhône a été traitée au laboratoire Arc-Nucléart, dans le Centre d'études atomiques de Grenoble.

## 7. Grande verge d'ancre

Verge d'ancre portuaire
Arles ; Rhône, gisement A ; 2003
Epoque romaine
Chêne
VL. totale 485 ; l. 25 ; L. diamant : 28,5 ; l. diamant 20 ; taille des deux mortaises latérales 7 x 12,4
X-16195

Cette verge d'ancre présente sur chaque flanc une enture en trait de Jupiter complétée par deux mortaises de 7 cm de large et 12,5 cm de haut pour la fixation des pattes. Cet assemblage a été renforcé par quatre clous.

Découverte dans le gisement A et remontée à la grue de *L'Archéonaute*, la taille de cette ancre est visiblement démesurée par rapport à celle d'un navire fluvial. Elle pouvait néanmoins servir d'ancre portuaire pour l'amarrage d'un ponton flottant ou du pont de bateaux, au centre du chenal. Elle a été traitée par Arc-Nucléart.

## 8. Ancre complète

Arles ; Rhône, gisement A ; 2003
Epoque romaine
Chêne
L. totale 250 ; l. 118 ; l. verge 11 ; ép. anneau de plomb 9
X-16196

Dépourvue de jas mais équipée d'un quadrangulaire, cette ancre complète découverte dans le gisement A garde encore en place sa pièce d'assemblage et un sabot métallique qui protégeaient l'extrémité d'une patte. Deux entures en trait de Jupiter assemblent par des mortaises, dont les clefs sont bloquées par des tenons les pattes de l'ancre au bas de la partie centrale. En haut de la verge, après la bague de plomb, deux mortaises de 6 et 9 cm de haut servaient à l'amarrage. L'objet a été traité par Arc-Nucléart.

## 9. Jas d'ancre*

Camargue ; 1992
Epoque romaine
Plomb
h. 17 ; L. 129 ; l. 12
X-16208

Ce jas d'ancre en plomb a été retrouvé au large des Saintes-Maries-de-la-Mer dans l'espace portuaire considéré aujourd'hui comme l'avant-port maritime d'Arles à l'embouchure du Rhône de Saint-Ferréol.

Aquarelle de J.-M. Gassend restituant la grande verge d'ancre et l'ancre complète.

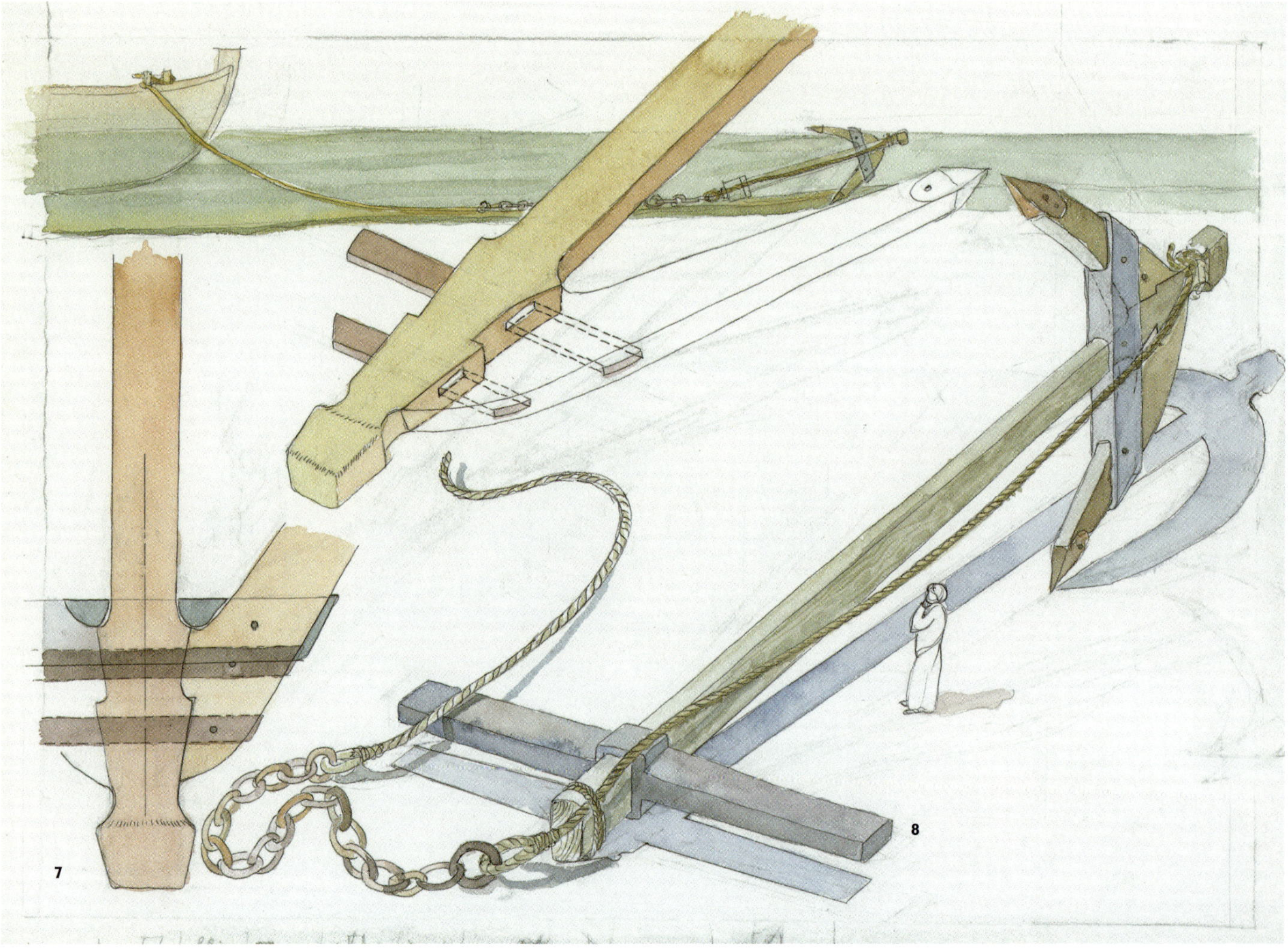

## 10. Ancre-poids en pierre

Equipement de bord
Arles ; Rhône ; 2007
Période antique
Calcaire ; orifice et gorges latérales taillés
h. 39 ; l. 30 ; ép. 11 ; Ø orifice 4 ; l. gorge 1 ; 20 kg
RHO.2007.00.1969 (anc. inv. Rh-07-163)

Ancre-poids en pierre à un œil et une gorge à mi-hauteur pour son ceinturage. Le cordage était passé en double dans l'orifice puis autour de l'ancre en pierre, sans nouage. Les ancres en pierre et les pierres de mouillage, dérivées des modèles primitifs connus en Méditerranée, équipaient les navires maritimes. On peut se demander si celles trouvées dans le Rhône faisaient partie de l'équipement de navires fluviaux et si ces pièces sont caractéristiques du domaine fluvial. Après étude et comparaison avec du mobilier d'utilisation maritime, en particulier les ancres en pierre découvertes lors des fouilles de la place Jules-Verne et celles de l'anse des Catalans, à Marseille, les trois ancres-poids découvertes dans le Rhône pourraient tout à fait correspondre à du matériel maritime. Il est donc possible que ces navires, qui naviguaient devant la cité arlésienne, aient également croisé en mer.

C. L.

## 11. Ancre-poids en pierre

Equipement de bord
Arles ; Rhône ; 2007
Période antique
Calcaire ; orifice taillé
h. 33,5 ; l. 29 ; ép. 13,5 ; Ø orifice 3,5 ; 19 kg
RHO.2007.00.1970 (anc. inv. Rh-07-164)

Ancre-poids en pierre à un œil. Ce trou a été percé en biais, d'une face vers la tranche supérieure. Le percement d'un tel orifice était peut-être plus facile au regard de l'épaisseur de l'ancre.

C. L.

## 12. Ancre-poids en pierre

Equipement de bord
Arles ; Rhône ; 2007
Période antique
Calcaire ; orifice et gorge taillés
h. 55,3 ; l. 25,5 ; ép. 12 ; Ø orifice 4,5 x 6,5 ; 27 kg
RHO.2007.00.1971 (anc. inv. Rh-07-165)

Ancre-poids en pierre à un œil rectangulaire et une gorge sur la tranche en partie inférieure. Il est difficile de comprendre l'usage de cette gorge d'après son emplacement. L'ancre est de forme très allongée, il est possible qu'elle soit le résultat d'un réemploi.

C. L.

## 13. Poids en plomb

Equipement de bord
Arles ; Rhône
Période indéterminée
Plomb ; objet moulé, coulé en deux moitiés
h. 38,5 ; l. 16 ; ép. 4,5 ; Ø orifice 3,5 ; 27 kg
X-16392

Poids en plomb en forme de peson. Par sa forme, son poids et son façonnage, il pourrait s'agir d'une ancre-poids antique. Mais cet objet pourrait également être une gueuse, un contrepoids de période plus récente.

C. L.

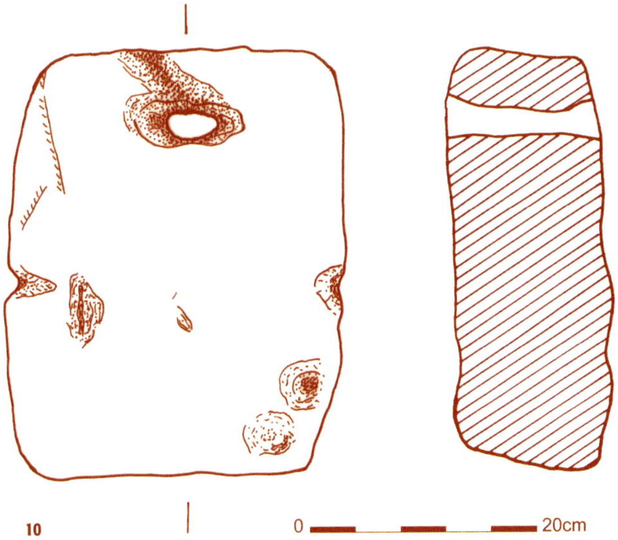


10

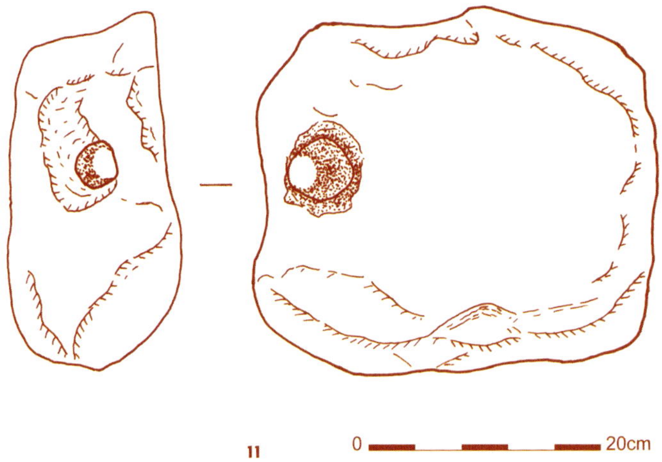


11

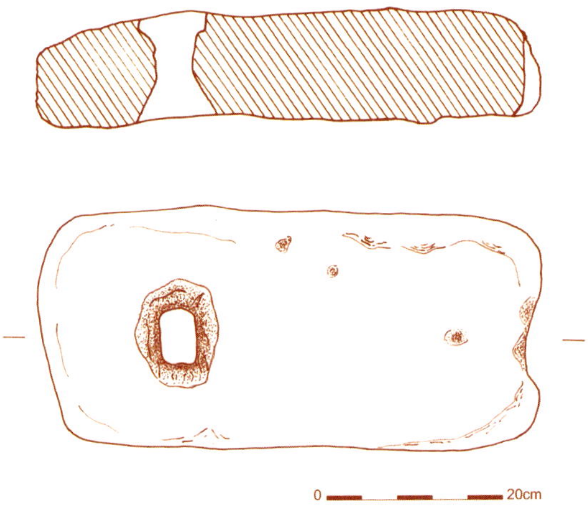


12

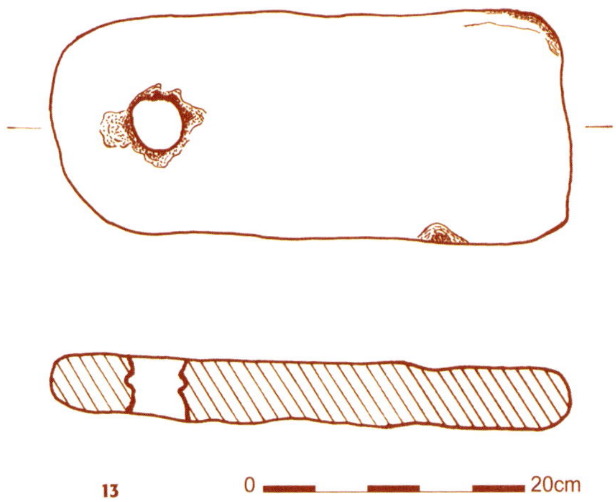


13

# LA RESTAURATION DES BOIS GORGÉS D'EAU

## Un enjeu pour l'archéologie

*Henri Bernard-Maugiron*

### Gorgé d'histoire, mais gorgé d'eau!

Exhumer un objet en bois, une ancre ou une épave de son linceul de vase lissée par les eaux du Rhône revient à remonter à la surface un matériau rendu très fragile par immersion séculaire. Si d'aventure vous le laissez sécher à l'air, cet objet, qui avait conservé sa forme pendant tant d'années, se détruit au rythme rapidement perceptible de l'évaporation de l'eau dont il s'est gorgé. Quelques heures ou quelques jours suffisent pour infliger au bois des déformations et des effondrements irrémédiables. On ne doit pas ignorer que tout bois, quelle que soit son essence et aussi dur soit-il, comme le chêne par exemple, est un matériau organique biodégradable. La cellulose, constituant essentiel du bois, est sensible à l'action chimique de l'eau. Dans un milieu immergé, un lent processus d'hydrolyse se met en place inexorablement. A mesure que les chaînes des molécules de cellulose se fractionnent, le bois perd ses caractéristiques initiales de résistance mécanique. Pour preuve de cet état de destruction en cours, alors que le volume du bois est encore préservé et que l'objet semble encore intact, une simple pression du doigt permet d'imprimer facilement une profonde empreinte sur la surface amollie. Les bois antiques remontés du Rhône sont souvent à un stade de dégradation très avancé. Les cellules du bois ne conservent leur forme que par la présence de l'eau qui les soutient. Qu'un séchage accidentel survienne, l'eau, en s'évaporant, devient la béquille qui se dérobe. Les parois cellulaires du bois s'effondreront les unes sur les autres avec le résultat dramatique évoqué plus haut.

### Comment conserver un bois gorgé d'eau ?

Puisque le bois s'est gorgé d'eau et que ses cellules ont perdu leur résistance mécanique, il faut, pour conserver un tel matériau, atteindre un double objectif : retirer l'eau et consolider les fibres du bois.

C'est au Danemark, dès le milieu du XIXe siècle, que l'inventivité des hommes pour relever un tel défi a commencé à se manifester. Les objets à conserver provenaient de sépultures découvertes dans des tourbières. Les premiers traitements consistaient en une immersion des bois dans une solution aqueuse bouillante d'alun (sulfate d'aluminium et de potassium). Le mélange, pénétrant au cœur du bois, remplaçait l'eau. Au refroidissement, l'alun cristallisait en une masse solide préservant le volume du bois et le consolidant. Depuis, bien d'autres substances ont été expérimentées : sels, sucres, cires, huiles, hydrocarbures, alcools, résines… Peu nombreuses sont celles qui se sont imposées aujourd'hui. Les nombreux objets en bois gorgés d'eau découverts à l'occasion des fouilles archéologiques menées dans le Rhône à la hauteur de la ville d'Arles vont nous permettre d'illustrer les différents traitements de conservation généralement utilisés.

**• PEG et séchage par lyophilisation : la méthode classique pour traiter les petits objets : une règle de scribe, un petit gobelet et une sphère en bois tourné**

Ces trois petits objets, fragmentés pour certains, étaient en bois très dégradé. La surface était fragile et molle. Ils ont été immergés dans une solution chauffée de polyéthylène glycol 4 000 (PEG) à 40 %, polymère de synthèse hydrosoluble et non toxique pour imprégner, à cœur, les fibres du bois. Sortis du bain d'imprégnation, les objets ont rapidement été rincés avant d'être immédiatement placés dans un lyophilisateur. Celui-ci, grosse cuve métallique, est un appareil de séchage que l'industrie alimentaire a familiarisé. Son fonctionnement peut être décrit simplement en deux phases. Dans un premier temps, la température est abaissée à – 30 °C pour congeler l'eau contenue dans les bois imprégnés de PEG. La totalité de l'eau présente dans les objets est désormais sous sa forme solide : la glace. Dans un deuxième temps, une pompe à vide abaisse la pression à l'intérieur de l'enceinte. La glace va

Opération de restauration de l'ancre romaine.

**Fin du traitement d'imprégnation à saturation. La pelle de gouverne et la verge d'ancre ont été exposées pendant plus d'un an à un brouillard de PEG.**

se "sublimer" en passant à l'état de vapeur et, en quelques semaines, quitter l'objet. A la fin du traitement, les objets sont déshydratés. Le PEG 4 000 a retrouvé son état solide tout en restant au cœur du bois, où il participe efficacement à la consolidation mécanique des fragiles parois cellulaires du bois.

Les objets ont conservé leur volume mais ils restent fragiles. La règle de scribe, le gobelet et la sphère en bois tournée, désormais secs, sont très légers, puisqu'ils ont perdu près de la moitié de leur poids de découverte. Les opérations de restauration ont ensuite porté sur le collage des fragments à l'aide d'une résine acrylique stable et réversible. Un surcroît de consolidation a été obtenu en appliquant un vernis de cette même résine acrylique sur la surface des objets.

**• Résine polyester polymérisée sous irradiation : la méthode adaptée aux objets composites et fragiles : une petite ancre antique quasi complète**

Cette très belle ancre antique de 2,50 m de longueur, sortie du Rhône en 2004, est un assemblage de bois renforcé de tôle de fer et de plomb. Bien que retrouvée en de nombreux fragments, l'ancre est presque complète, à l'exception du jas dont il ne reste aucune trace. La conservation du bois dégradé de l'ancre doit prendre en considération, outre le fait qu'il est gorgé d'eau, le niveau de fragmentation et la nécessité de recoller les morceaux, les éléments en plomb dont le poids augmente les porte-à-faux et, enfin, les éléments de fer sensibles à la corrosion.

La méthode "Nucléart", fondée sur l'imprégnation du bois à l'aide d'une résine polyester, offre l'avantage d'apporter au bois une excellente consolidation mécanique. Le bois est considérablement renforcé et les collages des fragments en seront facilités. D'autre part, le caractère hydrophobe de la résine polyester contribue, en réduisant les échanges avec l'humidité de l'air, à limiter notablement le risque de reprise de la corrosion du fer. Développée de façon originale à Grenoble au sein de l'atelier régional de conservation Nucléart, la méthode "Nucléart" a été appliquée de la façon suivante pour le traitement de cet objet. Des bains d'acétone successifs ont permis en quelques mois de déshydrater le bois.

Les fragments de l'ancre, gorgés d'acétone, ont ensuite été immergés dans des bains de résine polyester (soluble dans l'acétone). Au bout de plusieurs mois, le polyester avait imprégné le bois à cœur. Puis, une exposition de plusieurs heures au rayonnement gamma a provoqué la polymérisation totale et définitive du polyester. Les fragments de l'ancre sont devenus solides et résistants aux écarts climatiques. Les travaux de restauration (tennonage et collage des fragments, comblement des manques et retouches colorées) et de mise sur support ont complété l'opération de sauvegarde de ce rarissime vestige.

**• PEG à saturation et séchage contrôlé, méthode pour traiter les grands objets : une grande pelle de gouverne**

Longue de 8 m, cette exceptionnelle découverte arlésienne a bénéficié d'un traitement adapté aux objets de grandes dimensions. Dans un grand bassin hermétique, la pelle de gouverne a été exposée à un brouillard chauffé de PEG 4 000 pendant plus d'une année. La concentration du PEG a été augmentée jusqu'à 80 %. A la fin de l'imprégnation, dite "à saturation", la pelle de gouverne a été transférée dans un local climatisé où le séchage du bois est piloté par abaissement progressif du taux d'humidité de l'air. On a ainsi veillé, pendant plus d'une année, à ce que le bois sèche uniformément à cœur comme en surface. Le nettoyage, la restauration et le soclage ont ensuite été réalisés. La même opération a été conduite pour la conservation-restauration de la verge d'une grande ancre antique de 5 m de long.

## Et si une épave antique sortait du Rhône ?

Si la nécessité de traiter une épave de grandes dimensions se faisait sentir – on pense notamment au très beau chaland gallo-romain de 30 m de long *Arles-Rhône 5*, menacé par les péniches qui manœuvrent au-dessus –, c'est probablement le principe d'une imprégnation à saturation suivie d'un séchage contrôlé qui serait retenu. Face à un tel enjeu, la grande expérience acquise aujourd'hui en ce domaine est le gage de la réussite du traitement. Un local serait, alors, à aménager dans un atelier de restauration ou, pourquoi pas, dans une future extension du Musée départemental Arles antique qui, provisoirement, se convertirait en laboratoire. A l'issue des travaux, le local se transformerait alors en salle d'exposition pour offrir au public l'épave restaurée... Le Rhône n'a pas fini de nous faire rêver.

# V
# OBJETS DU COMMERCE ET DU QUOTIDIEN

# DIVERSITÉ DU MOBILIER ARCHÉOLOGIQUE

*Luc Long*

La majorité des objets du commerce recensés en rive droite du Rhône dans le vaste gisement A, notamment dans les zones 1 à 3, près des piles du pont autoroutier, concerne un très grand nombre d'amphores et de céramiques. Elles font partie d'un ensemble cohérent scellé par le limon et les gravats modernes. Ces milliers de récipients jetés depuis le bord se sont souvent brisés sur place et enchevêtrés sur plusieurs mètres d'épaisseur, par 4 à 10 m de fond. Mais outre sa fonction portuaire qui entraîne l'accumulation des amphores une fois vidées, ce district a servi dans le même temps de réceptacle aux choses de la vie quotidienne. Il peut s'agir d'objets perdus ou tombés accidentellement, jetés volontairement ou offerts au Génie des eaux, enfin emportés par le ravinement des pluies ou arrachés aux habitations par les fréquents débordements du Rhône.

Tout le mobilier issu du commerce témoigne de la convergence, aux Ier et IIe siècles de notre ère, en concordance chronologique avec les nombreuses monnaies, de deux courants commerciaux majeurs. L'un concerne les produits issus du flux Rhin-Saône-Rhône, l'autre est méditerranéen. Les produits du commerce maritime, généralement conditionnés dans des amphores (vin, huile, conserves et sauces de poisson, olives...), étaient transvasés dans d'autres récipients mieux adaptés au transport fluvial ou stockés dans les grandes jarres qui équipaient les magasins en bordure du fleuve. Sur ce point, le bas-relief de Cabrières-d'Aigues, près de Pertuis, qui figure une scène de halage, est une référence intéressante (cf. article "De la mer au fleuve"). Il représente une barque chargée de tonneaux tandis que, à un deuxième niveau, des amphores gauloises 4, à fond plat, emmaillotées dans leur paillon, symbolisent peut-être la revente au détail de ce vin transporté d'abord en futaille. Ce bas-relief, qui appartenait vraisemblablement à un édifice funéraire élevé à un marchand de vin, illustre selon nous les degrés d'adaptation du commerce face aux contraintes de la navigation et de la redistribution en Gaule des produits. A ce propos, la comparaison des données relatives aux amphores vinaires du Rhône avec celles de Fos-sur-Mer, puis avec toutes celles recensées aux confins de la voie de distribution fluviale, dans le Nord-Est de la Gaule et en Germanie, sur une centaine de sites – Grand Bliesbrück, Sierentz, Biesheim, Strasbourg-Koenigshoffen, Saint-Ulrich, Metz, etc. – est édifiante. A la fois maritime et continental, le faciès d'Arles, peut-être principalement alimenté par le Rhône de Saint-Ferréol, ressemble aux sites du Nord où l'amphore gauloise est majoritaire devant les productions ibériques. Fos-sur-Mer, pour sa part, conserve un caractère plus transversal, celui d'un port d'escale et de redistribution entre l'Espagne et l'Italie, sans doute à cause de l'ensablement de son canal à l'époque impériale. Mais, en dépit des problèmes que posaient aux bateliers et nautes gallo-romains les changements successifs des bras du fleuve – celui de Fos au Ier siècle av. J.-C., celui de Saint-Ferréol sous l'Empire, peut-être celui d'Ulmet durant l'Antiquité tardive –, les produits les plus variés et les conteneurs en terre cuite accédaient toujours en masse au port d'Arles.

Seules les marchandises périssables n'ont pas laissé de trace, on pense au blé, aux esclaves, au bétail, aux textiles, aux peaux... que des analyses de plus en plus fines permettront peut-être de déceler. De même, les amphores républicaines de type gréco-italique et Dressel 1 sont relativement rares, excepté celles retrouvées en aménagement de berge au niveau de la Pointe, sans doute parce qu'elles sont profondément enfouies dans le Rhône sous les couches plus récentes d'une épaisseur de plusieurs mètres.

Pour leur part, les amphores à sauces de poisson, diffusées en grande quantité au Ier siècle de notre ère depuis la péninsule Ibérique, sont fréquemment sectionnées au niveau du col et du pied. Ce système permettait d'accélérer le processus de vidage et l'écoulement du produit. Parfois, plusieurs entailles sur le bas de panse laissent penser que le docker n'a pas toujours tranché la pointe du premier coup. La découverte fréquente dans les couches stratigraphiques du gisement A de l'amphore et de sa collerette correspondante, à peu de distance l'une de l'autre, plaide en faveur de la cohérence chronologique et de l'homogénéité du site. Une fois vidées, ces amphores grossissaient le dépotoir du fleuve au voisinage de produits commerciaux déclassés : lampes ou céramiques à paroi fine quelquefois encore empilées, présentant des défauts de cuisson ou des fissures, voire abîmées pendant le voyage par mer.

Mais l'examen des pièces de vaisselle sépare dans le site les vases-marchandises à l'état neuf de ceux que les graffitis, les coups de feu ou les traces d'usure renvoient à l'habitat, au quotidien, à la vie à bord des navires ou aux nécropoles. Il est ainsi aisé d'isoler parfois les lampes dont le bec est noirci par l'usage de celles visiblement neuves, déclassées par un défaut technique ou une fissure. Les verres, dont les fragments faisaient peut-être l'objet d'une collecte pour la refonte, sont relativement rares dans le fleuve comparativement aux céramiques.

Enfin, ces amoncellements d'objets ont livré de très belles pièces de vaisselle en bronze et en argent, ainsi que des armes. Parfois ciselées et en excellent état, elles ont vraisemblablement été perdues ou emportées par la force du fleuve lors d'une brèche soudaine dans la berge. Il faut noter, dans ce contexte, la mise au jour d'une très belle amphore en bronze aux anses décorées d'animaux marins, qui fait suite à une coupelle en argent et à des *olpai* d'airain du milieu du Ier siècle apr. J.-C. Ainsi, dans les accumulations d'objets que le Rhône livre aux chercheurs, il se dégage une image synthétique mais très dynamique de l'immense activité sociale et économique qu'a connue cette rive durant la période antique.

# Les matières premières : métaux et marbres

*Luc Long*

A l'époque antique, dans toutes les cités romaines, le marbre et quantité de métaux (cuivre, plomb, fer...) étaient utilisés dans les constructions publiques et privées. Après chaque destruction, les récupérateurs faisaient main basse sur le marbre pour en tirer de la chaux et utilisaient les métaux pour le recyclage. Saisis au moment de leur transport au départ de la carrière ou de la zone de production, l'archéologie sous-marine restitue un grand nombre de chargements immergés de lingots de plomb, de barres de fer, de saumons de cuivre ou de blocs de marbre. Le littoral camarguais, à la croisée avec l'axe Rhône-Saône, ne fait pas exception à la règle. Excepté quelques épaves de lingots de cuivre raclées par les chaluts, dont la localisation exacte nous échappe, il faut citer le plomb cévenol de l'épave *SM1*, face aux Saintes-Maries-de-la-Mer, par 14 m de fond, dont les cent lingots du chargement étaient bardés d'estampilles. La lecture des contremarques de ces troncs de pyramide produits par L. F. Verucla montre qu'ils étaient devenus propriété impériale et voyageaient avec un fret complémentaire d'amphores à huile Dressel 20 d'époque flavienne. Mais l'accent doit être mis sur l'émergence face à la côte d'Arles d'une douzaine d'épaves chargées de barres de fer. L'étude de ces cargaisons parfois exceptionnellement conservées a permis de dresser une première typologie de six formes qui se déclinent par la longueur et la section. Ces formes, qui vont de la barre plate aux lopins courts, présentent souvent des estampilles encore lisibles. Sur ces timbres, les noms de producteurs sont quelquefois associés à un symbole de la navigation ou du commerce : une ancre de marine, un caducée, tandis que des poinçons ronds signent peut-être l'appropriation de ce fer par l'Etat. Ces chargements contemporains, parfois perdus à quelques centaines de mètres les uns des autres, attestent un commerce maritime du fer, régulier et soutenu en dépit des risques, de l'époque augustéenne à celle des Flaviens. La situation géographique de ces épaves très rapprochées, situées dans un "mouchoir de poche" à l'échelle de la Camargue et loin des routes hauturières qui croisaient très au large, indique que les navires ont cherché volontairement à se placer devant l'entrée du bras antique, l'*Ostium Metapinum* de Pline, avant de remonter jusqu'à Arles ou d'attendre à l'abri les allèges prévues pour leur déchargement. L'hypothèse d'une diffusion par voie fluviale de ce métal en Gaule, jusqu'aux légions du *limes* germanique, est renforcée par les découvertes subaquatiques faites dans le Rhône à Arles (une barre semblable marquée ACIRINA), à Montbellet (Saône-et-Loire) et à Ouroux (Saône). Les analyses des barres de Camargue semblent indiquer qu'une partie de ce fer au moins provient du gisement sidérurgique de la montagne Noire. Il était dans ce cas redistribué par le port de Narbonne[1].

Enfin, légèrement plus au large, à l'extrémité du lobe d'embouchure aujourd'hui recouvert par les eaux, trois épaves chargées de six à sept blocs de marbre de 4 tonnes chacun, apparemment bruts d'extraction (épaves *SM18*, *21* et *22*), confirment l'importance de la voie rhodanienne dans la diffusion en Gaule des marbres méditerranéens.

1. Cousture *et al.* 2006 ; Djaoui 2004 ; Domergue 1994 ; Gianfrotta 2004 ; Long, Domergue 1995 ; Long, Rico, Domergue 2002 ; Long, Sintes 2003.

## 1. Lot de 20 lingots de plomb antiques*

Origine : Gaule (les analyses isotopiques avancent l'hypothèse des Cévennes)
Camargue, épave *SM1* ; 1989
Période flavienne
Plomb
Marques imprimées du producteur : FLAVI VERUCLA PLUMB GERM, contremarques : L. FL. VERU, EROTIS et marque d'Etat : IMP. CAES
Poids unitaire compris entre 46 et 68 kg
X-16046 à X-16065
Bibliographie : Long 1997a, p. 64, fig. 5 ; Long, Domergue 1995 ; Long 2004, p. 294

Ils se répartissent morphologiquement en saumons au dos arrondi et en troncs de pyramide. Ils proviennent du chargement de l'épave *SM1*, découvert en 1989 par un pêcheur saintois, Daniel Hermier.

## 2. Lot de 19 barres de fer antiques*

Origine possible : montagne Noire, gisement des Martys (Aude)
Camargue ; 1992-2005
Ier siècle apr. J.-C.
Fer
Dimensions comprises entre : L. 44,5 (forme 2M) et 128,3 (forme 1L)
X-16267 à X-16285
Bibliographie : Long 1997a, p. 85 ; Long, Rico, Domergue 2002

Ils se répartissent entre les formes 1L et 2M. Ces barres proviennent des épaves chargées de fer recensées au large de la Camargue, face aux Saintes-Maries-de-la-Mer et à l'embouchure d'un bras antique du Rhône. Certaines de ces barres conservent encore la marque du producteur. Ce cartouche est parfois associé à une ou plusieurs estampilles rondes.

## 3. Faisceau de barres coudées*

Arles ; Rhône, gisement A ; 2006
Epoque inconnue (médiévale ?)
Fer
Barres : L. 50 ; l. 2,4
Anneaux : l. 1,6 ; ép. 0,9 ; Ø 13,5
X-16263 à X-16266
Bibliographie : Long 2007, p. 62, fig. 45

Maintenues ensemble par deux anneaux plats, non soudés, ces barres de fer doux, très fines, sont incurvées en L, avec une rainure centrale. Ce fer trouvé dans le Rhône, où plusieurs faisceaux de ce type gisaient ensemble par 13 m de fond (gisement A), se distingue nettement par sa constitution et sa morphologie des barres antiques provenant des épaves de Camargue.

Etude *in-situ* du chargement des barres de fer de l'épave *SM 9* au large du littoral camarguais.

# Les amphores espagnoles

## Les trois produits clés de l'Espagne romaine : sauce de poisson, huile et vin

*Franca Cibecchini*

L'importation des produits de la péninsule Ibérique dans le secteur de la Gaule narbonnaise à l'époque romaine est très importante[1]. L'Espagne exportait en grande quantité trois produits clés : les salaisons et autres sauces de poisson, l'huile d'olive et le vin. Ces trois produits alimentaires étaient transportés dans des amphores qui constituent aujourd'hui notre outil principal pour appréhender les modes et la chronologie des échanges établis entre cette province et le reste de l'Empire. L'étude exhaustive et pluridisciplinaire de ces conteneurs (typologie, provenance, chronologie et épigraphie) joue donc un rôle majeur dans notre compréhension de l'histoire de l'économie antique. Par ailleurs, dans les premières décennies de cette période, ces trois marchandises principales sont souvent associées à des matières premières telles que le plomb, l'étain et le cuivre.

Les premières exportations d'Ibérie sont représentées par les nombreux produits dérivés du poisson, que nous connaissons grâce aux *tituli picti* tracés sur les amphores qui les contenaient, et par le vin. Salaisons et sauces de poisson étaient produites en quantités massives dans toute la zone du détroit de Gibraltar, de la Lusitanie (Portugal actuel) à Malaga, aux côtes de Maurétanie Tingitane (Maroc actuel). Il s'agit d'une production spécialisée et d'un commerce qui remontent au temps des Phéniciens et dont les marchands romains vont s'emparer dès le IIe siècle av. J.-C., au moins jusqu'au milieu du IIe siècle apr. J.-C. Le centre moteur de ce commerce est sans doute l'*emporion*-entrepôt de Gades (Cadix), dont la capacité et la notoriété sont favorisées par une localisation particulièrement stratégique : située au débouché du fleuve Guadalquivir, cette ville est proche des côtes de Lusitanie et de Maurétanie Tingitane. La plupart des ateliers connus sont localisés dans la baie de Cadix : ces derniers, entre la seconde moitié du Ier siècle av. J.-C. et les premières décennies du IIe siècle apr. J.-C., réussissent même à produire un surplus de conteneurs destiné à commercialiser les saumures produites dans plusieurs secteurs du détroit.

Le vin ibérique arrive sur les marchés de la Méditerranée au même moment, voire un peu plus tôt : en moins d'un demi-siècle, il prendra la place du vin italien. Ici, c'est une autre région qui s'impose, la Tarraconaise (actuelle Catalogne espagnole). Le vin de Bétique (actuelle Andalousie), bien que largement diffusé, garde un rôle complémentaire dans les échanges, comme en témoignent les épaves : les amphores Haltern 70 et plus encore les Dressel 28, produites surtout dans la vallée du Guadalquivir, constituent une part minoritaire dans la cargaison des navires connus. De plus, l'amphore Haltern 70, qui était le vecteur principal du vin de Bétique de l'époque augustéenne à l'époque claudienne, a sans doute également transporté du *defrutum* (vin cuit) et des olives noires conservées dans ce *defrutum*, comme l'indiquent de nombreuses inscriptions peintes. A l'inverse, le vin de Tarraconaise, transporté essentiellement dans les amphores connues sous les noms de *Tarraconenses* ou Léétaniennes 1, Pascual 1 et Dressel 2-4 (formes imitant ou dérivant des amphores italiques Dressel 1B et 2-4), réussit à s'imposer même sur les marchés italiques jusqu'à l'époque flavienne : ces amphores constituent l'essentiel de la cargaison dans un nombre important d'épaves d'époque julio-claudienne, souvent en association au transport de vin en vrac dans des *dolia*.

La troisième zone de production de la péninsule Ibérique est située le long de la vallée du fleuve Guadalquivir, depuis son embouchure jusqu'aux ateliers d'Almodovar del Rio, près de Cordoue. C'est précisément dans ce secteur que, pendant plus de trois siècles, on produit de l'huile d'olive ainsi que le conteneur "symbole" destiné à son transport, dont la forme est restée quasi inchangée pendant presque toute la période de sa commercialisation : l'amphore Dressel 20. Le commerce de l'huile de Bétique est très bien connu, notamment grâce au riche corpus épigraphique que ces amphores nous ont transmis. Il est également l'un des plus complexes, en raison des imbrications fortes entre marchands privés et *annona* publique qui se l'approprie progressivement à partir de l'époque flavienne. Pour donner une idée du volume de ces échanges à l'époque romaine, il suffit de rappeler que le Monte Testaccio situé le long du Tibre à Rome, d'une hauteur d'environ 35 m, est en grande partie constitué d'amphores Dressel 20 qui étaient jetées là une fois vidées. Le Rhône à Arles, dont les dépotoirs s'étendent sur plusieurs centaines de mètres de long et où les amphores espagnoles sont parfois décolletées, semble avoir joué le même rôle.

C'est à la fin de l'époque républicaine que remonte le plus ancien cas d'exportation "internationale" de l'huile de bétique, dans les amphores Dressel 20 dites précoces, qui voyagent avec les Haltern 70, les amphores à saumure du cercle du détroit (ovoïdes gaditanes, Dressel 7, 9 et 10) et les amphores à vin de Tarraconaise (Tarraconaise 1 et Pascual 1). On retrouve ce faciès archéologique à Lyon peu après sa fondation. Cette première phase d'ouverture commerciale des produits alimentaires ibériques est liée à la romanisation de la Gaule et à la création du *limes* Rhin-Danube et, par conséquent, au besoin croissant d'approvisionnement alimentaire de la part de Rome.

Le commerce du vin de Tarraconaise vers la Gaule semble suivre principalement des routes de cabotage pour atteindre les centres de redistribution

---

1. La bibliographie sur les productions espagnoles est très vaste. Pour une vision générale, voir la série de volumes sur le vin, les sauces et l'huile d'Espagne d'Etienne, Mayet 2000, 2002 et 2004. Sur les productions de Bétique et du "cercle de Gibraltar", voir également les synthèses de García 2000 et, dernièrement, de García, Bernal 2008, ainsi que Lagóstena, Bernal 2004. Sur les productions de *Tarraconaise* et *Laetanie*, voir aussi respectivement les récentes synthèses de Lopez, Martín 2008 et de Fabião 2008.

tels qu'Ampurias et Narbonne, depuis le Ier siècle apr. J.-C., mais également Arles, actif dès la fin de la République. Les grands navires provenant de Bétique devaient en revanche suivre la route qui passait au large d'Ibiza et des Baléares, pour virer ensuite vers les côtes de la Gaule ou se diriger vers Rome à travers les bouches de Bonifacio. En Gaule, le commerce de redistribution transite encore une fois par les deux ports principaux : Narbonne à l'époque augustéenne et Arles, bien avant. Le rôle stratégique de cette dernière était remarquable : située à la tête de l'embouchure du Rhône, elle constituait le lien entre le grand commerce maritime qui arrivait à Fos et l'acheminement des marchandises jusqu'au *limes* germanique, à travers la Saône, la Moselle, la Loire, le Doubs et le Rhin. Par rapport aux grands centres comme Lyon, les amphores les plus anciennes restituées à l'heure actuelle par le Rhône à Arles sont légèrement plus tardives, puisqu'elles datent de la fin du Ier siècle av. J.-C. ou des toutes premières années de notre ère, mais le cadre est essentiellement le même : saumure (Dressel 7 et 9), huile (Dressel 20 précoces) et vin de Tarraconaise (Oberaden 74) et de Bétique (Haltern 70). L'apogée des importations espagnoles semble se situer entre la fin de l'époque tibérienne et l'époque flavienne. A ce moment-là, les amphores à salaisons dominent encore : amphores Dressel 8, 10, 11 et 12 ainsi que les Pompei VII qui annoncent le passage aux Beltrán IIA. Suivent, en quantité, les amphores à huile, qui présentent les profils typiques de cette phase. La présence du vin et du *defrutum* de Bétique continue avec les Haltern 70 qui, d'après l'analyse morphologique, semblent circuler jusqu'au milieu du Ier siècle apr. J.-C., voire peut-être au-delà. Les Haltern 70 sont majoritaires par rapport aux Dressel 2-4 de Tarraconaise : cet élément semble confirmer la "vocation commerciale" très méditerranéenne et une fréquentation plus importante des routes vers l'Italie de ces dernières, comme le suggère la distribution topographique des épaves dont elles constituent la cargaison principale. Soulignons enfin la présence de cinq exemplaires d'amphores vinaires d'Ibiza (Ramón 25). Ces récipients sont commercialisés dans toute la Méditerranée, mais à raison de très rares exemplaires. Leur faible attestation au sein de cargaisons clairement originaires de Bétique, telles que l'épave de Chiessi (île d'Elbe, Italie, 60-70 apr. J.-C.), semble indiquer l'acquisition de petites quantités de ce vin peu connu lors d'une escale située le long de la route principale déjà décrite.

En conclusion, on peut souligner que l'apogée atteint au milieu du Ier siècle apr. J.-C. par ces amphores et les marchandises qu'elles contenaient confirme le rôle fondamental joué par l'axe rhodanien dans le commerce vers le *limes*. Dans ce cadre, parallèlement à l'approvisionnement direct et officiel de l'Etat, on assiste au renforcement du réseau d'échanges privés qui en exploite les canaux.

Sous le règne de Trajan, les documents qui témoignent des importations ibériques à Arles diminuent considérablement : bien que les amphores à saumure Beltrán IIA et IIB remplacent presque complètement les types Dressel 7-11 et les Dressel 28, le volume des productions originaires du détroit diminue drastiquement.

Parallèlement, les productions lusitaniennes, apparues de façon timide avec le Dressel 14 à la fin du Ier siècle apr. J.-C., ont tendance à s'affirmer sur le marché. Seules les Dressel 20 restent stables, même si on constate que trois des onze exemplaires connus pour cette phase affichent curieusement un module réduit. Au IIIe siècle apr. J.-C., l'importation de l'huile ibérique est stable, alors que les sauces de poisson sont désormais toutes d'origine lusitanienne (amphore Almagro 50 et 51 C). Le dernier témoignage du commerce de Bétique découvert dans le Rhône est une amphore Dressel 23 à huile datée du IVe siècle apr. J.-C.

7

Amphore à huile, Dressel 20, RHO.2007.00.1210.

12

Amphore à vin, Oberaden 74, RHO.90.00.99.

## L'huile

### 1. Amphore

**Amphore à huile, Dressel 20 précoce**
**Bétique-Espagne méridionale**
**Arles ; Rhône ; 2004**
**Période augustéenne**
**Céramique**
**h. 73,5 ; Ø panse 46,5 ; Ø bord int. 11**
**RHO.2004.42.285**

Des comparaisons sont possibles avec des exemplaires de l'épave *Sud-Lavezzi 2* (Corse, 22-25 apr. J.-C.) et surtout avec ceux connus dans le dépôt de la Favorite à Lyon, daté de 5-10 apr. J.-C.

### 2. Amphore

**Amphore à huile, Dressel 20**
**Bétique-Espagne méridionale**
**Arles ; Rhône ; 2003**
**Période claudienne**
**Céramique**
**h. 74,5 ; Ø panse 49,7 ; Ø bord int. 10,5**
**RHO.2003.05.708**

Rattachable à la variante B de Martin-Kilcher[1]. On peut la comparer aux amphores de l'épave *Port-Vendres II* (Pyrénées-Orientales, 42-50 apr. J.-C.)[2] et à celles du dépôt de Sainte-Colombe (Vienne, Rhône)[3].

### 3. Amphore

**Amphore à huile, Dressel 20**
**Bétique-Espagne méridionale**
**Arles ; Rhône ; 1990**
**Période claudienne-flavienne**
**Céramique**
**h. 63 ; Ø panse 42,7 ; Ø bord int. 8,5**
**RHO.90.00.28**

Rattachable à la variante C de Martin-Kilcher. On peut rapprocher cette amphore des exemplaires de l'épave *Port-Vendres II* (Pyrénées-Orientales, 42-50 apr. J.-C.)[4] et d'un exemplaire isolé trouvé a Sitges (Catalogne), daté de la phase finale de l'époque claudienne, vers 50-70 apr. J.-C.[5].

### 4. Amphore

**Amphore à huile, Dressel 20**
**Bétique-Espagne méridionale**
**Arles ; Rhône ; 2005**
**Période flavio-trajanienne**
**Céramique**
**h. 82 ; Ø panse 57,3 ; Ø bord int. 10**
**RHO.2005.Z2.1105**

Le bord est lacunaire et la panse présente un trou régulier d'environ 2 cm de diamètre, fait volontairement après cuisson, mais nous ne connaissons pas sa fonction précise. Rattachable aux variantes D-E de Martin-Kilcher. Une comparaison est possible avec les amphores trouvées à l'Estartit (Catalogne), peut-être provenant d'une épave[6], et avec quelques exemplaires de l'épave *Tiboulen de Maïre* (Bouches-du-Rhône, 100-120 apr. J.-C.)[7].

### 5. Amphore

**Amphore à huile, Dressel 20 *parva***
**Bétique-Espagne méridionale**
**Arles ; Rhône ; 2003**
**Période flavio-trajanienne**
**Céramique**
**h. 46,2 ; Ø panse 29,7 ; Ø bord int. 6,2**
**X-16153**

Amphore de petit module, rattachable à la variante D de Martin-Kilcher (1987). Elle présente un gros trou fait volontairement après cuisson, à l'attache du col avec la panse, entre les deux anses. Il s'agit vraisemblablement d'une réutilisation du conteneur, probablement pour puiser plus facilement un liquide, peut-être même l'eau du Rhône.

### 6. Amphore

**Amphore à huile, Dressel 20 *parva***
**Bétique-Espagne méridionale**
**Arles ; Rhône**
**Période flavio-trajanienne**
**Céramique**
**h. 43 ; Ø panse 32 ; Ø bord int. 7,6**
**X-16152**

Amphore de petit module, rattachable à la variante D de Martin-Kilcher. Elle présente un gros trou fait volontairement après cuisson, sur la panse, entre les deux anses. Comme pour la précédente, il s'agit vraisemblablement d'une réutilisation du conteneur. Elle semble un peu plus récente que la précédente : on peut la dater de la fin de l'époque flavio-trajanienne.

### 7. Amphore

**Amphore à huile, Dressel 20**
**Bétique-Espagne méridionale**
**Arles ; Rhône ; 2007**
**Période antonine**
**Céramique**
**Estampille : FGRCLVP**
**Ø bord int. 9,5**
**RHO.2007.00.1210**

Seuls le col et les deux anses sont conservés. La partie supérieure de l'amphore a été coupée volontairement, probablement pour utiliser la panse comme *dolium* de stockage. La position du timbre est typique, mais non exclusive, de l'époque claudienne[8]. Le profil du bord et des anses semble correspondre pour sa part à celui des amphores beaucoup plus tardives, comme la variante F de Martin-Kilcher d'époque antonine, datées de la moitié du IIe siècle apr. J.-C. La complexité du timbre plaide également pour une datation plus tardive. Un timbre apparemment très similaire est connu sur une anse de Dressel 20 à Rome[9]. Les amphores de l'épave *Saint-Gervais 3* (Bouches-du-Rhône, vers 150 apr. J.-C.)[10] nous offrent une comparaison assez précise pour cette amphore.

### 8. Amphore

**Amphore à huile, Dressel 23**
**Bétique-Espagne méridionale**
**Arles ; Rhône ; 2008**
**IVe siècle apr. J.-C.**
**Céramique**
**h. 56,5 ; Ø panse 35,2 ; Ø bord int. 9,6**
**X-16163**

Type rattachable à la variante 23A de Berni[11]. Des amphores similaires sont connues dans l'épave *Sud-Lavezzi 1* (Corse, IVe siècle apr. J.-C.) et en Italie, à l'île Gallinaria (*Albenga*, amphores isolées)[12].

## Le vin

### 9. Amphore

**Amphore à vin, Dressel 2-4**
**Tarraconaise-Catalogne**
**Arles ; Rhône ; 2003**
**Période claudienne**
**Céramique**
**h. 106 ; Ø panse 30,5 ; Ø bord int. 10,8**
**RHO.2003.01.696**

En bas de la panse apparaît un petit trou régulier d'environ 2 cm de diamètre, fait volontairement après cuisson. Cette amphore trouve des comparaisons avec quelques exemplaires connus dans les épaves *Petit Congloué* (Bouches-du-Rhône) et *Grand Rouveau* (Var), toutes deux datées environ du milieu du Ier siècle apr. J.-C.[13].

### 10. Amphore

**Amphore à vin, Ramón PE 25**
**Ibiza-Espagne**
**Arles ; Rhône ; 2003**
**Ier-IIe siècle apr. J.-C.**
**Céramique**
**h. max. cons. 89 ; Ø panse 36 ; Ø bord int. 10,5**
**RHO.2003.240.705**

La plus grande partie de la pointe est manquante. Les amphores Ramón 25 sont assez rares en dehors d'Ibiza et des îles Baléares. Des comparaisons morphologiques sont possibles avec un col trouvé dans l'épave *Cap Bénat 1* (Var, Ier-IIe siècle apr. J.-C.)[14] et avec des exemplaires isolés trouvés dans les Bouches de Bonifacio et dans le golfe de Fos[15].

---

**1.** Martin-Kilcher 1987. **2.** Liou 2000, p. 1069, pl. XII, 1-3. **3.** Etienne, Mayet 2004, p. 67, fig. 24, 5. **4.** Liou 2000, p. 1069, pl. XII, 1-3. **5.** Berni 1998, p. 155, 56.1, fig. 23. **6.** Berni 1998, p. 119, 12.1-2, fig. 27. **7.** Liou 2000, p. 1071, pl. XII, 6-7. **8.** Etienne, Mayet 2004 : 81. **9.** *CIL* XV, 2, 3117. **10.** Liou, Gassend 1990, p. 166, fig. 10. **11.** Berni 1998, p. 119, 12.1-2, fig. 27. **12.** Liou 2000, p. 1073 et pl. XIII, 3-5. **13.** Corsi, Sciallano, Liou 1985, p. 26-43 et p. 44-65. **14.** Etienne, Mayet 2002, p. 195, 33. **15.** Corsi, Sciallano, Liou 1985, p. 148-152.

1
2
3
4
5
6
7
8
9
10
11

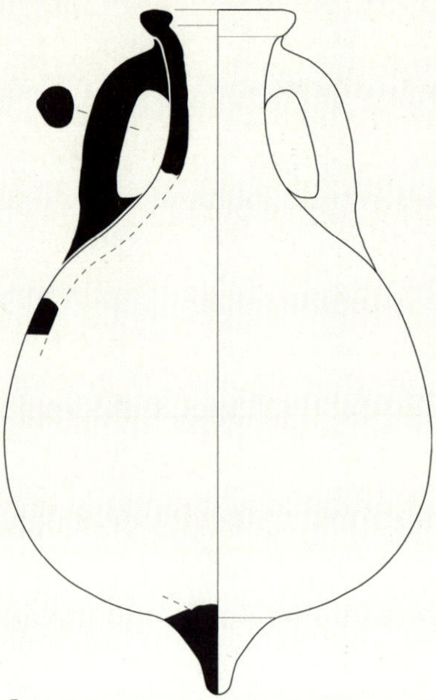

5

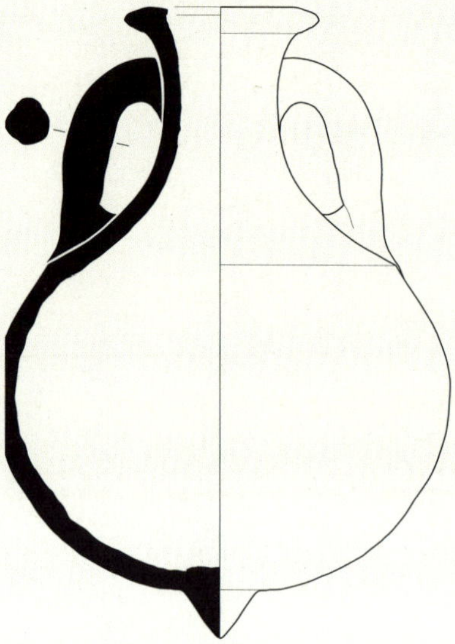

6

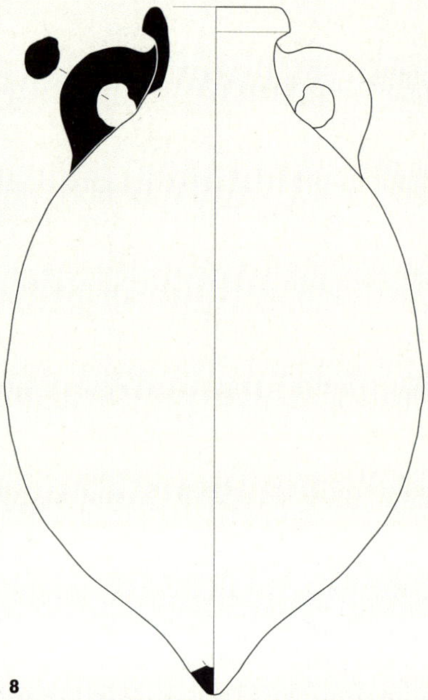

8

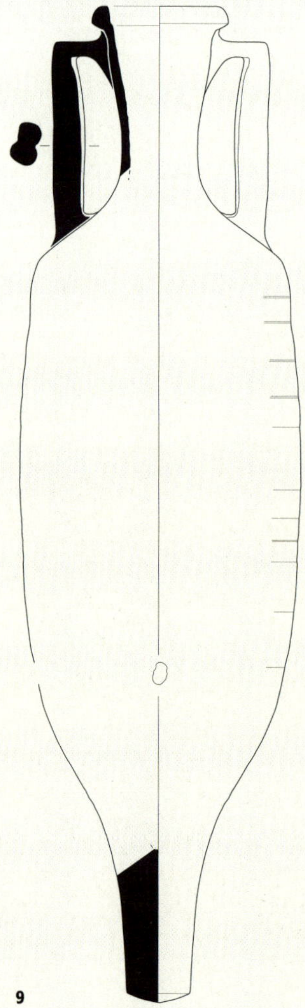

9

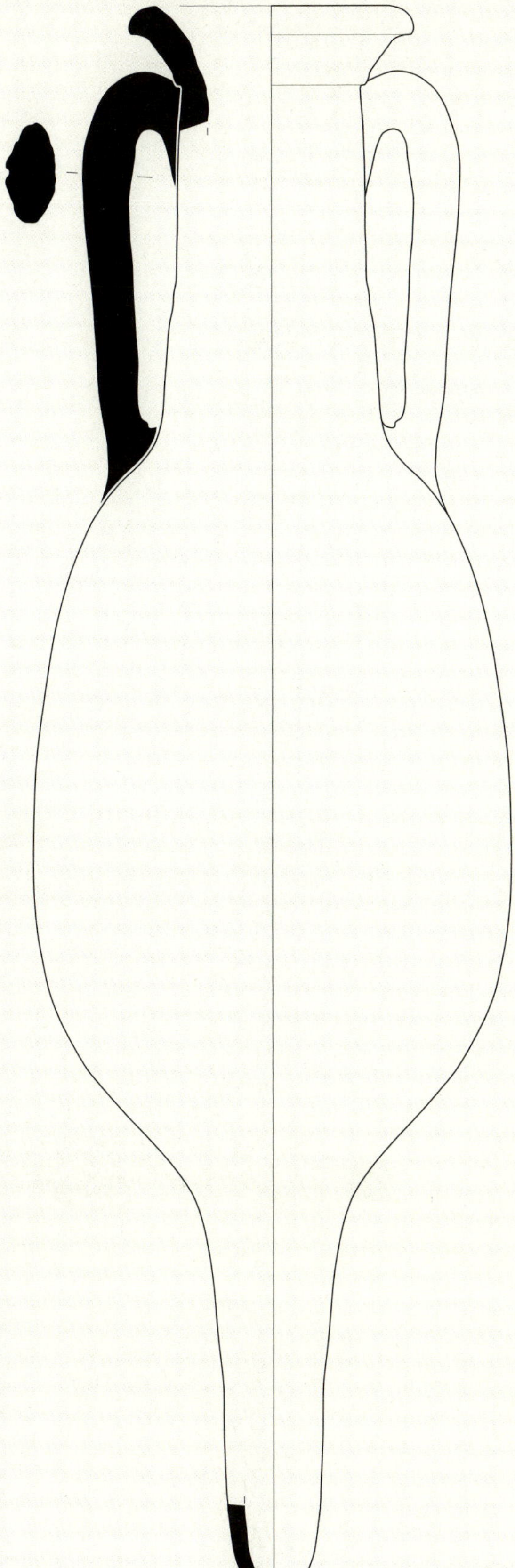

17

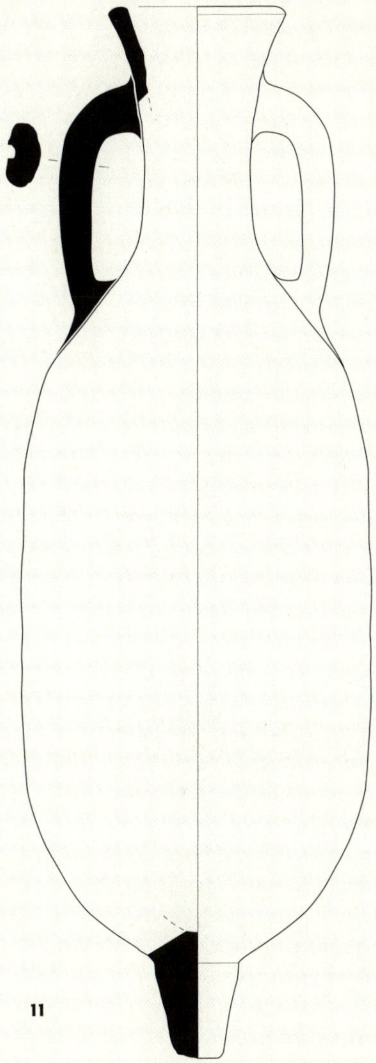

11

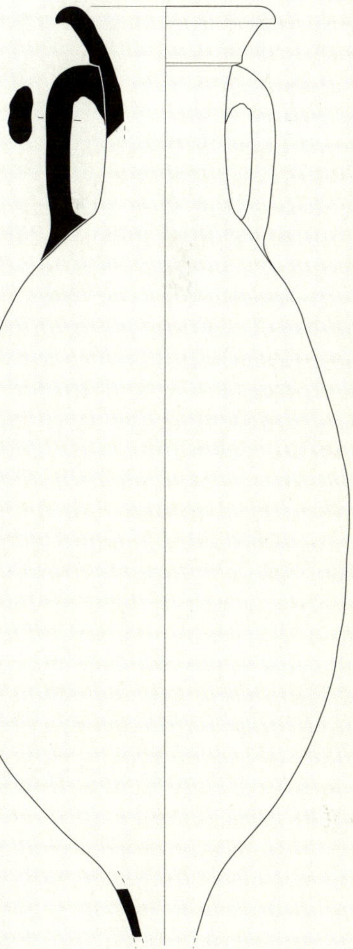

16

22

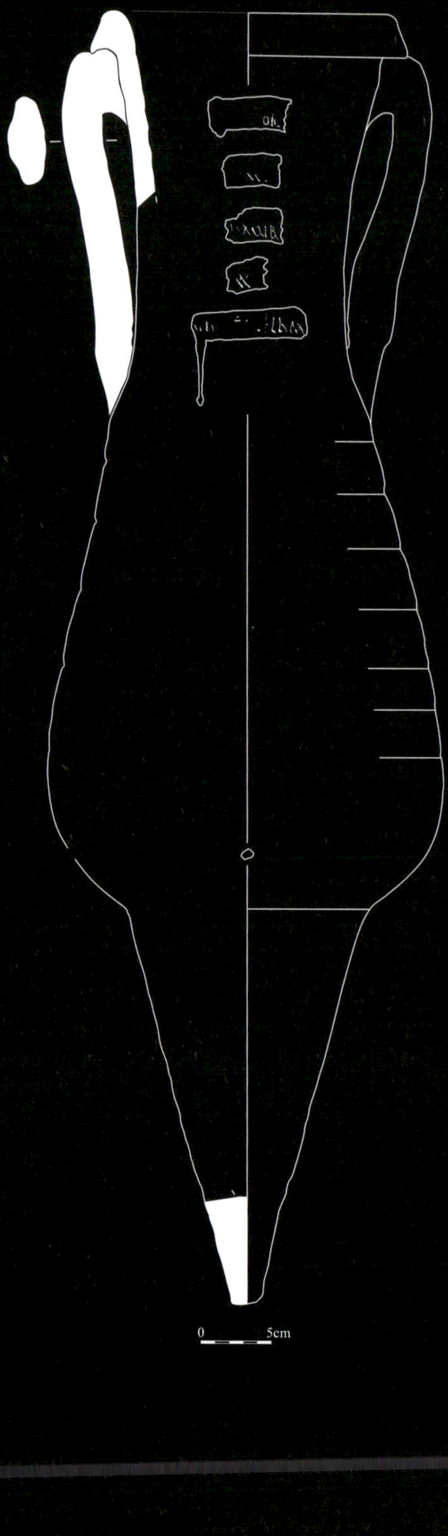


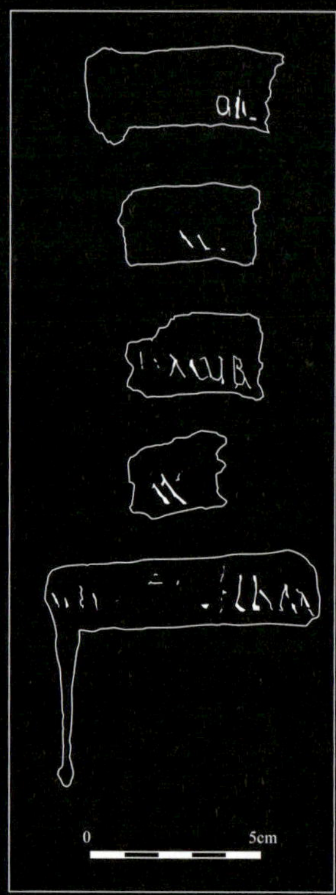

10

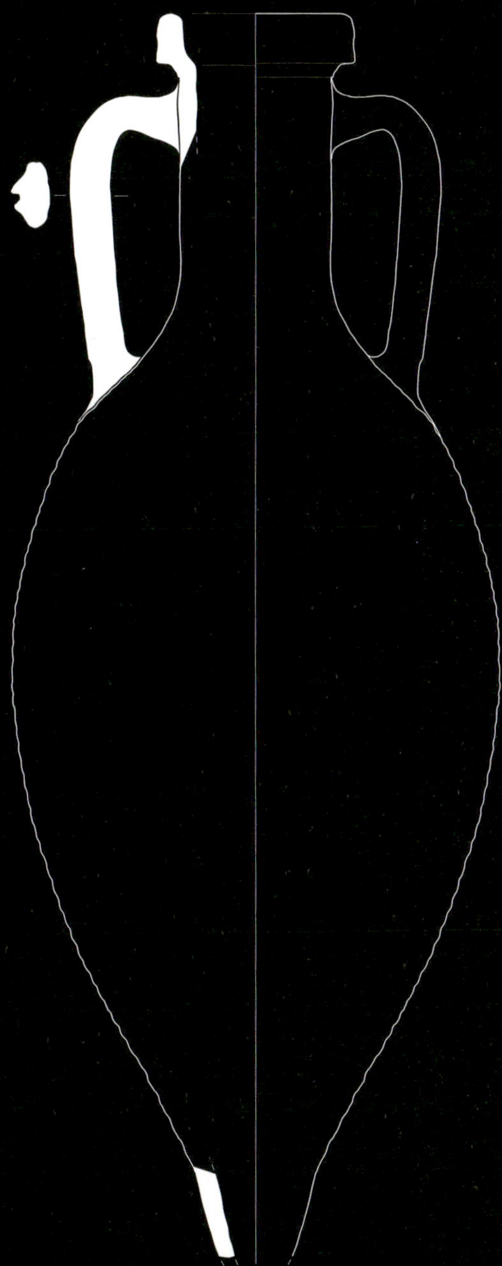

### 11. Amphore

Amphore à vin / vin cuit, Haltern 70
Bétique-Espagne méridionale
Arles ; Rhône
Période claudienne
Céramique
h. 87 ; Ø panse 28 ; Ø bord int. 11
X-16171

On peut rattacher cette amphore à des exemplaires de l'épave *Ardenza* (Livourne, Italie, vers le milieu du Ier siècle apr. J.-C.)[16] et, de manière plus variable, à celles de l'épave *Port-Vendres II* (Pyrénées-Orientales, 42-50 apr. J.-C.)[17].

### 12. Amphore

Amphore à vin, Oberaden 74
Tarraconaise-Catalogne
Arles ; Rhône ; 1990
Période augustéenne-tibérienne
Céramique
Graffito PRIN après cuisson sur l'épaule
h. 49,5 ; Ø fond 11,5 ; Ø bord int. 13
RHO.90.00.99

Cette petite amphore présente des caractéristiques particulières : sa pâte et son profil semblent renvoyer à une production de Tarraconaise. Il s'agit vraisemblablement du type Oberaden 74[18]. Des amphores un peu similaires sont présentes dans les épaves *Sud-Caveaux 1* (Bouches-du-Rhône, 30-20 av. J.-C.)[19] et *Sud-Perduto 2* (Corse, 1-15 apr. J.-C.)[20]. Dans notre cas, la présence d'une épaisse couche de poix à l'intérieur de l'amphore la rattache probablement au transport du vin.

### 13. Amphore

Amphore à vin, Dressel 28
Bétique-Espagne méridionale
Arles ; Rhône ; saisie Marty 1966
Période flavio-trajanienne
Céramique
Ø bord int. 14,5
X-16172

Sont conservés le col et les deux anses. Des amphores similaires sont connues dans l'épave *Tiboulen de Maïre* (Bouches-du-Rhône, 100-120 apr. J.-C.)[21].

## Les salaisons

### 14. Amphore*

Amphore à sauces de poisson, Dressel 7-11 *parva* (?)
Bétique-Espagne méridionale
Arles ; Rhône ; 2001
Ier siècle apr. J.-C.
Céramique
Traces de *tituli picti*, très partiellement lisibles
h. 39,2 ; Ø panse 15 ; Ø bord int. 9,6
RHO.2001.115.642

Amphore de petit module, vraisemblablement à rattacher à la famille des amphores à saumure de Dressel 7-11. Seules quelques lettres et quelques indications numériques dans ces *tituli* présents sur le col sont encore visibles. Nous n'avons pas pour le moment trouvé de comparaison précise pour cette petite amphore. Toutefois, une "petite amphore" à conserves de poisson provenant de Fos porte une marque peinte qui mentionne probablement de la langouste[22].

### 15. Amphore

Amphore à sauces de poisson, Dressel 7
Bétique-Espagne méridionale
Arles ; Rhône ; 1990
Fin du Ier siècle av. J.-C.
Céramique
h. 72 ; Ø panse 30 ; Ø bord int. 14
RHO.90.00.66

La pointe est manquante. Des amphores similaires sont connues dans l'épave *Cabrera IV* (Moro Boti, 30-20 av. J.-C.)[23] et dans le camp légionnaire de Dangstetten (15-9 av. J.-C.)[24].

### 16. Amphore

Amphore à sauces de poisson, Dressel 9
Bétique-Espagne méridionale
Arles ; Rhône ; 2004
Début du Ier siècle apr. J.-C.
Céramique
h. 85,4 ; Ø panse 36,5 ; Ø bord int. 16
RHO.2004.Z1.149

Il manque la majorité de la pointe. Des amphores très similaires sont connues dans l'épave *Sud-Perduto 2* (Corse, 1-15 apr. J.-C.)[25] et à Lyon dans le dépôt de la Favorite et le site de Cybèle, datées du début de notre ère[26].

### 17. Amphore

Amphore à sauces de poisson, Dressel 8
Bétique-Espagne méridionale
Arles ; Rhône ; 2004
Période julio-claudienne (?)
Céramique
h. 92 ; Ø panse 28,5 ; Ø bord int. 13,2
RHO.2004.Z1.7

Des comparaisons assez précises sont possibles avec des amphores de l'épave *Tour Sainte Marie* (Corse, 30-50 apr. J.-C.)[27].

### 18. Amphore*

Amphore à sauces de poisson, Dressel 12
Bétique-Espagne méridionale
Arles ; Rhône ; 1990
Période claudienne (?)
Céramique
h. 103 ; Ø panse 25,5 ; Ø bord int. 14
RHO.90.00.100

Des comparaisons assez précises sont possibles avec des exemplaires connus dans l'épave *Tour Sainte Marie* (Corse, 30-50 apr. J.-C.)[28] et surtout l'épave *Ardenza* (Livourne, Italie, vers le milieu du Ier siècle apr. J.-C.)[29].

### 19. Amphore

Amphore à sauces de poisson, Dressel 7-11
Bétique-Espagne méridionale
Arles ; Rhône ; 2004
30-65 apr. J.-C.
Céramique
h. 81,4 ; Ø panse 36,6 ; Ø bord int. 16
RHO.2004.Z1.138

Il manque la majorité de la pointe. Des amphores similaires sont connues dans l'épave *Bou-Ferrer* (Villajoyosa, Espagne, 50-70 apr. J.-C.)[30].

### 20. Amphore

Amphore à sauces de poisson, Pompéi VII
Bétique-Espagne méridionale
Arles ; Rhône ; 2004
Période julio-claudienne
Céramique
h. 92,6 ; Ø panse 27,3 ; Ø bord int. 14
RHO.2004.Z1.795

### 21. Amphore

Amphore à sauces de poisson, Pompéi VII
Bétique-Espagne méridionale
Arles ; Rhône ; 2003
Période julio-claudienne
Céramique
h. 85 ; Ø panse 28,6 ; Ø bord int. 13,8
RHO.2003.12.709

Il s'agit d'une forme intermédiaire, bien connue à Pompéi, classée parfois comme Dressel 7 ou Dressel 11, plus facilement comme Beltrán IIA.1. Des comparaisons sont possibles avec des amphores de l'épave *Tour Sainte Marie* (Corse, 30-50 apr. J.-C.)[31] pour notre n° 20 et avec celles de l'épave *Ardenza* (Livourne, Italie, vers le milieu du Ier siècle apr. J.-C.)[32] pour la n° 19.

### 22. Amphore

Amphore à sauces de poisson, Beltrán IIA
Bétique-Espagne méridionale
Arles ; Rhône ; 2004
Période flavio-trajanienne
Céramique
Traces de *tituli picti* sur le col : *L(iquamen) Sc(ombri) (e)xc(l)lens* (?)
h. 91,6 ; Ø panse 29 ; Ø bord int. 18,5
RHO.2004.Z1.751

Cinq "étiquettes" avec traces de *tituli picti* sont bien conservées sur le col. Petit trou régulier en bas de la

---

**16.** Bargagliotti 2000, p. 1112, tav. I, 3. **17.** Liou 2000, p. 1069, pl. I, 5-6. **18.** Lopez, Martín 2008, p. 709-710, fig. 5, n. 35. **19.** Long 1998, 341-343. **20.** Bernard 2007, p. 462, fig. 3. **21.** Liou 2000, p. 1071, pl. II, 8-9. **22.** Liou, Marichal 1978, p. 168-169, n° 72. **23.** Liou 2000, p. 1067, pl. III, 4 ; Martin-Kilcher 2000, 763-764, fig. 4B. **24.** Martin-Kilcher 2000, 763-764, fig. 4B. **25.** Bernard 2007, p. 462, fig. 3. **26.** Desbat, Lemaître 2000, fig. 1 et fig. 11. **27.** Liou 2000, p. 1072-1073, pl. III, 10. **28.** Liou 2000, p. 1072-1073, pl. VII, 9. **29.** Bargagliotti 2000, p. 1116, tav. I, 4. **30.** Cibecchini, De Juan, Vento 2006. **31.** Liou 2000, p. 1072-1073, pl. VI, 6, 8. **32.** Bargagliotti 2000, p. 1114, tav. II, 7-9, où sont considérées comme des Beltrán IIA petites.

12

13

15

16

17

19

20

21

22

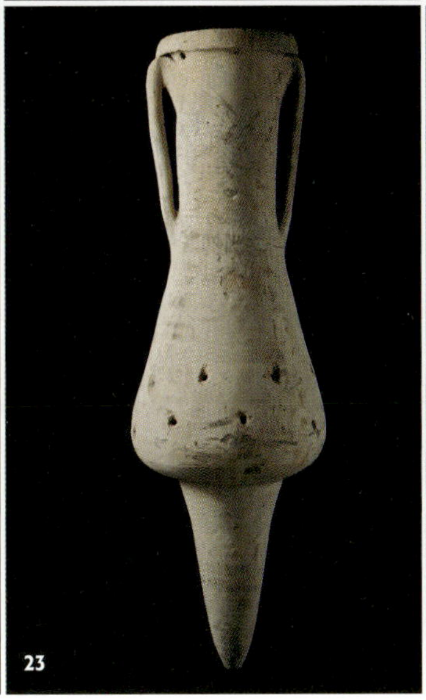
23

24

25

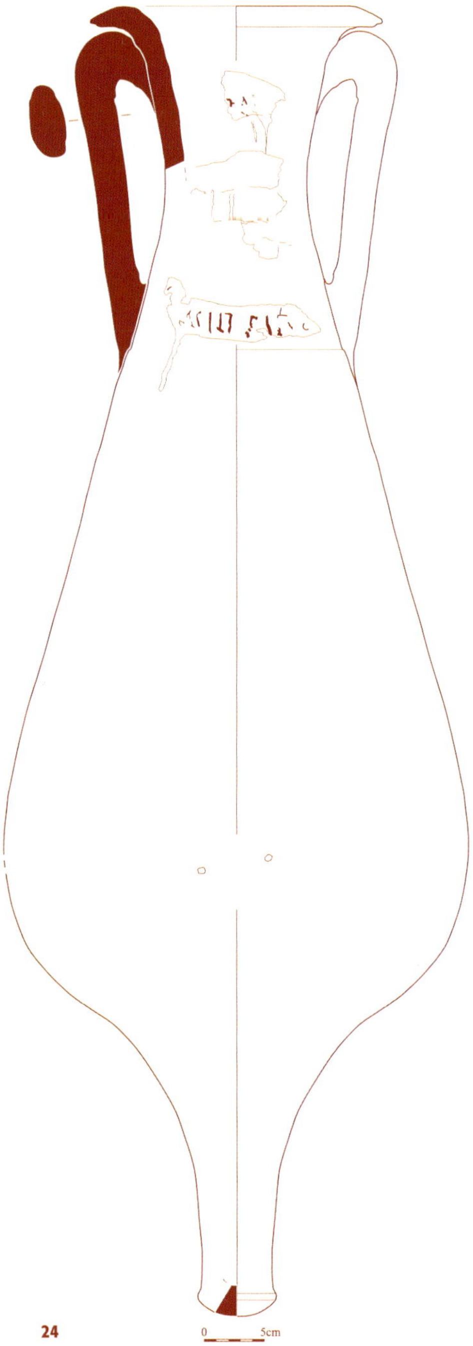


24

panse. Des comparaisons sont possibles avec des Beltrán IIA connues dans le *Pecio Gandolfo* (Dalías, Espagne, 90-100 apr. J.-C.)[33] et avec plusieurs exemplaires retrouvés à Augst (Suisse, datés entre 70 et 90 apr. J.-C.)[34].

## 23. Amphore

**Amphore à sauces de poisson, Beltrán IIA**
**Bétique-Espagne méridionale**
**Arles ; Rhône ; 2006**
**Période flavio-trajanienne**
**Céramique**
**Traces de *tituli picti* sur le col**
**h. 107 ; Ø panse 34,4 ; Ø bord int. 20-26**
**RHO.2006.Z2.50**

Cette amphore a été percée de dix-sept trous circulaires, disposés sur deux registres de manière très régulière : d'une part, sur le bas de la panse et, d'autre part, sous la lèvre (deux trous de chaque côté). Il s'agit clairement d'une réutilisation, mais il est difficile de préciser quelle était sa nouvelle fonction. Les trous sous le bord laissent penser que l'amphore pouvait être suspendue. On peut également évoquer la possibilité d'une amphore réutilisée comme vivier[35]. Elle présente des similitudes avec des amphores de l'épave *Planier 4* (Bouches-du-Rhône, fin du Ier siècle apr. J.-C.)[36].

## 24. Amphore

**Amphore à sauces de poisson, Beltrán IIB**
**Bétique-Espagne méridionale**
**Arles ; Rhône ; 2005**
**Période trajanienne**
**Céramique**
**Traces de *tituli picti* sur le col, en particulier verticalement, le long de l'anse**
**h. 103,3 ; Ø panse 37,8 ; Ø bord int. 15,5**
**RHO.2005.Z3.1220**

Cette amphore est percée de deux trous ronds sur le bas de la panse. Entre les *tituli picti,* l'inscription la plus lisible est celle placée verticalement, le long de l'anse. Cette inscription verticale spécifique semblait exister exclusivement sur les amphores trouvées au nord des Alpes. Elle nous donne des indications sur le commerce[37]. Morphologiquement, des comparaisons sont possibles avec des exemplaires de l'épave *Tiboulen de Maïre* (Bouches-du-Rhône, 100-120 apr. J.-C.)[38].

## 25. Amphore

**Amphore à sauces de poisson, Dressel 14**
**Lusitanie-Portugal méridional**
**Arles ; Rhône ; 2003**
**Période claudienne-antonine**
**Céramique**
**h. 105,8 ; Ø panse 30 ; Ø bord int. 16,2**
**RHO.2003.10.720**

Des comparaisons morphologiques sont possibles avec des amphores issues de l'atelier d'Abul (Alcácer do Sal, Portugal) et avec celles des épaves de *Roquetas del Mar* (Almería, Espagne, Ier-IIe siècle apr. J.-C.)[39] et *Tiboulen de Maïre* (Bouches-du-Rhône, 100-120 apr. J.-C.)[40].

25

**33.** Liou 2000, p. 1065, pl. IX, 5. **34.** Martin-Kilcher 2000, p. 762, fig. 5, F. **35.** Comme dans le cas d'une petite amphore percée avant cuisson conservée au musée d'Agde, voir Sciallano 1997, p. 17. **36.** Liou 2000, p. 1070 et 1089-1090, pl. IX, 3, pl. E. **37.** Martin-Kilcher 2000, p. 766 et note 35. **38.** Liou 2000, p. 1071, pl. X, 1. **39.** Etienne, Mayet 2002, p. 134-135, fig. 37, 3 et p. 190, 6 ; Liou 2000, pl. VIII, 8. **40.** Liou 2000, p. 1071, pl. VIII, 6.

# Les amphores du Rhône : des origines multiples

*Jean Piton et David Djaoui*

## LE COMMERCE MARITIME

A l'époque romaine, la mer est le lieu par excellence des échanges commerciaux. Le trafic fluvial et maritime l'emportait, pour des raisons financières, sur le trafic terrestre, car les navires pouvaient transporter dans leurs cales des quantités appréciables de marchandises. La côte méditerranéenne, profondément découpée, offrait des abris nombreux et sûrs aux bateaux de cabotage et mettait en relation toutes les régions de l'Empire. L'expansion économique du monde romain va amener le développement de grands complexes portuaires comme celui d'Arles. Les Arlésiens étaient des commerçants de longue tradition, puisque des échanges sont attestés d'abord avec les Phéniciens puis avec les Grecs. C'est cependant avec l'arrivée des Romains que les activités commerciales se développèrent, en grande partie grâce à la situation géographique exceptionnelle de la ville, son port étant situé au point de jonction de la navigation maritime et fluviale, mais aussi au carrefour de la route terrestre joignant l'Italie à l'Espagne. Pour les Arlésiens, le Rhône a joué un grand rôle dans le développement du commerce antique : c'est en effet le seul axe nord-sud qui, sur plus de 800 km, descend des chaînes alpines à la Méditerranée. Il permet de rejoindre les bassins du Rhin, de la Seine ou de la Loire, et de là, toute l'Europe, par un réseau de rivières et de routes terrestres. Les produits de consommation les plus courants, comme les saumures, l'huile et le vin, conditionnés dans des amphores, empruntaient ces voies maritimes, fluviales et terrestres, pour alimenter l'Italie, Rome et ses provinces. Depuis cinquante ans, les fouilles effectuées sur différents sites arlésiens ainsi que dans le Rhône[1], ont mis au jour des milliers de tessons d'amphores et ont démontré l'importance de cette activité commerciale du VIe siècle av. J.-C. au VIIe siècle apr. J.-C.

## LES AMPHORES

Simple emballage destiné au transport et à la commercialisation des produits alimentaires, principalement le vin, l'huile, les conserves de poisson, les sauces *(garum)*, les amphores jouèrent un grand rôle dans l'économie antique. Elles se présentent sous différentes formes, fuselées, sphériques ou piriformes et sont toujours dotées de deux anses verticales, qui ont valu son nom au récipient (*amphi-phorus*, qui se porte par deux anses). On employait aussi le terme d'amphore au Ier siècle av. J.-C. pour désigner une unité de mesure de l'ordre de 26 litres, correspondant au *"quadrantal"* latin ; mais certaines atteindront ensuite plus de 50 litres. Pour les transports par mer, les amphores étaient chargées dans les cales des navires. Un chargement complet pouvait varier de quelques centaines jusqu'à plusieurs millliers d'unités suivant le tonnage. Après la commercialisation, une fois vidées de leur contenu, elles étaient considérées comme un emballage jetable, le plus souvent abandonnées sur place, brisées ou encore réemployées pour d'autres usages.

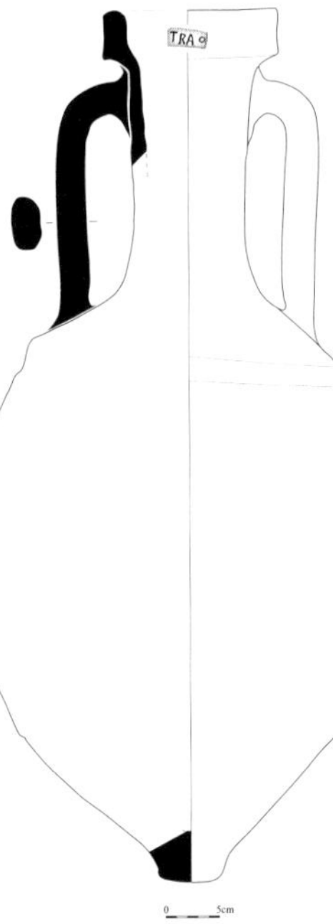


5

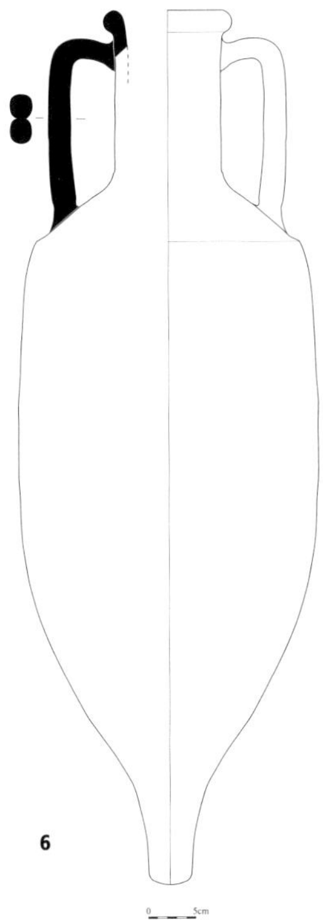


6

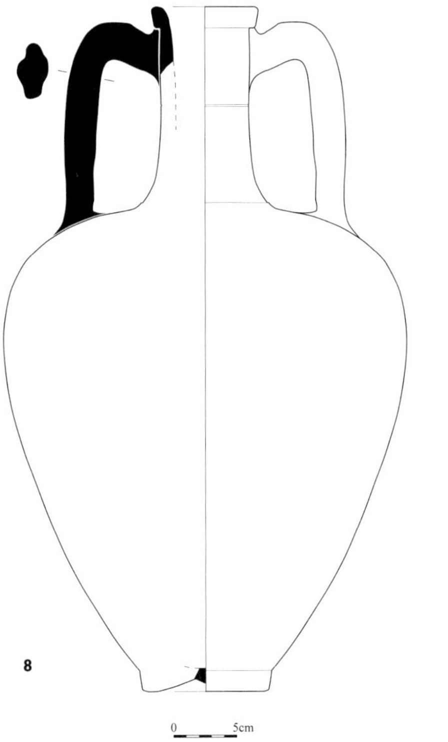


8

1. Long 2003.

## Amphores gréco-italiques

Ce sont des amphores de tradition grecque, essentiellement de production italienne, fabriquées dans des ateliers siciliens en Calabre et en Italie centrale. Elles ont servi uniquement au transport du vin de la côte tyrrhénienne (Etrurie, Latium, Campanie). Si une épave chargée de ce type d'amphore (épave *Sud-Gracieuse*) a été signalée par des chalutiers à l'extrémité orientale de la Camargue, ces amphores sont très rares dans le Rhône. Un col a été retrouvé devant les Saintes-Maries-de-la-Mer et une seule panse à Arles provient du grand dépotoir de la rive droite.

### 1. Amphore a vin

Gréco-italique ; Lyding-Willd d
Côte tyrrhénienne de l'Italie
Saintes-Maries-de-la-Mer ; 2006 (?)
IIIe-IIe siècle av. J.-C.
Céramique
h. 28 ; l. 23,5
X-16168

### 2. Amphore a vin

Gréco-italique
Côte tyrrhénienne de l'Italie
Arles ; Rhône ; 1990
IIIe-IIe siècle av. J.-C.
Céramique
h. 60 ; Ø 34
RHO.90.00.124

## Amphores italiques

Fabriquées par de nombreux ateliers de la côte tyrrhénienne de l'Italie (Etrurie, Latium, Campanie et lisière du Samnium), elles ont été classées par Dressel sous la forme 1 (dite amphore Dressel 1). La multiplicité des ateliers a engendré l'existence de nombreuses variantes morphologiques, de même qu'une grande diversité dans les pâtes, les dégraissants et les engobes. Pour faciliter la recherche, ces amphores ont été réparties en trois types dénommés 1A, 1B et 1C. La forme Dressel 1A apparaît en premier, vers 130 av. J.-C. Les Dressel 1B, un peu plus tardives, sont attestées à l'extrême fin du IIe siècle av. J.-C. Elles seront surtout produites en grande quantité au milieu du Ier siècle av. J.-C. Les Dressel 1C apparaissent vers 100 av. J.-C. et seront attestées durant tout le Ier siècle av. J.-C. Cette catégorie d'amphore a servi au transport du vin. Si l'on excepte une grande quantité d'amphores Dressel 1 utilisées en aménagement de berge, sur la rive droite, au nord de la ville, ces récipients d'époque républicaine demeurent assez rares dans les grands dépotoirs du fleuve. Ils sont peut-être recouverts par les couches plus tardives.

### 3. Amphore a vin

Italique ; Dressel 1A
Côte tyrrhénienne de l'Italie
Arles ; Rhône ; 1990
135-50 av. J.-C.
Céramique
h. 92,5 ; Ø 30
RHO.90.00.23

### 4. Amphore a vin

Italique ; Dressel 1B
Côte tyrrhénienne de l'Italie
Arles ; Rhône
135-1 av. J.-C.
Céramique
h. 77 ; Ø 26,5
X-16127

### 5. Amphore a vin

Lamboglia 2
Côte adriatique de l'Italie
Arles ; Rhône ; 1990
Fin du IIe siècle av. J.-C.-milieu du Ier siècle apr. J.-C.
Céramique
h. 80,4 ; Ø 37,5
RHO.90.00.63

Ce type d'amphore, très peu représenté sur le littoral gaulois, a été diffusé essentiellement sur la côte adriatique, l'Espagne et surtout vers l'est. Un seul exemplaire a été recensé dans le dépotoir de la rive droite du Rhône.

## Amphores italiques d'époque impériale

Après avoir dominé le commerce du vin en Méditerranée pendant plusieurs siècles, les productions d'Italie auront tendance à s'affaiblir à la période augustéenne, sous l'effet d'un commerce provenant des provinces occidentales alors en plein essor économique. Le commerce du vin italien subsiste cependant avec différents crus importés dans des amphores qui seront modestement représentées sur le littoral gaulois et sur l'axe Rhône-Rhin. Aujourd'hui, ce commerce reste probablement sous-évalué du fait que le vin italien pouvait arriver en vrac dans des navires à *dolia*, réduisant considérablement la commercialisation des amphores.

### 6. Amphore a vin

Dressel 2-4 d'Italie
Campanie
Arles ; Rhône ; 2003
Fin du Ier siècle av. J.-C.-début du IIe siècle apr. J.-C.
Céramique
h. 90 ; Ø 29,2
RHO.2003.09.649

### 7. Amphore a fruits (?)

Dressel 21-22
Campanie, Latium
Arles ; Rhône ; 2001
Ier siècle apr. J.-C.
Céramique
h. 71,5 ; Ø 26,5
RHO.2001.61.200

### 8. Amphore a vin

Forlimpopoli ou Agora K114
Italie du Nord-Est, vallée du Pô
Arles ; Rhône ; 2004
Fin du Ier siècle av. J.-C.-IIe siècle apr. J.-C.
Céramique
h. 53,4 ; Ø 31,5
RHO.2004.Z2.319

### 9. Amphore

Richborough 527
Iles Lipari
Saintes-Maries-de-la-Mer
Fin du Ier siècle av. J.-C.-milieu du IIIe siècle apr. J.-C.
Céramique
h. 26 ; l. 30
X-16130

### 10. Amphore a vin

Robinson M254
Sicile
Arles ; Rhône ; 2007
Fin du Ier-fin du IVe siècle apr. J.-C.
Céramique
h. 43,5 ; Ø 28,6
RHO.2007.Z11.1280

Conçues pour le transport du vin, ces petites amphores siciliennes[1] sont très bien attestées sur les sites arlésiens au milieu et dans la seconde moitié du IVe siècle apr. J.-C.[2].

### 11. Amphore a vin

Robinson M254
Sicile
Arles ; Rhône ; 2007
Fin du Ier- fin du IVe siècle apr. J.-C.
Céramique
h. 42 ; Ø 30,5
RHO.2007.Z11.1279

### 12. Amphore a vin

Keay 52
Italie du Sud (Calabre)
Arles ; Rhône ; 2007
IVe- début du VIe siècle apr. J.-C.
Céramique
h. 50 ; Ø 28,9
RHO.2007.00.1243

1. Freed, Wilson 1999. 2. Piton 2007. 3. Laubenheimer 1985.

1
2
3
4
5
6
7
8
9

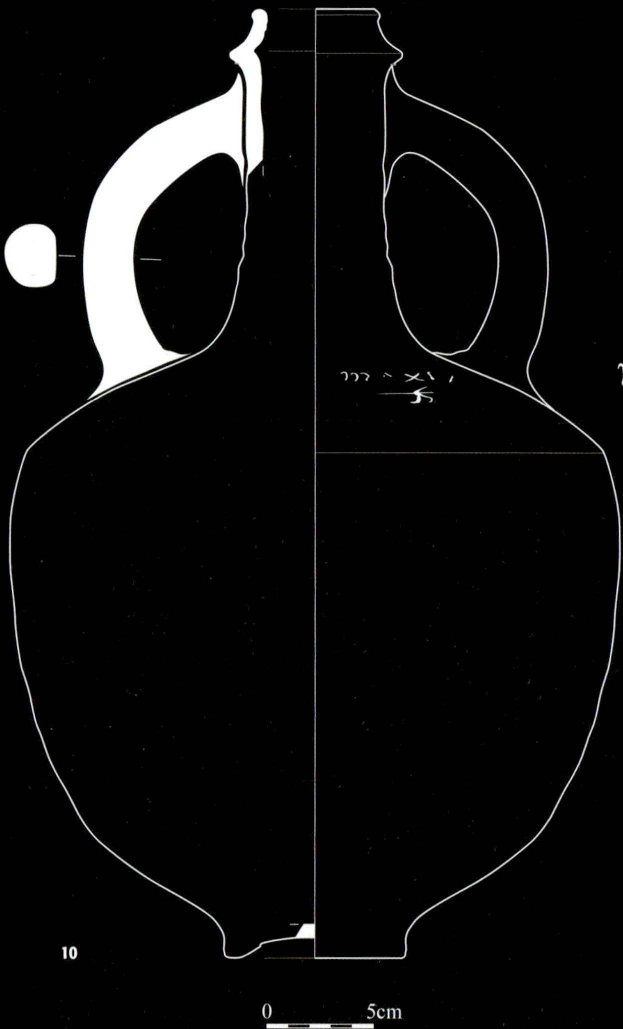


10

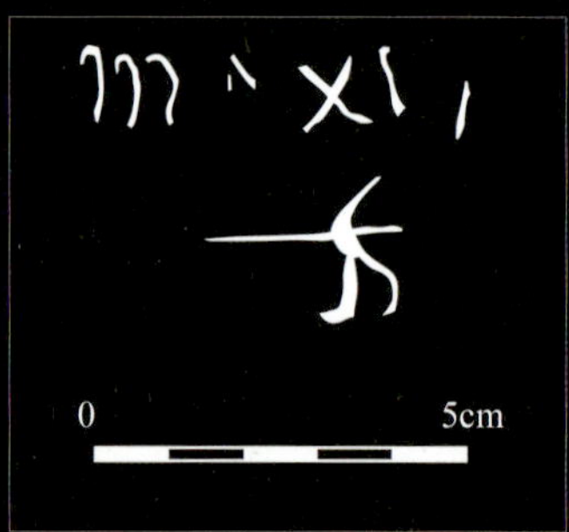

12

11

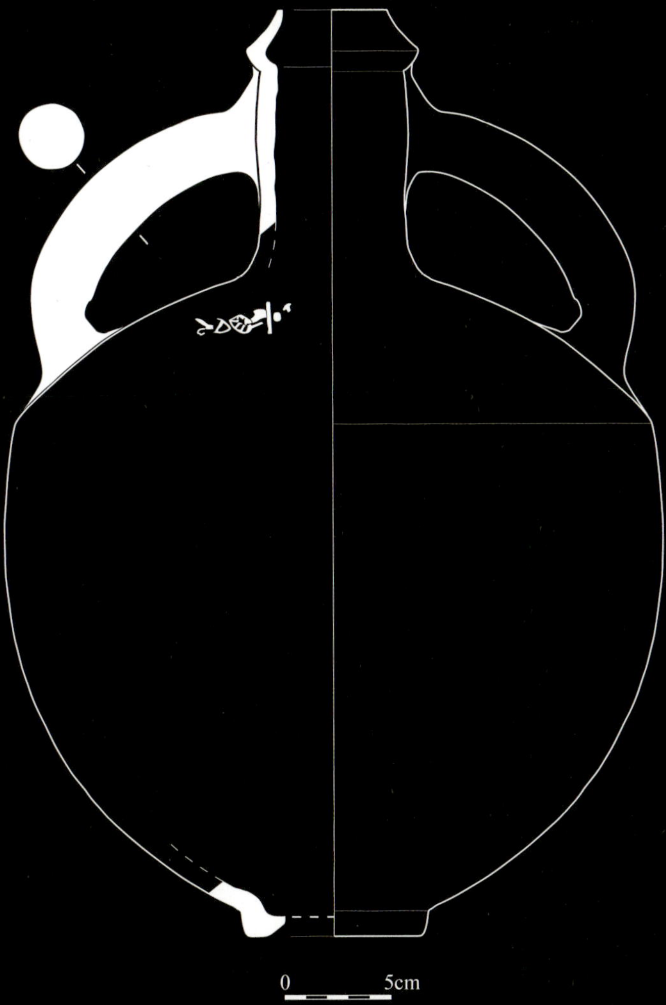

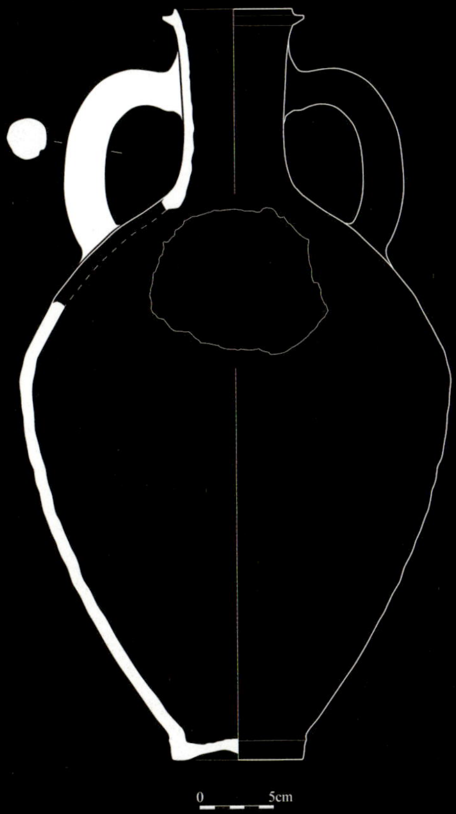

## Amphores gauloises

C'est en Narbonnaise, à partir du Ier siècle apr. J.-C., que les productions vinaires vont concurrencer les vins italiens. De nombreux ateliers vont produire une très grande quantité d'amphores et les commercialiser du Ier au IVe siècle apr. J.-C.[3]. Dans un premier temps sont produites des formes empruntées à la tradition italique, suivant le type des amphores fuselées Dressel 1, 2/4, Pascual 1 et Dressel 12. Ensuite, un nouveau conteneur plus original va s'imposer à partir du Ier siècle apr. J.-C. Ces nouvelles amphores, pansues, à fond plat, devront certainement leur succès à leur légèreté. Avec leur fond plat, elles sont particulièrement adaptées à la navigation fluviale. Sur l'ensemble des sites fouillés dans le Rhône, à Arles, les amphores gauloises sont majoritaires, notamment avec la Gauloise 4 qui représente près de 40 % du total des amphores.

### 13. Amphore a vin*

Gauloise 1
Gaule narbonnaise (Provence, vallée du Rhône)
Arles ; Rhône ; 1990
Ier siècle apr. J.-C.
Céramique
h. 47,7 ; Ø 38,8
RHO.90.00.34

### 14. Amphore a vin

Massaliète impériale ; Bertucchi 6a
Gaule narbonnaise (Marseille)
Arles ; Rhône ; 2001
Fin du Ier siècle av. J.-C.- début du Ier siècle apr. J.-C.
Céramique
h. 46,4 ; Ø 30,2
RHO.2001.198.681

### 15. Amphore a vin

Gauloise 3
Gaule narbonnaise (Languedoc, Marseille)
Arles ; Rhône ; 2004
Ier-milieu du IIe siècle apr. J.-C.
Céramique
h. 61,4 ; Ø 34,6
RHO.2004.1045.1332

### 16. Amphore a vin

Gauloise 4
Gaule narbonnaise (Languedoc, Provence)
Arles ; Rhône
80-350 apr. J.-C.
Céramique
h. 57,9 ; Ø 43,8
X-16391

### 17. Amphore a vin

Gauloise 5
Gaule narbonnaise (Provence)
Arles ; Rhône ; 2003
50-120 apr. J.-C.
Céramique
h. 48 ; Ø 31,7
RHO.2003.23.701

### 18. Amphore a vin

Gauloise Dressel 2-4
Gaule narbonnaise
Arles ; Rhône ; 2007
Fin du Ier siècle av. J.-C.-début du Ier siècle apr. J.-C.
Céramique
h. 97,5 ; Ø 30,8
RHO.2007.Z3.1598

### 19. Amphore a vin

Gauloise 9
Gaule narbonnaise
Arles ; Rhône
Fin du Ier siècle av. J.-C.-début du Ier siècle apr. J.-C.
Céramique
h. 48 ; Ø 33
X-16165

### 20. Amphore a vin

Gauloise 11
Mandelieu (Var)
Arles ; Rhône ; 2003
Ier siècle apr. J.-C.
Céramique
h. 35 ; Ø 16,5
X-16176

### 21. Amphore a vin

Gauloise
Gaule (Saint-Romain-en-Gal)
Arles ; Rhône
Fin du Ier siècle av. J.-C.-milieu du Ier siècle apr. J.-C.
Céramique
h. 43 ; Ø 30
X-16178

## Amphores africaines

L'émergence des amphores africaines, associées à de la vaisselle fine et culinaire, vers la fin du Ier siècle de notre ère, marque le début d'un puissant courant commercial dans l'ensemble du Bassin méditerranéen durant la période impériale et l'Antiquité tardive. La première phase de diffusion, à la fin du Ier siècle, est marquée par une production d'amphores dites africaines précoces. Elles seront remplacées par de nombreuses variantes qui perdureront jusqu'au VIIe siècle. Tous ces conteneurs, le plus souvent cylindriques et de grand volume, ont servi pour le transport de produits alimentaires comme les conserves de poisson, l'huile et le vin.

### 22. Amphore a vin

Type Schöne-Mau XL
Afrique du Nord (Tunisie)
Arles ; Rhône ; 1990
Ier siècle av. J.-C.-début du Ier siècle apr. J.-C.
Céramique
h. 63,8 ; Ø 15,5
RHO.90.00.45

Cette amphore africaine de tradition punique est une évolution, au Ier siècle apr. J.-C., du type néopunique Van der Werff 2. Faiblement représentée dans le midi de la Gaule, elle est en revanche abondante sur le *limes* rhénan.

### 23. Amphore*

Type Ostia XXIII
Afrique du Nord (Tunisie)
Arles ; Rhône ; 1990
Fin du Ier-début du IIe siècle apr. J.-C.
Céramique
h. 86,5 ; Ø 30
RHO.90.00.114

Amphore africaine précoce, considérée comme précurseur de l'amphore Africaine 1. On en connaît un exemplaire assez semblable à Ostia[4] et un autre au musée de Carthage[5]. L'exemplaire d'Arles provient d'un contexte de la fin du Ier siècle apr. J.-C. Son contenu n'est pas connu à ce jour.

### 24. Amphore*

Africaine IIA ou IIB
Afrique du Nord (Tunisie)
Arles ; Rhône ; 1990
Milieu du IIIe siècle apr. J.-C.
Céramique
h. 104 ; Ø 40
RHO.90.00.81

Cette amphore est une variante assez tardive du type 2A ou 2B. Son contenu reste incertain ; il peut s'agir soit de salaisons de poisson, soit de vin.

### 25. Amphore a vin

Africaine Keay 25.1 ou Africaine IIIA
Afrique du Nord (Tunisie)
Arles ; Rhône ; 1990
Milieu du IVe-début du Ve siècle apr. J.-C.
Céramique
h. 106 ; Ø 24,2
RHO.90.00.104

Le contenu de cette amphore est discuté, mais l'une des hypothèses les plus récentes est que ce type ait pu transporter du vin dans le cadre du canon *vinarius* institué à la fin du IIIe siècle apr. J.-C.

**4.** Panella 1983, fig. 34. **5.** Bonifay 2004, p. 101.

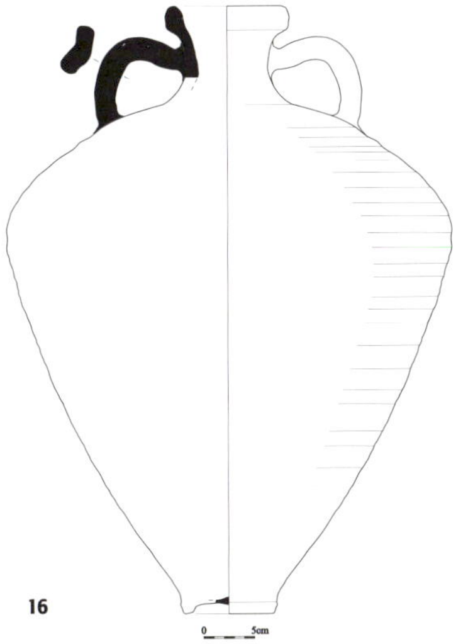

16

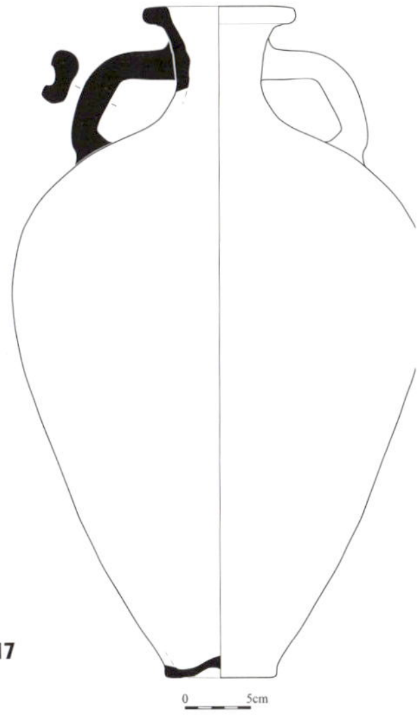

17

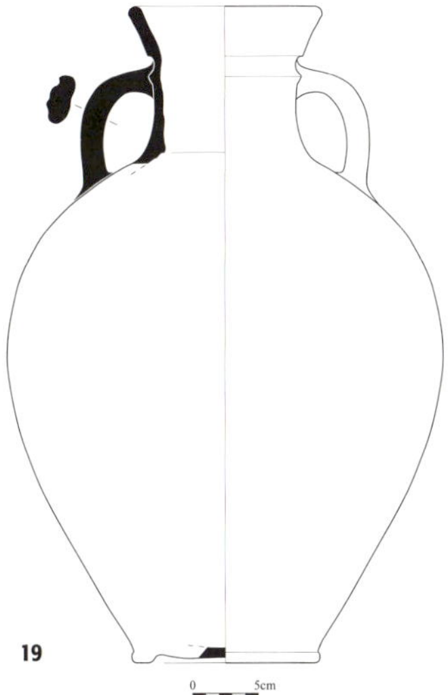

19

16

17

18

19

20

21

22

25

14

15

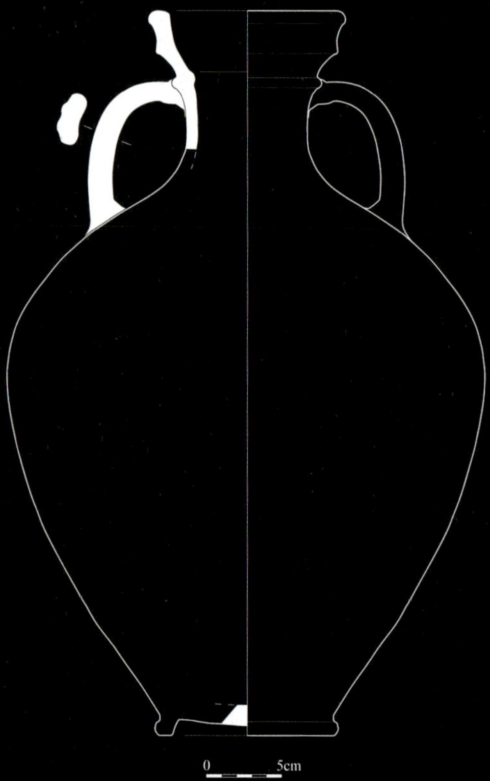


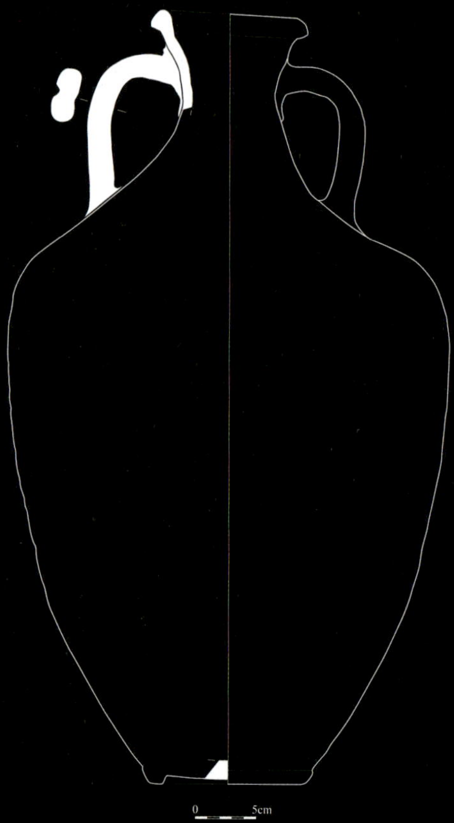

22

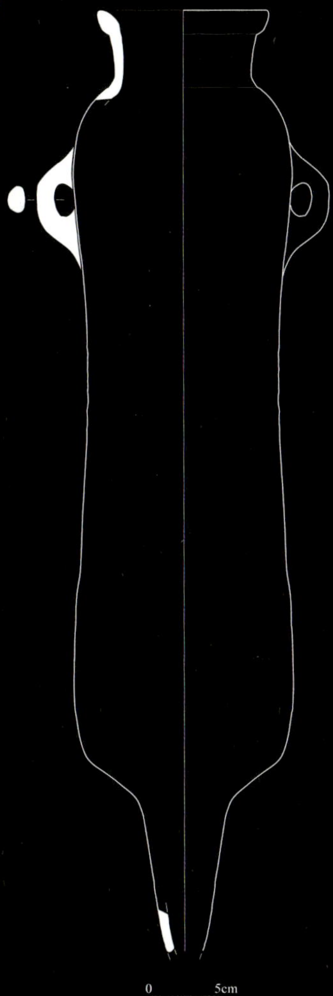


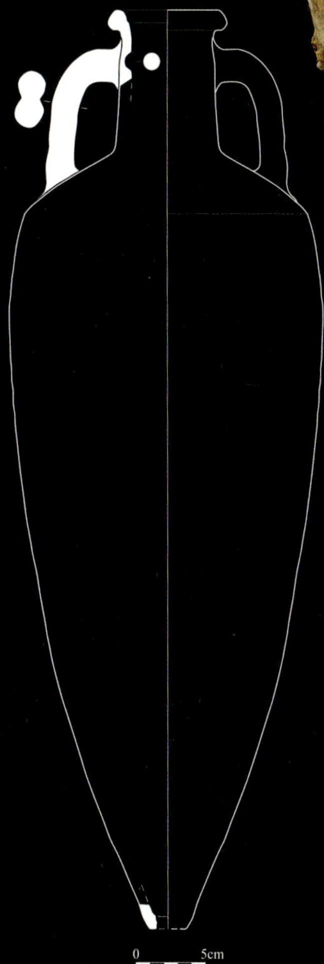

28

## 26. AMPHORE A SAUMURE

Africaine Keay 25.2 ou *spatheion* type 1
Afrique du Nord (Tunisie)
Arles ; Rhône
Première moitié du v$^{e}$ siècle apr. J.-C.
Céramique
h. 93,5 ; Ø 20,3
X-16133

## 27. AMPHORE

Africaine *spatheion* type 1
Afrique du Nord (Tunisie)
Arles ; Rhône
Première moitié du v$^{e}$ siècle apr. J.-C.
Céramique
h. 95 ; Ø 17,5
X-16169

## 28. AMPHORE A HUILE

Africaine type Schöne-Mau XXXV
Tripoli (Libye)
Arles ; Rhône
I$^{er}$-II$^{e}$ siècle apr. J.-C.
Céramique
h. 16,5 ; l. 24,3
X-16131

## 29. AMPHORE A VIN

Africaine Tripolitaine 1
Tripoli (Libye)
Arles ; Rhône
I$^{er}$-II$^{e}$ siècle apr. J.-C.
Céramique
h. 16,5 ; Ø 23,3
X-16132

## 30. AMPHORE A VIN

Africaine Dressel 30 ou Keay 1B
Maurétanie césarienne (Algérie)
Arles ; Rhône ; 2007
III$^{e}$-IV$^{e}$ siècle apr. J.-C.
Céramique
h. 62 ; Ø 30,7
RHO.2007.00.1597

# Amphores de Méditerranée orientale

La diffusion des amphores orientales est assez régulière jusqu'à la fin de l'Antiquité dans les provinces occidentales. Elles serviront essentiellement au transport du vin provenant des îles de Crète, de Rhodes, de Cos, de la côte de Cilicie ou de la région de Gaza.

## 31. AMPHORE A VIN

Orientale Dressel 2-4
Ile de Cos
Arles ; Rhône ; 2001
I$^{er}$ siècle av. J.-C.-I$^{er}$ siècle apr. J.-C.
Céramique
h. 34,5 ; l. 26
RHO.2001.95.638

## 32. AMPHORE A VIN

Rhodienne
Ile de Rhodes
Arles ; Rhône ; 2001
I$^{er}$ siècle apr. J.-C.
Céramique
h. 37 ; l. 25
RHO.2001.00.639

## 33. AMPHORE A VIN

Crétoise 1
Ile de Crète
Arles ; Rhône ; 2001
Début du I$^{er}$-III$^{e}$ siècle apr. J.-C.
Céramique
h.18 ; l. 24,5
RHO.2001.103.644

## 34. AMPHORE A VIN

Crétoise 2
Ile de Crète
Arles ; Rhône ; 2003
I$^{er}$-milieu du III$^{e}$ siècle apr. J.-C.
Céramique
h. 30,5 ; l. 32
RHO.2003.44.728

## 35. AMPHORE A VIN

Crétoise 4
Ile de Crète
Arles ; Rhône ; 2004
Milieu du I$^{er}$- milieu du II$^{e}$ siècle apr. J.-C.
Céramique
h. 60,2 ; Ø 24
RHO.2004.Z1.315

## 36. AMPHORE A VIN

Orientale type Kapitan 2
Mer Egée
Arles ; Rhône ; 1990
Fin du II$^{e}$-IV$^{e}$ siècle apr. J.-C.
Céramique
h. 73,5 ; Ø 25,7
RHO.90.00.65

## 37. AMPHORE A VIN

Orientale LRA 4a
Palestine (Gaza)
Saintes-Maries-de-la-Mer
v$^{e}$ siècle apr. J.-C.
Céramique
h. 14,5 ; l. 25
X-16139

26

27

29

30

31

32

33

34

35

36

37

# Le cas de quelques inscriptions peintes

*Ulrike Ehmig*

Le milieu subaquatique permet une très bonne conservation des objets anciens. A l'inverse des contextes terrestres d'agglomération, les artefacts ont en effet été extraits du cycle habituel de l'élimination des déchets, lequel entraîne leur fragmentation et leur mauvaise conservation. Le milieu humide permet en outre la conservation de substances organiques qui se décomposent habituellement dans le sol. Il constitue ainsi l'une des sources les plus importantes de la connaissance du contenu des amphores romaines, utilisées principalement pour le transport des denrées : il n'est pas rare de retrouver des inscriptions peintes mentionnant un produit, mais aussi sa préparation, sa qualité, son degré de maturité et le négociant qui le commercialise. De nombreux témoignages proviennent ainsi des épaves méditerranéennes[1], de vides sanitaires[2] ou de contextes proches du rivage[3].

En tant que principale voie navigable pour l'approvisionnement de la Gaule et des provinces germaniques, le Rhône est extrêmement riche en découvertes. Au sein de cet abondant matériel, qu'il conviendrait d'étudier en détail pour chaque agglomération et chaque contexte, une amphore avec inscription peinte attire particulièrement l'attention. Cet exemplaire témoigne des possibilités et des questionnements d'une recherche critique.

Il s'agit d'une amphore ibérique qui contenait des sauces de poisson (X-16242, *fig. 1*). Toutes les lignes de l'inscription identifiant le produit sont aménagés dans un cartouche et, à l'exception de la note de droite, bien lisibles. L'interprétation des différentes parties de cette étiquette n'en reste pas moins délicate.

1

Amphore Dressel 7-11 (X-16242).

Ainsi, l'identification du produit transporté, dénommé *laccat(um) (fig. 2)*, demeure incertaine. La recherche a associé à ce terme les mots *lac* et *lacca*[4], de même que l'inscription *lactinium* (trouvée sur une amphore découverte à Cologne[5]), sans parvenir à éclaircir la question. Le produit est qualifié de *vet(us)* (vieux, *fig. 2*), comme souvent dans le cas des sauces de poisson. Si l'on considère l'hypothèse plausible, bien que non avérée, que l'abréviation A IIII A signifie *annorum IIII (fig. 3)*, on en déduit que le contenu de l'amphore a fermenté pendant quatre ans avant d'être conditionné. Les sources anciennes décrivent certes

1. Voir pour une vue générale Parker 1992, Jurisic 2000 et des contributions dans les revues sous-marines, surtout dans *Archaeonautica* et *Cahiers d'archéologie subaquatique*. 2. Pour l'Italie du Nord, voir Pesavento Mattioli 1998 ; Becker *et al.* 1986, 65 *sqq.* ; Arlaud 1998, p. 193 *sqq.* ; Laubenheimer, Bonnet 1998, p. 205 *sqq.* Concernant des résultats comparables à Mayence, voir Ehmig 2002, p. 233 *sqq.* ; Ehmig 2003, p. 179 *sqq.* ; Martin-Kilcher, Witteyer 1998-99, p. 45 *sqq.* 3. Pour les 300 inscriptions peintes et plus trouvées à Cologne (fouilles Kurt-Hackenberg-Platz) en contexte de dépôts portuaires, voir Ehmig 2007a, p. 215 *sqq.* 4. Martin-Kilcher 1994. 5. Ehmig 2007a, p. 231 et 277 n° 112.

en détail la production des sauces de poisson, par exemple celle du *garum*[6], mais elles ne mentionnent nulle part une si longue période de stockage ou de macération avant leur distribution.

A l'exception de l'*allex*, tous les condiments connus sont qualifiés, comme ici, d'*excellens (fig. 2)*. Comme le montre le corpus d'étiquettes, cet attribut – comme le très courant *flos* – ne caractérise pas uniquement les sauces de poisson, mais s'applique également aux vins et aux mets[7].

L'interprétation des inscriptions que l'on voit sur la figure 3 est également sujette à caution. Il semblerait évident de les rattacher à des volumes, d'autant plus que les amphores contenant des sauces de poisson produites dans la moyenne vallée du Rhône portent souvent la mention de l'unité de mesure *m(odius)*. Cependant, le cas des amphores ibériques renfermant des condiments pose des difficultés. Les notations de volumes évoquent des quantités s'échelonnant de 70 à 200 et il est donc difficile de penser à une mesure uniforme : si le nombre CCXXVII renvoie plus probablement dans le cas présent à l'hemina, soit 62 l, des valeurs approchant LXX pour des amphores de même type ne sauraient correspondre à la même unité.

Quintus Statius Rufus, le négociant du *laccatum (fig. 4)*, était chargé de la commercialisation de l'amphore et assurait les risques en cas de perte. Le nom de cet homme apparaît sur une autre étiquette figurant sur une amphore, également ibérique, utilisée pour le transport de condiments, et trouvée à Mayence[8]. La lecture du nom figurant sur la droite de l'inscription peinte *(fig. 5)*, qui fait référence à l'embouteilleur de l'amphore, reste quant à elle difficile et trop lacunaire pour que l'on puisse lui donner du sens[9].

On le voit d'après cette rapide étude, notre inscription souligne d'une part le potentiel de l'information qui nous est transmise par ce type de matériel, et d'autre part un certain nombre de questions auxquelles, après plus de cent années de recherches, aucune réponse n'a été donnée, et ce alors même que les inscriptions peintes sur les amphores à sauces de poisson sont particulièrement détaillées et éloquentes. Par conséquent, l'analyse de *tituli* moins complets sur d'autres types d'amphores se révèle d'autant plus ardue.

Longtemps la recherche s'est apesantie sur les amphores, réservoirs standard pour le transport de grands volumes de marchandises. Plus récemment, d'autres catégories de récipients ont retenu l'attention et ont fait progresser nos connaissances archéo-économiques : des inscriptions peintes sur des cruches et des pots montrent en effet que les produits méditerranéens – sauf ceux qui étaient conditionnés dans des amphores volumineuses – ont également été commercialisés dans de petits conteneurs. Depuis quelques années, on en possède divers exemplaires qui complètent notre image du tissu économique de l'époque romaine[10]. Il est évident que de telles pièces figurent dans le matériel tiré du Rhône, principale route d'approvisionnement des régions du nord.

Les deux indiscriptions considérées ici (RHO.2005.Z99.349 et X-16241) peuvent être lues SARD(ina) et TAUR(—-). L'indication SARD(ina) *(fig. 6)* sur un pot à deux anses correspond visiblement aux échanges des produits de la pêche[11] et rappelle le *titulus cod(a) sard(inae)* de Cologne, lequel fait sans doute référence au commerce des queues de sardine[12]. TAUR(—-) *(fig. 7)* laisse une plus grande marge d'interprétation. La racine taur- évoque le champ lexical du bœuf ou du taureau. Si l'on suppose que l'inscription sur le pot indique

2

Pot du Latium (RHO.2005.Z99.349).

6. Pline, *Nat.*, XXXI, 43, 93 ; *Geoponica*, XX, 46, Isidor., *Orig.*, XX, 3, 19 ; Zahn 1910, p. 841 *sqq.* **7.** *CIL*, IV, 5526 : *(vinum) cret(icum) exc(ellens)* ; la publication d'une inscription peinte trouvée à Bonn est en préparation, dans laquelle *(aqua) mul(sa)* est également qualifiée *d'exc(ellens)*. **8.** Ehmig 1995, p. 117 *sqq.*, surtout p. 126. **9.** Les inscriptions discutées n'ont pas pu être soumises à une autopsie. **10.** Ehmig 2003, p. 84 *sqq.*, n. 398 ; Ehmig 2007a, p. 217 n. 20 et p. 240 *sqq.* **11.** Selon moi, les termes utilisés dans l'Antiquité pour nommer les conserves de poisson désignent plutôt de petits récipients que des amphores. Voir Ehmig 2003, p. 85 *sqq.* **12.** Ehmig 2007a, p. 230 *sqq.* et p. 272 n° 97.

une denrée, on peut considérer différentes interprétations : *taurophtalmon* (œil-de-taureau, une sorte de romarin), *taurina* (viande bovine) ou bien *taurus* (un oiseau qui imite le mugissement des bœufs, peut-être le Butor étoilé). Des exemples avérés viennent corroborer ces trois hypothèses. Ainsi, depuis peu, des pots d'Auerberg, une des principales formes de céramique à l'époque impériale en Rhétie, Norique, Cisalpine et Pannonie occidentale, sont au centre de discussions leur attribuant le rôle de conserves de viande séchée ou de suif de mouton[13]. On connaît par ailleurs une herbe aromatique et médicinale contenue dans un pot du Magdalensberg qui porte l'inscription peinte *inula*[14] (aunée). Enfin, des poitrines de grive, qui étaient contenues dans un pot de Nimègue[15], ont été identifiées grâce à des méthodes archéozoologiques.

Toutes ces inscriptions portées sur les céramiques du Rhône, associées à d'autres cas qui citent du miel[16], des olives[17], des maquereaux[18], mais aussi des produits non comestibles comme le colorant *aerugo* (vert-de-gris[19]), contribuent, quelle que soit leur interprétation, à notre représentation des flux des marchandises qui étaient chaque jour transportées à l'époque romaine sur de longues distances. Elles mettent en valeur la densité des réseaux des relations économiques et améliorent notre connaissance des produits de grande consommation distribués dans des contrées lointaines par voie maritime. Aux récipients en céramique trouvés fréquemment dans des contextes archéologiques mais d'identification complexe, les *tituli* assignent une fonction qui révèle des domaines de la vie quotidienne jusqu'alors à peine entrevus.

## 1. Amphore avec bouchon

Dressel 7-11
Arles ; Rhône ; 2001
Céramique
6 cartouches d'inscription
L. 67,6 ; l. 28,7
X-16242

## 2. Pot du Latium

Commune italienne
Atelier de Sutri (troisième quart du Ier siècle apr. J.-C.)
Arles ; Rhône ; 2005
20 av. J.-C. - 200 apr. J.-C.
Céramique ; pâte calcaire
Inscription peinte : SARDI[..] ou SARIU[..]
h. 18,4 ; Ø 14,5 ; Ø ouverture 10,2
RHO.2005.Z99.349

## 3. Pot ovoïde

Commune indéterminée
Atelier inconnu
Arles ; Rhône
Haut-Empire
Céramique, pâte calcaire
Inscription peinte : TAUR[...]
h. 18,5 ; Ø 16,5 ; Ø ouverture 11,9 ; Ø base 7,2
X-16241

## 4. Amphore

1/2 col d'amphore, sans anse, à sauces de poisson, Dressel 8
Bétique-Espagne méridionale
Arles ; Rhône ; 1990
Fin du Ier siècle av. J.-C.
Céramique, engobe blanc
h. 24,5 ; l. 20
RHO.90.00.119

Inscriptions peintes à l'encre noire sur cinq lignes. La première est lisible et mentionne le contenu du récipient, une sauce piquante à base de jeune thon, vieillie : *Co(r) d(ula) Arg(uta) Ve(tus)*. La deuxième ligne n'est pas très lisible (*sextarii*?). La troisième mentionne la qualité du produit, qualifié de *vet(us)* – vieux. Sur la ligne suivante, l'abréviation A IIII A, devrait donner *"annorum IIII"* soit la durée de macération et de conditionnement du produit. Les deux lignes suivantes ne sont pas lisibles.

L. L.

## 5. Amphore

Col d'amphore, sans anse, à sauces de poisson, Beltrán 2A
Bétique-Espagne méridionale
Arles ; Rhône, gisement A ; 2003
Fin du Ier siècle av. J.-C.
Céramique
h. 39,5 ; l. 23,5
X-16179

Inscriptions peintes à l'encre noire sur sept lignes. La première, bien que le cartouche soit très noirci, est lisible et mentionne le contenu du récipient, une sauce de jeune thon vieillie probablement originaire "de Lixos" : *Co(r) d(ula) Lixi(tana) Ve(tus)*. La deuxième ligne mentionne la qualité *"excellens"* du produit. La troisième ligne pourrait se lire *"samur"*, la quatrième correspond sans doute à *"annorum IIII"*, la cinquième correspond au chiffre en *sextarii* (incomplet?) *CLXX* (170), la sixième et la septième ne sont pas lisibles.

L. L.

## 6. Amphore

Amphore à sauces de poisson, Dressel 7-11
Bétique-Espagne méridionale
Arles ; Rhône ; 2003
Ier siècle apr. J.-C.
Céramique
Traces des *tituli picti*, très partiellement lisibles
h. 46 ; l. 27,4
X-16013

Partie supérieure d'une amphore, manque le haut du col et une anse. Seules quelques lettres et quelques indications numérales sont présentes sur ce col tronqué. La première ligne incomplète mentionne le contenu du récipient, une sauce à base de thon : *Tuni*. La deuxième ligne correspond sans doute à *"annorum III"*.

L. L.

13. Donat *et al.* 2006, p. 209 *sqq.* 14. Piccottini 1998, p. 163 *sqq.* 15. Lauwerier 1993, p. 15 *sqq.* 16. Ehmig 2007a, p. 217 n. 20. 17. Ehmig 2006, p. 73 *sqq.* ; Ehmig 2007b, p. 84 *sqq.* 18. Van Beek *et al.* 1997, p. 100 ; Swinkels, Koster 2005, p. 23.

3

4

5

6

# Les céramiques communes et culinaires

*Jean Piton et David Djaoui*

Si l'archéologie s'est concentrée, dès la Renaissance, sur les plus beaux objets, perçus comme des trésors de délectation, la céramologie a également orienté ses premières recherches sur les seules céramiques décorées. Les scènes narratives et mythologiques étaient privilégiées aux simples décors géométriques, jugés barbares et sans intérêt. Au sein de cette hiérarchie en partie esthétisante, les céramiques communes, pourvues des seules traces d'usage, ont été massivement jetées et rejetées au rang de rebut. Aujourd'hui, elles font l'objet de toutes les attentions. Destinée à satisfaire l'ensemble des besoins du quotidien, cette catégorie renseigne aussi bien sur le vaisselier de table, le stockage des denrées, le transport des marchandises que sur les préparations culinaires.

Deux types de pâte argileuse sont habituellement différenciés. Les pâtes calcaires impropres à la cuisson sont destinées aux pots à conserve, aux mortiers et aux différentes cruches. Les pâtes non calcaires, qualifiées de siliceuses ou de réfractaires, qui, par leur aptitude à résister aux chocs thermiques, sont utilisées pour les marmites, les *patina*, les poêles et autres pots de cuisson. C'est dans cette dernière catégorie que l'on différencie ainsi les céramiques communes des céramiques culinaires.

## Les céramiques : de l'Italie à la Gaule

Dès les niveaux hellénistiques jusqu'au Haut-Empire, l'amélioration des conditions de vie entraîne un accroissement progressif de la population. Pour faire face à cette demande, les ateliers italiens produisent des quantités impressionnantes de céramiques. Les sigillées d'Arezzo, Pise et Pouzzoles succèdent ainsi aux céramiques à vernis noir de Campanie, d'Etrurie et de Sicile, délivrant, sur le pourtour de la Méditerranée occidentale puis orientale, des produits extrêmement bien standardisés. L'introduction de ces nouvelles formes favorise aussi, au cours de la période augustéenne, l'émergence de céramiques communes issues d'une multitude d'ateliers locaux à dimension le plus souvent régionale. Apparaît ainsi en Gaule un répertoire de formes originales marqué aussi bien par un héritage celte – associant vase caréné, décor peigné et bouteille à panse ronde – que par une influence italienne – intégrant assiettes, *patina*, cruches et mortiers.

## Les céramiques du Rhône

Ces dernières années, plus de deux mille individus ont été retirés du fleuve. Le faciès qui se dégage de ce premier inventaire témoigne d'un double flux commercial à la croisée des voies maritime et fluviale. Avec 37 % des céramiques communes issues des productions de la vallée du Rhône et de la Gaule méridionale, et un peu plus de 20 % du Bassin méditerranéen (dont 12 % d'Italie), la recherche témoigne de la convergence, à la fin du Ier siècle apr. J.-C., de deux courants commerciaux majeurs.

La présence en grand nombre de bouilloires kaolinitiques et de pots carénés – représentant respectivement 12 % et 13,7 % des céramiques communes et culinaires – recoupe les données enregistrées dans le golfe de Fos[1] où l'on situe l'embouchure des *fossae marianae* reliant Fos à Arles.

En tant qu'avant-port d'Arles, les fouilles de la pointe Saint-Gervais (Fos) matérialisent en effet

Mortier RHO.90.00.160.

1. Marty 2004. 2. Desbat 2004 a. 3. Marlière 2004. 4. Marlier 2009. 5. Tchernia 1997.

les vestiges d'un dépotoir portuaire comparable à celui du Rhône et confirment ainsi le dynamisme d'un courant commercial descendant en provenance de la vallée du Rhône. Concernant les autres céramiques classées dans la catégorie "régionale", la prudence demeure. A la suite des premières importations, les ateliers régionaux et locaux de Gaule méridionale reprennent et imitent le répertoire italien. Ainsi, de nombreuses céramiques sont reproduites à l'identique dans des ateliers situés aussi bien dans l'axe rhodanien de la moyenne et haute vallée du Rhône que sur les franges littorales de la Narbonnaise, comme la vallée de l'Argens voire l'Hérault.

Concernant les produits issus du Bassin méditerranéen, la céramique commune italienne est bien représentée. Les ateliers du Haut-Empire, connus notamment grâce aux décharges d'Ostie et du Janicule, aux *figlinae* de La Celsa, au nord de Rome, et aux ateliers de Sutri, permettent d'identifier quelques-unes de ces formes. Ainsi, avec 12 % des communes italiennes pour le Rhône, les comptages restituent une présence italienne aussi importante que paradoxale. Ces données quantitatives s'inscrivent en effet en contradiction avec la découverte d'un nombre limité d'amphores italiennes dans le Rhône. Seules trois amphores de Forlimpopoli de la vallée du Pô et deux Dressel 2-4 italiennes sont recensées dans l'inventaire général. Si l'origine de la vaisselle de bord renvoie à des bateaux en provenance d'Italie, les quelques amphores à vin restituent plutôt un commerce anecdotique. Ces données contrastées corroborent les différentes hypothèses concernant l'arrivée en vrac du vin italien[2]. L'apparition du tonneau[3] et la découverte d'une douzaine d'épaves chargées de grandes jarres en terre cuite *(dolia)* faussent en effet considérablement les données quantitatives. Selon les récentes recherches menées par S. Marlier, ces bateaux-citernes étaient capables de franchir les barres du Rhône pour investir l'intérieur des terres jusqu'à Lyon[4], où le relais pouvait être pris par les tonneaux jusqu'aux camps militaires du *limes*[5]. Contrairement à la période républicaine où les amphores italiennes étaient largement majoritaires sur les sites lyonnais, les produits transportés dans des conteneurs de plus de 2 000 litres ne peuvent pas être pris en compte au sein des volumes commerciaux.

Les productions africaines composées essentiellement des marmites Hayes 197 et de leurs couvercles Hayes 196 sont majoritaires (3 %), avec les formes précoces de sigillées claires A (1 %).

Avec les progrès de la recherche, si de nombreuses formes et pâtes doivent trouver dans l'avenir une filiation avec la Méditerranée orientale – cas de l'amphorette X-16261 (cat. n° 39) –, la faible proportion de communes orientales s'accorde pour l'instant avec une petite quinzaine d'amphores grecques recensées, principalement des Crétoises 4, Crétoises 2, Dressel 5 et Rhodiennes.

On notera enfin le très faible taux de communes espagnoles qui contraste dans le comptage global avec les 32 % de parois fines et les 75,6 % d'amphores de Bétique[6]. Si la vaisselle fine servait à la boisson à bord des bateaux et dans l'habitat (les graffitis sur ce type de vases en témoignent), les céramiques culinaires espagnoles devraient faire partie des 34 % d'indéterminés.

## Les vases en tant que marchandises

L'examen des céramiques confirme bien que nous sommes en présence, pour certaines d'entre elles, de vases-marchandises à l'état neuf. Il s'agit en particulier de plats pompéiens, de marmites africaines, d'une dizaine de cruches kaolinitiques et de plats "varois", que complète un répertoire plus large composé de parois fines ibériques et de sigillées gauloises. Il s'agit, d'autre part, de vaisselle portant différentes incisions et marques d'usure, qui se rapporte à l'habitat jouxtant le fleuve et à la vaisselle de bord des navires. Peut-on évoquer, à côté des céramiques communes et culinaires, une vaisselle spécifique qualifiée de bord et/ou de transbordement ? Il est intéressant de noter en effet que le contexte de découverte de certaines catégories, telles que les pots de barque, les pots ovoïdes grossiers, les pots blancs carénés, les pots à lèvre repliée, les cruches égéennes, ainsi que les gobelets à anse à poucier, semble bien circonscrit au domaine fluvio-maritime. Existe-t-il une vaisselle spécifique à la navigation ? Peut-on voir dans ces différents conteneurs des créations adaptées, comme le souligne F. Marty, "aux conditions de vie des marins à bord des navires" ? Il est encore trop tôt pour le dire, d'autant qu'il peut s'agir d'un déficit de la recherche en archéologie terrestre, où les vases sont souvent trop fragmentés pour être identifiés. On peut se demander, par ailleurs, si certains vases importés à Arles n'étaient pas destinés à conditionner en plus petite quantité, pour la réexportation et la distribution locale, des produits arrivés en amphore (*garum*, sauces diverses, poissons salés, viandes, conserves de fruits, olives…).

Une dernière remarque concerne le problème du contenu des différents vases poissés : cruches, pots à miel, pots du Latium, pots blancs carénés, pots trapus, auxquels on peut ajouter de nombreux autres pots, pichets ou cruches d'origine indéterminée. Toutes ces formes témoignent en majorité d'une grande variété de produits, alimentaires ou non, dont le conditionnement, le raffinement ou même l'identification auraient nécessité la confection d'un conteneur spécifique. Si les quelques inscriptions peintes découvertes sur les panses confirment l'assignation de produits déterminés à des formes de céramique[7], le contexte des découvertes fluvio-maritimes et portuaires attribuerait ainsi à ces conteneurs, une fonction associée au transport, à l'instar de nos amphores.

**6.** Ce comptage, non actualisé, fait référence au tableau récapitulatif présentant pour le Ier siècle apr. J.-C. la répartition des amphores (Long 2003, p. 90, fig. 4). **7.** Nous pensons en particulier à l'inscription probable de Sardinas sur le pot italique n° 70, dont les analyses des macrorestes d'arêtes de poisson trouvées à Port-la-Nautique (Sanchez 2003a) et à Pompéi (Gasparetti 1996, p. 31-32, 1213d) semblent assigner à ces pots une fonction identique.

## Céramiques régionales à pâte calcaire

### 1. Pots a miel

Commune régionale
Formes produites à Vienne[1], à Lyon[2], à Chalon-sur-Saône[3] et à Fréjus[4]
50-200 apr. J.-C.
Céramique, pâte calcaire
**1A.** Arles ; Rhône ; 2001
h. 17,8 ; Ø 17 ; Ø ouverture 10,2 ; Ø fond 6,8
RHO.2001.00.211
**1B.** Arles ; Rhône ; 2007
h. 20,1 ; l. 17,4 ; Ø ouverture 9,4 ; Ø fond 8
RHO.2007.Z2.464
**1C.** Arles ; Rhône ; 2007
h. 24,2 ; l. 17,7 ; Ø ouverture 10,8 ; Ø fond 8,4
RHO.2007.00.1245
**1D.** Arles ; Rhône ; 1990
h. 25,4 ; Ø 18,7
RHO.90.01.87

Ces pots ovoïdes se déclinent en trois modules différents correspondant vraisemblablement à des mesures volumétriques[5]. Les anses coudées, bien marquées, s'appuient directement sur la panse. La lèvre en gouttière devait recevoir un couvercle. Leur commercialisation s'étend aussi bien en Espagne que sur le *limes* germanique avec une attestation à Augst (entre 90 et 150 apr. J.-C.)[6]. Le pot au bord déversé (RHO.2001.00.211) a été trouvé en prospection en amont de la zone 3 du Rhône. Ce type, muni d'un sillon sur le haut de la panse, s'apparente plutôt aux formes du IIIe siècle découvertes à Vienne[7].

### 2. Amphorettes

Commune régionale (moyenne vallée du Rhône)
Atelier inconnu
200-300 apr. J.-C.
Céramique, pâte calcaire
**2A.** Arles ; Rhône ; 1990
h. 34 ; l. 13,5
RHO.90.00.125
**2B.** Arles ; Rhône ; saisie 1996
h. 27,5 ; l. 12,8
RHO.96.176.145

Ces deux amphorettes sont munies d'un pied haut cylindrique et d'une panse cannelée. Elles sont connues à Marseille[8], à Lyon – où l'on dénombre pas moins de quarante-cinq individus[9] –, à Saint-Romain-en-Gal[10] et à Vienne[11], dans des contextes de la fin du IIe et du début du IIIe siècle. Depuis la découverte dans le port de Marseille d'une inscription peinte précisant aussi bien la destination, "Marseille", le produit transporté, "cinq cents boisseaux d'orge" que la provenance, le "pays des Cavares[12]", on situe les ateliers dans la moyenne vallée du Rhône entre Cavaillon, Avignon et Orange. Un conteneur identique a également était utilisé à Lyon pour transporter du *liquamen*[13].

### 3. Cruche a lèvre triangulaire

Commune régionale
Forme produite à Lyon[14], à Genève[15], dans le Bordelais[16] et dans les pays rhénans[17]
Arles ; Rhône ; 2006
70-150 apr. J.-C.
Céramique, pâte calcaire
h. 16,6 ; Ø 12,8
RHO.2006.PIR.589

Cruche épaulée présentant un col évasé à l'ouverture avec une lèvre qualifiée quelquefois de chanfreinée.

### 4. Cruche a cupule

Commune régionale
Atelier inconnu
Arles ; Rhône ; 2001
Ier siècle apr. J.-C.
Céramique, pâte calcaire
h. 14,3 ; Ø 10,2 ; Ø ouverture 5,7
RHO.2001.Z2.117

Cruche globulaire à large gorge interne et lèvre rentrante. Sa forme est proche des productions issues de l'atelier de Saint-Romain-en-Gal à l'époque de Claude[18].

### 5. Cruche a bec trilobé

Commune régionale
Atelier inconnu
Arles ; Rhône ; saisie 1996
20-200 apr. J.-C.[19]
Céramique, pâte calcaire, texture sableuse
h. 19,8 ; Ø 13
RHO.96.175.144

### 6. Mortier

Commune régionale
Forme produite à Lyon[20] et à Aoste[21] (Isère)
Arles ; Rhône ; 1990
50-150 apr. J.-C.
Céramique
h. 14,3 ; Ø int. 27,9 ; Ø ext. 31,9
RHO.90.00.152

### 7. Mortier a lèvre tombante et bord vertical rentrant

Commune régionale
Atelier inconnu
Arles ; Rhône ; 2004
Période flavienne (?)
Céramique
Ø int. 25 ; Ø ext. 27,8
RHO.2004.Z2.589

### 8. Mortier a bandeau vertical

Commune régionale ; LAT 18A
Atelier inconnu
Arles ; Rhône ; 2004
75 av. J.-C.-200 apr. J.-C.
Céramique
Ø int. 25 ; Ø ext. 27,8
RHO.2004.Z2.241

### 9. Mortier a bandeau vertical

Commune régionale ; LAT 18A
Atelier inconnu
Arles ; Rhône ; 2004
75 av. J.-C.-200 apr. J.-C.
Céramique
Ø int. 20,5 ; Ø ext. 23,2
RHO.2004.Z2.237

Les matières rouge et jaune, ainsi que la substance brillante et translucide, ont été analysées dans le Laboratoire de chimie appliquée à l'art et à l'archéologie de l'université d'Avignon. Les techniques spectroscopiques et chromatographiques ont permis d'identifier des pigments minéraux (terres rouge et jaune colorées par des oxydes de fer) et un matériau organique constitué d'une résine végétale diterpénique appartenant à la famillle des *Pinaceae*.

C. V.

### 10. Urne*

Commune de la vallée du Rhône
Atelier inconnu
Arles ; Rhône ; 2007
120-200 apr. J.-C.
Céramique, pâte oxydante micacée
h. 12,7 ; Ø 14,5 ; Ø ouverture 12,5 ; Ø fond 6,6
RHO.2007.00.1238

### 11. Bouilloires

Commune de la vallée du Rhône ; Goud 1
Formes produites à Dieulefit (Drôme) et à Bédoin (Vaucluse)
Ier-IIe siècle apr. J.-C.
Céramique, pâte kaolinitique
**11A.** Arles ; Rhône ; 2003
h. 28,5 ; Ø 24,5
RHO.2003.00.A92
**11B.** Arles ; Rhône ; 2003
h. 22,5 ; Ø 21
RHO.2003.00.A93
**11C.** Arles ; Rhône ; 2004
h. 21 ; Ø 21 ; Ø ouverture 4,3 ; Ø fond 6,2
RHO.2004.Z2.292

Ces cruches à bec tréflé sont communément qualifiées de bouilloire. La pâte de nature réfractaire, les traces de coups de feu laissées sur la partie inférieure des récipients et

---

**1.** Prisset, Brissaud, Leblanc 1994, p. 114. **2.** Desbat 2001, p. 43 ; Laroche 1997, p. 54, pl. 13, n° 6. **3.** Joly 1996, p. 125 fig. 12, n° 9. **4.** Rivet 2009. **5.** Les fouilles de l'Atelier du chapeau rouge ont permis de mettre en évidence pas moins de cinq modules différents (Desbat 2001, p. 43). **6.** Martin-Kilcher 1994, pl. 254, 5714. **7.** Leblanc 2007, p. 159, fig. 127. **8.** Liou, Morel 1977. **9.** Bonnet *et al.* 2003, p. 162. **10.** Leblanc, Desbat 1992, p. 140, fig. 10.1 et 10.2. **11.** Godard 1995, fig. 22, n° 52 et 53 et fig. 27, n° 31 et 32. **12.** Liou, Morel 1977 **13.** Desbat *et al.* 1987 **14.** Desbat 2001, p. 43 ; Laroche 1987, pl. 14, n° 5 ; Laroche 1992, pl. 77 ; Laroche 1997, pl. 13, n° 3 et 4 ; Barreto *et al.* 2005, p. 84, fig. 13.6. **15.** Paunier 1981, forme 549. **16.** Santrot 1979. **17.** Filtzinger 1972. **18.** Godard 1992a, pl. VI, n° 75, pl. VII, fig. n° 93 à 95. **19.** Raynaud 1993b, p. 553. **20.** Saison-Guichon 2001, p. 472. **21.** Laroche 1987, p. 327.

les dépôts calcaires dus à l'eau portée à ébullition témoignent de cet usage. La présence d'une centaine de ces bouilloires parmi le matériel découvert ces dix dernières années fait écho aux cent trente-huit exemplaires du golfe de Fos-sur-Mer[22] et font du couloir rhodanien l'axe commercial principal de leur diffusion vers le littoral, principalement sur la côte sud-orientale de la Narbonnaise et vers l'Italie. La normalisation de la fabrication aboutit à des modules quasi identiques qui témoignent d'une production importante destinée à l'exportation. Si le pincement du bec offre des gestes précis et récurrents, les anses en ruban réalisées au tour démontrent également une parfaite standardisation.
Ces bouilloires devaient participer à l'assainissement de l'eau de consommation. Comme le souligne Pline l'Ancien, "on s'accorde pour reconnaître que toute eau bouillie est meilleure [...], on corrige une eau malsaine en la faisant bouillir jusqu'à réduction de moitié[23]". Ces céramiques sont produites entre l'époque augustéenne et le IIe siècle apr. J.-C., et leur fabrication prend son essor dès la période tibérienne[24].

### 12. Cruches globulaires

**Commune de la vallée du Rhône**
**Formes produites à Dieulefit (Drôme) et à Bédoin (Vaucluse)**
**Arles ; Rhône ; 2004**
**Ier-IIe siècle apr. J.-C.**
**Céramique, pâte kaolinitique**
**12A. h. 15,4 ; Ø 12 ; Ø ouverture 7,5**
**RHO.2004.Z1.496**
**12B. h. 15 ; Ø 12,5 ; Ø ouverture 7,6 ; Ø fond 7,6**
**RHO.2004.Z2.423**

Ces cruches, qui peuvent également jouer le rôle de bouilloire, présentent une panse ovoïde piriforme, un col légèrement divergent et une lèvre déversée et ourlée. Des stries apparaissent à la base du col et au départ de l'attache de l'anse. D'un point de vue morphologique et décoratif, ces céramiques se rapprochent du col trouvé aux Aplanats (Vaucluse), daté entre 130 et 200 apr. J.-C.[25].

### 13. Bouilloire

**Commune de la vallée du Rhône**
**Forme produite à Dieulefit (Drôme) et à Bédoin (Vaucluse)**
**Arles ; Rhône ; 2008**
**Ier-IIe siècle apr. J.-C.**
**Pâte kaolinitique**
**h. 9,2 ; l. 25,6 ; Ø 24,5**
**X-16221**

Cette bouilloire à panse cylindrique plate et goulot rond présente des traces de coups de feu sur la panse. La spécificité de la forme, identique aux gourdes conçues en pâte calcaire[26], est quelquefois interprétée comme une bouillotte[27].

## Céramiques communes sombres régionales ou grises rhodaniennes

Ce terme regroupe l'ensemble des productions présentant une couleur grise à noire, une pâte sableuse, avec un dégraissant composé essentiellement de quartz, et enduite, dans certain cas, d'un engobe micacé.

### 14. Pot caréné modelé*

**Commune régionale**
**Forme produite à Aoste (Isère)[28]**
**Arles ; Rhône ; 2004**
**Ier-milieu du IIe siècle apr. J.-C.**
**Céramique, pâte non calcaire ; panse à godrons avec une surface externe finement polie et fumigée**
**h. 12,8 ; l. 23,6**
**RHO.2004.Z2.401**

### 15. Pot globulaire

**Commune régionale**
**Atelier inconnu**
**Arles ; Rhône ; 2006**
**Ier siècle av. J.-C.-milieu du IIe siècle apr. J.-C.**
**Céramique, pâte non calcaire ; panse finement striée jusqu'aux deux tiers supérieurs**
**h. 15 ; Ø 15,5 ; Ø ouverture 11,8 ; Ø fond 6,3**
**RHO.2006.PIR.590**

On trouve ce type de pot en Provence dans des contextes précoces, à partir du Ier siècle av. J.-C. et jusqu'au milieu du IIe siècle apr. J.-C.[29]. Noircis par les flammes, les exemplaires rhodaniens se déclinent en quatre modules différents. Il faut signaler la présence d'un modèle atypique à deux dépressions sur le bord[30].

### 16. Pichet a col tronconique

**Commune régionale**
**Atelier inconnu**
**Arles ; Rhône ; 1990**
**Ier siècle apr. J.-C.**
**Céramique, pâte non calcaire ; traces de lissage en zigzag**
**h. 21 ; l. 14**
**RHO.90.00.131**

Des exemplaires lyonnais retrouvés dans un contexte chronologique situé entre 70 et 90 apr. J.-C. sont similaires[31].

### 17. Pots carénés

**Commune de la vallée du Rhône**
**Forme produite à Lyon[32], à Aoste[33] et à Mâcon (vallée de la Saône)[34]**
**Ier-IIe siècle apr. J.-C.**
**Céramique, pâte non calcaire ; col lissé et panse rugueuse**
**17A. Arles ; Rhône ; 2001**
**h. 15,8 ; Ø 19,6 ; Ø ouverture 13,9 ; Ø fond 7,4**
**RHO.2001.Z2.118**
**17B. Arles ; Rhône ; 2001**
**h. 8,8 ; Ø 11,3 ; Ø ouverture 8,7**
**RHO.2001.Z2.15**
**17C. Arles ; Rhône ; 1990**
**h. 8,3 ; l. 11 ; Ø ouverture 6,51 ; Ø fond 4,8**
**RHO.90.00.129**

Avec plus d'une centaine d'exemplaires, les pots carénés représentent 80 % des grises rhodaniennes. D'un point de vue morphologique, ces pots sont connus aussi bien en Ligurie qu'en Espagne. Bien que ce type soit attesté en Narbonnaise du Ier au IIIe siècle apr. J.-C., l'apogée de la production semble toutefois se placer à l'époque tibérienne[35]. S'ils étaient utilisés comme marmite sur l'épave *Arles-Rhône 3*, la proximité de la nécropole et la découverte d'éléments architectoniques se rapportant au monde funéraire permet également de supposer que certains étaient employés comme urne cinéraire.

## Céramiques italiennes

### 18. Pot du Latium a deux anses

**Commune italienne**
**Atelier de Sutri (troisième quart du Ier siècle apr. J.-C.)**
**Arles ; Rhône ; 2005**
**20 av. J.-C.-200 apr. J.-C.**
**Céramique ; pâte calcaire**
**Inscription peinte : SARDI[..], ou SARIU[..]**
**h. 18,4 ; Ø 14,5 ; Ø ouverture 10,2**
**RHO.2005.Z99.349**

Ce type de pot muni d'un bord haut, légèrement rentrant avec des anses coudées, collées sous le bord, se retrouve sur l'épave *Dramont D* dans un contexte situé vers 50 apr. J.-C.[36] et dans le vaste dépotoir portuaire de Port-la-Nautique, daté entre la fin du Ier siècle av. J.-C. et le troisième quart du Ier siècle apr. J.-C.[37]. A Luni, ils sont présents dans un contexte plus large, entre la fin du Ier siècle et les IIe-IIIe siècles. On note également la présence d'un exemplaire dans un remblai de la maison de Livia, à Rome, daté entre l'époque républicaine tardive et l'époque augustéenne. Enfin, un exemplaire provient de l'un des navires de Nemi[38] et un autre, d'époque augustéenne, du chantier des navires de Pise[39]. La découverte à Port-la-Nautique d'un pot identique contenant des arêtes de sardine[40], oriente la lecture de l'inscription peinte sur la première hypothèse avec comme développement *sardinas*. Des pots similaires ont été enfin signalés en Italie avec une marque peinte désignant du *liquamen*[41].

---

**22.** Marty 2004, p. 102. **23.** Pline l'Ancien, *Hist. Nat.*, XXXI, 23. **24.** Batigne, Desbat 1996, p. 381-394. **25.** Meffre 1988a, p. 40, fig. 4, n° 8. **26.** Landry 2003. **27.** Goudineau, Gras 1978, p. 208. **28.** Laroche 1987, pl. 19, fig. 7, p. 330. **29.** Dumoulin 1965, p. 21, fig. 26d ; p. 41, fig. 47a ; p. 52 -53, n° 55-b. **30.** Il est possible de restituer hypothétiquement quatre dépressions. **31.** Desbat, Laroche, Merigoux 1979, p. 9, pl. VI, fig. 2 ; Barreto *et al.* 2005, p. 89, fig. 16.1. **32.** Laroche 1997, p. 61, fig. 1. **33.** Laroche 1987. **34.** Barthélémy, Lamoine, Prost 2000. **35.** Desbat, Laroche, Merigoux 1979 ; Leblanc 2003 ; Prisset, Brissaud, Leblanc 1994. **36.** Joncheray 1974. **37.** Sanchez 2003a. **38.** Ucelli 1950, p. 122. **39.** Camilli, Remotti, Barreca 2005, p. 95, fig. 7. **40.** Je remercie Corinne Sanchez (CNRS) pour ces informations inédites. **41.** Stenberg 2007, p. 35.

1A

1B

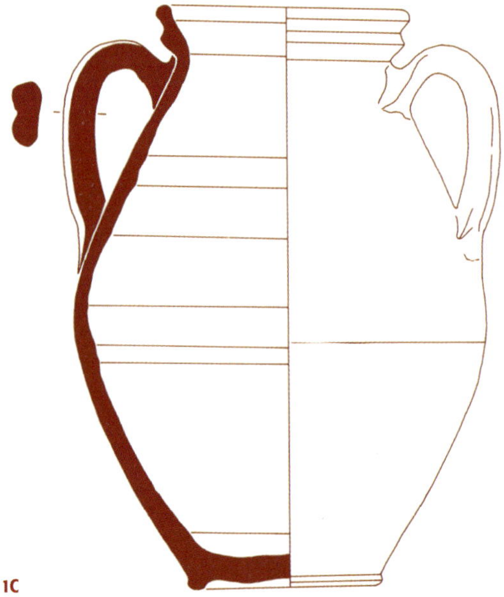

1C

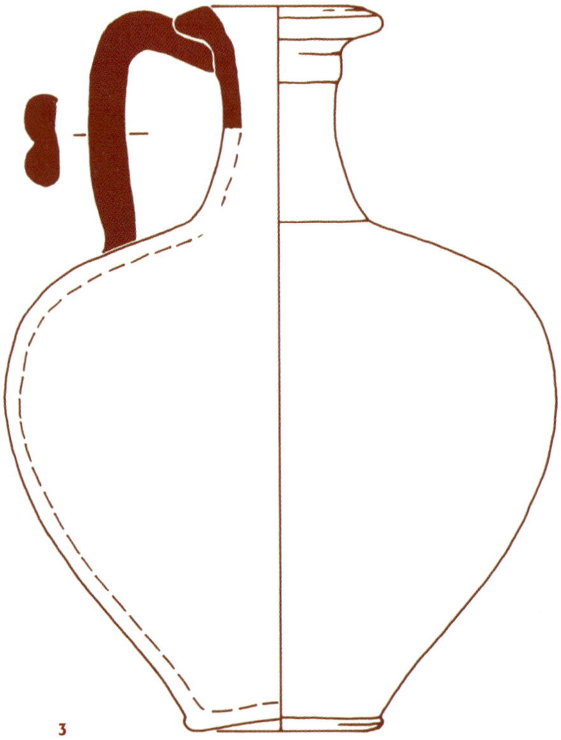

3

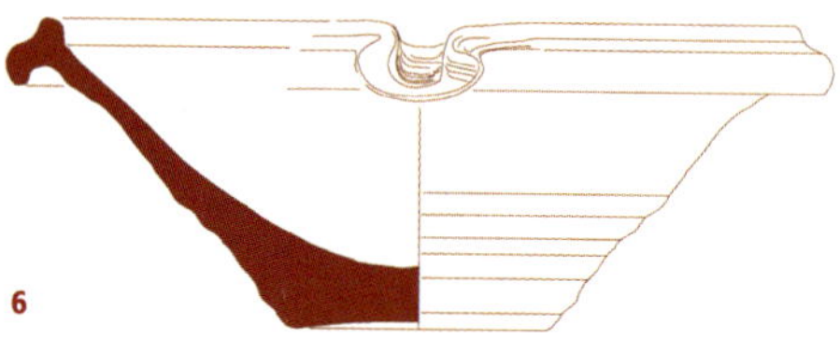

6

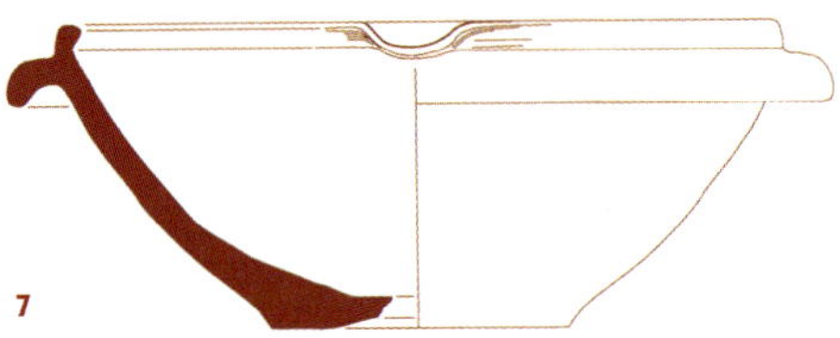

7

8

1D

2B
2A

4

5

9

11A
11B
11C
13

12A

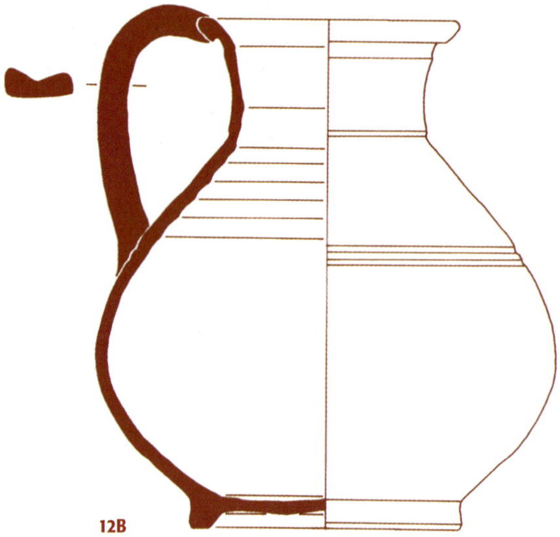

12B

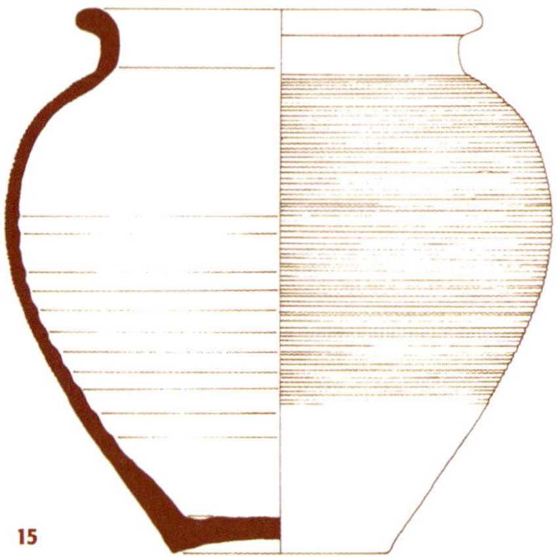

15

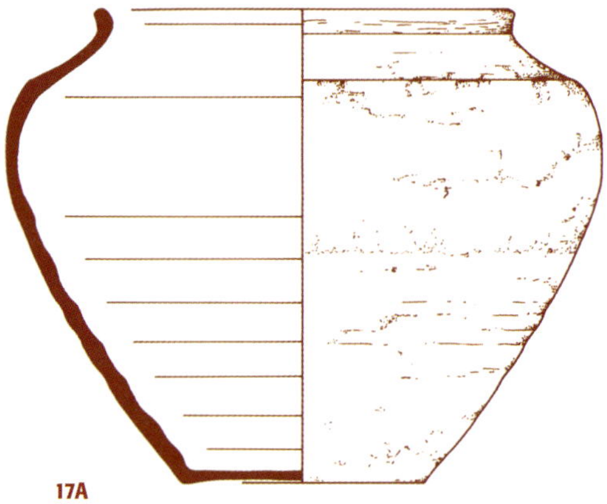

17A

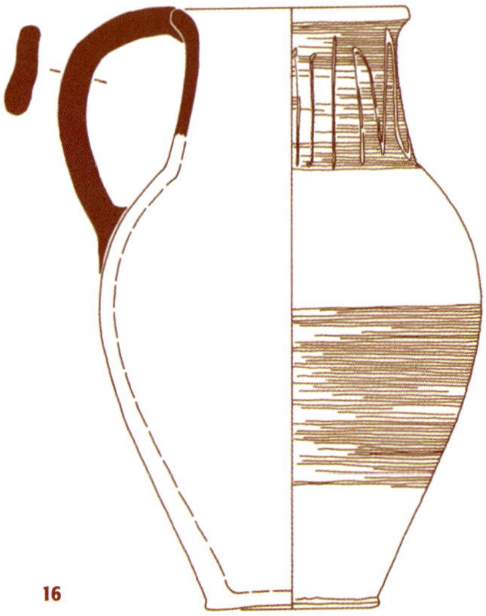

16

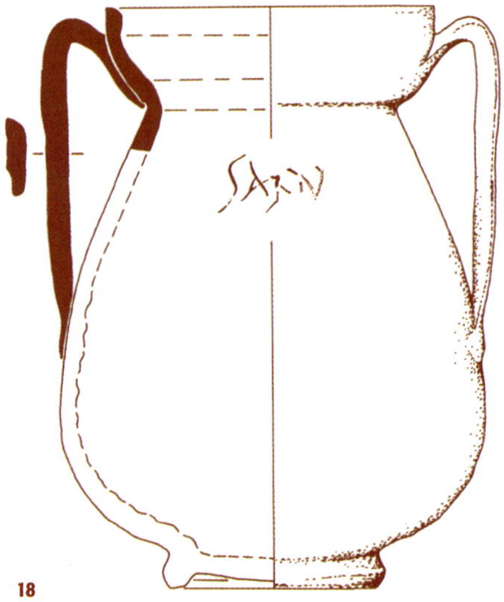


18

12B
12A

15

17A
17C
17B

### 19. Pot du Latium à deux anses avec une lèvre triangulaire*

Commune italienne
Atelier de Sutri (troisième quart du Ier siècle apr. J.-C.)
Arles ; Rhône ; 2003
20 av. J.-C.-200 apr. J.-C.
Céramique, pâte calcaire
h. 22,5 ; Ø 13
RHO.2003.00.A89

Ces pots, largement poissés, devaient renfermer des sauces de poisson. Des arêtes de poisson ont été découvertes en effet à Pompéi dans la maison de C. Julius Polybius[42].

### 20. Pots cannelés à deux anses

Commune italienne
Atelier inconnu
75 av. J.-C. - 250 apr. J.-C.
Céramique, pâte calcaire
**20A**. Arles ; Rhône ; 2005
h. 21,4 ; Ø 14
RHO.2005.Z2.578
**20B**. Arles ; Rhône ; 2007
h. 19,8 ; l. 15,5 ; Ø ouverture 12,2 ; Ø fond 7,6
RHO.2007.00.874
**20C**. Arles ; Rhône ; 2007
h. 17,3 ; l. 15,5 ; Ø ouverture 10,6 ; Ø fond 7,2
X-16222

Ce type de pot a pu servir à conserver des fruits, comme l'indique une inscription peinte sur un exemplaire de Pompéi mentionnant des olives douces assaisonnées[43].

### 21. Pots à deux anses

Commune italienne
Atelier inconnu
Arles ; Rhône ; 2006
Période flavienne
Céramique, pâte calcaire avec de nombreuses inclusions noires et brun-rouge
h. 10,4 ; Ø 11,6 ; Ø ouverture : 5,9 ; Ø fond : 4,7
RHO.2006.Z2.342

### 22. Cruche à large ouverture*

Commune italienne
Formes produites à La Celsa et au Gianocolo ; production probable également à Ostie (découverte de ratés de cuisson)[44]
Arles ; Rhône ; 2004
Périodes flavienne et antonine
Céramique, pâte calcaire, engobe brun foncé sur la moitié supérieure et coulures sur la partie inférieure
h. 17,9 ; Ø 12,4 ; Ø ouverture 5,9 ; Ø fond 5,5
RHO.2004.Z2.43

### 23. Pot ovoïde à large ouverture avec deux anses*

Commune italienne
Atelier inconnu
Arles ; Rhône ; 2001
Période flavienne
Céramique, pâte non calcaire poissée, engobe blanc et coulures verdâtres
h. 28,6 ; Ø 17 ; Ø ouverture 10,1
RHO.2001.Z2.197

Cette céramique est largement poissée. Sa forme, avec les anses rubanées prenant appui sur l'épaule et le milieu du col, la lèvre triangulaire et le pied annulaire, est très proche des exemplaires flaviens trouvés en Campanie[45].

### 24. Pot à cuisson avec anse

Commune italienne
Forme produite à La Celsa ou Sutri[46]
Arles ; Rhône ; 2004
Période flavienne
Céramique non calcaire
h. 21,2 ; Ø 19,5
RHO.2004.00.418

Sept pots à cuisson, déclinés suivant trois modules, ont été trouvés dans le Rhône. Trois d'entre eux portent des traces importantes d'exposition au feu. Cette forme est attestée à Formigé dans la couche de destruction de la *domus* d'époque augustéenne, datée des années 60 à 70 de notre ère[47], ainsi que sur l'épave *Dramont D*, au large de Saint-Raphaël, datée du milieu du Ier siècle apr. J.-C.[48]. On retrouve leur présence dans les fouilles d'Ostie et dans des nécropoles de Vintimille[49]. Malgré l'apparition de ces formes dans les niveaux précoces de Rome à la fin du Ier siècle av. J.-C.[50], l'attestation chronologique la plus fréquente demeure l'époque flavienne[51]. G. Olcese rattache leur production soit au centre de Sutri, où un four contenant ce type de cruche a été trouvé dans des niveaux datés entre 50 et 75 apr. J.-C.[52], soit au centre de La Celsa sur la voie de Flaminius[53].

### 25. Gobelet à anse à poucier

Commune italienne
Atelier inconnu
Arles ; Rhône ; 2005
25-75 apr. J.-C.
Céramique, pâte calcaire, engobe brun foncé sur la moitié supérieure et coulures dans la partie inférieure
h. 12,3 ; l. 11,7 ; Ø 10,2
RHO.2005.Z2.1017

Parmi les deux gobelets à anse à poucier trouvés dans le Rhône, l'un présente un modelage anthropomorphe en relief sur la panse. L'étude de F. Marty suggère l'hypothèse d'une origine italique[54].

### 26. Mortiers

Commune italienne ; *Dramont D*, type 2
Italie
**26A**. Arles ; Rhône ; 2007
146-176 apr. J.-C.
Céramique, pâte calcaire
Estampilles : NUMER(I)/(V)STI(T)NP/PFAVSAUGN et NUMER[.]/(V)STIINP/PFAVSAUGN
Lecture : Numer(ius)/(Fa)ustiin(a)p/p Faustina Aug(usta) n
h. 16,5 ; l. 60,5
RHO.2007.Z11.1368

Numerius est attesté sur deux mortiers. On situe la production du mortier entre les années 146, quand Faustine la Jeune reçoit le titre d'Augusta, et 175-176, année de sa mort.

**26B**. Arles ; Rhône ; 2001*
50-200 apr. J.-C.
Céramique ; vasque à profil arrondi
Ø int. 27,8 ; Ø ext. 33
RHO.2001.Z2.84
**26C**. Arles ; Rhône ; 2004*
50-200 apr. J.-C.
Céramique ; vasque tronconique
Ø int. 24 ; Ø ext. 33
RHO.2004.Z3.295
**26D**. Arles ; Rhône ; 1990*
50-200 apr. J.-C.
Céramique
Estampille : [..].A
h. 13 ; Ø int. 30 ; Ø ext. 42,9
RHO.90.00.159
**26E**. Arles ; Rhône ; 1990*
50-200 apr. J.-C.
Céramique
Estampille : [.]N.DOM[..] / [..]VTA[...]
Lecture : (C)n(aei). Dom[iti] [Sal]uta[ris]
Poinçon utilisé avant 79 apr. J.-C.[55]
h. 8,5 ; Ø int. 23,2 ; Ø ext. 33,3
RHO.90.00.160
**26F**. Arles ; Rhône ; 2004*
50-200 apr. J.-C.
Céramique
Estampille anépigraphe : rameau de palme
Ø int. 29 ; Ø ext. 39,9
RHO.2004.Z2.587

---

42. Gasparetti 1996. 43. *CIL* XIV. 44. Olcese 2003. 45. Gasparetti 1996, p. 37, fig. 5.30. 46. Olcese 2003. 47. Pasqualini 1993. 48. Berti 1970 (Ostie) et Joncheray 1974 (Vintimille). 49. Gandolfi, Gervasini 2004. 50. Widrig, Freed 1983. 51. Olcese 2003. 52. Duncan 1964. 53. Olcese 2003, p. 83, tav. XI, type 8. 54. Marty 2009. 55. Pallechi 2002, p. 145.

20A 20B 20C

21

24

25

26A

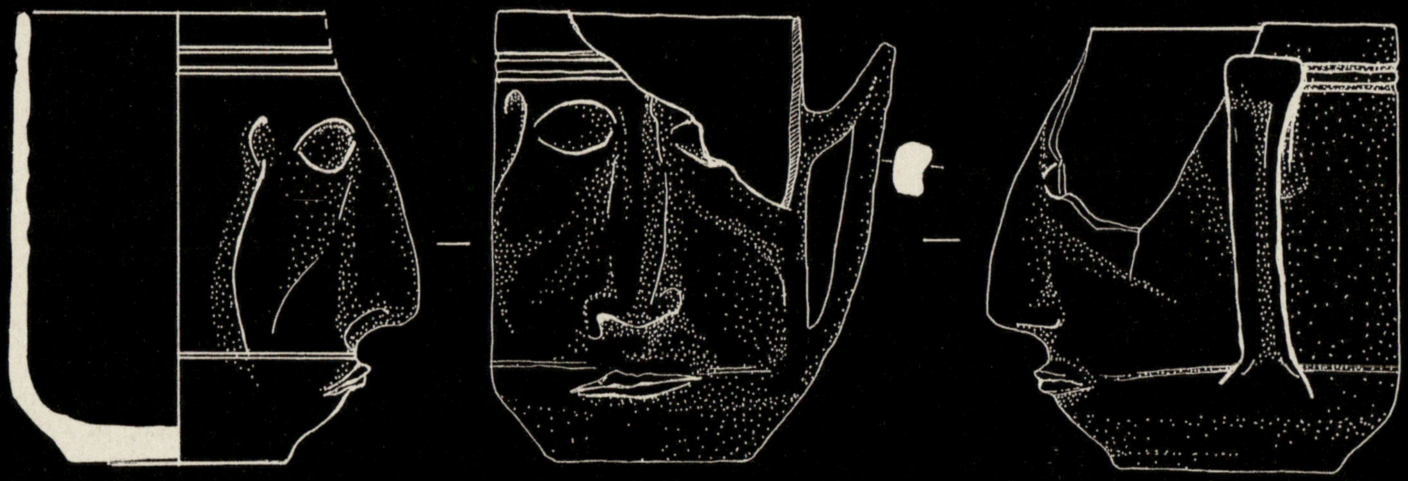

25

2B

2A

## Céramiques culinaires italiennes

### 27. Marmite

Commune italienne
Atelier inconnu
Arles ; Rhône ; 2006
Ier-milieu du IIe siècle apr. J.-C.
Céramique, pâte non calcaire
h. 20,4 ; Ø 30,4
RHO.2006.A3.602

Les marmites italiennes du Haut-Empire se caractérisent le plus souvent par un bord horizontal ou légèrement incurvé et un fond bombé. Les différents exemplaires rhodaniens présentent des traces de feu importantes, tout comme les marmites découvertes sur les épaves *Dramont D*[56] ou *Diano Marina*[57], datées du milieu du Ier siècle apr. J.-C. Cette forme, fréquente en Provence[58], se retrouve dans des contextes datés entre le Ier et le milieu du IIe siècle apr. J.-C.

### 28. Plats pompéiens

Commune italienne ; Goud 15
Campanie
15 av. J.-C. - 25 apr. J.-C
Céramique, pâte non calcaire, engobe rouge interne caractéristique
**28A**. Arles ; Rhône ; 2004*
h. 4,5 ; Ø 35,2
RHO.2004.Z2.322
**28B**. Arles ; Rhône ; 2006
h. 5,7 ; Ø 34,4
RHO.2006.PIR.454

Les plats pompéiens présentent une pâte granuleuse identique, dure, bien cuite, avec des pyroxènes noirs, de petites particules blanches et du mica. Sur une douzaine de plats inventoriés, cinq ne présentent aucune trace de feu et pourraient être assimilés à des vases-marchandises.

### 29. Plats rainurés

Commune italienne ; Lat 6C
Campanie
Arles ; Rhône ; 2004
Période tardo-républicaine-Ier siècle apr. J.-C.[59]
Céramique, pâte non calcaire
**29A**. h. 4,3 ; Ø 18,2
RHO.2004.Z2.1301
**29B**. h. 6 ; Ø 26,5
RHO.2004.Z2.533

Cette forme, bien représentée en Campanie où l'on place les centres de production, connaît une large diffusion en Provence.

### 30. Marmite

Commune de Pantelleria
Sicile, Sardaigne et île de Pantelleria
Arles ; Rhône ; 1989
Milieu du Ier-IIe siècle apr. J.-C.
Céramique, pâte non calcaire
h. 18 ; Ø 24 ; Ø ouverture 16,9
RHO.89.01.19

Identifiées par D. P. S. Peacok[60], ces productions définissent une aire géographique comprise entre la Sicile, la Sardaigne et l'île de Pantelleria. Cette marmite à panse piriforme et fond incurvé (cassé dans l'exemplaire présenté) est marquée par une carène et se termine par une lèvre épaisse. Avec une pâte grossière, brune, ce type s'apparente à la forme Sabratha 291-292, datée du IIe siècle apr. J.-C. dans la nécropole de Pupput[61] et dans le contexte portuaire de Marseille[62]. On retrouve des variantes dans des contextes plus précoces, au milieu du Ier siècle apr. J.-C., à Fréjus et à Castagna en Sicile[63].

## Céramique espagnole

### 31. Coupe de Sombrero de copa*

Commune ibérique
Espagne
Arles ; Rhône ; 2007
Haut-Empire (?)
Céramique, pâte calcaire ; décor peint
h. 7,6 ; l. 7
RHO.2007.6/7.252

## Céramiques africaines

### 32. Cruches

Commune africaine
Afrique du Nord (?)
Milieu du Ier-IIIe siècle apr. J.-C.
Céramique, pâte calcaire, texture sableuse
**32A**. Arles ; Rhône ; saisie 1996
h. 18,2 ; Ø 11,5
RHO.96.177.146
**32B**. Arles ; Rhône
h. 15,3 ; l. 11,2 ; Ø 9,2 ; Ø ouverture 6,3 ; Ø fond 6,4
X-16235

Deux cruches présentent un corps piriforme strié et un col cylindrique haut, légèrement évasé, sur lequel est soudée une anse de large amplitude. Ces pichets, bien attestés en Afrique du Nord dans la première moitié du IIIe siècle apr. J.-C.[64], se retrouvent également dans des contextes plus précoces, dès la seconde moitié du Ier siècle apr. J.-C.[65]. On signale ainsi une "aiguière pansue" sur l'épave du musée des Docks, à Marseille[66], et d'autres, lisses, sur l'épave *Lavezzi 1*, au Ier siècle de notre ère[67].

### 33. Cruche

Commune africaine
Atelier inconnu
Arles ; Rhône ; saisie 1996
IIe-première moitié du IIIe siècle apr. J.-C.
Céramique, pâte calcaire, fine
h. 29,1 ; Ø 23,5 ; Ø ouverture 9 ; Ø fond 11
RHO.96.M48.170

Cette grande cruche globulaire, au fond ombiliqué à bouton, possède un col droit cylindrique et une lèvre en bandeau au sommet, légèrement bifide. Ce type, de 29,1 cm de haut, correspond au plus petit modèle de la variante A du type Bonifay 47[68]. Cette forme est omniprésente dans la nécropole de Pupput. Excepté l'Afrique, le seul exemplaire méditerranéen connu provient du golfe de Fos[69].

### 34. Mortier*

Commune africaine ; Cathma 1
Atelier de la région de Nabeul
Variante A avec listel mouluré, lèvre haute aplatie au sommet[70]
Arles ; Rhône
420-500 apr. J.-C.
Céramique à pâte calcaire
h. 8,3 ; Ø 24,5 ; Ø fond 7,8
X-16255

## Céramiques africaines de cuisine

### 35. Marmites

Africaine de cuisine, Hayes 197
Tunisie (?)
150-250 apr. J.-C.
Céramique, pâte non calcaire
**35A**. Arles ; Rhône ; 2005
h. 21 ; Ø 24,3
RHO.2005.PIR.668
**35B**. Arles ; Rhône ; 1990*
h. 12,7 ; L. 31
RHO.90.01.107
**35C**. Arles ; Rhône ; 1989*
h. 5,2 ; Ø 15,5
RHO.89.01.20

### 36. Marmites

Africaine de cuisine, Hayes 19/194
Tunisie (?)
Arles ; Rhône ; 2005
70-200 apr. J.-C.
Céramique, pâte non calcaire
**36A**. h. 7 ; Ø 18,2 ; Ø ouverture 14,5 ; Ø fond 15,7*
RHO.2005.PIR.838
**36B**. h. 9 ; Ø 22*
RHO.2005.Z3.207

**56.** Joncheray 1974, p. 37, pl. IV. **57.** Pallares 1985, fig. 8. **58.** Pasqualini 1996, p. 289-297. **59.** Olcese 2003, p. 86, tav. XV, n° 1. **60.** Peacok 1982. **61.** Bonifay 2004 a. **62.** Huguet 2007. **63.** Pasqualini 1998a. **64.** Bonifay 2003. **65.** Pietropaolo 1998. **66.** Varoqueaux 1971. **67.** Liou 1990. **68.** Les dimensions moyennes sont comprises entre 38 et 39 cm de haut à l'exception du n° 4 : 32,8 cm (Bonifay 2003, p. 184-185, fig. 157). **69.** Marty 2002. **70.** Bonifay 2004 b, p. 255-256.

27

28B

29A 29B

30

32B 32A

35A

### 37. Couvercles

Africaine de cuisine, Hayes 196
Tunisie (?)
70-250 apr. J.-C.
Céramique, pâte non calcaire
**37A**. Arles ; Rhône ; 2004*
h. 6,3 ; Ø 22,6
RHO.2004.Z1.1107
**37B**. Arles ; Rhône ; 2004*
h. 4 ; Ø 21,5
RHO.2004.Z2.242
**37C**. Arles ; Rhône ; 2005*
h. 6,3 ; L. 26
RHO.2005.B99.730
**37D**. Arles ; Rhône ; 2001
h. 4,4 ; Ø 19,8
X-16234
**37E**. Arles ; Rhône ; 1990
h. 4,7 ; Ø 20,5
RHO.90.00.148

## Imitations d'africaine de cuisine

### 38. Marmites

Céramique culinaire ; imitation d'africaine de cuisine
Atelier inconnu
Haut-Empire (?)
Céramique, pâte non calcaire
**38A**. Arles ; Rhône ; 2004
h. 7,4 ; Ø 20,1
RHO.2004.Z2.1237
**38B**. Arles ; Rhône ; 2004
h. 13,8 ; Ø 23,7
RHO.2004.Z2.227
**38C**. Arles ; Rhône ; 1990*
h. 17 ; Ø 21
RHO.90.00.151

## Céramiques proche-orientales

### 39. Amphorette

Céramique orientale
Atelier inconnu
Arles ; Rhône
Haut-Empire (?)
Céramique, pâte non calcaire, brune, texture sableuse
h. 26,3 ; l. 13,8
X-16261

Quelques fragments et un exemplaire entier ont été trouvés à Marseille dans un contexte situé à la fin du IIe siècle apr. J.-C., ainsi qu'à Salamine de Chypre dans les niveaux du Haut-Empire[71]. D'un point de vue morphologique, cette amphorette se rapproche de l'amphore Célestin 1A trouvée à Lyon dans les niveaux du début du IIIe siècle apr. J.-C.[72]. Les deux individus partagent en effet une panse fortement côtelée, un fond annulaire, des anses nervurées fixées à une lèvre haute et au profil externe convexe.

## Céramiques communes indéterminées

### 40. Pots de barque

Commune indéterminée
Atelier inconnu
Ier siècle av. J.-C.-Ier siècle apr. J.-C.
Céramique, pâte non calcaire et calcaire
**40A**. Arles ; Rhône ; 2004
Inscription réalisée après cuisson sur la carène : *Saturninus accepit ab Notho*
Traduction : "Saturninus a reçu de Nothus"
h. 12,2 ; Ø 14,3 ; Ø ouverture 7,6
RHO.2004.Z2.239
**40B**. Arles ; Rhône ; 2003
h. 14,5 ; Ø 18 ; Ø ouverture 6,1 ; Ø base 17,4
RHO.2003.00.A81
**40C**. Arles ; Rhône ; 2003
h. 15,2 ; Ø 14 ; Ø ouverture 9,7 ; Ø base 11,9
RHO.2003.00.A82
**40D**. Arles ; Rhône ; 2004
h. 12,8 ; Ø 18 ; Ø d'ouverture 7
RHO.2004.Z1.424

Cette dénomination résulte du contexte fluvio-maritime de leur découverte et d'une morphologie qui pourrait s'adapter à des contraintes de stabilité liées aux mouvements des bateaux. D'une capacité de 1,5 à 2 litres, ces conteneurs présentent des fonds tapissés de traces de poix qui leur assignent la conservation d'un produit alimentaire. Ces pots trapus ont la particularité de décliner des formes relativement identiques dans des pâtes différentes[73]. Ils se localisent surtout sur le littoral de la Narbonnaise orientale et dans des contextes situés entre le Ier siècle av. J.-C. et le Ier siècle apr. J.-C., essentiellement pour la période comprise entre entre Claude et Néron.

### 41. Pots ovoïdes

Commune indéterminée
Atelier inconnu
Ier siècle apr. J.-C
Céramique, pâte calcaire
**41A**. Arles ; Rhône ; 2004
h. 20,5 ; Ø 13 ; Ø ouverture 8,6 ; Ø base 5,9
RHO.2004.Z2.238
**41B**. Arles ; Rhône ; 2005
h. 31,8 ; Ø 24
RHO.2005.D5.907

On note deux pots à corps ovoïde grossier, dissymétrique, qui présentent une pâte calcaire blanchâtre avec de nombreuses inclusions noires (RHO.2004.Z2.238), auxquelles s'ajoutent de petites particules rouges et du mica doré (RHO.2005.D5.907).
Un exemplaire similaire au pot RHO.2004.Z2.238 a été découvert dans la nécropole de Sizen, dans un contexte large entre le IIe siècle av. J.-C. et tout le Haut-Empire[74].

Cette forme est également bien attestée à Fos, avec quatorze exemplaires. On peut noter la présence d'un vase analogue à Munigua[75] et au musée d'Ampurias[76], tous deux datés du Ier siècle apr. J.-C.

### 42. Pot ovoïde

Commune indéterminée
Atelier inconnu
Arles ; Rhône
Haut-Empire
Céramique, pâte calcaire
Inscription peinte : TAUR[...]
h. 18,5 ; Ø 16,5 ; Ø ouverture 11,9 ; Ø base 7,2
X-16241

Ce pot très pansu avec une lèvre moulurée présente sur l'épaule les lettres TAUR[...] écrites au noir de fumée. Cette inscription, partiellement conservée, peut désigner soit une viande de taureau, peut-être d'origine locale, soit un produit qui en est dérivé.

### 43. Cruches cylindriques carénées

Commune indéterminée
Atelier inconnu
Ier siècle apr. J.-C.
Céramique, pâte calcaire
**43A**. Arles ; Rhône ; 2004
h. 16,8 ; Ø 10 ; Ø ouverture 8,4
RHO.2004.Z2.304
**43B**. Arles ; Rhône ; 2006
h. 15,5 ; Ø 10,5 ; Ø ouverture 8 ; Ø base 7,8
RHO.2006.Z2.107

Une dizaine de cruches cylindriques allongées, carénées à mi-hauteur, à bord large doté d'une gorge interne, a été régulièrement inventoriée au fil des campagnes. Au point de vue morphologique, ces cruches se rapprochent de l'un des exemplaires de Port-la-Nautique, dans un contexte daté entre 40 et 70 apr. J.-C., avec cependant de nombreux conteneurs relatifs à la période entre 30 et 60[77]. Si ces pots présentent la même pâte, la même chronologie et se retrouvent dans un contexte analogue, un espace portuaire, on notera toutefois sur l'exemplaire narbonnais un fond plat et une lèvre en poulie, sans sillon.

### 44. Cruche a large ouverture

Commune indéterminée
Atelier inconnu
Arles ; Rhône ; 2001
Haut-Empire
Céramique, pâte calcaire, poissée
h. 21 ; Ø 14,5
RHO.2001.Z2.45

71. Moliner 1996, p. 247, fig. 15.3. 72. Bonnet *et al.* 2003, p. 166-167 ; Lemaître *et al.* 2005, p. 521-522. 73. Rivet 2006. 74. Bessac *et al.* 1987. 75. Vegas 1969-1970. 76. Casas *et al.* 1990. 77. Sanchez 2003b.

37E
37D

38B

39

41A
41B

40A
40C
40B
40D

43A
43B

29A

27

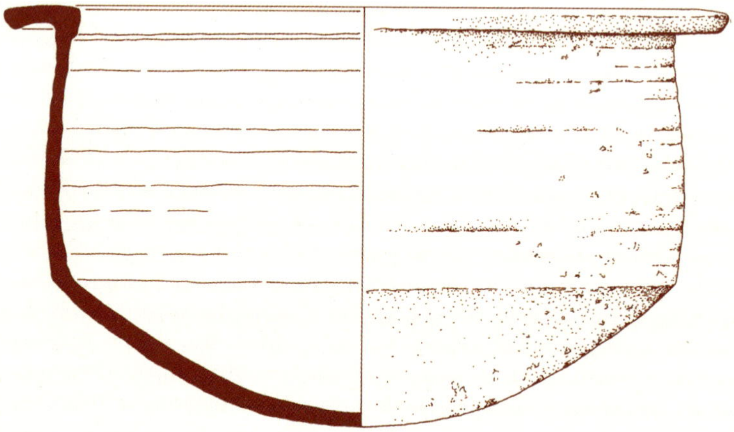

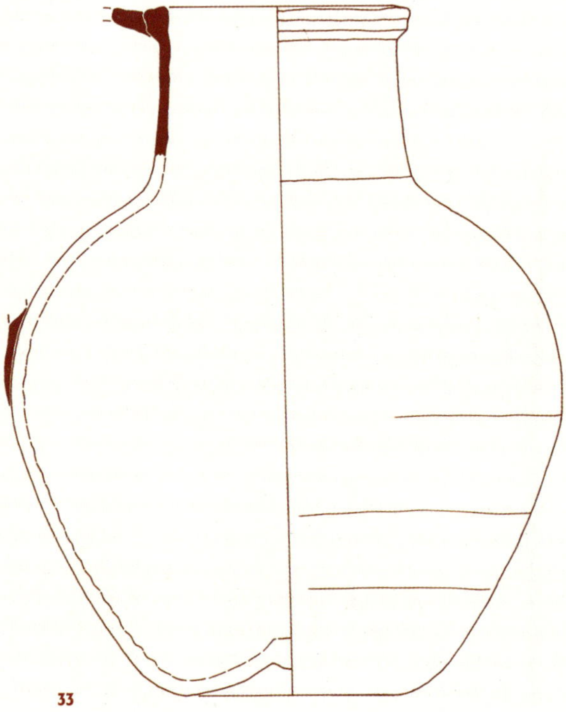

33

38A

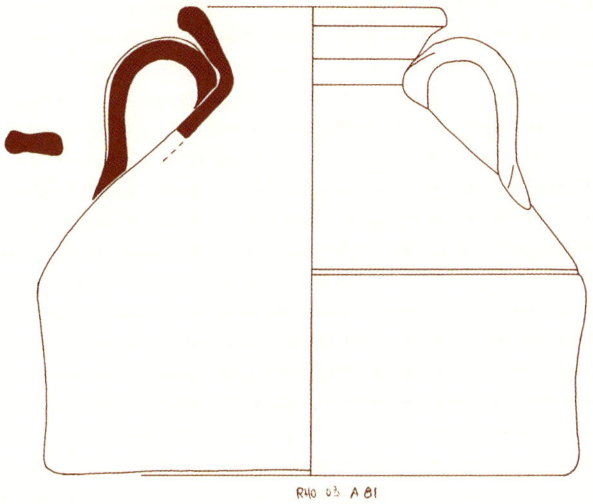


40B

40C

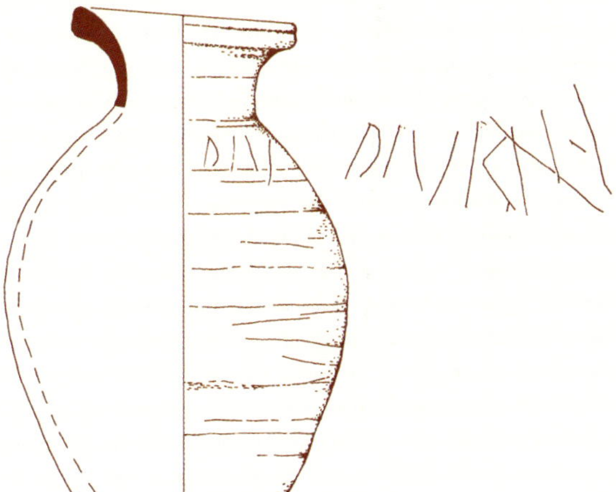

41A

41B

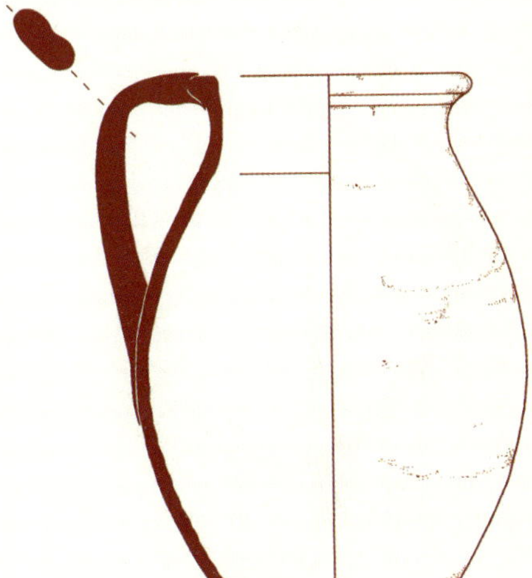

44

## 45. Cruche a large ouverture et bec pincé*

Commune indéterminée
Atelier inconnu
Arles ; Rhône ; 2003
Haut-Empire
Céramique, pâte calcaire
h. 24,5 ; l. 18,5 ; Ø 17
RHO.2003.00.A97

Cette grande cruche, assez massive, à bec trilobé et poucier constitué par le simple aplatissement d'une boule d'argile, est dotée d'un fond ombiliqué. Un sillon horizontal marque la partie inférieure de la panse.

## 46. Cruche globulaire a embouchure étroite

Commune régionale (?)
Variante produite à Aoste (Isère)[78] et à Lyon[79]
Arles ; Rhône ; 2001
50-250 apr. J.-C.
Céramique, pâte calcaire
h. 11,5 ; Ø 10,11 ; Ø ouverture 4,9 ; Ø fond 5
RHO.2001.Z2.53

Cruche globulaire à bord déversé, dont la lèvre simple s'appuie directement sous l'anse.

## 47. Cruche*

Commune indéterminée
Atelier inconnu
Arles ; Rhône ; 1990
Datation inconnue
Céramique, pâte calcaire ou non calcaire
h. 27,1 ; Ø 24 ; Ø ouverture 8,2 ; Ø fond 9
RHO.90.00.145

Le fond ombiliqué à bouton et la panse globulaire avaient permis, dans un premier temps, de rapprocher cette cruche de la cruche africaine RHO.96.M48.170. La pâte, avec de nombreuses inclusions blanches et noires, l'absence de col et la lèvre déversée présentent toutefois autant de particularités qui nous incitent aujourd'hui à la différencier de cette cruche.

## 48. Pots a deux anses et large ouverture

Commune indéterminée
Atelier inconnu
Ier siècle apr. J.-C.
Céramique, pâte calcaire
**48A**. Arles ; Rhône ; 2003
h. 24 ; Ø 17
RHO.2003.00.A87
**48B**. Arles ; Rhône ; 2004
h. 19,7 ; l. 20,3 ; Ø ouverture 14,8 ; Ø fond 9
RHO.2004.Z2.257
**48C**. Arles ; Rhône ; 2006
h. 17,3 ; l. 17 ; Ø ouverture 12,7
RHO.2006.Z2.62
**48D**. Arles ; Rhône ; 1990*
h. 20 ; Ø 18
RHO.90.00.150

Pots à panse ovoïde présentant une lèvre repliée pour asseoir un couvercle. Ces exemplaires sont comparables à ceux des épaves *Port-Vendres II* (42-50 apr. J.-C.)[80] et *Dramont D* (milieu Ier siècle apr. J.-C.)[81]. Quatre d'entre eux présentent des traces de poix. Le pot RHO.90.00.150 est décoré sur le sommet des anses. Ce sillon, formé entre deux protubérances allongées, se retrouve sur des amphores produites à la Manutention de Lyon, entre les années 50 et 100 apr. J.-C.[82].

## 49. Pots allongés avec deux anses

Commune indéterminée
Atelier inconnu
Haut-Empire
Céramique, pâte calcaire
**49A**. Arles ; Rhône ; 2004
h. 21,3 ; Ø 10,2 ; Ø ouverture 8,9
RHO.2004.Z2.243 ;
**49B**. Arles ; Rhône ; 2005
h. 20,2 ; l. 13 ; Ø panse 9,8 ; Ø ouverture 10,4
X-16249

Ces pots tronconiques à pied annulaire disposent d'un bord à gorge intérieure avec deux anses nervurées qui s'appuient sous la lèvre. Le Rhône a livré au total deux pots identiques, poissés, présentant des pâtes légèrement différentes.

# Céramiques culinaires non calcaires

## 50. Marmite

Commune indéterminée
Atelier inconnu
Arles ; Rhône ; 2004
Haut-Empire (?)
Céramique, pâte non calcaire
h. 10,7 ; Ø 22
RHO.2004.Z2.229

Cette marmite présente une panse hémisphérique et un bord convergent. Ce type, muni d'un bord rainuré, s'inspire des formes protohistoriques de la fin du Ier siècle av. J.-C.[83].
Sa surface est noircie par les flammes et le fond tapissé d'un caramel alimentaire jaunâtre.

## 51. Marmites

Commune indéterminée
Atelier inconnu
Ier siècle apr. J.-C. (?)
Céramique, pâte non calcaire

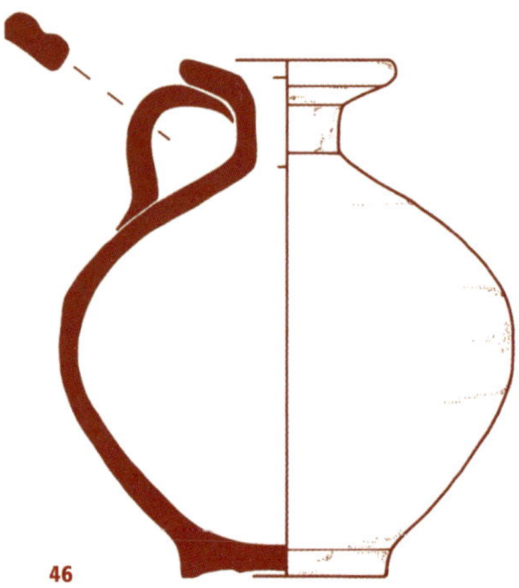
46

48B

48C

**78.** Laroche 1987, type 4. **79.** Desbat *et al.* 1979, VIII/2. **80.** Colls *et al.* 1977. **81.** Joncheray 1974. **82.** Desbat, Schmitt 1997. **83.** Py 1993 b.

**51A**. Arles ; Rhône ; 2004*
h. 13,4 ; Ø 22,8
RHO.2004.Z1.221
**51B**. Arles ; Rhône
h. 14,6 ; l. 28 ; Ø 23
X-16238

Marmites non tournées avec des anses latérales de préhension. On note des traces de coups de feu importantes, à l'intérieur des marmites, des traces de peignage.

## 52. Plat

Commune indéterminée
Atelier inconnu
Arles ; Rhône ; 2004
40 apr. J.-C.-IIe siècle apr. J.-C.
Céramique, pâte non calcaire
Inscription réalisée après cuisson sur le méplat de la lèvre
h. 6 ; Ø 26,2 ; Ø ouverture 22,6 ; Ø fond 19,6
RHO.2004.Z2.144

Plat à bord oblique, au fond plat, avec une lèvre aplatie sur le dessus, correspondant à une variante de la catégorie SABL OR C13[84] (entre 20 av. J.-C. et 100 apr. J.-C.). Ce type se retrouve à Vienne à partir de 40 apr. J.-C. jusqu'au IIe siècle apr. J.-C.[85].

## 53. Bouilloire a bec tréflé*

Commune indéterminée
Atelier inconnu
Arles ; Rhône
IIe siècle apr. J.-C.
Céramique, pâte non calcaire
h. 25,8 ; Ø 19 ; Ø fond 8,5
X-16237

Cette forme reprend à l'identique les modèles réalisés en pâte kaolinitique. La cuisson, réalisée en mode A, semble apparaître à partir du IIe siècle apr. J.-C.[86].

## 54. Couvercles

Commune indéterminée
Ateliers inconnus
Ier-IIe siècle apr. J.-C.
Pâtes variées
**54A**. Arles ; Rhône ; 2001
h. 2,5 ; Ø 10,1
RHO.2001.00.146
**54B**. Arles ; Rhône ; 2001
h. 1,8 ; Ø 11,7
RHO.2001.00.172
**54C**. Arles ; Rhône ; 2001
h. 3,4 ; Ø 17
RHO.2001.00.28
**54D**. Arles ; Rhône ; 2001
h. 4,4 ; Ø 12
RHO.2001.00.47
**54E.** Arles ; Rhône ; 2003
h. 1,5 ; Ø 14,1
RHO.2003.00.A163
**54F**. Arles ; Rhône ; 2003
h. 3,2 ; Ø 9,6
RHO.2003.00.A165
**54G**. Arles ; Rhône ; 2004
h. 1,8 ; Ø 8,6
RHO.2004.Z2.296
**54H**. Arles ; Rhône ; 2004
h. 2,9 ; Ø 8,5
RHO.2004.Z2.306
**54I**. Arles ; Rhône
h. 2,2 ; Ø 6,6
X-16371

Couvercles discoïdaux plats à petit bouchon de préhension.

## 55. Couvercles d'amphores gauloises

Commune régionale
Atelier inconnu
Ier siècle apr. J.-C.
Céramique
**55A**. Arles ; Rhône ; 2004
Lat C2
h. 4,8 ; Ø 17,5
RHO.2004.Z2.590
**55B**. Arles ; Rhône ; 2007
h. 4,3 ; Ø 17
RHO.2007.Z3.457
**55C**. Arles ; Rhône ; 1990
h. 4,5 ; Ø 17
RHO.90.00.132

Ces assiettes à bord vertical sont assimilées à des couvercles pour amphore gauloise IV. Ces derniers peuvent être utilisés soit en complément d'un bouchon en liège, soit pendant la période d'utilisation de l'amphore[87]. Le couvercle RHO.2007.Z3.457 comporte une estampille rectangulaire renfermant les *tria nomina* M.IVL. DIOGEN.

## 56. Amphorisques

Bouchon d'amphore ; commune régionale
Atelier inconnu
Ier-IIe siècle apr. J.-C.
Céramique
**56A**. Arles ; Rhône ; 2001
L. 10,5 ; l. 5,5
RHO.2001.00.88
**56B**. Arles ; Rhône ; 2004
L. 15,4 ; l. 7,2
RHO.2004.Z1.265
**56C**. Arles ; Rhône ; 2004
L. 14 ; l. 7,5
RHO.2004.00.264
**56D**. Arles ; Rhône ; saisie 1996
L. 18,4 ; l. 7,5
RHO.96.164.139

50

52

**84.** Raynaud 1993b, p. 552. **85.** Leblanc 2007, p. 185-186, fig. 180. **86.** Batigne, Desbat 1996. **87.** Laubenheimer 1985, p. 265.

48B
48A
48C

49B
49A

51B

56A
56D
56
56C
56B

54

55A
55C
55B

# Les céramiques fines et diverses

*David Djaoui*

## Les objets en terre cuite

### 1. Déesse-mère

Figurine
Atelier inconnu
Arles ; Rhône, épave *AR 3* ; 2008 (CCJ-CNRS, Arkaeos)
Période flavienne (?)
Céramique, pâte calcaire grise fruste avec traces d'engobe blanc ; œuvre moulée creuse
h. 12,7 ; l. 5 ; ép. 3,8
RHO.2008.B43.649

1

Déesse-mère assise sur un siège à haut dossier muni d'accoudoirs rentrants. La tête est couronnée d'un diadème en forme de coiffe étoilée, dont l'arrière se trouve grossièrement aplani par modelage et confondu avec le siège. Les pieds du personnage reposent sur un socle rectangulaire sous lequel figure un large trou d'évent. Une corbeille en osier se situe entre ses jambes. Quelques plis retombant de part et d'autre de la jambe gauche indiquent le port d'une tunique à col en V. La déesse allaite un nourrisson, posé sur son genou gauche.
Symbole de la maternité et de la fécondité, l'image de la déesse-mère prend place davantage dans les sanctuaires et les laraires domestiques que dans les tombeaux[3]. Ce type de pâte, qualifiée de non blanche en opposition aux productions du centre de la France, rassemble dans le Sud-Est de la Gaule deux pôles situés respectivement à Arles/Saint-Rémy/Vaison et à Lyon/Vienne[4].
Cette figurine, proche d'un point de vue stylistique des productions de l'Allier et de la Saône-et-Loire (entre 80 et 220 apr. J.-C.), présente des différences notables comme l'absence de dossier en osier et la présence de la corbeille (à fruits ?). Une autre figurine trouvée à Arles et marquée ARELA présentait également des points de comparaison importants avec l'Allier, tout en s'en différenciant par la pâte et par des variantes iconographiques. Doit-on y voir un atelier arlésien imitant les modèles du centre de la Gaule ou l'inverse ? On peut remarquer en effet que la recherche pointe dans le Sud, au niveau de l'axe rhodanien, des découvertes analogues situées surtout dans des contextes plus précoces[5]. Compte tenu de la richesse des flux commerciaux, les ateliers les plus précoces peuvent se trouver aussi bien dans la vallée du Rhône que dans l'ensemble de la Méditerranée.

### 2. Phallus et axe en terre cuite d'une fontaine a oiseaux

Arles ; Rhône ; 2008
Atelier inconnu
Haut-Empire
Céramique
L. 13 ; l. 3,8
X-16009

Le phallus en céramique tournée possède un léger ressaut pour délimiter le gland. L'axe est intégré avant cuisson dans le phallus. Le sexe coulisse sur 4,5 cm avant d'être bloqué par un renflement interne de l'extrémité de l'axe. A l'opposé de ce dernier, le modelage grossier d'un disque de 3 cm de diamètre devait venir s'insérer dans la large bouche d'un masque de comédie servant d'abreuvoir à oiseaux. De tels modèles ont été retrouvés à Pompéi[1] : "Lorsque l'abreuvoir était plein, le phallus flottait horizontalement autour de son axe et sans doute s'agitait-il quelque peu sous les caresses du vent… Lorsque l'abreuvoir était vide, il inclinait du chef ou plutôt du gland[2]."

2

Abreuvoir à oiseaux musée archéologique de Naples (hors collection).

**1.** Grant 1975, p. 29. **2.** Sciallano 2002, "Oh ! my god !", p. 499-502. **3.** Lintz 1993, p. 139-142. **4.** Lintz 1993, p. 139-142. **5.** Bemont, Jeanlin, Lahanier 1993, p. 131.

## La céramique fine

### • Les parois fines

Les parois fines rassemblent une vaisselle destinée à la boisson, dont la principale caractéristique repose sur l'épaisseur réduite de ses parois. Ce simple critère ne permet pas toutefois d'englober l'ensemble des productions de cette catégorie. Certaines grandes coupes présentent en effet une épaisseur importante, faussant ainsi l'appellation jugée souvent inadaptée mais qui, "faute de mieux[6]", perdure dans les différentes publications…
Aux premières parois fines républicaines d'Italie, rassemblant un répertoire limité de gobelets fusiformes, rarement décorés, succèdent des formes imitées du répertoire métallique hellénistique. Coupes à poucier (canthares et *skyphoi*), gobelets ovoïdes et tronconiques, coupes plus ou moins carénées apparaissent à partir de l'époque augustéenne et dans l'ensemble du bassin occidental de la Méditerranée pour atteindre leur apogée avec les productions de Bétique. Ce sont ces dernières qui vont compléter le fret constitué des produits exportés d'Espagne du Sud. C'est déjà le cas sur l'épave *Port-Vendres II* du milieu du Ier siècle apr. J.-C. où les parois fines étaient associées au vin, à l'huile, aux salaisons de poisson, ainsi qu'aux lingots d'étain, de plomb et de cuivre en provenance de l'Estrémadure. De la même façon, l'épave *Culip IV*, retrouvée en Catalogne, comptait à son bord plus de mille quatre cents parois fines déclinées en sept formes différentes caractéristiques de la période flavienne. Dans le Rhône, la zone 2 située en aval du gisement A rassemble un grand nombre de céramiques, d'amphores et de monnaies datant assez précisément des années 70-90 apr. J.-C. Aussi n'est-il pas étonnant de retrouver les principales formes caractéristiques de la période flavienne au sein de la catégorie des parois fines.

### 3. Gobelets a deux anses*

**Paroi fine ; Mayet 37B**
**Bétique**
**Arles ; Rhône ; 2001**
**40-100 apr. J.-C.**
**Céramique, engobe orange mat ; décor réticulé**
**h. 8,1 ; Ø 6**
**RHO.2001.Z2.33**

Copie conforme au n° 395 de Mayet 1975, pl. XLVII.

### 4. Gobelet a deux anses

**Paroi fine ; Mayet 37B**
**Bétique**
**Arles ; Rhône ; 2005**
**40-100 apr. J.-C.**
**Céramique, engobe orange, très brillant ; décor à la barbotine**
**h. 7,9 ; Ø 6,2**
**X-16377**

Deux motifs identiques entre les anses : deux feuilles de fougère obliques, orientées en V inversé, l'extrémité de la première feuille faisant suite à la tige de l'autre. Ce motif original, inconnu chez Mayet, délimite dans les parties hautes du vase deux fois deux feuilles d'eau liées par leur tige et dans la partie basse une large feuille d'eau sous laquelle deux feuilles d'eau avec nervure centrale – motif rarement employé[7] – sont reliées par une tige oblique tracée par un décor perlé.

### 5. Gobelet

**Paroi fine ; Mayet 37B**
**Bétique**
**Arles ; Rhône ; 2005**
**40-100 apr. J.-C.**
**Céramique, engobe orange brillant ; décor à la barbotine**
**h. 8,2 ; Ø 6,9**
**RHO.2005.D5.711**

Guirlande constituée de feuilles de fougère obliques, tige contre tige et pointe contre pointe, aménageant ainsi des espaces vacants pour insérer de part et d'autre d'un axe vertical composé de perles, des feuilles d'eau soit verticales et courbes pour les parties basses, soit obliques et nervurées pour les parties hautes. Inconnu chez Mayet[8].

### 6. Gobelet

**Paroi fine ; Mayet 37B**
**Bétique**
**Arles ; Rhône ; 2004**
**40-100 apr. J.-C.**
**Céramique, engobe orange brillant ; décor à la barbotine**
**h. 9 ; Ø 8,4 ; Ø d'ouverture 7,3 ; Ø fond 3,4**
**RHO.2004.Z2.641**

Deux motifs identiques : un groupe de trois feuilles de fougère, une verticale entre deux obliques, avec pour les parties hautes des triangles de perles, pointe en haut, et pour les parties basses un "mamelon rehaussé de perles" (motif inédit chez Mayet) placé entre deux triangles de perles, base placée côté mamelon.

4

5

6

**6.** Mayet 1998, p. 61. **7.** Mayet 1975, p. 94 n° 466. **8.** Mayet 1975.

## 7. Gobelet*

Paroi fine ; Mayet 37B
Bétique
Arles ; Rhône ; 2003
40-100 apr. J.-C.
Céramique, engobe orange brillant ; décor à la barbotine
h. 7,8 ; Ø 7,1 ; Ø ouverture 5,9 ; Ø fond 3,1
RHO.2003.00.A260

Guirlande horizontale composée d'une vague centrale avec, de part et d'autre, des feuilles d'eau et des lignes de perles.

## 8. Gobelet*

Paroi fine ; Mayet 37B
Bétique
Arles ; Rhône ; 2003
40-100 apr. J.-C.
Céramique, engobe orange brillant ; décor à la barbotine composé de neuf rangs horizontaux de festons
h. 8,1 ; Ø 7,2 ; Ø ouverture 6,2 ; Ø fond 2,7
RHO.2003.00.A46

## 9. Gobelet

Paroi fine ; Mayet 37B
Bétique
Arles ; Rhône ; 2004
40-100 apr. J.-C.
Céramique, engobe orange mat ; décor à la barbotine d'écailles de pomme de pin
h. 7,1 ; Ø 8 ; Ø fond 3,97
RHO.2004. Z4.550

## 10. Coupe a anses a poucier*

Paroi fine ; Mayet 38
Bétique
Arles ; Rhône ; 2003
30-110 apr. J.-C.
Céramique, engobe orange mat ; décor réticulé
h. 10,9 ; Ø 21,5 ; Ø ouverture 17,2 ; Ø fond 8,8
RHO.2003.00.A34

Coupe de grandes dimensions dont le poucier présente une inscription en saillie, réalisée à la barbotine, mentionnant les lettres P.G.S.

## 11. Coupe a anses a poucier*

Paroi fine ; Mayet 38
Bétique
Arles ; Rhône ; 2004
30-110 apr. J.-C.
Céramique, engobe orange mat ; décor réticulé
h. 7,9 ; Ø 12,3 ; Ø fond 5,79
RHO.2004.Z2.209

Un phallus avec ses attributs figure sur le poucier.

## 12. Coupe a deux anses*

Paroi fine ; Mayet 38
Bétique
Arles ; Rhône ; 2001
30-110 apr. J.-C.
Céramique, engobe orange mat ; décor réticulé
h. 6,8 ; Ø 11,2
RHO.2001.Z2.187

### 13. Coupe a deux anses

Paroi fine ; Mayet 37
Bétique
Arles ; Rhône ; 2004
25-60 apr. J.-C.
Céramique, engobe orange mat ; décor sablé
h. 6,6 ; Ø 11,2
RHO.2004.Z2.576

### 14. Coupes*

Paroi fine ; Mayet 37
Bétique
25-60 apr. J.-C.
Céramique, engobe orange mat ; décor sablé
**14A.** Arles ; Rhône ; 2004
h. 5,4 ; Ø 10,2
RHO.2004.Z2.578
**14B.** Arles ; Rhône ; 2001
h. 5,5 ; Ø 9
RHO.2001.Z2.212
**14C.** Arles ; Rhône ; 2001
h. 5,2 ; Ø 8
RHO.2001.Z2.213

### 15. Gobelet a panse arrondie*

Paroi fine ; Mayet 37A
Bétique
Arles ; Rhône ; 2001
40-90 apr. J.-C.
Céramique, engobe orange mat ; décor à la barbotine
h. 6,3 ; Ø 8
RHO.2001.Z2.36

Motif répété deux fois sur la panse, constitué d'une fougère oblique et de trois feuilles d'eau à longue tige rigide, séparées par des files de perles.

### 16. Gobelet a une anse

Paroi fine ; Mayet 42A
Bétique
Arles ; Rhône ; 2001
30-100 apr. J.-C.
Céramique, engobe orange brillant ; décor à la barbotine
h. 9 ; Ø 11,5 ; Ø ouverture 7,2 ; Ø fond 3,6
RHO.2001.Z2.34

### 17. Gobelet a une anse

Paroi fine ; Mayet 42A
Bétique
Arles ; Rhône ; 2005
30-100 apr. J.-C.
Céramique non engobée ; décor à la barbotine
h. 8,4 ; Ø 10,9 ; Ø ouverture 6,2 ; Ø fond 3,8
X-16257

Guirlande d'écailles de pomme de pin au fort relief sur quatre rangées.

### 18. Gobelet a deux anses*

Paroi fine ; Mayet 38B
Bétique
Arles ; Rhône ; 2001
30-100 apr. J.-C.
Céramique, engobe mat ; décor à la barbotine
h. 6,8 ; l. 10,5 ; Ø 7
RHO.2001.Z2.35

Décor peu soigné, identique entre les deux anses, avec trois rangées verticales de mamelons et de perles. Copie conforme du n° 365 de Mayet 1975, p. 81.

### 19. Gobelet

Paroi fine ; Mayet 38B
Bétique
Arles ; Rhône ; 2004
30-100 apr. J.-C.
Céramique, engobe mat ; décor à la barbotine
h. 6,8 ; Ø 6,9
RHO.2004.00.548

Guirlande verticale faisant alterner quatre mamelons et des perles. Inscription réalisée après cuisson sous le vase : (-)NTI.

### 20. Coupe

Paroi fine ; variante Mayet 40
Bétique
Arles ; Rhône ; 2003
Ier siècle apr. J.-C.
Céramique, engobe brillant ; décor à la barbotine
h. 6,1 ; Ø 10
RHO.2003.00.A17

Coupe pansue au large diamètre médian (10 cm) avec une lèvre verticale. Guirlande horizontale d'une ligne de perles entre deux lignes de mamelons.

### 21. Coupe carénée à haut bord divergent

Paroi fine ; Mayet 39
Bétique
Arles ; Rhône ; 2001
40-100 apr. J.-C.
Céramique, engobe brillant ; décor à la barbotine
h. 5 ; Ø 11,1 ; Ø ouverture 7,7 ; Ø fond 4,4
RHO.2001.Z2.111

Décor constitué de festons et de perles.

## • La céramique claire A

### 22. Gobelet

Sigillée africaine claire A
Pallares 143 et 33
Arles ; Rhône ; 2001
60-125 apr. J.-C.
Céramique
h. 9,8 ; Ø 8,8 ; Ø fond 4,1
RHO.2001.Z2.166

22

# Les céramiques sigillées

*Thierry Martin*

La céramique sigillée constitue un groupe bien à part dans le concert des céramiques romaines. Cuite en atmosphère oxydante, celle-ci se caractérise par un vernis de couleur rouge plus ou moins luisant, des formes standardisées et des décors moulés stéréotypés ; les vases sont souvent signés du nom de leur fabricant. Née en Italie sur les bords de l'Arno à Arezzo dans la dernière moitié du Ier siècle av. J.-C. et produite par la suite en diverses régions du monde romain, tant occidental qu'oriental, la céramique sigillée est considérée depuis plus d'un siècle par les historiens et les archéologues de l'Antiquité comme l'un des meilleurs marqueurs chronologiques de la romanisation et du commerce à l'époque impériale[1].

Les prospections et les fouilles subaquatiques menées à Arles, rive droite du Rhône dans la zone portuaire de Trinquetaille, ont livré une abondante moisson de céramiques sigillées, l'essentiel ayant été trouvé lors de la fouille du grand dépotoir du gisement A découvert à l'aplomb du pont autoroutier[2]. Au total, on dénombre des éléments appartenant à près de six cents vases, une cinquantaine d'entre eux ayant été recueillis intacts ou quasiment intacts. Certains présentent des traces d'usure et doivent être considérés comme des pièces dont le propriétaire s'est débarrassé après usage en les jetant dans le Rhône avec d'autres déchets domestiques, alors que plusieurs sont, du moins peut-on en émettre l'hypothèse, de la vaisselle de bord, comme le suggère la nature des marques de propriété qui ont été gravées sur leur flanc, ici une ancre stylisée (cat. n° 35), là la silhouette parfaitement reconnaissable de la coque d'un bateau *(fig. 1)*. Nombre de pièces enfin, souvent intactes ou à peine ébréchées, ne portent aucune trace d'utilisation ; il s'agit manifestement de vases neufs, n'ayant jamais servi, qui, considérés pour une raison ou une autre comme impropres à la vente, ont été mis au rebut et jetés dans le lit du fleuve, quelques-uns ayant pu aussi tomber à l'eau accidentellement lors du déchargement des navires, comme le suggère la présence, lors de la fouille, de vases encore emboîtés les uns dans les autres. Quoi qu'il en soit, leur découverte vient nous rappeler, si besoin était, le rôle prépondérant joué par le port d'Arles sous le Haut-Empire dans la commercialisation, via l'axe Rhône-Saône-Rhin, des sigillées italiques et sud-gauloises en direction des marchés de la Gaule du Nord, des provinces germaniques et de la Bretagne romaine.

Sur le plan chronologique, la fabrication de la majorité des sigillées livrées par ces recherches date de la fin de la période julio-claudienne (Néron) et surtout de l'époque flavienne (70-100 apr. J.-C.). Quelques vases, pour l'essentiel d'origine italique, sont tibéro-claudiens ; d'autres sont plus tardifs et ont été produits au cours de la première moitié du IIe siècle apr. J.-C., mais ils restent toutefois des exceptions et présentent un caractère anecdotique. Cette datation, relativement resserrée, s'harmonise parfaitement avec celle fournie par l'étude des monnaies, des lampes, des céramiques à parois fines de Bétique, des sigillées claires A africaines précoces et des amphores hispaniques à huile et à salaison trouvées dans le gisement A.

Les fouilles du Rhône ont livré trois variétés de céramique sigillée.

La première est représentée par un petit lot constitué de sigillées italiques tibériennes et de tardo-italiques flaviennes et, pour certaines, d'époque antonine. Plusieurs de ces vases portent des timbres *in planta pedis*. Ceux-ci représentent moins de 2 % de l'ensemble des sigillées recueillies. Ajoutons que nombre de pièces sont usagées et que certaincs portent aussi des marques de propriété. Une partie d'entre elles est probablement de la vaisselle de bord.

Mais avec un indice de représentativité supérieur à 95 %, ce sont les productions de la grande manufacture rutène de La Graufesenque (Millau) qui se taillent très largement la part du lion. Cette suprématie écrasante ne doit pas surprendre, le règne de Néron et l'époque flavienne correspondant en effet à l'apogée commercial des officines millavoises, dont les productions règnent alors quasiment sans partage (malgré la concurrence des autres ateliers sud-gaulois et l'émergence des ateliers arvernes et hispaniques) sur le marché des céramiques sigillées non seulement de la Gaule, mais aussi de la majorité des provinces du monde romain occidental.

On mentionnera enfin la découverte dans le lit du Rhône de sept vases d'origine hispanique. L'un d'eux est attribuable au grand centre céramique de La Rioja, Tricio *(Tritium Magallum)*. Deux assiettes et quatre coupes sont, quant à elles, originaires de Bétique et sont des productions qu'il convient de rattacher au "Type Peñaflor". Leur présence, bien qu'anecdotique, mérite de retenir l'attention, notamment celle des vases du "Type Peñaflor", dans la mesure où c'est la première fois – du moins à notre connaissance – que ce type de production est signalé en terre provençale.

Figure 1 ~ Coupe, sigillée sud-gauloise, avec graffito représentant un bateau (RHO.2007.5.635).

1. Dragendorff 1895 ; Déchelette 1904 ; Oswald et Pryce 1920. 2. Long, Piton, Djaoui 2006 ; Long 2008, p. 159-160 et 164 ; *CAG* 13/5, p. 182-186.

### Les sigillées italiques et tardo-italiques

Si l'on excepte un fond de plat arétin à large surface de pose *Consp.* B1.4, lequel peut être daté du milieu du règne d'Auguste et considéré comme résiduel, tous les autres vases ne sont pas antérieurs au début du règne de Tibère. On dénombre des fragments de quatre calices à décor moulé *Consp.* R9.2, dont un, d'origine arétine, doit être attribué à l'atelier tardif de *P. Cornelius* (cat. n° 1) ; un autre, toujours arétin, pourrait avoir été réalisé dans l'atelier de *M. Perennius Bargathes* avec un moule décoré par les *Annii*, mais ce n'est qu'une hypothèse (cat. n° 2). Un troisième, décoré d'un rinceau de feuilles d'acanthe, relève de la production pisane de *Cn. Ateius Xanthus* et peut être rapproché d'exemplaires similaires identifiés notamment à Mayence ou encore à Xanten (cat. n° 3). Pour ce qui est du quatrième, orné de ceps de vigne, il convient d'attribuer son décor à la main de *M. Perennius Bargathes* (cat. n° 4).

Quant aux formes lisses, leur nombre se limite à une trentaine de pièces pour l'essentiel en tardo-italique, lesquelles portent toutes des traces d'utilisation et pour certaines des marques de propriété (graffitis). Il s'agit en majorité d'assiettes et de plats. Le type *Consp.* 3.2 est de loin le mieux représenté (cat. n° 11), suivi du type *Consp.* 20.4 orné de reliefs d'applique (quatre exemplaires, cat. n° 10, 12) et de l'assiette *Consp.* 21.1 (cat. n° 8). On note la présence d'une seule assiette *Consp.* 6.2. Parmi les coupelles, on a pu identifier les formes suivantes, généralement représentées par un seul individu : *Consp.* 26.2, *Consp.* 27.1 (cat. n° 7), *Consp.* 34.1 orné de relief d'applique (cat. n° 9), *Consp.* 36.3 et *Consp.* 37.3. Huit de ces pièces sont estampillées et portent des timbres *in planta pedis* ; l'un d'eux est mal imprimé, un autre est de lecture délicate. Trois estampilles sont d'origine pisane, l'une de *Zoilus* (ZOIL avec Z en miroir sur *Consp.* 27.1, O.-C.-K. 2544.78) (cat. n° 7), les deux autres de *S. Murrius Festus* (cat. n° 11-12). Une quatrième est attribuable au potier *L. Plotius Zosimus* de l'atelier de Scopietto (cat. n° 13), lequel se situe dans la vallée du Tibre en amont de Rome[3]. La découverte à Arles d'un vase de Scopietto mérite d'être mise quelque peu en exergue dans la mesure où jusqu'à présent les productions de cet atelier n'ont été que très rarement signalées sur le sol de la Gaule, si l'on excepte un timbre trouvé à Fréjus (PLO.POR.L.P Z *in planta pedis*), ces dernières ayant été principalement diffusées en Italie centrale et épisodiquement en direction des marchés de l'Afrique du Nord. Les deux derniers timbres sont d'origine indéterminée, l'un d'*Hermeiscus* (O.-C.-K. 928.1), l'autre lue C.NL.

On rappellera que les marques *in planta pedis* sont très rares en Gaule et plus qu'exceptionnelles dans les provinces de Germanie. Pour ce qui est de la Gaule, si l'on excepte quelques trouvailles, au caractère on ne peut plus anecdotique, faites à Poitiers[4], à Bordeaux[5] ou encore sur la *mansio* pyrénéenne de Saint-Jean-le-Vieux[6], l'essentiel des découvertes de timbres *in planta pedis* se concentre le long du littoral méditerranéen, en Languedoc[7] et surtout en Provence comme on peut l'observer à *Glanum*[8], à Fos-sur-Mer[9] ou encore à Fréjus[10]. Il faudra désormais ajouter Arles à cette diffusion des tardo-italiques, laquelle n'a jamais concerné les marchés intérieurs de la Gaule, du fait principalement de la concurrence imposée par les *negotiatores* qui commercialisaient, au Ier siècle apr. J.-C., les sigillées rutènes de La Graufesenque.

Pour être complet, on mentionnera enfin la présence de trois fragments de panse de Drag. 29 en sigillée tardo-italique pisane d'époque antonine (cat. n° 5-6). Ce type de production, d'aspect massif et aux motifs souvent empâtés et grossiers, a été rarement signalé sur le sol de la Gaule, excepté en Provence méditerranéenne où les éléments de quelques vases ont été recueillis notamment à Marseille[11], à Cimiez[12], ainsi qu'à Saint-Cyr-sur-Mer[13]. Il convient de réserver une place plus particulière à Beaulieu, dans les Alpes-Maritimes, où l'on note la présence d'une douzaine de pièces de tardo-italique moulée[14].

### Les sigillées sud-gauloises de La Graufesenque

Le caractère volontairement restreint de la présente note ne permet pas, bien évidemment, de faire une présentation détaillée de l'important lot de sigillées de La Graufesenque livrées par les fouilles du Rhône. Compte tenu de son exceptionnelle valeur documentaire et scientifique, l'étude exhaustive de cet ensemble a été décidée et est en cours de réalisation.

Pour l'heure, nous nous en tiendrons ici au rappel des principaux enseignements que suggère l'examen de ce mobilier.

Nous insisterons tout d'abord sur son remarquable état de conservation. Les vases ont généralement conservé leur lustre d'antan, malgré un séjour de près de deux mille ans dans les eaux du Rhône. Nombre d'entre eux sont par ailleurs entiers ou légèrement ébréchés ; quant aux demi-vases, ils sont légion. Il s'agit, par ailleurs, bien souvent de pièces neuves, ne portant aucune trace d'utilisation ; certaines, nous l'avons rappelé, étaient encore emboîtées les unes dans les autres au moment de leur découverte, celles-ci ayant dû tomber accidentellement dans le lit du fleuve lors du déchargement des bateaux.

L'autre point qui mérite de retenir l'attention concerne l'homogénéité chronologique de l'ensemble de ces vases, et plus particulièrement de ceux découverts dans le grand dépotoir du gisement A. Mis à part quelques pièces d'époque tibéro-claudienne dont la présence est très marginale, la majorité d'entre elles date de la seconde moitié du Ier siècle apr. J.-C., avec une très forte proportion produite sous les Flaviens. Morphologie des vases, schémas décoratifs des formes moulées et libellés des estampilles confirment cette datation. Moins d'une dizaine de pièces (essentiellement des Drag. 37)

3. Bergamini 2002-2003. 4. Tilhard 2004, pl. 3, 16.10, pl. 7, 50.1. 5. Martin 2005, fig. 9, 6-7. 6. Martin, Tobie 2000. 7. Fiches 1972, moins d'une dizaine de timbres. 8. Bémont 1976, quatre timbres. 9. Giroussens 1988, fig. 1, vingt-huit timbres. 10. Site des Aiguières, cinquante-neuf timbres. 11. Benoit 1948 ; Bonifay *et al.* 1998, fig. 52, 2-3. 12. Medri 1992, p. 25, tav. 1.1, p. 102, tav. 3.24.b. 13. Gourvest 1957. 14. Octobon 1964, n° 1-4, 20, 22, 24-29.

appartiennent aux deux premières décennies du siècle suivant.

Enfin, cet important lot de sigillées millavoises constitue à sa manière un échantillonnage particulièrement représentatif de la vaisselle fine de table reçue et utilisée par la population arlésienne, notamment au cours de la seconde moitié du Ier siècle de notre ère.

Les formes, pour leur part, restent des plus classiques et sont pour l'essentiel bien caractéristiques des productions que réalisent les potiers de La Graufesenque à la fin de la période julio-claudienne et sous les Flaviens.

Les formes moulées, pour leur part, comprennent trois types : les coupes carénées Drag. 29 (cat. n° 14-18), les bols cylindriques Drag. 30 (ils restent des exceptions) et les coupes hémisphériques Drag. 37 (cat. n° 19-22). Six vases portent des marques *in forma* apposées avant cuisson dans ou sous le décor, quatre sont manuscrites. Quatre de ces pièces figurent dans le catalogue présenté ci-dessous et relèvent respectivement de la production de *Meddillus* (cat. n° 18), de *Pontius* (cat. n° 21), de *Severus 2* (cat. n° 19) et de *G. At(—-) Pas(—-)* (cat. n° 22), un décorateur millavois peu connu. La cinquième est la panse d'un Drag. 37 portant une signature *in forma* de *M. Crestio*. Quant à la sixième, il s'agit d'un minuscule fragment qui porte une estampille intradécorative du décorateur flavien *Mercator*.

Quant au répertoire des formes lisses, il compte seulement quatorze types, certains n'étant attestés que par quelques unités. Au nombre de ces derniers, il convient de ranger les assiettes Drag. 16, les encriers Ritt. 13/Hermet 18 (cat. n° 37), les bols à déversoir Ritt. 12B et les gobelets à col cylindrique et panse ovoïde à décor de feuilles d'eau Hermet 90.5. Les assiettes Drag. 15/17 (cat. n° 28-30) et Drag. 18 (cat. n° 31-34), ainsi que les bols tronconiques Drag. 33 sont de loin les plus nombreux. Les coupelles Drag. 24/25 (cat n° 23-25) et Drag. 27 (cat. n° 26-27) apparaissent dans des proportions assez honorables. Les formes Ritt. 8, Ritt. 9, Drag. 18/31, Drag. 35

Figure 2 ~ Assiette et coupes de type Peñaflor (RHO.2004.Z2.528, RHO.2006.PIR.566 et RHO.2004.Z2.236).

et Drag. 36 (cat. n° 36) sont, quant à elles, plutôt minoritaires. De très rares formes n'appartiennent à aucun type bien défini et font figure d'hapax (cat. n° 35). A noter l'absence, dans ce lot, de formes appartenant aux services "flaviens" B, C, D, E et F[15]. Cette absence ne doit pas surprendre, dans la mesure où il s'agit de services qui n'apparaissent à La Graufesenque qu'à l'extrême fin du Ier siècle apr. J.-C., certains n'étant par ailleurs produits qu'au cours du siècle suivant.

Pour terminer cette rapide présentation des sigillées de La Graufesenque, il convient enfin de mentionner que cent six vases portent une estampille sur leur fond interne. Nous nous limiterons ici à donner la liste des cinquante et un potiers qui ont pu être identifiés et dont les noms apparaissent sur ces pièces, certains étant attestés à plusieurs reprises : *Acutus*, *Albanus*, *Albinus*, *Albus*, *Aper*, *Aquitanus*, *Ardacus*, *Bassinus*, *Bassus*, *Cabiatus*, *Calus*, *Cantus*, *Cennatus*, *Chrestus*, *Cocus*, *Cotto*, *Crispus*, *Curmillus*, *Damonus*, *Felix*, *Gallicanus*, *Germanus*, *Iucundus*, *C. Iulius Celsius*, *S. Iulius Iucundus*, *Labe (—-)*, *Labio*, *Lentus*, *Licinus*, *Matugenus*, *Macer*, *Meddillus*, *Melus*, *Memor*, *Modestus*, *Momo*, *Murranus*, *Paullus*, *Primus*, *Primus Scottius*, *Rutaenus*, *Sarra*, *Sarrutus*, *Secundus*, *Silvanus*, *Silvinus*, *L. Tertius Secundus*, *C. Valerius Albanus*, *Veriugus*, *Vitalis*, *Viriodus*.

## Les sigillées hispaniques

Celles-ci sont très minoritaires. La découverte d'un Drag. 37 (cat. n° 38) originaire de la manufacture de Tricio (*Tritium Magallum*) présente, pour le moins, un caractère essentiellement anecdotique et doit être rapprochée d'une trouvaille similaire faite anciennement à Marseille[16]. On rappellera en effet que les productions sigillées de cet important atelier de La Rioja n'ont quasiment pas été commercialisées en Méditerranée nord-occidentale, notamment en direction des côtes languedociennes et du littoral provençal, comme le confirment les quelques trouvailles isolées faites à Port-Vendres, à Gruissan, à Narbonne ou encore à Marseille[17]. Leur diffusion en Gaule n'a véritablement concerné en effet que l'Aquitaine

**15.** Vernhet 1976. **16.** Martinez Munilla 1950. **17.** Martin 2005, fig. 15. **18.** Martin 2008a. **19.** Martin 2008b, 255-256 et fig. 11-13.

méridionale et le piémont pyrénéen atlantique où elles se retrouvent parfois en abondance comme à Oloron-Sainte-Marie[18] ou encore à Lescar[19]. Quelques vases ont gagné le littoral landais, l'axe garonnais, de même que l'estuaire girondin, mais ils restent toutefois des exceptions[20].

Bien plus surprenante est la découverte dans le lit du Rhône de six vases du "type Peñaflor" *(fig. 2)*. Il s'agit d'une variété assez particulière de céramiques sigillées originaires de Bétique et cuites en mode A, souvent micacées, et dont les formes s'inspirent à la fois de modèles italiques, sud-gaulois et hispaniques[21]. Sa production couvre tout le Ier siècle de notre ère et se prolonge au moins jusqu'au début du siècle suivant. Trois ateliers, qui ont produit ce type de céramique si caractéristique, ont été identifiés le long du rio Guadiana ; un autre a pu fonctionner dans la vallée du Guadalquivir. La diffusion des vases du "type Peñaflor" s'est faite principalement en Bétique et a concerné d'une manière plus générale le Sud-Est de la péninsule Ibérique. Certains ont été signalés en Maurétanie Tingitane, notamment à Ceuta *(Septem Fratres)*, d'autres ont été identifiés à Pompéi. En ce qui concerne la Gaule, on ne pouvait mentionner jusqu'à présent qu'une seule découverte, celle de deux assiettes, semblables à celles d'Arles, qui faisaient partie de la vaisselle de bord de l'épave *Port-Vendres II*[22]. L'aspect extérieur assez médiocre des pièces arlésiennes ne permet pas de dire si celles-ci figuraient dans le viatique de marins venus du Sud de l'Espagne à bord de leur navire de commerce chargé d'amphores à huile ou à salaison, ou bien s'il s'agit de vases commercialisés, à l'exception toutefois d'une coupe qui porte sur le fond externe un graffiti cruciforme en guise de marque de propriété. Quoi qu'il en soit, on retiendra qu'Arles constitue désormais le point le plus septentrional connu attestant de la diffusion maritime à longue distance de cette catégorie de sigillée hispanique plutôt originale.

1

**20.** Sur cette diffusion marginale, voir Martin 2002. **21.** Bustamante Alvarez, Huguet Enguita 2008. **22.** Colls *et al.* 1977, fig. 38, p. 16-17.

N. B. Les datations données dans ce catalogue correspondent généralement à la fourchette chronologique dans laquelle il convient de situer la date de fabrication des vases et pas nécessairement à la durée de l'activité des potiers qui les ont fabriqués ou décorés.

## Sigillées italiques moulées

### 1. Fragment de calice

*Consp.* R9.2
Arezzo, atelier tardif de *P. Cornelius*
Arles ; Rhône ; 2001
20-40 apr. J.-C.
Céramique
h. 13,5 ; L. 14,5 ; Ø bord 18
RHO.2001.Z2.136.

Bord et panse d'un calice à bandeau supérieur étroit que souligne une baguette moulurée en fort relief.
Décor : deux reliefs d'applique agrémentent le bandeau ; le premier représente une rosace à neuf pétales, ornée en son centre d'une rosette empâtée ; le second reproduit un danseur à droite battant des mains au-dessus de la tête[1]. La limite supérieure de la panse est occupée par une frise de rosettes à seize pétales et double cercle concentrique interne[2] ; la plage centrale est ornée d'une théorie de danseuses tournées à gauche. En alternance : danseuse Troso 1991, type 18 / Porten Palange 2004, type M li 10b *(P. Cornelius)* ; danseuse au kalathos Porten Palange 2004, type KT li 2b *(P. Cornelius)*. Une rangée de grosses perles limite la partie inférieure de la plage décorée, comme Stenico 1956, tav. 7, 165.

### 2. Fragment de calice

*Consp.* R9.2
Arezzo, atelier de *M. Perennius Bargathes* (?)
Arles ; Rhône ; 2001
20-50 apr. J.-C.
Céramique
h. 11,5 ; l. 9 ; Ø bord 16
RHO.2001.Z2.54

Bord et haut de panse de calice. Forme caractérisée par une paroi "en baïonnette" et un bord quasiment vertical[3].
Décor : le bandeau supérieur porte deux reliefs d'applique ; l'un représente Eros tourné vers la droite et jouant de la cithare[4] ; de l'autre, très incomplet, n'est conservée que la queue en panache d'un coq marchant à droite[5]. Rangée de perles en limite supérieure de la panse ; au-dessous, on distingue, sur la gauche, l'extrémité d'une branche feuillue ; sur la droite, une scène d'initiation aux mystères dionysiaques, avec Silène barbu assis Porten Palange 2004, type S li 31a[6] et tête de l'enfant ithyphallique Porten Palange 2004, type mF li 48a.
L'association de ces deux motifs est généralement attribuée au répertoire arétin de l'atelier augustéen des *Annii*. Mais le profil particulier de la partie supérieure de ce calice et surtout la présence de reliefs d'applique sur le bandeau externe suggèrent de dater plus tardivement la fabrication de ce vase et de la situer au moins au cours du règne de Tibère, sinon plus tardivement. Une réutilisation du moule n'est pas à exclure et peut être raisonnablement envisagée.

### 3. Fragment de calice

*Consp.* R9.3
Pise, *Cn. Ateius Xanthus*
Arles ; Rhône ; 2004
10-20 apr. J.-C.
Céramique
Ø bord 18
RHO.2004.Z2.522

Bord et haut de panse de calice. Forme à bandeau supérieur lisse que souligne une forte moulure guillochée comme Klynne 2002, pl. 40, 640.
Décor : composé à l'origine de deux registres superposés délimités par des rangées de perles ; seul le registre supérieur est conservé, lequel est agrémenté d'un rinceau formé de cornets de grandes feuilles d'acanthe ; petites feuilles d'acanthe dans les boucles supérieures et inférieures ; dans le champ et en garniture, deux insectes : sauterelle Porten Palange 2004, T/insekt 7a-b[7], mouche Porten Palange 2004, T/insekt 5a[8].
Cette composition décorative se retrouve, quasiment à l'identique, sur quatre calices produits à Pise par *Cn. Ateius Xanthus*, l'un trouvé à Xanten[9], deux autres à Mayence[10], le quatrième à Narbonne[11]. C'est à la production pisane de ce potier italique que l'on se doit d'attribuer la paternité du décor de ce calice.
Datation : on situe la période d'activité de ce décorateur au cours de la période 5 av. J.-C.-20 apr. J.-C. La morphologie de la bordure supérieure de ce vase, caractérisée par la présence d'un bandeau vertical lisse que surmonte une lèvre débordante peu marquée, milite pour une date de fabrication qu'il convient de placer vers la fin de cette fourchette chronologique.

### 4. Fragment de calice

*Consp.* R9
Arezzo, *M. Perennius Bargathes*
Arles ; Rhône ; 2004
20-40 apr. J.-C.
Céramique
Ø max. 14,5
RHO.2004.Z2.846

Fragment de panse d'un petit calice, motifs quelque peu empâtés.
Décor : une rangée de petites palmettes à base globulaire et extrémité biseautée comme Kenrick 1985, fig. 33, B280[12] disposées horizontalement vers la gauche en limite supérieure de panse. Concept décoratif rarement utilisé par les *figuli* arétins si ce n'est parfois par *M. Perennius Bargathes*[13] ; au-dessous, une palissade de ceps de vigne[14] portant chacun deux feuilles[15] et deux grappes de raisin[16].
Cette variété de feuille de vigne et la grappe de raisin figurent en bonne place dans le répertoire de *M. Perennius Bargathes* qui, de même que *L. Cornelius*, les a introduites à maintes reprises dans ses compositions décoratives[17]. Ces deux motifs ornent également un rinceau de la panse d'un calice pisan de *Cn. Ateius* trouvé à Sidi Khrebish[18].

## Sigillées tardo-italiques moulées

### 5. Fragment de panse

Drag. 29
Pise, atelier tardif de *L. Rasinius Pisanus*
Arles ; Rhône ; 2007
Vers 100-125 apr. J.-C.
Céramique ; vernis rouge foncé et pâte beige orangé
h. 7,7 ; l. 9,7
RHO.2007.5.691

Bas de panse aux motifs empâtés.
Décor : registre inférieur agrémenté d'une succession de satyres dansant à droite[19].

**1.** Variante plus petite et en miroir de Stenico 1954, 55 et tav. 9, type 9 ; Lavizzari Pedrazzini 1973, tav. 101, 19 ; Hedinger 1999, .Abb. 9, A 5 ; ce motif figure, sur sigillée moulée, dans le répertoire de l'atelier pisan de *Cn. Ateius*, voir Porten Palange 2004, type mTMF re 3a. **2.** Alexander 1943, pl. 45, 6 ; Stenico 1956, tav. 7, 170 ; Bergamini 1982-1983, tav. 4, 13 ; *P. Cornelius*. **3.** Des exemplaires au profil similaire ont été principalement produits par l'atelier arétin de *M. Perennius Bargathes*, voir Adamsheck 1979, pl. 13, ER 8 ; Hochuli-Gysel *et al.* 1991, taf. 5, 1 et pl. 76 ; Ababie-Reynal 2007, pl. 13, 92.1. **4.** Dragendorff, Watzinger 1948, taf. 39, 591 ; Stenico 1954, 57 et tav. 10, type 17 ; ce motif d'applique figure sur un calice trouvé à Argos avec marque *in forma* MPEREN, voir Ababie-Reynal 2007, pl. 13, 92.1, pl. 15, A26. **5.** Ohlenroth 1934-1935, Abb. 2, 11 ; Stenico 1954, 65 et tav. 14, type 71 ; Regoli 1985, 149, fig. 59, p. 150, tav. 40, sur un calice *Consp.* R9.3 pisan de *L. Rasinius Pisanus* ; Klynne 2002, fig. 24, A 11. **6.** Dragendorff, Watzinger 1948, Beil. 7, 52 et taf. 31, 446 ; Alexander 1943, pl. 46, 5 ; Vannini 1988, cat. 188a-b et tav. 31, 316. **7.** Motif attesté dans les répertoires de *M. Perennius* et de *C. Fastidienus*. **8.** Sur un moule avec estampille intradécorative de *P. Cornelius*, voir Vannini 1988, cat. 201 a-b et tav. 21, 240 = Troso 1994, tav. E, 20. **9.** Oxé 1933, taf. 3, 2 et taf. 56, 2a/b. **10.** Oxé 1933, taf. 17, 73 et 75, taf. 61, 75. **11.** Fiches 1973/1974, fig. 12, 91. **12.** Variante plus petite de Vannini 1988, tav. 14, type 160. **13.** Voir par exemple Hayes 1976, pl. 3, 11. **14.** Dragendorff, Watzinger 1948, Beil. 12, 109. **15.** Vannini 1988, tav. 9, 91 / Troso 1991, fig. 24, 213. **16.** Vannini 1988, tav. 13, 143 / Troso 1991, fig. 24, 214. **17.** Voir par exemple Dragendorff, Watzinger 1948, taf. 6, 54, taf. 22, 279, 283-285 ; Fiches 1973/1974, fig. 3, 11 ; *Marcus Perennius Bargathes* 1984, n° 7, 8, 9, 11, 12, 84, 127, 129, 130 ; Vannini 1988, cat. 91a-b. **18.** Kenrick 1985, fig. 34, B242. **19.** Type Lavizzari Pedrazzini 1972, 30 / Medri 1992, 11603 / Rossetti Tella 1996, 11, attribué à *L. Rasinius Pisanus*. Autres attestations de ce motif : Lavizzari Pedrazzini 1972, tav. 14, 75 ; Ead. 1977, tav. 241, 4 ; Guagliumi, Petriccione 1978, p. 73, 160, p. 89, 379a ; Regoli 1985, fig. 232, 4.

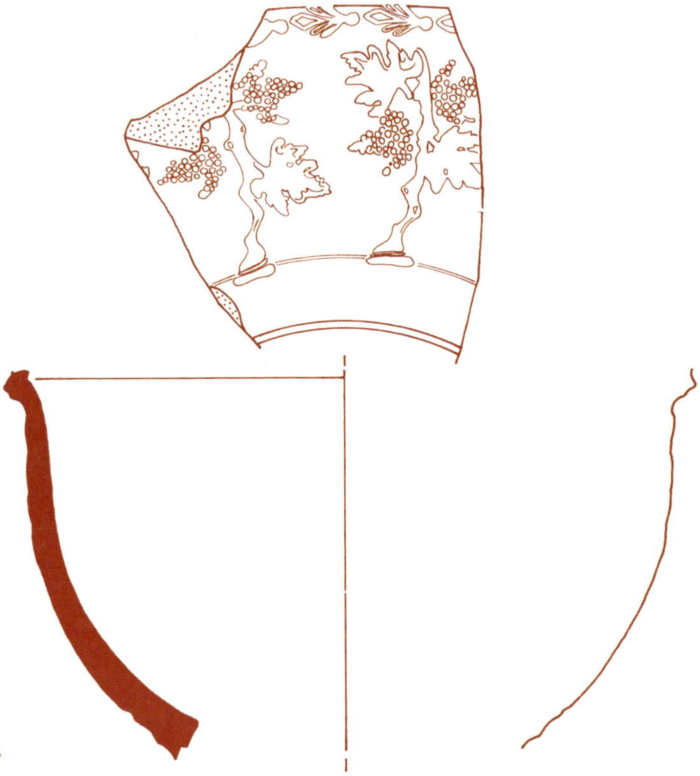

4

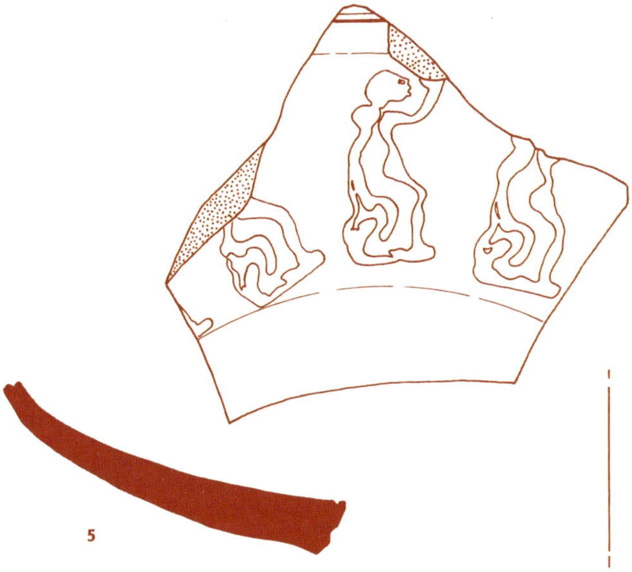

5

## 6. Fragment de panse

Drag. 29
Pise, atelier tardif de *S. Murrius Festus*
Arles ; Rhône ; 2007
Vers 100-150 apr. J.-C.
Céramique ; vernis rouge orangé
ép. 1,5 ; Ø pied 8
RHO.2007.00.1172

Panse aux parois épaisses et pied annulaire massif à large surface de pose.

Décor : sur le registre inférieur, répétition ininterrompue d'un même motif représentant un barbare captif assis, les jambes repliées et les mains liées dans le dos[20]. Ce schéma décoratif est connu, à l'identique, sur trois autres Drag. 29 de tardo-italique pisane trouvés respectivement à Luni[21], à Cimiez[22] et à Marseille. C'est un exemplaire qui a la particularité de présenter une estampille *in forma* de *S. Murrius Festus* au registre supérieur[23]. On peut émettre l'hypothèse que les vases de Cimiez, de Marseille et d'Arles ont fait partie à l'origine du même lot d'expédition.

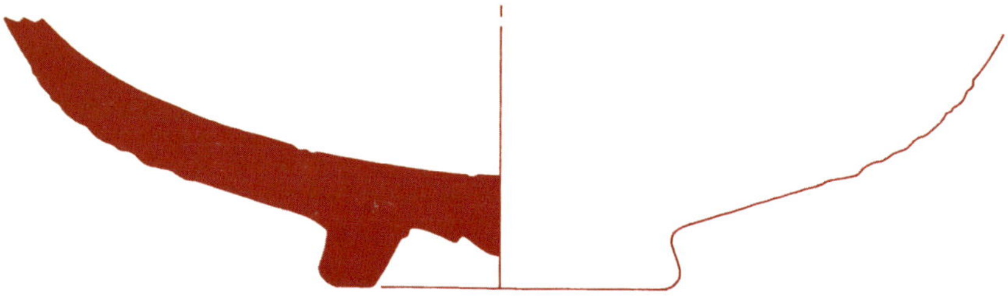

20. Type Medri 1992, 13302 / Rossetti Tella 1996, p. 50, attribué à *S. Murrius Festus* ; voir Stenico 1955 ; Regoli 1985, fig. 232, p. 36-37. **21.** Lavizzari Pedrazzini 1977, tav. 240, 8. **22.** Medri 1992, p. 25, tav. 1.1, p. 102, tav. 3.24.b. **23.** Benoit 1948, p. 116.

## Sigillées italiques et tardo-italiques lisses

### 7. Coupelle carénée

*Consp.* 27.1
Pise, *Zoilus*
Arles ; Rhône ; 2007
15-50 apr. J.-C
Céramique
h. 6,5 ; Ø bord 12 ; Ø pied 5,6
RHO.2007.1.509

Coupelle à petite lèvre débordante.
Sur le fond interne, estampille ZOIL *in planta pedis* avec Z en miroir (= O.-C.-K. 2544.78).

### 8. Assiette

*Consp.* 21.1
Italie centrale
Arles ; Rhône ; 2006
15-50 apr. J.-C.
Céramique ; vernis orangé peu épais, quasiment transparent
h. 4,4 ; Ø bord 18 ; Ø pied 8,6
RHO.2006.Z2.579

Sur le fond interne, estampille HERMEISCI *in planta pedis* avec ligature HE (= O.-C.-K. 928.1). Présence d'un graffiti sous le fond (traits entrecroisés).

### 9. Coupe a listel

*Consp.* 34.1
Arezzo
Arles ; Rhône ; 2001
15-50 apr. J.-C.
Céramique
h. 6,5 ; Ø bord 12,6 ; Ø pied 6
RHO.2001.Z2.160

Coupe à reliefs d'applique, de très belle facture et aux parois excessivement fines. Sur le fond interne, petite estampille *in planta pedis* illisible. Reliefs d'applique : double volute spiralée[24], rosette à huit pétales[25].

### 10. Fragment de bord d'assiette

*Consp.* 20.4
Arezzo
Arles ; Rhône ; 2003
40-90 apr. J.-C.
Céramique ; reliefs d'applique
Ø 18
RHO.2003.00.A148

Appliques : de gauche à droite, guirlande finement hachurée[26] entre deux palmettes triangulaires disposées horizontalement[27], rosette hachurée[28], Eros à gauche jouant de la double flûte[29].

### 11. Fragment d'assiette

*Consp.* 3.2
Pise, *S. Murrius Festus*
Arles ; Rhône ; 2004
60-100 apr. J.-C.
Céramique
h. 5,7 ; Ø bord 23 ; Ø pied 9,2
RHO.2004.Z2.152

Profil archéologiquement complet d'une assiette à doubles cercles concentriques internes. Sur le fond, timbre *in planta pedis* SEX.M.F. (= O.-C.-K. 1212.16).

### 12. Fragment d'assiette

*Consp.* 20.4
Pise, *S. Murrius Festus*
Arles ; Rhône ; 2001
60-100 apr. J.-C.
Céramique
h. 5 ; Ø bord 17 ; Ø pied 9,5
RHO.2001.Z2.214

Profil archéologiquement complet d'une assiette à couronne guillochée interne et relief d'applique (sur le fond, timbre *in planta pedis* SEX.M.F (= O.-C.-K. 1212.32). Applique : petite feuille de vigne[30].

### 13. Fond d'assiette

Typologie indéterminée
Scopietto, *L. Plotius Zosimus*
Arles ; Rhône ; 2004
60-100 apr. J.-C.
Céramique
Ø pied 9
RHO.2004.Z2.844.

Fond d'assiette à doubles cercles concentriques internes. Sur le fond, petit timbre *in planta pedis* L.PL.Z, avec ligature PL et Z en miroir (= O.-C.-K. 1488.43)[31].

## Sigillées sud-gauloises

### • Formes moulées

### 14. Coupe carénée

Drag. 29a
La Graufesenque
Arles ; Rhône ; 2001
20-40 apr. J.-C.
Céramique
h. 8 ; Ø bord 21 ; Ø pied 8
RHO.2001.Z2.216

Coupe à bandeau bipartite guilloché étroit. Sur le fond interne, estampille incomplète [–]VSF, qu'il convient peut-être d'attribuer, avec toutes les précautions d'usage, au potier millavois *Scottius*, compte tenu du schéma décoratif précoce de ce vase[32].
Décor : 1) Registre supérieur : ligne perlée ; au-dessous, guirlande avec axe perlé décoré d'éléments lyrés[33] timbrés d'une rosette, en alternance avec des tiges perlées obliques terminées tantôt par de petites feuilles de type vannet[34], tantôt par des dyclitras[35]. Ce type de guirlande lyrée[36] a été à maintes reprises utilisé et décliné de diverses manières par nombre de potiers tibériens de La Graufesenque, emploi qui s'est maintenu jusqu'au tout début du règne de Claude[37]. Baguette médiane lisse entre deux rangs de perles.
2) Panse : elle est ornée d'un large rinceau, dont l'axe principal et les tiges secondaires ont été réalisés à main levée lors de la réalisation du moule par le décorateur (on notera tout particulièrement la sûreté du tracé, qui est à mettre au compte de la grande expérience de son auteur) ; des astragales à quatre éléments tiennent lieu de ligature ; dans les boucles supérieures et inférieures, deux tiges sinueuses à gauche terminées l'une par une feuille de vigne proche de Hermet 1934, pl. 8, 6[38], l'autre par une grappe de raisin[39] ; une composition identique est connue sur la panse d'un Drag. 29 d'Aislingen[40].

### 15. Coupe carénée

Drag. 29a/b
La Graufesenque, *Cocus*
Arles ; Rhône ; 2005
30-50 apr. J.-C.
Céramique
h. 7 ; Ø bord 19 ; Ø pied 7
RHO.2005.D5.710

Vase de très belle facture.
Sur le fond interne, estampille OFCOCI[41].
Décor : 1) Registre supérieur : ligne perlée ; au-dessous, rinceau voluté bi-décurrent avec petite feuille de type vannet[42] et spirales timbrées d'une rosette à quinze pétales ; astragale à quatre éléments sur l'axe principal. Baguette médiane lisse entre deux rangs de perles.
2) Panse : elle est occupée par un large rinceau ondulé, enveloppant et régulier ; quatre tiges sinueuses se déploient harmonieusement dans les boucles supérieures, trois dans les boucles inférieures ; à leur extrémité, le décorateur a placé tantôt un tortillon, tantôt une feuille polylobée[43], le tout selon une alternance rythmique rigoureuse[44].

---

**24.** Proche de Schindler Kaudelka *et al.* 2001, Abb. 59, S 5. **25.** Schindler Kaudelka *et al.* 2001, Abb. 57, R 32. **26.** Stenico 1954, tav. 16, 95 ; Hedinger 1999, Abb. 12 et taf. 133, A 42. **27.** Stenico 1954, type 87 et tav. 17, 113 ; similaire à Schindler Kaudelka *et al.* 2001, Abb. 64, V 25. **28.** Kenrick 1985, fig. 28, B214.6, pl. 15, M9 ; Schindler Kaudelka *et al.* 2001, Abb. 61, R 14 ; Hayes 2008, pl. 36, 634. **29.** Motif des plus communs, voir Stenico 1954, type 21 et tav. 17, 112 ; Hayes 1973, n° 74, pl. 78a ; Kenrick 1985, fig. 28, B215.4, pl. 15, M23 ; Hedinger 1999, Abb. 9 et taf. 132, A 9 ; Schindler Kaudelka *et al.* 2001, Abb. 46, F 8, etc. **30.** Hayes 1973, n° 40, pl. 77d ; Kenrick 1985, fig. 28, B213.6, pl. 15, M26 ; Hedinger 1999, Abb. 12, A51 ; proche de Schindler Kaudelka *et al.* 2001, Abb. 64, V 7. **31.** = Nicoletta 2000, B.III.Z.5.f, 510, fig. 1 = Ead. 2008, 99, n° 166. **32.** Pour une estampille similaire, voir Polak 2000, pl. 20, S42. **33.** Knorr 1919, taf. 14, 23. **34.** Proche de Knorr 1938, Abb. 3, 23 ; Knorr 1952, taf. 79 B ; Tilhard 2004, pl. 136, 111. **35.** Knorr 1919, taf. 14, 7. **36.** Hermet 1934, pl. 45, 28-33. **37.** Ritterling 1912, 215, Abb. 49 ; Knorr 1919, taf. 1 A, *Albinus*, taf. 6 B, *Amandus*, taf. 77, *Senicio*, taf. 78 A, *Senomantus* ; Hawkes, Hull 1947, pl. 22, 21 et 25-27 ; Ettlinger 1949, taf. 41, 44 ; De Schaetzen, Vanderhoeven 1953-1954, taf. 2,12 ; Fellmann 1955, taf. 14, 2 ; Krämer 1957, taf. 24, 6a-b ; Vanderhoeven 1975, taf. 7, 41 ; Fiches 1978, fig. 2, 10 ; Tondre-Boillot 1985, pl. 2, 10-11 ; Furger, Deschler-Erb 1992, taf. 7, 3/28 ; Flügel 1999, taf. 14 et 113, G 24 ; Tilhard 2004, pl. 128, 29-33. **38.** Knorr 1919, taf. 76 C ; Hawkes et Hull 1947, pl. 22, 28 ; Tondre-Boillot 1985, pl. 3, 25. **39.** Knorr 1919, taf. 76 C ; Fellmann 1955, taf. 14, 8 ; Tilhard 2004, pl. 128, 34. **40.** Knorr 1952, taf. 57, 3. **41.** = Polak 2000, pl. 7, C132 ; Genin 2007, pl. 170, 123.B16. **42.** Knorr 1938, Abb. 3, 23 ; Knorr 1952, taf. 79 B ; Tilhard 2004, pl. 136, 111. **43.** Knorr 1919, taf. 56 A, taf. 77 L. **44.** Composition identique sur la panse d'un Drag. 29 de Zurich, voir Vogt 1948, Abb. 37, 2.

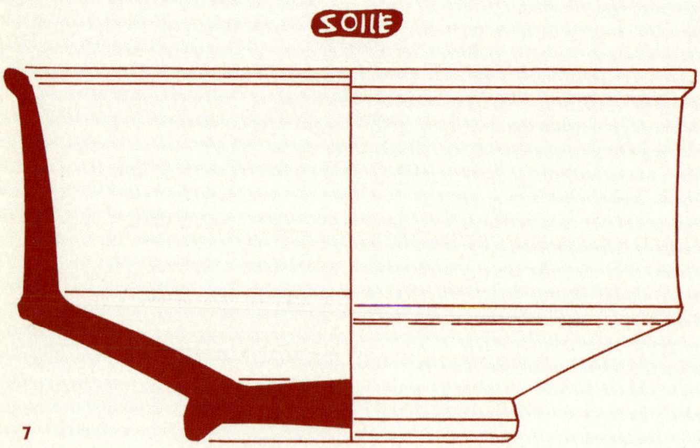


7

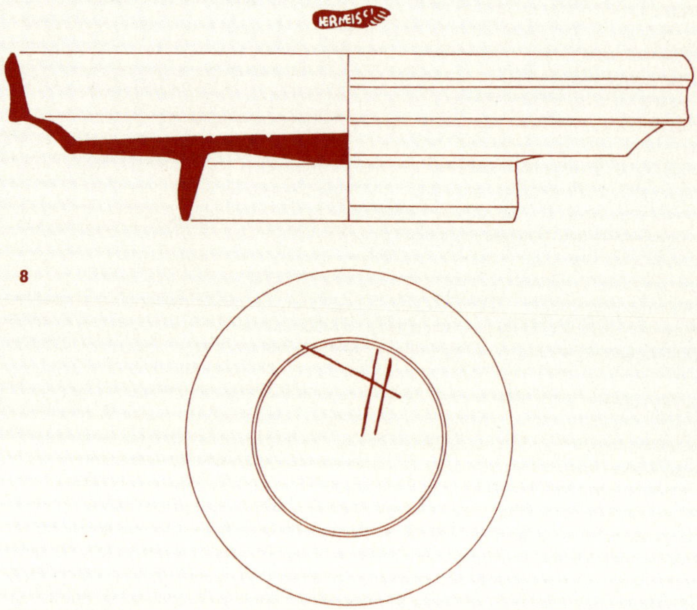


8

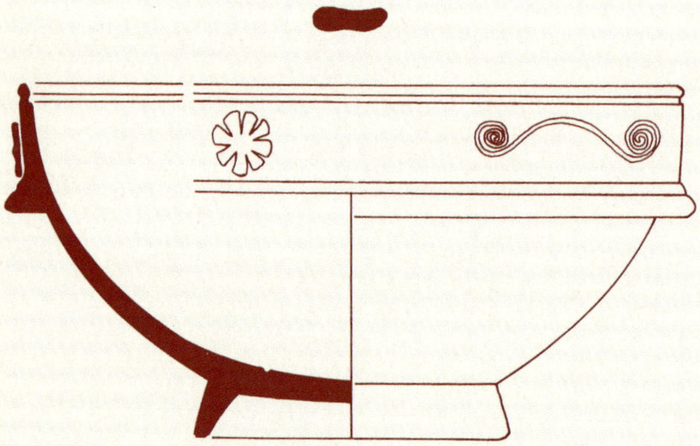

9

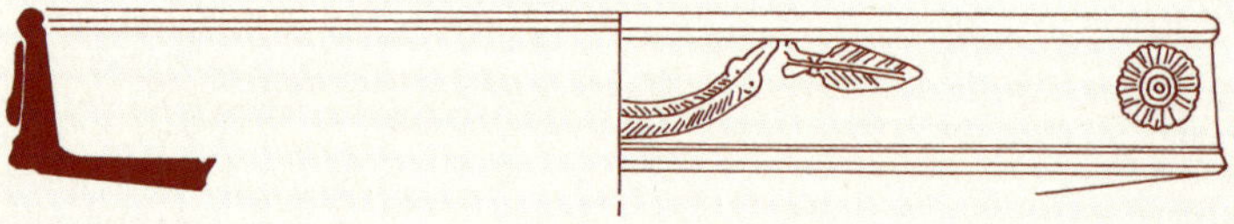

10

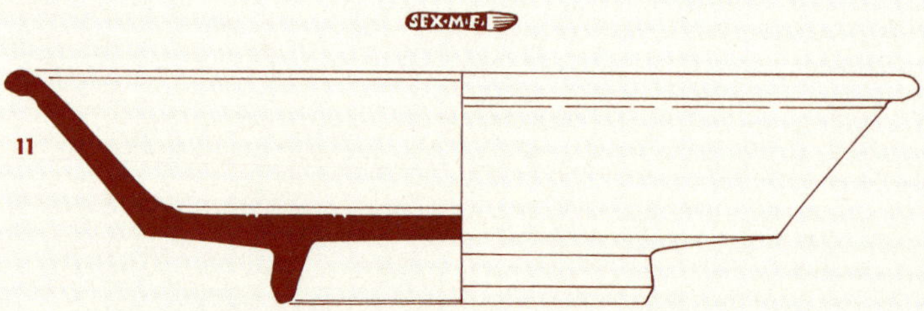


11

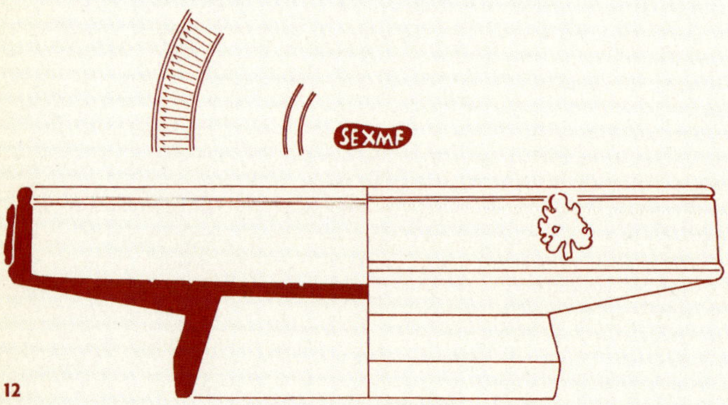


12

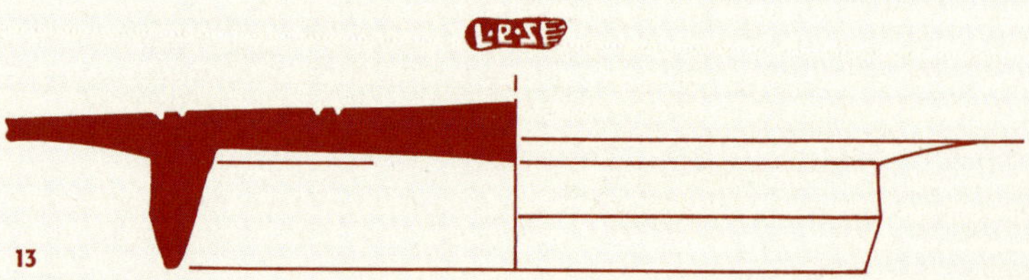


13

14

15

14

15

## 16. Coupe carénée

**Drag. 29b**
**La Graufesenque, *Silvanus***
**Arles ; Rhône ; 2001**
**50-75 apr. J.-C.**
**Céramique**
**h. 8 ; Ø bord 18,5 ; Ø pied 6**
**RHO.2001.Z2.186**

Coupe avec pied à surface de pose rainurée.
Sur le fond interne, estampille OFSILVANI[45].
Décor : 1) Registre supérieur : ligne perlée ; au-dessous, théorie de festons simples ondulés reliés par un double astragale ; en pendentif, feuille de type vannet à cinq lobes[46] ; une volute spiralée timbrée d'une rosette occupe l'intérieur de chaque feston. Baguette médiane lisse entre deux rangs de perles.
2) panse : celle-ci présente un décor peu commun, assez original, quelque peu baroque et plutôt tourbillonnant dans sa structure ; celui-ci juxtapose en effet des bouquets flexibles disposés tête-bêche et formés chacun d'une rosette donnant naissance à une volute spiralée associée à deux tiges sinueuses terminées respectivement par un trifol[47], un vannet à cinq lobes, un tortillon et une feuille palmée[48] ; petits cercles ocellés en garniture dans le champ.

## 17. Coupe carénée*

**Drag. 29b**
**La Graufesenque, *Memor***
**Arles ; Rhône ; 2006**
**70-85 apr. J.-C**
**Céramique**
**h. 11 ; Ø bord 23 ; Ø pied 7,6**
**RHO.2006.Z2.536**

Sur le fond interne, estampille MEMORISM[49], une variété de marque de *Memor* plutôt rare (elle n'est pas répertoriée dans Genin 2007), qui est en particulier connue par des exemplaires de Newstead[50] et de Rottweil[51]. Celle-ci figure également sur le fond d'un Drag. 29 d'Ostie[52].
Décor : 1) Registre supérieur : ligne perlée en partie effacée ; au-dessous, rinceau voluté bi-décurrent avec petite feuille losangée[53] et spirales timbrées d'une rosette à six pétales ; même variété de rosette en garniture dans le champ. A noter que les registres supérieurs de deux Drag. 29b, l'un de Neuss[54] et l'autre d'Asberg[55], présentent un schéma décoratif identique. Baguette médiane lisse entre deux rangs de perles.
2) Panse : une rangée d'ovoïdes allongés occupe la limite supérieure, ovoïdes que l'on retrouve également sur le Drag. 29b de Neuss dont nous venons de rappeler l'existence. Ligne ondulée au-dessous. Un rinceau ondulé agrémente le bas de la panse ; dans les boucles supérieures, tiges sinueuses démultipliées terminées par une petite feuille cordiforme et deux feuilles du type "hallebarde[56]", petit cygne à droite Osw. 2244 en garniture[57] ; dans les boucles inférieures, un arboréïde timbré d'une rosette à six pétales et formé d'un trifol Hermet 1934, pl. 14, 2 et d'une feuille polyfoliée Hermet 1934, pl. 14, 81, avec deux tiges latérales sinueuses terminées par un pistil[58].

## 18. Fragment de coupe carénée

**Drag. 29b**
**La Graufesenque, *Meddillus***
**Arles ; Rhône**
**60 -90 apr. J.-C.**
**Céramique**
**Ø pied 6,5**
**X-16375**

Fond de coupe dont le pied présente une surface de pose rainurée.
Sur le fond interne, estampille MEDDILLVS avec ligature DD[59]. Sous le décor, en transparence, rétrograde et en fort relief, graffiti en capitales gravées *ante cocturam* sur le moule : MIIDDIL, avec E archaïque et D barré[60].
Décor : panse occupée par une palissade de godrons ; ligne ondulée au-dessous ; une rangée de chevrons emboîtés occupe la limite inférieure de la zone décorée. Cette composition se retrouve à l'identique sur un Drag. 29b de *Meddillus* trouvé à Nimègue, lequel présente la même signature *in forma* et la même variété d'estampille interne[61]. Le vase de *Noviomagus* et celui d'Arles ont quelque chance d'avoir été réalisés à l'aide du même moule.

## 19. Fragment de coupe hémisphérique

**Drag. 37**
**La Graufesenque, *Severus 2***
**Arles ; Rhône ; 2005**
**70-95 apr. J.-C.**
**Céramique**
**h. 8 ; l. 15,1**
**RHO.2005.PIR.312**

Panse décorée par le *figulus* millavois *Severus 2*, comme l'atteste la présence de l'estampille intradécorative très empâtée SEVERI qui apparaît sur le flanc du vase[62].
Décor : frise d'oves à cœur, orle double et dard à droite à terminaison trifide. La panse est occupée par deux bandes décoratives superposées que délimitent des lignes ondulées horizontales. Sur celle du haut, de gauche à droite, sanglier sinistrogyre Osw. 1182, *flabellum* proche de Hermet 1934, pl. 68, 9, lion bondissant à droite variante Osw. 1400 ; sol matérialisé par des brins d'herbe obliques ; au-dessus du lion, et en garniture, une petite tige sinueuse terminée par une feuille cordiforme et timbrée d'une rosette à sa base. Une composition similaire est connue sur un Drag. 37 de *Severus 2* trouvé à Nettleton en Grande-Bretagne[63]. A noter que ce schéma se retrouve également sur la panse d'un Drag. 29b de Mayence estampillé par *Vitalis*, dont *Severus 2* est probablement le décorateur du moule[64]. Le registre inférieur montre une succession de métopes que séparent des lignes ondulées verticales timbrées de rosettes aux intersections. Deux d'entre elles sont décorées d'un médaillon double contenant, l'un, l'Eros agenouillé à droite Osw. 502[65], l'autre, l'Eros marchant à gauche le bras droit levé Osw. 436[66] ; quatre tiges sinueuses terminées par une feuille cordiforme enserrent chaque médaillon.
Pour ce qui est des deux autres panneaux conservés, l'un est divisé en deux zones : lignes ondulées obliques et semis de petites feuilles cordiformes dans la partie supérieure, chien à gauche à tête réflexe Osw. 1573A, que surmonte l'estampille SEVERI, dans la partie inférieure ; l'autre est agrémenté d'un sautoir à tiges latérales sinueuses terminées par une feuille allongée. Une rangée de chevrons limite le bas du champ décoratif.

## 20. Coupe hémisphérique

**Drag. 37**
**La Graufesenque**
**Arles ; Rhône, plage d'Arles 5 ; 2001**
**Vers 80-95 apr. J.-C.**
**Céramique**
**h. 9 ; Ø bord 19,5 ; Ø pied 7,6**
**RHO.2001.Z2.49**

Coupe décorée de trois registres superposés que séparent des lignes ondulées.
Décor : frise d'oves à cœur, orle double et dard à droite à terminaison perlée[67]. Sur le registre supérieur, scène de chasse flabellée[68]. Le registre médian est occupé par une palissade de pseudo-strigiles[69]. Celui du bas présente une succession de festons feuillus[70] reliés par deux, voire parfois trois, astragales juxtaposés ; en pendentif, tige avec capsule de pavot[71]. A l'intérieur des festons, deux spirales opposées timbrées d'une rosette alternant avec un oiseau marchant à gauche[72].

---

**45.** Oswald 1931, 301 mentionne un timbre identique trouvé à Arles ; Polak 2000, 335-336 ; Genin 2007, 248. **46.** Hermet 1934, pl. 14, 88. **47.** Vanderhoeven 1975, taf. 19, 136. **48.** Mary 1967, taf. 5, 15. **49.** = Polak 2000, pl. 14, M63. **50.** Curle 1911, 238, 67. **51.** Knorr 1907, taf. 31, 249. **52.** Knorr 1930, Abb. 1, 5. **53.** Knorr 1919, taf. 75, 29 ; Knorr 1938, Abb. 2, 20 et 22 ; Knorr 1952, taf. 76 B ; Hawkes, Hull 1947, pl. 26, 13 et pl. 32, 10 ; Mary 1967, taf. 1, 15, taf. 7, 9 et taf. 13, 21 ; Vanderhoeven 1975, taf. 19, 132 et taf. 25, 184. **54.** Mary 1967, taf. 13, 21. **55.** Vanderhoeven 1975, taf. 19, 132. **56.** Knorr 1919, taf. 27, 7, OF COTOI ; Hermet 1934, pl. 12, 61 ; Mary 1967, taf. 16, 20 ; Nieto, Puig 2001, type Cc.74. **57.** Cette composition se retrouve à l'identique sur un Drag. 29b de Günzburg estampillé OFIVCVNDI, voir Knorr 1952, taf. 31 E. **58.** Nieto, Puig 2001, type Cc.25. **59.** = Knorr 1907, taf. 31, 66-67 ; Polak 2000, pl. 14, M58 ; Genin 2007, pl. 188, 271. **60.** Pour des marques *in forma* similaires, voir Knorr 1952, taf. 40 A ; Mees 1995, taf. 122-123 ; Polak 2000, 267, fig. 8.5. **61.** Mees 1995, taf. 122, 1. **62.** Polak 2000, 332-334. **63.** Simpson 1982, fig. 69, 77 ; Mees 1995, taf. 190, 3. **64.** Knorr 1919, taf. 84 F. **65.** Identique à Mees 1995, taf. 191, 4. **66.** Identique à Mees 1995, taf. 191, 1 et 3. **67.** Nieto, Puig 2001, type Da.5. **68.** Chien à droite Osw. 1925, Vanderhoeven 1978, taf. 88, 733 ; lièvre à droite Osw. 2074, Müller 1968, taf. 1,6, Vanderhoeven 1978, taf. 84, 685. **69.** Vanderhoeven 1978, taf. 92, 780 ; Nieto, Puig 2001, type Cd.17a. **70.** Nieto, Puig 2001, type Db.77. **71.** Nieto, Puig 2001, type Cc.16. **72.** Proche de Nieto Puig 2001, type Bf.56.

16

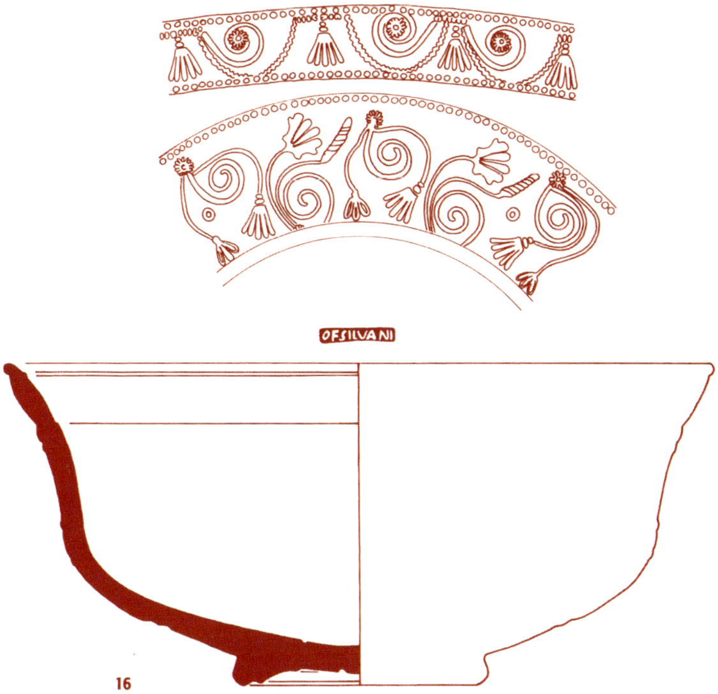


16

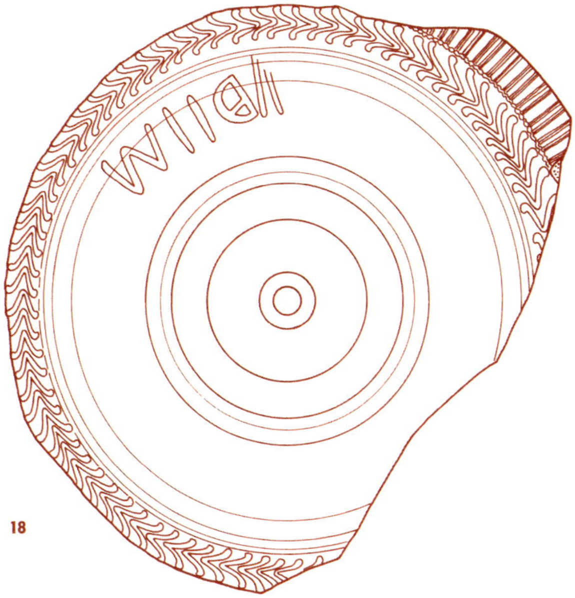

18

19

20

## 21. Coupe hémisphérique

**Drag. 37**
**La Graufesenque, *Pontius***
**Arles ; Rhône ; 2001**
**80 -100 apr. J.-C.**
**Céramique**
**h. 8 cm ; Ø bord 14,5 ; Ø pied 5,8**
**RHO.2001.Z2.215**

Coupe hémisphérique de petit format.

Sous le décor, en transparence et rétrograde, graffiti en lettres capitales gravées *ante cocturam* sur le moule : PONTIM, avec ligature TI, signature bien connue du décorateur de La Graufesenque *Pontius*[73].

Décor : frise d'oves à cœur, orle double et dard à droite à terminaison trifide (type des plus communs qui a été utilisé par plusieurs décorateurs flaviens de La Graufesenque, tels *Biragillus* et *Mercator*) ; au-dessous, ligne ondulée. Le corps de la panse est occupé par un rinceau. Dans les boucles supérieures, trois tiges sinueuses, dont deux portent à leur extrémité une feuille palmée comme Hermet 1934, pl. 7, 20 ; la troisième, au centre, est surmontée d'un petit oiseau au repos à gauche Osw. 2261B. Dans les boucles inférieures, un arboréïde composé de deux trifols opposés timbrés d'une rosette et de deux tiges sinueuses latérales portant un tortillon à leur extrémité. Ligne ondulée au-dessous. Guirlande de chevrons emboîtés en limite inférieure du champ décoratif comme sur un Drag. 37 de *Pontius* trouvé à La Graufesenque[74].

On connaît actuellement une vingtaine de vases dont le décor est attribuable à la main de *Pontius* ; deux ont été trouvés à Fos-sur-Mer et sont conservés au musée d'Istres[75]. L'exemplaire d'Arles compte parmi les plus complets. On situe l'activité de *Pontius* dans la grande manufacture millavoise au cours des deux dernières décennies du Ier siècle apr. J.-C.

## 22. Fragment de coupe hémisphérique

**Drag. 37**
**La Graufesenque, *G. At(--) Pas(--)***
**Arles ; Rhône ; 2001**
**90-120 apr. J.-C.**
**Céramique**
**Ø pied 8,6**
**RHO.2001.Z3.5**

Fragment de bas de panse et pied annulaire d'une coupe hémisphérique.

Sous le décor, en transparence, rétrograde et en partie effacé, graffiti en grandes lettres cursives gravées *ante cocturam* sur le moule : GATPAS. Il convient d'attribuer cette signature à un décorateur de La Graufesenque, contemporain de la fin de l'époque flavienne et dont l'identité est par ailleurs entachée de bien des imprécisions, à savoir *G. At(--) Pas(--)*[76].

Décor : à l'origine, le corps de la panse était agrémenté d'une succession de panneaux délimités par des lignes ondulées timbrées de rosettes aux extrémités et aux intersections ; dans le bas de l'un des panneaux conservés, on distingue les jambes du satyre vendangeur Osw. 597. La limite inférieure de la plage décorée est occupée par une rangée de strigiles, un schéma que l'on retrouve sur au moins deux Drag. 37 de *G. At(--) Pas(--)*, l'un d'Elewijt[77], l'autre de Clermont-Ferrand[78]. On peut supposer que les moules de ces deux vases et de celui d'Arles relèvent de la même phase de production et qu'ils sont contemporains.

## • Formes lisses

## 23. Coupelle

**Drag. 24/25**
**La Graufesenque, *Albus***
**Arles ; Rhône ; 2003**
**45-75 apr. J.-C.**
**Céramique**
**h. 5,7 ; Ø bord 13 ; Ø pied 5,7**
**RHO.2003.00.A16**

Sur le fond interne, estampille ALBIM dans un cartouche aux extrémités échancrées[79].

## 24. Coupelle

**Drag. 24/25**
**La Graufesenque, *Aper***
**Arles ; Rhône ; 2001**
**50-70 apr. J.-C.**
**Céramique**
**h. 5 ; Ø bord 10,4 ; Ø pied 4,6**
**RHO.2001.Z2.125**

Sur le fond interne, estampille OFAPRI avec F et A de type archaïque[80].

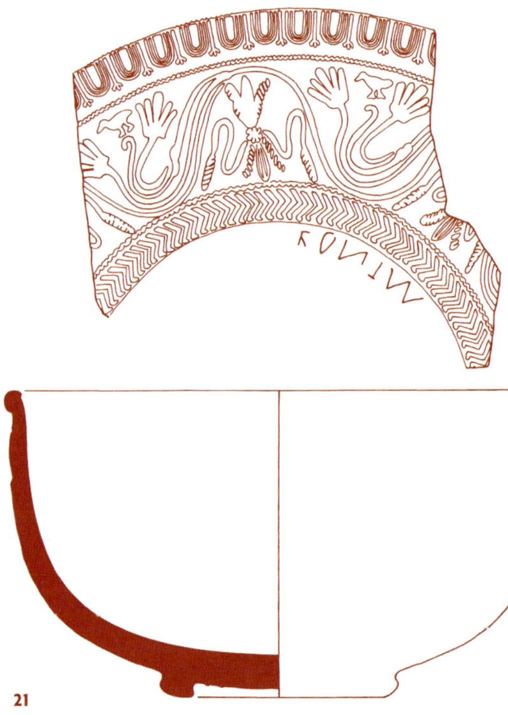

21

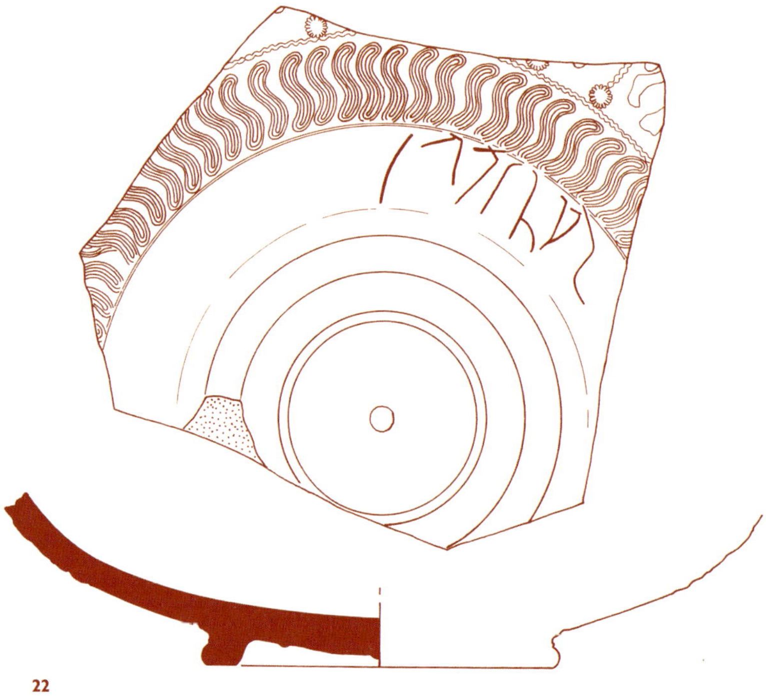

22

**73.** Mees 1995, 92 et taf. 166-167. **74.** Mees 1995, taf. 167, 1. **75.** Mees 1995, taf. 166, 6 et 8. **76.** Mees 1995, 90 et taf. 162. **77.** Vaes, Mertens 1953, pl. 3, 19 ; De Groot 1965, 96, 4 ; Mees 1995, taf. 162, 3. **78.** Mees 1995, taf. 162, 4. **79.** = *NoTS 1*, Albus i, 6a ; Genin 2007, Pl. 155, 18.19, mais avec point entre I et M. **80.** = *NoTS 1*, Aper i, 5f ; Polak 2000, pl. 1, A50 ; Genin 2007, pl. 156, 33.4.

## 25. Coupelle

Drag. 24/25
La Graufesenque, *Modestus*
Arles ; Rhône ; 2003
65-80 apr. J.-C.
Céramique
h. 5 ; Ø bord 10 ; Ø pied 4,5
RHO.2003.00.A107

Sur le fond interne, estampille OF.MOD, avec ligature OD[81].

## 26. Coupelle

Drag. 27
La Graufesenque, *Maccarus*
Arles ; Rhône ; 2003
40-60 apr. J.-C.
Céramique
h. 3,7 ; Ø bord 8,2 ; Ø pied 3,7
RHO.2003.00.A109

Sur le fond interne, estampille MAC[82].

## 27. Coupelle

La Graufesenque, *Felix*
Arles ; Rhône ; 2001
L65-85 apr. J.-C.
Céramique
h. 6 ; Ø bord 12 ; Ø pied 4,8
RHO.2001.Z3.4

Coupelle à l'aspect massif.
Sur le fond interne, estampille FELICISMAN avec ligature MA[83].

## 28. Assiette

Drag. 15/17
La Graufesenque, *Aquitanus*
Arles ; Rhône ; 2005
40-65 apr. J.-C.
Céramique
h. 3,3 ; Ø bord 17,5 ; Ø pied 9
RHO.2005.Z3.309

Sur le fond interne, estampille AQVITAN avec les A de type archaïque.

## 29. Assiette

Drag. 15/17
La Graufesenque, *Matugenus*
Arles ; Rhône ; 2003
55-80 apr. J.-C.
Céramique
h. 4 ; Ø bord 17 ; Ø pied 9
RHO.2003.00.A6

Sur le fond interne, estampille incomplète et mal imprimée [OF.MA]T.VGE[84].

## 30. Assiette*

Drag. 15/17
La Graufesenque, *Labio*
Arles ; Rhône ; 2005
45-75 apr. J.-C.
Céramique
h. 3,4 ; Ø bord 15 ; Ø pied 7,8
RHO.2005.Z3.228

Sur le fond interne, estampille OF.LABIO, avec A pointé[85].

## 31. Assiette*

Drag. 18
La Graufesenque, *Rutaenus*
Arles ; Rhône ; 1995
40-70 apr. J.-C.
Céramique
h. 3,5 ; Ø bord 16,5 ; Ø pied 8
RHO.95.00.27

Sur le fond interne, estampille RVTAEN[86].

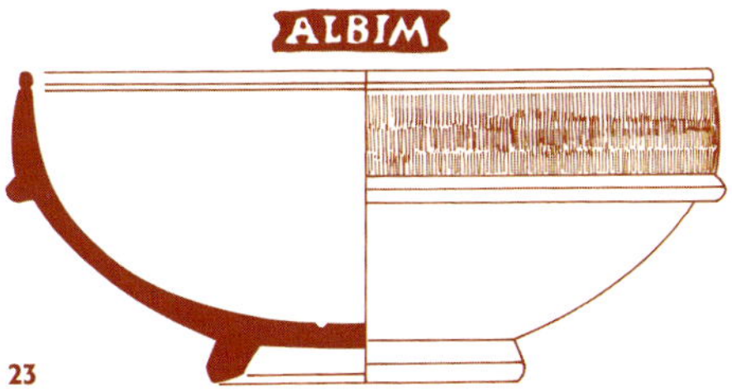


23

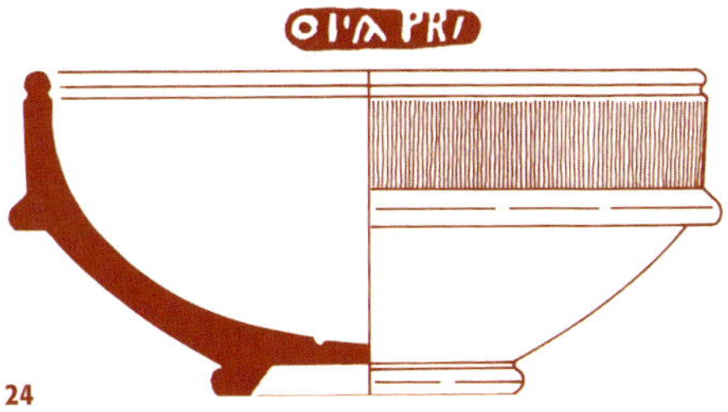

24

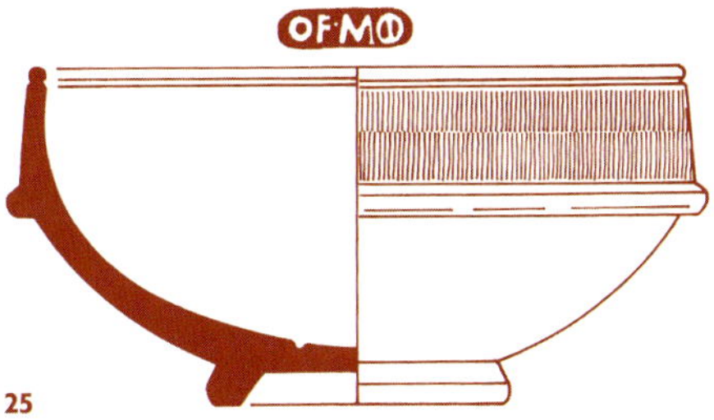


25

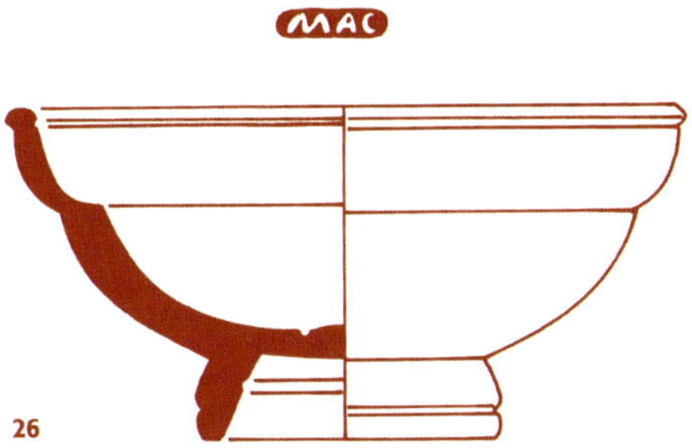


26

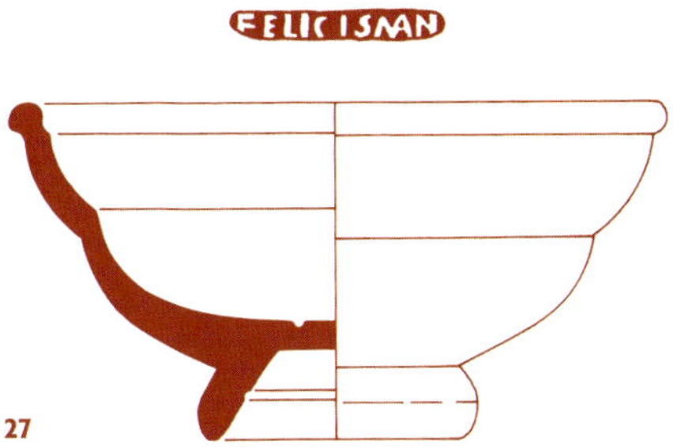


27

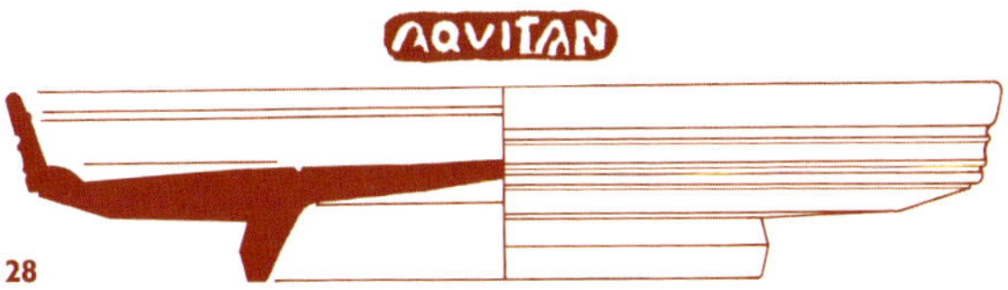


28

29

**81.** = Polak 2000, pl. 14, M86 ; proche de Genin 2007, pl. 190, 282.28. **82.** = Genin 2007, pl. 185, 248.9. **83.** = Polak 2000, pl. 9, F18 ; Genin 2007, pl. 175, 172.17. **84.** Polak 2000, pl. 14, M56 ; Genin 2007, pl. 188, 269.1. **85.** Plus grande que Genin 2007, pl. 183, 227.8. **86.** Polak 2000, pl. 20, R40 ; Genin 2007, pl. 201, 359.

## 32. Assiette*

Drag. 18
La Graufesenque, *Lentulus*
Arles ; Rhône ; 2003
45-70 apr. J.-C.
Céramique
h. 3,6 ; Ø bord 16,6 ; Ø pied 8
RHO.2003.00.A113

Sur le fond interne, estampille LENTVF[87].

## 33. Assiette*

Drag. 18
La Graufesenque, *Viriodus*
Arles ; Rhône ; 2004
60-90 apr. J.-C.
Céramique
h. 4 ; Ø bord 16,5 ; Ø pied 8,4
RHO.2004.Z2.156

Sur le fond interne, estampille VIR(IO)DI dans un cartouche aux extrémités échancrées. *Viriodus* est un potier peu connu de La Graufesenque ; Genin recense seulement une estampille sur Drag. 27 qui provient de la fosse de *Gallicanus*[88]. Une estampille trouvée à Soissons, lue VIRODV, pourrait lui appartenir[89]. La même remarque peut également s'appliquer aux estampilles OF.VIRIO qui ont été identifiées à Strasbourg, Valkenburg, Vechten ou encore à *Camulodunum*[90].

## 34. Assiette*

Drag. 18
La Graufesenque, *Bassus* 3
Arles ; Rhône ; 2005
85-120 apr. J.-C.
Céramique
h. 4,5 ; Ø bord 17,8 ; Ø pied 9,2
RHO.2005.33.306

Assiette d'aspect massif.
Sur le fond interne, estampille OFBASSI[91].

## 35. Coupelle

Ritt. 9a *similis*
La Graufesenque, *Silvanus*
Arles ; Rhône
55-75 apr. J.-C.
Céramique
h. 5,2 ; Ø bord 11 ; Ø pied 5,4
X-16218

Type de coupelle rare, dont la silhouette générale rappelle celle de la forme Drag. 24/25, et le pied, celui du Ritt. 9 ; deux gorges moulurées horizontales agrémentent en outre le bandeau supérieur comme sur certains Ritt. 9a millavois précoces[92]. Cette forme est proche des types italiques *Consp.* 26.2 et *Consp.* 27.2.
Sur le fond interne, une estampille incomplète et mal imprimée qu'il convient de lire (S)ILVAN[93]. Présence sur la panse d'une marque de propriété gravée *post cocturam* représentant une ancre stylisée.

## 36. Assiette*

Drag. 36
La Graufesenque
Arles ; Rhône ; 1995
60-100 apr. J.-C.
Céramique
h. 4 ; Ø bord 16,5 ; Ø pied 6,5
RHO.95.684.100

Coupelle à décor de feuilles d'eau orientées à droite ; cercle sur le fond interne.

## 37. Fragment d'encrier

Ritt. 13 / Hermet 18
La Graufesenque
Arles ; Rhône ; 2003
40-110 apr. J.-C.
Céramique
h. cons. 4 ; Ø bord 9
RHO.2003.00.A115

Partie supérieure d'un encrier *(atramentarium)*, avec trou pour le calame.

# Sigillée hispanique

## 38. Coupe hémisphérique

Drag. 37a
*Tritium Magallum* (Tricio)
Arles ; Rhône ; 2004
80-120 apr. J.-C.
Céramique
h. 8,5 ; Ø bord 16 ; Ø pied 5,5
RHO.2004.Z2.799

Décor : deux registres superposés, que sépare une fine moulure horizontale, occupent le corps de la panse. Celui du haut juxtapose des médaillons cordés contenant une biche à tête réflexe bondissant vers la gauche, caractérisée par une atrophie de l'arrière-train[94]. Celui du bas présente un décor similaire, à savoir une succession de médaillons cordés, ornés chacun d'un griffon sinistrogyre efflanqué[95].

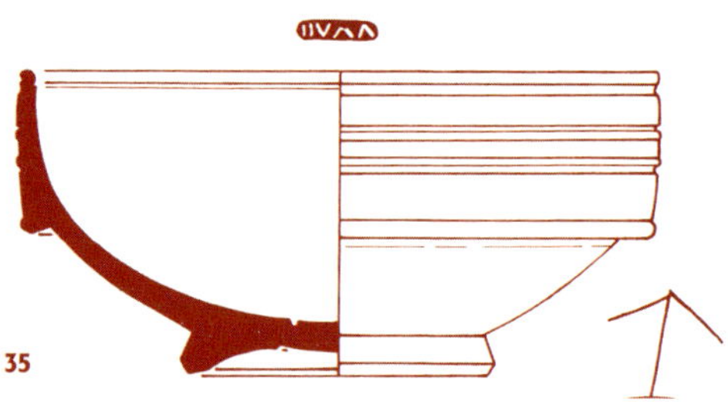

35

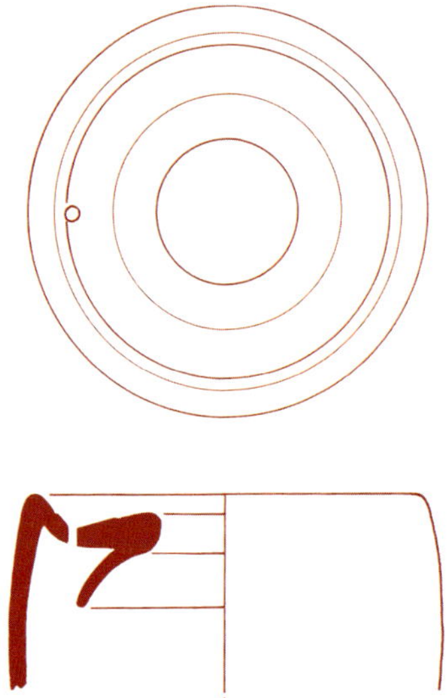

37

38

87. Polak 2000, pl. 12, L10. 88. Genin 2007, pl. 212, 447, avec ligature OD. 89. Oswald 1931, 338. 90. Polak 2000, 351 et pl. 25, V43. 91. *NoTS* 2, Bassus iii, 2 g ; Polak 2000, pl. 4, B53 ; Genin 2007, pl. 161, 64.11. 92. Genin *et al.* 2002, type 22, fig. 31, 6-7. 93. A rapprocher de Polak 2000, pl. 23, S155. 94. Motif proche mais différent de Mayet 1984, pl. 191, 2191. 95. Romero Carnicero 1985, fig. 26, 239 et pl. 21,12 ; motif attesté également sur un Drag. 29/37 hispanique d'Irún, voir Rodriguez Salies, Tobie 1971, pl. 9, 54 ; Mayet 1984, pl. 180, 1842.

# Les lampes à huile

*Lucien Rivet*

Toutes les lampes romaines provenant des fouilles actuelles effectuées dans le Rhône sont issues du grand dépotoir de la rive droite, dénommé gisement A. Elles sont moulées, une technique qui permet, sur un mode de production artisanal, des fabrications en quantités importantes : une valve inférieure correspond à la cuve et une valve supérieure au disque ; avant cuisson, les deux éléments sont réunis en étant collés à l'argile.

Ce sont vraisemblablement des ateliers italiens (cat. n° 1-18) qui ont, les premiers, dès le début de l'époque augustéenne, développé cette technique et l'ont exporté hors de la péninsule.

La finesse des parois de ces lampes et la netteté des reliefs décoratifs des médaillons permettent de reconnaître aisément ces produits importés (cat. n° 1-3, 6, 8-9, 11, 13), mais les moules s'usent… et donnent naissance, peu à peu, à des lampes de qualité inférieure (cat. n° 7), voire médiocre (cat. n° 10).

En règle générale, ces lampes italiques du Ier siècle ne comportent pas d'anse.

Les ateliers, principalement établis dans la vallée du Pô et dans les régions centro-tyrrhéniennes, sont assez mal connus malgré l'élaboration de catalogues souvent établis à partir des estampilles des officines. Leur production était exportée vers le Sud de la Gaule, par voie maritime, en profitant des transports de produits alimentaires (amphores et vrac) ou non (autres produits manufacturés). On suppose que les grandes officines italiennes ouvrent très rapidement des succursales hors de la péninsule.

En effet, en réalisant le moulage d'une lampe commercialisée, d'autres artisans pouvaient obtenir de nouveaux moules et produire eux-mêmes, dans la plupart des provinces de l'Empire, des copies de lampes italiques (cat. n° 19-38), mais également des lampes présentant des décors plus ou moins originaux. On identifie ces "contrefaçons" – mais pas toujours les ateliers – à l'épaisseur des parois, aux reliefs plus ou moins empâtés et aux bulles de "surmoulage". La Grèce, l'Asie Mineure, l'Egypte, l'Afrique du Nord, le Sud de la Gaule et diverses autres contrées connaissent de telles officines. On identifie ainsi deux lampes, d'excellente facture, dont l'origine est très probablement égyptienne (cat. n° 19-20). D'autres sont indéniablement produites dans la basse vallée du Rhône (cat n° 21-26), parmi lesquelles deux, au moins, proviennent de l'atelier de Fos-sur-Mer (cat. n° 23, 26).

Pour la plupart des autres objets, on peine à identifier leur provenance, car les ateliers de lampes sont assez mal connus et on peut s'étonner que la Bétique, une province d'Espagne réputée pour ses productions de gobelets à paroi fine, qui requièrent une habileté tout à fait comparable à celle nécessaire pour la fabrication de lampes, ne se soit apparemment pas engagée, sauf erreur, dans ce type d'activité.

Les lampes se classent selon leur forme, en particulier celle de leur bec, et leur typologie est un critère chronologique puisqu'elle répond à des évolutions sujettes aux modes. Les typologies sont nombreuses et nous avons choisi une des plus fréquemment utilisées, celle de J. Deneauve établie à partir de l'étude du luminaire de Carthage.

Le lot d'Arles comprend majoritairement (30 ex. sur 37) des types Den. IVA (12 ex.) et VA (13 ex.) qui correspondent à des productions qui courent de l'époque augustéenne à la fin du Ier siècle. Certaines lampes de type Den. IVA appartiennent à l'époque flavienne (cat. n° 22, 25) mais la plupart couvrent les règnes de Claude-Néron (cat. n° 4, 11, 13, 15, 23-24, 29, 32, 34). Tous les types Den. VA sont produits entre le règne d'Auguste et le début du IIe siècle, mais les critères morphologiques de certaines (bandeaux étroits et plats, base annulaire) renvoient au milieu (cat. n° 1-2, 19, 20, 36) et à la seconde moitié du Ier siècle (cat. n° 3, 5-6, 9, 12, 18, 30). L'unique lampe Den. VB (cat. n° 16) pourrait dater de l'époque flavienne, *floruit* de la production de ce type.

La chronologie des deux lampes Den. VD (cat. n° 33, 35) coïncide avec la seconde moitié du Ier siècle. Quant aux lampes Den. VIID (cat. n° 17, 26, 37), elles peuvent renvoyer à l'époque qui s'étend du règne de Claude à la fin du Ier siècle.

Le décor des médaillons constitue également un critère retenu pour le classement – et c'est celui que nous avons privilégié. Dès les dernières décennies du Ier siècle av. J.-C., pour répondre à une attente des consommateurs, la mode est prise de faire figurer sur le médaillon concave un décor dont les thèmes, variés, font référence à des sujets plus ou moins culturels ou populaires, avec des références à la religion – dieux (cat. n° 1, 4, 19) et déesses (cat. n° 2-3) –, mais aussi à d'autres personnages ou symboles mythologiques – comme les Amours (cat. n° 5-6, 27), les nymphes (cat. n° 20) ou les cornes d'abondance (cat. n° 21) –, des images renvoyant aux jeux du cirque (cat. n° 7) ou de l'amphithéâtre (cat. n° 8), à des scènes érotiques (cat. n° 9-10) et à des figurations animalières (cat. n° 12-15, 23-24, 29-34) ou végétales (cat. n° 35-36).

## Ateliers italiques

### 1. Lampe, Mars Ultor

**Type Den. VA sur base à pied annulaire**
**Arles ; Rhône**
**40-75 apr. J.-C.**
**Céramique, engobe orangé clair**
**L. 12,3 ; l. 8,8**
**X-16094**

Mars Ultor casqué, tenant une lance de la main droite et une enseigne de la gauche. Les reliefs sont légèrement émoussés mais la lampe, à paroi très fine, est de bel aspect. Marque *in planta pedis* muette. Le sujet est très populaire et se rencontre sur des lampes du musée de Mayence, provenant de Milet[1], du musée de Berlin, provenant d'Asie Mineure[2] et sur un fragment d'Augst[3] ou dans l'atelier de La Butte à Lyon[4]. Mais le même motif se rencontre sur deux lampes de mêmes type et taille, avec des moulures identiques, conservées au British Museum, provenant de Chypre[5], et au musée de Chypre[6].

### 2. Lampe, Minerve

**Type Den. V sur base à pied annulaire**
**Arles ; Rhône**
**Milieu du Ier siècle apr. J.-C.**
**Céramique, engobe brun-jaune**
**L. restituée 12,1 ; l. 8,6**
**X-16251**

Minerve de trois quarts gauche, debout, casquée, tenant un bouclier rond décoré d'une tête de Méduse stylisée de la main gauche et une lance de la droite. Lampe de bel aspect, à paroi fine, au relief net malgré quelques bulles de surmoulage. Le thème iconographique est très fréquent et se retrouve sur des lampes de taille différente, par exemple, dans l'atelier de Fos[7] ou à Trèves[8], à *Vindonissa*[9] et à *Portus Magnus*[10].

### 3. Lampe, Diane

**Probablement type Den. VA sur base à sillon concentrique**
**Arles ; Rhône ; 2004**
**Seconde moitié du Ier siècle apr. J.-C.**
**Céramique, engobe ocre-jaune**
**L. incomplète 8,5 ; l. 7,6**
**RHO.2004.Z2.581**

Diane assise sur un tabouret et tendant de la main droite du feuillage à un cerf. Le relief est net, la lampe à paroi fine offre un bel aspect, sans bulle de surmoulage. On connaît le même sujet sur plusieurs lampes, à Trèves[11] et au musée de Berlin, sans provenance[12], mais c'est à *Vindonissa* que l'on trouve un décor identique[13], ainsi qu'à Avenches[14], à Mayence[15] et à Vaison-la-Romaine[16].

### 4. Lampe, Mercure

**Type Den. IVA sur base à sillon concentrique**
**Arles ; Rhône ; 2004**
**40-70 apr. J.-C.**
**Céramique, engobe brun orangé et brun-jaune**
**L. 9,5 ; l. 6,9**
**RHO.2004.Z2.582**

Mercure debout, ailé, tenant une bourse de la main droite (et le caducée de la gauche). Relief de bel aspect malgré quelques petites bulles de surmoulage. Sujet populaire que l'on retrouve à l'identique sur des lampes de *Vindonissa*[17] et de Trèves[18].

### 5. Lampe, Eros

**Type Den. VA sur base à sillon concentrique**
**Arles ; Rhône ; 1990**
**40-75 apr. J.-C.**
**Céramique, engobe brun orangé**
**L. 10,8 ; l. 7,4**
**RHO.90.00.1**

Eros assis tendant le bras droit vers une gaine d'Hermès[19]. La lampe, de bel aspect, offre un relief net. Peu de bulles de surmoulage. Le thème n'est pas fréquent, mais un motif identique est connu sur des médaillons de lampes plus petites, à Trèves[20], au musée de Tübingen, sans provenance connue[21] et dans la collection du musée Calvet à Avignon[22].

### 6. Lampe, Amour*

**Type Den. VA sur base à sillon concentrique**
**Arles ; Rhône ; 2006**
**Seconde moitié du Ier siècle apr. J.-C.**
**Céramique, engobe brun-jaune**
**L. 10,9 ; l. 7,8**
**RHO.2006.PIR.72**

Amour nu, ailé, debout sur une barque (?) et tenant un étendard de la main gauche. Le sujet n'est pas explicité. Les contours sont nets, à peine empâtés, avec quelques petites bulles de surmoulage ; les parois sont fines. Si le thème iconographique n'est pas inconnu[23], le même relief ne se rencontre qu'à Avenches[24] et à Vaison-la-Romaine[25].

### 7. Lampe, aurige victorieux

**Fragment de médaillon sur lampe de type indéterminé**
**Arles ; Rhône ; 2004**
**30-70 apr. J.-C.**
**Céramique, engobe brun foncé**
**L. 5,7 ; l. 5,2**
**RHO.2004.Z2.8**
**Bibliographie : Long 2008, fig. p. 197**

Aurige victorieux tenant une palme et une couronne et conduisant un quadrige au pas vers la gauche. Le cirque est illustré, à l'arrière-plan et de gauche à droite, par un portique constitué de colonnes torsadées sommées de chapiteaux et d'une architrave supportant sept dauphins, par une colonne portant la statue d'une Victoire, par l'obélisque de la *spina* et par un édicule polygonal couvert d'une coupole. Le relief est émoussé et pourrait renvoyer à l'utilisation d'un moule usé. Ce thème iconographique est connu dans différentes provinces, mais des reliefs identiques à celui d'Arles se rencontrent sur trois lampes de type Den. V conservées au British Museum, de provenance inconnue[26], au musée des Antiquités nationales de Saint-Germain-en-Laye, provenant peut-être de Vichy[27], au musée de Bingen[28], et sur un fragment conservé à l'université de Heidelberg, provenant de la nécropole de Neapel[29].

### 8. Lampe, gladiateur

**Type Den. IVA ou VA sur base à pied annulaire**
**Arles ; Rhône ; 2004**
**40-75 apr. J.-C.**
**Céramique, engobe brun clair**
**L. incomplète 7,6 ; l. 6,7**
**RHO.2004.Z2.580**

Gladiateur vaincu vêtu d'un pagne, coiffé d'un casque à large bord, une *manica* à la main droite qui tient un glaive et un bouclier carré au bras gauche, le genou droit au sol. Le relief est de belle qualité mais entaché de plusieurs bulles de surmoulage. Le sujet est fréquent et se rencontre à Glanum[30] et, en Autriche, sur le Magdalensberg[31] et à *Carnuntum*[32].

---

**1.** Menzel 1969, n° 174. **2.** Heres 1972, n° 172. **3.** Leibundgut 1977, M.34. **4.** Elaigne 1997, n° 36. **5.** Bailey 1980, Q 878. **6.** Oziol 1977, n° 468. **7.** Rivet 2003, n° 102-106. **8.** Goethert-Polaschek 1985, n° 398/M.29. **9.** Loeschcke 1919, n° 331-335. **10.** Bussière 2001, n° 265. **11.** Goethert-Polaschek 1985, M.17. **12.** Heres 1972, n° 568. **13.** Loeschcke 1919, n° 336-338 ; Leibundgut 1977, n° 384/M.15. **14.** Tille 2003, n° 24. **15.** Menzel 1969, n° 213. **16.** Brun, Gagnière 1937, n° 8. **17.** Loeschcke 1919, n° 2-3. **18.** Goethert-Polaschek 1985, n° 380/M.27. **19.** Robin-Petitot 2000, n° 74 = Chrzanovski 2006, n° 16. **20.** Goethert-Polaschek 1985, n° 470/M.3. **21.** Cahn-Klaiber 1977, n° 183. **22.** Brun, Gagnière 1937, n° 25. **23.** Par ex., Rivet 2003, n° 111. **24.** Tille 2003, n° 79 sur fragment, qui considère qu'il s'agit d'un pêcheur sur un rocher ou d'une allégorie. **25.** Brun, Gagnière 1937, n° 16. **26.** Bailey 1980, Q 920. **27.** Bémont, Chew 2007, GA 151/D171. **28.** Fremersdorf 1922, abb. 88. **29.** Thöne 2004, Kat. 155/M61. **30.** Bémont 2003, n° 208. **31.** Farka 1977, n° 342. **32.** Ivanyi 1935, n° 1086.

1

2

3

4

5

7

8

9

12

### 9. Lampe, scène érotique

Type Den. VA sur base à pied annulaire
Arles ; Rhône ; 2004
Seconde moitié du Ier siècle apr. J.-C.
Céramique, engobe brun-jaune verdâtre
L. 11,3 ; l. 7,9
RHO.2004.Z2.180
Bibliographie : Long 2008, p. 704, fig. 1096, 4

Scène érotique avec, à gauche, un homme nu de profil à genoux sur un lit ; il lève la jambe droite d'une femme agenouillée devant lui. La lampe, à paroi fine et de bel aspect, est légèrement surcuite et voilée ; les reliefs sont nets et on observe deux bulles de surmoulage. Sujet très populaire, dont on trouve des motifs très proches sur une lampe conservée au British Museum, sans provenance[33], et à Carthage[34]. Une lampe pourvue d'un médaillon identique fait l'objet d'une production dans l'atelier de Scopietto[35].

### 10. Lampe, scène érotique*

Type Den. IVA ou VA sur base à sillon concentrique
Arles ; Rhône ; 1990
Seconde moitié du Ier siècle apr. J.-C.
Céramique, engobe brun foncé mal conservé
L. incomplète 6,3 ; l. 7,8
RHO.90.00.3

Scène érotique avec, à gauche, un homme (grotesque ou pygmée selon les auteurs) et, à droite, une femme assise sur lui regardant en arrière. Lampe à paroi fine et aux reliefs érodés par le séjour dans le Rhône. Ces scènes sont très populaires et le motif se trouve, notamment, sur trois lampes Den. IVA du British Museum, sans provenance[36], sur deux autres à Fos-sur-Mer[37] et sur un fragment de Glanum[38].

### 11. Lampe, lion*

Type Den. IVA sur base à pied annulaire
Arles ; Rhône ; 2004
40-70 apr. J.-C.
Céramique, engobe brun et brun-jaune, légèrement métallescent
L. 10,3 ; l. 7,4
RHO.2004.Z2.182

Lion bondissant vers la droite. Relief émoussé avec de grosses bulles de surmoulage. Des médaillons identiques se rencontrent à *Vindonissa* sur le même type de lampe[39], mais aussi sur type Den. VA provenant du même site[40], de Vidy[41], à Astorga[42] et à Benghazi[43].

### 12. Lampe, bœuf attaqué par un ours

Type Den. VA sur base à sillon concentrique
Arles ; Rhône
40-70 apr. J.-C.
Céramique, engobe brun orangé
L. 10,5 ; l. 7,6
X-16096

Bœuf à droite, cabré, attaqué au flanc par un ours. Relief de belle qualité bien qu'un peu émoussé, avec quelques microbulles de surmoulage. Sujet populaire, dont on trouve des répliques uniquement sur des lampes de type Den. IV (ou sur des fragments) comme à Glanum[44], à *Vindonissa*[45], à Mayence[46], à Neuss[47], sur l'Auerberg[48], à Tenedo-Zurzach[49], dans la *villa* romaine de Torre Llauder à Mataro[50], à Milet, en Asie Mineure[51] et à Carthage[52].

### 13. Lampe, cerf

Type Den. IVA sur base à pied annulaire
Arles ; Rhône ; 2006
40-70 apr. J.-C.
Céramique, engobe rouge orangé
L. 10,4 ; l. 7,8
RHO.2006.Z2.41

Cerf galopant à droite. Les reliefs sont très nets et la lampe, à paroi fine, offre un bel aspect malgré une ou deux bulles de surmoulage. Sujet très commun dans toutes les provinces occidentales. Des lampes de même type avec un motif identique sont connues à Glanum[53], à Alba-la-Romaine[54], à *Vindonissa*[55], à Avenches[56], à Augst[57], à Cherchell[58], au musée de Mayence, sans provenance[59], et au musée de Zagreb, provenant de Sisak[60].

### 14. Lampe, crabe

Type Den. VA sur base à sillon concentrique
Arles ; Rhône, zone 2, secteur 3 ; 2005
60-100 apr. J.-C.
Céramique, engobe brun et brun orangé
L. incomplète 10 ; l. 7,5
RHO.2005.PIR.235
Bibliographie : Long 2005b, p. 75, fig. 63

Crabe dans l'axe vertical, tête en haut. Les décors sont nets, sans bulle de surmoulage. Marque *in planta pedis* sur le fond : AMYRO, qui correspond à l'atelier de Myro établi en Italie centrale et actif de 60 à la fin du Ier siècle apr. J.-C. Le sujet est fréquent et on connaît des lampes de même type avec un motif identique au British Museum, sans provenance[61], à Trèves[62], à *Vindonissa*[63], à Augst et Vidy[64], à Carthage[65] et Tipasa[66].

### 15. Lampe, oiseau sur une branche

Type Den. IVA sur base à pied annulaire
Arles ; Rhône ; 2005
40-70 apr. J.-C.
Céramique, engobe brun et brun-rouge
L. 10 ; l. 7,4
RHO.2005.Z3.304

Oiseau de profil à droite posé sur une branche et picorant un fruit oblong (grenade ?). Lampe de belle qualité, les reliefs étant nets ; quelques copeaux d'argile sont restés collés. On ne trouve pas de motif identique sur des lampes de ce type sauf à le rapprocher d'une lampe de Salamine de Chypre de type Den. VA qui diffère dans le traitement de certains détails[67].

### 16. Lampe à deux becs sans ornement

Type Den. VB sur base à sillon concentrique
Arles ; Rhône ; 2004
70-100 apr. J.-C.
Céramique, engobe brun-orange et brun-jaune
L. incomplète 16 ; l. 8,6
RHO.2004.Z2.579

Le médaillon de cette lampe à deux becs n'est pas orné ; l'anse plastique, en forme de croissant ou de triangle, est cassée. C'est un produit de bel aspect malgré de petites bulles de surmoulage.

### 17. Lampe, rayons*

Type Den. VIID sur base à sillon concentrique
Arles ; Rhône ; 2004
40-100 apr. J.-C.
Céramique, engobe brun-jaune légèrement métallescent
L. restituée 9,1 ; l. 7,3
RHO.2004.Z2.586

Zone de rayons entourant le disque. Relief de bel aspect, net, avec une seule bulle de surmoulage. Bien que les zones de rayons soient des motifs assez fréquemment représentés, on ne connaît qu'une lampe du même type et de taille identique portant ce même décor, conservée au musée de Besançon, sans provenance[68].

### 18. Lampe sans ornement*

Type Den. VA sur base à sillon concentrique
Arles ; Rhône ; 2004
Seconde moitié du Ier siècle apr. J.-C.
Céramique, engobe brun
L. incomplète 10 ; l. 8,2
RHO.2004.Z2.20

---

**33.** Bailey 1980, Q 922. **34.** Deneauve 1969, n° 483. **35.** Gasperini 2007, n° III.8.1.d. **36.** Bailey 1980, Q 800, 804 et 806. **37.** Rivet 2003, n° 138 et 215. **38.** Bémont 2003, n° 416. **39.** Leibungut 1977, n° 312/M.308. **40.** Loeschcke 1919, n° 489-491. **41.** Leibungut 1977, M.308. **42.** Morillo Cerdan 1999, n° 37. **43.** Bailey 1985, n° 167. **44.** Bémont 2003, n° 211. **45.** Loeschcke 1919, n° 226-231. **46.** Menzel 1969, n° 19. **47.** Vegas 1966, n° 113. **48.** Flügel 1999, taf. 29, L9. **49.** Hänggi *et al.* 1994, n° 76.6. **50.** Clariana i Roig 1976, lám. 24, n° 1. **51.** Heres 1972, n° 54 et 77. **52.** Deneauve 1969, n° 350. **53.** Bémont 2003, n° 215. **54.** Ayala 1990, n° 15. **55.** Loeschcke 1919, n° 256-266. **56.** Tille 2003, n° 105. **57.** Leibungut 1977, M.296. **58.** Bussière 2000, n° 80. **59.** Menzel 1969, n° 138. **60.** Ivanyi 1935, n° 1116. **61.** Bailey 1980, Q 939. **62.** Goethert-Polaschek 1985, n° 527/M.214. **63.** Loeschcke 1919, n° 539-549. **64.** Leibungut 1977, M.322. **65.** Deneauve 1969, n° 531. **66.** Bussière 2000, n° 322. **67.** Bailey 1988, Q 2418. **68.** Lerat 1954, n° 83.

Médaillon sans ornement entouré d'une série de moulures. Lampe de bel aspect, sans bulle de surmoulage.

## Ateliers égyptiens

### 19. Lampe, Zeus

**Type Den. V sur base à sillon concentrique**
**Arles ; Rhône**
**Milieu du Ier siècle apr. J.-C.**
**Céramique, engobe jaune-orange très légèrement métallescent**
**L. restituée 12,9 ; l. 9**
**X-16097**

Zeus assis sur son trône, tenant le foudre abaissé de la main gauche, le bras droit tendu ; sous le siège, un aigle.

Lampe au relief très net, de bel aspect, sans défaut. Ce décor est inconnu sur lampe et le sujet, traité sous cette forme et tous supports confondus (monnaies, intailles, sculptures, etc.), ne semble pas fréquent. Le seul rapprochement pertinent renvoie à un poinçon-matrice connu sur sigillée italique[69].

### 20. Lampe, Amalthée

**Type Den. VA sur base à sillon concentrique**
**Arles ; Rhône**
**Milieu du Ier siècle apr. J.-C.**
**Céramique, engobe orangé clair**
**L. 12,4 ; l. 8,7**
**X-16095**

Nymphe Amalthée tenant la corne de la chèvre qui allaita Zeus (mais d'autres auteurs rattachent cette scène au thème de l'Aphrodite *Epitragia* à connotation érotique[70]). Le relief est net et la lampe, à paroi fine, est de bel aspect malgré trois bulles de surmoulage. Le sujet est peu fréquent et on trouve généralement le même relief avec un nourrisson devant les pattes antérieures de la chèvre, comme sur des lampes de type Den. IVA : une conservée au British Museum et provenant d'Egypte[71], une au musée de Chypre[72] et une autre encore de Larnaka, considérée comme fabriquée dans l'île et conservée au musée du Louvre[73]. Sans le nourrisson, qui aurait été gommé d'un moule, la seule lampe identique connue est conservée au musée de Hanovre[74].

## Ateliers de la basse vallée du Rhône

### 21. Lampe, deux cornes d'abondance*

**Type Den. IVA ou VA sur base à sillon concentrique**
**Arles ; Rhône**
**Seconde moitié du Ier siècle apr. J.-C.**
**Céramique, engobe orange**
**L. incomplète 8 ; l. 7,5**
**X-16315**

Deux cornes d'abondance dont les pointes sont formées de têtes de capricornes affrontées. Reliefs du médaillon et des moulures très empâtés. Le sujet est prisé mais le même dessin ne se rencontre qu'à Benghazi[75], à Vaison-la-Romaine[76] et à Fos-sur-Mer[77].

### 22. Lampe, tête d'homme*

**Type Den. IVA sur base à sillon concentrique**
**Arles ; Rhône ; 2006**
**70-100 apr. J.-C.**
**Céramique, engobe orange à brun, métallescent vers le bec**
**L. 8,5 ; l. 6**
**RHO.2006.PIR.71**

Tête d'un homme barbu, de face. Les reliefs du médaillon et des moulures sont émoussés et il s'agit vraisemblablement d'un surmoulage. Un tel motif orne une lampe découverte à Vaison-la-Romaine[78].

### 23. Lampe, tortue marine

**Type Den. IVA sur base à sillon concentrique**
**Arles ; Rhône**
**40-80 apr. J.-C.**
**Céramique, engobe brun et brun-rouge à reflets métallescents par place**
**L. 8,2 ; l. 5,8**
**X-16093**

Tortue marine. Petite lampe de belle qualité produite dans l'atelier de Fos-sur-Mer[79] et commercialisée dans le Sud de la Gaule comme à Vaison-la-Romaine[80], à *Ambrussum*[81] et sur le plateau suisse, à *Vindonissa*[82].

### 24. Lampe, seiche

**Type Den. IVA sur base à sillon concentrique**
**Arles ; Rhône ; 2005**
**40-100 apr. J.-C.**
**Céramique, engobe rose-rouge**
**L. 8,7 ; l. 6,1**
**RHO.2005.Z3.303**
**Bibliographie : Long 2008, p. 194**

Seiche, les tentacules en bas. Le relief est très empâté avec une bulle de surmoulage. Sauf erreur, on ne connaît qu'une seule lampe portant le même décor, qui provient de Vaison-la-Romaine[83].

### 25. Lampe, colombe*

**Type Den. IVA sur base à sillon concentrique**
**Arles ; Rhône ; 2004**
**70-100 apr. J.-C.**
**Céramique, engobe brun orangé à orange**
**L. 9,6 ; l. 6,9**
**RHO.2004.Z2.181**

Colombe de profil droit posée sur un rameau d'olivier. Les reliefs du médaillon et des moulures sont très empâtés. Une seule lampe identique est connue à Vaison-la-Romaine[84].

### 26. Lampe, oves*

**Type Den. VIID sur base à sillon concentrique**
**Arles ; Rhône ; 2001**
**40-80 apr. J.-C.**
**Céramique, engobe orangé à reflets métallescents**
**L. 9,5 ; l. 8,4**
**RHO.2001.00.106**

Médaillon sans ornement entouré d'un sillon formant canal communiquant avec le bec ; bandeau occupé par une couronne de trente et un oves à un arceau. Lampe de bel aspect qui comporte plusieurs bulles de surmoulage. L'atelier de Fos-sur-Mer pourrait être à l'origine de cette lampe[85].

## Autres ateliers provinciaux

### 27. Lampe, Amour

**Type Den. IVA ou VA sur base à pied annulaire**
**Arles ; Rhône**
**40-70 apr. J.-C.**
**Céramique, engobe brun verdâtre, mat**
**L. incomplète 9,2 ; l. 7,5**
**X-16314**

Amour de trois quarts marchant à droite et portant deux paniers en osier attachés à un bâton passant sur les épaules. Le relief est légèrement empâté et présente une bulle de surmoulage. Bien que le thème des Amours portant deux seaux soit assez fréquent, on ne trouve pas de parallèle avec des paniers en osier.

---

**69.** Porten Palange 2004, II, taf. 90, mmG. **70.** Hellmann 1987, p. 19. **71.** Bailey 1988, Q 1892. **72.** Oziol 1977, n° 265. **73.** Hellmann 1987, n° 57. **74.** Mlasowsky 1993, n° 87. **75.** Bailey 1985, n° 172. **76.** Brun, Gagnière 1937, n° 185. **77.** Rivet 2003, n° 192. **78.** Brun, Gagnière 1937, n° 92. **79.** Rivet 2003, n° 76-83. **80.** Brun, Gagnière 1937, n° 167. **81.** Fiches 1986, fig. 76, n° 8. **82.** Leibundgut 1977, M.305. **83.** Brun, Gagnière 1937, n° 166. **84.** Brun, Gagnière 1937, n° 139. **85.** Rivet 2003, n° 238.

13

14

15

19

16

20

23

24

27

29

30

31

32

33

36

## 28. Lampe, corneille et renard*

Probablement type Den. VA sur base à pied annulaire
Arles ; Rhône ; 1990
Seconde moitié du Ier siècle apr. J.-C.
Céramique, engobe brun orangé
L. incomplète 8,5 ; l. 8,2
RHO.90.00.2

Un animal tendant un bâton vers un volatile perché sur un arbre : illustration de la fable d'Esope (fabuliste grec à demi légendaire des VIIe-VIe siècles av. J.-C.) de la corneille et du renard. Lampe surmoulée d'un prototype italique au relief très émoussé ; silhouette d'une marque *in planta pedis*. Ce thème est largement diffusé dans les provinces et figure, par exemple, sur des lampes de type Den. VA à Trèves[86], au British Museum, provenant de Pompéi[87], au musée de Hanovre[88] et à Martigny[89]. L'atelier de Lyon/La Butte a produit des lampes presque identiques[90], mais ne semble pas avoir exporté vers le sud.

## 29. Lampe, lion

Type Den. IVA sur base à sillon concentrique
Arles ; Rhône
40-70 apr. J.-C.
Céramique, engobe brun orangé
L. 10,3 ; l. 7,7
X-16312

Lion bondissant à gauche. Les reliefs sont légèrement empâtés. Le thème est fréquent, par exemple à Glanum[91] ou à Vaison-la-Romaine[92], mais on ne rencontre pas de motif strictement identique.

## 30. Lampe, chien

Type Den. VA sur base à sillon concentrique
Arles ; Rhône ; 2006
Seconde moitié du Ier siècle apr. J.-C.
Céramique, engobe brun foncé usé et en partie manquant sur les reliefs
L. incomplète 8,2 ; l. 6,9
RHO.2006.Z2.61

Chien aboyant, de profil gauche, prêt à bondir, la queue relevée. Relief légèrement émoussé. Même si le thème existe, avec des chiens dans une posture semblable, par exemple à Glanum[93] ou à *Vindonissa*[94], aucun motif strictement identique n'a été trouvé.

## 31. Lampe, bélier

Type Den. IVA sur base à sillon concentrique
Arles ; Rhône
40-80 apr. J.-C.
Céramique, engobe brun clair
L. incomplète 8,3 ; l. 7,1
X-16100

Bélier bondissant à droite. Les reliefs sont émoussés et traduisent vraisemblablement un surmoulage avec une grosse bulle sur le dos de l'animal. Des lampes de type IV offrant un motif semblable sont connues à *Vindonissa*[95], à Trèves[96], au musée de Zagreb, provenant de Sotin[97], à Alba[98], à Empúries[99], à Bordeaux[100] et à Vaison-la-Romaine[101].

## 32. Lampe, chameau

Type Den. IVA sur base à sillon concentrique
Arles ; Rhône ; 2005
40-70 apr. J.-C.
Céramique, engobe terne brun verdâtre
L. 10,5 ; 7,8
RHO.2005.00.6

Chameau de profil gauche avec figuration du sol. La face supérieure de la lampe est usée par le frottement ; le relief est émoussé. Sujet peu fréquent, mais une figure identique, plus nette, est attestée sur des lampes de même type mais avec des bandeaux différents à *Vindonissa*[102] et Vidy[103] et sur un fragment d'Empúries[104].

## 33. Lampe, dauphin

Type Den. VD, fond absent
Arles ; Rhône ; 2004
Seconde moitié du Ier siècle apr. J.-C.
Céramique, engobe brun-jaune mal conservé
L. incomplète 7,5 ; l. 6,4
RHO.2004.Z2.583

Dauphin bondissant à droite sur les flots. Lampe au relief net malgré une usure due au séjour dans le Rhône. Ce sujet, populaire, traité sous cette forme, n'a pas de parallèle, hormis sur une lampe du musée de Constantine, sans provenance précise et de type IVB (à anse), qui présente un motif très proche[105].

## 34. Lampe, pecten*

Type Den. IVA sur base à pied annulaire
Arles ; Rhône
40-70 apr. J.-C.
Céramique, engobe brun foncé usé sur les reliefs
L. 9,8 ; l. 7,4
X-16313

Valve de pecten à quinze côtes. La lampe présente des reliefs légèrement empâtés avec quelques petites bulles de surmoulage. Le sujet est relativement fréquent, mais aucun parallèle ne semble exister, hormis avec une lampe de type IVB (à anse) de Trèves[106] et une autre de type V conservée au British Museum et provenant de Cnide[107].

## 35. Lampe, rosace*

Type Den. VD sur base à sillon concentrique
Arles ; Rhône
Seconde moitié du Ier siècle apr. J.-C.
Céramique, engobe brun-jaune à reflets métallescents
L. 10,2 ; l. 7,8
X-16102

Rosace à quatre pétales nervurés. Les reliefs sont nets mais arrondis et comportent quelques bulles de surmoulage. C'est un thème très fréquent sur des lampes de diverses formes, mais on ne trouve pas de parallèle sur types Den. VD sans anse, alors qu'il en existe sur des exemplaires avec anse à *Portus Magnus*[108], à Pouzzoles, conservés au British Museum[109] et à Pompéi[110].

## 36. Lampe, couronne végétale

Type Den. VA sur base à sillon concentrique
Arles ; Rhône
Milieu du Ier siècle apr. J.-C.
Céramique, engobe brun clair et brun-jaune
L. incomplète 10,1 ; l. 8,6
X-16098

Couronne végétale (myrte ?) liée en haut et composée de quatre grandes feuilles ovales à double dépression et de quatre fruits. Lampe de bel aspect, sur laquelle on observe de grosses bulles de surmoulage. Si ce sujet est fréquent, aucun parallèle n'a été trouvé.

## 37. Lampe, oves*

Type Den. VIID sur base à sillon concentrique
Arles ; Rhône
40-100 apr. J.-C.
Céramique, engobe brun orangé usé
L. 8 ; l. 6,8
X-16099

Médaillon sans ornement entouré d'un bandeau occupé par une couronne de trente oves à un arceau. Les oves et les sillons sont empâtés avec quelques petites bulles de surmoulage. Aucun équivalent n'a été trouvé pour cette lampe.

---

**86.** Goethert-Polaschek 1985, n° 475/M.76. **87.** Bailey 1980, Q 904. **88.** Mlasowsky 1993, n° 153a. **89.** Chrzanovski 2006, n° 95. **90.** Elaigne 1997, n° 19. **91.** Bémont, Chew 2007, D198-199. **92.** Brun, Gagnière 1937, n° 120. **93.** Bémont 2003, n° 422. **94.** Leibundgut 1977, n° 578/M.288. **95.** Loeschcke 1919, n° 279. **96.** Goethert-Polaschek 1985, n° 280/M.193. **97.** Ivanyi 1935, n° 203. **98.** Maccario 1980, n° 66 et 71. **99.** Casas i Genover, Soler i Fusté 2006, E.599. **100.** Cueillens 2008, n° 15. **101.** Brun, Gagnière 1937, n° 125. **102.** Loeschcke 1919, n° 223-225. **103.** Leibundgut 1977, M.306. **104.** Casas i Genover, Soler i Fusté 2006, E572. **105.** Bussière 2000, n° 113. **106.** Goethert-Polaschek 1985, n° 240/M.232a. **107.** Bailey 1988, Q 2664. **108.** Bussière 2000, n° 499. **109.** Bailey 1980, Q 978. **110.** Stefani 2003, p. 135, B8.

# Les vases en verre

*Souen Deva-Fontaine*

Si le corpus d'objets céramiques et amphoriques remontés du dépotoir portuaire du Rhône est impressionnant, tant quantitativement que qualitativement, les vases en verre ne constituent qu'un petit lot peu abondant et peu diversifié représenté par quarante-sept objets[1]. A titre d'exemple, la seule campagne de sondages de 2004 a livré deux cent quarante amphores, mille huit cent quarante et un vases en céramique et seulement cinq vases en verre[2]. Pourtant, en cette seconde moitié du Ier siècle de notre ère, les vases en verre sont devenus des objets de consommation courante : dans les maisons pompéiennes par exemple, on estime qu'ils représentent entre 30 et 75 % des vases en usage sur les tables[3]. Bien que diverses hypothèses puissent être envisagées, nous pouvons supposer que, contrairement à la céramique, les objets en verre brisés lors du voyage ou du transbordement n'ont pas été systématiquement jetés dans les eaux du fleuve, mais ont plutôt été collectés pour être ensuite refondus. Cette pratique de recyclage du verre brisé, attestée par les sources antiques et dont témoignent quelques vestiges archéologiques sensiblement contemporains, pourrait expliquer en partie la faible représentation du verre dans le dépotoir portuaire d'Arles.

Ce petit lot de vases s'inscrit clairement dans les productions de la seconde moitié du Ier siècle apr. J.-C. et du début du siècle suivant, bien connues dans les contextes domestiques terrestres arlésiens[4] et de l'ensemble du monde occidental. Pour l'essentiel, il s'agit plus de vases-marchandises que de contenants commercialisés pour leur contenu. Comme dans les dépotoirs portuaires contemporains de Narbonne-la-Nautique[5] ou de Marseille-Jules-Verne[6], le verre est majoritairement représenté par des formes communes, sans ornement ou décorées simplement, de teinte bleutée dite "naturelle".

Quoique en raison de divers paramètres spécifiques au verre[7], la provenance des objets soit difficile à déterminer, leur présence dans le dépotoir portuaire d'Arles invite à s'interroger sur le sens de leur circulation. Traditionnellement, nous considérons plus volontiers le couloir rhodanien comme un axe de circulation permettant une importation des objets de la Méditerranée vers l'intérieur de la Gaule et vers les camps du *limes* septentrional.

Certains vases en verre trouvés dans le fleuve ont sans doute été produits en Italie ou en Orient, mais d'autres peuvent avoir été fabriqués dans les rares ateliers actifs connus en Gaule dans la seconde moitié du Ier siècle de notre ère. Les études récentes réalisées sur la détermination des productions des ateliers lyonnais de la montée de la Butte[8] semblent montrer que les formes communes les plus représentées dans les dépotoirs portuaires narbonnais – coupes côtelées et gobelets à bord coupé – sont produites sur place. Si nous ne disposons pas d'éléments suffisants pour l'affirmer, il convient néanmoins de s'interroger, pour certains objets, sur une possible circulation en sens inverse, du nord vers le sud. Produits dans les ateliers lyonnais et massivement destinés aux camps du *limes* germanique, ne pourraient-ils pas être, aussi, destinés à une exportation régionale, de part et d'autre du sillon rhodanien, et vers les sites côtiers de la Méditerranée nord-occidentale, où aucun centre de production n'est à ce jour attesté ?

En l'état des connaissances sur le verre, ses centres de production et ses réseaux de commercialisation, cette éventualité reste hypothétique mais mérite d'être soulignée.

---

**1.** Voir pour plus de détails Fontaine 2008. **2.** Long 2006. **3.** Proportion établie par comparaison avec la vaisselle en céramique fine et qui ne tient pas compte de la vaisselle métallique. Ces chiffres, annoncés par J.-P. Morel en 1979 (Pompéi 79), sont confortés par les récents résultats du programme "Insula I.8" du centre Camille-Jullian (UMR 6572) et du centre Jean-Bérard (UMS 1797) en cours de publication. **4.** Foy, à paraître. **5.** Feugère 1992. **6.** Fontaine 2007. **7.** Voir à ce sujet Foy, Nenna 2001. **8.** Robin 2008, voir aussi Motte, Martin 2003.

### 1. Coupe mosaïquée

**Verre moulé polychrome, Is. 1 / AR 3.1**
**Arles ; Rhône, dépotoir portuaire ; 2001**
**Fin du Ier siècle av. J.-C.-début du Ier siècle apr. J.-C.**
**Ø 15,4**
**X-16397**

Coupe mosaïquée à fond vert émeraude et insertion de baguettes à points jaunes et cœur rouge, seul un petit fragment de bord est conservé. Cette coupe, d'origine orientale ou italienne, est la forme la plus ancienne trouvée dans le Rhône. D'autres exemplaires de ces vases augusto-tibériens ont été découverts dans les contextes terrestres d'Arles[1] et de la région.

### 2. Coupe cannelée

**Verre soufflé dans un moule, AR30.1**
**Arles ; Rhône, dépotoir portuaire ; 2001**
**Ier-début du IIe siècle apr. J.-C.**
**Ø 9**
**X-16398**

Coupe bleutée soufflée dans un moule, bord coupé, paroi assez épaisse, cannelures fines et serrées. Les coupes cannelées sont parmi les plus anciennes formes soufflées dans un moule à être diffusées. Les premières attestations en Narbonnaise sont datées des années 20-30[2] et continuent de circuler jusqu'au début du IIe siècle apr. J.-C.

### 3. Coupe côtelée

**Verre moulé, Is. 3 / AR 2**
**Arles ; Rhône, dépotoir portuaire ; 2006**
**Ier-début du IIe siècle apr. J.-C.**
**h. 7,7 ; L. 18 ; Ø 18**
**RHO.2006.B3.609**

Coupe moulée bleutée à décor de côtes régulières, fines, saillantes. Bord aminci et lissé entamant le haut des côtes, double rainure interne en bas de panse. Il s'agit de l'une des formes moulées les plus diffusées de la période tibérienne au début du IIe siècle apr. J.-C. Quatre autres coupes côtelées ont été remontées du dépotoir portuaire du Rhône.

### 4. Gobelet

**Verre soufflé, Is. 12**
**Arles ; Rhône, dépotoir portuaire ; 2006**
**Ier-début du IIe siècle apr. J.-C.**
**h. 9,2 ; Ø 7,1**
**RHO.2006.B3.610**

Gobelet Is. 12 épais à bord coupé rentrant, bleuté, profil cylindrique, large rainure sous le bord et double rainure à mi-panse, fond plat. Ces gobelets font partie des formes les plus communes de gobelet des premières décennies du Ier siècle à la période flavienne. Cinq autres gobelets Is.12 ont été trouvés dans le dépotoir portuaire du Rhône.

### 5. Gobelet

**Verre soufflé, Is. 12**
**Arles ; Rhône, dépotoir portuaire ; 2001**
**Ier siècle apr. J.-C.**
**h. 9,2 ; Ø 7,1**
**X-16356**

Gobelet Is. 12 épais à bord coupé rentrant, profil cylindrique, large rainure sous le bord et double rainure à mi-panse, fond plat. Profil complet.

### 6. Skyphos

**Verre soufflé, Is. 39**
**Arles ; Rhône, dépotoir portuaire ; 2005**
**Ier-début du IIe siècle apr. J.-C.**
**Ø indéterminé**
**RHO.2005.Z99.342**

Skyphos en verre soufflé bleuté, partiellement conservé, anse à poucier attachée sur le bord, profil cylindrique. Ce vase est sans doute la forme la moins commune remontée du Rhône.

### 7. Bouteille cylindrique

**Verre soufflé, Is.51**
**Arles ; Rhône, dépotoir portuaire ; 2001**
**Ier-IIe siècle apr. J-C.**
**h. 5,6 ; L. 9,4**
**X-16355**

Bouteille cylindrique de teinte vert clair, bord replié aplati, anse rubanée tripartite pliée à angle droit.

### 8. Bouteille cylindrique

**Verre soufflé, Is. 51**
**Arles ; Rhône, épave *Arles 10* ; sauvetage urgent 2007**
**Seconde moitié du Ier-début du IIe siècle apr. J.-C.**
**h. 10,4 ; L. 17**
**RHO.2007.2.486**

Bouteille à panse cylindrique massive, col court, anse rubanée tripartite. Le bord est formé par un double repli de la paraison vers l'extérieur, formant un bandeau. Cette variante trapue des formes Is. 50 est attestée, notamment, dans les dépotoirs de Marseille-Jules-Verne et dans l'épave *Tiboulen de Maïre*.

### 9. Bouteille prismatique

**Bouteille en verre soufflée dans un moule, Is. 50**
**Arles ; Rhône, dépotoir portuaire ; 2005**
**Ier-IIIe siècle apr. J.-C.**
**h. cons. 22 ; l. 1,9 ; Ø 9**
**RHO.2005.Z3.341**

Bouteille à panse rectangulaire soufflée à l'aide d'un moule ; seule la panse est conservée. Cette bouteille s'inscrit dans une série très commune de contenants prismatiques dont la forme facilite le stockage et le transport.

### 10. Balsamaire

**Verre soufflé, Is. 8 / 28**
**Arles ; Rhône, dépotoir portuaire ; 2001**
**Période tibéro-flaviennne**
**h. 8,5 ; Ø 3,3**
**X-16106**

Petit balsamaire tubulaire bleuté, jonction col-panse marqué par un étranglement. Ces petits vases servaient à contenir onguents et parfums. Un seul balsamaire a été retrouvé dans le dépotoir du Rhône, mais de nombreux exemplaires proviennent des contextes domestiques et funéraires de la ville d'Arles[3].

---

**1.** Foy, à paraître. **2.** Notamment à Olbia de Provence (Fontaine 2006) ; pour un recensement récent en Narbonnaise, voir Fontaine, Ode, à paraître.
**3.** Foy, à paraître.

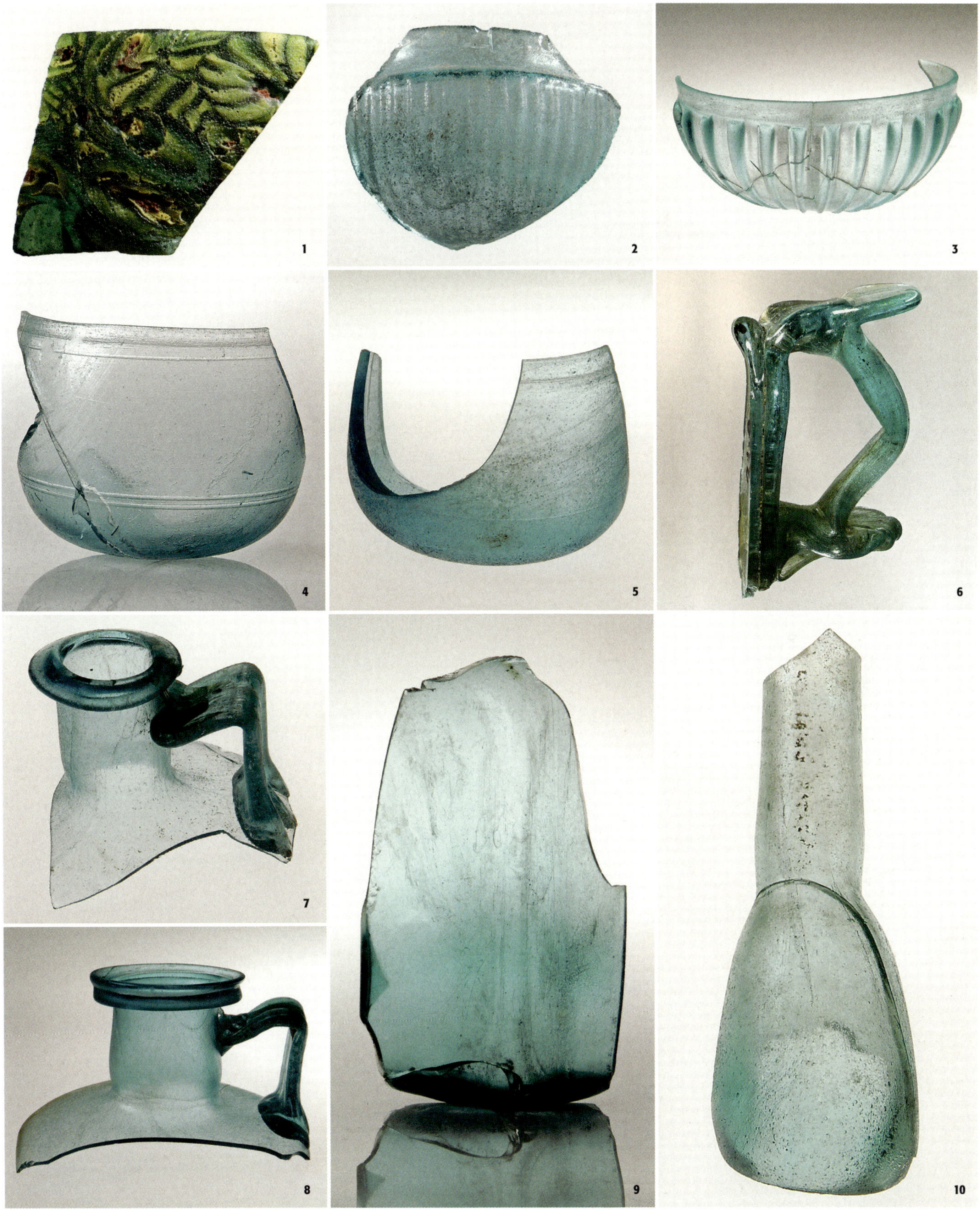

# Les monnaies

*Philippe Ferrando*

## Présentation de l'étude et des découvertes

L'ensemble des monnaies antiques présenté dans cette étude provient des campagnes de fouilles sous-marines menées en 2007 et 2008 dans le lit du Rhône. A cela ont été ajoutées treize pièces des campagnes précédentes.

Un nettoyage correct de ces monnaies a été réalisé par le Musée départemental Arles antique. Cette opération, nécessaire avant étude, a permis une lecture plus aisée des pièces trouvées. Néanmoins, la tâche a été rendue assez difficile par le mauvais état général du matériel. Cela peut s'expliquer par la nature du milieu dans lequel les pièces ont séjourné et surtout par la pollution du fleuve. De plus, il semble qu'à leur époque, ces monnaies ont beaucoup circulé, ce qui les a rendues plus lisses. Au total, l'étude porte sur trois cent soixante-huit monnaies et vient compléter celle qui a été réalisée sur deux cent quatre-vingt-dix-sept pièces trouvées en Camargue et dans les fouilles terrestres menées dans le quartier de Trinquetaille[1]. Ces découvertes numismatiques apportent de précieux éléments sur la circulation monétaire dans l'Antiquité, dans le secteur d'Arles.

## La circulation monétaire

Les monnaies antiques trouvées dans le Rhône représentent la circulation monétaire d'environ huit siècles d'histoire de la cité (fin IIIe siècle av. J.-C.-VIe siècle apr. J.-C.). Pour une meilleure compréhension de cette étude numismatique, il convient de partager ces quelques siècles en onze périodes chronologiques. L'intérêt est que toutes les périodes sont représentées, ce qui est un élément essentiel permettant d'indiquer une occupation importante du lieu, ou plutôt une présence humaine toujours constante à proximité des zones fouillées.

## La période pré-augustéenne (jusqu'à 27 av. J.-C.)

Les derniers siècles avant notre ère sont représentés par seulement cinq pièces : deux régionales avec des bronzes au taureau de Marseille, deux romaines (République) et une provenant d'Afrique du Nord (Maurétanie). Les pièces étrangères sont donc plus nombreuses et confirment le trafic commercial avec d'autres zones de l'Empire : l'Italie et l'Afrique du Nord.

## Les Julio-Claudiens (27 av. J.-C.-69 apr. J.-C.)

A partir du règne d'Auguste, le monnayage marseillais fait place au monnayage de l'atelier de Rome. Les pièces trouvées sont uniquement des bronzes d'un grand diamètre (sesterces, *dupondius* et *as*) au nom de Tibère (un pour Auguste), Caligula (un), Claude (trois dont un pour Germanicus). Il reste étonnant de ne pas trouver, dans le fleuve, de *dupondius* au "crocodile" de Nîmes, monnaies dont le nombre est souvent important dans les études numismatiques, dans le secteur.

## Les Flaviens (69-96)

Vespasien et Domitien sont représentés par neuf pièces dont quatre ont été trouvées lors des campagnes précédentes, en contact avec les épaves. Comme pour la période julio-claudienne, ces monnaies sont des bronzes de grand diamètre et toutes frappées à Rome.

## Les Antonins (96-192)

Cette période du Haut-Empire correspond à un net accroissement du volume des monnaies. Cela se constate également dans l'étude des monnaies terrestres de Camargue. Ainsi, nous avons vingt-deux pièces – dont deux grands bronzes coloniaux – qui marquent, une fois encore, les échanges commerciaux avec d'autres régions de l'Empire romain. Nous avons, en plus du monnayage de bronze, trois deniers d'argent pour l'empereur Commode. Il faut remarquer aussi que trois pièces sont à l'effigie des impératrices Faustine mère et fille. Ce n'est pas surprenant car l'on frappe pendant cette époque autant de monnaies au nom des divers membres de la famille impériale que pour l'empereur lui-même.

## Les Sévères (193-235)

Les monnaies "de valeur" sont en nombre important, pour cette période. Nous avons plus de sesterces (cinq) et de deniers (trois) que d'as (trois). Notons aussi la présence de trois monnaies provinciales dont deux sont frappées à Carthage pour Elagabale.

## L'anarchie militaire (235-293)

Nous avons affaire à une période trouble où les usurpations et les excursions des peuples extérieurs à l'Empire sont nombreuses. C'est pendant cette période que le "quartier des résidences et de l'artisanat" de la rive droite d'*Arelate* est détruit. Cela est confirmé par la découverte d'une tirelire, en 1983, sur la fouille archéologique de la Verrerie. En effet, l'étude des monnaies de ce petit trésor a révélé que le dernier empereur représenté est Trajan Dèce (249-251). Cet élément est important car il fixe la destruction du quartier de Trinquetaille peu de temps après le milieu du IIIe siècle. Il est fort possible que le pont de bateaux, d'époque augustéenne, ait été détruit lui aussi. Notons aussi que, pour cette période, l'impératrice Otacilia Sévéra est bien représentée avec trois pièces, autant que l'empereur Gordien III.

## La tétrarchie (293-313)

Comme pour la Camargue terrestre, les monnaies de cette période sont rares (quatre pièces dont deux de Maxence). Cette particularité se retrouve, d'une manière générale, au niveau régional. Il n'y

1. *BAP*, 2004 : "Delta du Rhône, Camargue antique et médiéval".

| Empereurs | Nombre | |
|---|---|---|
| IIIe-IIe siècle av. J.-C. Rome | 2 | |
| Ier siècle av. J.-C. Marseille | 3 | |
| Tibère pour Auguste | 1 | |
| Caligula | 1 | |
| Claude | 3 | Julio-Claudiens |
| Germanicus | 1 | |
| Vespasien | 4 | |
| Domitien | 5 | Flaviens |
| Trajan | 2 | |
| Hadrien | 4 | |
| Antonin le Pieux | 3 | |
| Faustine mère | 2 | |
| Faustine jeune | 1 | Antonins |
| Marc-Aurèle | 6 | |
| Commode | 4 | |
| Septime Sévère | 2 | |
| Geta | 2 | |
| Caracalla | 2 | Sévères |
| Elagabal | 4 | |
| Julia Paula | 1 | |
| Alexandre Sévère | 2 | |
| Maximin Ier | 2 | |
| Pupien | 1 | |
| Gordien III | 3 | |
| Otacilia Sévéra | 3 | |
| Valérien | 1 | Anarchie militaire |
| Gallien | 3 | |
| Salonine | 1 | |

| Empereurs | Nombre | |
|---|---|---|
| Claude II | 1 | Anarchie militaire |
| Numérien | 1 | |
| Maximien Hercule | 1 | |
| Constance Chlore | 1 | La tétrarchie |
| Maxence | 2 | |
| Constantin Ier | 25 | |
| Licinius Ier | 2 | |
| Licinius II | 1 | |
| Crispus | 3 | |
| Constantin II | 13 | |
| Rome | 6 | |
| Constantinople | 8 | |
| Delmace | 1 | Les Constantiniens |
| Théodora | 2 | |
| Constance II | 58 | |
| Constant | 24 | |
| Magnence | 15 | |
| Décence | 8 | |
| Constance Galle | 4 | |
| Julien II | 11 | |
| Jovien | 1 | |
| Valentinien Ier | 8 | |
| Valens | 7 | La fin du IVe siècle |
| Maxime | 8 | |
| Indéterminé | 60 | |
| Imitation | 46 | |
| **Total** | **386** | |

a rien d'étonnant à cela, car nous avons affaire à un monnayage thésaurisé. Les réformes monétaires sont nombreuses ; le poids de la monnaie de billon diminue rapidement en fonction des besoins pour financer les campagnes militaires des empereurs.

La période constantinienne (313-363)

Cette période est importante, car elle correspond à la création d'un atelier monétaire dans la cité arlésienne. C'est en effet en 313 que Constantin le Grand décide de transférer le personnel et le matériel de l'atelier d'Ostie dans la cité d'Arles. C'est aussi à partir de cette période que sont frappées plus abondamment des pièces dans de nombreux ateliers de l'Empire, notamment en Gaule, avec en plus d'Arles, Lyon, Trèves et Londres. Cette importance des ateliers gaulois se retrouve dans l'étude des monnaies du Rhône, car la majeure partie de celles-ci est frappée en Gaule romaine. Cette multiplicité d'ateliers explique aussi pourquoi nous avons un nombre important de pièces de la période constantinienne (cent quatre-vingt-quinze monnaies, soit quasiment 50 % du total de l'ensemble des pièces). Jusqu'aux Valentiniens, quasiment tous les empereurs sont représentés, même des empereurs un peu plus rares comme Delmace ou Constance Galle. Grâce au nombre important d'années de règne (trente-sept ans), Constance II est l'empereur le plus représenté avec cinquante-huit monnaies. Son frère Constant et son père Constantin le Grand viennent en deuxième position avec chacun vingt-quatre monnaies ; les usurpateurs Magnence et Décence possèdent respectivement quinze et huit pièces. L'empereur natif d'Arles, Constantin II, n'est représenté que par treize pièces. Il faut noter la présence de quatorze monnaies (dont une imitation) au "chrisme" pour Magnence et Décence.

Répartition des pièces par période et
par nombre de pièces sur le nombre d'années de la période

| Période | Nombre | Nombre/an |
|---|---|---|
| Ant. 27 av. J.-C. | 5 | |
| 27 av. J.-C.-41 apr. J.-C. | 2 | 0,02 |
| 41-69 | 4 | 0,14 |
| 69-96 | 9 | 0,33 |
| 96-117 | 2 | 0,09 |
| 117-138 | 4 | 0,19 |
| 138-161 | 7 | 0,3 |
| 161-180 | 5 | 0,26 |
| 180-192 | 4 | 0,33 |
| 192-222 | 11 | 0,36 |
| 222-238 | 4 | 0,25 |
| 238-259 | 8 | 0,38 |
| 259-275 | 4 | 0,25 |
| 275-294 | 1 | 0,05 |
| 294-318 | 14 | 0,58 |
| 318-330 | 20 | 1,66 |
| 330-348 | 76 | 4,22 |
| 348-364 | 91 | 5,68 |
| 364-378 | 14 | 1,00 |
| 378-388 | 8 | 0,8 |
| 388-402 | 2 | 0,5 |
| v^e^-vi^e^ siècles | 28 | |

### Les Valentiniens

La période des Valentiniens se caractérise par un monnayage en nombre bien inférieur à la période précédente. Ainsi, nous ne trouvons que quatorze monnaies pour Valentinien I^er^ et son frère Valens. Notons la présence d'un *solidus* pour Valentinien I^er^ frappé à Rome. D'une manière étonnante, Valentinien II et surtout Gratien ne sont pas du tout représentés.

### La fin du IV^e^ siècle

Dans le lot, nous n'avons étudié que très peu de pièces pour la fin du IV^e^ siècle. Seules huit *maiorinae* à la titulature de Maxime ont été trouvées, ainsi que deux *aes* IV à la Victoire, dont la titulature de l'avers est fruste.

### Les V^e^-VI^e^ siècles

Le fond du Rhône contient un nombre important de pièces en bronze de petit diamètre (moins de 10 mm). Souvent très illisibles, nous pouvons néanmoins y voir des types de revers frappés au cours du IV^e^ siècle : type aux soldats (GLORIA EXERCITVS), à la porte de camp (VIRTVS AVGG) ou quelquefois une couronne de laurier... La plupart de ces pièces sont vraisemblablement d'origine vandale. Elles méritent une étude plus poussée, dans l'avenir.

### Commentaire

Après étude de ce lot de monnaies, plusieurs éléments peuvent être mis en avant. Tout d'abord, on peut voir que les monnaies appartenant au I^er^ siècle de notre ère, et surtout à la période augustéenne, sont quasiment inexistantes. Il faut attendre la période flavienne pour voir un nombre plus important de pièces.

Le quartier de la rive droite du fleuve ne semble, à partir de l'étude numismatique, se développer vraiment qu'à partir du II^e^ siècle. Le nombre de pièces augmente alors fortement, surtout pour la fin du II^e^ siècle, avec des empereurs bien représentés comme Marc-Aurèle et Commode. Cela se confirme par la suite, jusqu'à la moitié du III^e^ siècle avec les Sévères. Notons que, pour la période du Haut-Empire, nous trouvons une proportion importante de pièces provinciales avec légendes en grec, fait qui dénote un important commerce avec l'Afrique du Nord et l'Orient. Sinon, les autres pièces proviennent de l'atelier de Rome.

Entre 250 et 260, le quartier de Trinquetaille, à proximité des fouilles du Rhône, est détruit. Cela pourrait expliquer la quasi-inexistence de pièces durant le demi-siècle qui va suivre. Ainsi, si nous avons quelques *antoniniens* de Gallien et de Salonine, il s'avère que nous ne trouvons aucune pièce officielle avec la titulature des empereurs gaulois Tétricus et Postume, et surtout qu'une seule pièce de Claude II, qui est pourtant un empereur généralement très bien représenté, d'une manière générale, dans les lots monétaires.

Il faut attendre l'arrivée de Constantin à Arles pour voir accroître fortement le nombre de pièces. Il est fort possible qu'il ait fait construire, lors de sa présence dans la ville, un nouveau pont, élément qui pourrait être confirmé par la présence connue de l'arc dit "de Constantin".

Même si cela reste encore au stade d'hypothèse, l'important lot de pièces trouvées dispersées dans le lit du Rhône montre que nous avons certainement affaire à des monnaies jetées volontairement dans le fleuve, en donation. En effet, il est d'usage, dans l'Antiquité, de jeter une pièce lors de la traversée d'un cours d'eau, pour la réalisation d'un vœu. Ces découvertes monétaires sont nombreuses, dans les rivières ou fleuves, à proximité de tous les ponts romains. Nous avons des exemples précis dans le Rhône à *Lugdunum* (Lyon) ou encore dans la Seine à Lutèce (Paris).

Une autre hypothèse est à envisager. C'est la présence d'une source qui viendrait se jeter dans le

| Atelier IVe siècle | Nombre |
|---|---|
| Arles | 84 |
| Lyon | 23 |
| Trèves | 15 |
| Rome | 15 |
| Londres | 7 |
| Aquilée | 3 |
| Thessalonique | 2 |
| Ticinum | 2 |
| Siscia | 2 |
| Antioche | 1 |
| Constantinople | 1 |
| Total | 155 |

Rhône, en cet endroit précis. Les sources étaient souvent considérées comme sacrées durant la période gallo-romaine. C'est le cas, par exemple, de la source de la Fontaine du Vaucluse où les plongeurs ont découvert, il y a quelques années, plusieurs centaines de pièces antiques, dont certaines en or.

Plusieurs éléments viennent confirmer l'hypothèse de dons monétaires au fleuve ou à une source. C'est d'abord la découverte d'un nombre important de monnaies au grand chrisme frappées par les usurpateurs Magnence et Décence en 353. En effet, alors que le nombre de pièces trouvées pour l'ensemble de la période constantinienne est de l'ordre de quatre par an (cent quatre-vingt-sept monnaies pour quarante-six ans), pour la seule année 353, nous avons quatorze pièces. Pour comparer, les fouilles terrestres menées à proximité n'ont livré qu'une pièce de cette émission. C'est un élément qui démontre qu'au début de la seconde moitié du IVe siècle, on jette en donation, dans le fleuve en priorité des monnaies avec une grande symbolique chrétienne.

Ensuite, nous trouvons dans le lot monétaire étudié un nombre important d'imitations de pièces antiques. En effet, nous avons au total quarante-cinq fausses pièces, soit quasiment 12 % du total. Si l'on reporte ce nombre à la quantité de pièces du IVe siècle, on passe à 20 %, soit une pièce sur cinq. Cela démontre une volonté de jeter dans le Rhône en priorité, des pièces qui sont souvent refusées par les commerçants, car fausses. Si l'on compare encore ces découvertes avec les deux cent quatre-vingt-dix-sept monnaies trouvées en Camargue et dans les chantiers de fouilles du quartier de Trinquetaille, nous trouvons seulement trois fausses pièces.

En ce qui concerne les lieux de frappe, la répartition des pièces circulant au IVe siècle est largement dominée par l'atelier arlésien. En effet, parmi les monnaies dont l'exergue est lisible, on peut reconnaître quatre-vingt-quatre pièces de la ville sur un total de cent cinquante-cinq, soit 54 %. Il est à remarquer que cette grande proportion de pièces arlésiennes ne se retrouve pas sur les monnaies de fouilles provenant de sites terrestres. Viennent ensuite les ateliers de Lyon avec vingt-trois pièces, Trèves et Rome avec quinze pièces, Londres avec sept pièces, Aquilée avec trois pièces. Les ateliers orientaux sont moins représentés avec Thessalonique, Siscia et Ticinum (deux pièces), Antioche et Constantinople (une pièce).

## Conclusion

Même si la numismatique représente très souvent le "parent pauvre" de l'archéologie, elle vient confirmer, ici encore, grâce à une découverte d'ampleur, qu'elle est nécessaire et utile à la compréhension d'une fouille. En effet, pour la période du Haut-Empire, les monnaies découvertes sur les épaves viennent dater, à quelques années près, ces navires. De plus, elles nous donnent, par des études statistiques poussées, les périodes fastes et, à l'inverse, les périodes de crise de la cité d'Arles. Nous pouvons ainsi, par l'étude des monnaies trouvées dans le Rhône, reconnaître la période de la *pax romana* avec une circulation monétaire importante, un système monétaire stable, notamment entre les Flaviens et les Sévères. A la fin du IIIe siècle, nous distinguons une période de crise liée à l'anarchie militaire et surtout aux premières invasions barbares menées vraisemblablement dans la région par Chrocus. Au début du IVe siècle, nous trouvons une reprise de l'activité de la ville grâce à Constantin le Grand, qui en fait alors une petite capitale. La création d'un important atelier monétaire avec quatre officines a dynamisé fortement l'économie arlésienne.

L'Antiquité tardive est bien représentée dans les découvertes du Rhône. Après, comme s'il n'y avait plus eu de vie, ni d'activité, sur la rive droite du Rhône, nous n'avons aucune découverte monétaire, que ce soit de la période mérovingienne, carolingienne ou féodale…

Solidus de Valentinien (32).

### 1. Moyen bronze du royaume des Massyles de l'Est

A/ Tête barbue à gauche
Sans légende
R/ Cheval bridé à gauche ; dessous : un point
Mazard 56
Maurétanie (Maroc)
Arles ; Rhône, pont E colonne, 239 ; 2008
Ier siècle av. J.-C.

### 2. Sesterce de Caligula (37-41)

A/ Piété assise à gauche, tenant une couronne de la main droite
C CAESAR DIVI AVG PRON AVG PMP TR P IIII P P / PIETAS
R/ L'empereur debout à gauche devant un temple ; devant lui : un autel
DIVO AVG S/C
C 9-11
Rome
Arles ; Rhône, A1, 001 ; 2005
40-41 apr. J.-C.

### 3. Sesterce d'Antonin le Pieux (138-161)

A/ Tête nue à droite
DIVVS ANTONINVS
R/ Colonne placée sur une base et surmontée de la statue d'Antonin, tenant un globe et un sceptre
DIVO PIO S/C
C354
Rome
Arles ; Rhône, carré Z 61, 353 ; 2007
Vers 165 apr. J.-C.

### 4. Sesterce de Marc-Aurèle (139-180)

A/ Tête nue à droite
AVRELIVS CAE-SAR(AVG P II F)
R/ Pallas debout à droite, tenant une haste et s'appuyant sur un bouclier
TR POT-COS II S/C
C596
Rome
Arles ; Rhône, *dolium*, 65 ; 2007
145-146 apr. J.-C.

### 5. Denier de Commode (180-192)

A/ Tête radiée à droite.
M COMM ANT P-FELIX AVG BRIT
R/ Paix debout à gauche, tenant un sceptre et un caducée
(P M TR P VIII) IMP VII COS IIII P P S/C à l'exergue VICT BRIT
C 946
Rome
Arles ; Rhône, Z11 aval VNF, 46 ; 2007
185 apr. J.-C.

### 6. Denier de Commode (180-192)

A/ Tête nue à droite
COMMODO CAESAR AVG FIL GERM
R/ L'empereur debout à gauche, tenant une haste ; derrière : un trophée
PRI-NC-IVV-ENT
C 608
Rome
Arles ; Rhône, *dolium*, 34 ; 2007
180-192 apr. J.-C.

### 7. Denier de Geta (198-212)

A/ Tête nue à droite
P SEPTIMIVS GETA CAES
R/ Instruments pontificaux
SEVERI P II AVG FIL
C 188
Rome
Arles ; Rhône, Z11, aval VNF, 53 ; 2007
199 apr. J.-C.

### 8. Denier de Caracalla (211-217)

A/ Tête laurée à droite
ANTONINVS PIVS AVG GERM
R/ Jupiter debout à gauche, tenant un foudre et un sceptre
P M TRP XXI COS IIII PP
C 372
Rome
Arles ; Rhône, Z11, aval VNF, 653 ; 2007
211-217 apr. J.-C.

### 9. Sesterce d'Elagabal (218-222)

A/ Buste lauré à droite, drapé et cuirassé
IMP CAES M AVR ANTONINVS PIVS AVG
L'empereur debout à gauche, tenant une massue, une patère et sacrifiant sur un autel ; dans le champ : une étoile
P M TR IIII COS III P P S/C
C 198
Rome
Arles ; Rhône, *dolium*, 24 ; 2007
222 apr. J.-C.

### 10. Sesterce de Julia Paula (219-220)

A/ Buste diadémé à droite, drapé
IVLIA PA-VLA AVG
R/ Concorde assise à gauche, tenant une patère et une double corne d'abondance
CONCORDIA S/C
C 8
Rome
Arles ; Rhône, Z60, à 7 m du carré, 312 ; 2007
219 apr. J.-C.

### 11. Sesterce d'Alexandre Sévère (221-235)

A/ Tête laurée à droite
IMP SEV ALE-XANDER AVG
R/ Soldat debout à gauche, posant le pied sur un casque, tenant une haste et un globe
VIRTVS AVGVSTI S/C
C 592
Rome
Arles ; Rhône, pont E, colonne, 238 ; 2008
221-235 apr. J.-C.

### 12. Sesterce de Maximin Ier de Thrace (235-238)

A/ Buste lauré à droite, drapé
IMP MAXIMINVS PIVS AVG
R/ Paix debout à gauche, tenant un sceptre transversal et une branche d'olivier
PAX AVGVSTI S/C
Ric 34
Rome
Arles ; Rhône, 10, 5 ; 2007
238 apr. J.-C.

### 13. Sesterce de Pupien (238)

A/ Buste lauré à droite, drapé
IMP CAES M CLOD PVPIANVS AVG
R/ Paix debout à gauche, tenant une branche d'olivier
P M TR-P COS II P P
C 30
Rome
Arles ; Rhône, A10, couche argileuse, 558 ; 2007
238 apr. J.-C.

### 14. Sesterce de Gordien III (238-244)

A/ Buste lauré à droite, drapé
IMP GORDIANVS PIVS FEL AVG
R/ Victoire debout à gauche, tenant une palme et s'appuyant sur un bouclier ; devant : un captif assis
VICTORIA AETER S/C
Ric 338a
Rome
Arles ; Rhône, Y-Z62, 13 ; 2008
244 apr. J.-C.

### 15. Sesterce de Gordien III (238-244)

A/ Buste lauré à droite, drapé
IMP GORDIANVS PIVS FEL AVG
R/ Victoire debout à gauche, tenant une palme et s'appuyant sur un bouclier ; devant : un captif assis
ARTER-NITA AVG S/C
Ric 297a
Rome
Arles ; Rhône, Z11 derrière VNF, 520 ; 2007
240-243 apr. J.-C.

1
2
3
4
5
6
7
8
9
10
11
12
13
14
15

### 16. Sesterce d'Otacilia Sévéra (249)

A/ Buste diadémé à droite, drapé
MARCIA OTACIL SEVERA AVG
R/ Piété debout à gauche, levant la main droite et tenant une boîte ; devant : un autel allumé
PIETAS AVG S/C
C40
Rome
Arles ; Rhône, carré A61, couche I, près piquet C, 545 ; 2007
249 apr. J.-C.

### 17. Sesterce d'Otacilia Sévéra (249)

A/ Buste diadémé à droite, drapé avec le croissant
OTACIL SEVERA AVG
R/ Cippe
SAECVLARES AVGG S/C
C 68
Rome
Arles ; Rhône, Nosybe, marbre plage arrière sous couche, 21 ; 2007
249 apr. J.-C.

### 18. Follis lourd de Maxence (306-312)

A/ Tête laurée à droite
IMP C MAXENTIVS P F AVG
R/ Castor et Pollux debout face à face, tenant chacun un sceptre et la bride de leur cheval
AETE-RNITAS-AVG N
MOSTT ; C 10
Ostie
Arles ; Rhône, Z11 derrière VNF, 518 ; 2007
309 apr. J.-C.

### 19. Follis lourd de Constantin le Grand (César 306-307 - Auguste 307-337)

A/ Buste lauré à droite, drapé
FL VAL CONSTANTINVS NOB C
R/ Génie debout à gauche, tenant une corne d'abondance et une patère
GENIO POPV-LI ROMANI
S/F/ PTR ; C 218
Trèves
Arles ; Rhône, VNF, 81 ; 2008
306-307 apr. J.-C.

### 20. Nummus de Constantin le Grand (César 306-307 - Auguste 307-337)

A/ Buste cuirassé à droite, portant un casque à cimier
CONSTANT-INVS MAX AVG
R/ Deux Victoires posant sur un autel un bouclier sur lequel est inscrit VOT/PR
VICTORIAE LAETAE PRINC PERP
Couronne dans l'autel, PLN ; RIC 170
Londres
Arles ; Rhône, Z11, aval VNF, 52 ; 2008
320 apr. J.-C.

### 21. Nummus de Constantin le Grand (César 306-307 - Auguste 307-337)

A/ Tête laurée à droite
IMP CONSTAN-TINVS P F AVG
R/ VO/TIS/XX dans le champ
CONSTANTINI AVG
PA sous ligne ; Fer 340
Arles
Arles ; Rhône, *dolium*, aval, 66 ; 2007
320 apr. J.-C.

### 22. Nummus de Licinius (317-324)

A/ Tête laurée à droite
LICINIVS-NOB CAES
R/ VO/TIS/V dans le champ
CAESARVM NOSTRORVM
QA sous ligne ; Fer 567
Arles
Arles ; Rhône, zone 10, 585 ; 2007
320 apr. J.-C.

### 23. Nummus de Constantin II (César 317-337 - Auguste 337-340)

A/ Buste lauré à gauche, drapé et cuirassé
CONTANTINVS IVN NOB C
R/ Porte de camp ; au-dessus : une etoile
PROVIDEN-TIAE CAESS
S/F/TCONST ; Fer 691
Arles
Arles ; Rhône, aval VNF Z11, prosp. ZK, 689 ; 2007
328-329 apr. J.-C.

### 24. Nummus de Constantinople

A/ Buste casqué et lauré à gauche, portant l'habit impérial et tenant un sceptre
CONSTAN-TINOPOLIS
R/ Victoire sur une proue de navire tenant un sceptre et s'appuyant sur un bouclier
Sans légende
X/PCONST ; Fer 777
Arles
Arles ; Rhône, tranchée au-dessus du bélier, 625 ; 2007
336-337 apr. J.-C.

### 25. Aes 4 de Constance II (César 324-337 - Auguste 337-361)

A/ Buste diadémé à droite, drapé et cuirassé
D N CONSTAN-TIVS P F AVG
R/ L'empereur debout à gauche tenant un globe et une haste
SPES REI-PVBLICE
SCON ; Fer 1002
Arles
Arles ; Rhône, A61, couche I, 594 ; 2007
358-360 apr. J.-C.

### 26. Nummus de Constant (César 333-337 - Auguste 337-350)

A/ Buste lauré à droite, drapé
FL IVL CONSTANS NOB C
R/ Deux soldats debout de face tenant une haste et s'appuyant sur un bouclier ; entre eux : deux enseignes militaires
GLOR-IA EXERC-ITVS
Couronne pointée/PCONST ; Fer 1020 bis
Arles
Arles ; Rhône, P7E, 224 ; 2008
334 apr. J.-C.

### 27. Maiorina de Constant (César 333-337 - Auguste 337-350)

A/ Buste diadémé à gauche, tenant un globe dans la main droite
D N CONSTA-NS P F AVG
B/ Soldat sortant un prisonnier barbare d'une hutte
FEL TEMP REPAR-ATIO
AQP ; Ric 103
Aquillée
Arles ; Rhône, Z11, aval VNF, 332 ; 2007
348-350 apr. J.-C.

### 28. Maiorina de Magnence (350-353)

A/ Buste nu à droite, drapé et cuirassé
(D N MAGNENTIVS P F) AVG
R/ Deux Victoires tenant un bouclier avec un chrisme sur lequel est inscrit VOT/V/MVL/X
VICTORIAE D D N N AVG ET CAE
I/PAR ; Fer 1119
Arles
Arles ; Rhône, pont E, colonne, 193 ; 2008
352-353 apr. J.-C.

### 29. Double maiorina de Magnence (350-353)

A/ Buste nu à droite, drapé et cuirassé
D N MAGNEN-TIVS P F AVG
R/ Grand chrisme accosté de l'alpha et de l'oméga
SALVS D D N N AVG ET CAES
TAR ; Fer 1124
Arles
Arles ; Rhône, VNF, 83 ; 2008
353 apr. J.-C.

### 30. Double maiorina de Magnence (350-353)

A/ Buste nu à droite, drapé et cuirassé
D N MAGNEN-TIVS P F AVG
R/ Grand chrisme accosté de l'alpha et de l'oméga
SALVS D D N N AVG ET CAES
TAR ; Fer 1124
Arles
Arles ; Rhône, VNF, 297 ; 2008
353 apr. J.-C.

16
17
18
19
20
21
22
23
24
25
26
27
28
29
30

### 31. Maiorina de Décence (351-353)

A/Buste nu à droite, cuirassé
D N DECENTIVS NOB CAES
R/Deux Victoires tenant un bouclier sur lequel est inscrit VOT/V/MVL/X
VICTORIAE D D N N AVG ET CAE
I/ SAR ; Fer 1144
Arles
Arles ; Rhône, VNF, 273 ; 2008
351-352 apr. J.-C.

### 32. Solidus de Valentinien (364-375)

A/ Buste diadémé à droite, drapé et cuirassé
D N VALENTINI-ANVS P F AVG
R/ L'empereur debout de face, la tête tournée vers la droite, tenant un *labarum* de la main droite et un globe surmonté d'une Victoire de la gauche
RESTITVTOR-REPVBLICAE
RP palme ; Ric 2a9
Rome
Arles ; Rhône ; 2007
364-367 apr. J.-C.

### 33. Aes 3 de Valentinien (364-375)

A/ Buste diadémé à droite, drapé et cuirassé
D N VALENTINI-ANVS P F AVG
R/ L'empereur marchant à droite, tenant un *labarum* et tirant un ennemi à genoux par les cheveux
GLORIA RO-MANORVM
N/ SCON ; Fer 1338
Arles
Arles ; Rhône, A16, couche II, 127 ; 2008
367-370 apr. J.-C.

### 34. Aes 3 de Valens (364-378)

A/ Buste diadémé à droite, drapé et cuirassé
D N VALEN-S P F AVG
R/ Victoire marchant à gauche, tenant une palme et une couronne
SECVRITAS-REIPVBLICAE
OF/II/CONST ; Fer1430
Arles
Arles ; Rhône, A16, couche II, 128 ; 2008
364-367 apr. J.-C.

### 35. Aes 2 de Maxime le Grand (383-388)

A/ Buste diadémé à droite, drapé et cuirassé
D N MAG MAXI-MVS P F AVG
R/ L'empereur debout à gauche, relevant la République et tenant un globe surmonté d'une Victoire
REPARATIO-REIPVB
SCON ; Fer 1517
Arles
Arles ; Rhône, VNF, 298 ; 2008
383-388 apr. J.-C.

### 36. Imitation d'une maiorina de Magnence pour Arles

A/ Buste nu à droite, drapé et cuirassé
D N MAG( )V
R/ Grand chrisme accosté de l'alpha et de l'oméga
SALV( )HLS
SAR
Arles ; Rhône, épave, carré Z60, couche II, 9 ; 2007
Vers 353 apr. J.-C.

# Les inscriptions lapidaires et diverses

*Marc Heijmans*

## 1. Stèle funéraire d'un sévir

Arles ; Rhône, zone 5, secteur 2 ; 2007
IIe siècle apr. J.-C.
Calcaire
Lecture :
V[er]ECVN[dio]
**C . V .TO.. IIII[II uiri aug(ustalis)]**
CO[rp(oris)] COL(loniae * C[laud(iae)]
L]V[gud(uni)] ITEM [- - -
- - -]PA[- - -
- - -]AV[- - -
- - -
- - -
- - -] XX F [- - -
- - - ]DVLCI[ssimo]
h. 94 ; L. 58 ; ép. 47
Champ épigraphique : h. 50 ; L. 45
RHO.2007.00.1972

Malgré le mauvais état de conservation et la dégradation du texte, cette inscription est d'un grand intérêt. Elle concerne sans doute en effet un sévir augustal (ligne 2), probablement de la colonie de Lyon (lignes 3 et 4). Le défunt, dont le nom, VERECVNDIVS, figure dans la ligne 1, était également sévir d'une autre ville, peut-être Arles, si les lettres PA de la ligne 5 font bien partie du mot PATERNA. Le reste du texte est trop lacunaire pour être lu, à l'exception de la dernière ligne, où on lit DVLCI[ssimo], "très doux".

## 2. Stèle funéraire avec base et sommet mouluré

Arles ; Rhône, gisement B ; 2001
IIe siècle apr. J.-C.
Calcaire
Lecture :
D(is) M(anibus)
ERMIE
PARTIARI
COLLEGE
POSVERVNT
Traduction : aux dieux Mânes ; à Hermia, les membres du collège des *partiari* ont érigé (ce monument)
h. 61,5 ; L. 38,2 ; ép. 29
Champ épigraphique : h. 94 ; L. 27
X-8194
Bibliographie : Long, Hoyau, Piton, 2002, p. 55, fig. 26, p. 147-149 ; Long 2008, p. 708, fig. 1104

Cette inscription funéraire comporte deux éléments intéressants, qui sont peut-être liés. D'abord le terme *partiari*, qui n'est pas connu par ailleurs en épigraphie. Il s'agit d'un mot qui veut dire "partager", "diviser" ou "distribuer" ; on peut penser qu'il s'agit d'un métier lié aux activités portuaires, ou bien à des collègues qui avaient un intérêt au bénéfice de leur travail. Le deuxième élément problématique est le bateau qui figure à côté de deux dessins plus habituels, l'*ascia* et le fil à plomb, qui ne sont pas forcément liés au travail de la charpenterie, mais qui ont une fonction symbolique. Il est donc tentant de voir également un dessin symbolique dans la représentation du bateau, mais il s'agit plus probablement d'un dessin en rapport avec le métier du défunt. La forme du navire fait en particulier penser à un bac ou à un élément d'un pont de bateaux[1].

1. Long, Hoyau, Piton 2002, p. 50-56 ; Heijmans 2003, p. 377-381.

### 3. Inscription d'un sévir anonyme

Arles ; Rhône, zone 5, secteur 2 ; 2007
Ier siècle apr. J.-C. ?
Marbre
Lecture :
---] N * IIIIII [---
h. 13 ; L. 24 ; ép. 3
RHO.2007.00.1965

Cette inscription très lacunaire concerne sans doute un sévir augustal.

### 4. Inscription lacunaire

Arles ; Rhône, zone 14, secteur 2 ; 2005
Ier siècle apr. J.-C.
Marbre blanc
Lecture :
[---]GIA.[---
---] . . [---
h. 12,5 ; L. 16 ; ép. 2,3
X-16349
Bibliographie : Long 2007, p. 63

L'interprétation de ces quelques lettres, de bonne qualité, demeure incertaine. On peut peut-être lire [HY] GIAE, "A Hygiae", mais il est sans doute imprudent d'y voir une dédicace à la déesse de la Santé.

### 5. Angle supérieur gauche d'une plaque de marbre blanc

Arles ; Rhône, gisement B ; 2008
Ier-IIe siècle apr. J.-C.
Marbre
Lecture :
CIV[---]
CA [---
h. 17 ; L. 18 ; ép. 6,5
X-16300

Cette inscription, de bonne qualité, est trop lacunaire pour être restituée. Sur le dos figure un bas-relief.

### 6. Fragment d'une inscription funéraire

Arles ; Rhône ; 2008
IIe siècle apr. J.-C.
Marbre gris
Lecture :
---]
CONTV[---]
(vacat) LI[---]
PIISS[---]
h. 16 ; L. 14 ; ép. 2 à 2,3
X-16309

Cette inscription mentionne un *contubernalis*, une personne avec qui l'on vit sans être marié (compagnon), sans que l'on puisse savoir s'il s'agit du défunt ou du dédicant.

4

3

5

6

### 7. Inscription funéraire

Arles ; Rhône, zone 6, secteur 2 ; trouvé en plusieurs morceaux en 2007 et 2008
IIIe siècle apr. J.-C.
Marbre
Lecture :
GE.[---]
Q. AT.[---]
ONESI[---]
VEX. . [---] *
[---] ON
[---]
[---]SVO
[---] * CVIVS
[---]. * SIN
**7A**. Angle supérieur gauche (X-16305) : h. 14 ; L. 21 ; ép. 1,1
X-16305, Trou de fixation (?)
**7B**. Angle inf. droit (X-16308 et RHO.2007.00.1881) : h. 20 ; L. 16 ; ép. 1,1
X-16308 et RHO.2007.00.1881*

Inscription fragmentaire en trois morceaux, dont deux sont jointifs ; le texte porte au moins neuf lignes, dans une *tabula ansata,* mais le texte est trop lacunaire pour permettre une restitution complète. L'écriture est cursive et l'on aperçoit des traces de peinture rouge dans les lettres.

### 8. Inscription funéraire

Arles ; Rhône ; 2007
Ve-VIe siècle apr. J.-C.
Marbre
Lecture :
---]
BENE MER[---]
BONIFAT * [---]
FFECIT QVA [---
---]. .[---
Traduction : à [---] qui a bien mérité ; Bonifat[---] a fait, avec laquelle [--- (?)
h. 12 ; L. 18,5 ; ép. 3 à 3,5
RHO.2007.00.1937

Cette inscription se distingue par une écriture assez médiocre, que l'on retrouve dans des inscriptions de l'Antiquité tardive. Le texte est lacunaire et le sens obscur. La ligne 2 mentionne un Bonifatius/a, qui a probablement fait (*fecit* ; ligne 3) l'inscription.

### 9. Plaquette

Arles ; Rhône , zone 5, secteur 2 ; 2008
Ier-IIe siècle apr. J.-C.
Bois
Lecture :
C * C * V
h. 2 ; L. 15 ; ép. 1,5
X-16066

L'interprétation de cette plaquette de bois, percée d'un trou à une extrémité, pose problème. On peut peut-être faire un rapprochement avec des plaquettes en os ou en ivoire, utilisées lors des jeux antiques, dont deux sont conservées au British Museum[2]. Une autre solution est d'identifier cette plaquette comme une règle de scribe destinée à faciliter le traçage de lignes droites[3]. Le sens du texte est également problématique. S'agit-il d'un chiffre ou plutôt des initiales du propriétaire ?

7

8

9

2. May 1991, p. 188. 3. Bozic, Feugère 2004, p. 39-40.

# VI
# OBJETS RARES

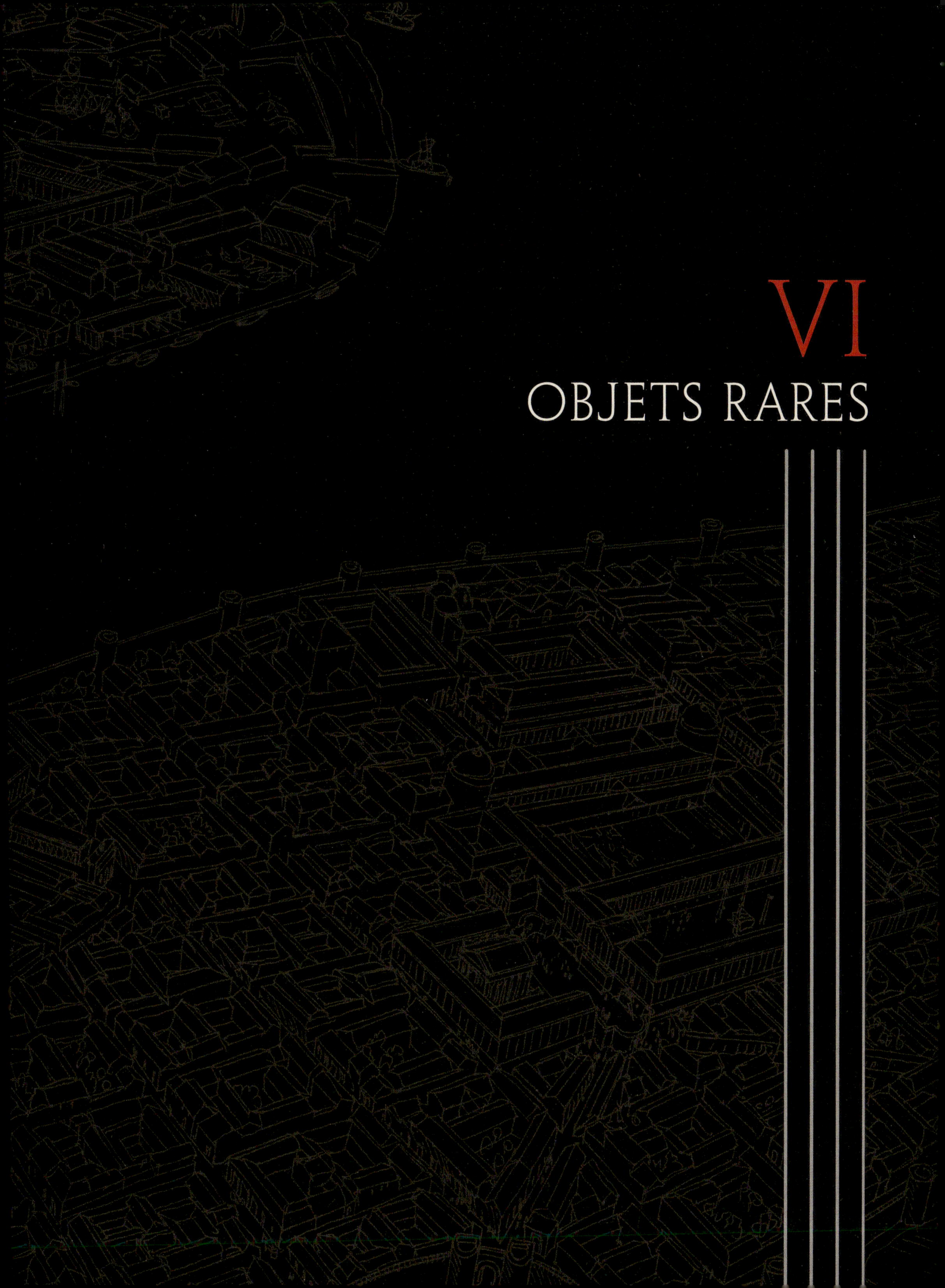

# Militaires et gladiateurs : armes et objets

*Eric Teyssier*

Les découvertes sous-marines et subaquatiques d'objets relatifs à l'armée et aux gladiateurs peuvent paraître peu nombreuses et disparates. Cependant, la rareté des *militaria* dans le Rhône et en Camargue ne doit pas surprendre dans une zone qui est déjà romanisée au moment de la guerre des Gaules. De plus, comme le reste de la province sénatoriale de Narbonnaise, la région de l'embouchure du Rhône ne compte pas de garnison permanente sous le Haut-Empire. Les découvertes en relation avec le monde militaire sont donc liées à des objets de la fin de la République, à une époque où la région entre peu à peu dans l'orbite de Rome. D'autres armes appartiennent également à des militaires du Haut-Empire qui ont pu transiter dans la région ou s'y faire inhumer.

Pour ce qui est de la gladiature, les témoignages sont d'un autre ordre. Les armes et équipements de gladiateur sont effectivement beaucoup plus rares que l'équipement militaire. Mis à part l'inestimable collection de casques et de jambières de la caserne de Pompéi, les découvertes de ce type sont exceptionnelles. Pour autant, la riche ville romaine d'Arles a connu, comme presque toutes les cités de l'Empire, la passion des gladiateurs, qui s'exprime souvent sur des supports modestes, tels que les lampes ou, plus rarement, les statuettes.

## 1. Casque en bronze de type étrusco-italique

**Type de Montefortino**
**Arles ; Rhône, seuil de Terrin ; 1969**
**Vers 100 av. J.-C.**
**Bronze**
**h. 20 ; l. 19,2 ; Ø 23,5 ; 657,8 g**
**X-16069**
**Bibliographie : Long 2007, p. 63, fig. 49 ; Long 2008, p. 107 ; Long 2008, p. 715, fig. 1122**

Ce casque a été récupéré en 1969 au seuil de Terrin, dans le Rhône, après avoir été extrait du sédiment par une drague à gravier à proximité d'un passage à gué antique. En 2005, dans ce secteur, de nouvelles immersions de contrôle ont succédé aux soixante-dix plongées réalisées par le DRASSM en 1990. Ces prospections ont mis au jour une centaine d'objets roulés et dispersés par le courant qui, excepté un col d'amphore Dressel 1B, se répartissent entre le Haut-Empire et l'époque médiévale. La découverte de cet objet au seuil de Terrin est intéressante. C'est là, à 15 km en aval d'Arles, sur près de 3 km de long, que la CNR a dérocté en 1990 sur plus de 1 m d'épaisseur une saillie rocheuse qui limitait le gabarit des navires à 3,50 m de profondeur. A l'étiage d'été, la hauteur d'eau par vent du nord se réduisait à 1,75 m. Ce tronçon du fleuve, matérialisé en rive gauche par le mas de Mollégès et en rive droite par l'île de la Gabarre, était de tout temps dangereux pour la navigation. Au XIX^e siècle, elle y était interrompue en moyenne trois mois par an, notamment durant les saisons sèches. Dans une correspondance du 2 janvier 1872, Joseph Girard y signale un "écueil formé d'anciens bateaux coulés à fond vers le milieu du Rhône, en face de l'extrémité amont de la digue de Beaujeu". Durant l'Antiquité, la zone a peut-être donc servi de passage à gué, lors des étiages les plus bas. De fait, au II^e siècle av. J.-C., le régime hydrologique entre Arles et la mer était irrégulier avec la prédominance d'un mode calme. Mais le Rhône y était si large (il mesure encore 550 m aujourd'hui) que la traversée demeurait délicate et pouvait occasionner la perte accidentelle de matériel.

Ce casque de tradition étrusco-italique, à calotte hémisphérique en tôle mince et bouton sommital, est plus ancien que les autres objets découverts dans cette zone. Ce type de casque est connu dès le IV^e siècle av. J.-C. et appartient au type de Montefortino (nord de Terramo, Italie), où fut découvert le modèle de référence[1]. Le spécimen du seuil du Terrin appartient aux modèles les plus récents de la série. Dépourvu de patine, l'objet, dont le métal est en très bon état de conservation, a été fabriqué à partir d'une seule pièce d'alliage cuivreux. Avec un poids de 658 g, ce casque étonne au premier abord par sa légèreté. A l'intérieur de l'objet, il est encore possible de distinguer les traces régulières de martelage laissées par l'outil de l'artisan. Ce mode de fabrication permet de réaliser en série et à peu de frais une protection efficace et normalisée. Le bord est renforcé et le timbre est surmonté d'un porte-aigrette orné d'un fleuron à double ligne d'oves. Une frise incisée au burin se développe autour du casque et forme un galon de traits obliques. La bordure du couvre-nuque, peu saillant, présente une série de cercles poinçonnés dans des carrés et laisse place ensuite à deux bandes incisées enserrant une ligne de vagues en volute. Sur chaque côté, deux orifices servaient sans doute à fixer les paragnathides, de bronze ou de cuir. Ces protège-joues mobiles sont rarement retrouvés avec les casques, mais ils sont attestés sur d'autres spécimens ou par des découvertes isolées. Un autre orifice placé sur le couvre-nuque commandait peut-être le passage d'un anneau servant à arrimer la jugulaire de cuir à l'arrière du casque tout en permettant également sa suspension à la ceinture ou au paquetage lors des marches. La forme générale et les éléments de décoration permettent de dater cet exemplaire entre la fin du II^e siècle et le début du I^er siècle av. J.-C. A la suite des réformes militaires de Marius, qui accentuent la normalisation de l'équipement défensif des légionnaires, les casques romains évoluent vers des variantes lourdes et légères de type Mannheim et Coolus. Ces nouveaux casques, parfois dépourvus de bouton sommital, succèdent à la série des Montefortino au cours du I^er siècle av. J.-C. et seront introduits en Gaule par les armées de César[2].

Le seuil de Terrin, dont l'affleurement de poudingue a cantonné le fleuve dans les mêmes limites depuis l'Antiquité, se situe à la jonction entre le Grand Rhône actuel et le paléochenal antique qui menait à Fos par l'étang de Ligagnau. De ce fait, ce casque a pu être perdu entre 103 et 101 par un légionnaire de Marius affecté au creusement du canal et au renforcement de ses digues. La chronologie proposée et le lieu de trouvaille permettent d'avancer cette probabilité. Pour autant, d'autres hypothèses sont envisageables. Cet objet peut également provenir d'un navire empruntant ce passage particulièrement dangereux. Enfin, ce casque a été porté par les guerriers des populations indigènes locales fortement influencées par Rome à cette époque. Parmi les nombreuses trouvailles attestant l'usage de ce type de casque en Gaule transalpine, il faut citer l'exemple découvert sur l'oppidum du Baou-Roux (Bouc-Bel-Air, Bouches-du-Rhône). Ce spécimen présente un profil similaire, avec une décoration identique du couvre-nuque et du bouton sommital[3]. La destruction de cet oppidum dans le dernier quart du II^e siècle av. J.-C. confirme une datation autour de 100 av. J.-C. pour le casque du seuil du Terrin.

**1.** Feugère 1994, p. 38. **2.** Connoly 2006, p. 228. **3.** Feugère 1994, p. 39.

## 2. Glaive dans son fourreau

**Type Mainz**
**Arles ; Rhône, gisement B ; 2001**
**Première moitié du Iᵉʳ siècle apr. J.-C.**
**Fer ; cuivre**
**L. 59 ; l. 5,5 ; ép. 2,5**
**X-16071**
**Bibliographie : Long, Hoyau, Piton 2002, p. 54, fig. 24 ; Long 2008, p. 706, fig 1101**

Au mois de septembre 2001, une courte campagne a été conduite sur le Rhône au sud du pont autoroutier. Dans ce secteur (gisement A), les campagnes précédentes avaient déjà permis de mettre en relief un très vaste gisement portuaire en relation avec une immense zone artisanale et commerciale. La découverte d'ossements humains et de vestiges lapidaires atteste également la fonction funéraire du secteur.

A 40 m en aval du pont autoroutier, à 20 m de la berge et par 6 à 8 m de fond, un gisement très homogène d'amphores a pu être relevé. Dans une très grande proportion, ces amphores sont d'origine espagnole. Le fait que certaines ont été décolletées pour en accélérer le vidage semble indiquer que nous sommes ici dans une zone portuaire importante à proximité d'entrepôts[4]. Au sein de ce matériel remarquablement bien conservé, la présence d'un glaive dans son fourreau constitue une découverte exceptionnelle dans ce contexte économique. Cette arme est un *gladius hispanensis* utilisé par l'armée romaine à la fin de la République et sous le Haut-Empire. Sa longueur totale est de 59 cm pour 6 cm de large. L'arme est cassée au niveau de la soie, peu après la garde en bois, qui est elle-même parfaitement conservée. Le fourreau a gardé ses frettes et trois anneaux de fixation. Ceux-ci permettaient de maintenir le glaive par un baudrier. Le glaive était généralement placé sur le côté droit pour les légionnaires et sur le flanc gauche pour les sous-officiers. Dans le cas présent, une seule face du fourreau est recouverte d'une fine plaque en alliage cuivreux. Cette dernière est incisée et présente un décor figurant, notamment, des feuilles de lierre et de laurier. L'arrière du fourreau est plus simple. Il laisse apparaître les fines planchettes de bois qui constituent l'armature du fourreau. A l'origine, les parties en bois étaient probablement recouvertes d'un cuir fin ou de tissu. L'extrémité du fourreau est terminée par une bouterolle réalisée à partir d'une fine plaque de métal repliée et soudée. La bouterolle est solidaire des renforts latéraux en gouttière ; ceux-ci permettent de solidariser la structure du fourreau. Ce mode de fabrication est typique des glaives de type Mainz. La datation de ce type d'arme peut donc être fixée dans la première moitié du Iᵉʳ siècle apr. J.-C.[5].

Cet objet réalisé avec soin n'est cependant pas un simple élément de décor. Il s'agit bien d'une arme de guerre réservée aux militaires, comme en témoigne le grand nombre de pièces similaires découvertes sur le *limes* germanique. Sans atteindre le luxe de certains exemplaires découverts en Allemagne, le glaive d'Arles est une pièce décorée avec soin qui ne devait probablement pas appartenir à un simple légionnaire. La présence d'une telle arme dans le Rhône, dans une province dépourvue de légion à l'époque impériale, constitue donc un cas assez exceptionnel. Sa présence à cet endroit peut cependant être rattachée à l'existence d'une grande nécropole toute proche. Cet objet très personnel a donc pu faire partie des dépôts funéraires liés à la tombe d'un militaire.

## 3. Glaive et fourreau

**Type Mainz**
**Saintes-Maries-de-la-Mer ; épave *SM9* ; 1998**
**Règnes de Tibère ou de Claude**
**Bronze ; alliage ferreux ; bois**
**L. 46 ; l. 9**
**X-15990 glaive**
**L. 48 ; l. 8,3**
**X-15991 fourreau**
**Bibliographie : Long 2003, p. 34, fig 18 ; Long 2004, p. 299-300, fig. 5**

Un second glaive a été découvert en 1998, dans des conditions très différentes du précédent. Cette arme provient de l'épave *SM9*. Son chargement est exclusivement constitué de barres de fer[6] dont certaines portent différents timbres estampillés. La longueur de ce bateau est estimée entre 15 et 18 m de long pour un chargement de 30 à 50 tonnes. Ces estimations font de cette épave la plus grosse cargaison de fer jamais découverte en Camargue. Par son tonnage, ce navire ne pouvait absolument pas franchir la barre alluviale du Rhône. Il fallait donc transborder les lingots sur des embarcations plus légères afin de pouvoir les amener vers le Rhône. Ce transport de fer et les nombreuses autres épaves de ce type découvertes devant le Rhône Saint-Ferréol témoignent d'un important commerce maritime tourné vers la Gaule intérieure, sans doute jusqu'au *limes* germanique. La zone frontière de l'Empire où est concentré le gros des troupes consomme énormément de fer. Il est possible en conséquence qu'une partie de ces cargaisons ait été destinée à satisfaire les besoins de l'armée romaine. Dans ce contexte, la présence d'un glaive sur cette épave est d'autant plus importante qu'il constitue le seul fossile directeur de la cargaison. Long de 56 cm et large de 6 cm, le glaive a perdu quelques centimètres à la pointe. Celle-ci devait être très effilée, compte tenu de sa fonction d'arme d'estoc. La poignée du glaive a pratiquement disparu, à l'exception d'un fragment de bois et du plateau métallique de la garde. Cette pièce porte encore des traces d'étamage ou de placage d'argent. Quant aux parties en bois du fourreau, elles sont particulièrement bien conservées. Rattachées par trois frettes en métal cuivreux, ces fines planchettes portent encore la trace d'une gorge peu profonde sur toute la longueur du fourreau. Cette gorge devait sans doute recevoir des renforts métalliques en gouttière terminés par une bouterolle. Il est difficile de dire si le fourreau était

4. Long, Hoyau et Piton 2002, p. 53. 5. Connoly 2006, p. 232. 6. Long et Illouze 2003, p. 34.

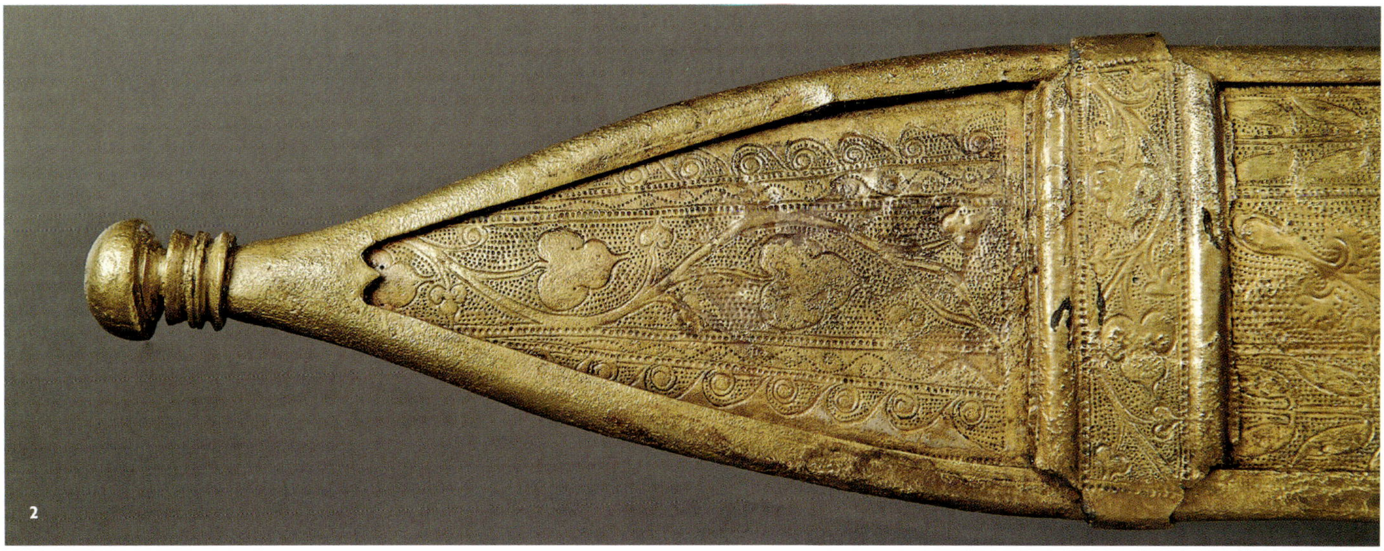

2

2

2

3

recouvert, comme le précédent, de plaques de bronze décorées ou si les parties en bois étaient simplement garnies de tissu ou de cuir fin. Comme pour le glaive issu du Rhône, ce *gladius* à pointe longue peut être rattaché au modèle Mainz. Une datation sous les règnes de Tibère ou de Claude peut donc être avancée[7]. Si l'on admet que cette importante cargaison de fer était destinée à l'armée, cette arme a pu appartenir à un militaire chargé de l'escorte.

## 4. Fourreau de *pugio*

**Type celtibérique**
**Saintes-Maries-de-la-Mer, Grand Radeau ; 2003**
**Ier siècle av. J.-C.**
**Alliage cuivreux**
**L. 19,2 ; l. 5 ; ép. 0,9**
**X-16001**
**Bibliographie : Long 2003, p. 71, fig. 59**

Aux Saintes-Maries-de-la-Mer, alors que le DRASSM poursuit ses recherches sous-marines au large, l'examen du matériel rejeté en plage renforce l'hypothèse d'une importante zone de mouillage d'époque impériale à l'embouchure du Rhône Saint-Ferréol[8]. A 1 km à l'ouest du Petit Rhône, dans une zone où des centaines de tessons d'amphore, de céramiques fines, de *tegulae* et de *dolia* ont été relevés, Philippe Ferrando a pu mettre au jour un objet rarement attesté. Cette armature, en tôle de bronze et en forme de gouttière en U, se termine par une bouterolle. Long de 19 cm, cet objet conserve encore des fragments de fines plaques de métal. Soudées à l'armature, elles devaient couvrir l'ensemble de l'espace aujourd'hui ajouré. Initialement, cette pièce a été identifiée comme l'extrémité du fourreau *(vagina)* d'un glaive de type Mainz. Ce type de glaive possède effectivement une armature semblable à celle de l'objet qui nous intéresse. Cependant, cette identification ne permet pas d'expliquer la présence d'une languette de métal repliée au centre de l'armature. Ce système est manifestement destiné à accueillir un anneau de suspension. Disposé aussi bas, il n'aurait toutefois aucun sens sur un fourreau de glaive. Une autre identification peut donc être proposée en rapprochant ce fourreau des poignards *(pugiones)* romains. Le *pugio* constitue une arme utilisée par les militaires romains en complément de leur armement principal : le glaive. Parfois très décorée, cette arme est généralement la propriété du soldat. Motif de fierté, elle participe avec le ceinturon *(cingulum)* à l'identification d'un légionnaire lorsque ce dernier n'est pas en tenue de combat. Ce type d'arme étant la propriété personnelle de son détenteur, l'objet pourrait être, là encore, lié à une sépulture.

Si l'on admet cette hypothèse, nous serions en présence d'un *pugio* pouvant dater de la fin de la période républicaine. En effet, les *pugiones* d'époque impériale sont nettement plus larges. Par contre, les *pugiones* républicains dérivent directement de modèles celtibériques à lame plus étroite. Leur prototype est constitué par le poignard "bidiscoïdal". Ce type de dague est probablement devenu populaire chez les légionnaires romains après les guerres celtibériques et la chute de Numance en 133 av. J.-C.[9]. Comme sur l'exemple des Saintes-Maries-de-la-Mer, les lames de ce type de poignard ont une vingtaine de centimètres de long. Leur fourreau possède également deux anneaux. L'un est placé sur le haut de l'armature et le second sur le bord du renfort central, comme sur notre spécimen. Cette disposition, sur deux niveaux et sur deux bords opposés, permet de suspendre la dague en diagonale par rapport au ceinturon. Le fourreau des Saintes-Maries-de-la-Mer a donc pu appartenir à un légionnaire du Ier siècle av. J.-C. Cette

**7.** Feugère 1993, p. 140. **8.** Ferrando, Long et Piton 2005, p. 71 **9.** Kavanagh de Prado 2008, vol. XXVIII : 5-85.

datation correspond aux tessons de céramique et d'amphore les plus anciens relevés dans le secteur. Cet objet particulier confirme ainsi la présence précoce de militaires sur cet axe stratégique du commerce romain à la fin de la République.

## 5. Plaque de ceinturon en argent doré

Arles ; Rhône, zone 2, secteur 2 ; 2005
Ier siècle apr. J.-C.
Argent doré
L. 4,3 ; l. 3,4 ; 18 g
X-16007

Cette plaque, ornant un ceinturon *(cingulum)* militaire, fut découverte dans le gisement A du Rhône, sur la rive droite. Les deux petits orifices encore visibles et ceux aménagés dans la partie manquante permettaient de riveter ces plaques sur le cuir du ceinturon. Ce type d'objet est caractéristique de l'armée romaine du Ier siècle de

notre ère. Ce spécimen à cercles concentriques se rapproche d'ailleurs des garnitures d'un *cingulum* découvert à Rheingönheim[10]. Ces plaques étaient accompagnées d'un glaive de type Mainz de la première moitié du Ier siècle. Assez courant dans les zones frontalières de l'Empire, ce type de *militaria* est plus rare dans les provinces pacifiées depuis longtemps. Un autre élément particulier vient de sa nature : de l'argent doré. De tels cas sont rares, même s'il est possible de citer l'exemple d'un *cingulum* orné de plaques en argent découvert dans une épave à Porto-Vecchio en Corse. Le soin particulier apporté à notre spécimen est intéressant. Le *cingulum* revêt une importance particulière aux yeux des légionnaires et de leurs sous-officiers. En effet, contrairement à une idée répandue, les soldats de Rome ne sont pas toujours coiffés de leur casque et vêtus de leur cuirasse "segmentée" en métal. En dehors des zones de combats, c'est-à-dire la plupart du temps, les soldats sont simplement vêtus de leur tunique et de leurs chaussures *(caligae)* caractéristiques. Ainsi, le ceinturon, parfois complété par un *pugio*, constitue-t-il l'élément caractéristique permettant d'identifier un soldat. Dans le cas présent, le soin attaché à la réalisation des éléments décoratifs du *cingulum* démontre l'importance que les militaires attachent à ce signe de distinction. De plus, la fabrication de plaques de ceinturon en métal précieux peut également revêtir un aspect très pratique. Le propriétaire de ce ceinturon pouvait ainsi thésauriser une partie de sa solde sans risque de se faire voler. Le denier pesant 4 g, chaque plaque a donc dû revenir à 5 deniers, soit environ une semaine de solde. Sachant qu'un *cingulum* peut en moyenne compter quinze plaques, le poids total du métal des garnitures s'élève donc à 300 g, soit l'équivalent de 75 deniers d'argent[11]. Au Ier siècle de notre ère, la solde du légionnaire est de 300 deniers, un ceinturon de ce type pouvait donc représenter environ trois mois de solde[12]. Nous savons par un papyrus découvert en Egypte qu'un militaire a donné le fourreau en argent de son poignard en gage d'un prêt souscrit auprès d'un de ses camarades[13]. Cette plaque et les autres exemplaires qui l'accompagnaient pouvaient donc constituer une réserve utile de métal précieux pour leur propriétaire.

## 6. Lampe

Type Den. IVA ou VA sur base à pied annulaire
Arles ; Rhône ; 2004
40-75 apr. J.-C.
Céramique ; engobe brun clair
L. incomplète 7,6 ; l. 6,7
RHO.2004.Z2.580
(cf. article "Les lampes à huile", n° 8)

Découverte en 2004 dans le Rhône à Trinquetaille, cette lampe est ornée d'un motif de gladiateur. Plus précisément, il s'agit ici d'un gladiateur appartenant à l'*armatura* des thraces. Ce type de combattant correspond à la troisième *armatura* des gladiateurs "ethniques". Créés après les *armaturae* samnite et gauloise, les gladiateurs thraces font leur apparition vers la fin du IIe siècle avant notre ère ou au début du siècle suivant[14]. En effet, l'armement de ce combattant montre encore certains traits anciens. Ainsi, son brassard *(manica)* ne couvre que le poignet et l'avant-bras droit. Par la suite, cette protection de cuir articulée remonte jusqu'à l'épaule. La qualité du décor de cette lampe permet également de distinguer un casque muni d'une protection faciale. Cet aménagement caractéristique des casques de gladiateur apparaît au milieu du Ier siècle. Ce type de protection munie de deux grandes ouvertures au niveau des yeux appartient aux premiers modèles connus[15]. D'après son décor, cette lampe à huile peut donc être datée autour de 50 apr. J.-C.
Tourné vers la gauche, le gladiateur porte le petit bouclier caractéristique de son *armatura* : la *parma*. Le combattant est également doté de deux grandes jambières. Ces *ocreae* remontent au-dessus du genou, ce qui constitue un autre trait particulier des combattants au petit bouclier[16]. Dans le cas présent, la main droite est cachée, mais elle doit tenir la dague courbe des thraces : la *sica*. Enfin, dernière caractéristique non visible ici : le cimier du casque doit s'orner d'un protomé de griffon, décor emblématique de ce type de combattant. Cette particularité est bien attestée sur la plupart des représentations de thraces, mais son absence s'explique par l'étroitesse du médaillon de la lampe.

**10.** Feugère 1993, p. 140. **11.** Ce qui correspond à 300 sesterces de bronze ou 3 *aurei* d'or. **12.** Le Bohec 1998, p. 226. **13.** Feugère 1993, p. 227. **14.** Teyssier 2009. **15.** C'est notamment le cas des gladiateurs représentés sur le monument funéraire de L. Storax conservé au musée de Chieti. Afin d'assurer une meilleure ventilation aux combattants, les casques sont ensuite dotés de grilles semblables aux modèles découverts dans la caserne des gladiateurs de Pompéi. **16.** Ces gladiateurs *parmati* sont les thraces au petit bouclier carré et les hoplomaques au petit bouclier rond et bombé. Les gladiateurs *scutati* portent, quant à eux, un grand bouclier *(scutum)* et une seule petite *ocrea*. Ils relèvent de l'*armatura* des mirmillons.

Sur les autres spécimens de lampes à décor de gladiateurs, les médaillons représentent souvent des personnages en posture de garde ou de combat. L'instant choisi ici correspond à un autre moment du *munus,* qui est également assez fréquent dans le corpus iconographique. Le gladiateur a posé son genou droit à terre et tient ses armes dans une attitude indiquant qu'il renonce à poursuivre le combat. Cette posture correspond à la demande de *missio*. Lorsque l'un des gladiateurs est blessé ou épuisé par l'intensité du combat, il doit manifester clairement son intention d'abandonner la partie. Il s'en remet alors à la bonne grâce du public et de l'éditeur afin d'obtenir sa *missio*, c'est-à-dire son renvoi. Si sa grâce ne lui est pas accordée pour manque de combativité ou pour lâcheté, il sera alors égorgé par son adversaire victorieux. Cet instant où le public a la sensation de tenir entre ses mains le sort d'un homme constitue le moment fort de la gladiature. C'est pourquoi les fabricants de lampes ne manquent pas de le représenter en figurant les gladiateurs préférés de leurs clients.

Ce type de médaillon de lampe, sans être parmi les plus fréquents, compte quelques autres exemples. Ainsi, un modèle identique est conservé au musée d'Aquilée. Au musée de Tarquinia, un médaillon de même type orne également une lampe de forme différente. Enfin, un autre spécimen a également été découvert à Cologne. Le gladiateur d'Arles témoigne de la diffusion de ce type de lampe au décor très précis. Ces objets s'adressent probablement à des amateurs de combats de gladiateurs et peut-être plus particulièrement aux partisans (*parmularii* et *scutarii*)[17] de telle ou telle *armatura*.

## 7. Couple de gladiateurs

**Jouet ou bibelot souvenir (?)**
**Narbonnaise**
**Arles ; Rhône, zone 6, secteur 2 ; 2007**
**II^e^-début du III^e^ siècle apr. J.-C.**
**Plomb**
**h. 5,2 ; l. 5,5 ; ép. 3,5**
**RHO.2007.00.1973**

Malgré sa petite taille (40 mm de haut) et le caractère humble de son matériau constitutif, ce groupe de gladiateurs constitue un sujet unique et particulièrement intéressant. L'objet est constitué d'un socle creux de forme rectangulaire. Sur l'un des grands côtés, l'inscription en léger relief "CURSOR" est parfaitement lisible. Ce terme, qui signifie "le coureur", peut être interprété comme le nom de scène d'un des gladiateurs représentés sur le support. En effet, deux *cursores* sont connus dans l'épigraphie gladiatorienne. Le premier est un entraîneur *(doctor)* de rétiaires de l'école *(ludus)* de Cordoue[18]. L'autre est également un rétiaire connu par une épitaphe de Langres[19]. Sur l'autre grand côté sont inscrites trois lettres. Ces dernières étant légèrement penchées par rapport à la base du socle, la lecture des deux dernières n'est pas assurée. Cependant, cette inscription pourrait être complète. Si l'on admet que *cursor* désigne le nom d'un des deux combattants, il est possible d'attendre ici le nom de son adversaire ou son abréviation. Les deux possibilités les plus probables sont "VEI" ou "VEL". Dans notre cas, la lecture "VEL" peut être retenue car ces trois lettres correspondent à "VELOX", "le rapide". Ce surnom est présent sur deux médaillons d'applique de la vallée du Rhône datant du II^e^ siècle[20]. Ces médaillons concernent, là encore, des rétiaires. Néanmoins, ces deux surnoms, "le coureur" et "le rapide", peuvent aussi bien convenir à un rétiaire qu'à un *secutor*. La force du premier réside en effet dans sa vélocité car l'absence de protection l'oblige à fuir les assauts du *secutor* dont le nom signifie "celui qui poursuit". Le fait de donner un nom ainsi abrégé pour un gladiateur constitue sans doute l'indice de sa grande notoriété.

Au-dessus des inscriptions, deux petits gladiateurs se font face, soudés aux extrémités du socle. Ils sont placés de part et d'autre d'une tige centrale, elle-même coiffée d'un rectangle replié perpendiculairement au socle. L'objet semble complet et il suffirait de redresser légèrement les deux personnages pour les replacer dans leur posture d'origine. L'identification des deux combattants ne pose pas de problème. Si l'on observe l'objet du côté de l'inscription "CURSOR", il est possible de reconnaître un rétiaire à droite et un *secutor* à gauche. Un tel objet n'a pas vraiment d'équivalent connu. Cette rareté provient essentiellement du recyclage fréquent, car facile, des éléments de plomb.

Dans le corpus des objets liés à la gladiature, seul un couple représentant un thrace et un mirmillon au combat peut être rapproché de cette pièce. Apparue sur le marché de l'art en Allemagne, cette pièce est connue à au moins trois exemplaires entiers ou fragmentaires[21]. Egalement réalisé en plomb à partir d'un moule, l'un de ces couples possède encore une roue à rayons, ce qui confirme l'identification de ce groupe à un jouet[22]. Ces objets de plomb dédiés aux gladiateurs pouvaient être produits en série et à faible coût.

Si les figurations de scènes de combat sont fréquentes, ce groupe illustre quant à lui un moment particulier très rarement représenté : l'entraînement de deux gladiateurs. La tige centrale représente en effet un pieu d'entraînement *(palus)*.

La statuette d'Arles constitue le seul exemple connu d'un couple de gladiateurs s'entraînant simultanément sur le *palus*[23]. A gauche, le *secutor* effectue le geste de frapper le *palus* avec le bas de son bouclier tandis que son glaive est en position arrière, prêt à frapper à son tour[24]. En face de lui, le rétiaire a fiché son trident dans le poteau. Comme le souligne Juvénal à propos de la femme gladiatrice, il est probable que ces armes (glaive et trident) sont pour l'occasion mouchetées.

Le rectangle soudé à l'extrémité du *palus* est également important car il s'agit très probablement d'un filet de rétiaire. Si l'on admet cette identification, nous serions en présence d'un des très rares exemples connus de rétiaire utilisant son "arme" éponyme[25]. Ainsi, le tableau reconstitué sur cet objet de plomb peut être interprété comme la représentation d'un exercice d'école de gladiateurs. De part et d'autre du *palus* d'entraînement, le rétiaire s'exercerait ici au lancer de son filet en prolongeant son mouvement de la frappe au trident. En face de lui, le *secutor* effectue lui aussi le geste de la charge contre le poteau avec son *scutum* comme arme principale.

La présence de deux noms de gladiateurs, dont l'un est attesté sur deux médaillons d'applique de la vallée du Rhône, autorise à penser qu'il s'agit d'un objet commémorant deux vedettes connues du monde de l'amphithéâtre. La densité des monuments du spectacle dans la région rend logique l'existence d'un vedettariat important, notamment à partir du II^e^ siècle de notre ère. Cette période correspond à la fois à la plus grande diffusion de la gladiature en Narbonnaise et à l'époque où l'affrontement entre le rétiaire et le *secutor* connaît sa plus grande faveur auprès du public dans tout l'Empire romain. Dans le cas de la petite statuette de plomb d'Arles, il ne s'agit pas de commémorer un combat réel mais plutôt une scène d'entraînement à armes "mouchetées". Il est donc possible que cet objet date du II^e^ siècle apr. J.-C. ou du début du siècle suivant. Jouet ou bibelot souvenir fabriqué en série par une école de gladiateurs, cette statuette témoigne à sa manière de l'importance de la gladiature en Gaule du Sud.

---

**17.** Ces partisans des petits ou des grands boucliers sont bien attestés chez les auteurs anciens. Marc Aurèle, *Pensées*, I, V. Martial, *Epigrammes,* IX, 59. Quintilien, *De l'institution oratoire*, II, XI, 2. Suétone, *Domitien*, X. **18.** *CIL* II, 360. **19.** *CIL* XIII, 5702. **20.** Wuilleumier et Audin 1952. W-A 290 découvert à Moulins et W-A 114 à Vienne. **21.** Catalogue Gorny et Mosch 2006, n° 259, p. 106. **22.** A l'origine, chacune de ces pièces possédait quatre anneaux aux quatre angles de leurs bases. Ces anneaux recevaient autant de roues qui permettaient à l'enfant de faire aller et venir son jouet. Teyssier 2005. **23.** Des images de gladiateurs s'entraînant seuls devant le *palus* sont connues sur des lampes à huile, sur des graffitis et sur une mosaïque de Chalon-sur-Saône. Ces scènes demeurent néanmoins très rares. **24.** Ce type d'entraînement est évoqué par Juvénal à propos de gladiatrices. "Qui n'a vu les entailles du poteau *(palus)* ? Elles le creusent à grands coups de glaive de bois et de bouclier *(rudibus scutoque)*, attentives à exécuter toute la série des commandements." Juvénal, *Satires*, VI, 266-268. **25.** A la fin du IV^e^ siècle apr. J.-C., Végèce parle également du *palus* à propos de l'entraînement des soldats romains et des gladiateurs. "On donnait aux nouveaux soldats le bouclier rond d'osier, qui pesait le double de ceux dont on se servait à la guerre, et des bâtons deux fois plus lourds que les glaives dont ils tenaient lieu. Avec cela, on les faisait s'exercer le matin et l'après-midi contre le pieu. Cet exercice ne fut pas moins utile aux gladiateurs qu'aux soldats et les uns et les autres ne se distinguèrent jamais sur l'arène et sur le champ de bataille qu'après s'être ainsi exercés sur le pieu." Végèce, *Les Institutions militaires*, livre II, XXIII. **26.** Sur les 235 représentations de rétiaires répertoriées à ce jour, moins de 10 % figurent ce combattant avec son filet.

# Vaisselle de bronze et objets d'exception

*Pascale Picard*

La découverte d'objets d'orfèvrerie gallo-romaine est fréquente dans les cours d'eau français, et le *flumen Rhodanus* dans ses méandres arlésiens ne fait pas exception à une règle maintes fois vérifiée depuis le milieu du XIXe siècle[1] dans la Seine et la Saône. En 1862, deux casseroles en argent des IIe-IIIe siècles de notre ère furent récupérées entre Arles et Tarascon. Elles faisaient écho au *missorium* tardif retiré en 1656 près d'Avignon. Les offrandes votives et les cachettes opérées à la hâte en bordure des fleuves et des rivières lors des périodes d'insécurité, ou le butin perdu par les pillards eux-mêmes au passage d'un gué, sont à l'origine de nombreuses découvertes faites par des dragues.

A Arles, en rive droite, par 7 m de fond, c'est un dépotoir portuaire enrichi entre Claude et les Flaviens qui restitue chaque année, dans le cadre de fouilles méthodiques, de très belles pièces de vaisselle en métal. Issus d'un contexte chronologique précis, ces objets en excellent état ont sans doute été perdus. Ils ne présentent en effet aucune dédicace relative à un acte votif et leur dispersion dans le gisement élimine toute idée d'épave ou de caisse tombée à l'eau lors du déchargement d'un navire. On pense du coup à l'action des crues sur les habitations en bordure du fleuve, vidées de leur mobilier par une vague dévastatrice ou par la simple force du courant. Les sources médiévales et modernes insistent en effet sur leur brutalité et leur soudaineté[2]. Des inondations fréquentes ravagent Arles entre le Ier siècle av. J.-C. et le Ier siècle apr. J.-C., avec une périodicité des débordements majeurs en ville tous les vingt-cinq ans[3].

Dans ce contexte, on notera en 2005 la mise au jour d'une très belle amphore en bronze aux anses décorées d'animaux marins, qui fait suite à une coupelle en argent et à des *olpai* d'airain du milieu du Ier siècle apr. J.-C. A cette période, l'Arlésien Pompeius Paulinus, gouverneur de Germanie inférieure et ami de Pline l'Ancien[4], ne voyageait jamais sans son service de table de près de 12 000 livres d'argenterie. Une telle splendeur a dû marquer l'esprit de ses contemporains. Quoi qu'il en soit, ses concitoyens semblent avoir porté de l'intérêt aux vases toreutiques à boire et à verser, et au service du banquet en général, éléments du statut social et signes évidents de romanisation. L'art des bronziers en Gaule deviendra une activité artisanale croissante au Ier siècle apr. J.-C., qui sous-entend l'installation d'ateliers provinciaux imitant avec des particularités propres les formes grecques et italiques à la mode en Campanie, au moment de l'éruption vésuvienne. Mais ces objets circulaient déjà par mer depuis l'Italie et remontaient l'axe Rhône-Saône comme pourraient l'attester les épaves *Fourmigue C* à Golfe-Juan et *SM 4* aux Saintes-Maries-de-la-Mer. La première, perdue autour de 70 av. J.-C., destinait peut-être son vin et ses précieux bronzes aux Eduens, alliés de Rome[5]. La seconde, au Ier siècle apr. J.-C., avec son chargement varié d'objets en bronze pour la vente ou la refonte, fut piégée par les bancs de sable à l'embouchure du fleuve[6].

L. L.

1. Bonnamour 2001. 2. Stouff 1982 : 18. 3. Allinne, Bruneton 2006 : 75. 4. Pline, *Hist. Nat.* 33, 143. 5. Baudoin, Liou et Long 1994. 6. Long 2007, p. 60-61.

## 1. Vase a deux anses verticales, amphore [2]

Type A 3220[1]
Campanie (?)
Arles ; Rhône, épave *Arles-Rhône 3* ; 2005
Première moitié du Ier siècle apr. J.-C.
Bronze
h. 44,5 ; Ø embouchure 20 ; Ø col 11,8 ; Ø pied 10,7 ; épaisseur > 0,1 sur l'ensemble du vase ; 4 008 g
X-16075
Bibliographie : Long 2008, p. 202-205 ; Long 2007, p. 61, fig. 44 ; Dahy 2006, vol. 1, n° 160, p. 172-174 ; vol. 2, pl. 31, fig. 7 et 8 ; pl. 32, fig. 1 et 2
Comparaison : Koster 1997, n° 30, p. 41-42 ; Tassinari 1993, A 3220, p. 11-12-16, 29-30, pl. 50 à 52 (inv. 12113 ; 3609 ; 14060 ; 6880 ; 10284 ; 13955) ; Radnoti, 1938, 156-157, tav. XLII, 4 ; Naples, Musée national archéologique, inv. 69631 et 69707, exemplaires proches pour les anses (Tassinari en cours de publication) ; Guzzo 2006, p. 80, n° 1-2, deux amphores en argent provenant de Pompéi et conservées au Musée national de Naples déclinent le type dans un métal précieux qui impose le traitement en creux des anses (inv. LLL768 et 769)

Ce vase a été découvert sur l'épave *Arles-Rhône 3* qui lui a servi de réceptacle, soit en rive droite, à 30 m en amont du pont autoroutier et à une distance comprise entre 60 et 80 m des autres vases (cruches n° 2 et 3, passoire n° 13 et casserole n° 16). En forme de sas largement ouvert sur la pente, l'épave *Arles-Rhône 3* a piégé beaucoup de mobilier errant. L'amphore était au-dessus du chargement de pierres du navire, bien au-dessus du fond de carène, au milieu des gravats antiques constitués de fragments d'amphores et de céramiques du Ier siècle de notre ère, non loin du flanc du navire. La chronologie de l'épave a été fixée autour de 40 apr. J.-C. par l'étude des céramiques.

Vase à panse piriforme pourvu de deux anses verticales zoomorphes qui en font la particularité. Cette forme, qui s'apparente à celle d'une amphore, est courante en Italie centrale durant la seconde moitié du Ier siècle et le mobilier dénombré à Pompéi en compte soixante exemplaires[2]. Si ce type d'objet est bien représenté en Italie, il reste cependant, en l'état actuel de nos connaissances, rare dans les collections françaises. L'exemplaire arlésien est particulièrement remarquable par la qualité de sa réalisation, par la facture des anses, par son excellent état de conservation, mais aussi par ses dimensions qui le situent parmi les plus grands du corpus[3].

Le corps du vase est en une seule pièce sans doute coulée puis expansée par martelage, comme le soutient la légère dissymétrie de l'objet, ainsi que son aspect de surface. Un point de centrage sous le pied, ainsi qu'une ligne incisée à l'intérieur du col, peuvent correspondre à des marques de tournage. Radiographies et tomographies soulignent l'homogénéité de l'épaisseur des parois, ainsi que des déformations qui, dans le bas de la panse, coïncident avec une zone fragilisée par l'étirement du métal (cf. infra, gammagraphie CEA Cadarache). C'est dans cette zone qu'une plaquette de reparure vient combler une lacune qui semble consécutive à un accident de fabrication, les matériaux utilisés étant visuellement identiques au reste de l'objet.

Les deux anses en métal plein sont fixées en appliques au vase, sans percements mais par brasures, comme le laissent supposer les traces débordantes d'un alliage gris sombre, peut-être de l'étain ou du plomb[4]. Ces anses verticales se composent du corps d'un animal marin hybride, à la queue de dauphin et à la tête d'un canidé dont les oreilles et les pattes sont palmées[5]. Cet exemplaire augmente le corpus connu d'une nouvelle variante, le motif des deux dauphins représentés de part et d'autre du polype que le monstre marin dévore étant habituellement associé aux anses en forme de dauphin[6].

1

1. Tassinari 1993 2. Radnoti 1938, Tassinari 1993, p. 29. 3. Tassinari 1993, 15,7 cm < h. < 44 cm. 4. Seules des analyses permettront de caractériser les alliages utilisés. 5. Long 2007, p. 61, un *caniculis* d'après Pline, *Hist. Nat.*, IX, 151-152.

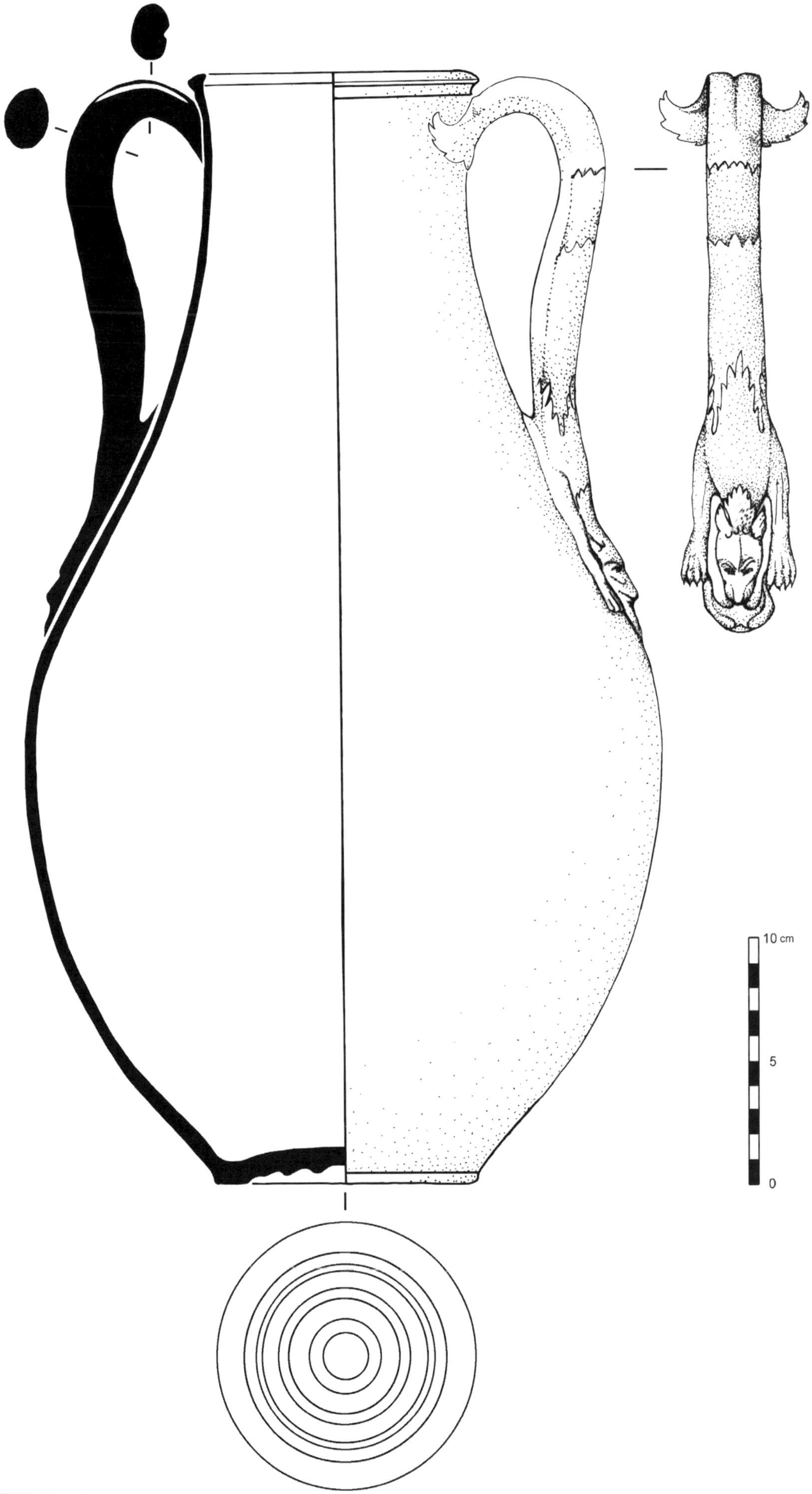
10 cm
5
0

Des rehauts métallisés blancs (en argent ?) sont utilisés pour souligner les yeux des monstres marins et des dauphins. Ces applications de métal clair se superposent au bronze, tandis que des emplacements creux, au niveau des pupilles, pourraient accueillir une autre nuance de métal, du cuivre ou de l'or, créant ainsi un effet de polychromie. Le détail de cette attache souligne le raffinement et le luxe de cet objet.

Bien que la question de l'origine d'une telle production reste entière, en l'absence de tout vestige d'atelier en Campanie, il n'en demeure pas moins cohérent de rattacher l'exemplaire d'Arles à une production italienne importée, comme le sont probablement les cruches étudiées ci-après. Bien que dispersés dans le fleuve, amphores, cruches (n° 2 et 3), *simpulum* (n° 12), passoire (n° 13) forment un ensemble cohérent autour du vin, que la chronologie rapproche et qui peut être représentatif d'une société d'élite à Arles. La rareté de cette vaisselle, en regard du matériel céramique, permet de mesurer la distance entre objet d'usage courant et vase d'exception.

## 2 ET 3. CRUCHE À UNE ANSE VERTICALE ET EMBOUCHURE MOYENNE

**2.** Type B 1261a[7]
Campanie (?)
Arles ; Rhône, gisement A, zone 3 ; 2003
Ier siècle apr. J.-C. ; contexte archéologique daté du Ier siècle apr. J.-C.
Bronze
h. 17,5 ; l. 15,5 ; Ø panse 14,3 ; Ø embouchure 10,7 ; Ø pied 8,8 ; 804 g
X-16074

**3.** Type B 1261a[8]
Campanie (?)
Arles ; Rhône, gisement A, zone 2 ; 2003
Ier siècle. apr. J.-C. ; contexte archéologique daté du Ier siècle apr. J.-C.
Bronze
h. 18 ; l. 16,2 ; Ø panse 15,5 ; Ø embouchure 10,5 ; Ø pied 10 ; 770 g
X-16073
Bibliographie : Long 2008, p. 201 ; Dahy 2006, vol. 1, notices 144 et 145, p. 154-157 ; vol. 2, pl. 24 à 26, fig. 1 à 6, 1 et 2 ; Long 2005, fig. 64, p. 75
Comparaison : Tassinari 1993, B 1261a, p. 46, p. 178 (inv. 3130) p. 156 (inv. 12091)

La cruche n° 2, une passoire (n° 13), une casserole (n° 16) proviennent du gisement A, en zone 3, soit à une cinquantaine de mètres en aval du pont autoroutier, en rive droite. Dispersés sur la pente, à la surface du sol, partiellement recouverts de vase au milieu des cailloux et des fragments d'amphores et de céramiques du Ier siècle de notre ère, ces objets étaient visiblement dissociés les uns des autres. La seconde cruche (n° 3) provient quant à elle de la zone 2 du même gisement.

Ces deux vases appartiennent à une même typologie et se composent de l'assemblage de deux pièces : un récipient ovoïde à ligne continue depuis le pied jusqu'à la lèvre, caractérisé par un renflement de la panse dans le premier tiers inférieur et dont l'embouchure est circulaire, auquel l'anse verticale est fixée.

Il s'agit probablement de formes coulées et expansées par martelage, dont la surface est affinée ou reprise au tour, comme le suggèrent les points de centrage et les lignes concentriques sous les pieds, ainsi que les lignes incisées en bordure intérieure des lèvres et embouchures. La cruche n° 2 est pourvue de deux plots de calage sous le

2

3

6. Je remercie Suzanne Tassinari pour la documentation de son corpus en cours de publication, qu'elle m'a généreusement communiquée ; pour ne citer qu'un exemple, il faudra regarder Naples, Musée national, inv. 72674. 7. Tassinari 1993. 8. *Ibid.*

2

3

pied, en forme de pelte, le troisième est perdu. Il est probable que la cruche n° 3 en possédait également.
Le décor des anses différencie les deux objets ; il est cependant construit sur le même schéma ornemental mêlant le végétal, l'animal et l'humain. Dans les deux cas, l'attache, haute, est constituée d'une terminaison végétale composée d'une feuille qui s'ouvre symétriquement et s'enroule en deux bras, de part et d'autre de deux têtes d'oiseau. La partie centrale de la feuille se soulève pour dessiner le poucier. L'applique basse de la cruche n° 3 compose un médaillon végétal cordiforme couronné de volutes symétriques, et termine une tige simplement constituée d'une feuille lisse qui s'ouvre en trois folioles. L'applique de la cruche n° 2 se compose d'un protomé à figure féminine dont le front est ceint d'un bandeau retenant une chevelure abondante mêlée d'éléments végétaux (des corymbes). Cette figure, généralement identifiée comme une ménade, renvoie au monde bachique. Au-dessus, l'extrémité de l'anse se termine par une feuille ouverte en trois folioles s'enroulant en volutes symétriques. Le corps de l'anse est orné d'un candélabre végétal composé d'une tige noueuse terminée par deux feuilles à pointes, le tout étant surmonté d'un fleuron incisé de points et de lignes rayonnantes.
Il est à noter qu'une anse du même type provient du site *SM 4*, aux Saintes-Maries-de-la-Mer (n° 9), contexte qui soutient l'idée d'importation par voie maritime de ces riches vaisselles. La diffusion en Gaule méridionale de vases en bronze d'origine italique est attestée dès les années 140/120 av. J.-C.[9]. Par ailleurs, des cruches tardo-républicaines du type Kelheim (ou Eggers 122), associées à des ensembles funéraires datés vers 125-70 av. J.-C., sont importées en quantité notable de Campanie ou d'Italie du Nord[10]. Dans cette continuité, de forme et de diffusion, les cruches de type B 1261 découvertes dans le Rhône peuvent emprunter le même circuit et sont issues de ces productions de série du Ier siècle, d'origine probablement campanienne[11].

**9.** Feugère 1991, p. 165. **10.** Marcadal, Féménias 2001 ; Boube 1991, p. 40. **11.** Cresce (Di) (à paraître). Cette étude typologique des cruches B 1261 précise les caractéristiques répétitives des formes, des dimensions et du répertoire ornemental des anses et permet de confirmer que les exemplaires du Rhône y répondent.

## 4. Cruche a une anse verticale

Type B 1222[12]
Saintes-Maries-de-la-Mer ; épave *SM 4* ; 1992
Ier siècle apr. J.-C.
Bronze
h. 39 ; Ø col 18,4 ; Ø embouchure 14,1 ; Ø panse 26
STM.92.00.8
Bibliographie : Dahy 2006, vol. 1, p. 175-176, n° 161 ; vol. 2, pl. 32, fig. 3 à 6 ; Long 1997a, p. 69-71
Comparaison : Tassinari 1993, p. 29 (n° 8343) ; Guzzo 2006, p. 150, n° 184, vase en argent provenant de Pompéi (inv. 7477)

Ce grand vase, bien que d'un profil très différent, hérite des principes des cruches n° 2 et 3. Il se compose de deux pièces assemblées, un récipient à courbe continue et une anse pleine. Une panse ovoïde à l'épaulement marqué dans le tiers supérieur le caractérise. L'anse, non dépassante, est également déclinée du modèle simplifié des cruches précédemment citées. Le principe de deux branches appliquées en arc de cercle à la lèvre demeure et reproduit le motif simplifié hérité des têtes d'oiseau. La tige, d'une section ovale décroissante sans décor, s'achève par un motif triangulaire au sommet duquel sont incisées deux volutes qui évoquent l'enroulement de deux feuilles.

Deux exemplaires de ce type, découverts à Pompéi et situés au Ier siècle, permettent là aussi d'envisager une origine campanienne et suggèrent une importation en raison du contexte de découverte. Un exemplaire en argent provenant de Pompéi soutient également l'idée d'une forme courante dont nous avons ici une version remarquable par sa dimension.

## 5. Cruche

Saintes-Maries-de-la-Mer ; épave *SM 4* (?) ; 1992
IIe-IIIe siècle apr. J.-C.
Bronze
h. 25.5 ; Ø col 2,8 ; Ø panse 11 ; ép. < 0,1
STM.92.00.12
Comparaison : Boucher,Tassinari 1976, p. 148, n° 191

Pot à panse piriforme terminé par une embouchure étroite et ronde. Anse pleine décorée d'un motif végétal le long de la tige, composé de deux branches réunies par des feuilles cordiformes (lierre). Un motif d'acanthe est placé sur l'applique au niveau de sa base, tandis que deux têtes d'oiseau en symétrie forment les branches fixées au col.

## 6. Cruche

Saintes-Maries-de-la-Mer ; épave *SM 4* (?) ; prospections 1992
IIe-IIIe siècle apr. J.-C.
Bronze
h. 24.5 ; Ø 20 ; ép. < 0,1
STM.92.00.20

## 7. Cruche

Arles ; Rhône ; prospections 1990
IIe-IIIe siècle apr. J.-C.
Bronze
h. 21 ; Ø 27.4 ; ép. < 0,1
RHO.90.00.10

4

5

6

7

12. Tassinari 1993. Comparaison : Baratte *et al.* 1984, pl. 67, n° 116, p. 81-82.

8

## 8. Anse de cruche décorée de figures mythologiques

Saintes-Maries-de-la-Mer ; épave *SM 4* ; 1992
Ier siècle apr. J.-C.
Bronze
L. 24,5 ; l. 3,5
STM.92.00.7
Bibliographie : Dahy 2006, vol. 1, p. 161-162, n° 148 ; vol. 2, pl. 27, fig. 7, pl. 28, fig. 1 à 3 ; Long 1997a, p. 69-71 ; Sintes 1996, n° 96, p. 117

Témoin d'une vaisselle luxueuse, cette anse, remarquable par sa facture aussi bien que par son iconographie, appartenait à un vase dont il reste difficile d'identifier la forme. D'une production probablement italique d'influence grecque, les éléments de comparaison satisfaisants sont insuffisants. La tige est plate et le profil de l'objet montre que l'attache décorée d'un protomé en forme de tête de Minerve reste proche de l'archétype d'une Athéna Parthénos, soit en armes comme son casque le désigne, l'égide sur la poitrine. L'attache basse représente la tête d'Hercule portant la léonté nouée autour du cou. Le traitement de la figure de Minerve, avec ses boucles de cheveux s'enroulant en anglaises sur les joues et se déployant joliment en volutes dans la nuque, rivalise avec la maîtrise plastique de certaines vaisselles d'argent de Pompéi du Ier siècle.

## 9. Anse de cruche a tête de Ménade

Type III[13]
Saintes-Maries-de-la-Mer ; épave *SM 4* ; 1992
Ier siècle apr. J.-C. (?)
Bronze
L. 15,6 ; l. 7,7 ; ép. 1,5 ; médaillon d'applique 3 x 4
STM.92.00.10
Bibliographie : Dahy 2006, vol. 1, notice 151, p. 165-166 ; vol. 2, pl. 24, fig. 3 à 6 ; Long 1997a, p. 69-71
Comparaison : Pozo 2002, n° 6, p. 408-412 ; Rolland 1965, n° 328, p. 150 (médaillon) ; Baratte *et al.* 1984, n° 37, pl. 70, p. 94-95 (attache supérieure de l'anse)

## 10. Anse de cruche, médaillon d'applique décoré d'un Eros

Saintes-Maries-de-la-Mer ; épave *SM 4* ; 1992
Ier siècle apr. J.-C. (?)
Bronze
L. 15 ; l. 9,1 ; médaillon 3,8 x 3,8
STM.92.00.4
Bibliographie : Dahy 2006, vol. 1, notice 149, p. 162-164 ; vol. 2, pl. 28, fig. 4 à 7 ; Long 1997a, p. 69-71
Comparaisons : Pozo 2002 : fig. 2, p. 410 ; Tassinari 2001 : n° inv. Mann 69238, fig. 11, p. 368 ; Tassinari 1995, n° inv. Mann 69469, 69470, 69475, 199391, fig. 7, p. 93 ; Baratte *et al.* 1984, p. 94-95, pl. 70, n° 37

## 11. Anse d'amphore ou de cruche (?)

Saintes-Maries-de-la-Mer ; épave *SM 4* ; 1992
Bronze
L. 10,8 ; l. 3,9 ; médaillon 3 x 4
STM.92.00.6
Bibliographie : Dahy 2006, vol. 1, notice 152, p. 166-167 ; vol. 2, pl. 29, fig. 7 et 8 ; Long 1997a, p. 69-71

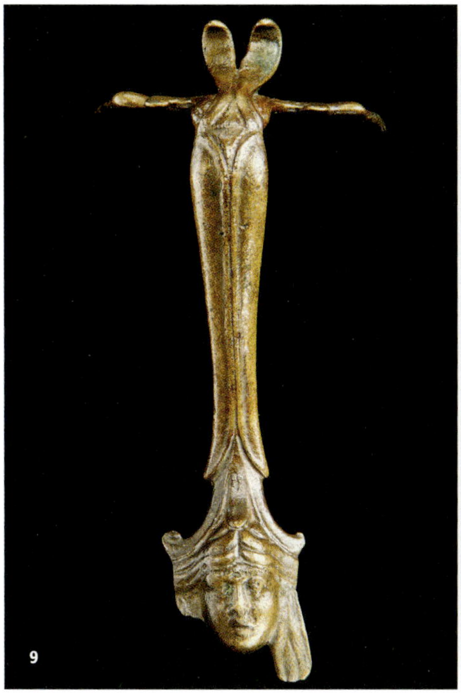

9

10

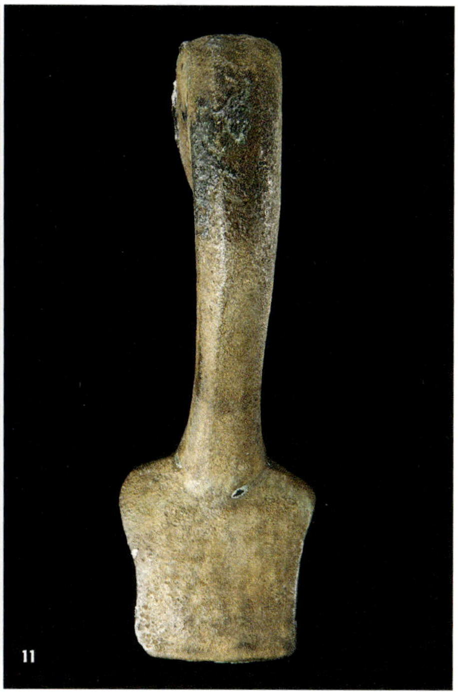

11

13. Pozzo 2002.

8

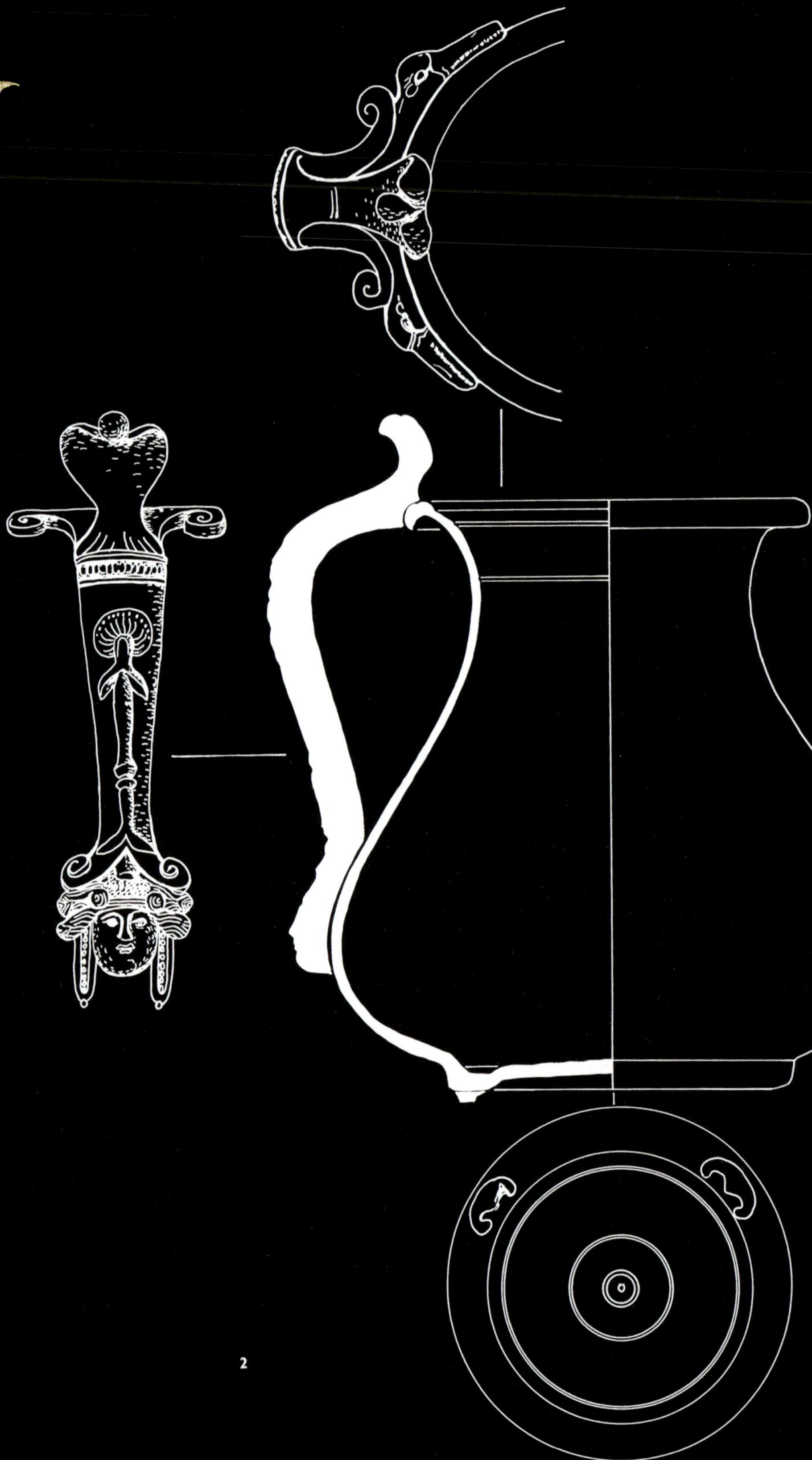

2

12

13

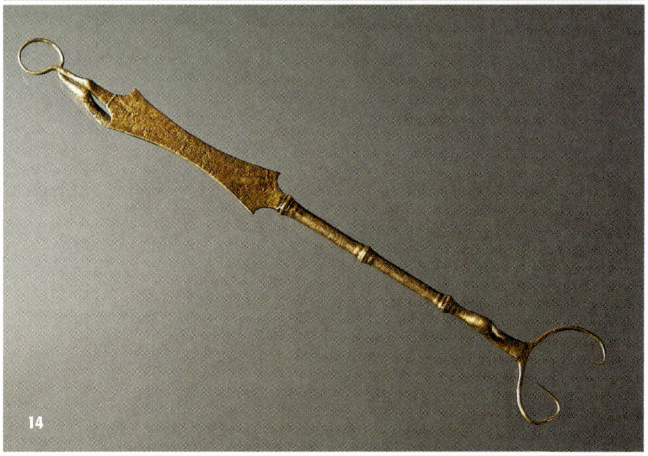

14

15

16

## 12. Louche (*simpulum*) a manche plat et vertical

Type K 1210[14]
Arles ; Rhône, gisement A, zone 2 ; 2004
Ier-IIe siècle apr. J.-C. ; contexte archéologique daté du Ier siècle apr. J.-C.
Bronze
h. 10,7 ; L. manche 8,1 ; l. manche 2,1 à 1 ; Ø vasque 5,7 ; ép. 0,1
X-16076
Bibliographie : Dahy 2006, vol. 1, notice 135, p. 141-142 ; vol. 2, pl. 18, fig. 7 et 8
Comparaison : Tassinari 1993, p. 156, K 1210 (n° 16605)

Les exemplaires pompéiens conservés au Musée archéologique national de Naples fixent le type K 1210. Instrument d'un usage courant et ordinairement rattaché au service du vin, ici d'une facture sobre et sans décor.

## 13. Passoire a manche en queue d'aronde

Type K 2240[15]
Arles ; Rhône, zone 2, secteur 2 ; 2004
Ier siècle apr. J.-C.
Bronze
L. totale 27 ; Ø 10,5 ; L. manche 16,3 ; l. manche 2,8 à 1,8
X-16004
Bibliographie : Dahy 2006, vol. 1, p. 142-143, n° 136 ; vol. 2, pl. 19, fig. 1 à 3 ; Long 2005, fig. 65, p. 76
Comparaison : Tassinari 1993, p. 159 (n° 2410 et 3768) ; Tassinari 1975, p. 41, pl. 12, n° 51 ; Boesterd 1956, p. 19-20, n° 53, pl. 3 ; Eggers 1951, pl. 13, type 160 ; Baratte *et al.* 1984, p. 79, pl. 38, n° 110

Associé au service du vin, ce type de passoire peut être destiné à filtrer le vin additionné d'épices. Coulée d'une seule pièce, sa vasque percée est lacunaire. En usage à Pompéi au Ier siècle ainsi que dans les provinces romaines.

## 14. Manche de louche (*simpulum*)

Type de Pescate[16], apparenté au type B de manche horizontal à deux articulations[17]
Saintes-Maries-de-la-Mer ; épave *SM 4* ; 1992
Fin du IIe siècle av. J.-C.-milieu du Ier siècle av. J.-C.
Bronze
L. 51 ; l. 8,5
STM.92.00.13
Bibliographie : Dahy 2006, vol. 1, notice 133, p. 138-139 ; vol. 2, pl. 28, fig. 1-fig. 2-3 ; Castoldi-Feugère 1991, n° 23 bis, p. 70 ; Long 1997a, p. 69, fig. 14
Comparaison : Castoldi-Feugère 1991, n° 67, fig. 8, p. 66 ; Pallares 1983, p. 38

## 15. Manche de louche (*simpulum*)

Saintes-Maries-de-la-Mer ; *SM 4* ; 1992
Ier-IIe siècle apr. J.-C.
Bronze
L. 32,5 ; l. 8,5
X-16082
Bibliographie : Long , Hoyau, Piton 2002, p. 53, fig. 21

Vase à puiser n'ayant pas conservé sa vasque et dont la typologie n'a pas d'équivalent connu. Le manche décoré de nodosités prend l'aspect d'une branche d'arbre.

## 16. Casserole

Variante du type G 1110[18], variante du type Eggers 136
Arles ; Rhône, zone 2, secteur 3 ; 2003
Première moitié du Ier siècle apr. J.-C.
Bronze
h. 9,7 ; L. totale 34,3 ; Ø ouverture 16,8 ; Ø fond 10,6 ; L. manche 17,5 ; l. manche 8,4 à la jonction de la vasque, 3 au milieu, 7 à l'extrémité ; ép. manche 0,3
X-16072
Bibliographie : Dahy 2006, vol. 1, p. 145-148, n° 138 ; vol. 2, pl. 20, fig. 1 à 5 ; Long 2005, p. 76, fig. 66
Comparaison : Tassinari 1993, p. 93 (n° 1768) ; Baratte *et al.* 1984, p. 66, n° 84, pl. 65 ; Eggers 1951, pl. 12 (n° 136) ; Baratte *et al.* 1984, p. 65, n° 83 pour la typologie, et n° 84 pour le motif du percement de suspension, pl. 30 ; Radnoti 1938, p. 26-27, n° 5, pl. 2 et 18

Cette casserole est élaborée à partir d'une ébauche coulée puis martelée pour former un bassin caréné à fond plat, auquel un manche plat horizontal est rapporté par soudure. Sur le fond, un point de centrage et des cercles concentriques soutiennent une reprise du récipient au tour. Les plots de protection ou d'équilibrage sur le fond de l'objet laissent penser qu'il n'était pas destiné au feu, tandis que le dépôt calcaire remarqué au fond du récipient suggère qu'il ait été utilisé comme puisoir à eau.

La casserole du Rhône reste exceptionnelle par son décor dont il n'existe pas d'exemplaire similaire. Si le bassin et le manche restent d'une proportion et d'une forme courante, c'est le répertoire décoratif qui distingue cet objet du corpus connu, par la qualité de son ornementation et de sa réalisation. L'extrémité de l'anse est classiquement pourvue d'un percement utilisé comme moyen de suspension ; ici l'anneau est double et bordé d'un motif stylisé en cols de cygne et corps de poisson. Le décor se poursuit en un rinceau végétal dont le centre des deux volutes est rehaussé d'applications de métal rouge (cuivre ?). Ce détail vient enrichir l'objet d'un effet chromatique rare, répliqué sur les godrons d'un canthare d'où s'échappent fleurs et végétaux dont les enroulements servent de point de jonction avec le bassin. Ce motif en ajours très raffiné constitue l'autre particularité de cet objet.

La typologie renvoie à des productions campaniennes antérieures au modèle plus répandu composé d'un percement de suspension semi-circulaire, puis circulaire à disque en relief. Les découvertes d'objets de ces deux types, aux Saintes-Maries-de-la-Mer, site *SM 4*, complètent ainsi la typologie tout en étayant l'idée d'une importation de ces objets au Ier siècle (cf. n° 17 et 18)[19].

16

14. Tassinari 1993. 15. *Ibid.* 16. Werner 1954, liste E. 17. Castoldi 1991. 18. Tassinari 1993. 19. Cf. Castoldi, Massari 1985, p. 53-60.

## 17. Casserole a manche horizontal terminé d'un motif de têtes de cygne

Tassinari G 1200
Saintes-Maries-de-la-Mer, *SM 4*
Première moitié du Ier siècle apr. J.-C.
Bronze
L. 34,5 ; l. 15,5
X-15997
Bibliographie : Long 2005, p. 60-61, fig. 1

## 18. Manche de casserole terminé d'un disque en relief

Tassinari G 3000
Saintes-Maries-de-la-Mer, *SM 4*
Seconde moitié du Ier-début du IIe siècle apr. J.-C.
Bronze
L. 14,4 ; l. 7
X-15999
Bibliographie : Long 2005, p. 60-61, fig. 2

## 19. Manche de casserole avec cerclage

Saintes-Maries-de-la-Mer, *SM 4*
I-IIe siècle apr. J.-C. (?)
Bronze
L. 23 ; l. 14,2
X-15998
Bibliographie : Long 2005, p. 60-61, fig. 3

## 20. Extrémité d'un manche de patère en forme de tête de bélier

Campanie (?), type H 2300[20]
Arles ; Rhône, zone 2, secteur 3 ; 2005
Ier siècle apr. J.-C.
Bronze
L. 4 ; l. 3,4
X-16077
Comparaison : Tassinari 1993, p. 227, 132 ; Boucher, Tassinari 1976, p. 124, n° 138 et 140 ; Malmaison 2008, p. 140-141, n° 48

Petit bouton en forme de tête de bélier terminant et décorant l'extrémité d'un manche de patère probablement cylindrique et cannelé, dont le type est bien connu et répandu notamment en Campanie. L'essentiel de l'objet étant perdu, il est difficile de se prononcer sur son type exact ainsi que sur sa provenance. Ces patères, à vocation domestique aussi bien que cultuelle, sont fabriquées dès le milieu du Ier siècle apr. J.-C. en Campanie, mais également produites par les ateliers gaulois à la fin du Ier siècle. Il est à noter que deux patères de ce type ont été découvertes dans la Saône (Lyon, musée de la Civilisation gallo-romaine).

## 21. Chaudron

Type X 1613[21]
Saintes-Maries-de-la-Mer ; épave *SM 4* ; 1992
Ier siècle apr. J.-C. (?)
Bronze
h. 30 ; Ø 29,5
STM.92.00.19
Bibliographie : Dahy 2006, vol. 1, notice 159, p. 171-172 ; vol. 2, pl. 31, fig. 4 à 6 ; Long 1997a, p. 69-71
Comparaison : Tassinari 1993, n° inv. 4967, pl. 317, p. 141

## 22. Chaudron

Eggers 38-X 1612, variante[22]
Arles ; Rhône ; prospections 1990
Fin du Ier siècle av. J.-C.-début du Ier siècle apr. J.-C.
Bronze
h. 22 ; Ø 21,5 ; ép. de la panse 0,1
RHO.90.00.8
Bibliographie : Dahy 2006, vol. 1, notice 158, p. 170-171 ; vol. 2, pl. 31, fig. 1 à 3 ; Long 1994a
Comparaison : Tassinari 1993, n° 11686, pl. 311, p. 153 ; Velay 1989, n° 232, p. 240 ; Eggers 1951, n° 38, pl. 5

## 23. Chaudron

Type U 2130[23]
Arles ; Rhône ; prospections 1990
Ier siècle apr. J.-C.
Bronze
h. 18,4 ; Ø 25
RHO.90.00.7
Bibliographie : Dahy 2006, vol. 1, notice 165, p. 182 ; vol. 2, pl. 34, fig. 7 et 8 ; pl. 35, fig. 1 ; Long 1994a
Comparaison : Tassinari 1993, n° cat. 763, pl. 265

## 24. Chaudron

Type Eggers 19-Type X 1622[24]
Arles ; Rhône ; prospections 1990
La Tène finale-Ier siècle apr. J.-C.
Bronze
h. 22,7 ; Ø 27
RHO.90.00.4
Bibliographie : Dahy 2006, vol. 1, notice 157, p. 169-170 ; vol. 2, pl. 30, fig. 7 et 8 ; Long 1994a
Comparaison : Eggers 1951, n° 19, p. 70, pl. 4 ; Tassinari 1993, n° 1720A, pl. 321, p. 170

## 25. Seau de situle

Type Eggers 36
Arles ; Rhône ; prospections 1990
Ier-IIe siècle apr. J.-C.
Bronze
h. 15,6 ; Ø col 15,4 ; Ø base 8,3 ; ép. lèvre et fond > 0,2 ; ép. panse env. 0,2
RHO.90.00.5
Bibliographie : Dahy 2006, vol. 1, notice 162, p. 176-177 ; vol. 2, pl. 33, fig. 1 à 4 ; Long 1994a
Comparaison : Tassinari 1995, p. 102, n° 109 ; Velay 1989, p. 245, n° 236 ; Bouchet, Tassinari 1976, p. 129, n° 149 ; Tassinari 1975, p. 54, n° 119, pl. 26 (n° inv. 14079) ; Eggers 1951, p. 70, n° 36, pl. 5

Seau d'une situle tronconique à flancs légèrement concaves et de petite taille, obtenu à partir d'une forme moulée puis martelée, tandis que les finitions sont réalisées au tour.
L'objet est incomplet, il lui manque les attaches de l'anse, l'anse ainsi qu'un éventuel support, tel que l'exemplaire complet conservé au musée des Antiquités nationales le montre[25].

## 26. Cuiller a parfum ou a fruits de mer (?)

Arles ; Rhône, zone 2, secteur 2 ; 2004
Ier siècle apr. J.-C. (contexte archéologique)
Bronze
L. 13,3 ; Ø 2
X-16003
Bibliographie : Dahy 2006, vol. 1, p. 188, n° 171 ; vol. 2, pl. 36, fig. 8 ; pl. 77, fig. 1
Comparaison : Feugère 1994, n° 54-55, p. 159, fig. 19

Coulée en une seule pièce, cuiller à cupule ronde et manche quadrangulaire à terminaison pointue.

## 27. Couvercle a poignée delphiniforme

Saintes-Maries-de-la-mer ; épave *SM 4* ; prospections 1992
Ier siècle apr. J.-C.
Bronze
h. 17,5 ; Ø 15,5 ; ép. > 0,1 cm
STM.92.00.9
Bibliographie : Dahy 2006, vol. 1, notice 169, p. 185-187 ; vol. 2, pl. 35, fig. 8 ; pl. 36, fig. 1 à 5 ; Long 1997a, p. 69-71
Comparaison : Boucher 1983, p. 125, n° 107 (dauphin) ; Velay 1989, p. 256, n° 247 ; Hayes 1984, p. 88, n° 140 ; Potter 1997, p. 75, fig. 66 (le couvercle) ; Pernice 1925, p. 33-34, pl. 7

Ce couvercle est muni d'une poignée rapportée par une soudure et composée du corps d'un dauphin. L'objet est bordé d'une frise décorative au motif denticulé composé de feuilles stylisées ponctuées de points en creux.
Un vestige de l'attache d'une charnière, fixée par des rivets, montre que le couvercle s'articulait avec le corps d'un élément qui pourrait être une chaudière de type pompéien *(caldarium)*.

---

**20.** Tassinari 1993. **21.** *Ibid.* **22.** *Ibid.* **23.** *Ibid.* **24.** *Ibid.* **25.** Tassinari 1975.

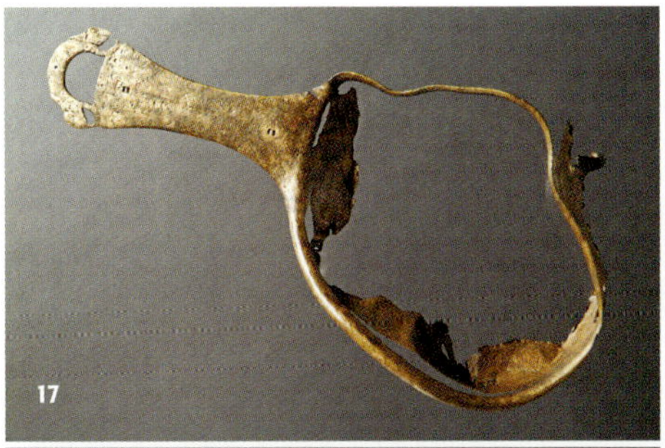
17

18

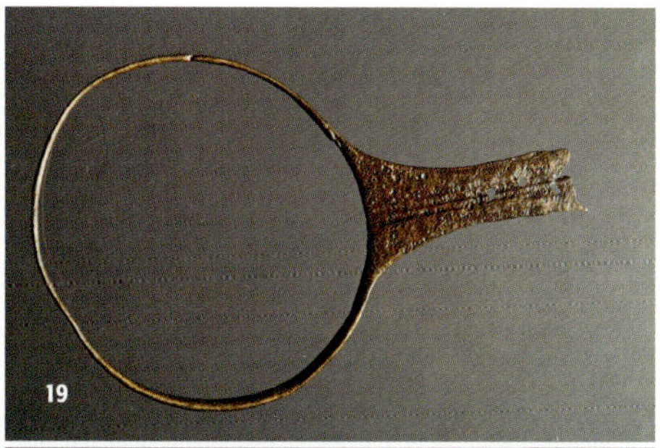
19

20

21

22

23

24

27

25

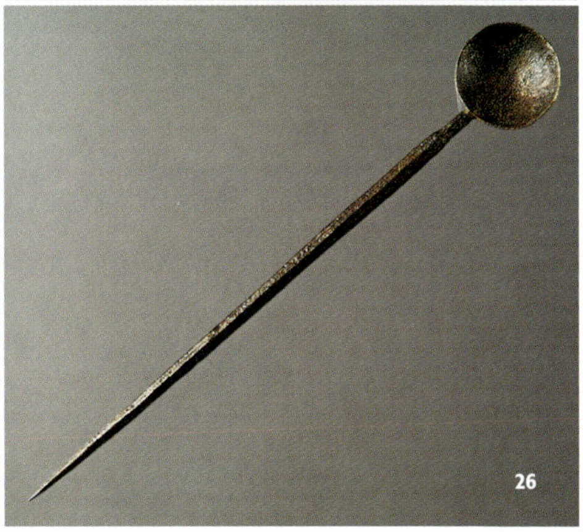
26

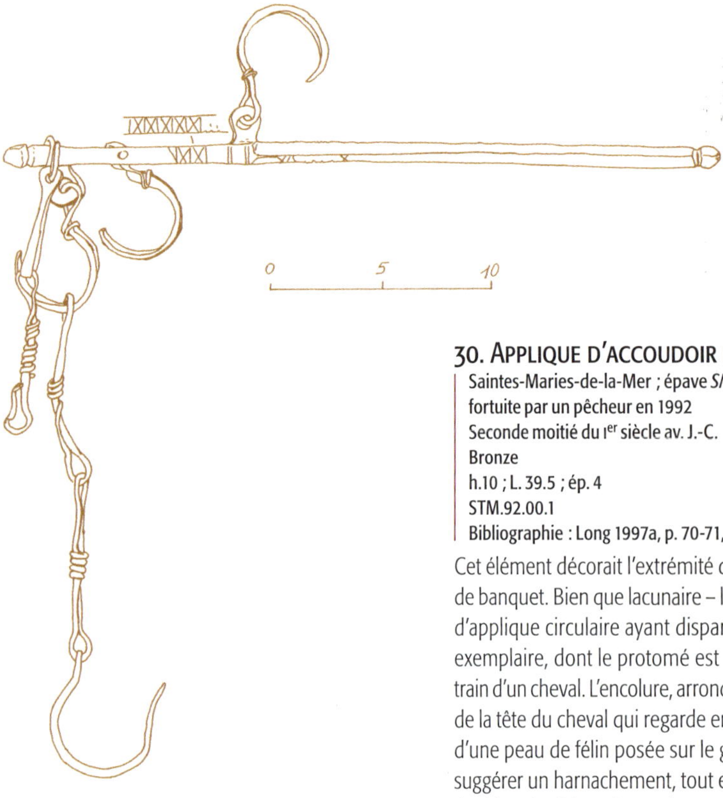


29

## 28. Balance

Saintes-Maries-de-la-Mer ; épave *SM 4* (?) ; découverte fortuite par un pêcheur en 1992
Ier siècle av. J.-C.
Alliage cuivreux
L. 26,6 ; l. 11,5
X-16067
Bibliographie : Long 2002, p. 51, fig. 19 ; Agde 2003, p. 40, n° 12

Fléau de section ovale gradué d'un côté en livres (*libra*, 327 g environ), de I à VII, de l'autre, en dizaines ou demi-dizaines. La tête du fléau conserve son anneau et l'attache d'où partaient les fixations du plateau de pesée, dont il ne reste qu'un seul montant. L'attache mobile du peson disparu demeure, ainsi qu'un crochet en forme de col de cygne. Le bouton de butée du fléau se compose d'un anneau destiné à suspendre l'objet. Un exemplaire très proche est conservé au musée d'Agde (n° 2891). Le principe de cet instrument de mesure, basé sur l'équilibre du fléau utilisé comme levier, s'équilibrant entre plateau et contrepoids, est inventé par les Romains ; son usage est très répandu.

## 29. Balance [20]

Arles ; Rhône, zone 5, secteur 2 ; 2007
Epoque romaine
Bronze
L. 32,8 ; l. 14,5 ; ép. 0,11
RHO.2007.05.1964

Balance incomplète, composée d'un fléau de section quadrangulaire gradué, pourvue de trois crochets articulés et d'une fixation destinée à rassembler les éléments de suspension du plateau ; le peson est perdu.

## 30. Applique d'accoudoir de lit (*fulcrum*)

Saintes-Maries-de-la-Mer ; épave *SM 4* (?) ; découverte fortuite par un pêcheur en 1992
Seconde moitié du Ier siècle av. J.-C.
Bronze
h.10 ; L. 39.5 ; ép. 4
STM.92.00.1
Bibliographie : Long 1997a, p. 70-71, fig. 14

Cet élément décorait l'extrémité de l'accoudoir d'un lit de banquet. Bien que lacunaire – la garniture et le relief d'applique circulaire ayant disparu –, il s'agit d'un bel exemplaire, dont le protomé est composé de l'avant-train d'un cheval. L'encolure, arrondie par le mouvement de la tête du cheval qui regarde en arrière, est décorée d'une peau de félin posée sur le garrot. Ce détail peut suggérer un harnachement, tout en évoquant l'univers du thiase bachique, la panthère étant liée à Bacchus et l'utilisation de ce mobilier au banquet. Un exemplaire très proche provenant de l'épave d'un navire découvert à Golfe Juan permet d'envisager une origine grecque et confirme une datation possible durant la seconde moitié du Ier siècle av. J.-C[26]. Origine et chronologie sont également soutenues par les découvertes de l'épave de Madhia (Tunisie) qui offre un matériel similaire.

## 31. Jambage d'un trépied pliant

Saintes-Maries-de-la-Mer ; épave *SM 4* (?) ; découverte fortuite par un pêcheur en 1992
Ier-IIe siècle apr. J.-C.
Bronze
L. 101,5 ; l. 8
STM.92.00.3
Bibliographie : Dahy 2006, p. 113-114, n° 90 ; Long 2002, p. 52, fig. 20

Elément d'un trépied pliant dont seul ce jambage subsiste. Le sommet est décoré d'un protomé représentant un buste féminin derrière lequel se trouve un crochet. Au-dessous, il reste la partie de fixation d'un élément mobile permettant de plier le trépied. La partie médiane s'arrondit en une poignée, de manière à faciliter la manipulation de l'objet, qu'il s'agisse de le plier ou de le déplacer. Cette partie est décorée du protomé d'une panthère, tandis que le pied se termine par une patte de félin. Les trépieds pliants romains ont de multiples usages et sont utiles tant dans le domaine privé que religieux. Le crochet restant servait à fixer un plateau, un bassin ou encore un brasero, selon l'usage affecté. La découverte, sur le même site, de plusieurs éléments appartenant à des trépieds d'une typologie similaire laisse penser à un transport de mobilier métallique d'une même provenance (cf. les n° 32, 33 et 34).

## 32. Jambage d'un trépied pliant

Saintes-Maries-de-la-Mer ; épave *SM 4* (?) ; découverte fortuite par un pêcheur en 1992
Ier-IIe siècle apr. J.-C.
L. 76 ; l. 7,5
Bronze
X-16081

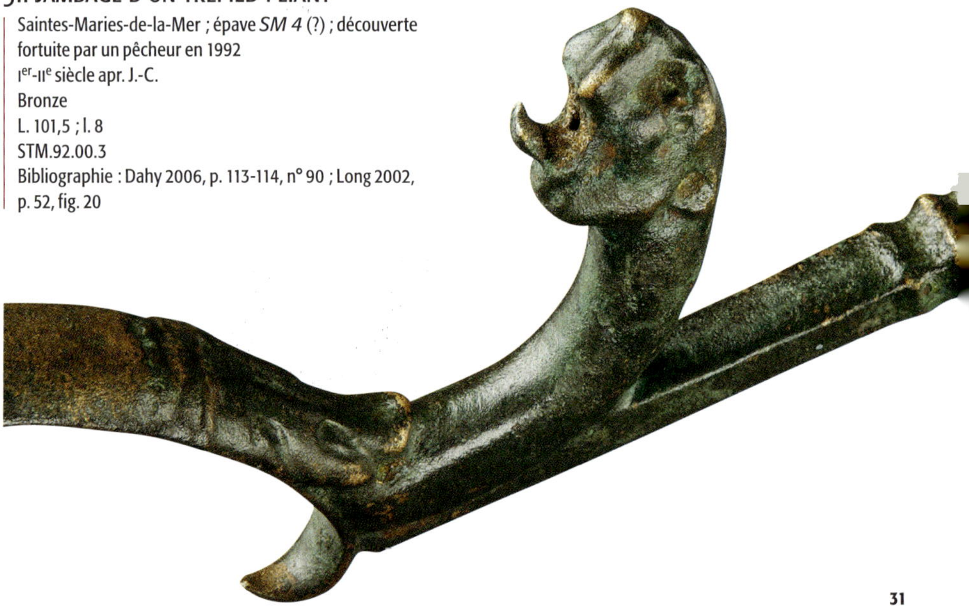

31

26. L'épave est datée vers 60 av. J.-C. et des repères de montage des lits sont en grec : cf. Baudoin, Liou, Long 1994, p. 45-45, fig. 23 à 25.

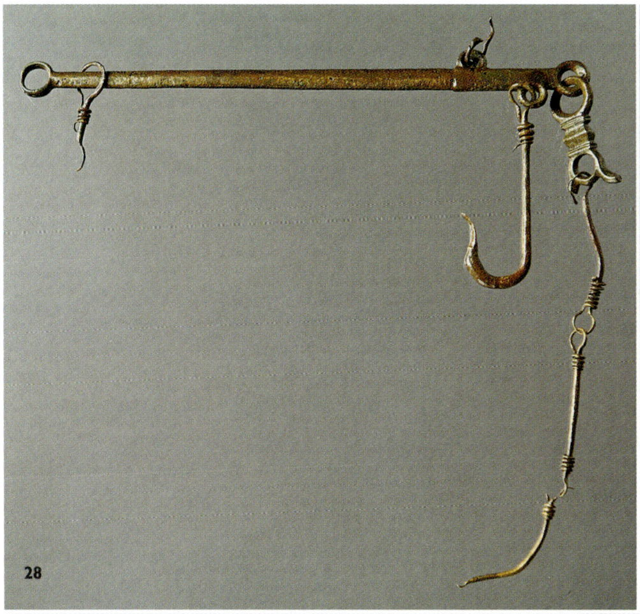
28

30

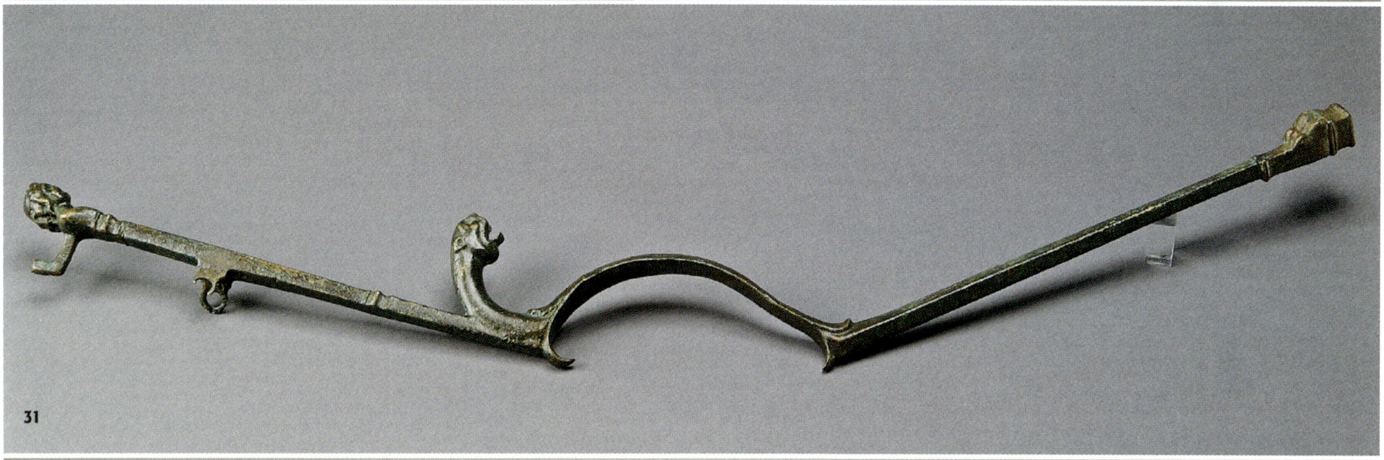
31

32

### 33. Applique de couronnement d'un trépied

Saintes-Maries-de-la-Mer ; épave *SM 4* ; 1992
Ier-IIe siècle apr. J.-C.
Bronze
h. 8 ; L. 9,8 ; l. 4
X-13621

### 34. Applique de couronnement d'un trépied

Saintes-Maries-de-la-Mer ; épave *SM 4* ; 2003
Ier-IIe siècle apr. J.-C.
Bronze
L. 8,9 ; l. 6
X-16311

### 35. Assiette

Arles ; Rhône ; 2006
Epoque romaine
Argent
L. 13,2 ; l. 11,2
X-16078

L'assiette, découverte pliée, est très lacunaire. Elle est posée sur un pied annulaire au centre duquel trois rayons concentriques sont en relief et sur lesquels il reste la trace de fixation de trois plots. Le fond de la coupe, sans décor, garde la trace de la pliure et le décor du marli est très altéré. Décoré d'une frise délimitée par deux moulures, la scène se déployait sur le pourtour. A gauche, un cervidé galope derrière un cheval ailé devancé d'un cheval dirigé par un cavalier. Sur un autre panneau, à droite, deux félins se confrontent à un homme nu et casqué. La scène est ponctuée de petits motifs qui, dans le champ, semblent décoratifs. Pour l'instant, l'ensemble ne nous permet pas d'établir de correspondance satisfaisante avec le corpus des vaisselles d'argent, mais suggère plutôt le répertoire de la sigillée.

### 36. Coupe votive

Arles ; Rhône
Ier siècle apr. J.-C. (?)
Argent
h. 3,9 ; Ø 7,8 ; Ø du pied 3,7
Dédicace sous le pied AQV[IL?]A MINERVAE [ill.] - l'aigle de Minerve [...]
X-16352
Bibliographie : Long 2008, p. 200-201

La dédicace sous le pied en fait un objet consacré à Minerve, il s'agit d'un ex-voto.

### 37. Bague

Arles ; Rhône, zone 5, carrés A15 et A16 ; 2008
IIe siècle apr. J.-C.
Or ; sardonyx (?)
L. 2,2 ; l. 1,9
X-16345

34

33

Bague découverte parmi des fragments d'amphore et de céramique, de placages de marbre et d'ossements d'animaux, avec d'autres petits objets précieux en cours de restauration et qui seront publiés ultérieurement. On note en particulier une bague d'homme en bronze composée d'un anneau et d'un médaillon décoré en creux d'un chrisme, une petite *ampoula* en alliage cuivreux, des fragments de pendants d'oreille en or à pendeloques (perle fine et semi-précieuse), un fragment de fibule. Bague en or à jonc plein dont la courbe est continue[27], d'une typologie courante et très diffusée en Gaule du Ier au IIIe siècle. Le chaton est orné d'une pierre dure taillée, dont le profil tronconique proéminent se termine par une petite table sans décor. Un serti clos maintient cette pierre. L'ensemble s'apparente au type d'une bague sceau dont l'intaille n'aurait pas été taillée.

### 38. Bague de femme

Arles ; Rhône, zone 3, découverte dans le dépotoir portuaire dans une couche du IIIe siècle ; 2004
IIIe siècle apr. J.-C.
Or ; saphir
Ø 1,6
X-16319

Bague en or composée d'un anneau découpé d'ajours sur le pourtour (opus interrasile). Un motif de fleur de lotus converge symétriquement vers un chaton ovale où prend place un cabochon taillé dans un pierre bleue (saphir ?).

### 39. Bague de femme ou d'enfant

Arles ; Rhône, zone 2, carré A 99, couche 2 ; 1990
Ier siècle apr. J.-C.
Or
Ø 1,4
X-16320

Bague composée de quatre anneaux assemblés par de petites boules d'or et décorés de chatons alignés dont les pierres sont perdues. En l'absence de parallèles possibles, c'est le contexte de découverte qui permet de proposer une datation entre 40 et 70 apr. J.-C., car l'objet provient d'une couche d'amphores et de céramiques liée au dépotoir portuaire et à la vie quotidienne.

27. Type 2b : Guiraud 1998.

33

34

36

35

37

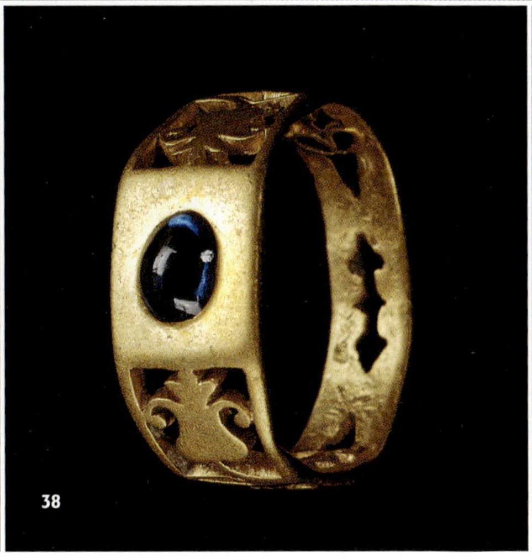
38

39

## 40. Statuette de danseur

Saintes-Maries-de-la-Mer ; épave *SM 4* ; 2003
Seconde moitié du Ier siècle apr. J.-C.
Bronze
L. 23,9 ; l. 7 ; 1,8 kg
X-16080
Bibliographie : Long 1997a ; p. 70-71, fig. 69 ; Long 2005, p. 62, fig. 49

La statuette représente un homme ventru, debout sur la jambe gauche, la jambe droite légèrement levée. La tête, tournée vers la droite, est coiffée d'un bonnet arrondi qui couvre une chevelure à larges boucles. Le personnage serre dans la main droite, à peine élevée au-dessus de la jambe, un élément partiellement conservé et relève son bras gauche, tenant dans la main un objet, aujourd'hui perdu. Il est vêtu d'une courte tunique à manches longues, resserrée à la taille par une large ceinture ; un épais manteau retombe en plis sur la poitrine et le dos, couvrant les épaules : il était maintenu à l'épaule droite par une fibule, non conservée. L'homme est chaussé de brodequins.

Les mouvements du personnage apparentent notre statuette à un danseur[28] : la danse, la *saltatio*, jouait un rôle important dans le monde romain, "rythmant" les fêtes et les spectacles de la ville[29].

La position de la main droite ressemble à celle des joueurs de crotales[30], sortes de castagnettes utilisées par les Grecs et les Romains pour marquer le rythme lors des danses. La main gauche semble cependant un peu trop ouverte pour permettre la saisie de l'instrument. Dès lors, le bras gauche dressé et les doigts de la main légèrement repliés évoquent la possibilité que l'homme ait saisi un *tympanon*[31], un instrument à percussion semblable à un tambourin, ou bien une lyre[32], un instrument à cordes. Suivant les deux dernières hypothèses, l'objet serré dans la main droite serait alors un plectre.

Bien que le mauvais état de conservation du visage invite à la prudence, son observation semble dévoiler un masque aux traits juvéniles, qui se caractérise par une bouche ouverte, un nez retroussé et des arcades sourcilières saillantes[33] : la statuette renvoie ici au théâtre populaire romain. Les caractéristiques du visage et des vêtements permettent d'apparenter le personnage au type de l'esclave de la Nouvelle Comédie, objet de nombreuses représentations figurées en bronze, terre cuite, os et ivoire[34].

Les deux éléments placés en haut de la tête, qui rappellent le pétase ailé de Mercure[35], font vraisemblablement partie d'un anneau, brisé, constituant la partie terminale d'une chaînette, plutôt qu'un élément de suspension[36] : la statuette décorait très probablement le couvercle d'une lampe en bronze, élément fonctionnel – ainsi qu'objet précieux – du mobilier domestique. La présence de figurines – danseurs, personnages du cortège de Dionysos, sujets de genre[37] – couronnant des couvercles de lampe est attestée par de nombreux exemples à l'époque romaine[39]. Les couvercles de deux lampes trilychnes provenant de Pompéi[39] conservent ainsi, au milieu de leur disque, une statuette de danseur qui peut être apparentée à notre personnage ; ces bronzes pompéiens tiennent de la main droite une chaînette se terminant par un crochet. Les deux lampes appartiennent au type Loeschcke XIX b, qui connaît une large diffusion dans le monde romain dans la deuxième moitié du Ier siècle apr. J.-C.[40].

Le bronze, qui pèse environ 1,8 kg[41], a été vraisemblablement réalisé suivant la technique de la fonte pleine à la cire perdue. Les éléments de comparaison ne paraissent pas autoriser une datation antérieure à la moitié du Ier siècle apr. J.-C.

M. M.

**28.** Je tiens à remercier Mme Sophie Descamps, conservateur en chef au département des antiquités grecques, étrusques et romaines du musée du Louvre, pour les renseignements précieux et les conseils donnés lors de la rédaction de cette notice. **29.** Daremberg, Saglio, 1873-1919, T. IV, vol. 2, "*saltatio*", p. 1053. **30.** Paquette 1984, p. 205. Voir : *In scaena. Il teatro di Roma antica* 2007, p. 26 et 29 ; Wrede 1988. **31.** Paquette 1984, p. 206. Voir aussi "Acteur au tympanon", CA 479, base Atlas, musée du Louvre. La position de la main peut aussi bien évoquer la façon dont on tient le bouclier. Il s'agirait alors d'un acteur jouant une danse armée sur scène, selon une pratique attestée à Rome pour la période impériale (voir Garelli 2007, p. 51). **32.** Paquette 1984, p. 148. Voir aussi : *Don des Muses* 2003, fig. 123, p. 244 ("bouchon de vase ayant forme d'un acteur tenant une lyre", conservé au musée archéologique de Délos). **33.** Sur la présence d'un masque sur le visage d'un grotesque dansant et jouant des crotales, voir : Maiuri 1953-1954, p. 94. **34.** Webster 1995, avec ample bibliographie ; pour une étude sur les terres cuites à sujet théâtral de Lipari : Bernabò Brea 2001. **35.** Avec beaucoup de fantaisie, le personnage, issu de la comédie, habillé en esclave et portant un pétase ailé, pourrait être interprété comme Mercure "métamorphosé" en Sosie de l'*Amphitryon* de Plaute. **36.** Long 2005a, p. 62. Pour la présence d'un élément de suspension sur une statuette de danseur en bronze, voir aussi Török 1995, p. 158-159 et Wrede 1988. **37.** Pirzio Biroli Stefanelli 1989, p. 89. **38.** Voir aussi une statuette de danseur conservée au musée du Louvre sous le numéro d'inventaire Br 4245 ; Conticello De Spagnolis, De Carolis 1988 : p. 73, n° 62-63 (les deux exemplaires, provenant de Pompéi, conservent sur le couvercle la trace de l'empreinte des pieds d'une figure debout). **39.** Valenza Mele 1981, n° 167 (inv. n° 72253) et 168 (inv. n° 72254), p. 70-71, conservées au musée national de Naples.
**40.** De Conticello Spagnolis, De Carolis 1997, p. 31. Sur l'hypothèse d'un centre spécialisé (Capoue ?) pour la production des lampes en bronze, voir : Valenza Mele 1981. Il est peut-être intéressant d'observer, pour le contexte de découverte, que l'un des archétypes a été retrouvé sur une épave qui transportait du matériel campanien vers une zone de la Dacie non encore romanisée. **41.** Long 2005a, p. 62.

# LA RÉDEMPTION DE TRINQUETAILLE

Les profonds bouleversements qui ont marqué la fin du monde romain ont livré notre ville aux aléas de l'instabilité politique et lui ont ravi la place majeure qu'elle occupait dans la Gaule du Ve siècle. Cible privilégiée par sa situation sur le Rhône, ses richesses urbaines et son immense prestige religieux, Arles n'a pas été ménagée par l'avidité des bandes de pillards qui ont déferlé dans le delta. Face à une acropole relativement épargnée, "l'Hauture", la malédiction s'est abattue sur le quartier de la rive droite, plat pays difficile à défendre et sans doute encore plein de séduction. Ainsi ont disparu le premier monastère fondé au Ve siècle, les primitives églises de Saint-Genest et de Saint-Médier, élevées dans le cimetière paléochrétien sanctifié par le martyr de Genest.

Renaissant de ses cendres, Trinquetaille a bénéficié du spectaculaire développement économique et urbain qui a marqué la ville aux XIe et XIIe siècles. Sous la seigneurie du comte des Baux, qui le tenait en fief de l'archevêque, le quartier ne sera pas l'un des moins brillants de l'Arles médiévale. Entourée d'une enceinte ornée de portes, l'agglomération possédait un réseau de rues, une église romane, Saint-Pierre-de-Gallègue, un tribunal, une prison et un pilier de justice où étaient exécutées les sentences du Seigneur. Les hospitaliers de Saint-Jean-de-Jérusalem y avaient installé une de leurs toutes premières commanderies dès 1117. Un siècle plus tard, les Franciscains fondèrent à leur tour leur couvent.

Le cœur du quartier était l'imposant château des Baux, qui se dressait fièrement à "la pointe", contrôlant le trafic du Rhône et le passage du bac dont il percevait les péages. Demeure habituelle de la famille des Baux, qui menait alors une vie urbaine, le château était célèbre pour ses fêtes brillantes, que les Arlésiens regardaient avec envie de l'autre rive du fleuve. Malheureusement, cette période faste n'allait pas survivre à son tour aux turbulences du bas Moyen Age. Le 13 juillet 1357, en franchissant le Rhône, les routiers ouvraient une longue période de destructions et de misère ; les bandes d'Henri de Trastamare (1361) puis celles des Tuchins de Ferragut (1384) seraient suivies par celles de Raymond de Turenne, imposant à la région douze années de terreur, à partir de 1389, sans oublier les exactions endémiques des redoutables Catalans. Ce long martyrologe jalonne l'agonie d'un faubourg enseveli sous les ruines, dont la population a fui. Mêmes les ordres religieux se sont réfugiés sur

*Pages précédentes*
Aquarelle de J.-C. Golvin restituant la *duplex Arelate* d'après les découvertes récentes du Rhône et les hypothèses de Luc Long.

la rive gauche, à l'abri des remparts arlésiens. Arrivera un moment où le quartier déserté ne comptera plus aucun foyer fiscal !

Avec le rétablissement de la paix, la vie renaîtra, mais il est vraisemblable que ce seront les ruines des grands monuments antiques qui en feront les frais, exploitées comme carrière dans un terroir de sable où les pierres valent de l'or. Cependant, le paysage politique a bien changé, la gloire des Baux n'est plus qu'un souvenir, le château de "la pointe" a été rasé, la seigneurie est revenue à l'archevêque d'Arles, qui, le 7 septembre 1579 la cédera pour 725 écus d'or aux consuls de la ville d'Arles, qui considéreront désormais les habitants de Trinquetaille comme leurs "serfs". Cela fut si vrai que, en plein XVIII$^{e}$ siècle, le grand historien Louis-Mathieu Anibert, natif de Trinquetaille, ne pourra accéder au consulat arlésien, en raison de l'"ignominie" de ses origines ! C'est son dynamisme économique qui permettra au faubourg de retrouver de vraies fonctions urbaines. La création d'une manufacture de verre noir en 1782, celle d'une importante papeterie en 1911, l'activité de son port fluvial, la construction de deux ponts sur le Rhône et l'impulsion donnée par la reconquête de la Camargue feront de Trinquetaille un quartier de la cité à part entière. Il n'en restera pas moins que, dans l'esprit des Arlésiens, le faubourg conservera son statut de ville neuve, dont aucun témoignage monumental ne sera susceptible d'illustrer l'éclat d'un passé oublié.

Les historiens d'Arles du début du siècle dernier eux-mêmes ont eu de la peine à imaginer l'importance de l'héritage antique de la rive droite, malgré les nombreuses découvertes archéologiques – sarcophages ou mosaïques – mises au jour par les travaux d'édilité. Fernand Benoit, le premier peut-être, avait eu l'intuition de la présence d'une grande architecture monumentale en découvrant en 1945 les vestiges de l'édifice enfoui devant l'école Anaïs-Gibert, mais les circonstances ne lui ont pas permis de pousser plus loin ses investigations. Or, aujourd'hui, c'est l'exploration du Rhône qui ouvre les plus brillantes perspectives de recherche et qui, par la qualité et la masse des documents qu'elle révèle, permet d'apporter un regard neuf sur l'histoire du quartier et, par là même, de notre ville.

Car le fleuve-dieu conserve lui aussi dans sa mémoire d'irremplaçables témoignages de notre passé, humbles ou glorieux, qui revivent au hasard d'une pêche miraculeuse. Parmi tous ces trésors de marbre et de bronze, la présence d'un remarquable portrait réaliste du fondateur de notre colonie revêt une importance hautement symbolique. Ce buste de Jules César, en marbre blanc très fin, d'admirable facture, qui semble avoir été sculpté du vivant du modèle, est une illustration supplémentaire de l'importance et de la précocité du développement de la fondation de la 4$^{e}$ légion. Sa découverte en pied de la rive droite, parmi toutes ces pièces exceptionnelles que présente notre exposition, nous restitue une image saisissante de la richesse d'une monumentalité urbaine, digne du forum de la rive gauche.

La *Salutation* d'Ausone ne serait donc pas une fiction poétique, mais une sorte de reportage rendant compte de la dualité arlésienne. Déjà en 1837, dans son rapport présenté à la Commission archéologique d'Arles, Honoré Clair n'en avait-il pas déjà eu la vision : "Trinquetaille n'a pas toujours été ce qu'il est aujourd'hui : un simple faubourg d'Arles, jeté sur une île entre deux bras du Rhône" ?

Jean-Maurice Rouquette,
Conservateur en chef honoraire des musées d'Arles.

2009...
Le Rhône continue
de livrer ses secrets

V·I·S·V
DECIMIA
STEFANIS
V·S SAFEC

# Bibliographie

*AA* = *Archäologischer Anzeiger*
AFAV = Association française pour l'archéologie du verre
*AnnPerugia* = *Annali della Facoltà di lettere e filosofia (Università degli studi di Perugia)*
ARALO = Association pour la recherche archéologique en Languedoc oriental
*Ath. Mitt.* = *Athener Mitteilungen, Mitteilungen des Deutschen Archäologischen Instituts (Athenische Abteilung)*
*BAP* = *Bulletin archéologique de Provence*
*BAR Int. Ser.* = *British archeological reports (International Series)*
*Bayer. Vorgeschbl.* = *Bayer. Vorgeschichtsblätter*
*BCH* = *Bulletin de correspondance hellénique*
*BEFAR* = *Bibliothèque des écoles françaises d'Athène et de Rome*
*BJb* = *Bonner Jahrbücher*
*BRGK* – *Berichte der Römisch-Germanischen Kommission*
*BSFN* = *Bulletin de la société française de numismatique*
*Bull. Cl. Beaux-Arts (Acad. roy. Belg)* = *Bulletin de la Classe des Beaux-Arts (Académie Royale de Belgique)*
*CAG* = *Carte archéologique de la Gaule*
*Cent. Publ. Am. Num. Soc.* = *Centennial Publication of the American Numismatic Society*
*CIL* = *Corpus Inscriptionum Latinarum*
CJB = Centre Jean Bérard
CTHS = Comité des travaux historiques et scientifiques
*CSI* = *Corpus Signorum Imperii Romani*
*DAF* = *Documents d'archéologie française*
*DAM* = *Documents d'archéologie méridionale*
DAH = Direction des antiquités historiques
*Diss. Pann.* = *Dissertationes Pannonicae*
*EAD* = *Exploration archéologique de Délos, faite par l'Ecole française d'Athènes*
EFR = Ecole française de Rome
*Frankfurter Arch. Schr.* = *Frankfurter Archäologische Schriften*
*Getty MusJ* = *The J. Paul Getty Museum Journal*
GMPCA = Groupe des méthodes pluridisciplinaires contribuant à l'archéologie
*JDAI* = *Jahrbuch des Deutschen Archäologischen Instituts*
*Kölner Jahrb.* = *Kölner Jahrbuch*
*LIMC* = *Lexicon iconographicum mythologiae classicae*
*LRCW2* = *2nd international conference on late roman coarse wares*
*Mainzer Arch. Zeitschr.* = *Mainzer Archäologische Zeitschrift*
*Magdalensberg-Grabungsber.* = *Magdalensberg-Grabungsberichte*
*MBV* = *Materialhefte zur bayerischen Vorgeschichte*
*MDAI* = *Mitteilungen des Deutschen Archäologischen Instituts*
*MDAI (R)* = *Mitteilungen des Deutschen Archäologischen Instituts, Römische Abteilung*
*MDAI (M)* = *Mitteilungen des Deutschen Archäologischen Instituts, Madrider Mitteilungen*
*Medd NC* = *Meddelelser fra Ny Carlsberg Glyptotek*
*MEFRA* = *Mélanges de l'école française de Rome*
*MethIS* = *Méthodes et interdisciplinarité en sciences humaines*
*NC* = *Numismatic chronicle*
*NSc* = *Notizie degli Scavi di Antichità*
*PBSR* = *Papers of the British School at Rome*
*RAC* = *Revue archéologique du Centre*
*RAE* = *Revue archéologique de l'Est*
*RAN* = *Revue archéologique de Narbonnaise*
*RCRF* = *Rei cretariae romanae fautorum*
*RE* = *Paulys Realencyclopädie der classischen Altertumswissenschaft*
*REA* = *Revue des études anciennes*
*Rev.Arch.Lv* = *Revue des Archéologues et Historiens d'Art de Louvain*
*RivIstArch* = *Rivista dell'Istituto Nazionale di Archeologia e Storia dell'Arte*
*RN* = *Revue numismatique*
*RSlig* = *Rivista di studi liguri*
SFECAG = Société française d'étude de la céramique antique en Gaule
*StuMisc* = *Studi Miscellanei*
*Trierer Zeitschr.* = *Trierer Zeitschrift*
*Xantener Ber.* = *Xantener Berichte*


Ababie-Reynal 2007 = Ababie-Reynal C., *La Céramique romaine d'Argos (fin du IIe siècle av. J.-C.-fin du IVe siècle apr. J.-C.)*, Athènes, 2007.

Accoce, Rentchnick 1976 = Accoce P., Rentchnick P., *Ces malades qui nous gouvernent*, Paris, 1976.

Adamsheck 1979 = Adamsheck B., *Kenchreai, Eastern Port of Corinth IV. The Pottery*, Leyde, 1979.

*Agde* 2003 = Bérard-Azzouz O. (dir.), *Mystère des bronzes antiques*, catalogue d'exposition, musée de l'Ephèbe, Agde, 6 juin-31 déc. 2003, Agde, 2003.

Alcamo, Muret 1983 = Alcamo J.-C., Muret A., "Place de la poterie kaolinitique voconce dans l'habitat augustéen de Coumbauche (Col des Tourettes, Montmorin, Hautes-Alpes)", *BAP* 12, 1983, p. 3-9.

Alcock 1980 = Alcock J.P., "Classical Religious Belief and Burial Practice in Roman Britain", *Archaeological Journal* 137, 1980, p. 50-85.

Alexander 1943 = Alexander Chr., *Arretine Relief Ware, Cambridge, Massachusetts, Corpus Vasorum Antiquorum*, USA 9, The Metropolitan Museum of Art, New York, 1943.

Alföldi 1958 = Alföldi A., "The Portrait of Caesar on the denarii of 44 and the sequence of the issues", *Cent. Publ. Am. Num. Soc.*, 1958, p. 27-44, pl. I-IV.

Allinne, Bruneton 2006 = Alline C., Bruneton H., "Variabilité spatiale et gestion des inondations dans la basse vallée du Rhône. L'exemple des plaines d'Arles (Département des Bouches-du-Rhône)", Chastagnaret G., Gil Olcina A. (dir.), *Riesgo de inundaciones en el Mediterráneo occidental*, Actes de colloque, Alicante, 27-30 sept. 2004, *Collection de la Casa Velázquez* 95, Madrid, 2006, p. 65-89.

Amaré Tafalla, Liz Guiral 1994 = Amaré Tafalla M.T., Liz Guiral J., *Representaciones arquitectonicas en lucernas romanas*, universidad de Leon, Leon, 1994.

Amedick 1991 = Amedick R., *Die Sarkophage mit Darstellungen aus dem Menschenleben IV. Vita privata, Die antiken Sarkophagreliefs* I 4, Berlin, 1991.

Amiet 1952 = Amiet P., "Un port de rivière romain sur la Bruche à la Montagne-Verte", *Cahiers d'archéologie et d'histoire d'Alsace* 132, 1952, p. 89-98.

Amy, Duval, Formigé 1962 = Amy R., Duval P.-M., Formigé J. *et al.*, *L'Arc d'Orange*, suppl. 15 à *Gallia*, Paris, 1962.

Amy, Gros 1979 = Amy R., Gros P., *La Maison carrée de Nîmes*, suppl. 38 à *Gallia*, Paris, 1979.

Andreae 1998 = Andreae B., *L'Art romain*, Paris, 1998.

Andria (d') 1970 = Andria (d') F., "I bronzi romani di Veleia, Parma e del territorio parmense", dans *Contributi dell'Istituto di archeologia, pubblicazioni dell'Università cattolica del Sacro Cuore* 3, Milan, 1970, p. 3-141.

Andria (d') 1972 = Andria (d') F., "Un'applique di bronzo dorato da Milano", *Archeologia classica* 24-2, Rome, 1972, p. 334-345, pl. 95-102.

Arlaud *et al.* 1998 = Arlaud C., Bertrand E., Laubenheimer F., Lurol J.-M., "Un vide sanitaire rue Childebert à Lyon", dans F. Laubenheimer (dir.), *Les Amphores en Gaule II. Production et circulation*, Paris, 1998, p. 193-204.

Aranegui Gascó 2004 = Aranegui Gascó C., "Le lion et la mort, la représentation du lion dans l'art ibéro-romain", dans Cavalier O. (dir.), *La Tarasque de Noves*, Actes de la Table ronde organisée par le musée Calvet, Avignon, 14 déc. 2001, Avignon, 2004, p. 83-91.

Arnaud-Fasseta 1996 = Arnaud-Fasseta G., "Variété des flux hydriques-solides rhodaniens et dynamique de l'occupation du sol à l'échelle plurimillénaire (ve siècle av. J.-C.-xve siècle apr. J.-C.)", *Delta du Rhône, Programme collectif de recherches 1996-1998 : rapport intermédiaire 1*, SRA-PACA, p. 93-106.

Arnaud-Fasseta 2002 = Arnaud-Fasseta G., "Geomorphological records of a «flood-dominated regime» in the Rhone delta (France) between the 1st century BC and the 2nd century AD. What correlations with catchment paleohydrology ?", *Geodinamica Acta* 15, 2002, p. 79-92.

Arnaud-Fasseta, Bruneton, Berger *et al.* 2005 = Arnaud-Fasseta G., Bruneton H., Berger J.-F., Beaudouin C., Boës X., Provansal M., "A 8000-year record of palaeohydrology and environmental change in fluviatile-influenced sediments from the urban Arles-Piton core, upper Rhône Delta, France", *Zeitschrift für Geomorphologie* 49-4, 2005, p. 455-484.

Arnold 1992 = Arnold B., *Batellerie gallo-romaine sur le lac de Neuchâtel I. et II., Archéologie neuchâteloise*, Saint-Blaise, 1992.

Ashmole 1961 = Ashmole B., *Forgeries of Ancient Sculpture : Creation and Detection. The First J.L. Myres Memorial Lecture Delivered in New College*, Oxford, May, 9, 1961, Oxford, 1961.

Attanasio, Brilli, Ogle 2006 = Attanasio D., Brilli M., Ogle N., *The isotopic signature of classical marbles, Studia archeologica* 145, Rome, 2006.

Augros, Feugère 2002 = Augros M., Feugère M. (dir.), *La Nécropole gallo-romaine de la citadelle à Chalon-sur-Saône, Archéologie et histoire romaine* 5/1, Montagnac, 2002.

*Autun Augustodunum* 1987 = *Autun Augustodunum, capitale des Eduens*, catalogue d'exposition, hôtel de ville, Autun, 16 mars-27 oct. 1985, Autun, 1987.

Ayala 1990 = Ayala G., "Alba-la-Romaine (Ardèche) : les lampes en terre cuite", *RAN* 23, 1990, p. 153-212.

Ayala, Horry, Laurent 2005 = Ayala G., Horry A., Laurent Fr., "Mille ans de navigation fluviale", *Archéologia* 419, 2005, p. 40-48.

Bailey 1980 = Bailey D. M., *A catalogue of the lamps in the British Museum II. Roman lamps made in Italy*, British Museum, Londres, 1980.

Bailey 1985 = Bailey D. M., *Excavations at Sidi Khrebish Benghazi (Bérénice)* III. Part 2, suppl. à *Libya Antiqua* V, Tripoli, 1985.

Bailey 1988 = Bailey D. M., *A catalogue of the lamps in the British Museum III. Roman provincial lamps*, British Museum, Londres, 1988.

Balty 1976 = Balty J.-C., "Un nouveau portrait de César aux Musées royaux d'art et d'histoire de Bruxelles", dans Boersma J.S. *et al.* (dir.), *Festoen opgedragen aan A.N. Zadoks-Josephus Jitta bij haar zeventigste verjaardag*,

*Scripta archaeologica Groningana* 6, Groningen, 1976, p. 49.

Balty 1981 = Balty J.-Ch., "Un portrait romain d'époque républicaine trouvé en Narbonnaise à Murviel-les-Montpellier (Hérault)", *RAN* 14, 1981, p. 90-98.

Balty 1982 = Balty J.-C., "Portrait et société au Ier siècle avant notre ère", *Römisches Porträt : Wege zur Erforschung eines gesellschaftlichen Phänomens, Wissenschaftliche Konferenz 12. bis 15. Mai 1981, Wissenschaftliche Zeitschrift der Humboldt-Universität zu Berlin, Gesellschaftswissenschaften* 31, 1982, p. 139-142.

Balty 1986 = Balty J.-C., "Universalité du portrait antique", *Bull. Cl. Beaux-Arts (Acad. roy. Belg.)*, 5e série, 68, 1986, p. 297-301.

Balty 1995 = Balty J.-C., "Ateliers de diffusion du portrait impérial et histoire de l'art romain ; à propos de Dèce capitolin", *Bull. Cl. Beaux-Arts (Acad. roy. Belg.)*, numéro spécial, 1995, p. 115-135.

Balty, Cazes 2005 = Balty J.-C., Cazes D., *Sculptures antiques de Chiragan (Martres-Tolosane) I. Les portraits romains I. 1 Epoque julio-claudienne*, musée Saint-Raymond, musée des Antiquités de Toulouse, Toulouse, 2005.

Baratte, Bonnamour, Guillaumet, Tassinari 1984 = Baratte Fr., Bonnamour L., Guillaumet J.-P., Tassinari S., *Vases antiques de métal au musée de Chalon-sur-Saône*, suppl. 5 à la *Revue archéologique de l'Est et du Centre-Est*, Dijon, 1984.

Baratte, Metzger 1985 = Baratte F., Metzger C., *Musée du Louvre. Catalogue des sarcophages en pierre d'époques romaine et paléochrétienne*, Paris, 1985.

Barberan 2003 = Barberan S., "Un lot de céramiques d'époque tibérienne découvert sur le site de la Carsalade (Nîmes, Gard)", *Actes du congrès de Saint-Romain-en-Gal SFECAG 2003*, Marseille, 2003.

Barbin, Ramseyer, Decrouez, Burns, Chamay et Maier 1992 = Barbin V., Ramseyer K., Decrouez D., Burns S., Chamay J., Maier J.L., "Cathodoluminescence of white marbles : an overview", *Archaeometry* 34-2, 1992, p. 175-183.

Bargagliotti 2000 = Bargagliotti S., "Il Relitto dell'Ardenza (Livorno) : un carico di anfore betiche intorno alla metà del I sec. d.c.", dans *Ex Baetica amphorae. Conservas, aceite y vino de la Bética en el Imperio Romano*, Actes du congrès de Sevilla-Écija, 17-20 déc. 1998, Écija, 2000, p. 1111-1120.

Barreto, Laroche, Le Noble 2005 = Barreto F., Laroche C., Le noble M., "Un atelier de potier du Ier siècle, rue Cottin à Vaise, Lyon 9e", *RAE* 54, 2005, p. 71-93.

Barthélemy, Lamoine, Prost 2000 = Barthélemy D., Lamoine F., Prost P., "La céramique pré-augustéenne et augustéenne de Mâcon : essai de synthèse", *Actes du congrès de Libourne SFECAG 2000*, Marseille, 2000, p. 197-210.

Bastien 1969 = Bastien P., Huvelin H., *Trouvaille de folles de la période constantinienne (307-317 apr. J.-C.)*, Wetteren, 1969.

Bastien 1983 = Bastien P., *Le Monnayage de Magnence (350-353 apr. J.-C.)*, Wetteren, 1983.

Batigne, Desbat 1996 = Batigne C., Desbat A., "Un type particulier de «cruche» : les bouilloires en céramique d'époque romaine (Ier-IIIe siècles)", *Actes du congrès de Dijon SFECAG 1996*, Marseille, 1996, p. 381-394.

Batigne-Vallet 2001 = Batigne-Vallet C., "Question de méthode concernant la céramique à feu : apports et limites de son étude. Le cas de Lugdunum", *RCRF Acta* 37, 2001, p. 37-44.

Batigne-Vallet 2003 = Batigne-Vallet C., "Les céramiques communes du IIIe siècle de notre ère sur le territoire de la cité de Vienne à partir de quelques sites retenus : premières observations", *Actes du congrès de Saint-Romain-en-Gal SFECAG 2003*, Marseille, 2003, p. 191-202.

Bats 1988 = Bats M., *Vaisselle et alimentation à Olbia de Provence (vers 350-vers 50 av. J.-C.)*, suppl. 18 à la *RAN*, Paris, 1988.

Bats 1993 = Bats M., "Céramique commune italique", dans *Dicocer*, 1993, p. 357-362.

Bats, Dedet, Garmy *et al.* 2003 = Bats M., Dedet B., Garmy P. *et al.*, *Peuples et territoires en Gaule méditerranéenne. Hommage à Guy Barruol*, suppl. 35 à la *RAN*, Montpellier, 2003.

Baudoin, Liou, Long 1994 = Baudoin C., Liou B., Long L., *Une cargaison de bronzes hellénistiques : l'épave Fourmigue C à Golfe-Juan, Archaeonautica* 12, Paris, 1994.

Baudoux 1990 = Baudoux J., "La circulation des amphores dans le Nord-Est de la France", dans Laubenheimer F. (dir.), *Les Amphores en Gaule : production et circulation*, Table-ronde de Metz 4-6 oct. 1990, Annales littéraires de l'université de Besançon 474, Paris, 1990, p. 163-169.

Becatti 1961 = Becatti G., *Scavi di Ostia IV. Mosaici e pavimenti marmorei*, Rome, 1961.

Becker *et al.* 1986 = Becker C., Constantin C., Desbat A., Jacquin L., Lascoux J.-P., "Le dépôt d'amphores augustéen de la rue de la Favorite à Lyon", *Figlina* 7, 1986, p. 65-89.

Becriaux 1942 = Becriaux H., *Soleil de France, Sur notre Rhône*, n° 1, Avignon, 1942, p. 43-49.

Beltrame 2002 = Beltrame C., *Vita di bordo in età romana, Archeologia subacquea : studi, ricerche e documenti*, Rome, 2002.

Bémont 2003 = Bémont C., *Les Lampes de Glanum*, suppl. 34 à la *RAN*, Montpellier, 2003.

Bémont, Chew 2007 = Bémont C., Chew H., *Lampes en terre cuite antiques : musée d'archéologie nationale de Saint-Germain-en-Laye*, catalogue d'exposition, musée d'archéologie nationale, Saint-Germain-en-Laye, Paris, 2007.

Bémont, Jeanlin, Lahanier 1993 = Bemont C., Jeanlin M., Lahanier C., *Les Figurines en terre cuite gallo-romaines, DAF* 38, Paris, 1993.

Benoit 1929 = Benoit F., "Notes et documents d'archéologie arlésienne : l'arc de triomphe du Rhône", *Mémoires de l'Institut historique de Provence* 6, 1929, p. 139-154.

Benoit 1935 = Benoit F., *Encyclopédie des Bouches-du-Rhône XIV. Monographies communales : Marseille-Aix-Arles*, Paris-Marseille, 1935.

Benoit 1948 = Benoit F., "Un vase en terre sigillée italique à Marseille", *Revue d'études ligures* 14, 1948, p. 115-119.

Benoit 1961 = Benoit F., *L'Epave du Grand Congloué à Marseille*, suppl. 14 à *Gallia*, Paris, 1961.

Bérato *et al.* 1986 a = Bérato J., Borreani M., Lecacheur P., Pasqualini M., Theveny J.-M., Rigoir J.-Y., "Fouilles récentes à Toulon (Var), Quartier Besagne, 1985-1986", *Documents d'archéologie méridionale* 9, 1986, p. 135-166.

Bérato *et al.* 1986 b = Bérato J., Borreani M., Brun J.-P., Pasqualini M., Pollino A., "L'épave des roches d'Aurelle, dans l'exploitation de la mer. La mer, moyen d'échange et de communication", *VIe Rencontres internationales d'archéologie et d'histoire de l'APDCA à Antibes 1985*, Juan-les-Pins, 1986, p. 191-216.

Béraud, Gébara, Landuré 1991 = Béraud I., Gébara Ch., Landuré C., "La Porte d'Orée : transformations et avatars d'un secteur portuaire à Fréjus (Var)", *Gallia* 48, 1991, p. 165-228.

Bergamini 1982-1983 = Bergamini M., "Gubbio : Nuovi scavi a Via degli Ortacci. La ceramica aretina", *AnnPerugia* 20 *n.s.* 6, 1982-1983, p. 103-159.

Bergamini 2002-2003 = Bergamini M., "Scopietto (Terni). Scavo di un complesso produttivo di età romana (anni 1995-1998)", *NSc* 13-14, 2002-2003, p. 5-88.

Bergamini 2007 = Bergamini M. (dir.), *Scoppieto I. Il territorio e i materiali (lucerne, opus doliare, metalli)*, Borgo San Lorenzo, 2007.

Bergmann 1999 = Bergmann M., *Chiragan, Aphrodisias, Konstantinopel. Zur mythologischen Skulptur der Spätantike*, Wiesbade, 1999.

Bernabò Brea 2001 = Bernabò Brea L. avec la collaboration de Cavalier M., *Maschere e personaggi del teatro greco nelle terracotte liparesi*, Rome, 2001.

Bernard 2007 = Bernard H., "Nouvelles épaves hispaniques de Corse : *Sud Perduto 2* (Bonifacio) et *Marina di Fiori* (Porto Vecchio)", dans Pérez Ballester J., Pascual G. (dir), *Comercio, redistribución y fondeaderos. La navegación a vela en el Mediterráneo*, Actas de la V Jornadas Internacionales de Arqueología Subacuática, Gandia, 8-10 nov. 2006, Valence, 2007, p. 461-471.

Bernard-Maugiron *et al.* 2007 = Bernard-Maugiron H., *Sauvé des eaux. Le patrimoine archéologique en bois*, ARC-Nucléart, Grenoble, 2007.

Berni Millet 1998 = Berni Millet P., *Las Anforas de aceite de la Bética y su presencia en la Cataluña romana, Col·lecció Instrumenta* 4, Barcelone, 1998.

Bernoulli 1882 = Bernoulli J.-J., *Römische Ikonographie I. Die Bildnisse berühmter Römer*, Stuttgart, 1882.

Berti *et al.* 1970 = Berti F. *et al.*, *Ostia II. Le Terme del Nuotatore, StuMisc* 13, Rome, 1970.

Bertrand *et al.* 1997 = Bertrand E., Elaigne S., Desbat A., Schmitt A., "L'atelier de la Butte", *Gallia* 54, 1997, p. 5-43.

Bessac *et al.* 1987 = Bessac J.-Cl., Christol M., Fiches J.-L. *et al.*, *Ugernum, Beaucaire et le Beaucairois à l'époque romaine*, ARALO 15, Caveirac, 1987.

Bianchi Bandinelli 1970 = Bianchi Bandinelli R., *Rome. La fin de l'art antique*, Paris, 1970.

Bieber 1973 = Bieber M., "The Development of Portraiture on Roman Republican coins", dans Temporini H. *et al.* (dir.), *Aufstieg und Niedergang der römischen Welt, Geschichte und Kultur Roms im Spiegel der neueren Forschung, Von den Anfängen Roms bis zum Ausgang der Republik IV. Text und Tafeln, Philosophie und Wissenschaft, Künste*, Berlin-New York, 1973, p. 871-898.

Bienert 2007 = Bienert B., *Die römischen Bronzegefäße im Rheinischen Landesmuseum Trier, Trierer Zeitschr.*, Beiheft 31, Trèves, 2007.

Bieńkowski 1928 = Bieńkowski R., *Les Celtes dans les arts mineurs gréco-romains avec des recherches iconographiques sur quelques autres peuples barbares*, Cracovie, 1928.

Blanc 1995 = Blanc Ph., "Caractérisation des marbres blancs par cathodoluminescence", dans *Les Marbres blancs des Pyrénées. Approches scientifiques et historiques, Entretiens d'archéologie et d'histoire*, Saint-Bertrand-de-Comminges, 1995, p. 59-70.

Blanc 1996 = Blanc Ph., "La cathodoluminescence quantitative des marbres blancs", *3e colloque Carrières et construction, Amiens 1994*, CTHS, Paris, 1996, p. 489-504.

Blanc, Gury 1986 = Blanc N., Gury Fr., "Eros/Amor, Cupido", *LIMC* III, 1986, p. 952-1049, pl. 678-727.

Blanc-Bijon, Long 2005 = Blanc-Bijon V., Long L., "Epave *Riches Dunes 4* : description de l'*emblema*", *Bilan scientifique du DRASSM 2003*, Paris, 2005, p. 44-46.

Blanchard-Lemée, Ennaifer, Slim 1995 = Blanchard-Lemee M., Ennaifer M., Slim H. et L., *Sols de l'Afrique romaine, Mosaïques de Tunisie*, Paris, 1995.

Boardman 1997 = Boardman J., "Ketos", *LIMC* VIII, 1997, p. 731-736, pl. 496-501.

Boesterd (den) 1956 = Boesterd (den) M.H.P., *The Bronze Vessels in the Rijksmuseum G.M. Kam at Nijmegen*, Nimègue, 1956.

Bohec (Le) 1998 = Bohec (Le) Y., *L'Armée romaine sous le Haut-Empire*, Paris, 1998.

Bolla *et al.* 1991 = Bolla M., Boube C., Guillaumet J.-P., "Les situles", dans Feugère M., Rolley C. (dir.), *La Vaisselle tardo-républicaine en bronze*, Actes de la table-ronde cnrs 1990 à Lattes, Dijon, 1991, p. 7-23.

Bonacasa 1994 = Bonacasa N., *Ritratti greci e romani dalla Sicilia*, Palerme, 1994.

Bonifay 2003 = Bonifay M., *Etude sur la céramique tardive d'Afrique du Nord*, thèse de doctorat nouveau régime soutenue à l'université de Paris I Panthéon-Sorbonne, Aix-en-Provence, Paris, 2003.

Bonifay 2004 a = Bonifay M., "Observations préliminaires sur la céramique de la nécropole de Pupput", dans Ben Abed A., Griesheimer M. (dir.), *La Nécropole romaine de Pupput, Collection de l'EFR* 323, Rome, 2004, p. 21-57.

Bonifay 2004 b = Bonifay M., *Etudes sur la céramique romaine tardive d'Afrique, BAR Int. Ser.* 1301, Oxford, 2004.

Bonifay, Congès, Leguilloux 1989 = Bonifay M., Congès G., Leguilloux M., "Amphores tardives (v^e^-vii^e^ siècles) à Arles et à Marseille", *Amphores romaines et histoire économique, dix ans de recherche*, Actes du colloque de Sienne 1986, *Collection de l'Ecole française de Rome* 114, Rome, 1989, p. 660-663.

Bonifay *et al.* 1998 = Bonifay M., Carre M.-B., Rigoir Y., (dir.), *Fouilles à Marseille. Les mobiliers (I^er^-VII^e^ siècles apr. J.-C.), Etudes Massaliètes* 5, Saint-Étienne, 1998.

Bonifay, Piton 2008 = Bonifay M., Piton J., "Amphores africaines du musée d'Arles", dans Brochier J.-E., Guilcher A., Pagni M., *Archéologies de Provence et d'ailleurs : mélanges offerts à Gaëtan Congès et Gérard Sauzade*, suppl. 5 au *BAP*, 2008, p. 585-595.

Bonnamour 2000 = Bonnamour L., *Archéologie de la Saône, 150 ans de recherches*, Paris, 2000.

Bonnet 2002 = Bonnet Chr., "Céramiques culinaires de la fin du ii^e^ siècle au milieu du v^e^ siècle apr. J.-C. de la plaine valentinoise au Tricastin d'après le mobilier issu des fouilles du tgv Méditerranée", *RAN* 35, 2002, p. 321-370.

Bonnet, Batigne-Vallet 2001 = Bonnet Chr., Batigne-Vallet C., "Contribution à l'étude des céramiques grises kaolinitiques voconces d'après le mobilier issu des fouilles du tracé drômois du tgv Méditerranée", *RCRF Acta* 37, 2001, p. 73-88.

Bonnet *et al.* 2003 = Bonnet Chr. *et al.*, "Mobilier céramique du iii^e^ à Lyon. Le cas de trois sites de la ville basse : place des Célestins, rue de la République/ rue Bellecodière et place Tolozan", *Actes du congrès de Saint-Romain-en-Gal SFECAG 2003*, Marseille, 2003, p. 21-51.

Borda 1943 = Borda M., *Monumenti archeologici tuscolani nel castello di Agliè, Istituo di Archeologia e storia dell'Arte*, Rome, 1943.

Boschung 1993 = Boschung D., *Die Bildnisse des Augustus*, Berlin, 1993.

Boube 1991 = Boube Ch., "Les cruches", dans Feugère M., Rolley C. (dir.), *La Vaisselle tardo-républicaine en bronze*, Actes de la table-ronde cnrs 1990 à Lattes, Dijon, 1991, p. 23-45.

Boube 1996 = Boube E., *Collections du musée archéologique départemental de Saint-Bertrand-de-Comminges IV. Le Trophée augustéen*, Toulouse, 1996.

Boube-Piccot 1969 = Boube-Piccot C., *Les Bronzes antiques du Maroc I. La statuaire*, Rabat, 1969.

Boucher 1964 = Boucher S., "Les grands dauphins de bronze doré du musée municipal de Vienne (Isère)", *Gallia* 22, 1964, p. 23-35.

Boucher 1971 = Boucher S., *Vienne. Bronzes antiques*, Paris, 1971.

Boucher 1976 = Boucher S., *Recherches sur les bronzes figurés de Gaule pré-romaine et romaine, BEFAR* 228, Rome, 1976.

Boucher 1983 = Boucher S., *Les Bronzes figurés antiques*, catalogue d'exposition, Musée Denon, Chalon-sur-Saône, Lyon, 1983.

Boucher 1988 a = Boucher S., *Bronzes antiques I. Statuaire et inscriptions, Collections archéologiques du musée d'Evreux*, Evreux, 1988.

Boucher 1988 b = Boucher S., avec une contribution de Tieghem G., "Une scène de procession sacrificielle sur une plaque de bronze découverte à Templemars (Nord)", *Revue du Nord* 70-276, 1988, p. 83-97.

Boucher, Tassinari 1976 = Boucher S., Tassinari S., *Bronzes antiques du Musée de la civilisation gallo-romaine à Lyon I. Inscription, statuaire, vaisselle*, Paris, 1976.

Bouquillon *et al.* 2007 = Bouquillon A., Descamps S., Hermary A., Mille B., "Une nouvelle étude de l'Apollon Chatsworth", *Revue archéologique* 2006-2, 2007, p. 227-261.

Bourgey, Hollard 1991 = Bourgey S., Hollard D., *L'Empire romain III (235-337 apr. J.-C.), Collection numismatique*, Fonds Bourgey, 1991.

Bousquet 1969 = Bousquet J., "Informations archéologiques, circonscription de Bretagne et des pays de la Loire", *Gallia* 27, 1969, p. 241-258.

Bowman, Thomas 1994 = Bowman A.K., Thomas J.D., *The Vindolanda Writing-Tablets (Tabulae Vindolandenses II)*, Londres, 1994.

Bozic, Feugère 2004 = Bozic D., Feugère M., "Les instruments de l'écriture", *Gallia* 61, 2004, p. 21-41.

Braemer 1984 = Braemer F., "Bronzes romains. Problèmes de géographie. Lieux de découverte et de fabrication, mines et mineurs, ateliers et toreutes", dans Faider-Feytmans G.M., Gehrig U., *Toreutik und figürliche Bronzen römischer Zeit*, Akten der 6. Tagung über antike Bronzen, 13.-17. Mai 1980, Berlin, 1984, p. 63-86.

Brenot 1966 = Brenot C., "A propos de trois monnaies de Constance II, Julien César et Julien Auguste de l'atelier d'Arles", *BSFN* 7, 1966, p. 75-76.

Brenot, Callu 1978 = Brenot C., Callu J.-P., *Monnaies de fouilles du Sud-Est de la Gaule (VI^e^ siècle av. J.-C.-VI^e^ siècle apr. J.-C.), Glanum, Marseille, Novem Cravis*, université de Paris X-Nanterre, Centre de recherches sur l'Antiquité tardive et le haut Moyen Age, Cahier 3, 1978.

Brenot, Christol, Freises 1976-1977 = Brenot C., Christol M., Freises A., "Les monnaies de fouilles de Sète (Le Barrou)", *Bulletin de la Société d'études scientifiques de Sète et de sa région*, 1976-1977, p. 17-64.

Brun, Congès, Pasqualini 1993 = Brun J.-P., Congès G., Pasqualini M., *Les Fouilles de Taradeau, Le Fort, L'Ormeau et Tout-Egau*, suppl. 28 à la *RAN*, Paris, 1993.

Brun (de), Gagnière 1937 = Brun (de) P., Gagnière S., *Les Lampes antiques du musée Calvet d'Avignon*, Carpentras, 1937.

Bruneton 1999 = Bruneton H., *Evolution holocène d'un hydrosystème nord-méditerranéen et de son environnement géomorphologique. Les plaines d'Arles à l'interface entre le massif des Alpilles et le Rhône*, thèse de doctorat nouveau régime soutenue à l'université de Provence, Aix-en-Provence, 1999.

Bruneton, Arnaud-Fassetta, Provansal, Sistach 2001 = Bruneton H., Arnaud-Fassetta G., Provansal M., Sistach D., "Geomorphological évidences for fluvial changes during the roman period in the Lower Rhone valley (southern France)", *Catena* 45, 2001, p. 87-312.

Bruun 1953 = Bruun P.M., *The Constantinian Coinage of Arelate*, Helsinki, 1953.

Bruun 1966 = Bruun P.M., *The Roman Imperial Coinage VII. Constantine and Licinius 313-337*, Londres, 1966.

Bussière 2000 = Bussière J., *Lampes antiques d'Algérie, Monographies instrumentum* 16, Montagnac, 2000.

Bustamante Alvarez, Huguet Enguita 2008 = Bustamante Alvarez M., Huguet Enguita E., "Las cerámicas Tipo Peñaflor", dans Bernal Casasola D., Ribera i Lacomba A., (dir.), *Cerámicas hispanorromanas, Un estado de la cuestión*, Cadix, 2008, p. 297-306.

CAG 13/3 = Rothé M.-P., Tréziny H., *Marseille et ses alentours, CAG* 13/3, Paris, 2005.

CAG 13/5 = Rothé M.-P., Heijmans M. (dir.), *Arles, Crau, Camargue, CAG* 13/5, Paris, 2008.

Cahn-Klaiber 1977 = Cahn-Klaiber E.-M., *Die antiken Tonlampen des Archäologischen Instituts der Universität Tübingen, Tübinger Studien zur Archäologie und Kunstgeschichte* 2, Tübingen, 1977.

Callu 1976 = Callu J.-P., "La circulation monétaire de 313 à 348", *Actes du 8^e^ congrès international de numismatique, New York-Washington, septembre 1973*, Paris-Bâle, 1976, p. 227-242.

Camilli, Remotti, Barreca 2005 = Camilli A., Remotti E., Barreca D., "Cibi, derrate alimentari e commerci dal contesto delle navi antiche di Pisa", dans *Cibi e Sapori nel Mondo Antico, Sillabe*, musée de Florence, 2005, p. 92-97.

Canal, Tourrenc 1979 = Canal A., Tourrenc S., "Les ateliers de potiers trouvés à Saint-Romain-en-Gal (Rhône)", *Figlina* 4, 1979, p. 85-94.

Cantino-Wataghin 2005 = Cantino-Wataghin G., "Un ritratto tardorepublicano nel museo di Antichità di Torino. Contributo all'iconografia di M. Emilio Lepido", dans *Studi di Archeologia in memoria di Lilliana Mercando*, Turin, 2005, p. 55-62.

Carandini, Panella 1973 = Carandini A., Panella C. (dir.), *Ostia III. Le terme del Nuotatore di Ostia*, vol. 2, *StuMisc* 21, Rome, 1973.

Caro (de) 1987 = Caro (de) S., "Villa rustica in località Petraro (Stabiae)", *RivIstArch* 10, 1987, p. 5-89.

Caro (de) 1994 = Caro (de) S., *Villa rustica in località Villa Regina Boscoreale*, Rome, 1994.

Carrier 2005 = Carrier C. (dir.), *Visages de princes, images du pouvoir : le portrait impérial des époques augustéenne et tibérienne*, catalogue d'exposition, musée archéologique, Nîmes, 19 oct. 2005-31 janv. 2006, Nîmes, 2005.

Carson, Hill, Kent 1960 = Carson R.A.G., Hill P.V., Kent J.P.C., *Late Roman Bronze Coinage*, Londres, 1960.

Casas i Genover, Castanyer i Masoliver, Nolla i Brufau, Tremoleda 1990 = Casas i Genover J., Castanyer i Masoliver P., Nolla i Brufau J., Tremoleda J., *Ceràmiques comunes i de produccio local d'època romana I. Materials augustals i alto-imperials a les comarques orientals de Girona*, Centre archéologique de Gérone, *Sèrie Monogràfica* 12, 1990, Gérone.

Casas i Genover, Soler i Fusté 2006 = Casas i Genover J., Soler i Fusté V., *Llànties romanes d'Empuries. Materials augustals i alto-imperials, Monografies emporitanes* 13, 2006.

Castellvi 2003 = Castellvi G., "Le captif au trophée : développement d'un thème iconographique dans l'art romain (ii^e^ siècle av. J.-C.-iv^e^ siècle apr. J.-C.)", dans *Peuples et territoires en Gaule méditerranéenne*, Montpellier, 2003, p. 451-462.

Castoldi 1991 = Castoldi M., "Simpula a due pezzi a manico orizontale", dans Feugère M., Rolley C. (dir.), *La Vaisselle tardo-républicaine en bronze*, Actes de la table-ronde cnrs 1990 à Lattes, Dijon, 1991, p. 63-72.

Castoldi 2002 = Castoldi M., *Recipienti in bronzo romani di Goito (Mantova)*, dans Giumlia-Mair A. (dir.), *I Bronzi antichi : produzione e technologia*, Atti de XV congresso internazionale sui Bronzi Antichi, Grado-Aquileia, 22-26 mai 2001, Montagnac, 2002, p. 370-377.

Castoldi, Feugère 1991 = Castoldi M., Feugère M., "Les simpulums", dans Feugère M., Rolley C. (dir.), *La Vaisselle tardo-républicaine en bronze*, Actes de la table-ronde CNRS 1990 à Lattes, Dijon, 1991, p. 61-88

Castoldi, Massari 1985 = Castoldi M., Massari G., *Vasellame in bronzo romano. L'officina dei Cippi, Archeologia dell'Italia settentrionale* 1, Côme, 1985.

Caumont *et al.* 2006 = Caumont O. *et al.*, "Un bras d'empereur romain en bronze à Essegney (Vosges)", *RAE* 55, 2006, p. 173-195.

Cavalier 1988 = Cavalier O. (dir.), *Le Trésor d'Apt. Un ensemble de vaisselle métallique gallo-romaine*, Avignon, 1988.

Cavalier *et al.* 2008 = Cavalier O. (dir.), *La Scène de halage de Cabrières d'Aygues*, Avignon, 2008.

Cazes 2001 = Cazes D. (dir.), *Marbres cachés, sculptures antiques des réserves du musée Saint-Raymond*, catalogue d'exposition, musée Saint-Raymond, Toulouse, 20 juin-16 sept. 2001, Toulouse, 2001.

Chaisemartin (de) 1983 = Chaisemartin N. (de), "Note sur l'iconographie d'Octavie d'après un portrait provenant d'El Jem conservé au musée de Sousse", *Antiquités africaines* 19, 1983, p. 35-61.

Chamay, Frel, Maier 1983 = Chamay J., Frel J., Maier J.-L., *Le Monde des Césars. Portraits romains*, Génève, 1983.

Chamoux 1953 = Chamoux F., "Un portrait de Thasos : Jules César", *Monument Piot* 47, 1953, p. 131-147.

Charlet 1987 = Charlet J.-L., *L'Atelier monétaire d'Arles sous l'Empire romain, Annales du Groupe numismatique de Provence*, Aix-en-Provence, 1987.

Charles-Picard 1957 = Charles-Picard G., *Les Trophées romains. Contribution à l'histoire de la religion et de l'art triomphal de Rome*, Paris, 1957.

Charles-Picard 1964 = Charles-Picard G., "Glanum et les origines de l'art romano-provençal. Seconde partie : sculpture", *Gallia* 22-1, 1964, p. 1-22.

Chausserie-Laprée, Nin 1987 = Chausserie-Laprée J., Nin N., "La nécropole à incinération d'époque augustéenne de la Gatasse, commune de Martigues (Bouches-du-Rhône)", dans *Nécropoles à incinération du Haut-Empire : table-ronde de Lyon, 30 et 31 mai 1986, Rapports archéologiques préliminaires de la Région Rhône-Alpes* 4, DAH Rhône-Alpes, Lyon, 1987, p. 77-85.

Chausserie-Laprée, Nin 2004 = Chausserie-Laprée J., Nin N., "Les pots carénés en Provence occidentale (fin Ier siècle av. J.-C.-milieu du Ier siècle apr. J.-C.), approche préliminaire", *Actes du congrès de Vallauris SFECAG 2004*, Marseille, 2004, p. 139-150.

Chew 1990 = Chew H., "Rubrique 33", dans Landes C. (dir.), *Le Cirque et les courses de chars, Rome-Byzance*, catalogue d'exposition, musée archéologique, Lattes, 25 juin-15 oct. 1990, Lattes, 1990, p. 244 et 246.

Chrzanovski 2006 = Chrzanovski L., *Lumière ! L'éclairage dans l'Antiquité*, Milan, 2006.

Cibecchini, Juan (de), Vento 2006 = Cibecchini F., Juan (de) C., Vento E., "Il Bou-Ferrer : protezione e studio di un relitto del I secolo nelle acque di Villajoyosa (Alicante, Spagna)", *Archaeologia maritima mediterranea*, 2006-3, 2006, p. 43-56.

Clariana i Roig 1976 = Clariana i Roig J.F., "Les Llanties de la villa romana de Torre Llauder (Mataro)", *Miscellànies arqueologiques de Mataro i El Maresme, Seccio Arqueologica* 1, Museu municipal, 1976, p. 43-84.

Clavel-Lévêque 1983 = Clavel-Lévêque M., "La domination romaine en Narbonnaise et les formes de représentation des Gaulois", *Modes de contacts et processus de transformation dans les sociétés anciennes*, Actes du colloque de Cortone, 24-30 mai 1981, *Collection de l'EFR* 67, Paris-Rome, 1983, p. 607-635.

Clavel-Lévêque, Lévêque 1982 = Clavel-Lévêque M., Lévêque P., "Impérialisme et sémiologie : l'espace urbain à Glanum", *MEFRA* 94-2, 1982, p. 675-698.

Cloarec (Le) 2001 = Cloarec (Le) G., *Les Bronzes antiques de Corseul (Côte d'Armor), Instrumentum* 10, Montagnac, 2001.

Coarelli 1998 = Coarelli F., "Lépide et Alba Fucens", *REA* 100, 1998, p. 461-475.

Cohen 1880-1892 = Cohen H., *Description historique des monnaies frappées sous l'Empire romain*, Paris, 1880-1892.

Colls *et al.* 1977 = Colls D., Etienne R., Lequemen R., Liou B., Mayet F., *L'Epave de Port Vendres II et le commerce de la Bétique à l'époque de Claude, Archaeonautica* 1, 1977.

Connoly 2006 = Connoly P., *Greece and Rome at War*, 2006.

*Consp.* = voir Ettlinger 1990

Constans 1921 = Constans L.-A., *Arles antique*, Paris, 1921.

Conticello de Spagnolis, Carolis (de) 1988 = Conticello de Spagnolis M., Carolis (de) E., *Le Lucerne di bronzo di Ercolano e Pompei*, Rome, 1988.

Conticello de Spagnolis, Carolis (de) 1997 = Conticello de Spagnolis M., Carolis (de) E., *Le Lucerne di bronzo del Museo Civico di Bologna*, Bologne, 1997.

Corsi-Sciallano, Liou 1985 = Corsi-Sciallano M., Liou B., *Les Epaves de Tarraconaise à chargement d'amphores Dressel 2-4, Archaeonautica* 5, 1985.

Coustures *et al.* 2006 = Coustures M.-P., Rico C., Beziat D., Djaoui D., Long L., Domergue C., Tollon F., "La provenance des barres de fer romaines des Saintes-Maries-de-la-Mer (Bouches-du-Rhône)", *Gallia* 63, 2006, p. 243-261.

Cozza 1983 = Cozza L., "Un nuovo ritratto di Cesare", *Analecta Romana Instituti Danici* 12, 1983, p. 64-69.

Crawford 1974 = Crawford M.H., *Roman Republican Coinage*, vol. I et II, Cambridge, 1974.

Cresce (di) (à paraître) = Cresce (di) A., *Vasi in bronzo. Museo archeologico nazionale di Napoli*, Naples (catalogue à paraître).

Cueillens 2008 = Cueillens L., "Les lampes à huile", dans Sireix C. (dir.), *La cité judiciaire, un quartier suburbain de Bordeaux antique*, suppl. 15 à *Aquitania*, Bordeaux, 2008, p. 413-436.

Curle 1911 = Curle J., *A Roman Frontier Post and its People. The Fort of Newstead in the Parish of Melrose*, Glasgow, 1911.

Curtius 1932 = Curtius L., *Ikonographische Beiträge zum Porträt der römischen Republik und der Julisch-claudischen Familie I-III*, tiré à part des *MDAI(R)* 47, 1932.

Dahy 2006 = Dahy I., *La Collection de bronzes du musée de l'Arles et de la Provence antiques. Etude du mobilier issu des fouilles récentes*, mémoire de master 2 – Histoire de l'Art soutenu à l'université de Provence-Aix-Marseille 3, Aix-en-Provence, 2006.

Daniel, Heijmans 1992 = Daniel P., Heijmans M., "Le pont romain d'Arles", *BAP* 21, 1992, p. 97-106.

Daremberg, Saglio 1873-1919 = Daremberg Ch., Saglio E., *Dictionnaire des antiquités grecques et romaines*, Paris, 1873-1919.

Déchelette 1904 = Déchelette J., *Les Vases céramiques ornés de la Gaule romaine (Narbonnaise, Aquitaine et Lyonnaise)*, Paris, 1904.

Dedet *et al.* 1978 = Dedet B., Michelozzi A., Py M., Raynaud C., Tendille C., "Ugernum, protohistoire de Beaucaire", *Cahier de l'ARALO* 6, Caveirac, 1978.

Demangel 1933 = Demangel R., *La Frise ionique*, Paris, 1933.

Deneauve 1969 = Deneauve J., *Lampes de Carthage*, Paris, 1969.

Denoyelle 1995 = Denoyelle M., "Iconographie mythique et personnalité artistique dans la céramique protoitaliote", *Modi e funzioni del racconto mitico nella ceramica greca, italiota ed etrusca dal VI al IV secolo a.c.*, Atti del convegno internazionale, Raito di Vietri sul Mare, 29-31 maggio 1994, Salerne 1995, p. 83-101.

Denti 1993 = Denti M., *Ellenismo e romanizzazione nella X regio : la scultura delle élites locali dall'età repubblicana ai Giulio-Claudi*, Rome, 1993.

Depeyrot 1978 = Depeyrot G., "La composition métallique des derniers *nummi* d'Arles", *BSFN* 33-4, 1978, p. 341.

Depeyrot 1982 = Depeyrot G., *Le Numéraire gaulois du IVe siècle. Aspects quantitatifs*, Oxford, 1982.

Depeyrot 1983 a = Depeyrot G., "Les trouvailles monétaires d'Arles (1976-1980)", *RAN* 16, 1983, p. 247-284.

Depeyrot 1983 b = Depeyrot G., "Problèmes arlésiens du IVe siècle (313-348)", *Revue suisse de numismatique* 62, 1983, p. 47-62.

Depeyrot 1987 = Depeyrot G., *Le Bas-Empire romain. Economie et numismatique (294-491 apr. J.-C.)*, Paris, 1987.

Depeyrot 1996 = Depeyrot G., *Les Monnaies d'or de Constantin II à Zenon (337-491 apr. J.-C.)*, Wetteren, 1996.

Depeyrot, Passelac 1979 = Depeyrot G., Passelac M., *Trésors Monétaires I. Le trésor et les monnaies de l'Estrade*, Laurabuc-et-Mireval, 1979.

Desbat 1982 = Desbat A., "Lyon et ses fleuves dans l'Antiquité", dans *Lyon au fil des fleuves*, catalogue d'exposition, Espace lyonnais d'art contemporain, Lyon, 15 juin-15 sept. 1982, Lyon, 1982, p. 29-37.

Desbat 2001 = Desbat A., *L'Atelier de potiers antique de la rue du Chapeau Rouge à Vaise (Lyon 9e)*, Service archéologique municipal, Lyon, 2001.

Desbat 2002 = Desbat A., "L'atelier de sigillée claire B de Saint-Peray, Grimpeloup, (Ardèche)", *Actes du congrès de Bayeux SFECAG 2002*, Marseille, 2002, p. 387-400.

Desbat 2004 a = Desbat A., "Le commerce des vins à Ludgunum", dans Brun J.-P., Poux M., Tchernia A. (dir.), *Le Vin, Nectar des Dieux, Génie des hommes*, Pôle archéologie du département du Rhône, 2004, p. 254-263.

Desbat 2004 b = Desbat A., "Un témoignage de l'importation de pierre du Midi à Lyon à l'époque de La Tène : couvertures de dalles de calcaire du site de la rue du souvenir", dans *Les Roches décoratives dans l'architecture antique et du Haut Moyen Age*, CTHS, 2004, p. 121-127.

Desbat, Genin 1996 = Desbat A., Genin M., "Les ateliers précoces et leurs productions", *Gallia* 53, 1996, p. 219-249.

Desbat, Laroche 1992 = Desbat A., Laroche C., *Les Ateliers céramiques antiques de la moyenne vallée du Rhône*, programme collectif de recherche, Rapport d'activité 1990-1992, SRA Rhône-Alpes, 1992.

Desbat, Laroche, Merigoux 1979 = Desbat A., Laroche C., Merigoux E., "Note préliminaire sur la céramique commune de la rue des Farges à Lyon", *Figlina* 4, 1979, p. 1-17.

Desbat, Lemaître 2000 = Desbat A., Lemaître S., "Les premières importations d'amphores de Bétique à Lyon", dans *Ex Baetica amphorae. Conservas, aceite y vino de la Bética en el Imperio Romano*, Actes du congrès de Sevilla-Écija, 17-20 déc. 1998, Écija, 2000, p. 793-816.

Desbat, Lequement, Liou 1987 = Desbat A., Lequement R., Liou B., "Inscriptions peintes sur amphores : Lyon et Saint-Romain-en-Gal", *Archaeonautica* 7, 1987, p. 141-166.

Desbat, Schmitt 1997 = Desbat A., Schmitt A., "L'atelier de la Manutention", *Gallia* 54, 1997, p. 45-50.

Despinis, Stephanidou-Tiveriou, Voutiras 1997 = Despinis G., Stephanidou-Tiveriou Th., Voutiras E., *Catalogue of Sculpture in the Archaeological Museum of Thessaloniki* 1, Thessalonique, 1997.

Deyts 2004 = Deyts S., "La continuité du fauve androphage et celle du fauve zoophage dans la sculpture gallo-romaine", dans Cavalier O. (dir.), *La Tarasque de Noves*, Actes de la Table ronde organisée par le musée Calvet, Avignon, 14 déc. 2001, Avignon, 2004, p. 92-103.

Djaoui 2004 = Djaoui D., *Le Commerce du fer d'après les épaves des Saintes-Maries-de-la-Mer (50 av. J.-C.-90 apr. J.-C.)*, mémoire de DEA sous la direction de P. Pomey soutenu à l'université de Provence, Aix-en-Provence, 2004.

Domergue 1994 = Domergue C., "Production et commerce des métaux dans le monde romain : l'exemple des métaux hispaniques", Nicolet C., Panciear S. (dir.), *Epigrafia della produzione e della distribuzione*, Actes de la VIIe rencontre franco-italienne sur l'épigraphie du monde romain 5-6 juin 1992, *Collection de l'EFR* 193, Rome, 1994, p. 61-91.

Donat 2006 = Donat P., Flügel C., Petrucci G., "Fleischkonserven als Produkte römischer Almwirtschaft. Schwarze Auerbergkeramik vom Monte Sorantri bei Raveo (Friaul-Julisch-Venetien, Nordostitalien)", *Bayer. Vorgeschbl.* 71, 2006, p. 209-232.

*Dons des Muses* 2003 = *Dons des Muses. Musique et danse dans la Grèce antique*, catalogue d'exposition, Musées royaux d'art et d'histoire-Musée du Cinquantenaire, Bruxelles, 26 fév.-25 mai 2003, Athènes, 2003.

Doyen 1986 = Doyen J.-M., *Catalogue des monnaies antiques de la réforme monétaire à la chute de l'Empire*, Charleville-Mézières, 1986.

Dragendorff 1895 = Dragendorff H., "Terra Sigillata. Ein Beitrag zur Geschichte der griechischen und römischen Keramik", *BJb* 96-97, 1895, p. 18-155.

Dragendorff, Watzinger 1948 = Dragendorff H., Watzinger C., *Arretinische Reliefkeramik mit Beschreibung der Sammlung in Tübingen. Nach des Verfassers Tode ergänzt und herausgegeben von C. Watzinger*, Reutlingen, 1948.

Dumoulin 1965 = Dumoulin A., "Les puits et fosses de la colline Saint-Jacques à Cavaillon (Vaucluse)", *Gallia* 23, 1965, p. 1-85.

Duncan 1964 = Duncan G.-C., "A roman pottery near Sutri", *PBSR* 32, 1964, p. 38-88.

Dyson 1976 = Dyson S.-L., *Cosa : the utilitarian pottery, Memoirs of the American Academy in Rome* 33, 1976.

Eggers 1951 = Eggers H.J., *Der römische Import im freien Germanien, Atlas des Urgeschichte, hamburgisches Museum für Völkerkunde und Vorgeschichte*, Hamburg, 1951.

Ehmig 1995 = Ehmig U., "Allex oder Anderes", *Mainzer Arch. Zeitschr.* 2, 1995, p. 117-130.

Ehmig 2002 = Ehmig U., "Deux assainissements avec amphores à Mayence (Germanie supérieure)", *Gallia* 59, 2002, p. 233-251.

Ehmig 2003 = Ehmig U., *Die römischen Amphoren aus Mainz, Frankfurter Arch. Schr.* 4, Möhnesee, 2003.

Ehmig 2006 = Ehmig U., "Die Oliven ins Töpfchen... Pinselaufschriften auf Töpfen in Mainz und dem Mainzer Umland und der Begriff penuarium auf römischen Amphoren", *Xantener Ber.* 14, 2006, p. 73-80.

Ehmig 2007 a = Ehmig U., "Tituli picti auf Amphoren in Köln", *Kölner Jahrb.* 40, 2007, p. 215-322.

Ehmig 2007 b = Ehmig U., *Die römischen Amphoren im Umland von Mainz, Frankfurter Arch. Schr.* 5, Wiesbade, 2007.

Elaigne 1997 = Elaigne S., "Les lampes", dans Desbat A. (dir.), *Les Productions des ateliers antiques de Lyon II. Les ateliers du Ier siècle apr. J.-C., Gallia* 54, 1997, p. 12-19.

Erhart *et al.* 1980 = Erhart K.P. *et al.* (dir.), *Roman Portraits : Aspects of Self and Society, First Century BC-Third Century AD, a loan exhibition*, catalogue d'exposition, Mary Porter Sesnon Art Gallery, College V, University of California, Santa Cruz, 20 févr.-9 avril 1980, Art Gallery, Loyola Marymount University, Los Angeles, 14 oct.-10 nov. 1980, Los Angeles, 1980.

Escurac-Doisy (d') 1958 = Escurac-Doisy (d') H., "Trophée de bronze découvert à Cherchel", *Libyca archéologie-épigraphie* 6-1, 1958, p. 75-88.

Espérandieu 1925 = Espérandieu E., *Recueil général des bas-reliefs, statues et bustes de la Gaule romaine IX.*, Paris, 1925.

Etienne, Mayet 2000 = Etienne R., Mayet F., *Le Vin hispanique, Trois clefs pour l'économie de l'Hispanie romaine* 1, Paris, 2000.

Etienne, Mayet 2002 = Etienne R., Mayet F., *Les Salaisons et sauces de poisson hispaniques, Trois clefs pour l'économie de l'Hispanie romaine* 2, Paris, 2002.

Etienne, Mayet 2004 = Etienne R., Mayet F., *L'Huile Hispanique, Trois clefs pour l'économie de l'Hispanie romaine* 3, Paris, 2004.

Ettlinger 1949 = Ettlinger E., *Die Keramik der Augster Thermen (Insula XVII). Ausgrabung 1937-1938, Monographien zur Ur- und Frühgeschichte der Schweiz* 6, Bâle, 1949.

Ettlinger 1990 = Ettlinger E. (dir.), *Conspectus formarum terrae sigillatae italico modo confectae, Materialien zur römisch-germanischen Keramik* 10, Bonn, 1990.

Fabião 2008 = Fabião C., "Las Anforas de Lusitania", dans Bernal Casasola D., Ribera i Lacomba A. (dir), *Cerámicas hispanorromanas, un estado de la cuestión*, Cadix, 2008, p. 725-745.

Faedo 1995 = Faedo L., "Le bronze Puech et les portraits de César. A propos de l'iconographie de César : retour sur le type Camposanto", *Revue Archéologique* 1, 1995, p. 73-80.

Faider-Feytmans, Gehrig 1984 = Faider-Feytmans G.M., Gehrig U., *Toreutik und figürliche Bronzen römischer Zeit*, Akten der 6. Tagung über antike Bronzen, 13.-17. Mai 1980, Berlin, 1984.

Farka 1977 = Farka C., *Die römischen Lampen vom Magdalensberg, Kärtner Museumsschriften* 61, Klagenfurt, 1977.

Fauduet 1992 = Fauduet I., *Bronzes gallo-romains. Instrumentum, Collection archéologique du musée d'Evreux* 70, Evreux, 1992.

Fellague 2006 = Fellague D., "Les mausolées de la nécropole de Trion à Lyon", dans Moretti J.-Ch., Tardy D. (dir.), *L'Architecture funéraire monumentale : la Gaule dans l'Empire romain*, Actes du colloque de Lattes, 11-13 oct. 2001, Paris, 2006, p. 355-376.

Fellmann 1955 = Fellmann R., *Basel in römischer Zeit, Monographien zur Ur- und Frühgeschichte der Schweiz* 10, Bâle, 1955.

Ferrando 1997 a = Ferrando Ph., *Les Monnaies d'Arles, de Constantin le Grand à Romulus Augustule (313-476 apr. J.-C.), Roman Imperial Coinage*, Arles, 1997.

Ferrando 1997 b = Ferrando Ph., "Une monnaie d'Arles au nom de Constantin le Grand acquise par la ville avec la participation financière des AVA", *Bulletin des amis du vieil Arles* 97, 1997, p. 3-6.

Ferrando 1999 = Ferrando Ph., "L'arrivée de la monnaie dans la citée d'Arles", *Bulletin des amis du vieil Arles* 103, 1999, p. 33-35.

Ferrando 2004 = Ferrando Ph., "Les trouvailles monétaires de Camargue", dans Landuré C., Pasqualini M. (dir.), *Delta du Rhône. Camargue antique et médiévale*, suppl. 2 au *BAP*, 2004, p. 217-240.

Ferrando, Long, Piton 2005 = Ferrando P., Long L., Piton J., *Bilan scientifique du DRASSM 2003*, Paris, 2005.

Feugère 1981 = Feugère M., "Découvertes au quartier de Villeneuve, Fréjus (Var), le mobilier métallique et la parure", *DAM* 4, 1981, p. 137-168.

Feugère 1992 = Feugère M., "Un lot de verres du Ier siècle provenant du port de Narbonne (Aude) (sondages 1990-1992)", *RAN* 25, 1992, p. 177-206.

Feugère 1993 = Feugère M., *Les Armes des Romains, de la République à l'Antiquité tardive*, Paris, 1993.

Feugère 1994 a = Feugère M., *Casques antiques, les masques de la guerre*, Paris, 1994.

Feugère 1994 b = Feugère M., "La vaisselle gallo-romaine en bronze de Vertault (Côte-d'Or)", *RAE* 45-1, 1994, p. 137-168.

Feugère, Rolley 1991 = Feugère M., Rolley C. (dir.), *La Vaisselle tardo-républicaine en bronze*, Actes de la table-ronde CNRS 1990 organisée à Lattes, Dijon, 1991.

Février 1998 = Février S., "La restitution architecturale du mausolée de Faverolles", dans Walter H. (dir.), *La sculpture d'époque romaine dans le Nord, dans l'Est des Gaules et dans les régions avoisinantes*, Besançon, 1998, p. 203-214.

Fiches 1972 = Fiches J.-L. "La diffusion des sigillées italiques en Languedoc méditerranéen à travers les timbres de potiers", *RAC* 11, 1972, p. 253-281.

Fiches 1973-1974 = Fiches J.-L., "La céramique arétine à relief en Languedoc-Roussillon", *Cahiers ligures de préhistoire et d'archéologie 22/23*, 1973-1974, p. 263-293.

Fiches 1978 = Fiches J.-L., "Les coupes Drag. 29 en Languedoc-Roussillon", *Figlina* 3, 1978, p. 43-70.

Fiches 1986 = Fiches J.-L., *Les Maisons gallo-romaines d'Ambrussum (Villetelle-Hérault). La fouille du secteur IV, 1976-1980, DAF* 5, 1986.

Fiches 1996 = Fiches J.-L., "Céramiques culinaires et vaisselle commune de table dans la région de Nîmes", dans Bats M. (dir.), *Les Céramiques communes de Campanie et de Narbonnaise (Ier siècle av. J.-C.-IIe siècle apr. J.-C.) : la vaisselle de cuisine et de table*, Actes des journées d'étude Naples 1994, *CJB* 14, Naples, 1996, p. 351-359.

Fiches, Depeyrot, Richard 1976-1977-1978 = Fiches J.-L., Depeyrot G., Richard J.-C., "Les découvertes monétaires de l'oppidum d'Ambrussum", *Bulletin annuel de l'Ecole antique de Nimes*, 1976-1977-1978, p. 111-141.

Filtzinger 1972 = Filtzinger P., *Novaesium V. Die römische Keramik aus dem Militärbereich von Novaesium (etwa 25 bis 50 n. Chr.), Limesforchungen* 11, Berlin, 1972.

Fittschen, Zanker 1983 = Fittschen K., Zanker P., *Die römischen Porträts in den kapitolinischen Museen und den anderen kommunalen Sammlungen der Stadt III. Kaiserinnnen- und Prinzessinnenbildnisse, Frauenporträts* 54, Mayence, 1983.

Fleischer 1973 = Fleischer R., *Artemis von Ephesos und verwandte Kultstatuen aus Anatolien und Syrien*, Leiden, 1973.

Fleischer 1978 = Fleischer R., "Artemis von Ephesos und verwandte Kultstatuen aus Anatolien und Syrien, Supplement", dans Ahin S., Schertheim E., Wagner J. (dir.), *Studien zur Religion und Kultur Kleinasiens. Festschrift für Friedrich Karl Dörner zum 65. Geburtstag am 28. Februar 1966*, Leiden, 1978, p. 324-358, pl. CXI-CXVIII.

Fleischer 1984 = Fleischer R., "Artemis Ephesia", *LIMC* II, 1984, p. 755-763, pl. 564-573.

Fleischer 2009 = Fleischer R., "Artemis Ephesia", suppl. 2009 au *LIMC*, p. 91-99, pl. 43.

Flugel 1999 = Flugel C., *Der Auerberg III. Die römische Keramik, MBV* 47, Munich, 1999.

Fontaine 2006 = Fontaine S., "Le mobilier en verre", dans Bats M. (dir.), *Fouilles à Olbia de Provence. L'époque romaine, Etudes Massaliètes* 9, CNRS-Edisud, Aix-en-Provence, 2006, p. 54-61 et 307-382, pl. XIV-XVI.

Fontaine 2007 = Fontaine S., "Le verre d'un dépotoir portuaire du Haut-Empire à Marseille (Place Jules Verne) : premiers résultats", *Bulletin des XXIe rencontres de l'AFAV (Saint-Germain-en-Laye/Saint-Denis)*, 2007, p. 12-21.

Fontaine 2008 = Fontaine S., "Le commerce du verre antique dans l'axe rhodanien : l'apport des fouilles subaquatiques d'Arles (Bouches-du-Rhône)", *Bulletin des XXIIe rencontres de l'AFAV (Rennes)*, 2008, p. 50-53.

Fontaine, Ode (à paraître) = Fontaine S., Ode J., "Vases soufflés-moulés du Haut-Empire trouvés en Narbonnaise",

*Actes du colloque international de l'AFAV Bruxelles 2008, Scientia artis (IRPA)*, à paraître.
Formigé 1962 = Formigé J., "Présentation et histoire de l'arc", dans *L'Arc d'Orange*, suppl. 15 à *Gallia*, Paris, 1962, p. 11-16.
Fornasier 2003 = Fornasier B., *Les Fragments architecturaux des arcs triomphaux en Gaule romaine*, Paris, 2003.
Foy (à paraître) = Foy D., *Catalogue des collections en verre du musée départemental de l'Arles antique*, à paraître.
Foy, Nenna 2001 = Foy D., Nenna M.-D., *Tout feu, tout sable, mille ans de verre antique dans le sud de la France*, catalogue d'exposition, musée d'histoire, Marseille, 9 juin-31 déc. 2001, Aix-en-Provence, 2001.
Freed, Wilson 1999 = Freed J., Wilson R.J.A., *Sicilian Naxian Wine Amphoras : A New Look at Wine in North Africa, American Journal of Archaeology* 103, 1999.
Frel 1977 = Frel J., "Caesar", *Getty MusJ* 5, 1977, p. 55-62.
Frel 1981 = Frel J. (dir.), *Roman Portraits in the J. Paul Getty Museum*, catalogue d'exposition, Tulsa Oklahoma, Philbrook Art Center, and Malibu, The J. Paul Getty Museum, Malibu, 1981.
fremersdorf 1922 = fremersdorf F., *Römische Bildlampen. Unter besonderer Berücksichtigung einer neuentdeckten Mainzer Manufaktur. Ein Beitrag zur Technik und Geschichte der frühkaiserzeitlichen Keramik*, Bonn-Leipzig, 1922.
Furger, Deschler-Erb 1992 = Furger A. R., Deschler-Erb S., *Das Fundmaterial aus der Schichtenfolge beim Augster Theater. Typologische und osteologische Untersuchungen zur Grabung Theater-Nordwestecke 1986-1987, Forschungen in Augst* 15, Augst, 1992.
Gaggadis-Robin 2004 = Gaggadis-Robin V., "Recherches sur les sphinges au crâne ou à la tête coupée dans l'art romain : à propos des mausolées de Fourches-Vieilles à Orange", dans Cavalier O. (dir.), *La Tarasque de Noves*, Actes de la Table ronde organisée par le musée Calvet, Avignon, 14 déc. 2001, Avignon, 2004, p. 104-116.
Gaggadis-Robin 2005 = Gaggadis-Robin V., *Les Sarcophages païens du Musée de l'Arles antique*, Arles, 2005.
Gagnal 2004 = Gagnal N., "Dion Cassius et la statuaire à Rome sous le Haut-Empire", dans Perrin Y., Petit T. (dir.), *Iconographie impériale, iconographie royale, iconographie des élites dans le monde gréco-romain, Travaux du Centre de Recherche en Histoire de l'Université de Saint-Etienne I.*, Saint-Etienne, 2004, p. 221-230.
Galili, Sharvit 1999 = Galili E., Sharvit J., "Ships Fittings and Devices Used by Ancient Mariners : Finds from Underwater Surveys off the Israeli Coast", dans Tzalas H. (dir.), *Tropis V. International Symposium on Ship Construction in Antiquity, Nauplia 1993*, Athènes, 1999, p. 167-183.
Gall (Le) 1953 = Gall (Le) J., *Le Tibre, fleuve de Rome dans l'Antiquité*, Paris, 1953.
Galléazzi 1994 = Galléazzi M., *Dictionnaire Latin-Français appliqué aux inscriptions monétaires romaines*, 1994.
Gandolfi, Gervasini 2004 = Gandolfi D., Gervasini L., "La Ceramica comune delle collezioni civiche del museo archeologico «girolamo rossi» di Ventimiglia", *Actes du congrès de Vallauris SFECAG 2004*, Marseille, 2004, p. 85-96.
García 2000 = García Vargas E., "La producción de ánforas romanas en el sur de Hispania. República y Alto Imperio", dans *Ex Baetica amphorae. Conservas, aceite y vino de la Bética en el Imperio Romano*, Actes du congrès de Sevilla-Écija, 17-20 déc. 1998, Écija, 2000, p. 57-174.
García, Bernal 2008 = García Vargas E., Bernal Casasola D., "Anforas de la Bética", dans Bernal Casasola D., Ribera i Lacomba A. (dir.), *Cerámicas hispanorromanas, un estado de la cuestión*, Cadix, 2008, p. 662-687.
Garcia y Bellido 1949 = Garcia y Bellido A., *Esculturas romanas de Espana y Portugal*, Madrid 1949.
Garelli 2007 = Garelli M.-H., *Danser le mythe. La pantomime et sa réception dans la culture antique*, Louvain, 2007.
Gasparetti 1996 = Gasparetti G., "Produzione e consumo della ceramica da mensa e dispensa nella Campania romana", dans Bats M. (dir.), *Les Céramiques communes de Campanie et de Narbonnaise (Ier siècle av. J.-C.-IIe siècle apr. J.-C.) : la vaisselle de cuisine et de table*, Actes des journées d'étude Naples 1994, *CJB* 14, Naples, 1996, p. 65-104.
Gasperini 2007 = Gasperini M., "Le lucerne", dans Bergamini M. (dir.), *Scoppieto I. Il Territorio e i materiali (lucerne, opus doliare, metalli)*, Borgo San Lorenzo, 2007, p. 99-147.
Gébara, Béraud 1996 = Gébara Ch., Béraud I., "Les céramiques communes de Fréjus : production et consommation", Bats M. (dir.), *Les Céramiques communes de Campanie et de Narbonnaise (Ier siècle av. J.-C.-IIe siècle apr. J.-C.) : la vaisselle de cuisine et de table*, Actes des journées d'étude Naples 1994, *CJB* 14, Naples, 1996, p. 19-63.
Genin 1997 = Genin M., "Les horizons augustéens et tibériens de Lyon, Vienne et Roanne. Essai de synthèse", *Actes du congrès du Mans SFECAG 1997*, Marseille, 1997, p. 13-36.
Genin 2007 = Genin M., *La Graufesenque (Millau, Aveyron) II. Sigillées lisses et autres productions, Etudes d'archéologie urbaine*, Fédération Aquitania, Santander, 2007.
Genin *et al.* 2002 = Genin M., Hoffmann B., Vernhet A., "Les productions anciennes de La Graufesenque", dans Genin M., Vernhet A., (dir.), *Céramiques de la Graufesenque et autres productions d'époque romaine. Nouvelles recherches. Hommages à Bettina Hoffmann, Archéologie et histoire romaine* 7, Montagnac, 2002, p. 45-104.
Gentili 2008 = Gentili G. (dir.), *Cesare. L'uomo. L'imprese. Il mito*, catalogue d'exposition, Chiostro del Bramante, Rome, 23 oct. 2008-3 mai 2009, Milan, 2008.
Genty, Guerre 2006 = Genty P.-Y., Guerre J., "Le Dépotoir de la rue Condé à Nîmes (Gard)", *Actes du congrès de Pézenas SFECAG 2006*, Marseille, 2006, p. 11-24.
Ghedini, Rosada 1982 = Ghedini F., Rosada G., *Sculture greche e romane del Museo provinciale di Torcello, Collezioni e Musei archeologici del Veneto Rome*, 1982.
Gianfrotta 2004 = Gianfrotta P.-A., "I relitti de la Camargue e Sextus Marius Hispaniarum ditissimus (Tacite, *Annales*, VI, 19, 1)", *Rivista di Studi Liguri* 70, 2004, p. 161-176.
Giovani (di) 1996 = Giovani (di) V., "Produzione e consumo di ceramica da cucina nella campania romana (II a.c.-II d.c.)", dans Bats M. (dir.), *Les Céramiques communes de Campanie et de Narbonnaise (Ier siècle av. J.-C.-IIe siècle apr. J.-C.) : la vaisselle de cuisine et de table*, Actes des journées d'étude Naples 1994, *CJB* 14, Naples, 1996, p. 65-104.
Giroire, Roger 2008 = Giroire C., Roger D. (dir.), *De l'esclave à l'empereur*, catalogue d'exposition, musée départemental - Arles antique, Arles, 20 déc. 2008-3 mai 2009, Paris, 2008.
Giroussens 1988 = Giroussens C., "Les estampilles sur céramique sigillée de l'anse Saint-Gervais à Fos-sur-Mer (Bouches-du-Rhône)", *Actes du congrès d'Orange SFECAG 1988*, Marseille, 1988, p. 131-142.
Giuliani 1970 = Giuliani C.F., *Tibur* I, *Forma Italiae* I-7, Rome, 1970.
Gladiss (von) 1972 = Gladiss (von) A., "Der «Arc du Rhône» von Arles", *MDAI (R)* 79-1, 1972, p. 17-87.
Godard 1992 a = Godard C., "Une réserve de céramiques de l'époque de Claude à Vienne (Isère)", *Actes du congrès de Tournai SFECAG 1992*, Marseille, 1992, p. 239-264.
Godard 1992 b = Godard C., *Un faciès céramique de la fin du IIIe siècle à Lyon*, mémoire de maîtrise soutenu à l'université de Lyon II, 1992.
Godard 1995 = Godard C., "Quatre niveaux d'abandon de la ville de Vienne (Isère) : éléments pour la chronologie des céramiques de la fin du IIe siècle et du IIIe siècle apr. J.-C.", *Actes du congrès de Rouen SFECAG 1995*, Marseille, 1995, p. 285-322.
Goethert-Polaschek 1985 = Goethert-Polaschek K., *Der Katalog der römischen Lampen des Rheinischen Landesmuseums Trier*, Mayence, 1985.
Gorny & Mosch 2006 = *Catalogue de vente GORNY & MOSCH. Auktion kunst der antike*, Munich, 2006.
Goudineau 1997 = Goudineau Ch., "Note sur la céramique commune grise gallo-romaine de Vaison", *RAN* 10, 1977, p. 153-169.
Goudineau, Gras 1978 = Goudineau Ch., Gras R., "La céramique grise gallo-romaine. Note complémentaire", *RAN* 11, 1978, p. 195-212.
Gouverst 1957 = Gouverst J., "Un vase en terre sigillée tardo-italique à la Madrague de Saint-Cyr-sur-Mer (Var)", *Revue d'études ligures* 23, 1957, p. 103-106.
Grant 1975 = Grant M., *Eros à Pompéi. Le cabinet secret du musée de Naples*, Paris, 1975.
Grenier 1960 = Grenier A., *Manuel d'archéologie gallo-romaine IV. Les monuments des eaux*, Paris, 1960.
Grimm 1989 = Grimm G., "Die Porträts der Triumvirn C. Octavius, M. Antonius und M. Aemilius Lepidus", *MDAI (R)* 96, 1989, p. 348-364.
Groot (de) 1965 = Groot (de) J., "Coelus und Bassus", *Germania* 38, 1960, p. 55-65.
Gros 1976 = Gros P., "Hellénisme et romanisation en Gaule Narbonnaise", dans Zanker P., Teil E. (dir.), *Hellenismus in Mittelitalien, Kolloquium in Göttingen vom 5. bis 9. Juni 1974, Abhandlungen der Akademie der Wissenschaften in Göttingen* 3-97, Göttingen, 1976, p. 300-311.
Gros 1981 = Gros P., "Note sur deux reliefs des «Antiques» de Glanum : le problème de la romanisation", *RAN* 14, Paris, 1981, p. 160-172.
Gros 1987 = Gros P., "Un programme augustéen. Le centre monumental de la colonie d'Arles", *JDAI* 102, 1987, p. 339-363.
Gros 2008 a = Gros P., *La Gaule Narbonnaise de la conquête romaine au IIIe siècle apr. J.-C.*, Paris, 2008.
Gros 2008 b = Gros P., "Origine et fondation de la colonie", dans J.-M. Rouquette (dir.), *Arles. Histoire, territoires et cultures*, Paris, 2008, p. 107-108.
Gros 2008 c = Gros P., "La colonie augustéenne : mise en place de l'urbanisme", dans Rothé M.-P., Heijmans M. (dir.), *Arles, Crau, Camargue, CAG 13/5*, Paris, 2008, p. 152-155.
Gsell, Joly 1922 = Gsell St., Joly Ch. A., *Khamissa, Mdaourouch, Announa*, Alger-Paris, 1922.
Guagliumi, Petriccione 1978 = Guagliumi A., Petriccione V., "Roma in briciole", *Antiqua* III-8, 1978, p. 5-130.
Gualandi 1979 = Gualandi G., "L'apparato figurativo negli archi augustei", dans *Studi sull'arco onorario romano*, Rome, 1979, p. 93-141.
Guibal 1992 = Guibal F., "First dendrochronological dating of a shipwreck in western Mediterranean area", *Dendrochronologia* 10, 1992, p. 147-156.
Guiraud 1975 = Guiraud H., "La Victoire sur quelques pierres gravées d'époque romaine. A propos d'une bague du musée de Genève", *Genava* 23, 1975, p. 127-134.
Guiraud 1988 = Guiraud H., *Intailles et camées de l'époque romaine en Gaule*, suppl. à *Gallia* 48, Paris, 1988.
Gury 1986 = Gury Fr., "Dioskouroi/ Castores", *LIMC* III, 1986, p. 608-635, pl. 489-503.

GUZZO 2006 = GUZZO P.G. (dir.), *Argenti a Pompei*, catalogue d'exposition, Museo archeologico nazionale, Napoli, 2 avril-11 sept. 2006, Milan, 2006.
HANGGI, CORNEL, ROTH-RUBI 1994 = HANGGI R., CORNEL D., ROTH-RUBI K., *Die frühen römischen Kastelle und der Kastell-Vicus von Tenedo-Zurzach, Veröffentlichungen der Gesellschaft Pro Vindonissa* 11, Brugg, 1994.
HARTLEY, DICKINSON 2008 a = HARTLEY B. R., DICKINSON B.M., *Names on Terra Sigillata. An Index on makers' stamps and signatures on Gallo-roman Terra Sigillata (Samian Ware) I. A to Axo*, suppl. 102-01 of *Bulletin of the Institute of Classical Studies*, Londres, 2008.
HARTLEY, DICKINSON 2008 b = HARTLEY B.R., DICKINSON B.M., *Names on Terra Sigillata. An Index on makers' stamps et signatures on Gallo-roman Terra Sigillata (Samian Ware) II. B to Ceroctus*, suppl. 102-02 of *Bulletin of the Institute of Classical Studies*, Londres, 2008.
HASKELL, PENNY 1988 = HASKELL F., PENNY N., *Pour l'amour de l'Antique*, Paris, 1988.
HAWKES, HULL 1947 = HAWKES C.F.C., HULL M.R., *Camulodunum. First Report on the Excavations at Colchester 1930-1939, Reports of the Research Committee of the Society of Antiquaries of London* 14, Oxford, 1947.
HAYES 1972 = HAYES J.W., *Late Roman Pottery*, British School at Rome, Londres, 1972.
HAYES 1973 = HAYES J.W., "Roman Pottery from the South Stoa at Corinth", *Hesperia* 42, 1973, p. 416-470.
HAYES 1976 = HAYES J.W., *Roman Pottery in the Royal Ontario Museum*, Toronto, 1976.
HAYES 1984 = HAYES J.W., *Greek, roman, and related metalware in the Royal Ontario Museum*, Toronto, 1984.
HAYES 2008 = HAYES J.W., *Roman Pottery : Fine-Ware Imports, The Athenian Agora* 32, Princeton, 2008.
HEDINGER 1999 = HEDINGER B., *Die frühe Terra Sigillata vom Monte Iato, Sizilien (Ausgrabungen 1971-1988) und frühkaiserzeitliche Fundkomplexe aus dem Peristylhaus 1, Studia Ietina* 8, Lausanne, 1999.
HEIJMANS 2003 = HEIJMANS M., "Récentes découvertes épigraphiques dans le Rhône à Arles", *RAN* 36, 2003, p. 377-381.
HEIJMANS 2004 = HEIJMANS M., *Arles durant l'Antiquité tardive, de la Duplex Arelas à l'Urbs Genesii, Collection de l'EFR* 324, 2004.
HELLMAN 1987 = HELLMAN M.-C., *Bibliothèque Nationale-Lampes antiques II. Fonds général : lampes préromaines et romaines*, Paris, 1987.
HERDEJÜRGEN 1996 = HERDEJÜRGEN H., *Stadtrömische und italische Girlandensarkophage. Die Sarkophage des ersten und zweiten Jahrhunderts, Die antiken Sarkophagreliefs* VI-2-1, Berlin, 1996.
HERES 1972 = HERES G., *Die römischen Bildlampen der Berliner Antiken-Sammlung*, Berlin, 1972.
HERMARY 1986 = HERMARY A., "Dioskouroi", *LIMC* III, 1986, p. 567-593, pl. 456-477.
HERMARY 2009 = HERMARY A., "Un dauphin-fontaine trouvé dans le Puy-de-Dôme", dans GAGGADIS-ROBIN V., HERMARY A., REDDE M., SINTES Cl. (dir.), *Les Ateliers de sculpture régionaux. Techniques, styles et iconographie*, Arles-Aix-en-Provence, 2009, p. 551-556.
HERMARY, CASSIMATIS, VOLLKOMMER 1986 = HERMARY A., CASSIMATIS H., VOLLKOMMER R., "Eros", *LIMC* III, 1986, p. 850-942, pl. 609-668.
HERMET 1934 = HERMET F., *La Graufesenque (Condatomago)*, Paris, 1934.
HOCHULI-GYSEL *et al.* 1991 = HOCHULI-GYSEL A., SIEGFRIED-WEISS A., RUOFF E., SCHALTENBRAND-OBRECHT V. (dir.), *Chur in römischer Zeit. II. A. Ausgrabungen Areal Markthallenplatz. B. Historischer Überblick, Antiqua* 19, Bâle, 1991.
HOFTER 1988 = HOFTER M., "Porträt", dans HOFTER M. (dir.), *Kaiser Augustus und die verlorene Republik. Eine Ausstellung im Martin-Gropius-Bau*, catalogue d'exposition, Berlin, 7. Juni - 14. August, Berlin, 1988, p. 291-342.
HOFTER 1989 = HOFTER M., "Zum Porträt des C. Iulius Caesar", dans CAIN H.U., GABELMANN H., SALZMANN D. (dir.), *Festschrift für Nikolaus Himmelmann. Beiträge zur Ikonographie und Hermeneutik, Beihefte der Bonner Jahrbücher* 47, Mayence, p. 335-339.
HÖLSCHER 1967 = HÖLSCHER T., *Victoria Romana. Archäologische Untersuchungen zur Geschichte und Wesensart der römischen Siegesgöttin von den Anfängen bis zum Ende des 3. Jhs. n. Chr*, Mayence, 1967.
HOUIX 2006 = HOUIX B., "Quelques ensembles de mobiliers céramiques du IIe siècle apr. J.-C. sur le site des Terriers à Villevieille (Gard)", *Actes du congrès de Pézenas SFECAG 2006*, Marseille, 2006, p. 57-90.
HUBY 2008 = HUBY C., "Réalité et représentations dans l'art romain. L'exemple des trophées aux captifs", *MethIS* 1, 2008, p. 69-87.
HUGUET 2007 = HUGUET C., "La céramique romaine de la corne du port de Marseille. Un contexte de la seconde moitié du IIe siècle apr. J.-C.", *Actes du congrès de Langres SFECAG 2007*, Marseille, p. 553-561.
HUSKINSON 1994 = HUSKINSON J., *CSIR I. Great Britain 8. Roman sculpture from Eastern England*, Oxford, 1994.
ICARD-GIANOLIO, SZABADOS 1992 = ICARD-GIANOLIO N., SZABADOS A.-V., "Nereides", dans *LIMC* VI, Zurich-Munich, 1992, p. 785-824, pl. 456-515.
ILAKOVAC 1968 = ILAKOVAC B., "Ceramica dell'antica nave affondata nei pressi delle Isole Infernali", Packleni Otoki, *Diadora* 4, 1968, p. 183-202.
ILLOUZE 1988 = ILLOUZE A., *Contribution, à l'histoire des naufrages : épaves de Camargue, d'Aigues-Mortes à Fos-sur-Mer, du XVe au XIXe siècle*, Nîmes, 1988.
ISINGS 1957 = ISINGS C., *Roman Glass from Dated Finds*, Groningen-Djakarta, 1957.
IVANYI 1935 = IVANYI D., *Die Pannonischen Lampen. Eine typologisch-chronologische Übersicht, Diss. Pann.* II-2, Budapest, 1935.
JANON 1986 = JANON M., *Le Décor architectonique de Narbonne. Les rinceaux*, suppl. 13 à la *RAN*, CNRS, Paris, 1986.
JOHANSEN 1967 = JOHANSEN F., "Antichi ritratti di C. Giulio Cesare nella scultura", *Analecta Romana Instituti Danaci* 4, 1967, p. 7-68.
JOHANSEN 1968 = JOHANSEN F., "Den skaldede Cesar", *Medd NC* 25, 1968, p. 1-14.
JOHANSEN 1987 = JOHANSEN F., "The portraits in Marble of Caius Julius Caesar : A Review", dans *Ancient Portraits in the J. Paul Getty Museum I.*, Malibu, 1987, p. 17-40.
JOHANSEN 1994 = JOHANSEN F., *Roman Portraits I.*, NY Carlsberg Glyptotek, Copenhague, 1994.
JOLY 1996 = JOLY M., "Terra Nigra, Terra Rubra, céramiques à vernis rouge pompéien, peintes et communes : répertoire, chronologie et faciès régionaux en Bourgogne romaine", *Actes du congrès de Dijon SFECAG 1996*, Marseille, 1996, p. 111-138.
JONCHERAY 1974 = JONCHERAY J.-P., "Etude de l'épave *Dramont D*, dite «des pelvis»", *Cahiers d'archéologie subaquatique* 3, 1974, p. 21-48.
JOSIEN-FAU 1993 = JOSIEN-FAU C., "Provence/Alpes-Côte-d'Azur, Rhône-Alpes", dans BEMONT C., JEANLIN M., LAHANIER C. (dir.), *Les Figurines en terre cuite gallo-romaines, DAF* 38, Paris, p. 191-195.
JURISIC 2000 = JURISIC M., *Ancient shipwrecks of the Adriatic. Maritime transport during the first and second centuries AD, BAR Int. Ser.* 828, Oxford, 2000.
KALTSAS 2002 = KALTSAS N., *Sculpture in the National Archaeological Museum, Athens*, catalogue, Athènes, 2002.
KAVANAGH DE PRADO 2008 = KAVANAGH DE PRADO E., "El puñal bidiscoidal peninsular : tipología y relación con el puñal militar romano (pugio)", *Gladius* 27, 2008, p. 5-85.
KEAY 1984 = KEAY S.J., *Late Roman amphorae in the Western Mediterranean. A typology and ineconomic study : the Catalan evidence, BAR Int. Ser.* 196, Oxford, 1984.
KENRICK 1985 = KENRICK P.M., *Excavations at Sidi Khrebish Benghazi (Berenice) III. Part 1, The Fine Pottery*, suppl. à *Lybia Antiqua* V, Tripoli, 1985.
KENT 1978 = KENT J.P.C., *Roman Coins*, Londres, 1978.
KENT 1981 = KENT J.P.C., *The Roman Imperial Coinage VIII. The Family of Constantine 337-364*, Londres, 1981.
KENT 1994 = KENT J.P.C., *The Roman Imperial Coinage X. The divided Empire and the Fall of the Western Parts 395-491*, Londres, 1994, p.
KERSAUSON (DE) 1986 = KERSAUSON (DE) K., *Catalogue des portraits romains du musée du Louvre I. Portraits de la République et de l'époque julio-claudienne*, Paris, 1986.
KERSAUSON (DE) 1996 = KERSAUSON (DE) K., *Catalogue des portraits romains du musée du Louvre II. De l'année de la guerre civile (68-69 apr. J.-C.) à la fin de l'Empire*, Paris, 1996.
KIANG 1969 = KIANG D., "Colonia Iulia Viennensium", *Gazette numismatique suisse* 19-74, 1969, p. 33-36.
KING 1987 = KING C.E., *Roman Silver Coins. Carausius to Romulus Augustus (286-476)*, Londres, 1987.
KLEINER 1977 = KLEINER F.S., "Artists in the Roman world. An itinerant workshop in Augustan Gaul", *MEFRA* 89, Rome, 1977, p. 661-696.
KLEINER 1985 = KLEINER F.S., *The Arch of Nero in Rome. A study of the roman honorary arch before and under Nero*, Rome, 1985.
KLOCKNER 1997 = KLOCKNER A., *Poseidon und Neptun. Zur Rezeption griechischer Götterbilder in der römischen Kunst*, Sarrebruck, 1997.
KLYNNE 2002 = KLYNNE A., *Terra Sigillata from The Villa of Livia, Rome. Consumption and discard in the early Principate, The Prima Porta Garden Archaeological Project*, Uppsala, 2002.
KNORR 1907 = KNORR R., *Die verzierten Terra-Sigillata-Gefässe von Rottweil*, Stuttgart, 1907.
KNORR 1919 = KNORR R., *Töpfer und Fabriken verzierter Terra-Sigillata des ersten Jahrhunderts*, Stuttgart, 1919.
KNORR 1930 = KNORR R., "Verzierte Sigillata des ersten Jahrhunderts mit Töpfernamen", dans Direktion des Römisch-Germanischen Zentralmuseums in Mainz (dir.), *Schumacher-Festschrift. Zum 70. Geburtstag Karl Schumachers, 14. Okt. 1930*, Mayence, 1930, p. 309-330.
KNORR 1938 = KNORR R., "Verzierte Sigillata der Zeit des Tiberius, Claudius und Nero", *Germania* 22, 1938, p. 14-24.
KNORR 1952 = KNORR R., *Terra-Sigillata-Gefässe des ersten Jahrhunderts mit Töpfernamen*, Stuttgart, 1952.
KOEHLER 1966 = KOEHLER W., "Vittoria", dans *Enciclopedia dell'arte antica, classica e orientale* VII, Rome, 1966, p. 1191-1192, fig. 1333-1334.
KOSTER 1997 = KOSTER A., *The bronze vessels, Description of the collections in the Provincial Museum G.M. Kam at Nijmegen* XIII, Nimègue, 1997.
KRAMER 1957 = KRAMER W., *Cambodunumforschungen 1953-1. Die Ausgrabungen von Holzhäusern zwischen der 1. und 2. Querstraße, MBV* 9, Kallmünz/Opf., 1957.
KRASKOVSKÁ 1978 = KRASKOVSKÁ L., "Roman bronze vessels from Slovakia", suppl. 44 of *BAR Int. Ser.*, Oxford, 1978.
LACAM 1983 = LACAM G., *La Fin de l'Empire romain et le monnayage or en Italie (455-493) I et II*, Paris, 1983.
LAFAURIE 1949 = LAFAURIE J., "Une série de médaillons d'argent de Constantin I et Constantin II", *RN* 5-11, 1949, p. 35-48.
LAFAURIE 1965 = LAFAURIE J., "Solidus d'Arcadius frappé à l'atelier d'Arles", *BSFN* 2, 1965, p. 392-393.

LAFAURIE 1969 = LAFAURIE J., "Un sou d'or d'Honorius frappé à Arles", *BSFN* 5, 1969, p. 434-436.
LAFFRANCHI 1921 = LAFFRANCHI L., *La Translation de la monnaie d'Ostie à Arles dans la typologie numismatique constantinienne*, 1921.
LAGÓSTENA 2001 = LAGÓSTENA BARRIOS L., *La Producción de salsas y conservas de pescado en la Hispania romana (II a.c.-VI d.c.)*, *Col.lecció Instrumenta* 11, Barcelone, 2001.
LAGÓSTENA, BERNAL 2004 = LAGÓSTENA BARRIOS L., BERNAL CASSASOLA D. (dir.), *Figlinae Baeticae. Talleres alfareros y producciones cerámicas en la Bética romana (siglos II a.c.-VII d.c.)*, Actas del Congreso Internacional, Cádiz, 2003, *BAR Int. Ser.* 1266, 1-2, 2004.
LAHUSEN 1985 = LAHUSEN G., "Zur Funktion und Rezeption des Römischen Ahnenbildes", *MDAI (R)*, 1985, p. 261-289.
LALLEMAND 1989 = LALLEMAND J., *Les Monnaies antiques de la Sambre à Namur*, musée archéologique de Namur, 1989.
LAMBOGLIA 1950 = LAMBOGLIA N., *Gli scavi di Albintimilium e la cronologia della ceramica romana (campagne di scavo 1938-40)*, Bordighera, 1950.
LANDRY 2003 = LANDRY C., "Les céramiques du IIIe siècle sur le site de Thovey (Haute-Savoie)", *Actes du congrès de Saint-Romain-en-Gal SFECAG 2003*, Marseille, 2003, p. 115-122.
LANDWEHR 1990 = LANDWEHR Chr., "Die Sitzstatue eines bärtigen Gottes", dans ANDREA B. (dir.), *Phyromachos-Probleme*, *MDAI(R)*, Beiheft 31, Rome, 1990, p. 101-122.
LANDWEHR 1993 = LANDWEHR Chr., *Die römischen Skulpturen von Caesarea Mauretaniae : Denkmäler aus Stein und Bronze I. Idealplastik, weibliche Figuren bennant, Archäologische Forschungen* 18, Berlin, 1993.
LANDWEHR 2000 = LANDWEHR Chr., *Die römischen Skulpturen von Caesarea Mauretaniae II. Idealplastik. Männliche Figuren*, Mayence, 2000.
LAROCHE 1987 = LAROCHE C., "Aoste (Isère), un centre de production de céramiques (fin du Ier siècle av. J.-C.-fin du Ier siècle apr. J.-C.), fouilles récentes (1983-1984)", *RAN* 20, 1987, p. 281-348.
LAROCHE 1992 = LAROCHE C., "L'atelier de la Sarra", *Rapport H13*, p. 19-36.
LAROCHE 1997 = LAROCHE C., "L'atelier de La Muette (2nde période)", *Gallia* 54, 1997, p. 51-54.
LAUBENHEIMER 1985 = LAUBENHEIMER F., *La Production des amphores en Gaule narbonnaise, Annales littéraires de l'université de Besançon* 327, Paris, 1985.
LAUBENHEIMER 1990 = LAUBENHEIMER F. (dir.), *Les Amphores en Gaule : production et circulation*, Table-ronde de Metz 4-6 oct. 1990, *Annales littéraires de l'université de Besançon* 474, Paris, 1990.
LAUBENHEIMER 1998 = LAUBENHEIMER F., BONNET C., "Assainissement place des Célestins à Lyon", dans LAUBENHEIMER F. (dir.), *Les Amphores en Gaule II. Production et circulation*, Paris, 1998, p. 205-236.
LAUGIER 1877 = LAUGIER M., "Etude sur les monnaies frappées à Arles depuis Constantin le Grand jusqu'à la chute de l'Empire d'Occident", *Congrès archéologique de France, 43e session, Arles 1876*, Paris 1877, p. 570-607.
LAUWERIER 1993 = LAUWERIER R.C.G.M., "Twenty-eight bird briskets in a pot, roman preserved food from Nijmegen", *Archaeofauna* 2, 1993, p. 15-19.
LAVAGNE 2003 = LAVAGNE H. (dir.), *Nouvel Espérandieu. Recueil général des sculptures sur pierre de la Gaule I. Vienne*, Paris, 2003.
LAVIZZARI PEDRAZZINI 1972 = LAVIZZARI PEDRAZZINI M.P., *La Terra sigillata Tardo-Italica decorata a rilievo nella Collezione Pisani Dossi del Museo archeologico di Milano*, Milan-Varèse, 1972.
LAVIZZARI PEDRAZZINI 1973 = LAVIZZARI PEDRAZZINI M.P., "Ceramica arretina. Terra Sigillata Tardo Italica", dans FROVA A. (dir.), *Scavi di Luni, Relazione preliminare delle campagne di scavo 1970-1971*, Rome, 1973, p. 283-391, 698-701 et 761-767.
LAVIZZARI PEDRAZZINI 1977 = LAVIZZARI PEDRAZZINI M.P., "Terra sigillata italica e sud-gallica", dans FROVA A. (dir.), *Scavi di Luni II, Relazione delle campagne di scavo 1972-1973-1974*, Rome, 1977, p. 118-143, 369-373 et 455-465.
LAZZARINI 2004 = LAZZARINI L., *Pietre e marmi antichi, nature, caratterizzazione, origine, storia d'uzo, diffusione, collezionismo*, Padoue, 2004.
LEBLANC 1995 = LEBLANC O., "Note sur les découvertes anciennes : les productions de céramiques peintes à Saint-Romain-en-Gal (Rhône)", *Actes du congrès de Rouen SFECAG 1995*, Marseille, 1995, p. 251-268.
LEBLANC 2001 = LEBLANC O., "Production de céramiques à Saint-Romain-en-Gal (Rhône, France)", *RCRF Acta* 37, 2001, p. 51-55.
LEBLANC 2003 = LEBLANC O., "Contextes des IIe et IIIe siècles sur le site de Saint-Romain-en-Gal (Rhône)", *Actes du congrès de Saint-Romain-en-Gal SFECAG 2003*, Marseille, 2003, p. 21-51.
LEBLANC 2007 = LEBLANC O., *Les faciès des céramiques communes de la Maison des Dieux Océan à Saint-Romain-en-Gal (Rhône), du Ier siècle av. J.-C. au IIIe siècle apr. J.-C.*, SFECAG, suppl. 3, Marseille, 2007.
LEBLANC, DESBAT 1992 = LEBLANC O., DESBAT A., "Un lot de céramique du début du IIIe siècle apr. J.-C. à Saint-Romain-en-Gal (Rhône)", *RAN* 25, 1992, p. 125-150.
*Le Goût du théâtre à Rome et en Gaule romaine* 1989 = *Le Goût du théâtre à Rome et en Gaule romaine*, catalogue d'exposition, musée archéologique, Lattes, 20 janv.-30 avril 1989, Lattes, 1989.
LEIBUNDGUT 1977 = LEIBUNDGUT A., *Die römischen Lampen in der Schweiz*, Berne, 1977.
LEMAÎTRE *et al.* 2005 = LEMAÎTRE S. *et al.*, "A propos de l'origine levantine de plusieurs types d'amphores importés en Gaule à l'époque impériale", *Actes du congrès de Blois SFECAG 2005*, Marseille, 2005, p. 515-528.
LEMOINE 2006 = LEMOINE Y., "Un buste d'Artémis d'Ephèse découvert à Toulon", *Revue du Centre archéologique du Var*, 2006, p. 104-117.
LEON 1981 = LEON P., "Die Übernahme des römischen Porträts in Hispanien am Ende der Republik", *MDAI (M)* 21, 1981, p. 165-179.
LEON 2001 = LEON P., *Retratos romanos de la Bética*, Séville, 2001.
LERAT 1954 = LERAT L., *Catalogue des collections archéologiques de Besançon I. Les lampes antiques, Annales littéraires de l'université de Besançon. Archéologie* 1, Besançon, 1954.
LINTZ 1993 = LINTZ G., "La répartition des figurines selon le contexte", dans BEMONT C., JEANLIN M., LAHANIER C. (dir.), *Les Figurines en terre cuite gallo-romaines*, *DAF* 38, 1993, p. 139-142.
LIOU 1990 = LIOU B., "Le commerce de la Bétique au Ier siècle de notre ère. L'épave *Lavezzi 1*", *Archaeonautica* 10, 1990, p. 125-155.
LIOU 2000 = LIOU B., "Las ánforas béticas en el mar. Les épaves en Mediterranée à cargaison d'amphores de Bétique", dans *Ex Baetica amphorae. Conservas, aceite y vino de la Bética en el Imperio Romano*, Actes du congrès de Sevilla-Écija, 17-20 déc. 1998, Écija, 2000, p. 1061-1111.
LIOU, GASSEND 1990 = LIOU B., GASSEND J.-M., "L'épave *Saint-Gervais 3* à Fos-sur-Mer (milieu du IIe siècle apr. J.-C.). Inscriptions peintes sur amphores de Bétique. Vestiges de la coque", *Archaeonautica* 10, 1990, p. 157-264.
LIOU, MARICHAL 1978 = LIOU B., MARICHAL R., "Les inscriptions peintes sur amphores de l'anse Saint-Gervais à Fos-sur-Mer", *Archaeonautica* 2, 1978, p. 110-181.
LIOU, MOREL 1977 = LIOU B., MOREL M., "L'orge des Cavares : une amphorette à inscription peinte trouvée dans le port antique de Marseille", *RAN* 10, 1977, p. 189-187.
LOESCHCKE 1919 = LOESCHCKE S., *Lampen aus Vindonissa*, Zürich, 1919.
LONG 1990 = LONG L., "Nouveaux aspects de l'Arles antique à travers les récentes fouilles opérées dans le Rhône", *Revue du Groupe archéologique arlésien* 13, 1990, p. 23-27.
LONG 1993 = LONG L. (dir.), "Gard. Au large d'Aigues-Mortes, de l'Espiguette au Petit-Rhône", dans *Bilan scientifique du DRASSM 1992*, Paris, 1993, p. 39.
LONG 1994 a = LONG L., "Prospections et sondages archéologiques dans le Rhône, à Arles et ses environs", *Histoire du Rhône en Pays d'Arles*, Actes du colloque du 7 nov. 1992, *Groupe archéologique arlésien*, 1994, p. 45-71.
LONG 1994 b = LONG L., "De l'Espiguette au Petit-Rhône, épave 12 (Saintes-Maries-de-la-Mer 2)", dans *Bilan scientifique du DRASSM 1993*, Paris, 1994, p. 29-30.
LONG 1997 a = LONG L., "Inventaire des épaves de Camargue, de l'Espiguette au Grand Rhône, des cargaisons de fer antiques aux gisements du XIXe siècle : leur contribution à l'étude du paléorivage", BAUDAT M. (dir.), *Crau, Alpilles, Camargue, Histoire et Archéologie*, Actes du colloque des 18-19 nov. 1995, Arles, Groupe archéologique arlésien, 1997, p. 59-115.
LONG 1997 b = LONG L., "Le Rhône et Arles à travers les textes antiques", *Le Rhône d'Arles : textes et histoire : paléographie, De la Paléographie à l'Histoire* 3, Arles, 1997, p. 273-276.
LONG 1997 c = LONG L., "Les épaves *SM2* et *SM10*, réflexion typologique", dans *Bilan scientifique du DRASSM 1996*, Paris, 1997, p. 73-81.
LONG 1998 = LONG L., "*Lucius Volteilius et l'amphore de 4e type. Découverte d'une amphore atypique dans une épave en baie de Marseille*", dans *El vi a l'Antiguitat. Economia, producció i comerç al Mediterrani Occidental*, Actes du 2e colloque d'archéologie romaine, 6-9 mai 1998, Badalona, *Monografies Badalonines* 14, Badalona, 1998, p. 341-349.
LONG 2000 = LONG L., "Emergence d'un patrimoine archéologique exceptionnel dans le lit du Rhône, à Arles", dans BONNAMOUR L. (dir.), *Archéologie des fleuves et des rivières*, Paris, 2000, p. 179-182.
LONG 2002 = LONG L., "Littoral de Camargue", dans *Bilan scientifique du DRASSM 2001*, Paris, 2002, p. 50-52.
LONG 2003 = LONG L., "Inventaire des amphores du Rhône à Arles : un aspect des échanges à l'époque impériale", *Actes du congrès d'Istres SFECAG 1998*, Marseille, 2003, p. 85-95.
LONG 2005 a = LONG L., "L'épave *Saintes-Marie 4*", dans *Bilan scientifique du DRASSM 2003*, Paris, 2005, p. 60-64.
LONG 2005 b = LONG L., "Le Rhône à Arles", dans *Bilan scientifique du DRASSM 2003*, Paris, 2005, p. 74-77.
LONG 2005 c = LONG L. "Prospections entre Agde et Sète : mise au point sur le gisement Riches Dunes 4", dans *Bilan scientifique du DRASSM 2003*, Paris, 2005, p. 40-42.
LONG 2005 d = LONG L., "L'épave *Riches-Dunes 4* : étude du terrain", dans *Bilan scientifique du DRASSM 2003*, Paris, 2005, p. 42-44.
LONG 2006 = LONG L., "Les gisements du Rhône à Arles", dans *Bilan scientifique du DRASSM 2004*, Paris, 2006, p. 53-59.
LONG 2007 = LONG L., "Les dépotoirs portuaires", dans *Bilan scientifique du DRASSM 2005*, Paris, 2007, p 58-64.
LONG 2008 = LONG L., *Secrets du Rhône. Les trésors archéologiques du fleuve à Arles*, Arles, 2008.
LONG (à paraître) = LONG L., "«Duplex Arelas», Port fluvial et maritime", *Archéologie et environnement dans la Méditerranée antique, Villes fluviales et maritimes : Les contraintes de l'environnement*, Colloque international publié par la Société française

d'archéologie classique, 2003-2004, Paris, à paraître.
Long, Blanc-Bijon (à paraître) = Long L., Blanc-Bijon V., "L'*emblema* de mosaïque découvert en mer, au large du Cap d'Agde", *La Mosaïque gréco-romaine*, Actes du 10e colloque AIEMA, Coimbra, 2005, à paraître.
Long, Djaoui, Rico 2005 = Long L., Djaoui D., Rico C., "Lingots et barres de fer : vers une typologie plus complète", *Bilan scientifique du DRASSM 2003*, Paris, 2005, p. 66-68.
Long, Domergue 1995 = Long L., Domergue C., "«Le véritable plomb de L. Flavius Verucla» et autres lingots : l'épave 1 des Saintes-Maries-de-la-Mer", *MEFRA* 107-2, 1995, p. 801-867.
Long, Hoyau, Piton 2002 = Long L., Hoyau A., Piton J., "Gisements du Rhône", dans *Bilan scientifique du DRASSM 2001*, Paris, 2002, p. 53-56.
Long, Illouze 2003 = Long L., Illouze A., *Bilan scientifique du DRASSM 1998*, Paris, 2003.
Long, Piton, Djaoui 2006 = Long L., Piton J., Djaoui D., "Le dépotoir d'Arles sous le Haut-Empire. Fouilles subaquatiques du Rhône, Gisement A (Ier-IIe siècle apr. J.-C.)", *Actes du congrès de Pézenas SFECAG 2006*, Marseille, 2006, p. 579-588.
Long, Rico, Domergue 2002 = Long L., Rico C., Domergue C., "Les épaves antiques de Camargue et le commerce maritime du fer en Méditerranée nord-occidentale (Ier siècle av. J.-C.-Ier siècle apr. J.-C.)", *L'africa romana* 14, 2002, p. 161-188.
Long, Rival 2007= Long L., Rival M., "L'épave *Arles-Rhône 3*", *Bilan scientifique du DRASSM 2005*, Paris, 2007, p 64-66.
Long, Sintes 2003 = Long L., Sintes C., "Commerce maritime et fluvial aux embouchures du Rhône : le rôle de la cité d'Arles dans l'Antiquité", Pascual Berlauga G., Pérez Ballester J. (dir.), *Puertos fluviales antiguos : ciudad, desarollo e infraestructuras*, Actas de las IV jornadas de arqueologia subaquática, Valencia, 28-30 de mars de 2001, université de Valence, 2003, p. 183-201.
Lopez, Martín 2008 = López Mullor A., Martín Menéndez A., "Las ánforas de la Tarraconense", dans Bernal Casasola D., Ribera i Lacomba A. (dir.), *Cerámicas hispanorromanas, un estado de la cuestión*, Cadix, 2008, p. 689-723.
Lorentz 1968 = Lorentz T., "Das Jugendbildnis Caesars", *Ath. Mitt.* 83, 1968, p. 242-249.
Maccario 1980 = Maccario L., *Lucerne del Museo di Alba*, Alba, 1980.
Maiuri 1953-1954 = Maiuri A., "Due singolari dipinti pompeiani", *MDAI (R)* 60-61, 1953-1954, p. 88-99.
*Malmaison* 2008 = *De Pompéi à Malmaison. Les Antiques de Joséphine*, musée national des châteaux de Malmaison et Bois-Préau, Rueil-Malmaison, 22 oct 2008-27 janv. 2009, Paris, 2008.
Manacorda 1977 = Manacorda D., "Le Anfore", dans Carandini A., Panella Cl. (dir.), *Ostia IV. Le Terme del Nuotatore, Scavo dell'ambiente XVI e dell'area XXV, StuMisc* 23, Rome, 1977, p. 117-283.
Manderscheid 1981 = Manderscheid H., *Die Skulpturenausstattung der kaiserzeitlichen Thermenanlagen*, Berlin, 1981.
Mandy, Monin, Krausz 1990 = Mandy B., Monin M., Krausz S., "L'hôpital Sainte-Croix à Lyon. Un quatrième fossé", *Gallia* 47, 1990, p. 79-102.
Maniet 1975 = Maniet A., *La Phonétique historique du latin*, Paris, 1975.
Mansuelli 1979 = Mansuelli G.A. (dir.), *Studi sull'arco onorario romano*, Rome, 1979.
Marcadal, Féménias 2001 = Marcadal Y., Féménias J.-M., "Une sépulture remarquable du Ier siècle av. J.-C. à Servanes (Mouriès, Bouches-du-Rhône)", *DAM* 24, 2001, p. 185-199.
Marcade 1996 = Marcade J. (dir.), *Sculptures déliennes*, Paris, 1996.
Maréchal 1984 = Maréchal J.-F., "A propos de deux lingots de cuivre pur inscrits retrouvés dans la baie des Saintes-Maries-de-la-Mer", *Bulletin de la Société nationale des antiquaires de France*, 1984, p. 231-239.
Maréchal 1985 = Maréchal J.-F., "Note à propos d'un lingot de plomb repêché à l'embouchure du Petit Rhône", *Bulletin de la Société nationale des antiquaires de France*, 1985, p. 241-249.
Maréchal 2003 = Maréchal J.-F., "A propos de quelques découvertes sous-marines aux environs de Palavas-les-Flots", *Archéologie en Languedoc* 27, 2003, p. 119-123.
Maria (de) 1988 = Maria (de) S., *Gli archi onorari di Roma e de l'Italia romana*, Rome, 1988.
Marlier 2009 = Marlier S., "Architecture et espace de navigation des navires à *dolia*", *L'Archéologie maritime et navale de la préhistoire à l'époque contemporaine, Archaeonautica* 15, 2009, p. 153-173.
Marlière 2004 = Marlière E., "Outres et tonneaux", dans Brun J.-P., Poux M., Tchernia A. (dir.), *Le Vin. Nectar des Dieux, Génie des Hommes*, Pôle archéologie du département du Rhône, 2004, p. 278-289.
Martin 2002 = Martin T., "Un vase en terre sigillée hispanique trouvé au Mas d'Agenais (Lot-et-Garonne)", dans Genin M., Vernhet A. (dir.), *Céramiques de La Graufesenque et autres productions d'époque romaine, Hommages à Bettinna Hoffmann, Archéologie et Histoire Romaine* 7, Montagnac, 2002, p. 289-292.
Martin 2005 = Martin T., "Périple aquitain, commerce transpyrénéen et diffusion atlantique des céramiques sigillées de Montans en direction des marchés du nord-ouest de la péninsule ibérique", dans Nieto X., Roca Roumens M., Vernhet A., Sciau P. (dir.), *La Difusió de la terra sigillata sudgàlica al nord d'Hispania*, Museu d'arqueologia de Catalunya, *Monografies* 6, Barcelone, 2005, p. 21-62.
Martin 2008 a = Martin T., "Note préliminaire sur un important lot de sigillées hispaniques découvert à Oloron-Sainte-Marie/Iluro (Pyrénées-Atlantiques, France)", *RCRF Acta* 40, 2008, p. 443-454.
Martin 2008 b = Martin T., "La diffusion des céramiques sigillées en Aquitaine méridionale sous le Haut-Empire : l'exemple de Beneharnum (Lescar, Pyrénées-Atlantiques)", dans Réchin F., Barraud D. (dir.), *Lescar-Beneharnum, ville antique entre Pyrénées et Aquitaine, Archéologie des Pyrénées-Occidentales et des Landes*, hors-série 3, Pau, 2008, p. 243-274.
Martin, Tobie 2000 = Martin T., Tobie J.-L., "Les débuts de la romanisation du site de Saint-Jean-le-Vieux (*Imus Pyrenaeus*), à travers l'étude des sigillées italiques et sud-gauloises", *Aquitania* 17, 2000, p. 83-119.
Martin-Kilcher 1987 = Martin-Kilcher S., *Die römischen Amphoren aus Augst und Kaiseraugst : ein Beitrag zur römischen Handels- und Kulturgeschichte I. Die südspanischen Ölamphoren, Gruppe 1, Forschungen in Augst* 7-1, Augst, 1987.
Martin-Kilcher 1994 a = Martin-Kilcher S., *Die Römischen Amphoren aus Augst und Kaiseraugst II. Die Amphoren für Wein, Fischsauce, Südfrüchte (Gruppen 2-24) und Gesamtauswertung, Forschungen in Augst* 7, Augst, 1994.
Martin-Kilcher 1994 b = Martin-Kilcher S., *Die Römischen Amphoren aus Augst und Kaiseraugst III. Archäologische und naturwissenschaftliche Tonbestimmungen, Forschungen in Augst* 7, Augst, 1994.
Martin-Kilcher 2000 = Martin-Kilcher S., "Amphores à sauces de poisson du sud de la péninsule ibérique dans les provinces septentrionales", dans *Ex Baetica amphorae. Conservas, aceite y vino de la Bética en el Imperio Romano*, Actes du congrès de Sevilla-Écija, 17-20 déc. 1998, Écija, 2000, p. 759-786.
Martin-Kilcher, Witteyer 1998-1999 = Martin-Kilcher S., Witteyer M., "Fischsaucenhandel und Rheinufertopographie in Mogontiacum. Zu einer Gruppe südspanischer Amphoren mit Tituli picti und ihrer Fundlage im topographischen Kontext", *Mainzer Arch. Zeitschr.* 5/6, 1998-1999, p. 45-122.
Martinez Munilla 1950 = Martinez Munilla C., "Vaso de «terra sigillata» hispanica hallado en Marsella", *Archivo español de arqueología* 23, 1950, p. 210-211.
Marty 2002 = Marty F., "Aperçu sur les céramiques à pâte claire du golfe de Fos", dans Rivet L., Sciallano M. (dir.), *Vivre, produire et échanger : reflets méditerranéens, Mélanges offerts à Bernard Liou, Archéologie et histoire romaine* 8, 2002, p. 201-220.
Marty 2004 = Marty F., "La Vaisselle de cuisson du port antique de Fos (Bouches-du-Rhône)", *Actes du congrès de Vallauris SFECAG 2004*, Marseille, 2004, p. 97-128.
Marty, Capelli, Cabella 2009 (à paraître) = Marty F., Capelli C., Cabella R., "Les gobelets à anse à poucier en céramique non tournée de Méditerranée nord-occidentale", *Les Céramiques communes de Marseille à Gênes (IIe s. av. J.-C.-IIIe s. apr. J.-C.)*, Actes de la table ronde de Naples, 2-3 nov. 2006, à paraître.
Mary 1967 = Mary G. T., *Novaesium I. Die südgallische Terra Sigillata aus Neuss, Limesforschungen* 7, Berlin, 1967.
Massari 1985 = Massari G., "Le casseruole prodotte dai Cipii", dans Massari G. (dir.), *Castaldi*, 1985, p. 53-60.
Mattusch 1996 = Mattusch C.C. (dir.), *The Fire of Hephaistos : Large Classical Bronzes from North American Collections*, catalogue d'exposition, Harvard Univ. Art Museum, Cambridge, 20 avril-11 août 1996, Cambridge, 1996.
Maurice 1912 = Maurice J., *Numismatique constantinienne II*, Paris, 1912.
May 1991 = May R. (dir.), *Jouer dans l'Antiquité*, catalogue d'exposition, musée d'archéologie méditerranéenne, Marseille, nov. 1991-fév. 1992, Marseille, 1991.
Mayet 1975 = Mayet F., *Les Céramiques à parois fines dans la péninsule ibérique, Publications du Centre Pierre Paris* 1, Paris, 1975.
Mayet 1984 = Mayet F., *Les Céramiques sigillées hispaniques. Contribution à l'histoire économique de la péninsule ibérique sous l'Empire romain, Publications du Centre Pierre Paris* 12, Bordeaux, 1984.
Mayet 1998 = Mayet F., "La céramique à parois fines", dans *Terres naufragées : le commerce en Méditerranée occidentale à l'époque antique*, musée d'Istres, 21 mai-31 août 1998, Istres, 1998, p. 61-64.
Mazza *et al.* 2002 = Mazza G., Saison A., Vallet C., Becker C., "Un dépotoir d'atelier de potiers du Ier siècle de notre ère dans la cour des Subsistances à Lyon", *Actes du congrès de Bayeux SFECAG 2002*, Marseille, 2002, p. 413-444.
Medri 1992 = Medri M., *Terra Sigillata Tardo Italica decorata, Studia archaeologica* 60, Rome, 1992.
Mees 1995 = Mees A.W., *Modelsignierte Dekorationen auf südgallischer Terra Sigillata, Forschungen und Berichte zur Vor- und Frühgeschichte in Baden-Württemberg* 54, Stuttgart, 1995.
Meffre 1985 a = Meffre J.-Cl., "Sépultures à incinérations du Ier siècle découvertes à Séguret (Vaucluse)", *BAP* 15, 1985, p. 15-27.
Meffre 1985 b = Meffre J.-Cl., "Céramique kaolinitique gallo-romaine du Ier siècle de l'Auberte (Crillon-Le-Brave, Vaucluse)", *BAP* 16, 1985, p. 1-15.
Meffre 1988 a = Meffre J.-Cl., "Le dépotoir gallo-romain des Aplanats (Beaumes-de-Venise, Vaucluse), céramique kaolinitique et céramique fine à vernis argileux", *Actes du congrès d'Orange SFECAG 1988*, Marseille, 1988, p. 35-42.
Meffre 1988 b = Meffre J.-Cl., "L'habitat F des Sausses (Séguret, Vaucluse).

Aspects de la petite exploitation paysanne sous le Haut-Empire autour de Vaison-la-Romaine", *DAN* 11, 1988, p. 97-133.
MEFFRE, RAYNAUD 1993 = MEFFRE J.-Cl., RAYNAUD C., "Céramique commune kaolinitique", dans *Dicocer*, 1993, p. 488-499.
MEILLE, VICHY, DESBAT 1989 = MEILLE E., VICHY M., DESBAT A., "Voie rhodanienne et diffusion des céramiques romaines tardives", *Actes du congrès des Sociétés savantes, Lyon, 1987*, GMPCA, Paris, 1989, p. 9-19.
MELLINAND 1998 = MELLINAND Ph., "Les céramiques communes de la nécropole Sainte-Barbe à Marseille (Ier-IIIe siècles), Essai de Classification", dans BONIFAY M., CARRE M.-B., RIGOIR Y. (dir.), *Fouilles à Marseille. Les mobiliers (Ier-VIIe siècles apr. J.-C.), Etudes Massaliètes* 5, Lattes-Paris, 1998, p. 309-316.
MENZEL 1960 = MENZEL H., *Die Römischen Bronzen aus Deutschland I*, Speyer-Mayence, 1960.
MENZEL 1967 = MENZEL H., "Roman bronzes", *Master bronzes from the classical world*, Mayence, 1967, p. 225-314.
MENZEL 1969 = MENZEL H., *Antike Lampen im Römisch-Germanischen Zentralmuseum zu Mainz*, Mayence, 1969.
MEULEAU 1965 = MEULEAU M., *Le Monde et son histoire. Le monde antique II.*, Paris, 1965.
MICHALOWSKI 1932 = MICHALOWSKI K., *Les Portraits hellénistiques et romains, EAD* 13, Paris, 1932.
MICHELI 1986 = MICHELI M. E., "Coperchio di sarcofago con busto-ritratto femminile e scena di Liberalitas", dans GILULIANO A., *Museo Nazionale Romano. Le Sculture I, 6, I, Marmi Ludovici dispersi*, 1986, Rome, p. 24-27 n° II, 5.
MIGNON, ZUGMEYER 2006 = MIGNON J.-M., ZUGMEYER S., "Les mausolées de Fourches-Vieilles à Orange (Vaucluse)", dans MORETTI J.-Ch., TARDY D. (dir.), *L'Architecture funéraire monumentale : la Gaule dans l'Empire romain*, CTHS, Paris, 2006, p. 289-320.
MILLE 2007 = MILLE B., "Etude technique du cheval de bronze de Neuvy-en-Sullias", dans GORGET C., GUILLAUMET J.-P. (dir.), *Le Cheval et la danseuse, à la redécouverte du trésor de Neuvy-en-Sullias*, catalogue d'exposition, musée des Beaux-Arts, Orléans, 13 mars-26 août 2007, p. 88-99 et 264-265, Somogy, 2007.
MITTEN, DOERINGER 1967 = MITTEN D.G., DOERINGER S. (dir.), *Master bronzes from the classical world*, catalogue d'exposition, Cambridge, Fogg art museum, 4 déc. 1967-23 janv. 1968, Saint Louis, City art museum, 1er mars-13 avril 1968, Los Angeles, County museum of art, 8 mai-30 juin 1968, Mayence, 1967.
MLASOWSKY 1993 = MLASOWSKY A., *Die antiken Tonlampen im Kestner-Museum Hannover*, Hanovre, 1993.
MOCCI, NIN 2002 = MOCCI F., NIN N., "Les céramiques communes à pâte brune provençales du domaine antique de Richeaume I (Puyloubier, Bouches-du-Rhône)", *Actes du congrès de Bayeux SFECAG 2002*, Marseille, 2002, p. 437-445.
*Modes de contacts et processus de transformation dans les sociétés anciennes 1983 = Modes de contacts et processus de transformation dans les sociétés anciennes*, Actes du colloque de Cortone, 24-30 mai 1981, *Collection de l'EFR* 67, Pise-Rome, 1983.
MOENS, DE PAEPE, WAELKENS 1995 = MOENS L., DE PAEPE P., WAELKENS M., "Approche multidisciplinaire pour déterminer l'origine des marbres blancs", *Entretiens d'archéologie et d'histoire*, Saint-Bertrand-de-Comminges, 1995, p. 33-47.
MOLINER 1996 = MOLINER M., "Les céramiques communes à Marseille d'après les fouilles récentes", dans BATS M. (dir.), *Les Céramiques communes de Campanie et de Narbonnaise (Ier siècle av. J.-C.-IIe siècle apr. J.-C.) : la vaisselle de cuisine et de table*, Actes des journées d'étude Naples 1994, *CJB* 14, 1996, p. 65-104.
MOLINER *et al.* 2003 = MOLINER M., MELLINAND Ph., NAGGIAR L., RICHIER A., VILLEMEUR I., *La Nécropole de Sainte-Barbe à Marseille (IVe siècle av. J.-C.-IIe apr. J.-C.), Etudes Massaliètes* 8, Aix-en-Provence, 2003.
MOLTESEN 2000 = MOLTESEN M., "The Esquiline group : Aphrodisian statues in the Ny Carlsberg Glyptotek", *Antike Plastik* 27, 2000, p. 111-131, pl. 69-88.
MOLTESEN 2006 = MOLTESEN M. (dir.), *Imperial Rome III. Ny Carlsberg Glyptotek*, Copenhague, 2006.
MOREL 1979 = MOREL J.-P., "La ceramica e il vetro", dans ZEVI F., *Pompei 79*, Naples, 1979, p. 241-264.
MORILLO CERDAN 1999 = MORILLO CERDAN A., *Lucernas romanas en la region septentrional de la peninsula ibérica, Monographies instrumentum* 8, Montagnac, 1999.
MOTTE, MARTIN 2003 = MOTTE S., MARTIN S., "L'atelier de verrier antique de la montée de la Butte à Lyon et ses productions" dans FOY D., NENNA M.-D. (dir.), *Echanges et commerce du verre dans le monde antique*, Montagnac, 2003, p. 303-320.
MULLER 1968 = MULLER G., *Das Lagerdorf des Kastells Butzbach. Die reliefverzierte Terra Sigillata, Limesforschungen* 5, Berlin, 1968.
NICOLAS 1877 = NICOLAS M., "Etude préhistorique de la basse vallée du Rhône", *Congrès archéologique de France, 43e session, Arles, 1876*, Paris, 1877, p. 50-124.
NICOLETTA 2000 = NICOLETTA N., "Classificazione tipologica dei bolli su terra sigillata di L.PLO.ZOS e L.PLOT. POR", *RCRF Acta* 36, 2000, p. 505-512.
NICOLETTA 2008 = NICOLETTA N., "Bolli su terra sigillata", dans BERGAMINI M., (dir.), *Catalogo regionale dei beni culturale dell'Umbria : Antiquarium Comunale di Baschi*, Città di Castello, 2008, p. 89-93.
NIEDERMANN 1953 = NIEDERMANN M., *Précis de phonétique historique du latin*, Paris, 1953.
NIETO 1989 = NIETO J. "El jaciment arqueologic Culip IV", *Excavacions arqueològiques subaquàtiques a Cala Culip I, Série Monografica* 9, Gérone, 1989.
NIETO, PUIG 2001 = NIETO J., PUIG A. M., *Excavacions arqueològiques subaquàtiques a Cala Culip III. Culip 4 : la Terra Sigillata decorada de La Graufesenque, Monografies del CASC* 3, Gérone, 2001.
NIN 1996 = NIN N., "Le Vaisselier du site de l'établissement thermal à Aix-en-Provence (50 av. notre ère-fin Ier siècle de notre ère) : ébauche d'un faciès culturel", BATS M. (dir.), *Les Céramiques communes de Campanie et de Narbonnaise (Ier siècle av. J.-C.-IIe siècle apr. J.-C.) : la vaisselle de cuisine et de table*, Actes des journées d'étude Naples 1994, *CJB* 14, 1996, p. 65-104.
NIN 1997 = NIN N., "Témoins de la présence d'une officine de potiers augustéenne à Aix-en-Provence (Bouches-du-Rhône), un dépotoir de céramique à pâte claire découvert sur le site du Palais Monclar", *Actes du congrès du Mans SFECAG 1997*, Marseille, 1997, p. 375-397.
OCTOBON 1964 = OCTOBON F.C.E., "Poterie sigillée de Beaulieu (Alpes-Maritimes)", *Cahiers ligures de préhistoire et d'archéologie* 13, 1964, p. 82-118.
OHLENROTH 1934-1935 = OHLENROTH L., "Italische Sigillata mit Auflagen aus Rätien und dem römischen Germanien", BRGK 24-25, 1934-1935, p. 234-254.
OLCESE 1993 = OLCESE G., *Le Ceramiche comuni di Albintimilium, Indagine archeologica e archeometrica sui materiali dell'area del Cardine*, Florence, 1993.
OLCESE 2003 = OLCESE G., *Ceramiche comuni a Roma e in area romana : produzione, circolazione e tecnologia (tarda età repubblicana-prima età imperiale)*, Società archeologica padana, *Documenti di archeologia* 28, 2003.
OSWALD 1931 = OSWALD F, *Index of Potters' Stamps on Terra Sigillata «Samian Ware»*, East Bridgeford, 1931.
OSWALD 1936-1937 = OSWALD F., *Index of Figure-Types on Terra Sigillata*, suppl. of *Annals of archaeology and anthropology*, Liverpool, 1936-1937.
OSWALD, PRYCE 1920 = OSWALD F., PRYCE T. D., *An Introduction to the Study of Terra Sigillata Treated from a Chronological Standpoint*, Londres, 1920.
OXÉ 1933 = OXÉ A., *Arretinische Reliefgefässe vom Rhein, Materialien zur römisch-germanischen Keramik* 6, Frankfort-sur-le-Main, 1933.
OXÉ, COMFORT, KENRICK 2000 = OXÉ A., COMFORT H., KENRICK P., *Corpus Vasorum Arretinorum. A catalogue of the Signatures, Shapes and Chronology of Italian Sigillata, Antiquitas* 3-41, Bonn, 2000.
OZIOL 1977 = OZIOL Th.-J., *Salamine de Chypre VII. Les lampes du musée de Chypre*, Paris, 1977.
PALLARÈS 1983 = PALLARÈS F., "Le nave romano di Spargi (La Madallena), relazione preliminare delle campagne 1978-1980", *Forma Maris Antiqui* XI-XII, Bordighera, 1975-1981, p. 34.
PALLARES 1985 = PALLARES F., "La nave romana di Diano Marina", *VI congreso internacional de arqueologia submarina, Cartagena, 1982*, Madrid, 1985, p. 285-295.
PALLECHI 2002 = PALLECHI S., *I Mortaria di produzione centro-italica : corpus dei bolli, Instrumentum* 1, Rome, 2002.
PANELLA 1983 = PANELLA C., "I contenitori oleari presenti ad Ostia in età antonina", *Segundo congreso internacional, Sevilla, 24-28 febrero 1982*, Madrid, universidad Complutense, 1983, p. 225-262.
PANTO 2008 = PANTO G., "Ritratto du Giulio Cesare", dans GENTILI G. (dir.), *Giulio Cesare. L'uomo, le imprese, il mito*, catalogue d'exposition, Chiostro del Bramante, Rome, 23 oct. 2008-3 mai 2009, Rome, 2008, p. 126.
PAPI 1985 = PAPI E., "Ceramica comune", dans RICCI A. (dir.), *Settefinestre. Una villa schiavistica nell'Etruria meridionale III. La Villa e i suoi reperti*, Modène, 1985, p. 93-106.
PAQUETTE 1984 = PAQUETTE D., *L'Instrument de musique dans la céramique de la Grèce antique, Etudes d'organologie*, Paris, 1984.
PARIBENI 1959 = PARIBENI E., *Catalogo delle sculture di Cirene. Statue e rilievi di carattere religioso*, Rome, 1959.
PARKER 1992 = PARKER A. J., *Ancient shipwrecks of the mediterranean and the roman provinces, BAR Int. Ser.*, Oxford, 1992.
PASQUALINI 1993 = PASQUALINI M., *Les Céramiques utilitaires locales et importées en Basse-Provence (Ier-IIIe siècles de notre ère). La Vaisselle de table et de cuisine*, thèse de doctorat nouveau régime soutenue à l'université de Provence, Aix-en-Provence, 1993.
PASQUALINI 1996 = PASQUALINI M., "La vaisselle commune en Basse-Provence", *Dossiers d'Archéologie* 215, juillet-août 1996, p. 66-71.
PASQUALINI 1998 a = PASQUALINI M., "Les céramiques communes en Basse-Provence (Ier-IIIe siècles). Essai de classification", dans BONIFAY M., CARRE M.-B., RIGOIR Y. (dir.), *Fouilles à Marseille. Les mobiliers (Ier-VIIe siècles apr. J.-C.), Etudes Massaliètes* 5, Lattes-Paris, 1998, p. 293-308.
PASQUALINI 1998 b = PASQUALINI M., "La vaisselle commune", dans BONIFAY M., CARRE M.-B., RIGOIR Y. (dir.), *Fouilles à Marseille. Les mobiliers (Ier-VIIe siècles apr. J.-C.), Etudes Massaliètes* 5, Lattes-Paris, 1998, p. 61-67.
PASQUALINI, PIETROPAOLO 1998 = PASQUALINI M., PIETROPAOLO L., "Les céramiques communes d'origine indéterminée", dans BONIFAY M., CARRE M.-B., RIGOIR Y. (dir.), *Fouilles à Marseille. Les mobiliers*

(Ier-VIIe siècles apr. J.-C.), Etudes Massaliètes 5, Lattes-Paris, 1998, p. 89-93.
PASQUALINI, TREGLIA 2004 = PASQUALINI M., TREGLIA J.-Ch., "La céramique commune du gisement sous-marin de l'anse Gerbal, *Port-Vendres 1*, Port-Vendres (66)", *Archéologie du Midi médiéval* 21, 2004, p. 3-32.
PASQUIER, MARTINEZ 2007 = PASQUIER A., MARTINEZ J.-L. (dir.), *Praxitèle*, catalogue d'exposition, Musée du Louvre, Paris, 23 mars-18 juin 2007, Paris, 2007.
PASSELAC 1993 = PASSELAC M., "Céramique non tournée protohistorique du Languedoc occidental", dans *Dicocer*, 1993, p. 273-291.
PAUNIER 1979 = PAUNIER D., "La céramique gallo-romaine de Genève : note sur les productions gallo-romaines à pâte grise", *Figlina* 4, 1979, p. 19-28.
PAUNIER 1981 = PAUNIER D., *La Céramique gallo-romaine de Genève, Société d'histoire et d'archéologie de Genève* 9, Genève-Paris, 1981.
PAVOLINI 2000 = PAVOLINI C., *La Ceramica comune. Le forme in argilla depurat dell'antiquarium, Scavi di Ostia* 13, 2000.
PEACOCK 1982 = PEACOCK D.P.S., *Carthage and Cossyra. A ceramic conundrum*, Actes du colloque sur la céramique antique, Carthage, 23-24 juin 1980, CEDAC, *Carthage dossier* 1, Tunis, 1982, p. 91-98.
PEARCE 1933 = PEARCE J. W. E., *The Roman Imperial Coinage IX. Valentinien I-Theodosius I 364-395*, Londres, 1933.
PEILHE 1927 = PEILHE F., *Recueil de différentes médailles antiques, frappées dans l'ancienne ville d'Arles en Provence, lesquelles prouvent que cette ville a été autrefois la résidence de plusieurs empereurs*, 1723, Bibliothèque d'Arles, B 1927.
PERNICE 1925 = PERNICE E., *Gefässe und Geräte aus Bronze, die hellenistische Kunst in Pompeji* IV, Berlin, 1925.
PERNOT 1991 = PERNOT M., "Vaisselle et technologie des alliages base-cuivre", dans FEUGÈRE M., ROLLEY Cl. (dir.), *La Vaisselle tardo-républicaine en bronze*, Actes de la table-ronde CNRS 1990 à Lattes, Dijon, 1991, p. 131-137.
PESAVENTO MATTIOLI 1998 = PESAVENTO MATTIOLI S., *Bonifiche e drenaggi con anfore in epoca romana : aspetti tecnici e topografici*, Atti del seminario di studi, Padova, 19-20 ottobre 1995, *Materiali d'archeologia* 3, Modène, 1998.
PICCOTTINI 1998 = PICCOTTINI G., "Die Südhang-Bauten NG/2 und SH/1-SH/16 und die Osthang-Bauten OH/1-OH/6", dans PICCOTTINI G. (dir.), *Die Ausgrabungen auf dem Magdalensberg 1980 bis 1986, Magdalensberg-Grabungsber.* 16, Klagenfurt, 1998, p. 13-182.
PIEPER 2003 = PIEPER S., "The Artist's Contribution to the Rediscovery of the Cesar Iconography", dans FEJFER J., FISCHER-HANSEN T., RATHJE A. (dir.), *The Rediscovery of Antiquity, The role of the Artist, Acta Hyperborea* 10, Copenhague, 2003, p. 123-145.
PIERI 2005 = PIERI D., *Le Commerce du vin oriental à l'époque byzantine (Ve-VIIe siècle). Le témoignage des amphores en Gaule, Bibliothèque archéologique et historique* 174, Paris, 2005.
PIETROPAOLO 1998 = PIETROPAOLO L., "Les céramiques communes importées", dans BONIFAY M., CARRE M.-B., RIGOIR Y. (dir.), *Fouilles à Marseille. Les mobiliers (Ier-VIIe siècles apr. J.-C.), Etudes Massaliètes* 5, Lattes-Paris, 1998, p. 80-87.
PIRZIO BIROLI STEFANELLI 1989 = PIRZIO BIROLI STEFANELLI L. (dir.), *Il Bronzo dei romani. Arredo e suppellettile*, Rome, 1989.
PITON 1998 = PITON J., "Contexte amphorique du début du Ve siècle à Arles (Bouches-du-Rhône)", *Actes du Congrès d'Istres SFECAG 1998*, Marseille, 1998, p. 107-115.
PITON 2007 = PITON J., "Fouilles de l'Esplanade, Arles. Nouvelles observations sur les contextes amphoriques (milieu IVe siècle-troisième quart du IVe siècle)", LRCW2, Oxford, 2007, p. 287-291.
POLAK 2000 = POLAK M., *South Gaulish Terra Sigillata with Potters' Stamps from Vechten*, suppl. 9 of *RCRF Acta*, Nimègue, 2000.
POLLINI 2005 = POLLINI J., "The Armstrong and Nuffler Heads and the Portraiture of Julius Caesar, Livia, and Antonia Minor", dans POLLINI J. (dir.), *Terra Marique : studies in art history and marine archaeology in honor of Anna Marguerite McCann on the receipt of the gold medal of the Archaeological Institute of America*, Oxford, 2005, p. 89-122.
POMEY 1997 = POMEY P. (dir.), *La Navigation dans l'Antiquité*, Aix-en-Provence, 1997, p. 187-188.
PORTEN PALANGE 2004 = PORTEN PALANGE F. P., *Katalog der Punzenmotive in der arretinischen Reliefkeramik*, Mayence, 2004.
POTTER 1997 = POTTER T.W., *Roman Britain*, 2nd edition, Londres, 1997.
POULSEN 1923 = POULSEN V., *Greek and Roman Portraits in English Country Houses*, Oxford, 1923.
POULSEN 1933 = POULSEN F., *Sculptures antiques des musées de province espagnols*, Copenhague, 1933.
POULSEN 1973 = POULSEN V., *Les Portraits romains I. République et dynastie julienne*, Copenhague, 1973.
POZO 2002 = POZO S.F., "La vajilla metalica de la Provincia Baetica II. Los jarros broncineos de epoca alto-imperial", dans GIUMLIA-MAIR A. (dir.), *I bronzi antichi : produzione et technologia*, Atti del XV congresso internazionale sui Bronzi Antichi, Grado-Aquileia, 22-26 mai 2001, Montagnac, 2002, p. 407-418.
PRISSET, BRISSAUD, LEBLANC 1994 = PRISSET J.-L., BRISSAUD L., LEBLANC O., "Evolution urbaine à Saint-Romain-en-Gal, la rue du commerce et la maison aux Cinq Mosaïques", *Gallia* 51, 1994, p. 1-133.
PROVANSAL *et al.* 1999 = PROVANSAL M., BERGER J.-F., BRAVARD J.-P., SALVADOR P.-G., ARNAUD-FASSETTA G., BRUNETON H., VEROT-BOURRELY A., "Le régime du Rhône dans l'Antiquité et le Haut Moyen Âge", *Gallia* 56, 1999, p. 13-32.
PY 1993 a = PY M., "Céramique non tournée protohistorique du Languedoc oriental", dans *Dicocer*, 1993, p. 292-306.
PY 1993 b = PY M. (dir.), *Dicocer, Dictionnaire des céramiques antiques (VIIe siècle av. notre ère-VIIe siècle de notre ère) en Méditerranée nord-occidentale (Provence, Languedoc, Ampurdan), Lattara* 6, Lattes, 1993.
QUIQUERAN DE BEAUJEU 1743 = QUIQUERAN DE BEAUJEU P., *Plan géométral de la ville d'Arles et de ses environs*, médiathèque d'Arles.
RADNÓTI 1938 = RADNÓTI A., *Die römischen Bronzegefäße von Pannonien, Diss. Pann.* II-6, Budapest, 1938.
RAYNAUD 1990 = RAYNAUD Cl., *Le Village gallo-romain et médiéval de Lunel-Viel (Hérault). La fouille du quartier ouest (1981-1983), Centre de recherches d'histoire ancienne* 97, *Annales littéraires de l'université de Besançon* 422, Paris, 1990.
RAYNAUD 1993 a = RAYNAUD Cl., "Céramique commune à engobe micacé", dans *Dicocer*, 1993, p. 340-342.
RAYNAUD 1993 b = RAYNAUD Cl., "Céramique commune sableuse oxydante ou réductrice du Languedoc oriental", dans *Dicocer*, 1993, p. 548-553.
RAWSON 1987 = RAWSON P. B., *The myth of Marsyas in the roman visual art. An iconographic study, BAR Int. Ser.* 347, Oxford, 1987.
REECE 1967 = REECE R., "Roman Coinage in Southern France", *NC*, 1967, p. 91-105.
REECE 1973 = REECE R., "Roman Coinage in the Western Empire", *Britannia* 4, 1973, p. 227-251.
REGOLI 1985 = REGOLI E., "Sigillata italica. Sigillata tardo-italica decorata", dans RICCI A. (dir.), *Settefinestre. Una villa schiavistica nell'Etruria romana, 3*, Modène, 1985, p. 138-150 et p. 344-345, fig. 232.
RICHTER 1948 = RICHTER G.M.A., *Metropolitan Museum of Art : Roman Portraits*, New York, 1948.
RIDDER (DE) 1915 = RIDDER (DE) A., *Les Bronzes antiques du Louvre II. Les instruments*, Paris, 1915.
RIETH 2006 = RIETH E., *Archéologie de la batellerie et architecture nautique fluviale, Les cahiers du musée de la Batellerie* 56, Conflans-Sainte-Honorine, 2006.
RINALDI TUFI 1983 = RINALDI TUFI S., *CSIR I. Great Britain 3. Yorkshire*, Oxford, 1983.
RITTERLING 1912 = RITTERLING E., *Das frührömische Lager bei Hofheim im Taunus, Annalen des Vereins für nassauische Altertumskunde und Geschichtsforschung* 40, Wiesbade, 1912.
RIVET 1982 = RIVET L., "La céramique culinaire micacée de la région de Fréjus (Var)", *RAN* 15, 1982, p. 243-262.
RIVET 2003 = RIVET L., *Lampes antiques du golfe de Fos : collections du musée d'Istres et du service du patrimoine de Fos-sur-Mer : production et consommation*, catalogue d'exposition, Fos-sur-Mer, Istres, Aix-en-Provence-Istres, 2003.
RIVET 2006 = RIVET L., "Le Pot trapu à deux anses du littoral de la Narbonnaise", *Actes du congrès de Pézenas SFECAG 2006*, Marseille, 2006, p. 627-639.
RIVET 2007 = RIVET L., "Mobilier d'époque pré-flavienne découvert lors des fouilles de la Cathédrale de Fréjus (Var) en 1988", *Actes du congrès de Landes SFECAG 2007*, Marseille, 2007, p. 569-584.
RIVET 2009 = RIVET L., "Les céramiques communes", dans GOUDINEAU C., BRENTCHALOFF D. (dir.), Le *Camp de la Flotte d'Agrippa à Fréjus. Les fouilles du quartier de Villeneuve (1979-1981), Coll. Archéologie Aujourd'hui*, Paris, 2009, p. 429-534.
ROBIN 2008 = ROBIN L., "L'atelier de verrier de la montée de la Butte à Lyon (milieu Ier siècle-début IIe siècle apr. J.-C.), aspects techniques et typologiques", *Bulletin des XXIIe rencontres de l'AFAV*, Rennes, 2008, p. 42-46.
ROBIN-PETITOT 2000 = ROBIN-PETITOT B., *Catalogue des lampes grecques et romaines, Les collections du musée de l'Arles antique*, Arles, 2000.
ROBINSON 1959 = ROBINSON H.-S., *Pottery of the roman period, The Athenian Agora* 5, Princeton, 1959.
RODRIGUEZ SALIES, TOBIE 1971 = RODRIGUEZ SALIES J., TOBIE J.-L., "Terra sigillata de Irún", *Munibe* XXIII-2/3, 1971, p. 187-221.
ROLLAND 1949 = ROLLAND H., "Premières découvertes à Sisteron (Basses-Alpes) (1946-1948)", *Gallia* 7-1, 1949, p. 81-87.
ROLLAND 1958 = ROLLAND H., *Fouilles de Glanum*, suppl. 11 à *Gallia*, Paris, 1958.
ROLLAND 1965 = ROLLAND H., *Bronzes antiques de Haute Provence (Basses Alpes et Vaucluse)*, suppl. 18 à *Gallia*, Paris, 1965.
ROLLAND 1969 = ROLLAND H., BRUCHET J. (relevés d'architecture, dessins et photos), *Le Mausolée de Glanum*, suppl. 21 à *Gallia*, Paris, 1969.
ROLLEY 1999 = ROLLEY Cl., *La Sculpture grecque II. La période classique*, Paris, 1999.
ROLLEY 2003 = ROLLEY Cl., "Les Bronzes grecs et romains : recherches récentes", *Revue archéologique* 2002-2, 2003, p. 269-289.
ROLLEY 2006 = ROLLEY Cl., "A la recherche des enfants de Cléopâtre", dans ANDREAE B. (dir.), *Kleopatra und die Caesaren*, catalogue d'exposition, Hambourg, Bucerius Kunst Forum, 28 oct. 2006-4 fév. 2007, Munich, 2006.
ROLLEY 2007 = ROLLEY Cl., "Attributs and iconographie. Un enfant royal à Agde ?", dans *Images et modernité hellénistiques. Appropriation et représentation du monde d'Alexandre à César, Collection de l'EFR* 390, Rome, 2007, p. 185-191.
ROMERO CARNICERO 1985 = ROMERO CARNICERO M. V., *Numancia I. La terra sigillata, Excavaciones Arqueologicas en España* 146, Madrid, 1985.
ROMUALD 1987 = ROMUALD A., "I ritratti romani di epoca repubblicana e

giulio-claudia des Museo Archeologico di Firenze", *MDAI (R)* 94, 1987, p. 43-90.

ROSSETTI TELLA 1996 = ROSSETTI TELLA C., *La Terra Sigillata Tardo-Italica decorata del Museo Nazionale romano, Studia Archaeologica* 83, Rome, 1996.

ROSSO 2006 = ROSSO E., *L'Image de l'Empereur en Gaule Romaine, Portraits et inscriptions*, Paris, 2006.

ROSSO 2009 = ROSSO E., "Le nez de César", *L'Histoire* 342, 2009, p. 20-21.

ROTH CONGÈS 1983 = ROTH CONGÈS A., "L'acanthe dans le décor architectonique protoaugustéen de la Provence", *RAN* 16, 1983, p. 103-134.

ROTH CONGÈS 2009 = ROTH CONGÈS A., "Le Pont-Flavien de Saint-Chamas", BARRUOL G., FICHES J.-L., GARMY P. (dir.), *Les Ponts routiers en Gaule romaine*, Actes du colloque du Pont-du-Gard, octobre 2008, sous presse.

ROSSIGNANI 1969 = ROSSIGNANI M.P., "La decorazione architettonica in bronzo nel mondo romano", *Contributi dell'Istituto di archeologia, Università cattolica del Sacro Cuore* II, Milan, 1969, p. 44-98.

ROTH CONGÈS 2009 = ROTH CONGÈS A., "Pour une datation triumvirale du mausolée des Iulii à Glanum", *Les ateliers de sculpture régionaux : techniques, styles et iconographie*, Actes du Xe colloque international sur l'art provincial romain, Aix-en-Provence-Arles, 2009, p. 59-70.

ROUGÉ 1978 = ROUGÉ J., "Aspects économiques du Lyon antique", dans *Les Martyrs de Lyon (177)*, CNRS, 1978, p. 47-63.

ROUQUETTE 2008 = ROUQUETTE J.-M. (dir.), *Arles. Histoire, territoire, cultures*, Paris, 2008.

RÜCKERT 1998 = RÜCKERT C., "Miniaturhermen aus Stein. Eine vernachlässigte Gattung kleinformatiger Skulptur der römischen Villeggiatur", *MDAI (M)* 39, 1998, p. 176-237.

RÜTTI 1991 = RÜTTI B., *Die römischen Gläser aus Augst und Kaiseraugst, Forschungen in Augst* 13-1, Augst, 1991.

RUYT (DE) 1978 = RUYT (DE) F., "L'importance des critères historiques autant que stylistiques pour l'identification des portraits romains", *Rev.Arch.Lv* 11, 1978, p. 34-44.

RUYT (DE) 1982 = RUYT (DE) F., *Alba Fucens III. Sculptures d'Alba Fucens*, Rome, 1982.

SAISON-GUICHON 2001 = SAISON-GUICHON A., "Les mortiers de cuisine en céramique commune claire à Lyon", *Actes du congrès de Lille-Bavay SFECAG 2001*, Marseille, 2001, p. 465-478.

SALVIAT 1989 = SALVIAT F., BRENTCHALOFF D., "Une tête colossale d'Auguste trouvée en mer", *Archeologia* 245, 1989, p. 18-25.

SANCHEZ 2003 a = SANCHEZ C., "Au carrefour des influences méditerranéennes et continentales. Le rôle de Narbonne dans le commerce antique", dans DELLONG E. (dir.), "Narbonne et le Narbonnais", *CAG* 11/1, 2003, p. 117-123.

SANCHEZ 2003 b = SANCHEZ C., *Le Mobilier céramique de Narbonne et sa région (IIe siècle av. notre ère-Ier siècle de notre ère), pour une approche du processus de romanisation*, thèse de doctorat nouveau régime, université Lyon 2, 2003.

SANTA MARIA SCRINARI 1972 = SANTA MARIA SCRINARI V., *Museo archeologico di Aquileia. Catalogo delle sculture romane*, Rome, 1972.

SANTAMARIA 1984 = SANTAMARIA C., "L'épave «H» de La Chrétienne à Saint-Raphaël (Var)", *Archaeonautica* 4, 1984, p. 9-52.

SANTROT, SANTROT 1979 = SANTROT M.-H., SANTROT J., *Céramiques communes gallo-romaines d'Aquitaine*, CNRS, Paris, 1979.

SAPELLI 1988 = SAPELLI M., "Frammento di coperchio con Eroti vendemmianti e mascherone angolare", dans GILULIANO A., *Museo Nazionale Romano. Le Sculture I, 10, Magazzini I, sarcofagi, Parte II*, 1988, Rome, p. 160-161 n° 179.

SAVARESE 2007 = SAVARESE N. (dir.), *In scaena. Il teatro di Roma antica*, catalogue d'exposition, Colosseo, Rome, 3 oct. 2007-17 févr. 2008, Rome, 2007.

SCHAETZEN (DE), VANDERHOEVEN 1953-1954 = SCHAETZEN (DE) Ph., VANDERHOEVEN M., "La Terra Sigillata à Tongres I. La sigillata ornée de la collection Ph. de Schaetzen", *Bulletin de l'Institut archéologique liégeois* 70, 1953-1954, p. 1-284.

SCHÄFER 2004 = SCHÄFER Th., "Drei Portraits aus Pantelleria : Caesar, Antonia Minor und Titus", dans WEISS R. M., OSANNA M., SCHÄFER Th. (dir.), *Caesar ist in der Stadt. Die neuentdeckten Marmorbildnisse aus Pantelleria*, catalogue d'exposition, Helms-Museum, Hamburg, Hambourg, 2004, p. 18-38.

SCHINDLER KAUDELKA *et al.* 2001 = SCHINDLER KAUDELKA E., FASTNER U., GRUBER M., *Italische Terra Sigillata mit Appliken in Noricum, Österreichische Akademie der Wissenschaften, Archäologische Forschungen* 6, Vienne, 2006.

SCHRODER 2004 = SCHRODER S., *Katalog der antiken Skulpturen des Museo del Prado in Madrid II. Idealplastik*, Mayence, 2004.

SCHWEITZTER 1947 = SCHWEITZTER B., *Die Bildniskunst der römischen Republik*, Weimar, 1947.

SCIALLANO 1997 = SCIALLANO M., *Poissons de l'Antiquité*, catalogue d'exposition, musée d'Istres, 1er avril-31 août 1997, Istres, 1997.

SCIALLANO 2002 = SCIALLANO M., "Oh ! My God !", dans RIVET L., SCIALLANO M. (dir.), *Vivre, produire et échanger : reflets méditerranéens. Mélanges offerts à Bernard Liou, Archéologie et histoire romaine* 8, Montagnac, 2002, p. 499-502.

SEITERLE 1979 = SEITERLE G., "Artemis – die Große Göttin von Ephesos", *Antike Welt* 10-3, 1979, p. 3-16.

SERGUEEF 2006 = SERGUEEF N., *Approche ostéopathique des plagiocéphalies avec ou sans torticolis*, Paris, 2006.

SEYRIG 1969 = SEYRIG H., "Un portrait de Jules César", *RN* 6-2, 1969, p. 53-54.

SIEBERT 1980 = SIEBERT G., "Un portrait de Jules César sur une coupe de médaillon de Délos", *BCH* 104, 1980, p. 189-196.

SIKORA 1983 = SIKORA E., "Le culte d'Esculape en Gaule", *RAC* 22, 1983, p. 175-183.

SIMON 1952 = SIMON E., "Das Caesarporträt im Castello di Agliè", *AA* 67, 1952, col. 123-138.

SIMON 1994 = SIMON E., "Poseidon", *LIMC* VII, 1994, p. 446-479, pl. 352-378.

SIMON, BAUCHHENSS 1994 = SIMON E., BAUCHHENSS G., "Poseidon/Neptunus", *LIMC* VII, 1994, p. 483-500, pl. 379-393.

SIMPSON 1982 = SIMPSON G., "The Samian Pottery", dans WEDLAKE W. J. (dir.), *The Excavation of the Shrine at Nettleton, Wiltshire, 1956-1971, Reports of the Research Committee of the Society of Antiquaries of London* 40, Londres, 1982, p. 154-176.

SINN 1991 = SINN F., *Vatikanische Museen. Museo Gregoriano Profano ex Lateranense. Katalog der Skulpturen. Die Grabdenkmäler 1. Reliefs, Altäre, Urnen*, Mayence, 1991.

SINTES 1996 = SINTES Cl. (dir.), *Musée de l'Arles antique : collections archéologiques d'Arles*, Arles, 1996.

SINTES 1999 = SINTES Cl., "Le pont de bateaux d'Arles", dans BEDON R., MALISSARD A. (dir.), *La Loire et les fleuves de la Gaule romaine et des régions voisines, Caesarodunum XXXIII-XXXIX*, Limoges, 1999-2000, p. 153-175.

SLAVAZZI 1996 = SLAVAZZI F., *Italia verius quam provincia. Diffusione e funzioni delle copie di sculpture greche nella Gallia Narbonnensis*, Pérouse, 1996.

SOLIER 1981 = SOLIER Y. *et al.*, "Les épaves de Gruissan", *Archaeonautica* 3, CNRS, Paris, 1981, p. 8-253.

STEFANI 2003 = STEFANI G., *Menander, la case del Menandro di Pompéi*, Milan, 2003.

STENICO 1954 = STENICO A., "Matrici a placca per applicazioni di vasi aretini del Museo Civico di Arezzo", *Archeologia classica* 6, 1954, p. 43-82.

STENICO 1955 = STENICO A., "Frammento di «T. S. tardo-italica» del Civico Museo di Lodi", dans *Archivio Storico Lodigiano*, 1955, p. 3-12.

STENICO 1956 = STENICO A., "Ceramica aretina a rilievo della Collezione Pisani-Dossi del Museo di Milano", *Studi di Archeologia e Storia dell'Arte in onore di A. Calderini e R. Paribeni III*, Milan-Varèse, 1956, p. 413-464.

STEYERT 1895 = STEYERT A., *Nouvelle histoire de Lyon I. L'Antiquité*, Lyon, 1895.

STUCCHI 1960 = STUCCHI S., "Gruppo bronzeo di Cartoceto, gli elementi al museo di Ancona", *Bolletino d'arte* 4-45, p. 7-42.

SUTHERLAND 1974 = SUTHERLAND C. H. V., *Monnaies romaines*, Fribourg, 1974.

SWINKELS, KOSTRER 2005 = SWINKELS L., KOSTRER A., *Nijmegen, oudste stad van Nederland*, Nimègue, 2005.

TANNER 2000 = TANNER J., "Portraits, Power and Patronage in the Late Roman Republic", *Journal of Roman Studies* 90, 2000, p. 18-50.

TASSINARI 1975 = TASSINARI S., *La Vaisselle de bronze romaine et provinciale au musée des Antiquités nationales*, suppl. 19 à *Gallia*, Paris, 1975.

TASSINARI 1993 = TASSINARI S., *Il vasellame bronzeo di Pompei*, Rome, 1993.

TASSINARI 1995 = TASSINARI S., *Vaisselle antique de bronze, Collections du musée départemental des antiquités de Rouen*, Rouen, 1995.

TASSINARI 2001 = TASSINARI S., "Observations et propos sur la fabrication des anses de récipients de Pompéi", dans GIUMLIA-MAIR A. (dir.), *I bronzi antichi : produzione et technologia*. Atti del XV congresso internazionale sui Bronzi Antichi, Grado-Aquileia, 22-26 mai 2001, Montagnac, 2002, p. 363-369.

TCHERNIA 1997 = TCHERNIA A., "Le tonneau, de la bière au vin", dans GARCIA D., MEEKS D. (dir.), *Techniques et économie antique et médiévale*, Actes du colloque d'Aix-en-Provence, mai 1996, Paris, 1997, p. 121-129.

TERRER *et al.* 2003 = TERRER D., LAUXEROIS R., ROBERT R., GAGGADIS-ROBIN V., HERMARY A., JOCKEY Ph., LAVAGNE H. (dir.), *Recueil général des sculptures sur pierre de la Gaule. Nouvel Espérandieu I. Vienne (Isère)*, Paris, 2003.

TEYSSIER 2005 = TEYSSIER E., "Aux sources des connaissances de la gladiature", *L'Archéologue* 81, 2005, p. 12.

TEYSSIER 2009 = TEYSSIER E., *La mort en face. Le dossier gladiateur*, Arles, 2009.

THOLON-POMMEROL, LAROCHE 1997 = THOLON-POMMEROL Ch., LAROCHE C., "L'atelier de Trion (place Cardinal-Gerlier)", *Gallia* 54, 1997, p. 63-68.

THÖNE 2004 = THÖNE C., *Die griechischen und römischen Tonlampen, Katalog der Sammlungen antiker Kleinkunst des Archäologischen Instituts der Universität Heidelberg* 5, Mayence, 2004.

TILHARD 2004 = TILHARD J.-L., *Les Céramiques sigillées du Haut-Empire à Poitiers d'après les estampilles et les décors moulés*, SFECAG, suppl. 2, Marseille, 2004.

TILLE 2003 = TILLE M., "Les lampes en terre cuite d'Avenches", *Bulletin de l'association Pro Aventico* 45, 2003, p. 782.

TONDRE-BOILLOT 1985 = TONDRE-BOILLOT T., *Catalogue des collections archéologiques de Besançon VIII. La Céramique sigillée gallo-romaine du Sud-Ouest de la Gaule, Annales littéraires de l'université de Besançon* 323, Paris, 1985.

TÖRÖK 1995 = TÖRÖK L., *Hellenistic and Roman Terracottas from Egypt*, Rome, 1995.

TORTORELLA 1981 = TORTORELLA S., "Ceramica da cucina", dans CARANDINI A (dir.), *Atlante delle forme ceramiche I. Ceramica fine romana nel bacino mediterraneo (Medio e Tardo Impero), Enciclopedia dell'arte antica, classica e orientale*, Rome, 1981, p. 208-227.

TOYNBEE 1944 = TOYNBEE J.M.C., *Roman Medaillons*, New York, 1944.

TOYNBEE 1978 = TOYNBEE J.M.C, *Roman Historical Portraits*, Londres, 1978.

TRAN 2006 = TRAN N., *Les Membres des associations romaines. Le rang social des collegiati en Italie et en Gaule sous le Haut-Empire*, Rome, 2006.

TRANOY, AYALA 1994 = TRANOY L., AYALA G., "Les pentes de la Croix-Rousse à Lyon dans l'Antiquité", *Gallia* 51, 1994, p. 171-190.

TREGLIA 2003 = TREGLIA J.-Ch., "La céramique impériale et romaine tardive. Secteur 5 de la fouille du pont de Gabbari", *Necropolis*, 2-2, *Etudes Alexandrines* 7, 2003, p. 407-465.

*Trésors d'orfèvrerie gallo-romains* 1989 = *Trésors d'orfèvrerie gallo-romains*, catalogue d'exposition, musée du Luxembourg, Paris, 8 févr.-23 avril 1989, musée de la civilisation gallo-romaine, Lyon, 16 mai-27 août 1989, Paris, 1989.

TRÉZINY 2004 = TRÉZINY H., "Sources écrites grecques et latines", dans LANDURÉ C., PASQUALINI M., *Delta du Rhône, Camargue antique, médiévale et moderne*, suppl. 2 au *BAP*, 2004, p. 93-104.

TRILLMICH 1993 = TRILLMICH W., "Hispanien und Rom aus Sicht Roms und Hispaniens", dans Trillmich W., Hauschild T. (dir.), *Hispania Antiqua. Denkmäler der Römerzeit*, Mayence, 1993, p. 41-70.

TROSO 1991 = TROSO C., *Il Ceramista aretino Publius Cornelius : la produzione decorata a rilievo*, Florence, 1991.

TROSO 1994 = TROSO C., "La fase iniziale della produzione decorata a rilievo di P. Cornelius : testimonianze inedite", *Athenaeum*, 82-2, 1994, p. 522-533.

TRUFFREAU-LIBRE 1992 = TRUFFREAU-LIBRE M., *La Céramique en Gaule romaine*, Paris, 1992.

TURCAN 1995 = TURCAN R., *L'Art romain dans l'histoire. Six siècles d'expression de la romanité*, Paris, 1995.

TUTERI 2008 = TUTERI R., "Rittrato di uomo anzianno", dans GENTILI G. (dir.), *Cesare. L'uomo. L'imprese. Il mito*, catalogue d'exposition, Chiostro del Bramante, Rome, 23 oct. 2008-3 mai 2009, Milan, 2008, p. 170, n° 41.

UCELLI 1950 = UCELLI G., *Le Navi di Nemi*, Rome, 1950.

VAES, MERTENS 1953 = VAES F., MERTENS J., *La Céramique gallo-romaine en terre sigillée d'Elewijt (Belgique)*, *Latomus* 13, Bruxelles, 1953.

VALENZA MELE 1981 = VALENZA MELE N., *Catalogo delle lucerne in bronzo*, Museo archeologico nazionale di Napoli, Rome, 1981.

VALLOIS 1944 = VALLOIS R., *L'Architecture hellénique et hellénistique à Délos jusqu'à l'éviction des Déliens (166 av. J.-C.) I. Les monuments, BEFAR* 157, Paris, 1944.

VAN BEEK, CROUWEL, DCOCTER, STISSI, WENDRICH 1997 = VAN BEEK R., CROUWEL H., DCOCTER R. F., STISSI V. V., WENDRICH W. Z., *De oudheid verpakt*, Voorhout, 1997.

VANDERHOEVEN 1975 = VANDERHOEVEN M., *Terra sigillata aus Südgallien. Die reliefverzierten Gefäße I, Funde aus Asciburgium* 5, Duisburg, 1975.

VANDERHOEVEN 1978 = VANDERHOEVEN M., *Terra sigillata aus Südgallien. Die reliefverzierten Gefäße III, Funde aus Asciburgium* 5, Duisburg, 1978.

VANNINI 1988 = VANNINI A., *Matrici di ceramica aretina decorata*, Museo nazionale romano, *Le Ceramiche* V-2, Rome, 1988.

VAROQUEAUX 1971 = VAROQUEAUX Cl., "L'épave du Musée des Docks à Marseille", *Etudes Classiques* III, 1968-1970, 1971, p. 25-50.

VEGAS 1966 = VEGAS M., "Die römischen Lampen von Neuss", dans Schönberger H., Simon H.G., Vegas M. (dir.), *Novaesium II. Die mittelkaiserzeitliche Terra Sigillata von Neuss, Limesforschungen* 7, Berlin, 1966, p. 63-127.

VEGAS 1969-1970 = VEGAS M., "Munigua. Ceramica romana del siglo I después de J.-C." *Noticiaro arqueologico hispanico* 13-14, 1969-1970, p. 72-117.

VEGAS 1973 = VEGAS M., *Ceràmica comun romana del mediterraneo occidental, Publicaciones Eventuales* 22, Barcelona, 1973.

VELAY 1989 = VELAY P. (dir.), *Les Bronzes antiques de Paris, Coll. musée Carnavalet* 6, Paris, 1989.

VELLA, FLEURY, RACCASI, PROVANSAL, SABATIER, BOURCIER 2005 = VELLA C., FLEURY J., RACCASI G., PROVANSAL M., SABATIER F., BOURCIER M., "Evolution of the Rhone delta plain in the Holocene", *Marine Geology*, p. 222-223 et 235-265.

VÉRAN 1802 = VÉRAN P., *Essai sur la statistique de la ville d'Arles, son terroir et ses environs*, Manuscrit 491, médiathèque d'Arles, 1802.

VERNHET 1976 = VERNHET A., "Création flavienne de six services de vaisselle à La Graufesenque", *Figlina* 1, 1976, p. 13-27.

VEYNE 1985 = VEYNE P., "Lcs saluts aux dieux, le voyage de cette vie et la «réception» en iconographie", *Revue Archéologique* 1, 1985, p. 47-61.

VISCONTI 1824 = VISCONTI P.E., *Iconographie romaine II.*, Paris, 1824.

VOETTER 1892 = VOETTER O., "Erste christliche Zeichen auf römischen Münzen", *Numismatische Zeitschrift* 24, 1892, p. 41-76.

VOGT 1948 = VOGT E., *Der Lindenhof in Zürich. Zwölf Jahrhunderte Stadtgeschichte auf Grund der Ausgrabungen 1937-1938*, Zurich, 1948.

WALTZING 1895-1900 = WALTZING J.-P., *Etude historique sur les corporations professionnelles chez les Romains depuis les origines jusqu'à la chute de l'Empire d'Occident*, Louvain-Bruxelles, 1895-1900 (réimpression Bologne, 1968).

WEBSTER 1995 = WEBSTER T. B. L., *Monuments Illustrating New Comedy, third edition revised and enlarged by J. R. Green and A. Seeberg, I et II*, Londres, 1995.

WEIS 1977 = WEIS A., *The hanging Marsyas : the origin and history of a statue*, Bryn Mawr College, Ph. D. thesis, 1977.

WEIS 1982 = WEIS A., "The Motif of the Adligatus and Tree : A study in the Sources of Pre-Roman Iconography", *American Journal of Archaeology* 86, 1982, p. 21-38, pl. 1-3.

WEIS 1992 = WEIS A., "Marsyas I", *LIMC*, vol. VI, I et II, Munich, 1992, p. 366-378.

WERNER 1954 = WERNER J., "Die Bronzekanne von Kelheim", *Bayer. Vorgeschbl.* 20, 1954, p. 43-73.

WEST 1933 = WEST R., *Römische Porträtplastik I.*, Munich, 1933.

WIDRIG, FREED 1983 = WIDRIG W., FREED J., "Excavations on the ancient via Gabina, Second preliminary report", *NSc*, 8-37, 1983, p. 141-182.

WILLERS 1996 = WILLERS D., "Das Ende der antiken Idealstatue", *Museum Helveticum* 53, 1996, p. 170-186.

WINKES 1969 = WINKES R., *Clipeata Imago. Studien zu einer römischen Bildnisform*, Bonn, 1969.

WREDE 1988 = WREDE H., "Die tanzenden Musikanten von Mahdia und der alexandrinische Götter- und Herrscherkult", *MDAI(R)* 95, 1988, p. 97-114.

WUILLEUMIER, AUDIN 1952 = WUILLEUMIER P., AUDIN A., *Les Médaillons d'applique gallo-romains de la vallée du Rhône*, Paris, 1952.

XIMÉNÈS, MOERMAN 1994 = XIMÉNÈS S., MOERMAN M., "La fouille de l'épave de la Calanque de l'âne", *Cahiers d'archéologie subaquatique* 12, 1994, p. 95-111.

YAVETZ 1990 = YAVETZ Z., *César et son image. Des limites du charisme en politique*, Paris, 1990.

ZAHN 1910 = ZAHN R., "Garum", *RE* VII, 1910, p. 841-849.

ZAMARCHI GRASSI, PORTEN PALANGE 1984 = ZAMARCHI GRASSI P., PORTEN PALANGE F. P., *Marcus Perennius Bargathes. Tradizione e innovazione nella ceramica aretina*, catalogo della mostra, Arezzo, 1984.

ZAMPIERI, LAVARONE 2000 = ZAMPIERI G., LAVARONE B. (dir.), *Bronzi antichi dal Museo Archeologico di Padova*, catalogue d'exposition, musée archéologique, Padoue, 17 déc. 2000-28 fév. 2001, Rome, 2000.

ZANKER 1976 = ZANKER P., "Zur Rezeption des hellenistischen Individualporträts in Rom und in den italischen Städten", ZANKER P., TEIL E. (dir.), *Hellenismus in Mittelitalien*, Kolloquium in Göttingen vom 5. bis 9. Juni 1974, *Abhandlungen der Akademie der Wissenschaften in Göttingen* 3-97, Göttingen, 1976, p. 581-605.

ZANKER 1981 = ZANKER P., *Das Bildnis des M. Holconius Rufus, AA*, 1981, p. 349-361.

ZANKER 1982 = ZANKER P., "Herrscherbild und Zeitgesicht", *Wissenschaftliche Zeitschrift der Humboldt-Universität Berlin* 2-3, 1982, p. 307-312.

ZANKER 1983 = ZANKER P., *The Power of Images in the Age of Augustus*, Michigan, 1983.

ZANKER 1994 = ZANKER P., "Ad vocem Cesare", dans *Enciclopedia dell'Arte Classica e Orientale II.*, suppl. 2, 1994, p. 107-108.

ZANKER 2008 = ZANKER P., "Caesars Büste?", *Süddeutsche Zeitung*, 26 mai 2008.

ZEHNACKER 1961 = ZEHNACKER H., "Premiers portraits réalistes sur les monnaies de la République Romaine", *RN* 6-3, 1961, p. 33-49.

ZOSSO, ZINGG 1994 = ZOSSO F., ZINGG C., *Les Empereurs romains, 27 av. J.-C.-476 apr. J.-C.*, Paris, 1994.

# Crédit photographique

Sauf mention contraire, les photographies sont de Jean-Luc Maby, assisté de Lionel Roux.

Médiathèque, Arles – p. 28
Archives départementales, Marseille – p. 31
Musée Calvet, Avignon, André Guerrand – p. 35
RMN, Hervé Lewandowski – p. 36
Christine Durand, CNRS-CCJ – p. 39

2Asm – p. 250, 280-281
2Asm, Chrystelle Chary – p. 42 a, 59
2Asm, Michel Rival et Sandra Greck – p. 234
2Asm, Elise Devidal, Alexandra Barbot et Assia Véléva – p. 237 a
2Asm, Alexandra Barbot et Assia, Véléva – p. 237 b
2Asm, Sandra Greck – p. 238
2Asm, Sandra Greck et Assia Véléva – p. 235
2Asm, Assia Véléva – p. 61, 91, 99 d, e, 105, 112 b, 113 b, 117 b, 124 a, 126 b, 127 b, 128 a, 130 a, b, c,131a, 133 a, 135 a, 137, 140, 142, 144, 146, 282 a, b, c, d, e, f, g, 284 a, b, c, d, e, f, 288 b, 294 a, b, c, 295 a, b, c, d, e, f, 296 a, b, c, 297 a, b, 356 f, 362 b, 368 a
2Asm, Marie-Nöelle Baudrand – p. 256 a, b, c, d, 257 a, b, c, 258 b, 259 b, 262 a, b, 263 a, b, c, 266 a, 267 b, c, 269 a, b, c, 270 c, d, 271 b, c

MIMICS 12.1 – p. 67
Laurent Jordan – p. 57
Cyril Havoudjian – p. 68
Avec l'aimable autorisation du musée d'antiquité de Turin – p. 78, 92
Rome, musée du Vatican – p. 79 a, b
Museo dell'Opera del Duomo di Pisa – p. 79 c, d
Woburn Abbey, UK – p. 82 a, b
Musée Saint-Raymond, musée des Antiques de Toulouse, J.-F. Teire – p. 82 c, d
Su concessione della Soprintendenza per i Beni Archeologici dell'Abruzzo, Chieti – p. 92
Ministero per i Beni e le Attivittà Culturali Archivio fotografico, Soprintendenza per i Beni Archeologici del Piemonte e del Museo Antichità Egizie – p. 92

Musée de Cherchell – p. 97
Musée du Louvre, département des AGER, Aurélie Coste – p. 122
Musée du Louvre, département des AGER, Clémentine Durand – p. 155 b
AKG-images, Selçuk, Ephesos Archeological Museum, Erich Lessing – p. 136 c
AKG-images, Museo nazionale archeologico di Napoli, Electa – p. 300
Musée Puig, A. Castor – p. 156 c, d
BNF, département monnaies, médailles et antiques, Philippe Sallinson – p. 156 a, b
C2RA-Musée archéologique départemental de Saint-Bertrand-de-Comminges, Kitterie Schenck-David – p. 156 f
Musée de l'Ephèbe, atelier de restauration mosaïque mdaa – p. 158
CEA Cadarache – p. 162 a, b, c, d, 165 b, 175 a, 181 b, c, d, 356 a, b, c, d, e
C2RMF, Benoît Mille – p.177
C2RMF, Benoît Mille et Assia Véléva – p. 173 a, 177 a
C2RMF, Benoît Mille, Frédérique Nicot et Assia Véléva – p. 164
C2RMF, Benoît Mille et Dominique Robcis – p. 165a
Frédérique Nicot – p. 172 a, 174 b, 176, 354
Pascale Picard – p. 178
Luc Long – p. 45, 46, 47, 48-49, 201 b, 230, 233
Laurent Masselin – p. 52-53
CICRP, Nicolas Bouillon – p. 179 a, b
Museo civico romano di Brescia – p. 180 a
Collection Philippe Ferrando – p. 188
Marc Heijmans, d'après *CAG* 13/5, p. 695, 1075* – p. 189
Luc Long et Pierre Mille – p. 199
Bruno Bizot – p. 200, 201 a, 202
Jean-Louis Paillet, IRAA-CNRS – p. 224, 225 b
Musée gallo-romain de Lyon-Fourvière – p. 226, 227
Musée gallo-romain de Lyon-Fourvière, Hugues Savay-Guerraz – p. 229 b
Grégoire Ayala, INRAP Rhône-Alpes – p. 228
Musée archéologique d'Istres, Frédéric Marty – p. 229 a
Michel Vazquez – p. 236
ARC-Nucléart – p. 244, 245
Christine Lima – p. 243 a, b, c, d
Thierry Martin – p. 309 c, d, 310 a, 312 a, b, c, d, e, f, g, 313 a, b, 315 b, c, d, e, 316 a, b, 317 a, b, c, d, e, f, g, 318 a, b, c

Responsable des éditions
Jean-Paul Capitani

Édition préparée sous la direction de
Aude Gros de Beler

Conception graphique
David Barel pour Espaces fines !

Photogravure
Terre Neuve

Cet ouvrage a été achevé d'imprimer en octobre 2009 sur les presses de l'imprimerie Pollina à Luçon - n° L51487
pour le compte des éditions Actes Sud, Le Méjan, Place Nina Berberova, 13200 Arles.

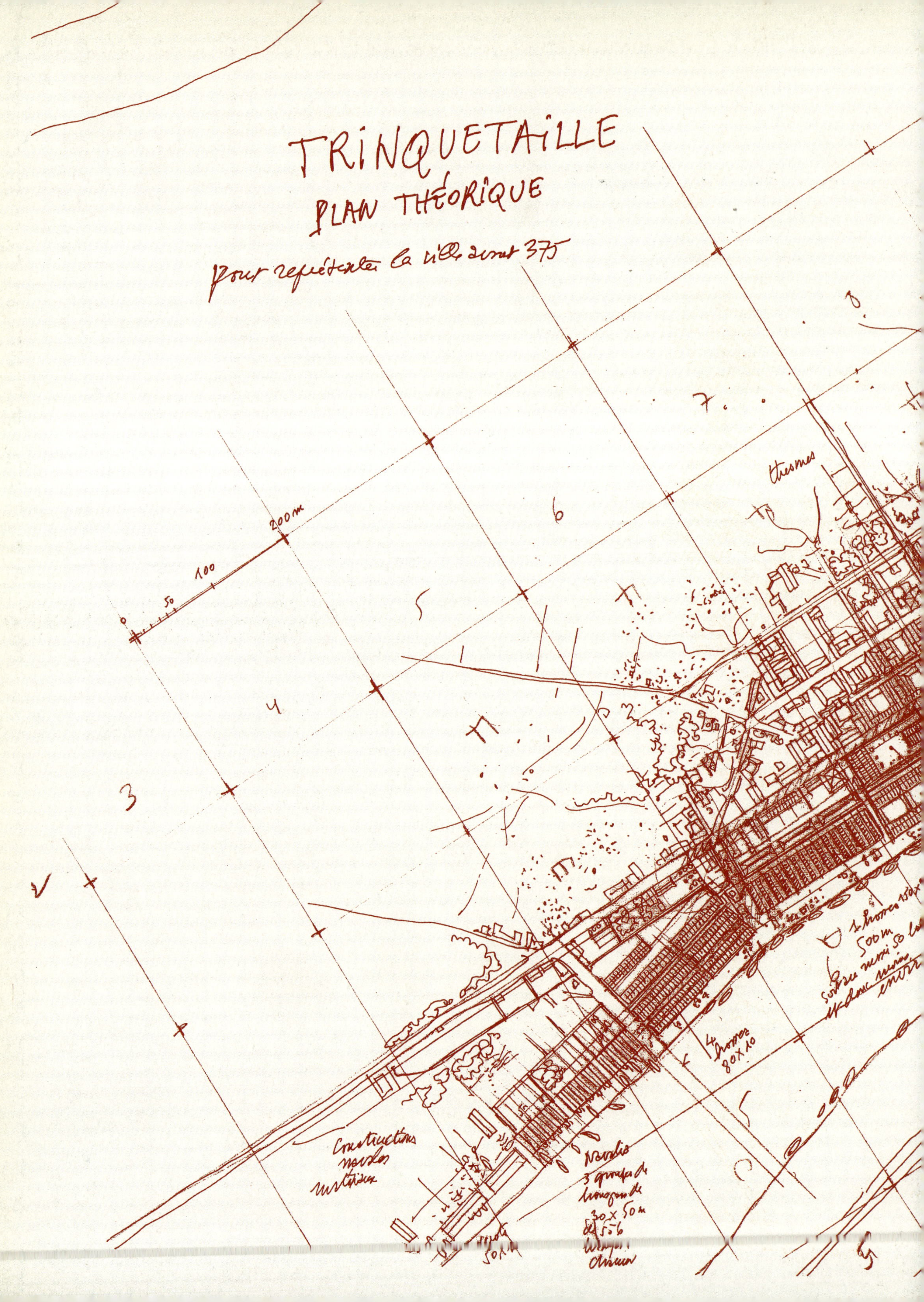
TRINQUETAILLE
PLAN THÉORIQUE
0
50
100
200m
thermes
80 X 10
30 X 50 m
500m